In accordance with the latest syllabus prescribed by the
Central Board of Secondary Education, New Delhi

MOST LIKELY
CBSE QUESTION BANK

CLASS X

HINDI - A

Chapter Wise

Compiled By :

Sandhya Sharma
M.A. (Hindi), B.Ed.
Kendriya Vidyalaya Sangathan
Indian Cultural Centre, Embassy of India,
Paramaribo, Suriname (South America)

Amrita Bakshi Sakuja
M.A. (Hindi), B.Ed.

GURUKUL

EDITION
YEAR 2021

DISCLAIMER

With the ambition of providing standard academic resources, we have exercised extreme care in publishing the content. In case of any discrepancies in the matter, we request readers to excuse the unintentional lapse and not hold us liable for the same. Suggestions are always welcome.

ISBN : 978-93-91184-11-7

PUBLISHED BY

GURUKUL BOOKS & PACKAGING
(Unit of Oswal Printers & Publishers Pvt. Ltd.)

1/12, Sahitya Kunj, M.G. Road, Agra - 282002

(0562) 2527771-4, +91 7534077222

info@oswalpublishers.in

www.oswalpublishers.com

The cover of this book has been designed using resources from Freepik.com

प्रस्तावना

विद्यार्थियों की उच्चतम शैक्षिक नि पत्ति एवं सर्वोत्तम परीक्षा परिणाम की प्राप्ति, शिक्षण–अधिगम प्रक्रिया के सफल निष्पादन का मूल्यांकन हेतु हमने हिन्दी 'ए' का यह नवीन तथा संशोधन संस्करण प्रस्तुत करते हुए अत्यन्त हर्ष हो रहा है। यह संस्करण सी. बी. एस. ई. के नवीनतम पाठ्यक्रमानुसार दसवीं हिन्दी 'ए' के विद्यार्थियों के लिए तैयार किया गया है।

इस विद्यार्थी–सहायक पुस्तक में उनके उचित मार्ग–दर्शन के लिए विषय से सम्बन्धित/सहायक सामग्री का निर्माण अत्यन्त प्रभाव पूर्ण रूप से प्रयोग है। नवीन सत्र के दसवीं हिन्दी 'ए' हेतु अध्ययन सामग्री का प्रयोग पाठ्य–पुस्तकों के पूरक के रूप में किया जाना वांछित परिणाम की प्राप्ति हेतु अभिप्रेरित है। प्रस्तुत पुस्तक में सी. बी. एस. ई. के प्रश्न–पत्र के प्रारुपानुसार अभ्यास की व्यवस्था की गई है, जिसमें भाषा की सरलता एवं विषयगत प्रमुख उद्देश्य है। पुस्तक में अपठित बोध, व्यवहारिक व्याकरण पाठ्य–पुस्तक व लेखन में प्रतिदर्श प्रश्न–पत्र प्रश्नोत्तर विषय से सम्बन्धित विशिष्ट तकनीकी शब्दावली का सरलीकरण एवं अभ्यास हेतु महत्त्वपूर्ण प्रश्न–कोश उपलब्ध कराया गया है, जिसका निरन्तर अभ्यास विद्यार्थियों को अधिक आत्मविश्वास तथा सम्यक विषय ज्ञान से सुसज्जित कर सर्वोत्तम प्रदर्शन हेतु सक्षम बनाने में उपयोगी एवं सहायक सिद्ध होगा।

सभी विद्यार्थियों को शुभकामनाओं सहित............

—प्रकाशक

FINDING THE RIGHT BIN FOR MASKS?

Masks are a powerful shield against virus. The purpose behind wearing is to stop the spread of saliva and nasal discharge from infecting the other person.

Global use of disposable face masks and gloves is estimated to have been 100 billion pieces every month.

Masks are made up of a synthetic material called, TNT which takes more than 400 years to decompose.

Also masks come in a myriad of shades. The first step towards its healthy disposal is to choose which one to wear at the first place.

For casual use, choose tight cloth masks which can be reused over and over again. However, wearing it in vicinity of an infected person can be a wrong choice.

When visiting hospitals and other contaminated zones, choose loose fitting surgical masks which blocks droplets and splashes of saliva. However, they are ineffective against very small particles that come off sneezing and coughing in close vicinity.

N95 Masks are not for routine use and must be spared for medical experts who are in direct contact with the patient.

When it comes to disposing a mask, the very first step is to wash your hands before removing it from your face.

Wash your hands for atleast 20 seconds, using either an alcohol based sanitizer (having 60% alcohol) or using soap and water.

Remove your mask either using the mask strings or downside up. Don't touch the center of mask.

If you are wearing a cloth mask, put it separately into wash without mixing it with other clothes.

In case of a surgical mask, fold it inwards such that the droplets are not exposed to the air. Make it into a roll and wrap it up in two polythene bags or tissue bag, one inside the other.

Prefer cloth masks for casual use and avoid one time used masks.

विषय सूची

पाठ्यक्रम

कक्षा दसवीं हिन्दी 'अ' परीक्षा हेतु पाठ्यक्रम विनिर्देशन

	परीक्षा हेतु भार विभाजन खण्ड 'अ' बहुविकल्पीय प्रश्न		
	विषय-वस्तु	**उप भार**	**कुल भार**
1.	अपठित गद्यांश व काव्यांश पर चिंतन क्षमता एवं अभिव्यक्ति कौशल पर आधारित बहुविकल्पीय प्रश्न		
	(अ) एक अपठित गद्यांश (150 से 200 शब्दों का) (1 × 5 = 5) विकल्प सहित	5	10
	(ब) एक अपठित काव्यांश (150 से 200 शब्दों का) (1 × 5 = 5) विकल्प सहित	5	
2.	व्याकरण के लिए निर्धारित विषयों पर विषय-वस्तु का बोध, भाषिक बिंदु/संरचना आदि पर बहुविकल्पीय प्रश्न (1 × 15 = 15)		
	कुल 20 प्रश्न पूछे जाएँगे जिसमें से केवल 16 प्रश्नों के उत्तर देने होंगे		
	व्याकरण		
	1. रचना के आधार पर वाक्य भेद (4 अंक)	04	16
	2. वाच्य (4 अंक)	04	
	3. पद-परिचय (4 अंक)	04	
	4. रस (4 अंक)	04	
3.	पाठ्यपुस्तक क्षितिज भाग-2		
	(अ) गद्य खण्ड	7	
	1. क्षितिज से निर्धारित पाठों में से गद्यांश के आधार पर विषय-वस्तु का ज्ञान बोध, अभिव्यक्ति आदि पर पाँच बहुविकल्पीय प्रश्न पूछे जायेगें। (1 × 5)	05	
	2. क्षितिज से निर्धारित गद्य पाठों के आधार पर विद्यार्थियों की उच्च चिंतन क्षमताओं एवं अभिव्यक्ति का आकलन करने हेतु दो बहुविकल्पीय प्रश्न पूछे जाएगें। (1 × 2)	02	
	(ब) काव्य खण्ड	7	
	1. क्षितिज से निर्धारित कविताओं में से काव्यांश के आधार पर पाँच बहुविकल्पीय प्रश्न पूछे जाएगें। (1 × 5)	5	14
	2. क्षितिज से निर्धारित कविताओं के आधार पर विद्यार्थियों का काव्यबोध परखने हेतु दो बहुविकल्पीय प्रश्न पूछे जाएँगे। (1 × 2)	2	
	खण्ड 'ब' (वर्णनात्मक प्रश्न)		
1.	पाठ्यपुस्तक क्षितिज भाग-2 व पूरक पाठ्यपुस्तक कृतिका भाग-2		
	(अ) गद्य खंड		
	क्षितिज से निर्धारित पाठों में से विषय-वस्तु का ज्ञान बोध, अभिव्यक्ति आदि पर चार प्रश्न पूछे जाएँगे। (2×4)	8	
	(ब) काव्य खंड		

	क्षितिज से निर्धारित कविताओं के आधार पर विद्यार्थियों का काव्यबोध परखने हेतु तीन प्रश्न पूछे जाएँगे। (2×3)	6	
	(स) पूरक पाठ्यपुस्तक कृतिका भाग–2		
	कृतिका के निर्धारित पाठों पर आधारित दो प्रश्न पूछे जाएँगे (3×2) (विकल्प सहित)	6	
2.	लेखन		
	(अ) विभिन्न विषयों और संदर्भों पर विद्यार्थियों के तर्कसंगत विचार प्रकट करने की क्षमता को परखने के लिए संकेत बिन्दुओं पर आधारित समसामयिक एवं व्यावहारिक जीवन से जुड़े हुए तीन विषयों में से किसी एक विषय पर 80 से 100 शब्दों में अनुच्छेद लेखन। (5 × 1)	05	
	(ब) अभिव्यक्ति की क्षमता पर केन्द्रित औपचारिक अथवा अनौपचारिक विषयों में से किसी एक विषय पर पत्र। (5 × 1)	05	20
	(स) विषय से सम्बन्धित 25–50 शब्दों के अंतर्गत विज्ञापन लेखन। (5 × 1) (विकल्प सहित)	05	
	(द) संदेश लेखन (शुभकामना, पर्व–त्योहारों एवं विशेष अवसरों पर दिए जाने वाले संदेश) (30-40 शब्दों में) (5 × 1) (विकल्प सहित)	05	
	कुल		**80**

निर्धारित पुस्तकें:

1. क्षितिज, भाग-2, एन.सी.ई.आर.टी., **नई दिल्ली** द्वारा प्रकाशित **नवीनतम** संस्करण।

2. कृतिका, भाग-2, एन.सी.ई.आर.टी., **नई दिल्ली** द्वारा प्रकाशित **नवीनतम** संस्करण।

नोट : पाठ्यक्रम के निम्नलिखित पाठ हटा दिए गए हैं–

क्षितिज, भाग-2	**काव्य खंड**	• देव • जयशंकर **प्रसार–आत्मकथ्य**
	गद्य खंड	• **महावीर प्रसाद द्विवेदी–स्त्री**–शिक्षा के विरोधी **कुतर्कों का खंडन** • **भदंत आनंद कौसल्यायन–संस्कृति**
कृतिका, भाग-2	• **एही ठैयाँ झुलनी हेरानी हो रामा!** • **मैं क्यों लिखता हूँ?**	

कक्षा दसवीं हेतु प्रश्न पत्र का विस्तृत प्रारूप जानने के लिए कृपया बोर्ड द्वारा जारी आदर्श प्रश्न पत्र देखें।

खण्ड 'क'

(अपठित गद्यांश)

GURUKUL

अपठित गद्यांश

|1|

'अपठित' शब्द का अर्थ है, जो पहले कभी नहीं पढ़ा गया हो। जिस गद्यांश का पहले अध्ययन न किया गया हो, उसे 'अपठित गद्यांश' कहा जाता है। अपठित का लक्ष्य यह होता है कि किसी भी गद्यांश या पद्यांश को ध्यानपूर्वक पढ़कर समझना और फिर उस पर आधारित प्रश्नों के उत्तर देना।

ध्यान देने योग्य मुख्य बातें—

☞ उत्तर संक्षिप्त तथा सटीक हो।

☞ अपनी ओर से किसी तथ्य को जोड़कर उत्तर देने का प्रयास न करें।

☞ भाषा सहज तथा सरल हो।

☞ शीर्षक उपयुक्त तथा संक्षिप्त हो। यह गद्यांश के मूल भाव से सम्बन्धित हो।

निम्नलिखित गद्यांश को पढ़कर पूछे गए प्रश्नों के उत्तर सही विकल्प चुनकर लिखिए—

● किसी के भी जीवन में सफलता का बहुत महत्व है। परिश्रम सफलता की कुंजी है, यह तो सभी जानते हैं। इसका अर्थ यह हुआ कि यदि जीवन में सफलता पाना चाहते हो तो परिश्रम करो। वही व्यक्ति अपने लक्ष्य को प्राप्त करता है, जो मेहनत करता है। भाग्य और परिश्रम गाड़ी के दो पहियों के समान हैं। दोनों जीवन के साथ चलते हैं। जो लोग केवल भाग्य के सहारे चलते हैं उनका काम कभी पूरा नहीं होता। गीता में श्रीकृष्ण ने भी कहा है—कर्म करो और फल ईश्वर पर छोड़ दो, यानि परिश्रम करते रहो और भाग्य ईश्वर पर छोड़ दो। यदि हम परिश्रम न करें तो सामने थाली में पड़ा हुआ खाना भी अपने आप पेट में नहीं जाएगा। केवल भाग्य के भरोसे रहने वाला व्यक्ति आलसी तथा निकम्मा होता है। वह हर बात का दोष केवल किस्मत को देकर हाथ पर हाथ रखकर बैठ जाता है।

प्रश्न— (i) जीवन में सफलता किसे मिलती है?

(ii) गाड़ी के दो पहियों के समान किसे कहा गया और क्यों?

(iii) भाग्य के भरोसे क्यों नहीं रहना चाहिए?

(iv) गीता का क्या संदेश है?

(v) परिश्रम न करने पर क्या होता है?

(vi) उपर्युक्त गद्यांश का उचित शीर्षक लिखिए।

उत्तर— (i) जीवन में सफलता परिश्रमी व्यक्ति को मिलती है।

(ii) गाड़ी के दो पहियों के समान भाग्य और परिश्रम हैं। दोनों ही जीवन के साथ-साथ चलते हैं। जो लोग केवल भाग्य के सहारे चलते हैं, उनका कार्य पूरा नहीं होता। परिश्रम करने पर ही कार्य पूरे होते हैं।

(iii) भाग्य के भरोसे रहने पर हम आलसी और निकम्मे बन जाते हैं। भाग्य के भरोसे रहने पर कार्य पूरा नहीं होता।

(iv) गीता का संदेश है—कर्म करो, फल की चिंता छोड़ दो।

(v) परिश्रम न करने से कार्य पूरा नहीं होगा हम आलसी व निकम्मे हो जाएँगे एवं असफल रहेंगे।

(vi) शीर्षक: परिश्रम सफलता की कुंजी।

● निस्संदेह यह फैशन विद्यार्थियों के लिए महँगा सौदा है। वे घरवालों के लिए समस्या बन जाते हैं। अध्यापक उन्हें सिर दर्द समझते हैं। समाज, जो उन्हें भावी भारत समझता है उसकी आशाएँ निराधार हो जाती हैं, क्योंकि बचपन की चंचलता के कारण सस्ती भावना में भटककर वे अपने बहुमूल्य उद्देश्य 'विद्या' को भूल जाते हैं। हमारी वेषभूषा का अच्छा या बुरा प्रभाव दूसरों की अपेक्षा हम पर अधिक पड़ता है। उसका प्रभाव हमारी भौतिक उन्नति पर ही नहीं, चरित्र पर भी पड़ता है। अंग्रेजी के प्रसिद्ध विचारक और लेखक एमर्सन का कहना है कि सौम्य वेश से जो आत्मशांति मिलती है, वह धर्म से भी नहीं मिलती। सौम्य वेशधारी छात्र अपने मार्ग से भटकता नहीं है। उसका ध्यान केवल और केवल लक्ष्य पर केन्द्रित रहता है और ऐसे ही लोगों की आज जरूरत है, ताकि हमारा देश उन्नति की ओर निरन्तर अग्रसर रहे।

प्रश्न— (i) विद्यार्थी किस भावना में भटककर अपने उद्देश्य खो देते हैं?

(ii) हमारी वेशभूषा का प्रभाव कहाँ पड़ता है?

(iii) प्रसिद्ध विचारक एमर्सन का क्या कहना है?

(iv) कैसे लोगों से हमारा देश उन्नति कर सकता है?

(v) 'बुरा प्रभाव' में 'बुरा' कौन-सा विशेषण है? 'भौतिक' शब्द में मूलशब्द तथा प्रत्यय अलग करें।

(vi) उपर्युक्त गद्यांश का उचित शीर्षक बताइए।

उत्तर— (i) विद्यार्थी फैशन की भावना में भटककर अपना मूल उद्देश्य खो देते हैं।

(ii) हमारी वेशभूषा का प्रभाव दूसरों की अपेक्षा हम पर अधिक पड़ता है।

(iii) प्रसिद्ध विचारक एमर्सन का कहना है कि सौम्य वेश से जो आत्मशांति मिलती है, वह धर्म से भी नहीं मिलती। सौम्य वेशधारी छात्र अपने मार्ग से भटकता नहीं है। उसका ध्यान केवल लक्ष्य पर केन्द्रित रहता है।

(iv) सौम्य वेशधारी छात्रों से हमारा देश उन्नति कर सकता है क्योंकि उनका ध्यान केवल लक्ष्य पर होता है।

(v) बुरा प्रभाव में, बुरा गुणवाचक विशेषण एवं भौतिक शब्द में मूल शब्द तथा प्रत्यय है—भौत + इक।

(vi) शीर्षक: फैशन के दुष्प्रभाव।

3. मैं अत्यन्त नम्रता से यह निवेदन करना चाहता हूँ कि मनुष्य को वही होने दें, जो कि होने को वह पैदा हुआ। गुलाब गुलाब है और चमेली चमेली और जूही जूही। कोई और किसी से न छोटा है, न बड़ा है। गुलाब को चमेली नहीं होना है और चमेली को जूही नहीं होना है। यह छोटे-बड़े और ऊँचे-नीचे का मूल्यांकन एकदम झूठा और बेहूदा है। इस मूल्यांकन को नष्ट करें। कवि जाटव से बड़ा नहीं है और न राजनेता ही किसी से बड़ा है।

एक अध्यापक राष्ट्रपति होने से बड़ा नहीं हो जाता है। जीवन एक सहयोग है। उसमें सबका अपना-अपना स्थान है और सबकी आवश्यकता है और अनिवार्यता है। कार्यों के साथ पद और प्रतिष्ठा जोड़ने से सारी दुनिया जिस महत्त्वाकांक्षा की विक्षिप्तता में पड़ गई है, क्या यह आपको दिखाई नहीं पड़ रही है?

यह मूर्खतापूर्ण है कि गुलाब को जूही होने का उपदेश दिया जाए या घास के फूल को कमल होने के लिए उकसाया जाए। अर्थपूर्ण बात इतनी ही है कि गुलाब पूरा विकसित हो और घास का फूल भी पूरा विकसित हो। उनकी पंखुड़ियाँ अविकसित न रह जाएँ और उनकी सुवास उनमें ही बंद न रह जाए। स्वयं ही सम्भावनाएँ पूरी विकसित हों, इसके अतिरिक्त जीवन का कोई आनंद नहीं है और शिक्षा के कार्य की सम्यक् दिशा यही है।

आदर्श सिखाने की आवश्यकता नहीं और न ही किसी को अनुसरण सिखाने की जरूरत है। व्यक्ति का निज व्यक्तित्व पूर्णता को कैसे प्राप्त हो, इस ओर ही सारे प्रयास केन्द्रित होने चाहिए।

प्रश्न— (i) लेखक गुलाब, चमेली और जूही के माध्यम से क्या कहना चाहता है?

(ii) जीवन एक सहयोग है—सिद्ध कीजिए।

(iii) महत्त्वाकांक्षा को विक्षिप्तता क्यों कहा गया है?

(iv) किस ओर सारे प्रयास केन्द्रित होने चाहिए?

(v) गहराइयाँ, महत्त्वाकांक्षा, के वचन बदलिए।

(vi) इस गद्यांश का उचित शीर्षक क्या होगा।

उत्तर— (i) लेखक गुलाब, चमेली और जूही के माध्यम से यह कहना चाहता है कि मनुष्य को वही होना चाहिए जैसा वह पैदा हुआ है। छोटे-बड़े और ऊँचे-नीचे का मूल्यांकन एकदम झूठा व बेहूदा है।

(ii) जीवन एक सहयोग है—इसका अर्थ यह है कि एक अध्यापक राष्ट्रपति होने से बड़ा नहीं हो जाता है। सबका अपना-अपना स्थान है और सबकी अपनी आवश्यकता है और अनिवार्यता है।

(iii) महत्त्वाकांक्षा को विक्षिप्तता इसलिए कहा गया है कि किसी भी कार्यों से पद-प्रतिष्ठा जोड़ी जाती है। उसी के अनुसार व्यक्ति की महत्त्वाकांक्षा बढ़ती जाती है।

(iv) व्यक्ति का निज व्यक्तित्व पूर्णता को कैसे प्राप्त हो, इस ओर सारे प्रयास केन्द्रित होने चाहिए।

(v) गहराइयाँ—गहराई

महत्त्वाकांक्षा—महत्त्वाकांक्षाएँ।

(vi) शीर्षक: जीवन और व्यक्ति का मूल्यांकन।

4. संसार में अमरता ऐसे ही लोगों को मिलती है जो अपने पीछे कुछ आदर्श छोड़ जाते हैं, जिनका स्थायी मूल्य होता है। बहुधा यही देखा गया है कि ऐसे व्यक्ति सम्पन्न परिवार में बहुत कम पैदा होते हैं। अधिकांश ऐसे लोगों का जन्म मध्यम वर्ग के घरों में या गरीब परिवार में ही होता है। इस तरह का पालन-पोषण साधारण परिवार में होता है और वे सादा जीवन बिताने के आदी हो जाते हैं।

मनुष्य में विनय, उदारता, कष्ट-सहिष्णुता, साहस आदि चारित्रिक गुणों का विकास अत्यावश्यक है। इन गुणों का प्रभाव उनके जीवन पर पड़ता है। ये गुण व्यक्ति को अहंकारहीन या सादा-सरल बनाते हैं। सादा जीवन या सादगी का अर्थ है; रहन-सहन, वेशभूषा और

आचार-विचारों का एक निर्दिष्ट स्तर। जीवन में सादगी लाने के लिए दो बातें विशेष रूप से करणीय हैं, प्रथम कठिन-से-कठिन परिस्थितियों में धैर्य को न छोड़ना, द्वितीय अपनी आवश्यकताओं को न्यूनतम बनाना।

सादगी का विचारों से भी घनिष्ठ सम्बन्ध है। हमें सादा जीवन व्यतीत करना चाहिए और अपने विचारों को उच्च रखना चाहिए। व्यक्ति की सच्ची पहचान उसके विचारों और करनी से होती है। मनुष्य के विचार उसके आचरण पर प्रभाव डालते हैं और उसके विवेक को जाग्रत रखते हैं। विवेकशील व्यक्ति ही अपनी आवश्यकताओं को सीमित रखता है। उन्हें अपने ऊपर हावी नहीं होने देता। सादा जीवन व्यतीत करने वाले व्यक्ति को कभी हतप्रभ होकर अपने आत्मसम्मान पर आँच नहीं आने देनी चाहिए। सादगी मनुष्य के चरित्र का अंग है, वह बाहरी चीज़ नहीं है।

महात्मा गाँधी सादा जीवन पसंद करते थे और हाथ के कते और बुने खद्दर के मामूली वस्त्र पहनते थे, किन्तु अपने उच्च विचारों के कारण वे संसार में वंदनीय हो गए।

प्रश्न— (i) महापुरुष प्राय: कैसे परिवार में जन्म लेते हैं? इससे उनके व्यक्तित्व पर क्या प्रभाव पड़ता है?

(ii) जीवन को सरल और सादा बनाने के लिए हमें क्या करना चाहिए?

(iii) रहन-सहन की सादगी का विचारों पर क्या प्रभाव पड़ता है?

(iv) वे कौन-से गुण हैं जो मनुष्य के चरित्र को उच्च व आदर्श बनाते हैं?

(v) सादा जीवन व्यतीत करने वाले व्यक्ति में कौन-कौन से गुण विशेष रूप से लक्षित होते हैं?

(vi) उपर्युक्त गद्यांश का शीर्षक लिखिए।

उत्तर— (i) महापुरुष प्राय: मध्यमवर्गीय या गरीब परिवारों में जन्म लेते हैं। परिणामस्वरूप उनके व्यक्तित्व में सादगी तथा अन्य गुण आ जाते हैं।

(ii) जीवन को सरल और सादा बनाने के लिए हमें कठिन-से-कठिन स्थितियों में भी धैर्य नहीं छोड़ना चाहिए। साथ ही हमें अपनी आवश्यकताओं को न्यूनतम बनाए रखना चाहिए।

(iii) रहन-सहन की सादगी का प्रभाव मनुष्य के विचारों पर पड़ता है। सादे लोग उच्च विचार, आदर्श तथा विवेकसम्मत व्यवहार को अपनाते हैं।

(iv) विनय, उदारता, कष्ट-सहिष्णुता, साहस, सादगी, धैर्य आदि ऐसे गुण हैं जो मनुष्य के चरित्र को उच्च और आदर्श बनाते हैं।

(v) सादा जीवन जीने वाले व्यक्ति धैर्य, कष्ट-सहिष्णुता और न्यून-आकांक्षा जैसे गुणों को अपने जीवन में धारण करते हैं।

(vi) शीर्षक: सादगी का महत्व।

5. संसार में कुछ भी असाध्य नहीं है। कुछ भी असंभव नहीं है क्योंकि दृढ़ इच्छाशक्ति, परिश्रम और अभ्यास द्वारा असंभव को भी संभव किया जा सकता है। असंभव, असाध्य आदि शब्द कायरों के लिए हैं। नेपोलियन के लिए ये शब्द उसके कोष में ही नहीं थे।

साहस के पुतले बापू ने विश्व को चकित कर दिया। क्या बापू शरीर से शक्तिशाली थे? नहीं, वे तो पतले-से, एक लँगोटी पहने लकड़ी के सहारे चलते थे। परन्तु उनके विचार सशक्त थे, भावनाएँ शक्तिशाली थीं। उनके साहस को देखकर करोड़ों भारतीय उनके पीछे थे। ब्रिटिश साम्राज्य उनसे काँप गया। अहिंसा के सहारे बिना रक्तपात के उन्होंने भारत को स्वतंत्र कराया। यह विश्व का अद्वितीय उदाहरण है।

जब गाँधीजी ने अहिंसा का नारा लगाया तो लोग हँसते थे। कहते थे, अहिंसा से कहीं ब्रिटिश साम्राज्य से टक्कर ली जा सकती है? परन्तु वे डटे रहे, साहस नहीं छोड़ा। अंत में अहिंसा की ही विजय हुई। कहते हैं, 'अकेला चना क्या भाड़ फोड़ सकता है' हाँ, फोड़ सकता है, यदि उसमें साहस हो तो।

प्रश्न— (i) संसार में सब कुछ इनमें से किसके द्वारा संभव है?

(अ) दृढ़ इच्छाशक्ति (ब) परिश्रम (स) अभ्यास (द) इन सभी

(ii) नेपोलियन के कोष में यह शब्द नहीं था—

(अ) संभव (ब) साध्य (स) असंभव (द) परिश्रम

(iii) गाँधीजी ने नारा लगाया था—

(अ) अहिंसा का (ब) रक्तपात का (स) शक्ति का (द) साहस का

(iv) गाँधीजी पुतले थे—

(अ) शक्ति के (ब) साहस के (स) अहिंसा के (द) दुर्बलता के

(v) उपर्युक्त गद्यांश का उचित शीर्षक लिखिए—

(अ) संसार में कुछ भी असाध्य नहीं है (स) दृढ़ इच्छाशक्ति

(ब) परिश्रम का महत्व (द) साहस से सब संभव है

उत्तर— (i) (द) इन सभी (ii) (स) असंभव

(iii) (अ) अहिंसा का (iv) (ब) साहस के

(v) (द) साहस से सब संभव है

6. आत्मनिर्भरता मनुष्य को श्रेष्ठ बनाती है। स्वावलंबी मनुष्य को अपने आप पर विश्वास होता है जिससे वह किसी के भी कहने में नहीं आ सकता। यदि हमें कोई काम सुधारना है तो हमें किसी के अधीन नहीं रहना चाहिए, बल्कि उसे स्वयं करना चाहिए। एकलव्य स्वयं के प्रयास से धनुर्विधा में प्रवीण बना। निपट निर्धन विद्यार्थी लालबहादुर शास्त्री भारत के प्रधान बने, साधारण से परिवार में जन्मे जैलसिंह स्वावलंबन के सहारे ही भारत के राष्ट्रपति बने। जिस प्रकार अलंकार काव्य की शोभा बढ़ाते हैं, सूक्ति भाषा को चमत्कृत करती है, गहने शरीर का सौंदर्य बढ़ाते हैं, उसी प्रकार आत्मनिर्भरता मानव में अनेक गुणों को प्रतिष्ठित करती है। आत्मनिर्भर व्यक्ति कठिन-से-कठिन कार्य को स्वविवेक तथा तत्परता द्वारा सरल बना लेता है, अतएव स्वावलंबन व्यक्ति का आभूषण है।

प्रश्न— (i) मनुष्य को श्रेष्ठ कौन बनाता है?

(अ) विश्वास (ब) प्रयास (स) आत्मनिर्भरता (द) चमत्कार

(ii) आत्मनिर्भर व्यक्ति के कौन-कौन से गुण हैं?

(अ) आत्मनिर्भर व्यक्ति स्वावलंबी होता है
(स) वह किसी की बातों में नहीं आता
(ब) उसे स्वयं पर विश्वास होता है
(द) ये सभी गुण हैं

(iii) आत्मनिर्भरता का अर्थ है-

(अ) अपने आप पर निर्भर होना
(स) अपने काम के लिए दूसरों की सहायता लेना
(ब) दूसरों पर निर्भर होना
(द) दूसरों के अधीन रहना

(iv) स्वयं के प्रयास से प्रवीण बनने वाला धनुर्धर कौन था?

(अ) जैलसिंह
(स) एकलव्य
(ब) लालबहादुर शास्त्री
(द) अन्य

(v) उपर्युक्त गद्यांश का उचित शीर्षक होगा—

(अ) आत्मनिर्भरता
(स) स्वावलंबन
(ब) आत्मनिर्भरता श्रेष्ठ है
(द) स्वावलंबन व्यक्ति का आभूषण है

उत्तर— (i) (स) आत्मनिर्भरता
(ii) (द) ये सभी गुण हैं
(iii) (अ) अपने आप पर निर्भर होना
(iv) (स) एकलव्य
(v) (ब) आत्मनिर्भरता श्रेष्ठ है

7. आत्मविश्वास मनुष्य की सबसे बड़ी पूँजी है। यह हमारे सभी आंतरिक गुणों का शिरोमणि है, जिसके अभाव में हम लक्ष्य सिद्धि के प्रयत्नों से दूर हो जाते हैं। विद्यार्थी जीवन से ही हमें इस गुण का विकास स्वयं अपने अंदर विकसित करना चाहिए ताकि आने वाला हमारा भविष्य तात्कालिक लक्ष्यों से ओतप्रोत और परिपूर्ण हो। आत्मविश्वास वस्तुतः अपनी शक्तियों की सच्ची पहचान का नाम है अर्थात् अपनी कार्यक्षमता, कार्यकुशलता और योग्यता का ज्ञान और परख से रूबरू होना और उस दिशा में अपने आप को झोंक देना, और अपनी शक्तियों को कार्यरूप में परिणत करने की वास्तविकता ही आत्मज्ञान और आत्मविश्वास है। हमें जिस पदार्थ की कामना है, लिप्सा है उसकी सिद्धि के लिए हमें आत्मविश्वासी बनकर फल की प्राप्ति की साधना करनी होगी। दृढ़ निश्चय कीजिए, अटूट, अक्षय संकल्प कीजिए, और अपने मार्ग की रुकावटों को प्रबल आत्मविश्वास से पराजित कीजिए। जिस प्रकार का व्यक्ति का आत्मविश्वास होगा, वैसी ही उसकी योग्यता होगी, यदि हमारी इच्छा अदम्य है तो प्रयत्न भी अदम्य होना चाहिए और उसका मूलाधार आत्मविश्वास ही है। जिसमें आत्मविश्वास प्रबल होगा, दृढ़ इच्छाशक्ति होगी, वह व्यक्ति विपुल ज्ञान, अदम्य साहस और धन संपत्ति का स्वामी होगा, हर मनोनुकूल क्षेत्र में विजेता होगा। आत्मविश्वास एक भावना है, एक अद्‌भुत गुण है, एक सर्वश्रेष्ठ आंतरिक शक्ति है, एक आंतरिक भावातिरेक है। जहाँ और जिस व्यक्ति के अंदर इन गुणों को कार्य रूप में परिणत करने का साहस है, उत्साह है और शक्ति है उसे सफलता और कार्य-सिद्धि स्वतः ही प्राप्त हो जाती है। आत्मविश्वास ही साहस और उत्साह का जनक है, जीवन में कठोर परीक्षाएँ सम्मुख आएँ या कठिनाइयाँ बाधा डालें आत्मविश्वासी को कोई भी परिस्थिति हतोत्साहित नहीं कर सकती।

प्रश्न— (i) मनुष्य की सबसे बड़ी पूँजी है—

(अ) विद्यार्थी जीवन (ब) योग्यता (स) आत्मविश्वास (द) कार्यक्षमता

(ii) जीवन में आने वाली कठिनाइयाँ किसे हतोत्साहित नहीं करतीं?

(अ) विपुल ज्ञानी को
(स) धन-संपत्ति के स्वामी को
(ब) साहसी व्यक्ति को
(द) आत्मविश्वासी को

(iii) आत्मविश्वास के अभाव में हम किससे दूर हो जाते हैं?

(अ) लक्ष्यसिद्धि के प्रयत्नों से
(स) मार्ग की रुकावटों से
(ब) आत्मज्ञान से
(द) पराजय से

(iv) साहस और उत्साह का जनक किसे कहा गया है?

(अ) दृढ़ निश्चय को
(स) आत्मविश्वास को
(ब) अक्षय संकल्प को
(द) जीवन में आने वाले संघर्षों को

(v) उपर्युक्त गद्यांश के लिए उपयुक्त शीर्षक होगा—
(अ) विद्यार्थी जीवन (स) आंतरिक शक्ति
(ब) कार्यक्षमता (द) 'आत्मविश्वास मनुष्य की सबसे बड़ी पूँजी'

उत्तर— (i) (स) आत्मविश्वास (ii) (द) आत्मविश्वासी
(iii) (अ) लक्ष्यसिद्धि के प्रयत्नों से (iv) (स) आत्मविश्वास को
(v) (द) 'आत्मविश्वास मनुष्य की सबसे बड़ी पूँजी'

अभ्यास प्रश्न

1. इंटरनेट दो शब्दों 'इंटर' और 'नेट' से मिलकर बना है। इंटर का अर्थ है 'आपस में' और नेट का अर्थ है 'जाल'। इंटरनेट एक ऐसा अन्तर्राष्ट्रीय नेटवर्क है जिसके द्वारा सूचनाओं, ज्ञान तथा संदेशों का आदान-प्रदान अत्यन्त तीव्रता और सुगमता से हो सकता है। इसके द्वारा आधुनिकतम सूचना व जानकारी कुछ ही क्षणों में देश-विदेश में भेजी जा सकती है।

इंटरनेट का आरम्भ 30 वर्ष पहले अमेरिका के सेना विभाग में हुआ था। इस समय अमेरिका के सेना विभाग को परमाणु युद्ध के भय से, गुप्त वैज्ञानिक सूचनाओं का तुरन्त आदान-प्रदान करने के लिए इंटरनेट जैसी व्यवस्था की आवश्यकता थी। इसके अतिरिक्त अमेरिका की सारी अर्थव्यवस्था कम्प्यूटरों के नेटवर्क पर निर्भर थी। उन्हें ये भी भय था कि यदि युद्धकाल में किसी कारण से यह नेटवर्क टूट गया तो उनकी सारी अर्थव्यवस्था चरमरा जाएगी और आर्थिक व प्रशासनिक अव्यवस्था उत्पन्न हो जाएगी। अत: इस आशंका के निवारण के लिए एक ऐसी व्यवस्था को बनाने की जरूरत भी हुई जिसकी सहायता से यदि युद्धकाल में कम्प्यूटर नेटवर्क अव्यवस्थित भी होता हो तो भी सूचना का तथा गुप्त खबरों का आदान-प्रदान हो सकता था।

प्रश्न— (i) 'इंटरनेट' शब्द का शाब्दिक अर्थ बताएँ।
....

(ii) इंटरनेट का क्या कार्य है?
....

(iii) इंटरनेट कब और कहाँ आरम्भ हुआ था?
....

(iv) इंटरनेट ने अमेरिका में युद्ध काल में क्या किया?
....

(v) इस गद्यांश का उचित शीर्षक दीजिए।
....

(vi) निम्न शब्दों के विलोम शब्द लिखिए—व्यवस्थित, गुप्त
....

2. सेवा, त्याग तथा दान-धर्म का भारतीय सांस्कृतिक चेतना में अत्यधिक महत्त्व है। भारतीय दर्शन में जीव मात्र को ईश्वरीय रूप माना जाता है। आत्मा तथा परमात्मा के विचार ने हमारे जीवन को सहज, सुगम एवं परमार्थकारी बनाया है। सारा विश्व हमारा घर है और हम सभी की भलाई के लिए कामना करें, यही हमारे जीवन का परम लक्ष्य निर्धारित किया गया है। अपने कर्त्तव्यों का पालन करते हुए, जीवन में शुचिता और गम्भीरता का समावेश कर इसे सुखी बनाने में सहायक हो सकते हैं। हमें चाहिए कि हम अपने अन्त:करण को शुद्ध कर रूढ़ियों, अन्धपरम्पराओं से पृथक् होकर सेवा-मात्र को अपना मार्ग बनाएँ। किसी दीन-दु:खी को देखकर हमारे हृदय में पीड़ा का अनुभव नहीं होता तो अवश्य ही हमने अपनी महान् संस्कृति और दर्शन से कुछ भी नहीं सीखा है। हमें यह समझना चाहिए कि पीड़ित व्यक्ति भी हमारी तरह हाड़-माँस का जीवित प्राणी है, जिसके भीतर अनुभव करने वाली इन्द्रियाँ हैं। भूख-प्यास सबको लगती है। यदि हमारे सामने कोई व्यक्ति भूखा-प्यासा, वस्त्रविहीन रहता है तो हमारे लिए यह गर्व की बात नहीं कि हम लम्बी-लम्बी मोटरगाड़ियों से धूल उड़ाते चलते हैं। आज भारतीय संस्कृति पर उपभोक्तावादी पाश्चात्य संस्कृति की कालिमा का प्रभाव पड़ता है, जिसके कारण हम 'बन्धुत्व' और 'सहानुभूति' को भूलते जा रहे हैं।

प्रश्न— (i) भारतीय संस्कृति में किस प्रवृत्ति का महत्त्व है और क्यों?
....

(ii) हमारे जीवन का परम लक्ष्य क्या होना चाहिए?
....

(iii) पीड़ित व्यक्ति के लिए हमें कैसा सोचना चाहिए?
....

(iv) हमें जीवन में किन चीजों से पृथक् होना चाहिए?
....

(v) उपभोक्तावादी पर किसका प्रभाव पड़ा है?

....

(vi) इस गद्यांश का उचित शीर्षक दीजिए।

....

3. गीता के इस उपदेश की लोग प्राय: चर्चा करते हैं कि कर्म करें, फल की इच्छा न करें। यह कहना तो सरल है पर पालन उतना सरल नहीं। कर्म के मार्ग पर आनंदपूर्वक चलता हुआ उत्साही मनुष्य यदि अन्तिम फल तक न भी पहुँचे तो भी उसकी दशा कर्म न करने वाले की अपेक्षा अधिकतर अवस्थाओं में अच्छी रहेगी क्योंकि एक तो कर्म करते हुए उसका जो जीवन बीता वह संतोष या आनंद में बीता, उसके उपरांत फल की अप्राप्ति पर भी उसे यह पछतावा न रहा कि मैंने प्रयत्न नहीं किया। फल पहले से कोई बना बनाया पदार्थ नहीं होता। अनुकूल प्रयत्न-कर्म के अनुसार प्राणी बीमार है। वह वैद्यों के यहाँ से जब तक औषधि ला-लाकर रोगी को देता जाता है तब तक उसके चित्त में जो संतोष रहता है, प्रत्येक उपचार के साथ जो आनंद का उन्मेष होता रहता है— यह उसे कदापि न प्राप्त होता, यदि वह रोता हुआ बैठा रहता। प्रयत्न की अवस्था में उसके जीवन का जितना अंश संतोष, आशा और उत्साह में बीता, अप्रयत्न की दशा में उतना ही अंश केवल शोक और दु:ख में कटता। इसके अतिरिक्त रोगी के न अच्छे होने की दशा में भी वह आत्म-ग्लानि के उस कठोर दु:ख से बचा रहेगा जो उसे जीवन भर यह सोच-सोचकर होता कि मैंने पूरा प्रयत्न नहीं किया।

कर्म के आनंद अनुभव करने वालों का नाम कर्मण्य है। धर्म और उदारता के उच्च कर्मों के विधान में ही एक ऐसा दिव्य आनंद भरा रहता है कि कर्त्ता को वे कर्म ही फलस्वरूप लगते हैं। अत्याचार का दमन और शमन करते हुए कर्म करने से चित्त में जो तुष्टि होती है वही लोकोपकारी कर्मवीर का सच्चा सुख है।

प्रश्न— (i) कर्म करने वाले को किसका और क्यों पछतावा नहीं होता?

....

(ii) घर के बीमार सदस्य का उदाहरण क्यों दिया गया है?

....

(iii) 'कर्मण्य' किसे कहा गया है?

....

(iv) कर्मवीर का सुख किसे माना गया है?

....

(v) यहाँ गीता के किस उपदेश की ओर संकेत किया गया है और क्यों?

....

(vi) उपर्युक्त गद्यांश का उचित शीर्षक दीजिए।

....

4. देश ने 2 अक्टूबर, 2019 को महात्मा गाँधी की 150वीं जयन्ती मनाई। सरकार ने उनकी स्मृति में अनेक कार्यक्रम आयोजित किए। आधुनिक भारत में संभवत: महात्मा गाँधी का चरित्र अच्छाइयों तथा विरोधी बातों से परस्पर चर्चित है। जितने लोग उन्हें प्रासंगिक बताने वाले हैं, उतने ही लोग अप्रासंगिक बताने वाले भी हैं। भारत में गाँधीजी को लेकर वाद-विवाद बढ़ता नजर आ रहा है चाहे उनकी प्रतिमाएँ बढ़ रही हैं और उनके नाम पर सरकारी कार्यक्रमों का आयोजन हो रहा है, परन्तु उनके जीवन का मूल मंत्र 'सत्य और अहिंसा' मात्र किताबी भाव रह गए हैं। पर एक समय था, जब वे ठोस, स्थिर एवं वस्तुनिष्ठ सत्ता थे। आज के समय में अधिक-से-अधिक संपत्ति अर्जित करना और उसका उपभोग करना ही हर मनुष्य का लक्ष्य रह गया है। दूसरों को साथ लेकर चलना और दुखियारों की मदद करना शिथिल हो गया है। इस प्रवृत्ति का विस्तार राष्ट्र के स्तर पर भी देखने को मिल जाता है। विश्व स्तर पर सभी राष्ट्रों की एक-दूसरे से ज्यादा शक्तिशाली बनने की प्रतिस्पर्धा चल रही है। हर राष्ट्र अधिक-से-अधिक गोला-बारूद बनाकर अपने आपको बलशाली दिखाना चाहता है तथा अपनी अर्थव्यवस्था से अपनी श्रेष्ठता दिखाना चाहता है। शान्ति, प्रेम एवं अहिंसा की बातें केवल भाषणों तक सीमित रह गई हैं।

प्रश्न— (i) देश ने 2 अक्टूबर, 2019 को गाँधीजी की कौन-सी जयंती मनाई?

(अ) 150वीं (ब) 50वीं (स) 15वीं (द) 100वीं

(ii) आधुनिक भारत में महात्मा गाँधीजी का चरित्र चर्चित है—

(अ) उनकी अच्छाइयों के लिए (स) अच्छाइयों और विरोधी बातों के लिए

(ब) विरोधी बातों के लिए (द) इनमें से कोई नहीं

(iii) गाँधीजी को लेकर किस बात का वाद-विवाद बढ़ रहा है?

(अ) गाँधीजी की प्रासंगिकता का (स) उनकी प्रासंगिकता तथा अप्रासंगिकता का

(ब) उनकी अप्रासंगिकता का (द) सरकारी कार्यक्रमों के आयोजन का

(iv) विश्व स्तर पर राष्ट्र अपनी श्रेष्ठता कैसे दिखाना चाहते हैं?

(अ) अधिक-से-अधिक गोला-बारूद बनाकर
(ब) अपने आपको अधिक शक्तिशाली दिखाकर
(स) अपनी अर्थव्यवस्था से अपनी श्रेष्ठता दिखाकर
(द) ये सभी सत्य हैं

(v) उपर्युक्त गद्यांश का उचित शीर्षक बताइए—

(अ) गाँधीजी के विलुप्त होते सिद्धान्त
(ब) गाँधीजी की प्रासंगिकता
(स) राष्ट्रपिता महात्मा गाँधी
(द) सत्य और अहिंसा के पुजारी-बापू

5. साहित्य को मानव जीवन की कोमल-कांत आंतरिक भावनाओं का वाहक माना गया है, हालाँकि उनका आधार जीवन का ऊबड़-खाबड़, कठोर और यथार्थ धरातल ही हुआ करता है। मानव मन कोमल, भावुक और अन्य चमत्कारी भावनाओं से भरा होता है, जोकि साहित्य के अलौकिक या पारलौकिक विचारों, धारणाओं तथा चेतनाओं पर चिंतन करने योग्य है।

साहित्य जीवन को कई प्रकार के आश्वासन, कई प्रकार के विश्वास तथा कई प्रकार के आश्रय प्रदान करता है। साहित्य शब्द एवं भावनाओं से रचा जाता है, शब्द अक्षरों से बना है और अक्षर को सनातन धर्म के अनुसार सत्य, ब्रह्म का रूप माना-कहा गया है। आध्यात्मिक या धार्मिक परंपरा में जैसे ब्रह्म कभी नहीं खत्म किया जा सकता, वैसे ही आधुनिक विज्ञान द्वारा यह सिद्ध किया गया है कि शब्द कभी मारा या विनाशित नहीं किया जा सकता। ठीक इसी प्रकार, साहित्य का रूप भी अजर-अमर रहता है। वह युगानुयुग मानव पीढ़ी को अनुप्राणित करता रहता है।

साहित्य युगों-युगों तक मनुष्यों की चेतना को संबल प्रदान करते रहते हैं। उदाहरण के रूप में, हम भक्तिकाल से रचे गए कबीर, जायसी, सूर, तुलसी द्वारा रचित साहित्य को भी ले सकते हैं। उपर्युक्त सभी प्रकार के साहित्य अभी तक भक्ति एवं धार्मिक मार्गदर्शन के लिए हमारे काम आते हैं।

प्रश्न— (i) साहित्य को मानव-जीवन में क्या माना गया है?

(अ) कोमल-कांत आंतरिक भावनाओं का वाहक
(ब) जीवन का ऊबड़-खाबड़ धरातल
(स) जीवन का कठोर और यथार्थ धरातल
(द) मानव जीवन का चिंतन

(ii) मानव मन किससे भरा रहता है?

(अ) कोमल भावनाओं से भरा रहता है
(ब) भावुक भावनाओं से भरा रहता है
(स) चमत्कारी भावनाओं से भरा रहता है
(द) इन सभी भावनाओं से भरा रहता है

(iii) साहित्य जीवन को क्या प्रदान करता है?

(अ) आश्वासन
(ब) विश्वास और आश्रय
(स) (अ) तथा (ब) दोनों
(द) अन्य

(iv) भक्तिकाल के प्रसिद्ध कवि हैं—

(अ) कबीर और जायसी
(ब) सूर और तुलसी
(स) ये सभी
(द) इनमें से कोई नहीं

(v) उपर्युक्त गद्यांश का सार्थक शीर्षक है—

(अ) साहित्य और समाज
(ब) साहित्य एवं मानव जीवन
(स) साहित्य का महत्व
(द) साहित्य का रूप

❑❑

अपठित काव्यांश/पद्यांश

|2|

'अपठित' काव्यांश का अर्थ है—कविता का ऐसा अंश जिसे आपने अपनी हिन्दी की पाठ्य-पुस्तक में न पढ़ा हो। इसमें 250-300 शब्दों की कविता दी जाती है एवं उस पर आधारित कुछ प्रश्न पूछे जाते हैं।

ध्यान देने योग्य मुख्य बातें—

- मुख्य कविता या कविता का सार समझें।
- यदि कविता समझ में न आए तो आप स्वयं से प्रश्न करें कि—
  मैं क्या पढ़ रहा हूँ?
- प्रश्नों के उत्तर सटीक तथा स्पष्ट दें।
- कविता में आए प्रतीकों पर ध्यान दें।

निम्नलिखित काव्यांश को पढ़कर पूछे गए प्रश्नों के उत्तर सही विकल्प चुनकर लिखिए—

1. तूफानों की ओर घुमा दो नाविक निज पतवार!
आज सिंधु ने विष उगला है
लहरों का यौवन मचला है
आज हृदय में और सिंधु में
साथ उठा है ज्वार!
तूफानों की ओर घुमा दो नाविक निज पतवार!
लहरों के स्वर में कुछ बोलो
इस अंधड़ में साहस तोलो
कभी-कभी मिलता जीवन में
तूफानों का प्यार।
तूफानों की ओर घुमा दो नाविक निज पतवार!
यह असीम निज सीमा जाने
सागर को भी यह पहचाने
मिट्टी के पुतले मानव ने
कभी न मानी हार।
तूफानों की ओर घुमा दो नाविक निज पतवार!
सागर की अपनी क्षमता है
पर माँझी भी कब थकता है
जब तक साँसों में स्पंदन है
उसका हाथ नहीं रुकता है,
इसके ही बल पर कर डाले सातों सागर पार।
तूफानों की ओर घुमा दो नाविक निज पतवार।

प्रश्न— (i) सिंधु ने क्या उगला है?
(अ) ज्वार (ब) यौवन (स) विष (द) तूफान

(ii) मनुष्य के हृदय में और समुद्र में एक साथ क्या उठा है?
(अ) साहस (ब) प्यार (स) ज्वार (द) लहर

(iii) मिट्टी का पुतला किसे कहा गया है?
(अ) मानव को (ब) सिंधु को (स) माँझी को (द) तूफान को

(iv) स्पंदन का समानार्थी होगा—
(अ) धड़कन (ब) साँस (स) सागर (द) पतवार

(v) प्रस्तुत कविता के माध्यम से कवि क्या संदेश देना चाहता है?
(अ) हमें तूफानों में नाव चलानी चाहिए
(स) हमें बाधाओं को पार कर अपने लक्ष्य तक पहुँचना चाहिए
(ब) समुद्र विष उगलता है
(द) समुद्र में नाव चलाना खतरनाक होता है

उत्तर— (i) (स) विष (ii) (स) ज्वार
(iii) (अ) मानव को (iv) (अ) धड़कन
(v) (स) हमें बाधाओं को पार कर अपने लक्ष्य तक पहुँचना चाहिए

2. साक्षी है इतिहास हमीं पहले जागे हैं,
जाग्रत सब हो रहे हमारे ही आगे हैं।
शत्रु हमारे कहाँ नहीं भय से भागे हैं?

कायरता से कहाँ प्राण हमने त्यागे हैं?
हैं हमीं प्रकंपित कर चुके,
सुरपति तक का भी हृदय।
फिर एक बार हे विश्व!
तुम गाओ भारत की विजय।।
कहाँ प्रकाशित नहीं रहा है तेज़ हमारा,
दलित कर चुके शत्रु सदा हम पैरों द्वारा।
बतलाओ तुम कौन नहीं जो हमसे हारा,
पर शरणागत हुआ कहाँ, कब हमें न प्यारा।।
बस युद्ध-मात्र को छोड़कर,
कहाँ नहीं हैं हम सदय।
फिर एक बार हे विश्व!
तुम, गाओ भारत की विजय।।

प्रश्न— (i) 'पहले जागे हैं' से क्या तात्पर्य है?
(अ) सबसे पहले सवेरा यहाँ होता है
(ब) ज्ञान प्राप्ति हमें सबसे पहले हुई
(स) विज्ञान के आविष्कार यहीं हुए
(द) जीत का सवेरा यहीं हुआ

(ii) 'हैं हमीं प्रकंपित कर चुके, सुरपति तक का भी हृदय'—से हमारी किस विशेषता का बोध होता है?
(अ) दयालुता
(ब) वीरता
(स) शरणागत वत्सलता
(द) ज्ञान प्राप्ति

(iii) हमारी दयालुता किन पंक्तियों से प्रकट होती है?
(अ) हैं हमीं प्रकंपित कर चुके, सुरपति तक का हृदय
(ब) कहाँ प्रकाशित नहीं रहा है तेज़ हमारा
(स) दलित कर चुके शत्रु सदा हम पैरों द्वारा
(द) पर शरणागत हुआ कहाँ, कब हमें न प्यारा। बस युद्ध-मात्र को छोड़कर, कहाँ नहीं हैं हम सदय।

(iv) विश्व को भारत का जयघोष करने को क्यों कहा गया है?
(अ) हमारी जीतने की शक्ति के कारण
(ब) हमारे परंपरा से चले आ रहे गुणों के कारण
(स) हमारे समृद्ध अतीत के कारण
(द) हमारे सुरपति तक पहुँचने के कारण

(v) 'सदय' का विलोम है—
(अ) निर्दय (ब) दयावान (स) दयाहीन (द) कायर

उत्तर— (i) (ब) ज्ञान प्राप्ति हमें सबसे पहले हुई (ii) (ब) वीरता
(iii) (द) पर शरणागत हुआ कहाँ, कब हमें न प्यारा। बस युद्ध-मात्र को छोड़कर, कहाँ नहीं हैं हम सदय।
(iv) (अ) हमारी जीतने की शक्ति के कारण (v) (अ) निर्दय

3. सहानुभूति चाहिए, महाविभूति है यही;
वशीकृता सदैव है बनी हुई स्वयं मही।
विरुद्धवाद बुद्ध का दया-प्रवाह में बहा,
विनीत लोकवर्ग क्या न सामने झुका रहा?
आह! वही उदार है परोपकार जो करे,
वही मनुष्य है कि जो मनुष्य के लिए मरे।।
रहो न भूल के सभी मदांध तुच्छ वित्त में,
सनाथ जान आपको करो न गर्व चित्त में।
दयालु दीनबंधु के अधीर भाव जो धरे,
वही मनुष्य है कि जो मनुष्य के लिए मरे।।
अनंत अंतरिक्ष में अनंत देव हैं खड़े,
समक्ष ही स्वबाहु जो बढ़ा रहे बड़े-बड़े।
परस्परावलंब से उठो तथा बढ़ो सभी,
अभी अमर्त्य-अंक में अपंक हो चढ़ो सभी।।

रहो न यों कि एक से न नाम और का सटे,
वही मनुष्य है कि जो मनुष्य के लिए मरे।।

प्रश्न— (i) कवि ने महान् विभूति किसे कहा है?
(अ) दीनबंधु को (ब) सहानुभूति को (स) अंतरिक्ष को (द) परोपकार को

(ii) कवि के अनुसार वही उदार है जो—
(अ) परोपकारी (ब) मदांध व्यक्ति (स) सनाथ (द) गर्व करने वाला

(iii) 'अभी अमर्त्य-अंक में अपंक हो चढ़ो सभी', इस पंक्ति में अलंकार है—
(अ) उपमा (ब) रूपक (स) उत्प्रेक्षा (द) अनुप्रास

(iv) मनुष्य को इनमें से क्या नहीं भूलना चाहिए?
(अ) मदांधता (स) अहं
(ब) स्वार्थ (द) दूसरों की सहायता करना

(v) स्वयं को सनाथ मानकर कभी गर्व नहीं करना चाहिए, क्योंकि—
(अ) सभी ईश्वर की संतान हैं (स) दयालु, दीनबंधु की कृपा सभी पर है
(ब) ईश्वर सबका नाथ है (द) इनमें से सभी

उत्तर— (i) (स) सहानुभूति को (ii) (स) सनाथ
(iii) (अ) उपमा (iv) (अ) मदांधता
(v) (स) दयालु, दीनबंधु की कृपा सभी पर है

4. सागर के उर पर नाच-नाच करती हैं लहरें मधुरगान
प्रात: समीर से हो अधीर,
छूकर पल-पल उल्लसित तीर,
कुसुमावलि-सी पुलकित महान,
सागर के उर पर नाच-नाच करती हैं लहरें मधुरगान।
संध्या-से पाकर रुचि रंग
करती-सी शत सुर-चाप भंग
हिलती नव तरू-दल के समान,
सागर के उर पर नाच-नाच करती हैं लहरें मधुरगान।
करतल-गत कर नभ की विभूति,
पाकर शशि से सुषमानुभूति
तारावलि-सी मृदु दीप्तिमान,
सागर के उर पर नाच-नाच करती हैं लहरें मधुरगान।
तन पर शोभित नीला दुकूल
हैं छिपे हृदय में भाव फूल
आकर्षित करती हुई ध्यान,
सागर के उर पर नाच-नाच करती हैं लहरें मधुरगान।

प्रश्न— (i) लहरें कहाँ नाचकर मधुर गान करती हैं?
(अ) समुद्र के ऊपर (ब) समुद्र के जल में (स) समुद्र के उर पर (द) नदी में

(ii) 'कुसुमावलि' शब्द का संधि-विच्छेद होगा—
(अ) कुसुम + अवलि (ब) कुसुमा + वलि (स) कु + सुमावलि (द) कुसु + मावलि

(iii) 'सुरचाप भंग करना' क्या होता है?
(अ) इंद्रधनुषों की शोभा को पीछे छोड़ देना (स) सुर की चाप टूट जाती है
(ब) देवताओं का चाप भंग कर देना (द) अत्यंत सुंदर

(iv) कौन-सा शब्द 'शशि' का पर्यायवाची नहीं है?
(अ) सोम (ब) निशाकर (स) चंद्रमा (द) दिवाकर

(v) 'नीला दुकूल' क्या है?
(अ) नीला दुपट्टा (स) नीला सागर जल
(ब) आकाश की नीलिमा (द) चारों ओर फैली नीलिमा

उत्तर— (i) (स) समुद्र के उर पर (ii) (अ) कुसुम + अवलि

(iii) (अ) इंद्रधनुषों की शोभा को पीछे छोड़ देना (iv) (द) दिवाकर

(v) (ब) आकाश की नीलिमा

5. सच हम नहीं सच तुम नहीं
सच है महज संघर्ष हो।
संघर्ष से हटकर जिए तो क्या जिए हम कि तुम,
जो नत हुआ वह मृत हुआ ज्यों वृक्ष से
झरकर कुसुम जो लक्ष्य भूल सका नहीं
जो हार देख झुका नहीं।
जिसने प्रणय पाथेय माना जीत उसकी रही।
सच हम नहीं सच तुम नहीं।
ऐसा करो जिससे न प्राणों में कहीं जड़ता रहे।
जो भी जहाँ चुपचाप अपने आपसे लड़ता रहे।
जो भी परिस्थितियाँ मिलें।
काँटे चुभें, कलियाँ खिलें।
हारे नहीं इंसान, है संदेश जीवन का यही।
सच हम नहीं सच तुम नहीं।

प्रश्न— (i) कवि के अनुसार जीवन का सच है—
(अ) हम (ब) तुम (स) संघर्ष (द) हम और तुम

(ii) कवि के अनुसार जीत उसी की होती है, जो—
(अ) समस्याओं से नहीं घबराता
(ब) हर परिस्थिति को चुनौती के रूप में स्वीकार नहीं करता
(स) संघर्षों से डरकर पीछे हट जाता है
(द) जो डर जाता है

(iii) 'कुसुम' शब्द का पर्यायवाची इनमें से कौन-सा शब्द नहीं है?
(अ) सुमन (ब) प्रसून (स) पुहुप (द) गुलाब

(iv) काव्यांश में प्रयुक्त 'हार' शब्द का क्या अर्थ है?
(अ) फूलों की माला (ब) हार जाना (स) थकना (द) प्रत्येक

(v) उपर्युक्त काव्यांश के माध्यम से कवि क्या संदेश देना चाहता है?
(अ) संसार में कुछ भी सत्य नहीं है
(ब) किसी को अपना लक्ष्य नहीं भूलना चाहिए
(स) वृक्ष से झड़कर फूल मुरझा जाता है
(द) हमें विषम परिस्थितियों में हार नहीं माननी चाहिए

उत्तर— (i) (स) संघर्ष (ii) (अ) समस्याओं से नहीं घबराता
(iii) (द) गुलाब (iv) (ब) हार जाना
(v) (द) हमें विषम परिस्थितियों में हार नहीं माननी चाहिए

6. जिसकी रज में लोट-लोटकर बड़े हुए हैं,
घुटनों के बल सरक-सरककर खड़े हुए हैं,
परमहंस सम बाल्यकाल में सब सुख पाए,
जिसके कारण धूल भरे हीरे कहलाए,
हम खेले-कूदे हर्षयुत, जिसकी प्यारी गोद में।
हे मातृभूमि तुझको निरख, मग्न क्यों न हों मोद में?
पाकर तुझसे सभी सुखों को हमने भोगा,
तेरा प्रत्युपकार कभी क्या हमसे होगा?
तेरी ही यह देह तुझी से बनी हुई है,
बस तेरे ही सुरस-सार से सनी हुई है,
फिर अंत समय तू ही इसे अचल देख अपनाएगी।
हे मातृभूमि, यह अंत में तुझमें ही मिल जाएगी।
जिस पृथ्वी में मिले हमारे पूर्वज प्यारे,
उससे हे भगवान! कभी हम रहें न न्यारे,
लोट-लोटकर वहीं हृदय को शांत करेंगे,
उसमें मिलते समय मृत्यु से नहीं डरेंगे,

उस मातृभूमि की धूल में, जब पूरे सन जाएँगे,
होकर भव-बंधन-मुक्त हम, आत्मरूप बन जाएँगें।

प्रश्न— (i) 'जिसकी रज में लोट-लोटकर बड़े हुए हैं—इस पंक्ति में किसकी रज के बारे में बात हो रही है?

(अ) मातृभूमि की रज (ब) गाँव की रज (स) धरती की रज (द) अपने घर की रज

(ii) 'धूल भरे हीरे' किसे कहा गया है?

(अ) धूल में खेलने वाले (स) धूल से सने गंदे बच्चे
(ब) धूल-मिट्टी उड़ाने वाले (द) मातृभूमि की अमूल्य संतान

(iii) इस कविता में किस पंक्ति से अतीत के प्रति प्रेम प्रकट हो रहा है?

(अ) तेरी ही यह देह तुझी से बनी हुई है (स) अंत समय तू ही इसे अचल देख अपनाएगी
(ब) जिस पृथ्वी में मिले हमारे पूर्वज प्यारे (द) परमहंस सम बाल्यकाल में सब सुख पाए

(iv) प्रस्तुत कविता का मूलभाव है—

(अ) मातृभूमि के गौरव का गान करना (स) मातृभूमि की उदारता का बखान करना
(ब) मातृभूमि के वीरों का गुणगान करना (द) मातृभूमि के सौन्दर्य का गुणगान करना

(v) प्रस्तुत काव्यांश के लिए उपयुक्त शीर्षक चुनिए—

(अ) मातृभूमि मेरी (ब) देशप्रेम (स) मेरी मातृभूमि (द) मातृभूमि

उत्तर— (i) (अ) मातृभूमि की रज (ii) (द) मातृभूति की अमूल्य संतान
(iii) (ब) जिस पृथ्वी में मिले हमारे पूर्वज प्यारे (iv) (अ) मातृभूमि के गौरव का गान करना
(v) (द) मातृभूमि

7. जन्म दिया माता-सा जिसने, किया सदा लालन-पालन
जिसके मिट्टी-जल से ही रचा गया हम सबका तन।
गिरिवर नित रक्षा करते हैं, उच्च उठा के श्रृंग महान,
जिसके लता द्रुमादिक करते हमको अपनी छाया दान।
माता केवल बाल-काल में निज अंक में धरती है,
हम अशक्त जब तलक तभी तक पालन-पोषण करती है।
मातृभूमि करती है सबका लालन सदा मृत्यु-पर्यन्त,
जिसके दया-प्रवाहों का होता न कभी सपने में अंत
मर जाने पर कण देहों के इसमें ही मिल जाते हैं,
हिन्दू जलते, यवन-ईसाई शरण इसी में पाते हैं।
ऐसी मातृभूमि मेरी है स्वर्णलोक से भी प्यारी,
उसके चरण-कमल पर मेरा तन-मन-धन सब बलिहारी।

प्रश्न— (i) कवि के अनुसार हमें जन्म दिया है—

(अ) माँ ने (ब) धरती माँ ने (स) लताओं ने (द) गिरिवर ने

(ii) हमारे जीवन में योगदान है—

(अ) मातृभूमि का (ब) लताओं का (स) वृक्षों का (द) इन सभी का

(iii) स्वर्णलोक से भी प्यारी क्या है?

(अ) मिट्टी (ब) लताएँ (स) मातृभूमि (द) वृक्षों की छाया

(iv) कवि मातृभूमि के चरण-कमलों पर अपना क्या-क्या न्योछावर करना चाहता है?

(अ) तन (स) धन
(ब) मन (द) तन-मन-धन सब कुछ

(v) हमारा शरीर किससे बना है?

(अ) मिट्टी से (स)माँस से
(ब) हड्डी से (द)हड्डी और माँस से

उत्तर— (i) (ब) धरती माँ ने (ii) (द) इन सभी का
(iii) (स) मातृभूमि (iv) (द) तन-मन-धन सब कुछ
(v) (अ) मिट्टी से

8. ओ बसुधा के रहने वालो! रहो सर्वदा प्यार से।।
नाम अलग है देश-देश के, पर वसुंधरा एक है।
फल-फूलों के रूप अलग पर भूमि उर्वरा एक है।
धरा बाँटकर हृदय न बाँटो दूर रहो संहार से।।
कभी न सोचो तुम अनाथ, एकाकी या निष्प्राण रे।
बूँद-बूँद करती है मिलकर, सागर का निर्माण रे।
लहर-लहर देती संदेश यह दूर क्षितिज के पार से।।
धर्म वही है जो करता है मानव का उद्धार रे।
धर्म नहीं वह जो कि डाल दे, दिल में एक दरार रे।
करो न दूषित आँगन मन का, नफरत की दीवार से।।

प्रश्न— (i) काव्यांश में 'भूमि' शब्द के विभिन्न पर्याय प्रयुक्त हुए हैं। गलत उत्तर बताइए—
(अ) वसुधा (ब) उर्वरा (स) धरा (द) वसुंधरा

(ii) धरती को बाँटने के बाद मनुष्य अब प्रयास कर रहा है—
(अ) हृदय को बाँटने का (स) आकाश को बाँटने का
(ब) समुद्र को बाँटने का (द) इंसान को बाँटने का

(iii) मनुष्य को कभी नहीं सोचना चाहिए—
(अ) कि वह अनाथ है (स) कि वह निष्प्राण नहीं है
(ब) कि वह एकाकी नहीं है (द) कि वह सर्वज्ञ है

(iv) काव्यांश के अनुसार धर्म क्या है?
(अ) जो दिल में दरार डाल दे (स) जो हृदय को दूषित कर दे
(ब) जो मानव का उद्धार करता है (द) जो नफरत की दीवार पैदा करे

(v) काव्यांश का उचित शीर्षक बताइये—
(अ) हमारी वसुधा (स) मातृभूमि
(ब) भूमि उर्वरा (द) रहो सर्वदा प्यार से

उत्तर— (i) (ब) उर्वरा (ii) (अ) हृदय को बाँटने का
(iii) (द) कि वह सर्वज्ञ है (iv) (ब) जो मानव का उद्धार करता है
(v) (अ) हमारी वसुधा

अभ्यास प्रश्न

1. थका-हारा मन सोचता मन।
उलझती ही जा रही है एक उलझन।
अँधेरे में अँधेरे से कब तलक लड़ते रहें
सामने जो दिख रहा है, वह सच्चाई भी कहें।
भीड़ अंधों की खड़ी खुश रेवड़ी खाती
अँधेरे के इशारों पर नाचती-गाती।
थका हारा सोचता मन-सोचता मन।
भूखी प्यासी कानाफूसी दे उठी दस्तक
अंधा बन जा झुका दे तम-द्वार पर मस्तक।।
रेवड़ी की बाँट में तू रेवड़ी बन जा
तिमिर के दरबान-सा तन जा।
थका हारा, उठा गर्दन-जूझता मन
दूर उलझन! दूर उलझन, दूर उलझन!
चल खड़ा हो पैर में यदि लग गई ठोकर
खड़ा हो संघर्ष में फिर रोशनी होकर
मृत्यु भी वरदान है संघर्ष में प्यारे
सत्य के संघर्ष में क्यों रोशनी हारे।
देखते ही देखते तम तोड़ता है दम
और सूरज की तरह हम ठोंकते हैं खम।

प्रश्न— (i) अँधेरे में अंधों की भीड़ खुश क्यों थी?
....

(ii) भूख-प्यास की विवशता का क्या परामर्श था?
....

(iii) संघर्ष में विजय किसे मिलती है?
....

(iv) संघर्ष में रोशनी होकर कैसे खड़ा हुआ जा सकता है?

....

(v) 'दम तोड़ना' और 'खम ठोकना' मुहावरों का आशय स्पष्ट कीजिए।

....

2. लक्ष्य तक पहुँचे बिना, पथ में पथिक विश्राम कैसा।
लक्ष्य है अति दूर दुर्गम मार्ग भी हम जानते हैं;
किंतु पथ के कंटकों को हम सुमन ही मानते हैं,
जब प्रगति का नाम जीवन, यह अकाल विराम कैसा।।
धनुष से जो छूटता है बाण कब मग में ठहरता
देखते-देखते वह लक्ष्य का ही बेध करता

लक्ष्य प्रेरित बाण है हम, ठहरते का काम कैसा।।
बस वही है पथिक जो पथ पर निरंतर अग्रसर हो,
हो सदा गतिशील जिसका लक्ष्य प्रतिक्षण निकटतर हो।
हार बैठे जो डगर में पथिक उसका नाम कैसा।।

बाल रवि की स्वर्ण किरणें निमिष में भू पर पहुँचती,
कालिमा का नाश करती, ज्योति जगमग जगत धरती
ज्योति के हम पुंज फिर हमको अमा से भीति कैसा।।

आज तो अति ही निकट है देख लो वह लक्ष्य अपना,
पग बढ़ाते ही चलो बस शीघ्र होगा सत्य सपना।
धर्म-पथ के पथिक को फिर देव दक्षिण वाम कैसा।।

प्रश्न— (i) इस पद्यांश में पथिक को क्या प्रेरणा दी गई है?

....

(ii) पथ के कंटक को सुमन मानने का क्या आशय है?

....

(iii) सच्चा पथिक कौन है?

....

(iv) 'ज्योति के पुंज' किन्हें कहा गया है और क्यों?

....

(v) 'धर्म-पथ के पथिक को फिर देव दक्षिण-वाम कैसा-भाव स्पष्ट कीजिए।

....

3. बिहसि लखनु बोले मृदु बानी। अहो मुनीसु महाभट मानी॥
पुनि पुनि मोहि देखाव कुठारू। चहत उड़ावन फूँकि पहारू॥
इहाँ कुम्हड़बतिआ कोउ नाहीं। जे तरजनी देखि मरि जाहीं॥
देखि कुठारु सरासर बाना। मैं कछु कहा सहित अभिमाना॥
भृगुसुत समुझि जनेउ बिलोकी। जो कछु कहहु सहौं रिस रोकी॥
सुर, महिसुर, हरिजन अरु गाई। हमरे कुल इन्ह पर न सुराई॥
बधे पापु अपकीरति हारें। मारतहूँ पा परिअ तुम्हारे॥
कोटि कुलस सम वचन तुम्हारा। व्यर्थ धरए धनु बान कुठारा॥

प्रश्न— (i) प्रस्तुत काव्यांश में प्रयुक्त छंद है—

(अ) रोला (ब) सोरठा (स) चौपाई (द) गीतिका

....

(ii) 'अहो मुनीसु महाभट मानी' इस पंक्ति में प्रयुक्त अलंकार है—

(अ) अनुप्रास (ब) रूपक (स) यमक (द) उत्प्रेक्षा

....

(iii) काव्यांश में प्रयुक्त मुहावरा है—
(अ) इहाँ कुम्हड़बतिया कोउ नाहीं
(स) देखि कुठारु सरासर बाना
(ब) जे तरजनी देखि मरि जाहीं
(द) चहत उड़ावन फूँकि पहारू

....

(iv) रघुकुल की परंपरा के अनुसार इन पर आघात नहीं किया जाता—
(अ) देवता
(स) गाय
(ब) ब्राह्मण
(द) इनमें से किसी पर नहीं

....

(v) 'इहाँ कुम्हड़बतिआ कोउ नाहीं'—पंक्ति के माध्यम से लक्ष्मण स्पष्ट करना चाहते हैं कि—
(अ) यहाँ कद्दू के फूल नहीं हैं
(स) यहाँ कोई निर्बल व्यक्ति नहीं हैं
(ब) यहाँ छुई-मुई का पौधा नहीं हैं
(द) यहाँ कुम्हार की बातें नहीं की जा रही हैं

....

4. शांति नहीं तब तक जब तक
सुख-भाग न सबका सम हो।
नहीं किसी को बहुत अधिक हो।
नहीं किसी को कम हो।
स्वत्व माँगने से न मिले,
संघात पाप हो जाएँ।
बोलो धर्मराज शोषित वे
जियें या कि मिट जाएँ?
न्यायोचित अधिकार माँगने
से न मिले, तो लड़ के।
तेजस्वी छीनते समर को,
जीत या कि खुद मर के।
किसने कहा, पाप है, समुचित
स्वत्व-प्राप्ति-हित लड़ना?
उठा न्याय का खड्ग समर में
अभय मारना-मरना?

यह समर तो और भी अपवाद है
चाहता कोई नहीं इसको, मगर
जूझना पड़ता सभी को, शत्रु जब
आ गया हो द्वार पर ललकारता।
छीनता हो स्वत्व कोई, और तू
त्याग-तप से काम ले, यह पाप है।
पुण्य है विच्छिन्न कर देना उसे
बढ़ रहा तेरी तरफ जो हाथ हो।
युद्ध को तुम निंद्य कहते हो मगर
जब तलक हैं उठ रहीं चिनगारियाँ
भिन्न स्वार्थों के कुलिश संघर्ष को,
युद्ध तब तक विश्व में अनिवार्य है।
और जो अनिवार्य है उसके लिए
खिन्न या परितप्त होना व्यर्थ है।
तू नहीं लड़ता न लड़ता, आग यह
फूटती निश्चय किसी भी ब्याज से।

प्रश्न— (i) शांति के लिए आवश्यक है—
(अ) सबका सुख-भाग बराबर होना
(स) युद्ध करना
(ब) अन्याय करना
(द) अन्याय को चुपचाप सहना

....

(ii) कौन-सा युद्ध निष्पाप नहीं है—
(अ) अपने अधिकार के लिए लड़ना
(स) स्वार्थ के लिए लड़ना
(ब) अन्याय के विरुद्ध लड़ना
(द) जब शत्रु ललकार रहा हो

....

(iii) तेजस्वी लोगों की पहचान है—
(अ) वे कभी किसी से युद्ध नहीं करते
(ब) अन्याय के विरुद्ध आवाज नहीं उठाते
(स) अपना अधिकार छिन जाने पर भी शांत बने रहते हैं
(द) युद्धभूमि में या तो विजय प्राप्त करते हैं अथवा वीरगति को प्राप्त हो जाते हैं

....

(iv) कवि ने पाप किसे कहा है—
(अ) स्वत्व प्राप्ति हित लड़ना
(ब) न्यायोचित अधिकार के लिए लड़ना
(स) शत्रु की ललकार सुनकर लड़ना
(द) अपने अस्तित्व पर आँच आने पर त्याग और तप से काम लेना

....

(v) 'न्यायोचित' का संधि-विच्छेद होगा–

(अ) न्याय + उचित (ब) न्यायो + चित (स) न्या + योचित (द) नि + आयोचित

....

5. जगपति कहाँ? अरे, सदियों से वह तो हुआ राख की ढेरी;
वरना समता-संस्थापन में लग जाती क्या इतनी देरी?
छोड़ आसरा अलख शक्ति का; रे नर, स्वयं जगपति तू है,
तू यदि जूठे पत्तल चाटे, तो मुझ पर लानत है, थू है!

कैसा बना रूप यह तेरा, घृणित, पतित, वीभत्स, भयंकर!
नहीं याद क्या तुझको, तू है चिर सुंदर, नवीन प्रलयंकर?
भिक्षा-पात्र फेंक हाथों से, तेरे स्नानु बड़े बड़शाली,
अभी उठेगा प्रलय नींद से, तनिक बजा तू अपनी ताली।

ओ भिखमंगे, अरे पराजित, ओ मजलूम, अरे चिरदोहित,
तू अखंड भंडार शक्ति का; जाग, अरे निद्रा-सम्मोहित,
प्राणों को तड़पाने वाली हुंकारों से जल-थल भर दे,
अनाचार के अंबारों में अपना ज्वलित पलीता धर दे।

भूखा देख तुझे गर उमड़े आँसू नयनों में जन-जन के
तो तू कह दे, नहीं चाहिए हमको रोने वाले जनखे;
तेरी भूख, असंस्कृति तेरी, यदि न उभाड़ सके क्रोधानल-
तो फिर समझूँगा कि हो गई सारी दुनिया कायर निर्बल।

(i) प्रथम चार पंक्तियों में कवि ने लोगों को किस बात के लिए लताड़ा है–

(अ) राजा या शासक पर आश्रित रहने के लिए
(ब) अलख या अगोचर शक्ति का आश्रय छोड़ने के लिए
(स) जूठे पत्तल चाटने अर्थात् चाटुकारिता करने के लिए
(द) उपर्युक्त सभी बातों के लिए लताड़ा है

....

(ii) दूसरे पद के माध्यम से कवि लोगों से क्या कहना चाहता है–

(अ) भिक्षा-पात्र फेंकने और प्रलय-नींद से जगने का आह्वान करता है
(ब) वह लोगों से उनका रूप देखने के लिए कहता है
(स) वह लोगों को उनकी सुंदरता के बारे में बताना चाहता है
(द) वह लोगों को उनकी शक्ति का स्मरण कराना चाहता है

....

(iii) 'मनुष्य को अपने असीमित बल को पहचानना चाहिए'–यह अर्थ किस पंक्ति से निकल रहा है–

(अ) नहीं याद क्या तुझको, तू है चिर सुंदर, नवीन प्रलयंकर
(ब) तू अखंड भंडार शक्ति का(जाग अरे निद्रा-सम्मोहित
(स) भिक्षा-पात्र फेंक हाथों से, तेरे स्नानु बड़े बलशाली
(द) प्राणों को तड़पाने वाली हुंकारों से जल-थल भर दे

....

(iv) 'क्रोधानल' शब्द का संधि-विच्छेद होगा–

(अ) क्रोधा + नल (ब) क्रोधान + ल (स) क्रोध + अनल (द) क्रो + धानल

....

(v) 'समता-संस्थापन' में किस अलंकार का प्रयोग हुआ है–

(अ) अनुप्रास अलंकार
(ब) यमक अलंकार
(स) श्लेष अलंकार
(द) उत्प्रेक्षा अलंकार

....

❑❑

खण्ड 'ख'

(व्यावहारिक-व्याकरण)

वाक्य भेद

|1|

भावों एवं विचारों को पूर्ण रूप से व्यक्त करने वाले सार्थक शब्द समूह को 'वाक्य' कहते हैं। जैसे—ममता कल आएगी।

वाक्य के अंग

(i) उद्देश्य (Subject)

(ii) विधेय (Predicate)

उदाहरण—

ममता — उद्देश्य

कल आएगी — विधेय

रचना के आधार पर वाक्य के तीन भेद

सरल या साधारण वाक्य (Simple Sentence)

इसमें एक ही मुख्य क्रिया एवं कर्ता होता है।

↓

इसमें एक ही उद्देश्य एवं विधेय होता है।

↓

- इसमें कर्ता एवं क्रिया के अलावा विशेषण, क्रिया-विशेषण, कारक भी हो सकते हैं।

↓

जैसे—

(i) मनोज स्कूल आया।

(ii) अश्मित पढ़ती है।

(iii) नीरज ने पुस्तकें लिखीं।

(iv) कुत्ता भौंकता है।

- कभी-कभी वाक्य में दो उद्देश्य एवं दो विधेय भी होता हैं।

जैसे—

(i) लता और आशा गाती है।

(ii) अश्मित एवं नीरज बाजार गए।

(iii) साहिबा और साहिब खेल रहे हैं।

(iv) राहुल और सचिन ने मैच जीता।

(v) धोनी और विराट ने अच्छा प्रदर्शन किया।

संयुक्त वाक्य (Compound Sentence)

इसमें दो या दो से अधिक वाक्य समुच्चयबोधक अव्यय)(किन्तु, परन्तु और आदि) शब्दों द्वारा जुड़े हुए हैं।

↓

जैसे—

(i) राजा तबला बजा रहा है और रितु नाच रही है।

(ii) गौरी कविता सुना रही है और बिन्दु सुन रही है।

(iii) कुसुम विद्यालय नहीं गई क्योंकि उसे ज्वर था।

(iv) राजीव मेला नहीं गया इसलिए हम से नहीं मिला।

- वाक्यों को योजक शब्दों जैसे—परन्तु, किन्तु पर, लेकिन, तथा, फिर, या, मगर, आदि से जोड़कर संयुक्त वाक्य बनते हैं।

मिश्रित वाक्य (Complex Sentence)

इसमें एक मुख्य उपवाक्य होता है और बाकी आश्रित उपवाक्य होते हैं।

↓

इसमें भी योजक शब्दों का प्रयोग किया जाता है।

जैसे—कि, हालाँकि, क्योंकि, जैसे—वैसे, त्योंही आदि।

↓

जैसे—

(i) नीरज ने कहा कि अश्मित पढ़ाई करेगी।

(ii) साहेब को उपहार मिले क्योंकि उसका जन्म दिन था।

(iii) अध्यापक ने प्रश्न पूछा कि हम कहाँ रहते हैं।

(iv) वर्षा हो रही है इसलिए मैं नहीं गया।

(v) जो ईमानदार होते हैं, वे सफल होते हैं।

रचना के आधार पर वाक्य-भेद के उदाहरण—

1. मोनी स्कूल से नहीं आई। (सरल वाक्य)
2. एकता पढ़ती है। (सरल वाक्य)
3. पक्षी चहचहाने लगे। (सरल वाक्य)
4. हिमांशी ने पुस्तकें खरीदीं। (सरल वाक्य)
5. पारुल और एकता एक साथ आईं। (सरल वाक्य)
6. प्रदीप सितार बजा रहा है और महेश तबला बजा रहा है। (संयुक्त वाक्य)
7. कशिव विद्यालय आई पर वह बीमार थी। (संयुक्त वाक्य)
8. मैं लेट हो गया इसलिए ट्रेन छूट गई। (संयुक्त वाक्य)
9. लगन मेहनती है इसलिए वह सफल हुई। (संयुक्त वाक्य)
10. जयपाल घर आया और कपड़े बदले। (संयुक्त वाक्य)
11. अनीता ने खाना खाया और दिनेश ने कपड़े धोए। (संयुक्त वाक्य)
12. मैंने उसे काफी समझाया पर वह नहीं समझा। (संयुक्त वाक्य)
13. ईश्वर एक है और वह सबसे प्रेम करता है। (संयुक्त वाक्य)
14. पिता चाहते हैं कि उनका पुत्र डॉक्टर बने। (मिश्रित वाक्य)
15. मुकेश ने कहा कि तुम अभी नहीं जाओगे। (मिश्रित वाक्य)
16. नेताजी ने कहा कि तुम मुझे खून दो मैं तुम्हें आजादी दूँगा। (मिश्रित वाक्य)
17. मास्टर जी ने कहा कि शांत रहो। (मिश्रित वाक्य)
18. जैसे ही लोग निकले, वैसे ही वर्षा होने लगी। (मिश्रित वाक्य)
19. अब मुझे नौकरी मिले तो चैन आए। (मिश्रित वाक्य)
20. नीरज व्याकुल है क्योंकि वह दोषी था। (मिश्रित वाक्य)

वाक्य परिवर्तन

1. सरल वाक्य से संयुक्त वाक्य बनाना—

सरल वाक्य	संयुक्त वाक्य
(i) मनीष पुस्तकें खरीदने बाजार गया है।	(i) मनीष बाजार गया और उसने पुस्तकें खरीदीं।
(ii) सूर्योदय होते ही चारों ओर उजाला फैल गया।	(ii) सूर्योदय हुआ और चारों ओर उजाला फैल गया।
(iii) कामिनी के हाथ से गिलास गिरकर टूट गया।	(iii) कामिनी के हाथ से गिलास गिरा और टूट गया।
(iv) मेरे बुलाने पर वह नहीं आई।	(iv) मैंने उसे बुलाया पर वह नहीं आई।
(v) मैं घर आकर सो गया।	(v) मैं घर आया और सो गया।
(vi) खराब ट्यूब जल न सकी।	(vi) ट्यूब जल न सकी क्योंकि खराब थी।
(vii) वह दिल्ली या कोलकाता गया है।	(vii) वह दिल्ली गया है या कोलकाता।
(viii) भीड़भाड़ के कारण मैं नहीं आया।	(viii) मैं नहीं आया क्योंकि भीड़भाड़ थी।

2. सरल वाक्य से मिश्रित वाक्य बनाना—

सरल वाक्य	मिश्रित वाक्य
(i) एक छोटे से गाँव के चारों ओर जंगल था।	(i) एक छोटा-सा गाँव था जिसके चारों ओर जंगल था।
(ii) उसने चुप रहने के लिए कहा।	(ii) उसने कहा कि चुप हो जाओ।
(iii) वह घर पहुँचते ही बीमार हो गया।	(iii) जैसे ही वह घर पहुँचा, बीमार हो गया।
(iv) छुट्टियों में हम शिमला जाएँगे।	(iv) जब छुट्टियाँ होंगी, तो हम शिमला जाएँगे।
(v) मैंने एक अंधे व्यक्ति को साइकिल चलाते देखा।	(v) मैंने एक अंधे व्यक्ति को देखा जो साइकिल चला रहा था।
(vi) शाम को कमला मौसी आएगी।	(vi) जब शाम होगी तब कमला मौसी आएगी।
(vii) नाचने वाला पुरस्कार पाएगा।	(vii) जो नाचेगा वह पुरस्कार पाएगा।
(viii) ईमानदार व्यक्ति सफल होंगे।	(viii) जो ईमानदार व्यक्ति होते हैं वे सफल होते हैं।

1. संयुक्त वाक्य से मिश्रित वाक्य बनाना—

संयुक्त वाक्य	मिश्रित वाक्य
(i) धन्नों ने अपनी कथा सुनाई और सुनयना रो पड़ी।	(i) धन्नों ने अपनी ऐसी कथा सुनाई कि सुनयना रो पड़ी।
(ii) तनावहीन रहो और रोगों से मुक्ति पाओ।	(ii) यदि तनावहीन रहोगे तो रोगों से मुक्ति पाओगे।
(iii) बालकृष्ण सुखी है क्योंकि सत्य बोलता है।	(iii) बालकृष्ण इसलिए सुखी है क्योंकि सत्य बोलता है।
(iv) मोदी जी ने भाषण दिया और लोगों ने तालियाँ बजाईं।	(iv) जैसे ही मोदी जी ने भाषण दिया, लोगों ने तालियाँ बजाईं।
(v) मेहमान आ गए और केक काटा गया।	(v) जब मेहमान आ गए तो केक काटा गया।
(vi) कविता आई और ऐश्वर्या चली गई।	(vi) जैसे ही कविता आई ऐश्वर्या चली गई।
(vii) सौम्या ने चुटकुला सुनाया और सभी हँसने लगे।	(vii) सौम्या ने इतना मजेदार चुटकुला सुनाया कि सभी हँसने लगे।
(viii) मैंने बहुत कोशिश की, किन्तु असफल रहा।	(viii) मैंने कोशिश तो बहुत की, किन्तु असफल रहा।

अभ्यास प्रश्न

I. निम्नलिखित वाक्यों को निर्देशानुसार परिवर्तित कीजिए—

1. यह वही व्यक्ति है, जिसने चोरी की थी। (सरल वाक्य)
2. जैसे ही एक बजा, चपरासी ने घंटी बजा दी। (संयुक्त वाक्य)
3. पिताजी बाजार से आकर सो गए। (मिश्रित वाक्य)
4. हम मंडप में गए और साथ-साथ फेरे लिए। (सरल वाक्य)
5. तुम अभी आए और अभी चल दिए। (मिश्रित वाक्य)
6. वर्षा रुकते ही बादल छँट गए। (संयुक्त वाक्य)
7. परिश्रम करने वाले सदैव सफल होते हैं। (मिश्रित वाक्य)
8. जैसे ही बादल घिरे, बिजली चमकने लगी। (संयुक्त वाक्य)
9. जैसे ही मजदूर ने खाना खाया, सो गया। (सरल वाक्य)
10. उसने घर आकर भोजन किया। (संयुक्त वाक्य)
11. अशिमत शास्त्री जी के यहाँ हिन्दी पढ़ने गया है। (मिश्रित वाक्य)
12. रात में आकाश में तारों का मेला लग गया। (संयुक्त वाक्य)
13. नीरज ने एक पुस्तक माँगी और वह उसे मिल गई। (मिश्रित वाक्य)
14. यदि वह तेज दौड़ता तो गाड़ी मिल जाती। (संयुक्त वाक्य)
15. पत्थर की मूर्ति पर चश्मा असली था। (संयुक्त वाक्य)
16. मूर्तिकार ने सुना और जवाब दिया। (सरल वाक्य)
17. काशी में संगीत आयोजन की एक प्राचीन एवं अद्‌भुत परंपरा है। (मिश्रित वाक्य)
18. जादूगर का जादू देखकर दर्शक दंग रह गए। (संयुक्त वाक्य)
19. नवाब साहब ने तौलिया झाड़ा और सामने बिछा लिया। (सरल वाक्य)
20. खीरे के स्वाद के आनंद में नवाब साहब की पलकें मुँद आईं। (मिश्रित वाक्य)
21. जैसे ही बत्ती हरी हुई वैसे ही सारे वाहन चल पड़े। (संयुक्त वाक्य)
22. वे दिल्ली में बीमार रहे और पता नहीं चला। (सरल वाक्य)
23. वे रिश्ता बनाकर तोड़ते नहीं थे। (मिश्रित वाक्य)
24. एक साल पहले बने कॉलेज में शीला अग्रवाल की नियुक्ति हुई थी। (संयुक्त वाक्य)
25. जो व्यक्ति साहसी हैं उनके लिए कोई कार्य असंभव नहीं है। (सरल वाक्य)
26. सवार का संतुलन बिगड़ा और वह गिर गया। (मिश्रित वाक्य)
27. उसने स्टेडियम जाकर क्रिकेट मैच देखा। (संयुक्त वाक्य)
28. जैसे ही बच्चे को खिलौना मिला वह चुप हो गया। (सरल वाक्य)
29. मन्नू जी की साहित्यिक उपलब्धियों के लिए उन्हें अनेक पुरस्कार प्राप्त हो चुके हैं। (मिश्रित वाक्य)
30. उसके एक इशारे पर लड़कियाँ कक्षा से बाहर निकलकर नारे लगाने लगीं। (संयुक्त वाक्य)

31. उन्होंने जेब से चाकू निकाला और खीरा काटने लगे। (सरल वाक्य)
32. हालदार साहब को उधर से गुजरते समय मूर्ति में कुछ अंतर दिखाई दिया। (मिश्रित वाक्य)

II. रचना की दृष्टि से निम्नलिखित वाक्यों का भेद-निर्धारण कीजिए—

1. मेरे जीवन का उद्देश्य है कि मैं डॉक्टर बनूँ।
2. किसान ने बैल खूँटे से खोल दिए और वे दूर खेतों में जा चरे।
3. कठिन परिश्रम के बिना कोई बड़ा आदमी नहीं बन सकता।
4. मजदूर मेहनत करता है लेकिन उसका लाभ उसे नहीं मिलता।
5. स्त्री-पुरुष मिल गये और उन्होंने आजादी के लिए लंबा संघर्ष किया।
6. इनकी छत्र-छाया हटते ही मुझे वजूद का अहसास हुआ।
7. जो देश के लिए मर मिटता है, वही सच्चा देशभक्त होता है।
8. शिक्षक के सामने छात्र शांत रहते हैं।
9. नीरज ने कहा कि मुझे जल्दी भोजन करना है।
10. मजदूर मेहनत करता है, लेकिन उसका लाभ उसे नहीं मिलता।
11. जब तक अश्मित घर पहुँची तब तक उसके पिता जा चुके थे।
12. मैंने एक बहुत बीमार आदमी देखा।
13. उसने कहा कि मैं निर्दोष हूँ।
14. तोता पिंजरे में दाल खा रहा है।
15. ज्यों ही परीक्षक ने प्रश्न-पत्र बाँटे, त्यों ही परीक्षार्थी उत्तर लिखने लगे।
16. रोशनी कम थी इसलिए विद्यार्थी ने आँखें गँवा दीं।
17. मुझे एक ड्राइवर मिला, जो मुच्छड़ था।
18. उसे पुस्तकें खरीदनी थी इसलिए वह बाजार गया।
19. वह बाजार गया और संतरे लाया।
20. सड़क पार करता हुआ एक आदमी बस से टकराकर मर गया।
21. सवेरा होता है और चराचर जगत् जाग जाता है।
22. जब बादल गरज रहे थे, तब तेज वर्षा होने लगी।
23. 'हर्षिता बहुत विनम्र है और सर्वत्र सम्मान प्राप्त करती है।' रचना के आधार पर वाक्य-भेद है?
    (i) सरल वाक्य (ii) मिश्र वाक्य
    (iii) संयुक्त वाक्य (iv) साधारण वाक्य
24. निम्नलिखित में मिश्र वाक्य है?
    (i) मैंने एक वृद्ध की सहायता की।
    (ii) जो विद्यार्थी परिश्रमी होता है, वह अवश्य सफल होता है।
    (iii) अध्यापिका ने अवनि की प्रशंसा की तथा उसका उत्साह बढ़ाया।
    (iv) नवाब साहब ने संगति के लिए उत्साह नहीं दिखाया।
25. 'प्रयश बाजार गया। वहाँ से सेब लाया।' इस वाक्य का संयुक्त वाक्य में रूपांतरण क्या होगा?
    (i) प्रयश बाजार गया और वहाँ से सेब लाया। (ii) प्रयश सेब लाया जब वह बाजार गया।
    (iii) प्रयश बाजार जाकर सेब लाया। (iv) जब प्रयश बाजार गया तो वहाँ से सेब लाया।
26. 'जो वीर होते हैं, वे रणभूमि में अपनी वीरता का प्रदर्शन करते हैं।' रेखांकित उपवाक्य का भेद है?
    (i) संज्ञा आश्रित उपवाक्य। (ii) सर्वनाम आश्रित उपवाक्य।
    (iii) क्रिया-विशेषण आश्रित उपवाक्य। (iv) विशेषण आश्रित उपवाक्य।
27. निम्नलिखित में सरल वाक्य है?
    (i) प्रात:काल हुआ और सूरज की किरणें चमक उठीं। (ii) जब प्रात:काल हुआ, सूरज की किरणें चमक उठीं।
    (iii) प्रात:काल होते ही सूरज की किरणें चमक उठीं। (iv) जैसे ही प्रात:काल हुआ सूरज की किरणें चमक उठीं।
28. खिलौना मिलते ही बच्चा चुप हो गया—
    (i) सरल वाक्य (ii) संयुक्त वाक्य
    (iii) मिश्रित वाक्य (iv) आश्रित उपवाक्य

29. वह घर आया और उसने भोजन किया–

(i) मिश्रित वाक्य (ii) सरल वाक्य
(iii) संयुक्त वाक्य (iv) प्रधान उपवाक्य

30. नीरज ने जो पुस्तक माँगी थी, वह उसे मिल गई–

(i) संज्ञा उपवाक्य (ii) मिश्रित वाक्य
(iii) संयुक्त वाक्य (iv) सरल वाक्य

31. रचना के आधार पर वाक्य के भेद हैं–

(i) तीन (ii) चार
(iii) आठ (iv) पाँच

32. यह आश्रित उपवाक्य का भेद नहीं है–

(i) संज्ञा उपवाक्य (ii) सर्वनाम उपवाक्य
(iii) विशेषण उपवाक्य (iv) क्रिया-विशेषण उपवाक्य

33. पैसे देखते ही गरीब की आँखों में चमक आ गई–

(i) संयुक्त वाक्य (ii) मिश्रित वाक्य
(iii) सरल वाक्य (iv) विधानवाचक वाक्य

34. विद्यालय समय पर जाने के लिए जल्दी उठो–

(i) सरल वाक्य (ii) संयुक्त वाक्य
(iii) मिश्रित वाक्य (iv) आज्ञावाचक वाक्य

35. मोहन पिताजी के पैरों में गिरा और क्षमा माँगने लगा–

(i) मिश्रित वाक्य (ii) संयुक्त वाक्य
(iii) सरल वाक्य (iv) इच्छावाचक वाक्य

36. घंटी बजते ही छात्र कक्षा में चले गए। इस वाक्य का मिश्रित वाक्य होगा–

(i) घंटी बजी और छात्र कक्षा में चले गए (ii) घंटी बजने पर छात्र कक्षा में चले गये
(iii) जैसे ही घंटी बजी, छात्र कक्षा में चले गए (iv) घंटी बज गई है इसलिए छात्र कक्षा में चले गए

37. 'सीता ने कहा कि <u>वह लिखेगी</u>' इसमें रेखांकित उपवाक्य का भेद होगा–

(i) संज्ञा उपवाक्य (ii) विशेषण उपवाक्य
(iii) क्रिया-विशेषण उपवाक्य (iv) प्रधान उपवाक्य

अभ्यास प्रश्नों के उत्तर

I. 1. **सरल वाक्य**—इसी व्यक्ति ने चोरी की।
2. **संयुक्त वाक्य**— एक बजा और चपरासी ने घंटी बजा दी।
3. **मिश्रित वाक्य**—जैसे ही पिताजी बाजार से आए, सो गए।
4. **सरल वाक्य**—मंडप में हमने साथ-साथ फेरे लिए।
5. **मिश्रित वाक्य**—जैसे ही तुम आए, वैसे ही चल दिए।
6. **संयुक्त वाक्य**—वर्षा रुकी और बादल छँट गए।
7. **मिश्रित वाक्य**—जो परिश्रम करते हैं, सदैव सफल होते हैं।
8. **संयुक्त वाक्य**—बादल घिरे और बिजली चमकने लगी।
9. **सरल वाक्य**—मजदूर खाना खाकर सो गया।
10. **संयुक्त वाक्य**—वह घर आया और उसने भोजन किया।
11. **मिश्रित वाक्य**—अशिमत शास्त्री जी के यहाँ गया है, क्योंकि उसे हिन्दी पढ़नी है।
12. **संयुक्त वाक्य**—रात आई और आकाश में तारों का मेला लग गया।
13. **मिश्रित वाक्य**—नीरज ने जो पुस्तक माँगी थी, वह उसे मिल गई।
14. **संयुक्त वाक्य**—वह तेज दौड़ता तो गाड़ी मिल जाती।
15. **संयुक्त वाक्य**—जो पत्थर की मूर्ति थी उस पर चश्मा असली था।
16. **सरल वाक्य**—मूर्तिकार ने सुनकर जवाब दिया।

17. **मिश्रित वाक्य**—काशी में संगीत आयोजन की एक परम्परा है, जो प्राचीन व अद्‌भुत है।
18. **संयुक्त वाक्य**—जादूगर का जादू देखा और दर्शक दंग रह गए।
19. **सरल वाक्य**—नवाब साहब ने तौलिया झाड़ कर सामने बिछा लिया।
20. **मिश्रित वाक्य**—ज्यों ही नवाब साहब ने खीरे के स्वाद का आनंद लिया उनकी पलकें मुँद आईं।
21. **संयुक्त वाक्य**—बत्ती हरी हुई और सारे वाहन चल पड़े।
22. **सरल वाक्य**—उनके दिल्ली में बीमार होने/रहने का पता नहीं चला।
23. **मिश्रित वाक्य**—वे जो रिश्ता बनाते थे उसे तोड़ते नहीं थे।
24. **संयुक्त वाक्य**—एक साल पहले जो कॉलेज बना उसमें शीला अग्रवाल की नियुक्ति हुई थी।
25. **सरल वाक्य**—साहसी व्यक्ति के लिए कोई कार्य असंभव नहीं है।
26. **मिश्रित वाक्य**—जैसे ही सवार का संतुलन बिगड़ा वह गिर गया।
27. **संयुक्त वाक्य**—वह स्टेडियम गया और क्रिकेट मैच देखा।
28. **सरल वाक्य**—खिलौना मिलते ही बच्चा चुप हो गया।
29. **मिश्रित वाक्य**—मन्नू जी को अनेक पुरस्कार प्राप्त हो चुके हैं, क्योंकि उनकी साहित्यिक उपलब्धियाँ हैं।
30. **संयुक्त वाक्य**—उसके एक इशारे पर लड़कियाँ कक्षा से बाहर निकलीं और नारे लगाने लगीं।
31. **सरल वाक्य**—वे जेब से चाकू निकालकर खीरा काटने लगे।
32. **मिश्रित वाक्य**—जब हालदार साहब उधर से गुजरे, तो उन्हें मूर्ति में कुछ अंतर दिखाई दिया।

II.

1. मिश्रित वाक्य	2. मिश्रित वाक्य	3. सरल वाक्य
4. संयुक्त वाक्य	5. संयुक्त वाक्य	6. सरल वाक्य
7. मिश्रित वाक्य	8. सरल वाक्य	9. मिश्रित वाक्य
10. संयुक्त वाक्य	11. मिश्रित वाक्य	12. सरल वाक्य
13. मिश्रित वाक्य	14. सरल वाक्य	15. मिश्रित वाक्य
16. संयुक्त वाक्य	17. मिश्रित वाक्य	18. संयुक्त वाक्य
19. संयुक्त आश्रित	20. सरल वाक्य	21. संयुक्त वाक्य

22. मिश्रित वाक्य
23. (iii) संयुक्त वाक्य
24. (ii) जो विद्यार्थी परिश्रमी होता है, वह अवश्य सफल होता है
25. (i) प्रयश बाजार गया और वहाँ से सेब लाया
26. (iv) विशेषण आश्रित उपवाक्य
27. (iii) प्रात:काल होते ही सूरज की किरणें चमक उठीं।
28. (i) सरल वाक्य
29. (iii) संयुक्त वाक्य
30. (ii) मिश्रित वाक्य
31. (i) तीन
32. (ii) सर्वनाम उपवाक्य
33. (iii) सरल वाक्य
34. (i) सरल वाक्य
35. (ii) संयुक्त वाक्य
36. (iii) जैसे ही घंटी बजी, छात्र कक्षा में चले गए
37. (i) संज्ञा उपवाक्य

वाच्य

|2|

क्रिया के जिस रूप से यह ज्ञात हो चले कि उसके लिंग एवं वचन का प्रयोग कर्ता, कर्म या भाव में से किसके अनुसार हुआ है, उसे 'वाच्य' कहते हैं।

वाच्य के तीन प्रकार हैं

↓

कर्तृवाच्य	कर्मवाच्य	भाववाच्य
इसमें लिंग, वचन और पुरुष कर्ता के अनुसार होते हैं एवं वाक्य में कर्ता की प्रमुखता होती है। ↓ जैसे— (i) **बच्चे** खेल रहे हैं। (ii) **अश्मित** पुस्तक पढ़ रही है। (iii) **नीरज** ढोलक बजायेगा। इन तीनों वाक्यों में कथ्य बिन्दु कर्ता (बच्चे, अश्मित, नीरज) हैं। अतः ये कर्तृवाच्य हैं। ↓ कर्तृवाच्य में अकर्मक व सकर्मक दोनों क्रियाएँ आती हैं जैसे— राजा पुस्तक लिखता है ↓ ↓ ↓ कर्ता कर्म क्रिया साहिब हँसता है। ↓ ↓ कर्ता क्रिया प्रथम वाक्य कर्म के साथ है इसलिए 'सकर्मक क्रिया' '(सकर्मक कर्तृवाच्य)' है एवं दूसरा वाक्य कर्म के बिना है इसलिए 'अकर्मक कर्तृवाच्य' है।	इसमें लिंग, वचन और पुरुष कर्ता के अनुसार न होकर कर्म के अनुसार होते हैं। ↓ इसमें कर्म की प्रमुखता होती है। साथ ही वाक्य में या तो कर्ता का लोप हो जाता है अथवा उसके साथ 'से' या 'के द्वारा' का प्रयोग होता है। ↓ जैसे— **नीरज से** अभी दूध नहीं पिया जा रहा। (कर्ता + से) दवाई दे दी गई। (कर्ता का लोप) **हमसे** सुन्दर चित्र देखे गये। (कर्ता + से) यह उपन्यास प्रेमचन्द द्वारा लिखा गया (कर्ता + द्वारा) ↓ सकर्मक क्रिया वाले वाक्यों का ही कर्मवाच्य बनता है। वाक्य में कर्ता पुल्लिंग होने पर भी स्त्रीलिंग क्रिया का प्रयोग किया जाता है; जैसे—(i) धोबी द्वारा साड़ियाँ धोई गईं। (ii) किसान द्वारा फसल उगाई गई।	इसमें क्रिया का विधान कर्ता और कर्म दोनों को छोड़कर भाव के अनुसार होता है। वाक्य में भाव की प्रधानता होती है। ↓ इस वाक्य का प्रयोग प्रायः निषेधात्मक रूप में प्रयोग होता है। ↓ इन वाक्यों में क्रिया सदैव अकर्मक व एकवचन होती है। (अन्य पुरुष पुल्लिंग एकवचन) ↓ जैसे— (i) मरीज से उठा नहीं गया। (ii) वृद्धा से चला नहीं गया। (iii) विधवा से रोया नहीं गया।

क्रिया निम्न परिस्थितियों में बदलती है—

- यदि कर्ता विभक्ति रहित है तो क्रिया कर्ता के अनुसार बदलती है; जैसे—लड़की पत्र लिखती है। (कर्ता स्त्रीलिंग है तो क्रिया भी स्त्रीलिंग है।)
- यदि कर्ता के बाद परसर्ग आता है तो क्रिया कर्म के अनुसार बदलती है; जैसे— लड़के ने फल खाया। (फल पुल्लिंग है तो 'खाया' क्रिया भी पुल्लिंग)
- यदि कर्ता तथा कर्म दोनों के बाद परसर्ग आता है तो क्रिया पुल्लिंग, एकवचन और अन्य पुरुष में आयेगी।

वाच्य परिवर्तन

1. कर्तृवाच्य से कर्मवाच्य बनाते समय—

(i) कर्ता के साथ 'से' अथवा 'के द्वारा' जोड़ना चाहिए।

(ii) क्रिया का प्रयोग कर्म के लिंग, वचन पुरुष के अनुसार बदलना चाहिए।

(iii) यदि कर्म के साथ परसर्ग या विभक्ति चिन्ह हो तो उसे हटा देना चाहिए।

जैसे—

	कर्तृवाच्य		कर्मवाच्य
(i)	राम रोटी खाता है।	—	राम के द्वारा रोटी खाई जाती है।
(ii)	ऋतु स्वेटर बुनती है।	—	ऋतु के द्वारा स्वेटर बुना जाता है।
(iii)	माली पौधे लगाता है।	—	माली द्वारा पौधे लगाये जाते हैं।
(iv)	कृष्णा सितार बजाती है।	—	कृष्णा के द्वारा सितार बजाया जाता है।
(v)	प्रियंका विज्ञान पढ़ाती है।	—	प्रियंका के द्वारा विज्ञान पढ़ाया जाता है।
(vi)	मैंने खाना खाया।	—	मुझसे खाना खाया गया।
(vii)	तुम लिख नहीं सकते।	—	तुमसे लिखा नहीं जा सकता।
(viii)	तुम फूल तोड़ोगे।	—	तुमसे फूल तोड़े जायेंगे।

2. कर्तृवाच्य को भाववाचक में बदलते समय—

कर्तृवाच्य की क्रिया को सामान्य भूतकाल में बदलना

↓

बदले रूप के साथ काल, वचन और लिंग के अनुसार जाना क्रिया का रूप जोड़ना

↓

कर्तृवाच्य के कर्ता के साथ 'द्वारा' 'से' या 'के द्वारा' लगाना।

जैसे—

	कर्तृवाच्य	भाववाच्य
(i)	रमेश नहीं पढ़ता।	रमेश से पढ़ा नहीं जाता।
(ii)	वह अपने घर नहीं जायेगा।	उससे अपने घर जाया नहीं जाता।
(iii)	अक्षय पढ़ता है।	अक्षय से पढ़ा जाता है।
(iv)	अश्मित दौड़ती है।	अश्मित से दौड़ा जाता है।
(v)	महेश दौड़ नहीं सकता।	महेश से दौड़ा नहीं जा सकता।
(vi)	बच्चा रोता है।	बच्चे से रोया जाता है।
(vii)	पक्षी आकाश में उड़ते हैं।	पक्षियों से आकाश में उड़ा जाता है।
(viii)	लड़की आँगन में सो रही है।	लड़की द्वारा आँगन में सोया जा रहा था।

अभ्यास प्रश्न

I. वाच्य परिवर्तन कीजिए—

1. उससे पढ़ा नहीं जा सकता।
2. शोभा भाग नहीं सकती।
3. गर्मियों में छत पर सोते हैं।
4. सुनामी पीड़ितों की मदद के लिए सरकार ने करोड़ों रुपये खर्च किये।
5. आज बच्चों द्वारा जगह-जगह पेड़ लगाये गये।
6. फुरसत में मैना खूब रियाज करती है।
7. चोट के कारण वह बैठ नहीं सकती।
8. सात सुरों को इसके द्वारा गजब की विविधता के साथ प्रस्तुत किया गया।
9. रामचन्द्र द्वारा रोज रामायण पढ़ी जाती है।

10. दादाजी हम सबको पुस्तकें देते हैं।
11. तुलसीदास द्वारा 'रामचरितमानस' की रचना की गई।
12. भाईसाहब के द्वारा मुझे पतंग दी गई।
13. राष्ट्रपति द्वारा इस भवन का उद्घाटन किया गया।
14. बच्चे खेल रहे हैं।
15. सुरेश हँस नहीं पाता।
16. मुझसे रात भर सोया न गया—वाच्य भेद छाँटिए—
    (i) कर्तृवाच्य (ii) कर्मवाच्य
    (iii) कर्तृवाच्य और कर्मवाच्य दोनों (iv) भाववाच्य
17. हमने भूकंप पीड़ितों की सहायता के लिए अनुरोध किया—
    (i) भूकंप पीड़ितों की सहायता के लिए हमने अनुरोध किया
    (ii) हमारे द्वारा भूकंप पीड़ितों की सहायता के लिए अनुरोध किया गया
    (iii) भूकंप पीड़ितों की सहायता के लिए हमें अनुरोध करना चाहिए
    (iv) भूकंप पीड़ित परेशान थे इसलिए हमने उनकी सहायता की
18. बीमारी के कारण वह यहाँ न आ सका—
    (i) वह बीमार था, इसलिए यहाँ न आ सका (ii) बीमारी के कारण वह यहाँ नहीं आ सकता
    (iii) बीमारी के कारण उससे यहाँ न आया जा सका (iv) वह बीमार है, इसलिए यहाँ नहीं आ सकता
19. अध्यापक कक्षा में पढ़ा रहे हैं—
    (i) अध्यापक कक्षा में पढ़ाते हैं (ii) अध्यापक द्वारा कक्षा में पढ़ाया जा रहा है
    (iii) अध्यापक से कक्षा में पढ़ाया जाता है (iv) अध्यापक ने कक्षा में पढ़ाया
20. वाच्य के भेद हैं—
    (i) चार (ii) पाँच
    (iii) दो (iv) तीन

II. कर्तृवाच्य में बदलिए—

1. अमित से दौड़ा नहीं जाता।
2. मोहन से पढ़ा नहीं जाता।
3. उर्दू में लिखी कविता मुझसे नहीं पढ़ी जायेगी।
4. सुनिता विलियम्स द्वारा उद्घाटन किया गया।
5. हमसे वह दृश्य देखा नहीं गया।
6. रिया द्वारा कहानी लिखी गई।
7. मुदित द्वारा साइकिल चलाई गई।
8. फाख्तायों द्वारा गीता को सुर दिया जाता है।
9. दो-तीन पक्षियों द्वारा अपनी-अपनी लय में एक साथ कूदा जा रहा था।
10. पक्षियों द्वारा संगीत का अभ्यास किया जाता है।
11. दर्द के कारण उससे चला नहीं जाता।
12. बुलबुल द्वारा रात्रि-विश्राम अमरूद की डाल पर किया जाता है।
13. श्यामा के गीत की तुलना बुलबुल के सुगम संगीत से की जाती है।
14. कुछ छोटे पक्षियों द्वारा मंच सँभाल लिया जाता है।
15. सुरेन्द्र द्वारा फुटबॉल खेला जाता है।
16. उनके द्वारा इस झगड़े की पूरी जाँच की गई।
17. उन लड़कों द्वारा हम सबको मूर्ख बनाया गया है।
18. उनका दु:ख मुझसे नहीं देखा जाता।
19. तुम्हारे द्वारा हिन्दी के विकास के लिए क्या किया जा रहा है?

20. वह तीर मेरे द्वारा चला गया था।
21. चलिए, अब खेलने के लिए चला जाये।
22. बहुत-से लोगों द्वारा उस पुस्तक की सराहना की गई।
23. गोदान प्रेमचन्द के द्वारा लिखा गया है।
24. छात्रों से कक्षा में पढ़ा जाता है।
25. माँ से खाना पकाया जाता है।
26. धोबी से कपड़े धोये जाते हैं।
27. माँ द्वारा भिखारी को भोजन दिया गया।
28. पुलिस के द्वारा चेतावनी दी गई।
29. दुकानदार द्वारा उचित मूल्य लिया गया।
30. गाइड द्वारा हमें सब कुछ समझा दिया गया।
31. कर्तृवाच्य में प्रधानता रहती है–
    (i) कर्म की (ii) भाव की
    (iii) कर्ता की (iv) इन तीनों की
32. 'उससे चला नहीं जाता'–इस वाक्य का कर्तृवाच्य है–
    (i) वह चल नहीं सकता (ii) उससे चला जाता है
    (iii) उसके द्वारा चला नहीं जाता (iv) वह चल सकता है
33. सुरेश नाटक खेलता है–
    (i) कर्तृवाच्य (ii) कर्मवाच्य
    (iii) उपर्युक्त दोनों (iv) भाववाच्य
34. निम्नलिखित वाक्यों में से कर्तृवाच्य वाला वाक्य छाँटिए-
    (i) अरविंद द्वारा कल पत्र लिखा जाएगा।
    (ii) बच्चों द्वारा नमस्कार किया गया।
    (iii) सरकार द्वारा लोक कलाकारों का सम्मान किया गया।
    (iv) नेताजी ने देश के लिए अपना सब कुछ त्याग दिया।
35. इस वाक्य का वाच्य लिखिए-'अशोक ने विश्व को शांति का संदेश दिया।'
    (i) कर्मवाच्य (ii) भाववाच्य
    (iii) कर्तृवाच्य (iv) करणवाच्य

III. कर्मवाच्य में बदलिए–

1. चुनावों की घोषणा हुई।
2. अश्मित पुरस्कार प्राप्त करती है।
3. तानसेन को 'संगीत सम्राट' भी कहते हैं।
4. लड़कियों ने देश-प्रेम का एक मार्मिक गीत सुनाया।
5. नीरज पुस्तक पढ़ता है।
6. मैंने पत्र लिखा।
7. मीरा ने गाना गाया।
8. श्यामा सुबह-शाम राग बखूबी गाती है।
9. कूजन कुंज में आस-पास के पक्षी संगीत अभ्यास करते हैं।
10. सात सुरों को यह गजब की विविधता के साथ प्रस्तुत करती है।
11. श्यामसुन्दर के घर कल कौन गीता पढ़ रहा था?
12. उन्होंने उछलकर डोर पकड़ ली।
13. हम इतना भार नहीं सह सकते।
14. मैंने समय की पाबन्दी पर निबन्ध लिखा।

15. आदिवासी लोग प्रकृति की पूजा करते हैं।
16. मैंने खाना खाया।
17. सोहन सिनेमा नहीं देखता।
18. अश्मित कार अच्छी तरह नहीं चलाती।
19. आशा दरवाजा नहीं खोल सकती।
20. उस घर में मजदूर काम कर रहे हैं।
21. देव पुस्तक पढ़ता है।
22. लड़कियों ने भक्ति गीत सुनाया।
23. सरोजिनी नायडू को 'भारत कोकिला' भी कहते हैं।
24. वह कालीन बुनता है।
25. महात्मा गाँधी ने राष्ट्र को शांति और अहिंसा का संदेश दिया।
26. नेताजी ने देश के लिए अपना सब कुछ त्याग दिया।
27. नवाब साहब ने हमारी ओर देखकर कहा कि खीरा लज़ीज होता है।
28. गरीबों का दर्द मुझसे देखा नहीं जाता—
    (i) कर्तृवाच्य (ii) भाववाच्य
    (iii) कर्मवाच्य (iv) ये सभी
29. कर्मवाच्य में प्रधानता रहती है—
    (i) कर्ता की (ii) कर्म की
    (iii) भाव की (iv) इनमें से किसी की नहीं
30. दादाजी के द्वारा हम सबको पुस्तकें दी गई—
    (i) कर्तृवाच्य (ii) कर्मवाच्य
    (iii) भाववाच्य (iv) इनमें से कोई नहीं

IV. भाववाच्य में बदलिए—

1. अब मैं नहीं चल सकता।
2. कछुआ दौड़ नहीं सका।
3. चलो, अब सोते हैं।
4. बच्चा रोता है।
5. मैं इस तरह बैठ नहीं सकता।
6. मनोज पढ़ता है।
7. अश्मित दौड़ती है।
8. बच्चा साँस नहीं ले पा रहा।
9. तुम दिनभर कैसे बैठोगे?
10. दर्द के कारण वह चल नहीं सकती।
11. वह रातभर कैसे जागेगी?
12. रीतू तो रो भी नहीं सकी।
13. वह तो उठ भी नहीं सकती।
14. अब राष्ट्रपति नहीं आयेंगे।
15. मेरी मित्र चल नहीं सकती।
16. हम अब मैदान में खेल नहीं खेलेंगे।
17. माँ अभी भी खड़ी नहीं हो पाती।
18. जगदीश तो रो भी नहीं सका।
19. रमेश पत्र लिखता है।
20. वह चुपचाप नहीं बैठ सकता।
21. मैं अब नहीं चल सकता।
22. गीता चल नहीं सकती।
23. मैं सोच नहीं सकता।
24. मैं इस तरह बैठ नहीं सकता।
25. आओ, अब चलते हैं।
26. मच्छरों के कारण हम रातभर सो न सके।
27. मेरा मित्र इसी समस्या पर विचार कर रहा है। इस वाक्य का भाववाच्य होगा—
    (i) मेरे मित्र से इसी समस्या पर विचार किया जाता है
    (ii) मेरे मित्र से इसी समस्या पर विचार किया जा रहा है
    (iii) मेरा मित्र इसी समस्या पर विचार करेगा
    (iv) यह समस्या मेरे मित्र के द्वारा विचार करने योग्य है
28. निम्नलिखित में से कौन-सा भाववाच्य का सही विकल्प नहीं है?
    (i) मुझसे अब देखा नहीं जाता। (ii) आइए चला जाए।
    (iii) हमें धोखा दिया जा रहा है। (iv) राधा से बोला नहीं जाता।

29. 'सुमन जल्दी नहीं उठती।'-प्रस्तुत वाक्य को भाववाच्य में बदलिए।
    (i) सुमन जल्दी नहीं उठ पाती।
    (ii) सुमन जल्दी से नहीं उठ सकेगी।
    (iii) सुमन जल्दी नहीं उठ पाएगी।
    (iv) सुमन से जल्दी नहीं उठा जाता।
30. 'हम इस खुले मैदान में दौड़ सकते हैं।'-उपर्युक्त वाक्य को भाववाच्य में बदलिए।
    (i) हम दौड़ सकते हैं, इस खुले मैदान में।
    (ii) हम इस खुले मैदान में दौड़ सकेंगे।
    (iii) हमसे इस खुले मैदान में दौड़ा जाएगा।
    (iv) हमसे इस खुले मैदान में दौड़ा जा सकता है।

अभ्यास प्रश्न के उत्तर

I. वाच्य परिवर्तन कीजिए (उत्तर)—

1. वह पढ़ नहीं सकता।
2. शोभा से भागा नहीं जाता।
3. गर्मियों में छत पर सोया जाता है।
4. सुनामी पीड़ितों की मदद के लिए सरकार द्वारा करोड़ों रुपये खर्च किये गये।
5. आज बच्चों ने जगह-जगह पेड़ लगाये।
6. फुरसत में मैना के द्वारा खूब रियाज किया जाता है।
7. चोट के कारण उससे बैठा नहीं जा सकता।
8. सात सुरों को यह गजब की विविधता के साथ प्रस्तुत करती है।
9. रामचन्द्र रोज रामायण पढ़ता है।
10. दादाजी द्वारा हम सबको पुस्तकें दी गईं।
11. तुलसीदास ने रामचरित मानस की रचना की।
12. भाईसाहब ने मुझे पतंग दी।
13. राष्ट्रपति ने इस भवन का उद्घाटन किया।
14. बच्चे से खेला जा रहा है।
15. सुरेश से हँसते नहीं बनता।
16. (iv) भाववाच्य
17. (ii) हमारे द्वारा भूकंप पीड़ितों की सहायता के लिए अनुरोध किया गया
18. (iii) बीमारी के कारण उससे यहाँ न आया जा सका।
19. (ii) अध्यापक द्वारा कक्षा में पढ़ाया जा रहा है।
20. (iv) तीन

II. कर्तृवाच्य में बदलिए (उत्तर)—

1. अमित दौड़ नहीं सकता।
2. मोहन पढ़ नहीं सकता।
3. मैं उर्दू में लिखी कविता नहीं पढ़ सकती।
4. सुनिता विलियम्स ने उद्घाटन किया।
5. हम वह दृश्य नहीं देख सकते।
6. रिया ने कहानी लिखी।
7. मुदित ने साइकिल चलाई।
8. फाख्ता गीतों को सुर देता है।
9. दो-तीन पक्षी अपनी-अपनी लय में एक साथ कूदे जा रहे थे।
10. पक्षी संगीत का अभ्यास करते हैं।
11. दर्द के कारण वह चल नहीं सकता।
12. बुलबुल रात्रि-विश्राम अमरूद की डाल पर करती है।
13. श्यामा के गीत की तुलना बुलबुल के सुगम संगीत से करते हैं।

14. कुछ छोटे पक्षी मंच सँभाल लेते हैं।
15. सुरेन्द्र फुटबॉल खेलता है।
16. उन्होंने पूरे झगड़े की जाँच की।
17. उन लड़कों ने हम सबको मूर्ख बनाया है।
18. मैं उनका दु:ख नहीं देख सकता।
19. तुमने हिन्दी के विकास के लिए क्या किया है?
20. वह तीर मैंने चलाया।
21. चलो, अब खेलने के लिए चलें।
22. बहुत-से लोगों ने उस पुस्तक की सराहना की।
23. गोदान प्रेमचन्द ने लिखा है।
24. छात्र-कक्षा में पढ़ते हैं।
25. माँ खाना पकाती है।
26. धोबी कपड़े धोता है।
27. माँ ने भिखारी को भोजन दिया।
28. पुलिस ने चेतावनी दी।
29. दुकानदार ने उचित मूल्य लिया।
30. गाइड ने हमें सब कुछ समझा दिया।
31. (iii) कर्ता की
32. (i) वह चल नहीं सकता
33. (i) कर्तृवाच्य
34. (iv) नेताजी ने देश के लिए अपना सब कुछ त्याग दिया
35. (iii) कर्तृवाच्य

III. कर्मवाच्य में बदलिए (उत्तर)—

1. चुनावों की घोषणा की गई।
2. अश्मित द्वारा पुरस्कार प्राप्त किया जाता है।
3. तानसेन को 'संगीत सम्राट्' कहा जाता है।
4. लड़कियों द्वारा देश-प्रेम का एक मार्मिक गीत सुनाया गया।
5. नीरज द्वारा पुस्तक पढ़ी जाती है।
6. मेरे द्वारा पत्र लिखा जाता है।
7. मीरा से गाना गाया गया।
8. श्यामा के द्वारा सुबह-शाम का राग बखूबी गाया गया।
9. कूजन कुंज में आस-पास के पक्षी द्वारा संगीत का अभ्यास किया जाता है।
10. सात सुरों को उसके द्वारा बड़ी विविधता के साथ प्रस्तुत किया गया।
11. श्यामसुन्दर के घर कल किसके द्वारा गीता पढ़ी गई थी।
12. उनके द्वारा उछलकर डोर पकड़ी गई।
13. हमसे इतना भार नहीं सहा जा सकता।
14. मेरे द्वारा समय की पाबन्दी पर निबन्ध लिखा गया।
15. आदिवासी लोगों द्वारा प्रकृति की पूजा की जाती है।
16. मुझसे खाना खाया जायेगा।
17. सोहन से सिनेमा नहीं देखा जाता।
18. अश्मित से कार अच्छी तरह नहीं चलाई जाती।
19. आशा से दरवाजा नहीं खोला जा सकता।

20. उस घर में मजदूरों द्वारा काम किया जा रहा है।
21. देव द्वारा पुस्तक पढ़ी जाती है।
22. लड़कियों द्वारा भक्ति गीत सुनाया गया।
23. सरोजिनी नायडू को 'भारत कोकिला' कहा जाता है।
24. उसके द्वारा/उससे कालीन बुना जाता है।
25. महात्मा गाँधी द्वारा राष्ट्र को शांति और अहिंसा का संदेश दिया गया।
26. नेताजी द्वारा देश के लिए सब कुछ त्याग दिया गया।
27. नवाब साहब द्वारा हमारी ओर देखकर कहा गया कि खीरा लज़ीज होता है।
28. (iii) कर्मवाच्य
29. (ii) कर्म की
30. (ii) कर्मवाच्य

IV. भाववाच्य में बदलिए (उत्तर)—

1. अब मुझसे चला नहीं जाता।
2. कछुए से दौड़ा नहीं गया।
3. चलो, अब सोया जाये।
4. बच्चे से रोया जाता है।
5. मुझसे इस तरह बैठा ही नहीं जा सकता।
6. मनोज से पढ़ा जाता है।
7. अश्मित से दौड़ा जाता है।
8. बच्चे से साँस नहीं ली जा रही थी।
9. तुमसे दिनभर कैसे बैठा जायेगा?
10. दर्द के कारण उससे चला नहीं जाता।
11. उससे रातभर कैसे जागा जायेगा?
12. रीतू से तो रोया भी नहीं जा सका।
13. उससे तो उठा भी नहीं जाता।
14. अब राष्ट्रपति से नहीं आया जायेगा।
15. मेरी मित्र से चला नहीं जाता।
16. हम अब मैदान में खेल नहीं खेला जायेगा।
17. माँ से अभी भी खड़ा नहीं हुआ जाता।
18. जगदीश से तो रोया भी नहीं जा सका।
19. रमेश से पत्र लिखा जाता है।
20. उससे चुपचाप बैठा नहीं जाता।
21. मुझसे अब चला नहीं जाता।
22. गीता से चला नहीं जाता।
23. अब मुझसे सोचा नहीं जा सकता।
24. मुझसे इस तरह बैठा ही नहीं जा सकता।
25. आओ, अब चला जाए।
26. मच्छरों के कारण हम से रात भर सोया न जा सका।
27. (ii) मेरे मित्र से इसी समस्या पर विचार किया जा रहा है
28. (iii) हमें धोखा दिया जा रहा है
29. (iv) सुमन से जल्दी नहीं उठा जाता
30. (iv) हमसे इस खुले मैदान में दौड़ा जा सकता है।

❑❑

पद-परिचय

|3|

वाक्य में प्रयुक्त शब्दों को 'पद' कहते हैं एवं उनका व्याकरणिक परिचय देना एवं अन्य पदों (शब्दों) के साथ उनका सम्बन्ध बताना 'पद-परिचय' कहलाता है।

'पद-परिचय' में वाक्य में प्रयुक्त प्रत्येक शब्द के भेद, उपभेद, बताने के अतिरिक्त उनके लिंग, वचन, कारक, काल आदि का भी परिचय दिया जाता है।

'पद-परिचय' में निम्नलिखित व्याकरण सम्बन्धी बातों का ध्यान रखना पड़ता है—

1. संज्ञा

किसी व्यक्ति, वस्तु, स्थान, भाव के नाम।

संज्ञा के भेद

व्यक्तिवाचक संज्ञा (विशेष व्यक्ति, वस्तु, ग्रंथ, प्राणी के नाम)	जातिवाचक संज्ञा (जाति या समुदाय का बोध हो)	भाववाचक संज्ञा (वस्तु, व्यक्ति के गुण, स्वभाव, भाव, अवस्था आदि का बोध)
विशेष व्यक्ति—महात्मा गाँधी, राम, सीता, महावीर स्वामी, रेणु, निराला, गुरु नानक आदि। **प्राणियों के नाम**—कामधेनु (गाय), ऐरावत (हाथी), सोना (हिरण), चेतक (घोड़ा) आदि **स्थान का नाम**—दिल्ली, कोलकाता, जयपुर आदि। **ग्रंथ व नदियों के नाम—** **व्यक्तिवाचक संज्ञा**—भगवद्गीता, गुरुग्रंथ साहिब, रामचरितमानस, बाइबिल, गंगा, यमुना, सरस्वती आदि।	मनुष्य, नर, मादा, जानवर, पर्वत, नदियाँ, शहर, देश, परिवार, कक्षा, महासागर आदि।	लम्बाई, चौड़ाई, गहराई, बचपन, प्यास, मित्रता, भय, प्रेम, हँसना, सुन्दरता आदि।

2. सर्वनाम

(**संज्ञा के स्थान पर प्रयोग होने वाले शब्द उदाहरण**—मैं, तुम, वो, यह, वह, हम, स्वयं आदि;

सर्वनाम के भेद

पुरुषवाचक सर्वनाम	निश्चयवाचक सर्वनाम	अनिश्चयवाचक सर्वनाम	प्रश्नवाचक सर्वनाम	सम्बन्धवाचक सर्वनाम	निजवाचक सर्वनाम
बोलने वाला— मैं सुनने वाला—तुम जिसके बारे में बोला जाय—वे, वह आदि।	निश्चित रूप शब्दों का प्रयोग—यह, वह, ये, वे आदि।	अनिश्चित रूप शब्दों का प्रयोग—कोई, कुछ आदि।	प्रश्नवाचक शब्दों का प्रयोग—कौन, किसने, क्या, कहाँ आदि।	सम्बन्ध सूचक शब्दों का प्रयोग—जो-सो, जिसकी, उसका, उतना-जितना आदि।	स्वयं के लिए शब्दों का प्रयोग—आप, अपने, आप स्वयं, खुद आदि।

3. विशेषण

(संज्ञा व सर्वनाम की विशेषता बताने वाले शब्दों को विशेषण कहते हैं—

राम अच्छा लड़का है।

अच्छा → विशेषण; लड़का → विशेष्य

3. **विशेषण के चार भेद हैं**

गुणवाचक विशेषण	परिमाणवाचक विशेषण	संख्यावाचक विशेषण	सार्वनामिक विशेषण
संज्ञा व सर्वनाम के गुण, दोष, आकार, रंग, स्वभाव आदि का बोध—ईमानदार, कायर, लाल, पुराना आदि।	नाप-तोल की विशेषता का बोध—चार किलो, पाँच तोला, थोड़ा, कम आदि।	संख्या बोध सम्बन्धी विशेषता—सात, एक दर्जन, कई, कुछ आदि।	संज्ञा से पहले लगकर विशेषण का कार्य करें—यह कलम, वह लड़की आदि।

4. **कारक**

संज्ञा व सर्वनाम पदों का उस वाक्य की क्रिया के साथ जो सम्बन्ध होता है उसे कारक कहते हैं। कारक के आठ भेद होते हैं।

(i) **कर्ता कारक**—जिसके द्वारा कार्य सम्पन्न होता है। 'ने' एवं 'शून्य' विभक्ति।

(ii) **कर्म कारक**—संज्ञा शब्द पर क्रिया का फल पड़ता है। इसका परसर्ग—'को' है।

(iii) **करण कारक**—कर्ता जिस साधन व माध्यम से कार्य करे। इसका परसर्ग है—'से' 'के द्वारा'।

(iv) **सम्प्रदान कारक**—कर्ता जिसके लिए कार्य करता है या जिसे कुछ देता है। इसका परसर्ग है—'के लिए', 'को'।

(v) **अपादान कारक**—संज्ञा या सर्वनाम के जिस रूप से तुलना, भय या अलग होने का पता चले। इसका परसर्ग 'से' अलग होने का भाव हो।

(vi) **सम्बन्ध कारक**—शब्दों के आपसी सम्बन्धों को बताते हैं—परसर्ग है—का, की, के, रा, री, रे।

(vii) **अधिकरण कारक**—संज्ञा के जिस रूप से क्रिया के आधार, समय एवं स्थान का पता चले। इसका परसर्ग है—'पर', 'में'।

(viii) **सम्बोधन कारक**—शब्दों का प्रयोग सम्बोधन के रूप में हो—इसका परसर्ग है—अरे! हे! रे! आदि।

5. **क्रिया**

जिस शब्द से किसी कार्य के करने या होने का बोध हो जैसे—चिड़िया **उड़ गई**। बच्चे **खेल रहे हैं**।

क्रिया के दो भेद हैं।

अकर्मक क्रिया (कर्म के बिना)
बच्चा हँस रहा है।

सकर्मक क्रिया (कर्म के साथ)
मोहन खाना खा रहा है।

6. **क्रिया-विशेषण**

क्रिया की विशेषता बतलाने वाले शब्दों को क्रिया-विशेषण कहते हैं—

वह धीरे-धीरे चलता है।
(धीरे-धीरे → क्रिया-विशेषण; चलता है → क्रिया)

जैसे—पुनः, दिनभर, आज, अभी, परसों आदि।

क्रिया विशेषण के चार भेद हैं।

कालवाचक क्रिया-विशेषण	रीतिवाचक क्रिया-विशेषण	स्थानवाचक क्रिया-विशेषण	परिमाणवाचक क्रिया-विशेषण
क्रिया के काल का पता चले जैसे—अब, तब, दोपहर, समय, प्रतिदिन आदि।	क्रिया की रीति या ढंग का पता चलता है। जैसे—धीरे-धीरे, तीव्र, सहज, झटपट, अचानक आदि।	क्रिया के होने के स्थान का पता चले। जैसे—निकट, पास, सर्वत्र, दूर, पीछे, ऊपर आदि।	क्रिया के नापतोल का पता चले। जैसे— इतना, उतना, कम, थोड़ा-थोड़ा, जरा आदि।

7. **सम्बन्धबोधक**

जो शब्द संज्ञा और सर्वनाम के साथ आकर उनका सम्बन्ध वाक्य के अन्य शब्दों के साथ प्रकट करते हैं।

जैसे—के पास, के साथ, के पहले, के भरोसे, के ऊपर, के पीछे, के अधीन, के मारे आदि।

8. समुच्चयबोधक

ऐसे शब्द जो दो शब्दों, वाक्यांशों और वाक्यों को जोड़ते हैं।
जैसे—इसलिए, और, व, अतः, ताकि, लेकिन, अथवा, या, कि, मानो, यानी आदि।

9. विस्मयादिबोधक

जिन शब्दों से मनोभावों का बोध हो।
जैसे—ओह! हाय! अरे! आह! उफ्! अरे वाह! छिः-छिः! हट! आदि।

10. निपात

(जो अव्यय/अविकारी किसी शब्द या पद के बाद लगाकर उसके अर्थ में विशेष प्रकार का बल भर देते हैं)

↓

ही, भी, तक, मात्र, तो, सिर्फ

'पद-परिचय' में ध्यान देने वाली बातें—

(i) **संज्ञा**
↓
संज्ञा के भेद | लिंग | वचन | कारक

(ii) **सर्वनाम**
↓
सर्वनाम के भेद | लिंग | वचन | कारक

(iii) **विशेषण**
↓
विशेषण के भेद | लिंग | वचन | कारक

(iv) **क्रिया**
↓
क्रिया के भेद | लिंग | वचन | काल

(v) **क्रिया-विशेषण**
↓
क्रिया के भेद | विशेष्य-क्रिया

(vi) **सम्बन्धबोधक**

संज्ञा या सर्वनाम के साथ लगकर वाक्य के अन्य शब्दों के साथ सम्बन्ध का बोध कराते हैं। जैसे—के बिना, के साथ, के पीछे आदि।

(vii) **समुच्चयबोधक**

पदों, पदबंधों, उपवाक्यों को जोड़ने वाले अव्यय जैसे—और, किन्तु, वरन, वर, इसलिए आदि।

(viii) **विस्मयादिबोधक**

मनुष्य के मनोभावों को व्यक्त करने वाले शब्द, जैसे—हर्ष → अरे वाह! बहुत अच्छे।
आश्चर्य—क्या! क्यों! उफ्!
शोक—हाय! हे राम!
घृणा—छिः-छिः! आदि।

(ix) **निपात**

जो शब्द या पद के बाद लगकर विशेष प्रकार का बल देते हैं जैसे—तो, भी, ही, सिर्फ, भर, केवल आदि।

'पद-परिचय' में पदों का व्याकरणिक नियमों को ध्यान में रखकर प्रत्येक शब्द का रेखांकित शब्द के साथ परिचय दिया जाता है।

जैसे—(i) **काला घोड़ा** तेज **भागता है।**

	पद		परिचय
उत्तर	काला घोड़ा	—	गुणवाचक विशेषण, एकवचन, पुल्लिंग, (घोड़ा) विशेष्य।
	भागता है	—	अकर्मक क्रिया, कर्तृवाच्य, वर्तमान काल, पुल्लिंग, अन्य पुरुष, एकवचन, 'घोड़ा' कर्त्ता है।

(ii) जल्दी **चलो** वरना **गाड़ी छूट जाएगी।**

	पद		परिचय
उत्तर	चलो	–	अकर्मक क्रिया, पुल्लिंग, एकवचन, वर्तमान काल।
	गाड़ी	–	जातिवाचक संज्ञा, स्त्रीलिंग, एकवचन, कर्ता कारक।
	छूट जाएगी	–	सकर्मक क्रिया, स्त्रीलिंग, एकवचन, भविष्यत् काल।

(iii) भारत एक विशाल देश है।

	पद		परिचय
उत्तर	भारत	–	व्यक्तिवाचक, पुल्लिग, एकवचन, कर्ता कारक।
	एक	–	निश्चित संख्यावाचक विशेषण, पुल्लिग, एकवचन, देश, विशेष्य का विशेषण।
	विशाल	–	गुणवाचक, विशेषण, पुल्लिग, एकवचन।
	देश	–	जातिवाचक संज्ञा, पुल्लिग, एकवचन, कर्म कारक।
	है	–	सकर्मक क्रिया, होना धातु, पुल्लिंग, एकवचन, वर्तमान।

(iv) शीत ॠतु में हिमालय का क्षेत्र पूर्णतया बर्फ से ढक जाता है।

	पद		परिचय
उत्तर	शीत	–	विशेषण, गुणवाचक, स्त्रीलिंग, एकवचन, 'ॠतु' संज्ञा का विशेषण
	ॠतु	–	जातिवाचक संज्ञा, स्त्रीलिंग, एकवचन, अधिकरण कारक।
	हिमालय का	–	व्यक्तिवाचक संज्ञा, पुल्लिग, एकवचन, सम्बन्ध कारक।
	क्षेत्र	–	जातिवाचक संज्ञा, पुल्लिग, एकवचन, कर्ता, 'ढक जाना' क्रिया का कर्ता।
	बर्फ से	–	जातिवाचक संज्ञा, एकवचन, स्त्रीलिंग, करण कारक।
	ढक जाता है	–	अकर्मक क्रिया, पुल्लिग, एकवचन, निश्चयार्थ, वर्तमान काल, कर्तृवाच्य, कर्तरि प्रयोग, इसका कर्त्ता क्षेत्र है।

(v) शशि **दसवीं** कक्षा में पढ़ती है।

	पद		परिचय
उत्तर	दसवीं	–	विशेषण, संख्यावाचक, स्त्रीलिंग, एकवचन, 'कक्षा' विशेष्य।

(vi) हम देहरादून घूमने गए।

	पद		परिचय
उत्तर	हम	–	सर्वनाम, प्रथम पुरुष, पुल्लिग, बहुवचन, कर्त्ता।

(vii) बीरबल **अकबर** के मंत्री थे।

	पद		परिचय
उत्तर	अकबर	–	संज्ञा, व्यक्तिवाचक, एकवचन, पुल्लिग, कर्मकारक।

(viii) वीर पुरुष सबकी प्रशंसा प्राप्त करता है।

	पद		परिचय
उत्तर	वीर	–	विशेषण, 'पुरुष' विशेष्य का विशेषण, पुल्लिग, एकवचन।

(ix) वह मेरी बात पर **बहुत हँसा।**

	पद		परिचय
उत्तर	बहुत	–	परिमाणवाचक क्रिया-विशेषण, 'हँसना' क्रिया का विशेषण।

(x) वह **स्कूल** से अभी-अभी आया है।

	पद		परिचय
उत्तर	स्कूल से	–	संज्ञा, जातिवाचक, एकवचन, पुल्लिग, अपादान कारक।

(xi) घण्टी बजी है, **कोई** आया है।

	पद		परिचय
उत्तर	घण्टी	–	संज्ञा, जातिवाचक, एकवचन, स्त्रीलिंग
	कोई	–	अनिश्चयवाचक सर्वनाम, पुल्लिग, एकवचन।

(xii) साहित्यकारों का **वे** बड़ा **सम्मान** करते थे।

	पद		परिचय
उत्तर	वे	–	पुरुषवाचक सर्वनाम, अन्य पुरुष, पुल्लिंग, बहुवचन।
	सम्मान	–	भाववाचक संज्ञा, पुल्लिंग।

(xiii) आशुतोष ने हमें **पढ़ाया** था।

	पद		परिचय
उत्तर	आशुतोष	–	व्यक्तिवाचक संज्ञा, पुल्लिंग, एकवचन, कर्ता कारक।
	पढ़ाया	–	क्रिया, अकर्मक, भूतकाल, पुल्लिंग, एकवचन, कर्तृवाच्य, इसका कर्ता आशुतोष है।

(xiv) महकता **गुलाब किसे** नहीं सुहाता।

	पद		परिचय
उत्तर	गुलाब	–	जातिवाचक, एकवचन, पुल्लिंग।
	किसे	–	प्रश्नवाचक, अनिश्चयवाचक, एकवचन, पुल्लिंग, सर्वनाम।

(xv) निर्धन व्यक्ति कठोर **परिश्रम** कर रहा है।

	पद		परिचय
उत्तर	निर्धन	–	विशेषण, गुणवाचक, एकवचन, पुल्लिंग, 'व्यक्ति' विशेष्य।
	परिश्रम	–	भाववाचक संज्ञा, पुल्लिंग, एकवचन।

अभ्यास प्रश्न

निम्नलिखित वाक्यों में केवल मोटे अक्षर का 'पद-परिचय' दीजिए—

1. **मनुष्य** केवल भोजन करने के लिए जीवित नहीं रहता है, **बल्कि वह** अपने भीतर की **सूक्ष्म** इच्छाओं की तृप्ति भी **चाहता** है।
2. **आज विज्ञान** व परमाणु-युग में सबसे **नाजुक** प्रश्न **शान्ति** ही है।
3. **मानव को** इंसान बनाना अत्यंत ही **कठिन कार्य** है, **लेकिन** असम्भव नहीं।
4. **सुभाष पालेकर** ने **प्राकृतिक** खेती की **जानकारी** अपनी पुस्तकों में दी है।
5. **हिन्दुस्तान** वह सब कुछ है जो **आपने** समझ रखा है, **लेकिन वह** इससे भी **बहुत** ज्यादा है।
6. **भूषण** वीररस के कवि थे।
7. **वह** अपनी कक्षा का मॉनीटर है।
8. धीरे-धीरे जाओ **और** बाजार से पेन ले आओ।
9. हमेशा **तेज** चला करो।
10. **कब्रिस्तान की** भूमि को लेकर **छोटे-मोटे** तनाव **होते हैं।**
11. **जिलाधिकारी की** पहल पर ही इलाके के कुछ **प्रमुख** लोगों को **बुलाया गया,** जिसमें महाविद्यालय का प्रिंसिपल होने के नाते **मैं** भी शामिल था।
12. **सुरेश**, यदि **मैं** बीमार हो जाऊँ तो **घर की** व्यवस्था **रुक जाएगी।**
13. यदि **किसी को अपने** देश से **प्रेम** है तो उसे अपने देश के मनुष्य, पशु, पक्षी, लता आदि सबसे **प्रेम होगा।**
14. **आजकल हमारा देश** प्रगति के मार्ग पर बढ़ रहा है।
15. आपके घर पर **कोई** नहीं मिलता।
16. **सुरेश** के पास आना तो बेकार साबित हुआ।
17. **हम** ताजमहल देखने गए थे।
18. क्या वह **छात्र** बगीचे में खेलता था।
19. **बालगोबिन भगत समूचा** शरीर कीचड़ में लिथड़े, अपने **खेत** में धान रोप रहे हैं।
20. **बालगोबिन भगत** कबीर के गीतों को गाते **और** उनके आदेशों पर **चलते थे।**
21. **आजकल संस्थाओं** द्वारा जनहित के **अनेक** कार्य **किए जा रहे हैं।**
22. दिल्ली **भारत** की राजधानी है।
23. मैं **विद्यालय** में पढ़ाता हूँ।

24. वीरों की **सदा** जीत होती है।
25. बच्चे की **मुस्कान** मनमोहक होती है।
26. प्रत्येक का **अपना** महत्त्व होता है।
27. **चलते-चलते** लड़खड़ाने पर सहयोगी उसे सँभालते हैं।
28. **आशिमा** दसवीं कक्षा में पढ़ती है।
29. **वाह**, तुमने अच्छा काम किया।
30. शिक्षक के साथ **एक** शिष्य भी आता है।
31. **तुम** किस कक्षा में पढ़ते हो?
32. आजकल **प्रदूषण** तेजी से फैल रहा है।
33. वक्त काटने के लिए खीरे **खरीदे होंगे।**
34. नवाब साहब **थककर** लेट गए।
35. मेदा भी **मेरा** कमजोर है।
36. **सफेद** घोड़ा तेज भागता है।
37. **खीरा** लज़ीज होता है।
38. वह **हमेशा** सच बोलता है।
39. बाग में कुछ महिलाएँ **बैठी थीं।**
40. मुझे **अपनी** पत्नी और पुत्र की मृत्यु **याद** आ रही है।
41. **नहीं** जानता, बस मन में यह था।
42. खेल रहा था–
    (i) क्रिया, अकर्मक, एकवचन, पुल्लिंग, पूर्ण भूतकाल
    (ii) क्रिया, सकर्मक (कर्म-क्रिकेट), एकवचन, पुल्लिंग, अपूर्ण भूतकाल
    (iii) क्रिया, अकर्मक, एकवचन, पुल्लिंग, आसन्न भूतकाल
    (iv) क्रिया, सकर्मक (कर्म-क्रिकेट), एकवचन, स्त्रीलिंग, भूतकाल
43. <u>वह</u> कार मेरे पिताजी की है–
    (i) सर्वनाम, पुरुषवाचक, अन्य पुरुष, पुल्लिंग, एकवचन
    (ii) विशेषण, सार्वनामिक, 'कार'-विशेष्य, स्त्रीलिंग, एकवचन
    (iii) सर्वनाम, पुरुषवाचक, अन्य पुरुष, स्त्रीलिंग, एकवचन
    (iv) विशेषण, गुणवाचक, 'कार-विशेष्य, स्त्रीलिंग, एकवचन
44. <u>वह</u> बहुत <u>धीरे-धीरे</u> चलता है–
    धीरे-धीरे–
    (i) क्रिया-विशेषण, कालवाचक, 'चलता है' क्रिया का विशेष्य
    (ii) क्रिया-विशेषण, रीतिवाचक, 'चलता है' क्रिया की विशेषता
    (iii) क्रिया-विशेषण, स्थानवाचक, 'चलता है' क्रिया की विशेषता
    (iv) क्रिया-विशेषण, परिमाणवाचक, 'चलता है' क्रिया की विशेषता
45. बढ़ रहा है–
    (i) सकर्मक क्रिया, एकवचन, पुल्लिंग, वर्तमान काल
    (ii) अकर्मक क्रिया, एकवचन, पुल्लिंग, वर्तमान काल
    (iii) अकर्मक क्रिया, बहुवचन, पुल्लिंग, भविष्यत् काल
    (iv) सकर्मक क्रिया, बहुवचन, स्त्रीलिंग, वर्तमान काल
46. फैल रहा है–
    (i) क्रिया, वर्तमान काल, एकवचन, पुल्लिंग, कर्मवाच्य
    (ii) क्रिया, अपूर्ण वर्तमान काल, उभयलिंग, एकवचन, कर्तृवाच्य
    (iii) क्रिया, अपूर्ण वर्तमान काल, पुल्लिंग, बहुवचन, कर्मवाच्य
    (iv) संयुक्त क्रिया, अकर्मक, अपूर्ण वर्तमान काल, पुल्लिंग, एकवचन, कर्तृवाच्य

उत्तर—पद परिचय

1. **मनुष्य** — जातिवाचक संज्ञा, एकवचन, पुल्लिंग, कर्ताकारक
वह — सर्वनाम, एकवचन
सूक्ष्म — विशेषण, पुल्लिंग, एकवचन
चाहता — क्रिया, सकर्मक, पुल्लिंग, एकवचन
2. **आज** — क्रिया का काल
विज्ञान — संज्ञा, एकवचन, पुल्लिंग
नाजुक — विशेषण, एकवचन, स्त्रीलिंग
शान्ति — भाववाचक संज्ञा, स्त्रीलिंग, एकवचन
3. **मानव को** — जातिवाचक संज्ञा, एकवचन, पुल्लिंग, कर्मकारक
कठिन — गुणवाचक विशेषण, एकवचन, स्त्रीलिंग
कार्य — क्रिया, एकवचन, पुल्लिंग
लेकिन — समुच्चयबोधक अव्यय
4. **सुभाष पालेकर** — व्यक्तिवाचक संज्ञा, एकवचन, पुल्लिंग, कर्ता
प्राकृतिक — उपसर्ग एवं प्रत्यय, एकवचन, स्त्रीलिंग
जानकारी — एकवचन, स्त्रीलिंग, भाववाचक संज्ञा
दी है — सकर्मक क्रिया, वर्तमान काल।
5. **हिन्दुस्तान** — व्यक्तिवाचक संज्ञा, एकवचन, पुल्लिंग
आपने — सर्वनाम पुरुषवाचक, एकवचन, पुल्लिंग
लेकिन — समुच्चयबोधक अव्यय
वह — सर्वनाम अन्य पुरुषवाचक, एकवचन, पुल्लिंग
बहुत — अनिश्चित परिमाणवाचक, बहुवचन, पुल्लिंग
6. **भूषण** — संज्ञा, व्यक्तिवाचक संज्ञा, एकवचन, पुल्लिंग, कर्ताकारक कवि थे, क्रिया का कर्त्ता।
7. **वह** — सर्वनाम, पुरुषवाचक सर्वनाम, एकवचन, पुल्लिंग कर्ताकारक है क्रिया का कर्ता।
8. **और** — समानाधिकरण समुच्चयबोधक, दो शब्दों को जोड़ता है।
9. **तेज़** — विशेषण-क्रिया विशेषण, 'चला करो' विशेषण का विशेष्य।
10. **कब्रिस्तान की** — संज्ञा वाचक, एकवचन, स्त्रीलिंग, स्थान वाचक, 'की' सम्बन्ध कारक।
छोटे-मोटे — विशेषण गुणवाचक, बहुवचन, पुल्लिंग
होते हैं — बहुवचन, क्रिया सकर्मक, पुल्लिंग, वर्तमान काल।
11. **जिलाधिकारी की** — जातिवाचक संज्ञा, एकवचन, पुल्लिंग, 'की' सम्बन्ध कारक
प्रमुख — गुणवाचक विशेषण, पुल्लिंग, बहुवचन, लोगों विशेष्य का विशेषण
बुलाया गया — सकर्मक क्रिया, भूतकाल, एकवचन, पुल्लिंग, कर्मवाच्य।
मैं — पुरुषवाचक सर्वनाम, एकवचन, कर्त्ताकारक, पुल्लिंग, क्रिया का कर्त्ता।
12. **सुरेश** — व्यक्तिवाचक संज्ञा, पुल्लिंग, एकवचन, संबोधन कारक
मैं — पुरुषवाचक सर्वनाम, पुल्लिंग, एकवचन, क्रिया का कर्त्ता
घर की — जातिवाचक संज्ञा, एकवचन, स्त्रीलिंग, सम्बन्धकारक
रुक जाएगी — अकर्मक कारक, स्त्रीलिंग, एकवचन, भविष्यकाल
13. **किसी को** — 'कोई' शब्द से बना सार्वजनिक विशेषण पुल्लिंग, एकवचन।
अपने — सर्वनाम, निजवाचक, पुल्लिंग, एकवचन, सम्बन्धकारक 'देश' से सम्बन्ध
प्रेम — भाववाचक संज्ञा, पुल्लिंग अधिकरण कारक
होगा — सकर्मक क्रिया, बहुवचन, पुल्लिंग
14. **आजकल** — कालवाचक क्रियाविशेषण, बढ़ रहा है, क्रिया का काल सम्बन्ध निर्देश

हमारा – निजवाचक सर्वनाम, एकवचन, पुल्लिंग
देश – जातिवाचक संज्ञा, एकवचन, पुल्लिंग, कर्ता कारक
बढ़ रहा है – सकर्मक क्रिया, एकवचन, पुल्लिंग

15. **कोई** – अनिश्चयवाचक सर्वनाम, अन्यपुरुष, पुल्लिंग, एकवचन, कर्ताकारक, 'मिलता' क्रिया का कर्ता।
16. **सुरेश** – व्यक्तिवाचक संज्ञा, पुल्लिंग, एकवचन, सम्बन्धकारक।
17. **हम** – सर्वनाम (पुरुषवाचक), उत्तम पुरुष, पुल्लिंग, बहुवचन, कर्ता कारक, 'गए थे' क्रिया का कर्ता।
18. **छात्र** – जातिवाचक संज्ञा, पुल्लिंग, एकवचन, कर्ता कारक, 'खेलता था' क्रिया का कर्ता।
19. **कबीर** – व्यक्तिवाचक संज्ञा, एकवचन, 'पुल्लिंग' 'गाना' क्रिया का कर्ता

समूचा – विशेषण, रीतिवाचक, पुल्लिंग, एकवचन
खेत में – संज्ञा, जातिवाचक, पुल्लिंग, एकवचन, अधिकरणकारक
रोप रहे हैं – क्रिया, सकर्मक क्रिया, एकवचन, कर्तृवाच्य, क्रिया का कर्ता बालगोबिन भगत

20. **कबीर** – संज्ञा व्यक्तिवाचक, एकवचन, पुल्लिंग 'गाना' क्रिया का कर्ता

और – समुच्चयबोधक –दो वाक्यों को जोड़ता है।
उनके – पुरुषवाचक सर्वनाम, अन्य पुरुष, एकवचन, पुल्लिंग, कर्मकारक
चलते थे – क्रिया, अकर्मक, एकवचन, अन्य पुरुष, भूतकाल।

21. **आजकल** – कालवाचक क्रिया विशेषण 'संस्था' का विशेषण

संस्थाओं – जातिवाचक संज्ञा, बहुवचन, पुल्लिंग, कर्मकारक
अनेक – विशेषण, क्रिया विशेषण, 'कार्य' क्रिया का विशेषण
किए जा रहे हैं – अकर्मक क्रिया, पुल्लिंग, बहुवचन, निश्चयार्थ, वर्तमान काल।

22. **भारत** – संज्ञा, व्यक्तिवाचक, एकवचन, पुल्लिंग।
23. **विद्यालय** – जातिवाचक संज्ञा, एकवचन, पुल्लिंग।
24. **सदा** – अव्यय, क्रिया-विशेषण, कालवाचक, 'होती है' क्रिया का विशेषण।
25. **मुस्कान** – भाववाचक संज्ञा, एकवचन, स्त्रीलिंग, कर्मकारक।
26. **अपना** – सर्वनाम, निजवाचक, एकवचन, पुल्लिंग।
27. **चलते-चलते** – अव्यय, रीतिवाचक क्रिया-विशेषण, 'लड़खड़ाना' क्रिया का विशेषण।
28. **आशिमा** – संज्ञा, व्यक्तिवाचक, एकवचन, स्त्रीलिंग, कर्ताकारक, 'पढ़ती है' क्रिया की कर्ता।
29. **वाह!** – अव्यय, विस्मयादिबोधक, हर्ष सूचक।
30. **एक** – संख्यावाचक विशेषण, एकवचन पुल्लिंग, 'शिष्य' विशेष्य का विशेषण।
31. **तुम** – सर्वनाम, पुरुषवाचक, मध्यम पुरुष एकवचन, कर्ता कारक, 'पढ़ते हो' क्रिया का कर्ता।
32. **प्रदूषण** – एकवचन, पुल्लिंग, संज्ञा, जातिवाचक संज्ञा।
33. **खरीदे होंगे** – क्रिया, सकर्मक।
34. **थककर** – क्रिया-विशेषण, एकवचन।
35. **मेरा** – सर्वनाम, एकवचन।
36. **सफेद** – संज्ञा, व्यक्तिवाचक संज्ञा, एकवचन, पुल्लिंग
37. **खीरा** – संज्ञा, जातिवाचक, एकवचन, पुल्लिंग
38. **हमेशा** – क्रिया-विशेषण
39. **बैठी थीं** – क्रिया, भूतकाल, अकर्मक
40. **अपनी** – सर्वनाम, निजवाचक, एकवचन, सार्वनामिक विशेषण
41. **नहीं** – एकवचन, निषेधवाचक
42. (ii) क्रिया, सकर्मक (कर्म-क्रिकेट), एकवचन, पुल्लिंग, अपूर्ण भूतकाल
43. (i) सर्वनाम, पुरुषवाचक, अन्य पुरुष, पुल्लिंग, एकवचन
44. (ii) क्रिया-विशेषण, रीतिवाचक, 'चलता है' क्रिया की विशेषता
45. (ii) अकर्मक क्रिया, एकवचन, पुल्लिंग, वर्तमान काल
46. (iv) संयुक्त क्रिया, अकर्मक, अपूर्ण वर्तमान काल, पुल्लिंग, एकवचन, कर्तृवाच्य

❑❑

|4|

रस

'रस' शब्द की व्युत्पत्ति के अनुसार, 'रसस्यते असौ इति रसा:'—अर्थात् जिससे आस्वाद मिले, वही 'रस' है अर्थात् 'रस' काव्य की आत्मा है।

काव्य पठन-पाठन से आनन्दानुभूति होती है, वही काव्य-शास्त्र में 'रस' कहलाता है। 'रस' वह भाव है जो मानव हृदय में हमेशा से स्थित होता है, काव्यानुभूति द्वारा यह प्रकट हो जाता है जैसे—रति (प्रेम), हास्य, क्रोध, शोक, विस्मय आदि।

अर्थात् विभाव, अनुभाव, व्यभिचारी भाव के संयोग से 'रस' की निष्पत्ति होती है, इस आधार पर 'रस' निष्पत्ति के निम्न तत्व हैं—

(i) स्थायी भाव

(ii) विभाव

(iii) व्यभिचारी भाव

(i) स्थायी भाव—हृदय में मूल रूप से विद्यमान रहने वाले भाव स्थायी भाव कहलाते हैं, एक स्थायी भाव का सम्बन्ध एक रस से होता है, मूल रूप से रसों की संख्या नौ है।

स्थायी भाव	रस	स्थायी भाव	रस
1. रति	श्रृंगार	7. जुगुप्सा	वीभत्स
2. हास	हास्य	8. निर्वेद	शान्त
3. शोक	करुण	9. विस्मय	अद्‌भुत
4. उत्साह	वीर	10. वत्सल	वात्सल्य
5. क्रोध	रौद्र	11. इष्टदेव विषयक रति	भक्ति
6. भय	भयानक		

(ii) विभाव—जो कारण हृदय के भावों को जाग्रत एवं व्यक्त करने में सहायक होते हैं, उन्हें विभाव कहते हैं। विभाव के दो भेद हैं।

विभाव

↓

आलम्बन

जिस व्यक्ति या वस्तु के कारण स्थायी भाव जाग्रत होता है। जैसे—नायक-नायिका, प्रकृति आदि।

उद्दीपन

स्थायी भाव को तीव्र करने के कारण 'उद्दीपन' होते हैं जैसे—नायिका का रूप-सौन्दर्य आदि।

(iii) अनुभाव—आलम्बन उद्देश्य विभाव द्वारा रस को पुष्ट करने वाली शारीरिक व मानसिक चेष्टाएँ अनुभाव कहलाती हैं। जैसे—खुशी से आँसू आना, भय से रोंगटे खड़े होना, शरीर से पसीना टपकना आदि।

संचारी भाव—स्थायी भाव को पुष्ट करके रस निष्पत्ति में सहायक भावों को संचारी भाव कहते हैं। संचारी भाव क्षणिक रूप में आते हैं और फिर गायब हो जाते हैं।

इस तरह स्थायी भाव, विभाव, अनुभाव और संचारी भाव के संयोग से रस निष्पत्ति होती है, आचार्यों ने 'रस' को काव्य की आत्मा माना है।

रस के भेद

हिन्दी साहित्य में प्रमुख रूप से नौ रसों की मान्यता दी है—

1. **श्रृंगार रस**—यह 'रस' सभी रसों में श्रेष्ठ मानते हैं, इसे 'रसराज' की उपाधि दी गई है। 'स्त्री-पुरुष' का परस्पर आकर्षण श्रृंगार रस' का आधार है।

शृंगार रस के दो भेद हैं।

संयोग शृंगार	**वियोग शृंगार**
नायक-नायिका या पति-पत्नी का प्रेम प्रदर्शन संयोग-शृंगार कहलाता है।	इसमें नायक-नायिका का बिछुड़ जाने का भाव होता है। जैसे—विरह-वर्णन, वेदना, आदि।
प्रिय से मिलना, नयनों का उठना, आँसुओं का गिरना, लज्जा, पलकों का गिरना आदि।	
(i) एक पल, मेरे प्रिया के दृग पलक उठे ऊपर, सहज नीचे गिरे थे। चपलता ने इस विकंपित पुलक से दृढ़ किया मानो प्रणय सम्बन्ध था।	अँखिया हरि दरसन की प्यासी देखियो चाहत कमल नैन को निसदिन रहत उदासी आये ऊधौ फिर गये आँगन दारी गए गर फाँसी
इस उदाहरण में— **स्थायी भाव**—रति (प्रेम) **विभाव**—आलम्बन—नायक-नायिका **उद्दीपन**—नायिका का पलकों का उठना एवं गिरना **संचारी भाव**—चपलता एवं लज्जा है इस प्रकार 'रति' स्थायी भाव, विभाव, अनुभाव और संचारी भाव के संयोग से 'संयोग शृंगार' रूप में व्यक्त हुआ है।	इस उदाहरण में— **स्थायी भाव**—रति **आलम्बन**—श्रीकृष्ण **अनुभाव**—गोपियों का कृष्ण की प्रतीक्षा में व्याकुल होना **संचारी भाव**—स्मृति-विषाद **अनुभाव**—श्रीकृष्ण का रूप सौन्दर्य

शृंगार रस के उदाहरण—

(अ) संयोग शृंगार—

(i) बतरस लालच लाल की, मुरली धरी लुकाइ।
सौंह करे, भौंहनु हँसै, दैन कहै, नटि जाइ॥

(ii) कहत, नटत, रीझत, खिझत, मिलत, खिलत, लजियात।
भरे भौन मैं करत हैं, नैननु ही सब बात॥

(iii) 'यह छुईमुई सा सँकुचाना
भयभीत मृगी सा घबराना
यह नहीं लाज की वेला प्रिय।
कुंजों में छिप-छिप छेड़ रहा, दोशीजा कलियों को फागुन'

(iv) तन सँकोच मन परम उछाहू।
गूढ़ प्रेमलखि परइ न काहू॥
जाइ समीप रामछवि देखी।
रहि जनु कुँअरि चित्र अनुरेखी॥

(ब) वियोग शृंगार—

(i) निसदिन बरसत नयन हमारे
सदा रहति पावस ऋतु हम पै, जबते स्याम सिधारे॥

(ii) आधी रात प्रभु दरसण दीज्यो, जमनाजी रे तीरां।
मीरां रा प्रभु गिरधर नागर, हिवड़ो घणो अधीराँ॥

(iii) अवधि अधार आस आवन की, तन-मन बिथा सही।
अब इन जोग सँदेसनि सुनि-सुनि, बिरहिनी विरह दही॥

(iv) विरह भुवंगम तन बसे, मंत्र न लागै कोइ।
राम बियोगी ना जिवै, जिवै तो बौरा होइ॥

2. **वीर रस**—युद्ध या शौर्य-पराक्रम वाले कार्यों में हृदय में जो उत्साह उत्पन्न होता है, उसी से उत्साह रस की पुष्टि होती है।

स्थायी भाव—उत्साह (युद्ध, दान, दया, बलिदान, शौर्य आदि विषयों से सम्बन्धित

विभाव—**(1) आलंबन**—जिस कार्य या व्यक्ति को देखकर उत्साह पैदा होना।

(2) उद्दीपन—वीरता, ललकार या कार्य की कठिनता।

अनुभाव—प्रतिज्ञा करना, हाथ चलाना, उत्साह के लिए शब्द

संचारी भाव—उग्रता, गर्व, आवेश, हर्ष, धैर्य।

उदाहरण—

(i) हे सारथे! हैं द्रोण क्या, देवेन्द्र भी आकर अड़ें,
है खेल क्षत्रिय बालकों का व्यूह-भेदन कर लड़े।
मैं सत्य कहता हूँ सखे! सुकुमार मत जानो मुझे,
यमराज से भी युद्ध में प्रस्तुत सदा जानो मुझे।

स्थायी भाव—वीर रस
आलंबन—शत्रु
उद्दीपन—चक्रव्यूह रचना
अनुभाव—अभिमन्यु के वचन
संचारी भाव—रोमांच, उत्सुकता, उग्रता, चुनौती।

(ii) चमक उठी सन् सत्तावन में, वह तलवार पुरानी थी
बुंदेले हरबोलों के मुँह हमने सुनी कहानी थी।
खूब लड़ी मर्दानी वह तो झाँसी वाली रानी थी।

(iii) टूट सकते हैं मगर हम झुक नहीं सकते
सत्य का संघर्ष सत्ता से
न्याय लड़ता निरंकुशता से
अंधेरे ने दी चुनौती है
किरण अंतिम अस्त होती है
—अटल बिहारी वाजपेयी

(iv) उठो धरा के अमर सपूतो
पुनः नया निर्माण करो।
जन-जन के जीवन में फिर से
नई स्फूर्ति, नव प्राण भरो।
—द्वारिका प्रसाद माहेश्वरी

(v) कुछ भी बन बस कायर मत बन
ठोकर मार पटक मत माथा तेरी राह रोकते पाहन
कुछ भी बन बस कायर मत बन।
—नरेन्द्र शर्मा

3. **वात्सल्य रस**—संतान के प्रति प्रेम भाव, बाल-मधुर चेष्टाएँ, बाल हठ, लोरी गाना आदि 'वात्सल्य रस' कहलाते हैं।

उदाहरण—

(i) यशोदा हरि पालनैं झुलावै। हलरावै दुलरावै, मल्हरावै, जोइ-सोइ कछु गावै।
यसुमति मन अभिलाष करै। कब मेरी लाल घुटुरुवन रेंगै, कब धरनि पग द्वै धरै।

स्थायी भाव—पुत्र के प्रति स्नेह
आलम्बन—पुत्र श्रीकृष्ण
उद्दीपन—बालक की चेष्टाएँ, क्रीड़ाएँ।
अनुभाव—बालक को पालने झुलाना, लोरी गाना, अभिलाषा करना।
संचारी भाव—हर्ष, आवेग आदि।

(ii) कब द्वै दाँत दूध कै देखौं, कब तोतैं, मुख वचन झरै।
कब नंदहि बाबा कहि बोले, कब जननी कहि मोहिं ररै।

(iii) बाहर तैं तब नंद बुलाए देखौ धौं सुंदर सुखदाई।
तनक-तनक सी दूध दंतुलिया देखौ, नैन सफल करौ आई।

(iv) मेरे लाल को आउ निंदरिया, काहै न आनि सुवावै
तू काहै नहिं बेगहीं आवै, तोको कान्ह बुलावै।

4. **भक्ति रस**—ईश्वर के प्रति जब किसी भक्त के हृदय में भक्तिभाव जाग्रत होता है या प्रेम व श्रद्धा के भाव का उदय होता है, तब उसे 'भक्ति रस' कहते हैं। जैसे—श्रीकृष्ण के प्रति मीरा की भक्ति, श्रीराम के प्रति तुलसीदास जी की भक्ति आदि।
अधिकांश विद्वान वात्सल्य व भक्ति को शृंगार का, रति का अंग मानते हैं।

उदाहरण—

(i) मधुर मधुर मेरे दीपक जल
युग-युग प्रतिदिन प्रतिक्षण प्रतिपल,
प्रियतम का पथ आलोकित कर।

(ii) मेरे तो गिरधर गोपाल दूसरो न कोई
जाके सिर मोर मुकुट मेरो पति सोई।

(iii) भक्ति बीज पलटै नहीं, जो जुग जाय अनन्त।
ऊँच नीच घर अवतरै, होय सन्त का सन्त॥

(iv) प्रेम प्रेम सब कोउ कहत, प्रेम न जानत कोइ।
जो जन जानै प्रेम तौ, मरै जगत क्यों रोइ॥

(v) बसो मेरे नैनन में नंदलाल।
मोहनी मूरति, साँवरि सूरति नैना बने बिसाल॥

5. **भयानक रस**–किसी भयानक वस्तु, दृश्य, व्यक्ति, जीव या कोई पुरानी स्मृति के स्मरण द्वारा भय नामक स्थायी भाव जाग्रत हो भयानक रस के रूप में व्यक्त होता है।

इस रस का स्थायी भाव क्रोध, **आलंबन विभाव**–नुकसान पहुँचाने वाले के प्रति क्रोध प्रदर्शन करने वाली चेष्टाओं का होना। **अनुभाव**–आँखें, नाक लाल होना, अपशब्द कहना, शारीरिक क्रूर चेष्टाएँ करना, मारने के लिए दौड़ना आदि। **संचारी भाव**–आवेग, श्रम, उग्रता, तन काँपना, दाँत कट कटाना आदि।

उदाहरण–

(i) नभ ते झटपट बाज लखि, भूल्यो सकल प्रपंच।
कंपित तन व्याकुल नयन, लावक हिल्यौ न रंच॥

स्थायी भाव–भय **आलम्बन**–बाज

उद्दीपन–बाज का झपटना **संचारी भाव**–दैन्य, विषाद आदि।

(ii) लाल क्षितिपाल छत्रसाल महाबाहु बली,
कहाँ लौ बखान करो तेरी करवाल को।
प्रतिभट कटक कटीले केते काटि-काटि,
कालिका-सी किलकि कलेऊ देति काल को।

(iii) उधर गरजती सिंधु लहरियाँ, कुटिल काल के जालों सी।
चली आ रही फेन उगलती, फन फैलाये व्यालों सी॥ **–जयशंकर प्रसाद**

(iv) 'विकट रूप धरि लंक जरावा'

6. **रौद्र रस**–जहाँ अपने से बड़ों की निंदा, अपमान, देशभक्ति का अपमान होता है, वहाँ शत्रु से प्रतिशोध की भावना 'रौद्र रूप' में रौद्र रस के रूप में व्यक्त होती है।

उदाहरण–

(i) श्रीकृष्ण के सुन वचन, अर्जुन क्रोध से जलने लगे।
सब शोक अपना भूलकर करतल-युगल मलने लगे।
संसार देखे अब हमारे शत्रु रण में मृत पड़े।
करते हुए यह घोषणा वे हो गए उठकर खड़े।
उस काल मारे क्रोध के तन काँपने उनका लगा।
मानो हवा के जोर से सोता हुआ सागर जगा॥ **–मैथिलीशरण गुप्त**

स्थायी भाव–क्रोध

आलम्बन–जयद्रथ

उद्दीपन–श्रीकृष्ण के वचन

अनुभाव–क्रोधपूर्ण चेतावनी, शरीर का काँपना, क्रोध से आँखें मलना

संचारी भाव–आवेग, श्रम, उग्रता आदि।

(ii) रे नृपबालक कालबस, बोलत तोहि न सँभार।
धनुही सम त्रिपुरारिधनु बिदित सकल संसार॥

(iii) जगी उसी क्षण विद्युज्ज्वाला,
गरज उठे होकर वे क्रुद्ध,
''आजकाल के भी विरुद्ध है
युद्ध-युद्ध बस मेरा युद्ध।''

(iv) अस कहि रघुपत चाप चढ़ावा।
यह मत लछिमन के मन भावा।
संधानेहु प्रभु बिसिख कराला।
उठि उदधी उर अंतर ज्वाला॥

7. **अद्भुत रस**–किसी विचित्र, अद्भुत वस्तु, व्यक्ति या कार्य देखकर मन चकित हो जाता है, तब 'अद्भुत रस' प्रकट होता है।

उदाहरण–

(i) एक अचम्भा देख्यौ रे भाई।
ठाढ़ा सिंह चरावै गाई।।
जल की मछली तरुवर ब्याई।
पकड़ि बिलाइ मुरगै खाई॥

स्थायी भाव—आश्चर्य
आलम्बन—अद्‌भुत क्रियाकलाप
उद्दीपन—अचम्भा देखना
अनुभाव—आँख खुली की खुली रहना, दाँतों तले उँगली दबाना।

(ii) अखिल भुवन चर-अचर सब, हरि मुख में लखि मातु।
चकित भई गद्‌गद् वचन, विकसित दृग पुलकातु॥

(iii) सेना-नायक राणा के भी
रण देख-देखकर चाह भरे।
मेवाड़-सिपाही लड़ते थे।
दूने-तिगुने उत्साह भरे॥

8. करुण रस—प्रिय की विपत्ति, अनिष्ट के विषय में सोचकर ही मन में उत्पन्न शोक का भाव करुण रस कहलाता है।

उदाहरण—

(i) अभी तो मुकुट बँधा था माथ,
हुए कल ही हल्दी के हाथ।
खुले भी न थे लाज के बोल,
खिले थे न चुम्बन शून्य कपोल।
हाय! रुक गया यहीं संसार,
बना सिंदुर अनल अंगार। —**सुमित्रानंदन पंत**

स्थायी भाव—शोक
आलम्बन—पति की अकाल मृत्यु
उद्दीपन—मुकुट और हल्दी लगे हाथों को देखना
अनुभाव—स्मृति, चिंता और विषाद
संचारी भाव—रुदन

(ii) मैं लिखते-लिखते रोया था
मैं भारी मन से गाता हूँ
जो हिम-शिखरों का फूल बनी
मैं उसको फूल चढ़ाता हूँ।

(iii) कितनी करुणा कितने संदेश
पथ में बिछ जाते बन पराग
गाता प्राणों का तार-तार
अनुराग भरा उन्माद राग
आँसू लेते वे पथ पखार
जो तुम आ जाते एक बार।

(iv) मुझे फूल मत मारो
मैं अबला बाला वियोगिनी, कुछ तो दया विचारो।
होकर मधु के मीत मदन, पटु, तुम कटु गरल न गारो,
मुझे विकलता, तुम्हें विफलता, ठहरो, श्रम परिहारो।

9. हास्य रस—किसी अनोखी, अद्‌भुत वेशभूषा, रूप व क्रिया-कलाप को देखकर या विचित्र चेष्टाओं को देखकर 'हास्य भाव' जाग्रत होता है।

उदाहरण—

(i) सब यानन ते श्रेष्ठ अति, द्रुतगति गामिनिकार।
धनिक जननि के जिय बसी, निसिदिन करति विहार॥
पों-पों करति सुहावनि कैसे, मुनि मख-संख बजावहिं जैसे।
मगबिच कीच उलीचति कैसे, फागुन फाग रचहिं जन जैसे॥ **—हरिशंकर शर्मा**

स्थायी भाव—हास

आलम्बन—कार

उद्दीपन—कार की पों-पों और रास्ते में कीचड़ उछालना

(ii) ''विंध्य के वासी उदासी तपोव्रत धारी महा बिनु नारि दुखारे।
गौतम तीय तरी तुलसी सो कथा, सुनि भे मुनिवृंद सुखारे॥
ह्वै हैं शिला सब चन्द्रमुखी, परसे पद-मंजुल कंज तिहारे।
कीन्हीं भली रघुनायक जू करुना करि कानन को पग धारे॥

(iii) मोटे व्यक्ति की स्कूटर से भिड़ंत
लोगों ने पूछा—
''अरे क्या हुआ''
बोला वह ''·······जी, मैं ठीक-ठाक हूँ
स्कूटर का अंजर-पंजर ढीला हो गया।

(iv) हँसि-हँसि भाजैं देखि दूलह दिंगबर को,
पाहुनी जे आवें हिमाचल के उछाल में।
कहै 'पद्माकर' सुबहु सों कहै को कहा,
जोई जहाँ देखै सो हँसेई तहाँ राह में।

10. वीभत्स रस—घृणा योग्य दृश्य देखने, घृणित कार्य के विषय में सुनने से मन में उठा भाव 'वीभत्स रस' कहलाता है। 'जुगुप्सा' इसका स्थायी भाव है।

उदाहरण—

(i) कोई अँतड़िनि की पहरि माल इतरात दिखावत।
कोई चरबी लै चोप सहित, निज अँगनि लावत।
कोऊ मुंडनि लै माल मोद कंदुक लौ डारत।
कोऊ रुंडनि पै बैठि, करेजो फारि निकारत। **—भूषण**

स्थायी भाव—जुगुप्सा (घृणा)

आलम्बन—श्मशान का दृश्य

उद्दीपन—आँतों की माला पहनकर इतराना, शरीर पर चर्बी पोतना, नरमुण्डों को गेंद की तरह उछालना, सीने पर बैठकर कलेजा फाड़कर निकालना।

अनुभाव—इस घृणित दृश्य को देखकर मुँह फेरना

संचारी भाव—निर्वेद, ग्लानि, दीनता आदि।

(ii) सिर पर बैठ्यो काग, आँख दोउ खात निकारत।
खींचत जीभहिं स्यार अतिहि आनंद उर धारत।
गीध जांघि को खोदि-खोदि कै माँस उपारत।
स्वान आंगुरिन काटि-काटि कै खात विदारत।

(iii) कई गलियों के बीच कई नालों के पार
कूड़े-करकट के ढेरों के बाद
बदबू-से फटते जाते इस टोले के अंदर
खुशबू रचते हैं हाथ

11. शांत रस—वैराग्य भावना या संसार के मोह माया के त्याग से 'शांत रस' की उत्पत्ति होती है।

उदाहरण—

(i) कबहुँक हौं यह रहनि रहौगो।
श्री रघुनाथ कृपालु कृपा ते संत सुभाव गहौंगें॥

स्थायी भाव—निर्वेद या वैराग्य

आलम्बन—सांसारिक सुख-साधन

उद्दीपन—सांसारिक माया

अनुभाव—कथन, चेतावनी, संकल्प

संचारी भाव—घृति, मति, विमर्श

(ii) मन रे तन कागद का पुतला।
लागै बूँद बिनसि जाय छिन में, गरब करै क्या इतना॥

(iii) ऐसेहू साहब की सेवा सों होत चोरु रे।
अपनी न बूझ न कहै को राँड रोरु रे॥
मुनि-मन-अगम, सुगत माइ-बापु सो।
कृपा सिंधु, सहज सखा, सनेही आपु सों॥

इस विवेचन से यह स्पष्ट है कि रस का मूलाधार हृदय का भाव है, जिसमें आनंद देने वाले काव्य की सृष्टि होती है। 'रस' के समस्त अवयवों की तालिका नीचे दी जा रही है—

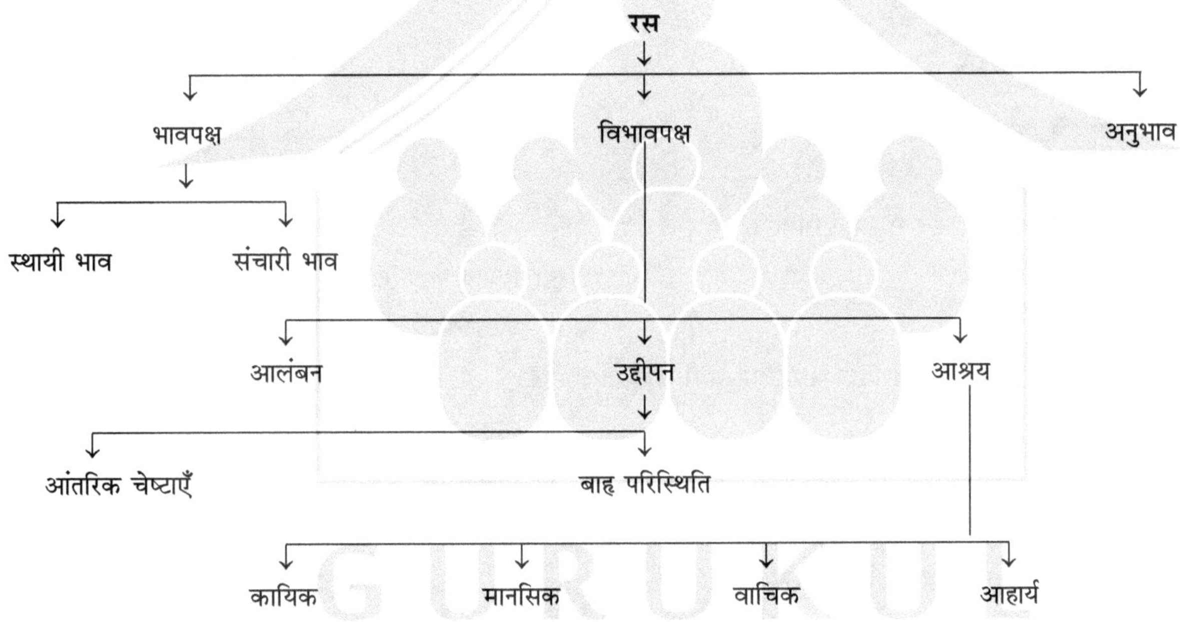

अभ्यास प्रश्न

I. नीचे रसों के नाम दिए गए हैं, उनके स्थायी भाव लिखिए—

1. हास्य रस 2. अद्‌भुत रस 3. भयानक रस 4. शांत रस
5. वीर रस 6. करुण रस 7. श्रृंगार रस 8. वीभत्स रस 9. रौद्र रस

II. निम्नलिखित स्थायी भावों से सम्बन्धित रसों के नाम लिखिए—

1. जुगुप्सा 2. रति 3. निर्वेद 4. क्रोध
5. उत्साह 6. हास 7. विस्मय 8. शोक 9. भय

III. निम्नलिखित काव्यांशों में कौन-सा स्थायी भाव है?

1. वीर तुम बढ़े चलो, धीर तुम बड़े चलो।
सामने पहाड़ हो सिंह की दहाड़ हो।
तुम कभी रुको नहीं, तुम कभी झुको नहीं।

2. कब द्वै दाँत दूध के देखौ, कब तोतैं, मुख बचन झरैं।
   कब नंदहिं बाबा कहि बोले, कब जननी कहि मोहिं ररै।
3. अब कैसे छूटे राम नाम रट लागी।
   प्रभु जी तुम चंदन हम पानी, जाकी अँग-अँग बास समानी।
   प्रभु जी तुम घन वन हम मोरा, जैसे चितवत चंद चकोरा।
4. कबहुँ पलक हरि मूँद लेत हैं, कबहुँ अधर फरकावै।
   सोवत जानि मौन ह्वै रहि रहि, करि करि सैन बतावे।
   इहि अंतर अकुलाई उठे हरि, जसुमति मधुरै गावै।
5. मेरे लाल को आउ निंदरिया, काहै न आनि सुवावै
   तू काहै नहिं बेगहीं आवै, तोको कान्ह बुलावै
6. जसुमति मन अभिलाष करे
   कब मेरो लाल घुटुरुवनि रैंगे, कब धरती पग दुबेक धरै।
7. जसोदा हरि पालने झुलावै।
   हलरावै, दुलरावै, मल्हावै, जोई-सोई कछु गावै।
8. सुत मुख देखि जसोदा फूली
   हरषति देखि दूध की दँतिया, प्रेम मगन तन की सुधि भूली

IV. निम्नलिखित काव्य पंक्तियों में प्रयुक्त 'रस' बताइए–

1. कौरवों का श्राद्ध करने के लिए, या कि रोने को चिता के सामने।
   शेष अब है रह गया कोई नहीं, एक वृद्धा एक अंधे के सिवा।
   (i) करुण रस (ii) वीर रस
   (iii) वीभत्स रस (iv) शांत रस
2. निसदिन बरसत नैन हमारे,
   सदा रहत वर्षा ऋतु हम पर जब से स्याम सिधारे।
   (i) संयोग शृंगार (ii) वियोग शृंगार
   (iii) करुण रस (iv) वात्सल्य रस
3. 'रे नृप' बालक काल बस बोलत तोहिं न संभार' पंक्ति में कौन-सा रस है?
   (i) रौद्र रस (ii) वीर रस
   (iii) भयानक रस (iv) वीभत्स रस
4. निस दिन बरसत नैन हमारे।
   सदा रहत पावस ऋतु हम पै जब तै स्याम सिधारे॥
   दृग अंजन लागत नहिं कबहु उर कपोल भए कारे॥
   (i) संयोग शृंगार रस (ii) वियोग शृंगार रस
   (iii) करुण रस (iv) शांत रस
5. 'यशोदा हरि पालने झुलावे'–पंक्ति में रस बताइए–
   (i) शृंगार रस (ii) करुण रस
   (iii) वात्सल्य रस (iv) शांत रस
6. कागद पर लिखत न बनत, कहत संदेसु लजात।
   कहिहै सबु तेरौ हियौ, मेरे हिय की बात॥
7. प्रकट भए द्विजराज-कुल सुबस बसे ब्रज आइ।
   मेरे हरौ कलेस सब, केसव केसव राइ॥

8. हाय! फूल-सी कोमल बच्ची
हुई राख की थी ढेर।
9. यह सच है तो अब लौट चलो तुम घर को
चौंके सब सुनकर अटल कैकेई स्वर को
बैठी भी अचल तदापि असंख्यतरंगा
वह सिंही अब थी हहा गोमुखी गंगा
10. कितना प्रामाणित था उसका दु:ख
लकड़ी को दान में देते वक्त
जैसे वही उसकी अंतिम पूँजी हो।
11. हा! वृद्धा के अतुल धन हा! वृद्धता के सहारे!
हा! प्राणों के परमप्रिय हा! एक मेरे दुलारे!
हा! शोभा के सप्त सम हा! रूप लावण्य हारे!
हा! बेटा हा! हृदय धन हा! नेत्र तारे हमारे।
12. छोड़ो मत अपनी आन, सीस कट जाए।
मत झुको अनय पर, भले व्योम फट जाए।
13. एक ओर अजगरहि लखि एक ओर मृगराय।
विकल बटोही बीच ही, पर्‌यो मूरछा खाय॥
(i) वीर रस (ii) भयानक रस
(iii) रौद्र रस (iv) वीभत्स रस
14. हा सही ना जाती मुझसे अब आज भूख की ज्वाला।
कल से ही प्याश लगी है हो रहा हृदय मतवाला॥
सुनती हु तू राजा है मैं प्यारी बेटी तेरी।
क्या दया ना आती तुझको यह दशा कर मेरी।
15. हाथी जैसे देह है, गैंडे जैसी खाल
तरबूजे-सी खोपड़ी, खरबूजे से गाल।
16. हाथ में घाव थे चार
थी उनमें मवाद भरमार
मक्खी उन पर भिनक रही थी
कुछ पाने को टूट पड़ी थी।
उसी हाथ से कौर उठाता
घृणा से मेरा मन भर जाता।
17. तंबूरा ले मंच पर बैठे प्रेमप्रताप,
साज मिले पंद्रह मिनट, घंटा भर आलाप।
घंटा भर आलाप, राग में मारा गोता,
धीरे-धीरे खिसक चुके थे सारे श्रोता।
18. श्रीकृष्ण के सुन वचन अर्जुन क्रोध से जलने लगे।
सब शोक अपना भूलकर करतल युगल मलने लगे।
19. उस काल मारे क्रोध के, तनु काँपने उनका लगा।
मानो हवा के जोर-से, सोता हुआ सागर जगा।
20. अश्रु चुनता दिवस इसका, अश्रु गिनती रात।
जीवन, विरह का जलजात

अभ्यास के प्रश्नों के उत्तर

I. 1. ह्रास 2. विस्मय 3. भय 4. निर्वेद
5. उत्साह 6. शोक 7. रति 8. जुगुप्सा 9. क्रोध

II. 1. वीभत्स रस 2. शृंगार रस 3. शांत रस 4. रौद्र रस
5. वीर रस 6. हास्य रस 7. अद्‌भुत रस 8. करुण रस 9. भयानक रस

III. 1. उत्साह 2. वात्सल्य रस 3. भक्ति 4. वात्सल्य
5. वात्सल्य-स्नेह (वत्सलता) 6. वत्सलता (स्नेह) 7. वात्सल्य (वत्सलता) 8. वात्सल्य

IV. 1. (i) करुण रस 2. (ii) वियोग शृंगार 3. (i) रौद्र रस 4. (ii) वियोग रस
5. (iii) वात्सल्य रस 6. शृंगार रस 7. भक्ति रस 8. करुण रस
9. अद्‌भुत रस 10. वात्सल्य रस 11. करुण रस 12. वीर रस
13. (ii) भयानक रस 14. करुण रस 15. हास्य रस 16. वीभत्स रस
17. हास्य रस 18. रौद्र रस 19. रौद्र रस 20. करुण रस

❑❑

खण्ड 'ग'

(क्षितिज)

पद

|1|

कवि-सूरदास

कवि परिचय—भक्तशिरोमणि सूरदास कृष्णमार्गी शाखा के प्रतिनिधि कवि हैं। इनके जन्मस्थान, जन्मतिथि एवं जीवनवृत्त के विषय में विद्वानों में मतभेद हैं। कुछ विद्वान उनका जन्मस्थान मथुरा के निकट 'रुनकता' या रेणुका में सन् 1478 ई. में तथा कुछ विद्वान दिल्ली के निकट 'सीही' नामक ग्राम में मानते हैं। सूरदास का जन्म एक निर्धन सारस्वत ब्राह्मण परिवार में हुआ था। इनके पिता का नाम रामदास था। सूरदास अन्धे थे। इनके अन्धत्व के विषय में भी विद्वानों में मतभेद है। कुछ लोग इन्हें जन्मांध मानते हैं तथा लोग इनके बाद में अन्धा होने का अनुमान लगाते हैं। सूरदास एक अच्छे गायक थे तथा उनके गुरु वल्लभाचार्य थे। गोवर्धन के पास स्थित 'पारसौली' नामक गाँव में सन् 1583 ई. में 105 वर्ष की अवस्था में ये स्वर्ग सिधार गए।

रचनाएँ—सूरदास जी के तीन प्रामाणिक ग्रन्थ हैं—(1) सूरसागर, (2) सूरसारावली, (3) साहित्य लहरी।

सूरदास को हिन्दी साहित्य का सूर्य कहा जाता है। वे 'वात्सल्य' तथा शृंगार रस' के सर्वश्रेष्ठ कवि हैं। इनकी भाषा में सहजता एवं सरलता के साथ तद्भव शब्दों का प्रयोग हुआ है। सूरदास की कृतियाँ ब्रजभाषा में लिखी गयी हैं। काव्य में गेयता है। इनके काव्य में भावपक्ष एवं कलापक्ष की गरिमामयी प्रस्तुति दर्शनीय है।

शब्द-सम्पदा

ऊधौ = उद्धव। **बड़भागी** = भाग्यवान। **तगा** = धागा, बन्धन। **अपरस** = अलिप्त अच्छूता, नीरस। **सनेह** = स्नेह। **अनुरागी** = प्रेम में डूबा हुआ। **पुरइन पात** = कमल का पत्ता। **भीतर** = अन्दर। **देह** = शरीर, तन। **दागी** = धब्बा, दाग। **प्रीति** = प्रेम। **पाउँ** = पैर। **बोर्‌यौ** = डुबाया। **दृष्टि** = नज़र। **परागी** = मुग्ध होना। **गुर** = गुड़। **अबला** = कोमल नारी। **भोरी** = भोली। **चाँटी** = चींटी। **पागी** = लिपटी हुई। **माहँ** = में, अन्दर। **अवधि** = समय। **अधार** = आधार। **आस** = आशा। **आवन की** = आने की। **तन** = शरीर। **बिथा** = व्यथा, दु:ख। **बिरहिनि** = वियोग में जीने वाली, वियोगिनी। **बिरह दही** = विरह की आग में जल रही। **जोग** = योग। **गुहारि** = रक्षा के लिए पुकारना। **जितहिं तैं** = जिधर से, जहाँ से। **उत तैं** = उधर से, वहाँ से। **धार** = धारा। **धीर** = धैर्य, धीरज। **मरजादा** = मर्यादा, प्रतिष्ठा। **न लही** = नहीं रही, नहीं रखी। **हरि** = श्रीकृष्ण। **हारिल** = एक पक्षी जो सदैव अपने पंजों में लकड़ी या तिनका पकड़े रहता है। **लकरी** = लकड़ी, तिनका। **क्रम** = तारतम्य, ग्रंथमाला। **उर** = हृदय। **दृढ़ करि** = मजबूती से। **पकरी** = पकड़ी। **दिवस** = दिन। **निसि** = रात। **सु** = ऐसी, वह। **जकरी** = रटती रहती हैं। **करुई** = कड़वी। **ककरी** = ककड़ी। **व्याधि** = रोग, बीमारी, पीड़ा पहुँचाने वाली वस्तु। **करी** = भोगा। **तिनहिं** = उनको। **चकरी** = चक्र के समान घूमने वाला, अस्थिर। **मधुकर** = भौंरा, उद्धव के लिए सम्बोधन। **हुते** = थे। **पठाए** = भेजा। **आगे के** = पहले के। **परहित** = दूसरों की भलाई के लिए। **फेर पाइहैं** = फिर से पा लेंगे। **अनीति** = अन्याय। **आपुन** = स्वयं, खुद। **राज धरम** = राजधर्म। **प्रजा** = जनता, राज्य के नागरिक। **सताए** = कष्ट या तकलीफ पहुँचाए।

➩ पद्यांशों की ससन्दर्भ व्याख्या (काव्यगत सौन्दर्य सहित)

निम्नलिखित पद्यांश को पढ़िए और नीचे दिये गये प्रश्नों के उत्तर लिखिए—

1. ऊधौ, तुम हौ अति बड़भागी।
अपरस रहत सनेह तगा तैं, नाहिन मन अनुरागी।
पुरइनि पात रहत जल भीतर, ता रस देह न दागी।
ज्यौं जल माहँ तेल की गागरि, बूँद न ताकौं लागी।
प्रीति-नदी मैं पाऊँ न बोरयौ, दृष्टि न रूप परागी।
'सूरदास' अबला हम भोरी, गुर चाँटी ज्यौं पागी॥

सन्दर्भ—प्रस्तुत पद महाकवि सूरदास द्वारा रचित 'सूरसागर' में संकलित 'भ्रमरगीत' से लिया गया है।

प्रसंग—प्रस्तुत पद में गोपियाँ योग-सन्देश लेकर आए उद्धव पर तीखे व्यंग्य-बाणों से प्रहार करके उनकी प्रेम के प्रति अनासक्ति पर उपहास कर रही हैं तथा कृष्ण के प्रति अपनी निष्ठा व्यक्त कर रही हैं।

व्याख्या—गोपियाँ उद्धव की प्रेम के प्रति अनासक्ति पर व्यंग्य करते हुए कहती हैं कि हे उद्धव! तुम तो बड़े भाग्यवान हो, क्योंकि तुम प्रेम के बन्धन से दूर हो। तुमने अभी प्रेम के प्रति आकर्षण को नहीं जाना है। श्रीकृष्ण के इतने करीब रहकर भी तुम्हारा मन उनके प्रेम में नहीं डूबा है। तुम तो जल के बीच रहने वाले उन कमल के पत्तों के समान हो, जो जल में रहकर भी दाग-धब्बों से अछूते रहते हैं। जिस प्रकार

तेल से भरी गगरी को जल में डुबाने पर उस पर जल की एक भी बूँद नहीं ठहरती, ठीक उसी प्रकार तुम भी श्रीकृष्ण के निकट रहने पर भी उनके प्रभाव से मुक्त हो। तुम कभी उनके प्रेम में नहीं डूबे। तुमने कभी-भी प्रेमरूपी नदी में पैर नहीं रखा और न ही तुमने किसी पर प्रेम-भरी दृष्टि डाली, ये तुम्हारी महानता है, परन्तु हम तो भोली-भाली ब्रजबालाएँ हैं जो अपने प्रियतम श्रीकृष्ण के रूप-सौन्दर्य पर उसी प्रकार आसक्त हो गई हैं, जिस प्रकार चींटियाँ गुड़ के प्रति आकर्षित होकर उससे लिपट जाती हैं, फिर छूट नहीं पातीं, गुड़ पर लिपटे हुए ही अपने प्राण त्याग देती हैं। वास्तव में गोपियाँ प्रेम के प्रति अनासक्ति रखने वाले उद्धव को अभागा कहना चाह रही हैं।

काव्यगत सौन्दर्य—सूरदास के इस पद में गोपियों की कृष्ण के प्रति निश्छल भावना प्रकट हुई है। व्यंग्यात्मक शैली का प्रयोग किया गया है। पद में गेयता है। ब्रजभाषा का प्रयोग है। तत्सम एवं तद्भव शब्दावली निहित है। माधुर्य गुण है। लक्षणा शब्दशक्ति दर्शनीय है। अनुप्रास, उपमा, रूपक तथा दृष्टान्त अंलकारों का सटीक प्रयोग हुआ है।

पद्यांश पर आधारित प्रश्नोत्तर

प्रश्न— (i) गोपियाँ स्वयं को अबला और भोली क्यों बताती हैं?
(ii) 'प्रीति-नदी' में पाउँ न बोरयौ' से क्या तात्पर्य है?
(iii) गोपियों ने किसे बड़भागी कहा है?
(iv) 'पुरइनि पात रहत जल भीतर' तथा 'ज्यौं जल माहँ तेल की गागरि बूँद न ताकौं लागी' में कौन-सा अलंकार है?
(v) गुड़ तथा चींटी किसे कहा गया है?
(vi) गोपियों ने किसके प्रति अनन्य प्रेम व्यक्त किया है?
(vii) अनुप्रास अलंकार का एक उदाहरण लिखिए।
(viii) इस पद में प्रयुक्त भाषा का नाम लिखिए।
(ix) गोपियों ने उद्धव की तुलना किससे की है?
(x) 'अपरस' शब्द का क्या अर्थ है?
(xi) 'प्रीति-नदी' में निहित अलंकार का नाम लिखिए।

उत्तर— (i) गोपियों में छल, कपट तथा चतुराई नहीं है। बिना सोचे-समझे वे श्रीकृष्ण से प्रेम कर बैठी हैं, जिसके परिणामस्वरूप उन्हें विरह वेदना सहन करनी पड़ रही है। वे उद्धव के समान ज्ञानी भी नहीं हैं, इसलिए उन्होंने स्वयं को अबला और भोली बताया है।
(ii) 'प्रीति-नदी में पाउँ न बोरयौ' से तात्पर्य है कि उद्धव को अभी तक किसी से प्रेम नहीं हुआ है। इस पंक्ति के माध्यम से गोपियाँ उद्धव को यह समझाना चाहती हैं कि यदि तुमने किसी से प्रेम किया होता, तो तुम कृष्ण के प्रति हमारी भावनाओं को समझ पाते तथा इस तरह योग-सन्देश देकर हमें परेशान न करते।
(iii) गोपियों ने व्यंग्यपूर्वक उद्धव को बड़भागी कहा है। यथार्थरूप में वे उसे 'अभागा' कहना चाह रही हैं।
(iv) इन पंक्तियों में दृष्टान्त अलंकार है।
(v) 'गुड़' श्रीकृष्ण को तथा 'चींटी' गोपियों को कहा गया है।
(vi) गोपियों ने श्रीकृष्ण के प्रति अनन्य प्रेम व्यक्त किया है।
(vii) पुरइनि पात।
(viii) ब्रजभाषा।
(ix) गोपियों ने उद्धव की तुलना जल में पड़े कमल के पत्ते से तथा जल में पड़ी तेल की गागर से की है।
(x) अछूता या नीरस।
(xi) रूपक अलंकार।

2. मन की मन ही माँझ रही।
कहिए जाइ कौन पै ऊधौ, नाहीं परत कही।
अवधि अधार आस आवन की, तन मन बिथा सही।
अब इन जोग सँदेसनि, सुनि-सुनि, बिरहिनि बिरह दही।
चाहति हुतीं गुहारि जितहिं तैं, उत तैं धार बही।
'सूरदास' अब धीर धरहिं क्यौं, मरजादा न लही॥

सन्दर्भ—प्रस्तुत पद महाकवि सूरदास द्वारा रचित 'सूरसागर' में संकलित 'भ्रमरगीत' से लिया गया है।

प्रसंग—प्रस्तुत पद में श्रीकृष्ण द्वारा उद्धव के माध्यम से भेजे गये योग सन्देश को सुनने के बाद गोपियों की हताशा से भरी दशा का मार्मिक वर्णन है।

व्याख्या—विरहाग्नि में दग्ध गोपियाँ उद्धव से कहती हैं कि हे उद्धव! हमारे मन में जो कृष्ण प्रेम की बातें थीं वह तो तुम्हारे सन्देश को सुनने के बाद हमारे मन में ही दबी रह गईं। हम उस भावना को व्यक्त नहीं कर पायीं। हमने सोचा था कि कृष्ण के मथुरा से लौटने पर हम अपनी वियोग-व्यथा विस्तारपूर्वक उन्हें सुनायेंगी। कृष्ण के लौटकर आने की प्रतीक्षा में ही हम जी रहे थे, परन्तु अब हम क्या करें? श्रीकृष्ण तो

लौटकर नहीं आये, बल्कि हमारे हृदय को व्यथित करने वाला यह योग-साधना का सन्देश और तुम्हारे द्वारा भेज दिया। इस योग-सन्देश को सुनकर हमारे अन्दर विरह की ज्वाला और अधिक भड़क गयी है और हम उसमें जली जा रही हैं। हमारा दुर्भाग्य यह है कि जिधर हमें अपना रक्षक दिखाई दे रहा था, उधर से ही योग-सन्देश रूपी प्रबल धारा प्रवाहित हो रही है, अर्थात् जिन्हें हम अपनी रक्षा हेतु पुकारना चाहती थीं, उन्होंने ही हमारे लिए योग-सन्देश भिजवाया है।

गोपियाँ कहती हैं कि अब हम धैर्य कैसे धारण करें, जिस कृष्ण के लिए लोकलाज तथा मर्यादा को त्याग दिया था, उन्होंने ही आज हमारा त्याग कर दिया है, जिससे हमारी मर्यादा नष्ट हो गयी है।

काव्यगत सौन्दर्य—प्रस्तुत पद में कृष्ण-विरह से व्यथित गोपियों की झुँझलाहट व आक्रोश का सजीव वर्णन है। पद में गेयता है तथा माधुर्य गुण का प्रयोग है।

तद्भव शब्दावली की अधिकता है। ब्रजभाषा का प्रयोग है। विरहाग्नि का चरमोत्कर्ष तथा हताशा विद्यमान है।

पद्यांश पर आधारित प्रश्नोत्तर

प्रश्न— (i) कौन-सी बात गोपियों के मन की मन में रह गयी?

(ii) गोपियाँ किस आधार पर विरह-वियोग सहन करती आ रही थीं?

(iii) 'मरजादा न लही' से क्या अभिप्राय है?

(iv) योग-सन्देश का गोपियों के हृदय पर क्या प्रभाव पड़ा?

(v) गोपियाँ की वियोग-पीड़ा क्यों बढ़ गई?

(vi) गोपियाँ किससे गुहार लगाना चाहती थीं? क्यों?

(vii) गोपियों की विरहाग्नि भड़कने का क्या कारण है?

(viii) श्रीकृष्ण ने किस मर्यादा का पालन नहीं किया?

(ix) गोपियाँ किस आशा पर विरह के कष्ट को सहन कर रही थीं?

(x) 'धीर धरहिं' तथा 'बिरहिनि बिरह' में कौन-सा अलंकार प्रयुक्त हुआ है?

(xi) पद में प्रयुक्त रस का नाम लिखिए।

(xii) पद में निहित पुनरुक्तिप्रकाश अलंकार का उदाहरण लिखिए।

उत्तर— (i) गोपियाँ कृष्ण के विरह में व्याकुल थीं। अपनी विरह-वेदना की पीड़ा वे कृष्ण के साथ बाँटना चाहती थीं, लेकिन उद्धव द्वारा लाये योग-सन्देश को सुनकर वे किंकर्तव्यविमूढ़ हो गयीं। कृष्ण के वियोग की पीड़ा सम्बन्धी बातें उनके मन की मन में रह गयीं।

(ii) गोपियों को कृष्ण के मथुरा से लौटकर आने की आशा थी। उन्हें लगता था कि कभी-न-कभी तो श्रीकृष्ण मथुरा से वापस अवश्य आयेंगे। उनकी प्रतीक्षा में ही गोपियाँ विरह-वियोग सहन करती आ रही थीं।

(iii) गोपियाँ कृष्ण के साथ अनन्य प्रेम को मर्यादा मानती थीं। प्रेम की अपनी मर्यादा है। प्रेमियों को अपनी मर्यादा निभानी चाहिए, परन्तु श्रीकृष्ण ने गोपियों के साथ प्रेम को न निभाकर उनके लिए योग-साधना का सन्देश भिजवा दिया है, जिससे गोपियों को अपनी मर्यादा नष्ट होती नज़र आ रही है।

(iv) योग-सन्देश का गोपियों के हृदय पर विपरीत प्रभाव पड़ा। उन्हें वह कड़वी ककड़ी के समान लगा। उनकी आशा निराशा में बदल गयी। वे व्यथित हो गईं। झुँझलाकर उद्धव को उलाहने देने लगीं। उनका हृदय पीड़ा से भर गया। योग-सन्देश ने उनकी विरहाग्नि को और भी भड़का दिया।

(v) श्रीकृष्ण से मिलने की आशा को उद्धव के योग सन्देश ने समाप्त कर दिया, इसलिए गोपियों की वियोग-पीड़ा बढ़ गयी थी।

(vi) गोपियाँ श्रीकृष्ण से गुहार लगाना चाहती थीं, क्योंकि ऐसी परिस्थिति में वही उन्हें रक्षक नज़र आ रहे थे।

(vii) उद्धव द्वारा लगाया हुआ योग-साधना का सन्देश ही गोपियों की विरहाग्नि को भड़काने का कारण है।

(viii) गोपियों के अनुसार श्रीकृष्ण ने योग संदेश भिजवा कर प्रेम की मर्यादा का पालन नहीं किया।

(ix) श्रीकृष्ण ने वचन दिया था कि वह कुछ ही दिन में मथुरा से लौट आएँगे। गोपियाँ इसी आशा पर विरह के कष्ट को सहन कर रही थीं।

(x) अनुप्रास अलंकार।

(xi) वियोग शृंगार रस।

(xii) सुनि-सुनि।

3. हमारैं हरि हारिल की लकरी।
मन क्रम बचन नंद-नंदन उर, यह दृढ़ करि पकरी।
जागत सोवत स्वप्न दिवस-निसि, कान्ह-कान्ह जकरी।
सुनत जोग लागत है ऐसौ, ज्यौं करुई ककरी।
सु तौ ब्याहि हमकौं, लै आए, देखी सुनी न करी।
यह तौ 'सूर' तिनहिं लै सौंपौ, जिनके मन चकरी॥

सन्दर्भ—प्रस्तुत पद महाकवि सूरदास द्वारा रचित 'सूरसागर' में संकलित 'भ्रमरगीत' से लिया गया है।

प्रसंग—प्रस्तुत पद में उद्धव द्वारा गोपियों को दिये गये निर्गुण ज्ञान पर सगुण-प्रेम की विजय का वर्णन है। गोपियों ने तर्कपूर्ण ढंग से श्रीकृष्ण के प्रति अपनी एकनिष्ठा तथा अनन्य प्रेम को व्यक्त किया है।

व्याख्या—उद्धव के योग-सन्देश को सुनने के पश्चात् गोपियाँ उनके सभी प्रश्नों का उत्तर बड़ी दृढ़ता के साथ देती हैं। वो कहती हैं कि श्रीकृष्ण तो हमारा एकमात्र सहारा हैं। वे हमारे लिए हारिल पक्षी की लकड़ी के समान हैं। जिस प्रकार हारिल पक्षी सदैव लकड़ी को दृढ़ता के साथ पंजों में दबाये रखता है। उसे कभी अपने से अलग नहीं करता, उसी प्रकार हमने भी श्रीकृष्ण को मजबूती से अपने हृदय में बसा रखा है। हम उन्हें स्वयं से अलग नहीं कर सकते। मन, वचन और कर्म से हमने नंद के नंदन अर्थात् श्रीकृष्ण को अपने चित्त में बसा लिया है। अब हम जागते-सोते, दिन और रात में यहाँ तक कि स्वप्न में भी कान्हा-कान्हा कहकर पुकारते रहते हैं। ऐसी दशा में योग-सन्देश सुनकर ऐसा लगता है, जैसे हमने कड़वी ककड़ी खा ली हो। तुम्हारे योग सम्बन्धी ज्ञान में हमें कोई रुचि नहीं है।

हे उद्धव! तुम हमारे लिए ये कौन-सी बीमारी ले आये हो? जिसे हमने न कभी देखा है, न सुना है और न भोगा है? गोपियाँ उद्धव से कहती हैं कि हे उद्धव! तुम ऐसा करो इस व्याधि (बीमारी) को उन लोगों को ले जाकर सौंप दो जिनके मन अस्थिर हैं तथा चक्र के समान चंचल हैं। हमारा मन तो स्थिर है। हमें आपका यह योग सन्देश अच्छा नहीं लग रहा।

काव्यगत सौन्दर्य—प्रस्तुत पद में गोपियों की तर्कशक्ति प्रतिलक्षित हो रही है। वाक्चातुर्य से उद्धव को परास्त करने की क्षमता गोपियों में दिखाई पड़ रही है। माधुर्य गुण है। वियोग शृंगार की प्रधानता है। कोमलकान्त ब्रजभाषा का प्रयोग है। गेय शैली है।

अनुप्रास, रूपक एवं पुनरुक्तिप्रकाश अलंकारों के प्रयोग से काव्य में सौन्दर्य उत्पन्न हो गया है।

पद्यांश पर आधारित प्रश्नोत्तर

प्रश्न— (i) गोपियों ने अपनी तुलना हारिल के पक्षी से क्यों की है?

(क) हारिल पक्षी सदैव लकड़ी लिए उड़ता है।
(ग) श्रीकृष्ण के प्रति अपने एकनिष्ठ प्रेम के कारण।
(ख) गोपियों को हारिल पक्षी पसंद है।
(घ) श्रीकृष्ण के प्रति अपनी नाराज़गी के कारण।

उत्तर—(ग) श्रीकृष्ण के प्रति अपने एकनिष्ठ प्रेम के कारण।

(ii) 'नंद-नंदन' विशेषण किसके लिए प्रयुक्त हुआ है?

(क) श्रीकृष्ण के लिए
(ग) उद्धव के लिए
(ख) गोपियों के लिए
(घ) नंद के लिए

उत्तर—(क) श्रीकृष्ण के लिए

(iii) गोपियाँ किसे व्याधि कह रही हैं?

(क) उद्धव की बातों को
(ग) श्रीकृष्ण के विरह को
(ख) उद्धव के योग ज्ञान को
(घ) श्रीकृष्ण के प्रेम को

उत्तर—(ख) उद्धव के योग ज्ञान को

(iv) गोपियों को योग-साधना कैसी लगती है?

(क) हारिल की लकड़ी की तरह
(ग) जिसे कभी न देखा हो
(ख) हारिल पक्षी के समान
(घ) कड़वी ककड़ी के समान

उत्तर—(घ) कड़वी ककड़ी के समान

(v) गोपियाँ योग का संदेश किसके लिए उपयुक्त समझती हैं?

(क) जो श्रीकृष्ण से प्रेम नहीं करते
(ग) जिसका मन स्थिर है
(ख) जिनका मन स्थिर नहीं है
(घ) श्रीकृष्ण के लिए

उत्तर—(ख) जिनका मन स्थिर नहीं है

4. हरि हैं राजनीति पढ़ि आए।
समुझी बात कहत मधुकर के, समाचार सब पाए।
इक अति चतुर हुते पहिलैं ही, अब गुरु ग्रंथ पढ़ाए।
बढ़ी बुद्धि जानी जो उनकी, जोग-सँदेस पठाए।
ऊधौ भले लोग आगे के, पर हित डोलत धाए।
अब अपनै मन फेर पाइहैं, चलत जो हुते चुराए।
ते क्यौं अनीति करैं आपुन, जे और अनीति छुड़ाए।
राज धरम तौ यहै 'सुर', जो प्रजा न जाहिं सताए॥

सन्दर्भ—प्रस्तुत पद कृष्ण भक्त कवि सूरदास द्वारा रचित 'सूरसागर' के 'भ्रमरगीत' से लिया गया है।

प्रसंग—इस पद में उद्धव के योग-सन्देश को सुनकर हताश हुई गोपियों ने श्रीकृष्ण को कुटिल राजनीतिज्ञ एवं अन्यायी सिद्ध करने का प्रयास किया है।

व्याख्या—श्रीकृष्ण द्वारा भेजे गये योग-सन्देश को सुनकर गोपियाँ उन्हें अन्यायी तथा अत्याचारी मानने लगती हैं। उन्हें लगता है कि श्रीकृष्ण ने अब राजनीति की शिक्षा प्राप्त कर ली है तथा वे राजनीति में निपुण हो गये हैं। वे कहती हैं कि उद्धव द्वारा दिये गये समाचार सुनकर ही हमारी समझ में सारी बात आ गई थी। एक तो श्रीकृष्ण पहले से ही बहुत चालाक थे, ऊपर से उन्होंने गुरुओं द्वारा रचे ग्रन्थ भी पढ़ लिये हैं। उनकी महान् बुद्धिमत्ता का अनुमान तो इसी बात से लगाया जा सकता है कि उन्होंने हम जैसी कोमल अबलाओं के लिए इतना कर्कश योग-सन्देश भिजवाया है। हमारे हिसाब से कोमल युवतियों के लिए योग-सन्देश भिजवाने में कोई बुद्धिमानी नहीं है, क्योंकि योग-साधना युवतियों के लिए उचित नहीं है। इस विषय में श्रीकृष्ण का निर्णय विवेकपूर्ण नहीं है।

गोपियाँ उद्धव को सम्बोधित करते हुए कहती हैं कि हे उद्धव! इससे तो पुराने ज़माने के लोग अच्छे थे, जो दूसरों की भलाई के लिए दौड़कर आगे आते थे। चलो कोई बात नहीं जो होना था वह हो गया। कृष्ण ने हमें त्याग दिया। अब हमें हमारे मन वापस मिल जायेंगे, जिन्हें कृष्ण मथुरा जाते समय चुराकर ले गये थे, परन्तु एक बात हमारी समझ में नहीं आती कि जो श्रीकृष्ण दूसरों को अन्याय से बचाते हैं, वे हमारे साथ इतना बड़ा अन्याय कैसे कर सकते हैं?

गोपियाँ उद्धव को राजनीति की सीख देते हुए कहती हैं कि हे उद्धव! राजधर्म तो यही कहता है कि प्रजा को सताना नहीं चाहिए फिर श्रीकृष्ण हमें क्यों सता रहे हैं? हमारी उनसे गुहार है कि वे हमारी रक्षा करें।

काव्यगत सौन्दर्य—'जानी बुद्धि बड़ी' में व्यंग्य की झलक है। ब्रजभाषा का सफल एवं सराहनीय प्रयास दृष्टिगोचर है। राजनीति की सुन्दर व्याख्या करने की चेष्टा की गयी है। तत्सम एवं तद्‌भव शब्दावली का मिश्रित प्रयोग हुआ है। अनुप्रास एवं वक्रोक्ति अलंकार का प्रयोग दर्शनीय है। माधुर्य गुण एवं गेय शैली है।

➪ पद्यांश पर आधारित प्रश्नोत्तर

प्रश्न— (i) गोपियों ने राजनीति का प्रकांड पंडित किसे कहा है?

(क) उद्धव को (ग) श्रीकृष्ण को

(ख) ब्रज के लोगों को (घ) मथुरा के लोगों को

उत्तर—(ग) श्रीकृष्ण को

(ii) गोपियों ने पहले के लोगों को भला बताया है, क्योंकि—

(क) वे परोपकारी होते थे (ग) वे गोपियों के प्रति संवेदना रखते थे

(ख) वे किसी को योग-संदेश नहीं देते थे (घ) वे किसी को कष्ट नहीं देते थे

उत्तर—(क) वे परोपकारी होते थे

(iii) गोपियों के अनुसार सच्चा राजधर्म क्या है?

(क) प्रजा के साथ अन्याय करना (ग) प्रजा को सताया न जाना

(ख) प्रजा के हित का ध्यान न रखना (घ) प्रजा की रक्षा न करना

उत्तर—(ग) प्रजा को सताया न जाना

(iv) 'गुरू ग्रंथ' किसने पढ़ लिया है?

(क) उद्धव ने (ग) ब्रजवासियों ने

(ख) गोपियों ने (घ) श्रीकृष्ण ने

उत्तर—(घ) श्रीकृष्ण ने।

(v) पद में निहित अनुप्रास अलंकार का उदाहरण पहचानिए—

(क) अब गुरु ग्रंथ पढ़ाए (ग) बढ़ी बुद्धि जानी जो

(ख) समाचार सब पाए (घ) ये सभी अनुप्रास अलंकार के उदाहरण हैं

उत्तर—(घ)ये सभी अनुप्रास अलंकार के उदाहरण हैं।

➪ पाठ से सम्बन्धित प्रश्नोत्तर

प्रश्न 1. गोपियों द्वारा उद्धव को भाग्यवान कहने में क्या व्यंग्य निहित है?

अथवा

क्या वास्तव में गोपियाँ उद्धव को भाग्यवान कहना चाहती हैं?

अथवा

गोपियों ने उद्धव को भाग्यशाली क्यों कहा है? क्या वे वास्तव में उन्हें भाग्यवान मान रही हैं?

उत्तर— उद्धव को 'भाग्यवान' कहकर गोपियाँ उन पर कटाक्ष कर रही हैं। वास्तव में वे उन्हें 'अभागा' कहना चाहती हैं क्योंकि गोपियों के लिए प्रेम ही सर्वोपरि है। उद्धव में प्रेम के प्रति आकर्षण का सर्वथा अभाव है। वे कभी किसी के प्रेम में नहीं पड़े। प्रेम के अनुभव से वंचित होने के कारण वे प्रेम की गहराइयों को नहीं समझते। इसे गोपियाँ उद्धव का दुर्भाग्य मानती हैं।

प्रश्न 2. उद्धव के व्यवहार की तुलना किस-किस से की गयी है?

उत्तर— उद्धव के व्यवहार की तुलना कमल के पत्ते तथा तेल की गागर से की गयी है। कमल का पत्ता सदैव पानी में डूबा रहता है, फिर भी उस पर पानी का कोई दाग या धब्बा नहीं लगता। इसी प्रकार तेल की मटकी को जल में डुबोने पर भी उस पर पानी की एक भी बूँद नहीं ठहरती।

उद्धव भी प्रेम के प्रति पूरी तरह अनासक्त हैं। श्रीकृष्ण के करीब रहकर भी वे उनके प्रभाव से मुक्त हैं। उनकी प्रेममयी संगति का उद्धव पर कोई असर नहीं पड़ा है।

प्रश्न 3. गोपियों ने किन-किन उदाहरणों के माध्यम से उद्धव को उलाहने दिये हैं?

अथवा

गोपियों द्वारा उद्धव को दिये गये उलाहनों के उदाहरण प्रस्तुत कीजिये।

उत्तर— गोपियों ने उद्धव को 'अति बड़भागी' कहकर तीक्ष्ण प्रहार किया है। अप्रत्यक्ष रूप से वे उन्हें 'अभागा' कहना चाहती हैं। वे उन्हें योग-सन्देश लेकर आने के लिए भी उलाहना देती हैं, क्योंकि इस कारण उनकी मन की बात मन में ही रह गयी। वे अपनी भावनाएँ कृष्ण के समक्ष व्यक्त करने से वंचित रह गयीं। वे उद्धव को प्रेम के प्रति आस्था न होने का उलाहना दे रही हैं। वे उद्धव से यह कहना चाहती हैं कि बिना किसी से प्रेम किये तुम प्रेम की परिभाषा कैसे समझ सकते हो? गोपियाँ योग-सन्देश को 'व्याधि' कहकर भी उद्धव को उलाहना दे रही हैं।

प्रश्न 4. उद्धव द्वारा दिये गये योग के सन्देश ने गोपियों की विरहाग्नि में घी का काम कैसे किया?

अथवा

गोपियों की विरहाग्नि को भड़काने में योग-सन्देश का क्या हाथ है? स्पष्ट कीजिए।

उत्तर— गोपियाँ कृष्ण की अनुरागी थीं। उन्हें कृष्ण से अटूट प्रेम था। उनका मन कृष्ण से जुड़ा हुआ था। कृष्ण के मथुरा चले जाने पर वे उनकी प्रतीक्षा में पलक बिछाकर बैठी थीं। उन्हें उनके लौटकर आने का अटूट विश्वास था। कृष्ण के स्थान पर उनके द्वारा भेजे गये, योग-सन्देश को देखकर वे भड़क गयीं। वे कृष्ण-मिलन को तड़पने लगीं, वे विरहाग्नि की लपटों में खुद को घिरा हुआ महसूस कर रही थीं। उद्धव द्वारा दिये गये योग के सन्देश ने गोपियों की विरहाग्नि में घी का काम किया। उन्हें लगने लगा कि कृष्ण उनके पास कभी नहीं आयेंगे।

प्रश्न 5. 'मरजादा न लही' के माध्यम से कौन-सी मर्यादा न रहने की बात की जा रही है?

अथवा

'मरजादा न लही' के माध्यम से गोपियाँ क्या कहना चाहती हैं?

उत्तर— हर बात की एक मर्यादा होती है। प्रेम की भी अपनी मर्यादा है। प्रेमियों को भी अपनी मर्यादा की रक्षा करते हुए एक-दूसरे की भावनाओं की कद्र करनी चाहिए।

गोपियों को लगता है कि श्रीकृष्ण ने उनके साथ प्रेम तो किया, मगर उसे निभाया नहीं। प्रेम को भली-भाँति निभाने की जगह उन्होंने उद्धव द्वारा योग-सन्देश भिजवाकर उनके साथ छल किया है। कृष्ण द्वारा किये गये इस व्यवहार को गोपियाँ अपने साथ धोखा समझ रही हैं तथा उन्होंने इसे प्रेम की मर्यादा का उल्लंघन माना है।

प्रश्न 6. कृष्ण के प्रति अपने अनन्य प्रेम को गोपियों ने किस प्रकार अभिव्यक्त किया है?

अथवा

गोपियों की कृष्ण के प्रति अनन्य प्रेम की अभिव्यक्ति को स्पष्ट कीजिए।

उत्तर— वास्तव में गोपियाँ श्रीकृष्ण की अनन्य प्रेम अजन्य भक्त थीं। उन्हें कृष्ण से अगाध प्रेम था। कृष्ण के बिना उनका कोई अस्तित्व नहीं था। वे गुड़ पर चिपककर प्राण देने वाली चींटियों के समान स्वयं भी कृष्ण प्रेम पर बलिदान होना चाहती हैं। वे हारिल की लकड़ी के समान कृष्ण को दृढ़ता से पकड़े हुए हैं। मन, वचन एवं कर्म से दिन और रात कृष्ण का नाम रटने वाली गोपियाँ योग-सन्देश सुनकर व्यथित हो जाती हैं तथा उसे 'कड़वी ककड़ी' कहकर उद्धव पर अपनी कड़वाहट को निकालती हैं। गोपियों के इसी व्यवहार से उनकी कृष्ण के प्रति अथाह प्रेम की अभिव्यक्ति देखने को मिलती है।

प्रश्न 7. गोपियों ने उद्धव से योग की शिक्षा कैसे लोगों को देने की बात कही है?

उत्तर— गोपियों ने उद्धव से योग की शिक्षा ऐसे लोगों को देने की बात कही है, जिनका मन स्थिर नहीं है, चक्र के समान घूमते रहते हैं, जो भ्रामक हृदय वाले हैं तथा जिनके मन में भटकाव है।

प्रश्न 8. प्रस्तुत पदों के आधार पर गोपियों का योग-साधना के प्रति दृष्टिकोण स्पष्ट करें।

अथवा

गोपियाँ योग-साधना को किस दृष्टि से देखती हैं?

उत्तर— प्रस्तुत पदों के आधार पर स्पष्ट है कि गोपियाँ योग-साधना को अनावश्यक, नीरस तथा व्यर्थ समझती हैं। उन्हें लगता है कि योग-साधना प्रेम में बाधक है। उनका मानना है कि श्रीकृष्ण को पाने का माध्यम केवल प्रेम है, योग-साधना नहीं। योग तो उन्हें

कड़वी ककड़ी के समान प्रतीत होता है। योग-सन्देश भिजवाने के कारण ही वे कृष्ण को कुशल राजनीतिज्ञ मानती हैं। व्यंग्य करते हुए कहती भी हैं कि

'हरि हैं राजनीति पढ़ि आए।'

प्रश्न 9. गोपियों के अनुसार राजा का धर्म क्या होना चाहिए?

अथवा

गोपियों ने राजधर्म की क्या परिभाषा दी है?

उत्तर— गोपियों के अनुसार राजा को प्रजा के सुख-चैन एवं शान्ति का ध्यान रखना चाहिए। प्रजा के साथ न्याय होना चाहिए अन्याय नहीं। किसी भी दशा में प्रजा का अहित नहीं होना चाहिए। राजा को इस बात का भी ध्यान रखना चाहिए कि किसी भी हालत में प्रजा को सताया न जाये।

प्रश्न 10. गोपियों को कृष्ण में ऐसे कौन-से परिवर्तन दिखाई दिये जिनके कारण वे अपना मन वापस पा लेने की बात कहती हैं?

उत्तर— कृष्ण जब गोपियों के साथ ब्रज में रहते थे तब वे गोपियों से अथाह प्रेम करते थे। मथुरा जाकर राजा बन जाने के बाद उनके व्यवहार में परिवर्तन आ गया था। जब से उन्होंने उद्धव द्वारा योग साधना का सन्देश भिजवाया था तब से वे गोपियों को अन्यायी एवं अत्याचारी से लगने लगे थे। उन्हें ऐसा अन्देशा हो गया था कि कृष्ण अब उनसे प्रेम नहीं करते बल्कि उनसे पीछा छुड़ाना चाहते हैं। वे उन्हें कुशल राजनीतिज्ञ मानकर योग-सन्देश को उनकी कूटनीतिक चाल समझ रही थीं। इन्हीं कारणों से गोपियाँ अपना मन वापस पा लेने की बात कहती हैं।

प्रश्न 11. गोपियों ने अपने वाक्चातुर्य के आधार पर ज्ञानी उद्धव को परास्त कर दिया, उनके वाक्चातुर्य की विशेषताएँ लिखिए।

उत्तर— गोपियों का वाक्चातुर्य अद्वितीय है। यह सूर के 'भ्रमरगीत' को पूर्णता प्रदान करता है।

उद्धव को अपने उच्चकोटि के निर्गुण ज्ञान पर बहुत अभिमान था, परन्तु वह गोपियों के वाक्कौशल के समक्ष परास्त हो गया। गोपियों के वाक्चातुर्य में निर्भीकता, स्पष्टवादिता तथा व्यंग्यात्मकता के साथ-साथ भावुकता एवं सहृदयता का समावेश दिखाई देता है।

प्रश्न 12. संकलित पदों को ध्यान में रखते हुए सूर के भ्रमरगीत की मुख्य विशेषताएँ बताइए।

उत्तर— सूरदास द्वारा रचित 'भ्रमरगीत' हिन्दी साहित्य की अनुपम देन है। इसमें शृंगार रस के वियोग पक्ष के माध्यम से मानव हृदय की सरस एवं मार्मिक अभिव्यक्ति दर्शनीय है।

सूर के भ्रमरगीत में व्यंग्यात्मकता, स्पष्टता, वियोग शृंगार रस की प्रधानता, संगीतात्मकता, भावुकता एवं सहृदयता आदि विशेषताएँ हैं। इसमें भाषा की कोमलता एवं अलंकारों का सटीक प्रयोग हुआ है। कृष्ण एवं गोपियों का निश्छल एवं अलौकिक प्रेम प्रकट हुआ है। गोपियों के तर्कों को सुनकर योग का सम्राट उद्धव भी निरुत्तर एवं भौचक्का-सा रह जाता है।

भ्रमरगीत में निराशा, कटाक्ष, गुहार आदि अनेक मनोभावों का तीखे अन्दाज़ में चित्रण हुआ है। इसमें प्रेम तथा योग का आपसी द्वंद्व दिखाकर प्रेम को विजयी दिखाया गया है।

प्रश्न 13. सूरदास के भ्रमरगीत की विभिन्न विशेषताएँ हैं। कौन-सा कथन सही नहीं है?

(i) गोपियाँ कृष्ण की दीवानी हैं और उनका प्रेम अनन्य, सम्पूर्ण और अनूठा है
(ii) भ्रमरगीत में शुद्ध साहित्यिक ब्रजभाषा का प्रयोग हुआ है
(iii) इसमें योग-साधना के सम्मुख प्रेम को तुच्छ दिखाया गया है
(iv) भ्रमरगीत में व्यंग्य, कटाक्ष, उलाहना, निराशा आदि मनोभाव प्रकट होते हैं

उत्तर— (iii) इसमें योग-साधना के सम्मुख प्रेम को तुच्छ दिखाया गया है।

प्रश्न 14. गोपियों द्वारा उद्धव को 'भाग्यवान' कहने के पीछे क्या कारण हैं?

(i) क्योंकि उद्धव श्रीकृष्ण के साथ रहते थे
(ii) क्योंकि वे उनके लिए योग का सन्देश लेकर आए थे
(iii) गोपियाँ अप्रत्यक्ष रूप से उद्धव को 'अभागा' या 'भाग्यहीन' कहना चाहती हैं
(iv) उद्धव प्रेम के प्रति पूरी तरह अनासक्त हैं

उत्तर— (iv) उद्धव प्रेम के प्रति पूरी तरह अनासक्त हैं।

प्रश्न 15. गोपियों के अनुसार राजा का धर्म इनमें से क्या नहीं होना चाहिए?

(i) प्रजा के सुख-चैन का ध्यान रखना
(ii) प्रजा के साथ अन्याय करना
(iii) प्रजा का अहित नहीं करना
(iv) प्रजा की शांति का ध्यान रखना चाहिए

उत्तर— (ii) प्रजा के साथ अन्याय करना।

रचना और अभिव्यक्ति

प्रश्न 1. गोपियों ने उद्धव के सामने तरह-तरह के तर्क दिए हैं, आप अपनी कल्पना से और तर्क दीजिए।

उत्तर— हे उद्धव! तुम्हारा यह योग-साधना का सन्देश इतना महत्त्वपूर्ण है, तो इसे लेकर हमारे पास क्यों आये हो? वहीं मथुरा में रहने वाली कुब्जा को क्यों नहीं दे दिया? जिस पर श्रीकृष्ण ने अपनी विशेष कृपा बरसाई थी। यदि यह सन्देश कृष्ण-प्रेमियों के लिए है तो यहाँ पर यशोदा, नन्द बाबा, ग्वाल-बाल तथा अन्य ब्रजवासी सभी कृष्ण से प्रेम करते हैं, उन्हें क्यों नहीं दिया? इतना कड़वा ज्ञान केवल हमारे लिए ही क्यों है? कृष्ण से जाकर कहो कि इस कठोर ज्ञान के मार्ग पर पहले वे चलें। इस कठोर तलवार की धार पर चलना हम जैसी भौली-भाली अबलाओं के लिए सम्भव नहीं है।

प्रश्न 2. उद्धव ज्ञानी थे, नीति की बातों को जानते थे। गोपियों के पास ऐसी कौन-सी शक्ति थी, जो उनके वाक्चातुर्य में मुखरित हो उठी?

उत्तर— गोपियाँ वाक्कौशल में चतुर थीं। वे कृष्ण से सच्चा प्रेम करती थीं। सच्चा प्रेम विश्वास एवं आत्मिक बल से भरा होता है। उद्धव यदि समुद्री तूफान थे, तो गोपियाँ भी जिद्दी किश्ती थीं, जो तूफान के सामने भी हार मानने को तैयार नहीं थीं। उनके हृदय में बसे हुए प्रेम का यही ज़बरदस्त आवेग नीति के ज्ञाता उद्धव को परास्त कर देता है। गोपियों के सामने उनकी बोलती बन्द हो जाती है।

प्रश्न 3. गोपियों ने यह क्यों कहा कि हरि अब राजनीति पढ़ आये हैं? क्या आपको गोपियों के इस कथन का विस्तार समकालीन राजनीति में नज़र आता है? स्पष्ट कीजिए।

उत्तर— गोपियों को 'ब्रज के कृष्ण' तथा 'मथुरा के कृष्ण' के व्यवहार में परिवर्तन दिखायी देने लगा। उद्धव द्वारा लाये योग-सन्देश को देखकर वे समझ गयीं कि कृष्ण अब पक्के राजनीतिज्ञ हो गये हैं। वे हमारे साथ कूटनीति से भरी चालें चल रहे हैं। वे हमें स्वयं से अलग कर देना चाहते हैं। तभी उन्होंने कृष्ण पर राजनीति पढ़ लेने का आरोप लगाया कि–'हरि हैं राजनीति पढ़ि आये।'

हाँ बिल्कुल, हमें आज की राजनीति में गोपियों के कथन का विस्तार स्पष्ट नज़र आता है। आज के राजनेताओं की कथनी-करनी में बिल्कुल समानता नहीं है। वे जनता से झूठे वादे करके केवल छल करते हैं। देश के विकास का काम केवल कागज़ों में दृष्टिगोचर होता है, वास्तविकता के धरातल पर नहीं। सभी राजनीतिक दल केवल अपना स्वार्थ सिद्ध करने में लगे रहते हैं।

मूल्यपरक प्रश्नोत्तर

प्रश्न 1. समसामयिक प्रेम और भक्ति को परिभाषित कीजिए।

उत्तर— प्रेम का शाब्दिक अर्थ है—अनुराग। भक्ति का सम्बन्ध अपने आराध्य के प्रति श्रद्धा भाव से है। आज के समय में भी प्रेम एवं भक्ति का समावेश समय-समय पर दृष्टिगोचर होता है, परन्तु अधिकतर लोग प्रेम में छलावा करते हैं। वे भरोसे के लायक नहीं होते हैं।

यदि भक्ति की बात करें, तो नीति एवं सत्य के मार्ग पर चलने वाले धर्म के पुरोधा कम हैं। आजकल भक्ति को भी व्यापार बना लिया है। धर्म के सच्चे पुजारी तो आज भी भक्ति में लीन होकर धर्म के प्रचार-प्रसार में संलग्न हैं, किन्तु कुछ लोग भक्ति के नाम पर धनोपार्जन में लगे हुए हैं, जो कि सर्वथा अनुचित है।

प्रश्न 2. 'गुर चाँटी ज्यौं पागी' के सन्दर्भ में वर्तमान समय में प्रेम के प्रति आकर्षण कहाँ तक सफल है? क्या आज भी निश्छल प्रेम दिखाई देता है?

उत्तर— 'गुर चाँटी ज्यौं पागी' के सन्दर्भ में वर्तमान समय में प्रेम के प्रति आकर्षण भारी मात्रा में दिखाई देता है, परन्तु जहाँ तक इसकी सफलता का प्रश्न है तो बहुत कम प्रतिशत में प्रेमाकर्षण सफलता में बदलता है। अधिकतर युवक-युवतियाँ प्यार में धोखा खाकर अपनी जीवन लीला या तो स्वयं ही समाप्त कर लेते हैं या अन्य किसी के द्वारा मार दिए जाते हैं। (इज्जत के लिए प्यार करने वालों की हत्या) का प्रचलन भी ग्रामीण क्षेत्र में दिखाई देता है जो कि गलत है। आज के समय में निश्छल प्रेम का सर्वथा अभाव है। लोग प्रेम की आड़ में अपना स्वार्थ सिद्ध करते दिखाई देते हैं।

प्रश्न 3. किसी भी राष्ट्र के विकास में 'तकनीकी' का महत्त्वपूर्ण योगदान है। आधुनिक युवाओं एवं युवतियों के आचार-व्यवहार पर तकनीकी का क्या प्रभाव दिखाई पड़ता है?

उत्तर— किसी भी राष्ट्र के विकास में 'तकनीकी' का महत्त्वपूर्ण योगदान है, यह सर्वविदित है। तकनीकी का सदुपयोग एवं उसका दुरुपयोग निर्णय करता है कि राष्ट्र किस दिशा में अपना कदम बढ़ा रहा है। तकनीकी का सही प्रयोग युवाओं एवं युवतियों के समक्ष उनका जीवन-निर्माण करने वाले सही मार्ग को प्रशस्त करता है तथा गलत उपयोग उन्हें अन्धकार की अँधेरी गहराइयों में धकेल देता है। जहाँ तक आज के युवाओं की बात की जाये तो कुछ को छोड़कर अधिकतर युवक एवं युवतियाँ तकनीकी का गलत ढंग से प्रयोग करके अपना जीवन बर्बाद कर रहे हैं। ऐसा जागरूकता की कमी के कारण हो रहा है, जो कि समाज व राष्ट्र के हित में नहीं है।

प्रश्न 4. प्रेमाकर्षण के सन्दर्भ में आपकी क्या राय है? क्या इस सन्दर्भ में अच्छे संस्कारों का कोई योगदान हो सकता है?

उत्तर— किशोरावस्था जीवन का सबसे नाजुक समय होता है। इस उम्र में प्रेमाकर्षण का प्रभाव अधिकतर दिखाई देता है जो कि स्वाभाविक है, परन्तु इसके प्रभाव में आकर दिशा भटक जाना घातक सिद्ध हो सकता है।

उम्र के इस नाजुक मोड़ पर संस्कारों का महत्त्वपूर्ण योगदान होता है। माता-पिता तथा घर के अन्य बड़े-बुजुर्गों द्वारा दिये गये संस्कार सही एवं गलत की पहचान कराते हैं। संस्कारी बच्चे सही मार्ग पर चलकर समाज व राष्ट्र के लिए प्रेरणादायक होते हैं।

परीक्षोपयोगी महत्त्वपूर्ण प्रश्नोत्तर

प्रश्न 1. गोपियों ने योग-साधना का पूर्णरूप से विरोध किया है, इसका क्या कारण हो सकता है? आज के समय में योग-साधना के क्षेत्र में महिलाएँ कहाँ तक भागीदार हैं?

उत्तर— योग-साधना के सन्देश को सुनकर गोपियाँ व्याकुल हो गयीं। उन्होंने उसका पूर्णरूप से विरोध किया। इसका कारण यह भी हो सकता है कि उस समय स्त्रियों को योग के महत्त्व का ज्ञान नहीं होगा न ही उन्हें इसकी आवश्यकता होगी क्योंकि उस समय शुद्ध आहार, पौष्टिक दूध, दही, छाछ-मक्खन आदि खाद्य पदार्थ खाने तथा कठिन परिश्रम करने से सबका स्वास्थ्य सही रहता होगा।

आज के समय में फास्ट-फूड तथा मिलावटी खाद्य-पदार्थों का बोलबाला है। पौष्टिक आहार का सर्वथा अभाव है। पौष्टिकता के अभाव में स्वास्थ्य में गिरावट आ रही है। बीमारियों से बचाने में योग का महत्त्वपूर्ण स्थान है। आज की स्त्रियाँ योग के महत्त्व को भली-भाँति समझ गयी हैं। उन्होंने योग को अपना लिया है।

प्रश्न 2. सूर की गोपियों ने स्वयं को अबला और भोली बताया है। क्या आज की नारियाँ अबला या भोली हैं? आज की नारियों में क्या-क्या परिवर्तन दिखाई देते हैं?

उत्तर— सूर की गोपियाँ वास्तव में अबला एवं भोली की श्रेणी में आती हैं, परन्तु आज की नारियाँ अबला न होकर सबला बन गयी हैं। वे जागरूक, तार्किक, संघर्षशील एवं परिवर्तनशील हैं। वे केवल रसोईघर तक सीमित नहीं हैं, बल्कि पुरुषों के साथ कन्धे-से-कन्धा मिलाकर चल रही हैं। वे हर क्षेत्र में अपने योगदान का परचम फहरा रही हैं। आज की नारियों में चमत्कारिक परिवर्तन प्रतिलक्षित होता है।

प्रश्न 3. सूर के भ्रमरगीत से क्या अभिप्राय है? भ्रमरगीत का उद्देश्य स्पष्ट कीजिए।

उत्तर— भ्रमरगीत का अभि-प्राय भँवरे को लक्ष्य करके लिखे गये गीतों से है। भ्रमर का शाब्दिक अर्थ भौंरा होता है, जिसका रंग काला होता है। वह फूलों के आस-पास मँडराता रहता है। गीत का तात्पर्य 'गायन' से है। उद्धव का रंग भी काला है तथा वे योग का ज्ञान देने के लिए गोपियों के आस-पास ही रहते हैं, इसलिए इस काव्य रचना को 'भ्रमरगीत' कहा गया है।

भ्रमरगीत का उद्देश्य निर्गुण भक्ति पर सगुण भक्ति की विजय को दर्शाना है। सूरदास से इसमें गोपियों की विजय तथा उद्धव की पराजय दर्शाकर सगुण भक्ति को प्रतिष्ठापित किया है।

प्रश्न 4. सूरदास की काव्य-भाषा की दो प्रमुख विशेषताएँ बताइए।

उत्तर— सूरदास की काव्य भाषा की दो प्रमुख विशेषताएँ निम्नलिखित हैं—

(i) ब्रज भाषा में गोपियों का प्रेम सम्बन्ध, कृष्ण के प्रति अनन्य भक्ति।

(ii) अलंकारों, व्यंग्यों के माध्यम से पदों में रोचकता।

प्रश्न 5. क्या वास्तव में उद्धव बड़भागी हैं? अपने विचारों के आधार पर बताइए।

उत्तर— हमारे विचार से उद्धव वास्तव में बड़भागी हैं। उन्हें कृष्ण एवं गोपियों के सान्निध्य में रहने का अवसर मिला। जिस प्रकार सूरदास, रसखान, मीराबाई आदि कृष्ण की भक्ति में लीन होकर धन्य हो गये तथा वे आज भी अमर हैं। उद्धव भी गोपियों एवं श्रीकृष्ण के संसर्ग में रहने के कारण आज भी लोगों के बीच अमर हैं। अत: उद्धव को वास्तव में सौभाग्यशाली कहा जाना चाहिए।

प्रश्न 6. सूरदास के भ्रमरगीत की विशेषताएँ पढ़े हुए पदों के आधार पर बताइए।

उत्तर— सूरदास के भ्रमरगीत की प्रमुख विशेषताएँ निम्नलिखित हैं—

(i) इनमें गोपियों का निर्मल कृष्ण-प्रेम प्रकट हुआ है। वे श्रीकृष्ण की दीवानी हैं और उनका प्रेम अनन्य, सम्पूर्ण और अनूठा है।

(ii) गोपियाँ गाँव की चंचल, अल्हड़ और वाक्चतुर बालाएँ हैं। उन्होंने उद्धव की ज्ञानपूर्ण उलझी हुई बातों को भी व्यंग्य द्वारा तुच्छ कर दिया।

(iii) भ्रमरगीत में व्यंग्य, कटाक्ष, उलाहना, निराशा, प्रार्थना, गुहार आदि अनेक मनोभाव तीखे तेवरों के साथ प्रकट हुए हैं।

(iv) इसमें योग और प्रेम मार्ग का द्वंद्व दिखाया गया है। प्रेम के सम्मुख योग साधना को तुच्छ दिखाया गया है।

(v) इसमें शुद्ध साहित्यिक ब्रजभाषा का प्रयोग हुआ है।

(vi) कोमलकान्त पदावली के साथ ही स्वाभाविक, प्रवाहमयी एवं भावानुकूल भाषा का उत्कृष्ट रूप सर्वत्र दिखाई देता है।

(vii) भ्रमरगीत की रचना 'पद' छन्द हुई है। इसके पद स्वयं में स्वतन्त्र भी हैं और परस्पर सम्बद्ध भी।

(viii) भ्रमरगीत में संगीतात्मकता का गुण दृष्टिगत होता है। इन पदों में राग-रागनियों की सफल योजना हुई है।

(ix) सूरदास ने भ्रमरगीत में अनुप्रास, उपमा, दृष्टांत, रूपक, व्यतिरेक, अतिशयोक्ति आदि अलंकारों का सुन्दर प्रयोग किया है।

(x) इस प्रकार अपनी सूक्ष्म अनुभूतिपरकता और अनुपम शिल्प-योजना के कारण 'भ्रमरगीत' का हिन्दी साहित्य में एक विशिष्ट स्थान है।

□□

राम-लक्ष्मण-परशुराम संवाद |2|

कवि-तुलसीदास

कवि परिचय—श्रीराम के अनन्य भक्त गोस्वामी तुलसीदास का जन्म उत्तर प्रदेश के बाँदा जिले के राजापुर गाँव में सन् 1532 में हुआ था। कुछ विद्वान उनका जन्म-स्थान एटा जिले के सोरों नामक स्थान पर मानते हैं। उनके पिता का नाम आत्माराम दुबे तथा माता का नाम हुलसी था।

मानव-मूल्यों के उपासक तुलसीदास का जीवन संघर्षपूर्ण रहा। बचपन में ही माता-पिता का देहान्त हो जाने के बाद उन्हें भीख माँगकर गुजारा करना पड़ा। अपने गुरु नरहर्यानन्द की कृपा से वे श्रीराम के उपासक बन गए। रामभक्ति परम्परा में तुलसीदास का अतुलनीय स्थान है।

रचनाएँ—रामचरितमानस तुलसीदास की लोकप्रिय रचना है। उत्तर भारत में जन-मानस के हृदय में रची-बसी रामचरितमानस के माध्यम से तुलसीदास ने पुरुषोत्तम श्रीराम के शील, नीति, परम स्नेह, विनय, त्याग, जैसे महान् आदर्शों को प्रतिष्ठापित किया।

इसके अतिरिक्त जानकी मंगल, पार्वती मंगल, रामलला नहछू, गीतावली, कवितावली, दोहावली, विनयपत्रिका, हनुमान बाहुक, वैराग्य-संदीपनी तथा बरवै रामायण आदि तुलसीदास की उत्कृष्ट रचनाएँ हैं।

काव्यगत विशेषताएँ—तुलसीदास के राम मानवीय मर्यादाओं तथा आदर्शों के प्रतीक हैं। वे त्याग एवं समर्पण की साक्षात मूर्ति हैं, वे शक्ति, शील एवं सौन्दर्य के अवतार हैं।

तुलसीदास की भाषा अवधी है, परन्तु ब्रजभाषा पर भी उनका उतना ही अधिकार है। उन्होंने अपनी रचनाओं में दोनों ही भाषाओं का प्रयोग बड़ी रोचकता एवं सरसता से किया है। उनका काव्य गेय है। उन्होंने अपनी रचनाओं में अनुप्रास, उपमा, रूपक एवं उत्प्रेक्षा आदि अंलकारों का प्रयोग प्रचुरता से किया है। चौपाई, दोहा, सरोठा, कवित्त और सवैया आदि उनके प्रिय छन्द हैं। लोकमंगल की भावना के उपासक तुलसीदास ने प्रबन्ध एवं मुक्तक दोनों प्रकार के छन्दों को अपनी लेखनी प्रदान की।

शब्द-सम्पदा

संभुधनु = शिवजी का धनुष। **दास** = सेवक। **आयेसु** = आज्ञा, आदेश। **भंजनिहारा** = तोड़ने वाला। **काह** = क्यों। **कहिअ** = कहते हैं। **केउ** = कोई। **मोही** = मुझसे। **रिसाई** = क्रोधित होकर। **सेवकाई** = सेवा। **कोही** = क्रोधी। **अरि करनी** = शत्रुओं के कर्म। **लराई** = लड़ाई। **जेही** = जिसने। **तोरा** = तोड़ा। **सम** = समान। **सो** = वह। **सहसबाहु** = सहस्रबाहु। **बिलगाउ** = अलग करके। **बिहाइ** = अलग, त्याग, छोड़ना। **रिपु** = शत्रु। **न त** = नहीं तो। **जैहहिं** = जाएँगे। **लखन** = लक्ष्मण। **परसुधरहिं** = फरसा धारण करने वाले। **अवमाने** = अपमानित करके। **बहु** = बहुत, अनेक। **धनुही** = धनुषियाँ। **लरिकाई** = बचपन में, लड़कपन में। **कबहुँ** = कभी। **असि** = इस प्रकार की, ऐसी। **रिस** = क्रोध। **कीन्हि** = की, किया। **गोसाईं** = स्वामी, महाराज जैसे आदरसूचक शब्द। **येहि** = इस। **धनु** = धनुष। **केहि** = किस। **हेतू** = कारण। **भृगुकुलकेतु** = भृगुकुल के ध्वज। **नृपबालक** = राजपुत्र। **कालबस** = मृत्यु के वशीभूत। **तोहि** = तुझसे। **सँभार** = सँभलकर। **सम** = समान, बराबर, तुलनात्मक रूप में। **त्रिपुरारिधनु** = शिव का धनुष। **बिदित** = परिचित, ज्ञाता। **सकल** = सम्पूर्ण।

पद्यांशों की ससंदर्भ व्याख्या (काव्यगत सौन्दर्य सहित)

राम-लक्ष्मण-परशुराम संवाद

1. नाथ संभुधनु भंजनिहारा। होइहि केउ एक दास तुम्हारा॥
आयेसु काह कहिअ किन मोही। सुनि रिसाई बोले मुनि कोही॥
सेवकु सो जो करै सेवकाई। अरिकरनी करि करिअ लराई॥
सुनहु राम जेहि सिवधनु तोरा। सहसबाहु सम सो रिपु मोरा॥
सो बिलगाउ बिहाइ समजा। न त मारे जैहहिं सब राजा॥
सुनि मुनिबचन लखन मुसुकाने। बोले परसुधरहि अवमाने॥
बहु धनुही तोरी लरिकाईं। कबहुँ न असि रिस कीन्हि गोसाईं॥
येहि धनु पर ममता केहि हेतू। सुनि रिसाइ कह भृगुकुलकेतू॥
रे नृपबालक कालबस बोलत तोहि न सँभार।
धनुही सम त्रिपुरारिधनु बिदित सकल संसार॥

सन्दर्भ—प्रस्तुत काव्यांश महाकवि तुलसीदास द्वारा रचित 'रामचरितमानस के बालकाण्ड' से अवतरित है। इसमें राम-लक्ष्मण-परशुराम संवाद का वर्णन किया गया है।

प्रसंग—लक्ष्मण द्वारा शिवधनुष को धनुही कह देने पर परशुराम अत्यन्त क्रोधित होकर गर्जना कर उठते हैं। वे शिवधनुष को तोड़ने वाले को दण्ड देने के लिए सभा से बाहर करने की आज्ञा दे रहे हैं।

व्याख्या—श्रीराम द्वारा शिवधनुष तोड़ दिए जाने पर उसके टंकार की ध्वनि को सुनकर परशुराम जनक महल में आते हैं और उस धनुष को तोड़ने वाले को दण्ड देने के उद्देश्य से सभा से बाहर बुलाना चाहते हैं।

परशुराम को गुस्से से आगबबूला होता देखकर रामचन्द्र जी उनसे कहते हैं कि हे नाथ! धनुष को तोड़ने वाला अवश्य ही आपका कोई दास होगा। मेरे लिए क्या आज्ञा है? राम के विनय भरे शब्दों को सुनकर स्वभाव से अत्यन्त क्रोधी मुनि परशुराम बोले—तुम स्वयं को सेवक कैसे कह रहे हो? सेवक तो वही होता है, जो सेवा करता है। शत्रुओं का कार्य करके दुश्मनी मोल ली जाती है। जिसने इस शिवधनुष को तोड़ा है वह सहस्रबाहु के समान मेरा प्रबल शत्रु है, इसलिए उसे इस सभा से अलग करके बाहर निकाल दो अन्यथा मेरे द्वारा सभी राजाओं को मार दिया जाएगा। मुनि परशुराम के ऐसे अहंकार और क्रोध भरे वचनों को सुनकर लक्ष्मण मुस्कराने लगे। वे परशुराम से अपमानित करने वाले वचन कहने लगे—हे गोसाईं जी आप इस एक धनुष के टूट जाने पर इतने क्रोधित क्यों हो रहे हो? हमने तो बचपन में ऐसी बहुत-सी धनुषियाँ तोड़ दी थीं परन्तु हम पर ऐसा क्रोध कभी भी किसी ने नहीं किया। इस धनुष पर आपकी इतनी ममता क्यों है? लक्ष्मण के मुख से ऐसी बातों को सुनकर भृगुवंश के ध्वज परशुराम कुपित होकर बोले—

हे राजा के बालक! निश्चिय ही तू काल के वश में हो गया है। तभी तू सँभाल कर नहीं बोल रहा। जिस शिव धनुष के विषय में सम्पूर्ण संसार जानता है, उसकी तुलना तू धनुही से कर रहा है? निश्चिय ही तू मृत्यु के वश में हो गया है।

काव्यगत सौन्दर्य—परशुराम के वचनों से अत्यन्त क्रोध प्रकट हो रहा है, इससे उनके अत्यन्त क्रोधी एवं उग्र स्वभाव का परिचय मिलता है। शुद्ध साहित्यिक अवधी भाषा का प्रयोग किया गया है। चौपाई-दोहा शैली का अद्भुत प्रयोग तथा वीर रस की प्रधानता है। व्यंजना शैली की सरस अभिव्यक्ति की गई है। व्यंग्योक्तियों का उचित समावेश है।

➯ पद्यांश पर आधारित प्रश्नोत्तर

प्रश्न— (i) धनुष के टूट जाने पर श्रीराम ने परशुराम से कहा—

(क) इस धनुष को तोड़ने वाला आपका ही कोई दास होगा

(ख) यह धनुष मैंने तोड़ा है

(ग) यह धनुष मैंने नहीं तोड़ा है

(घ) यह धनुष आपके किसी शत्रु ने तोड़ा है

उत्तर—(क) इस धनुष को तोड़ने वाला आपका ही कोई दास होगा

(ii) श्रीराम के वचनों से परिचय मिलता है—

(क) उनकी विनयशीलता का
(ग) उनकी सत्यप्रियता का
(ख) उनकी निर्भयता का
(घ) इन सभी गुणों का

उत्तर—(घ) इन सभी गुणों का

(iii) 'सेवकु सो जो करै सेवकाई'—यह पंक्ति किसके द्वारा कही गई है?

(क) श्रीराम के द्वारा
(ग) परशुराम के द्वारा
(ख) लक्ष्मण के द्वारा
(घ) विश्वामित्र के द्वारा

उत्तर—(ग) परशुराम के द्वारा

(iv) परशुराम के अनुसार लक्ष्मण वश में हैं—

(क) श्रीराम के
(ग) विश्वामित्र के
(ख) मृत्यु के
(घ) शिवजी के

उत्तर—(ख) मृत्यु के

(v) यहाँ प्रयुक्त 'त्रिपुरारि' का संधि-विच्छेद होगा—

(क) त्रिपुर + अरि
(ग) त्रिपुरा + रि
(ख) त्रि + पुरारि
(घ) त्रिपु + रारि

उत्तर—(क) त्रिपुर + अरि

शब्द-सम्पदा

हसि = हँसकर। **जाना** = समझ में। **सुनहु** = सुना। **समाना** = समान, एक बराबर। **का** = क्या। **छति** = क्षति, हानि। **लाभु** = लाभ। **जून** = जीर्ण, पुराना। **तोरें** = तोड़ने में। **नयन** = नेत्र, आँखें। **भोरें** = भोले-भाले, धोखे में। **दोसू** = दोष, गलती। **छुअत** = छूते ही। **बिन काज** = बे मतलब के। **करिअ** = कर रहे हो। **रोसू** = क्रोध। **चितै** = देखकर। **परसु** = फरसा। **सठ** = मूर्ख। **सुनेहि** = सुना। **सुभाउ** = स्वभाव। **ओरा** = ओर, दिशा में, के तरफ। **मोरा** = मेरा। **बोली** = समझकर, जानकर। **बधौं** = बध, हत्या। **तोही** = तुझे। **जड़** = मूर्ख। **जानहि** =

जान रहा है, समझ रहा है। **बाल ब्रह्मचारी** = बचपन से नियम-संयम का पालन करने वाला। **कोही** = क्रोधी। **बिस्वबिदित** = विश्व में विख्यात, प्रसिद्ध। **क्षत्रियकुल द्रोही** = क्षत्रियों के कुलों का संहारक, क्षत्रियों का समूल नाश करने वाला। **भुजबल** = भुजाओं या बाँहों के बल पर। **भूप** = राजा। **बिलुप बार** = अनेक बार। **महिदेवन्ह** = ब्राह्मणों को। **दीन्ही** = दे दी। **सहसबाहु** = सहस्रबाहु नामक राजा जिसका वध परशुराम द्वारा किया गया। **भुज** = बाँह। **छेदनिहारा** = काटने वाला। **बिलोकु** = देखो। **महीपकुमारा** = राजा के पुत्र। **जनि** = मत। **सोचबस** = चिन्तित, चिन्ता में। **महीसकिसोर** = राजा के पुत्र। **गर्भन्ह** = गर्भ में पल रहे शिशु। **अर्भक** = बच्चे। **दलन** = कुचलने या मारने वाला। **मोर** = मेरा। **घोर** = भीषण, भयंकर।

2. लखन कहा हसि हमरे जाना। सुनहु देव सब धनुष समाना॥
का छति लाभु जून धनु तोरें। देखा राम नयन के भोरें॥
छुअत टूट रघुपतिहु न दोसू। मुनि बिनु काज करिअ कत रोसू॥
बोले चितै परसु की ओरा। रे सठ सुनेहि सुभाउ न मोरा॥
बालकु बोली बधौं नहि तोही। केवल मुनि जड़ जानहि मोहि॥
बाल ब्रह्मचारी अति कोही।
बिस्वबिदित क्षत्रियकुल द्रोही।।
भुजबल भूमि भूप बिनु कीन्ही।
बिपुल बार महिदेवन्ह दीन्ही॥
सहसबाहुभुज छेदनिहारा। परसु बिलोक महीपकुमारा॥
मातु पिताहि जनि सोचबस करसि महीसकिसोर।
गर्भन्ह के अर्भक दलन परसु मोर अति घोर॥

सन्दर्भ—प्रस्तुत पंक्तियाँ महाकवि तुलसीदास द्वारा रचित रामचरितमानस के 'राम-लक्ष्मण-परशुराम' संवाद से अवतरित हैं।

प्रसंग—इसमें कवि ने धनुष टूट जाने पर लक्ष्मण एवं परशुराम के संवाद के विषय में बताया है। परशुराम लक्ष्मण को अपनी भुजाओं के बल से अवगत करा रहे हैं।

व्याख्या—लक्ष्मण से बचपन में तोड़े गए धनुषों के विषय में सुनकर परशुराम कुपित हो जाते हैं तथा लक्ष्मण को काल के वश में मानते हुए धमकाते हैं।

लक्ष्मण हँसते हुए कहते हैं कि हे देव! सुनिये हमारे लिये तो सभी धनुष एक समान होते हैं। हमें यह बात समझ में नहीं आ रही कि पुराना, जीर्ण धनुष टूट जाने पर आपको क्या हानि एवं लाभ हैं? भोली आँखों वाले श्रीराम ने तो उसे केवल देखा था धोखे से वह टूट गया। धनुष इतना पुराना था कि छूते ही टूट गया, इसमें श्रीराम को कोई दोष नहीं है तो हे मुनि! आप बेवजह क्रोधित क्यों हो रहे हैं?

लक्ष्मण के ऐसे वचनों को सुनकर परशुराम क्रोधित होकर बोले—अरे मूर्ख! तूने मेरे स्वभाव के बारे में नहीं सुना है। मेरे इस फरसे की ओर देख। मैं बालक समझकर तेरा वध नहीं कर रहा हूँ और तू मूर्ख मुझे केवल मुनि समझ रहा है, जो शान्त स्वभाव का सहनशील व्यक्ति होता है। मैं बचपन से ही ब्रह्मचारी हूँ अर्थात् मैंने बचपन से ही नियम-संयम का पालन किया है। मैं प्रचण्ड क्रोधी हूँ तथा क्षत्रियों के कुल का घोर शत्रु हूँ। यह बात विश्व में सब जानते हैं। मैं अनेक बार अपनी भुजाओं के बल पर सम्पूर्ण पृथ्वी को राजाओं से विहीन कर चुका हूँ तथा पृथ्वी को जीतकर ब्राह्मणों को दान कर चुका हूँ। हे राजकुमार! मेरे फरसे को देख। इसने ही सहस्रबाहु की बलशाली भुजाओं को काट दिया था।

अरे राजा के पुत्र लक्ष्मण! तू मुझसे बहस करके अपने माता-पिता को चिन्तित मत कर। अपनी मृत्यु को आमन्त्रित मत कर। मेरा फरसा बहुत भीषण है। यह गर्भ में पल रहे बच्चों का नाश भी आसानी से कर देता है। अतः इसकी भंयकरता से डर।

काव्यगत सौन्दर्य—परशुराम का स्वयं के द्वारा दिया गया परिचय उनके स्वभाव को सही रूप में अभिव्यक्त करता है। लक्ष्मण के व्यंग्यपूर्ण शब्दों से काव्य में रोचकता का समावेश हो गया है। भाषा अवधी है। अलंकारों का सटीक प्रयोग किया गया है। चौपाई एवं दोहा छन्द हैं। छन्द में गेयता का समावेश है।

पद्यांश पर आधारित प्रश्नोत्तर

प्रश्न— (i) उपर्युक्त काव्यांश में किस-किस के मध्य संवाद हो रहा है?

(क) परशुराम-राम
(ग) राम-लक्ष्मण
(ख) लक्ष्मण-परशुराम
(घ) परशुराम-जनक

उत्तर—(ख) लक्ष्मण-परशुराम

(ii) प्रस्तुत पद्यांश की भाषा है—

(क) अवधी
(ग) भोजपुरी
(ख) खड़ी बोली
(घ) ब्रजभाषा

उत्तर—(क) अवधी

(iii) यहाँ किस धनुष के बारे में बात की जा रही है?

(क) राम के धनुष के बारे में
(ग) शिवजी के धनुष के बारे में
(ख) जनक के धनुष के बारे में
(घ) परशुराम के धनुष के बारे में

उत्तर—(ग) शिवजी के धनुष के बारे में

(iv) 'बालकु बोलि बधौ नहिं तोही'—इस पंक्ति में अलंकार है—

(क) उपमा
(ग) अनुप्रास
(ख) रूपक
(घ) उत्प्रेक्षा

उत्तर—(ग) अनुप्रास

(v) 'बाल ब्रह्मचारी अति कोही'—इस पंक्ति के द्वारा किसके स्वभाव का परिचय दिया गया है?

(क) परशुराम के
(ग) राम के
(ख) लक्ष्मण के
(घ) शिवजी के

उत्तर—(क) परशुराम के

शब्द-सम्पदा

बिहसि = हँसकर। **मृदु** = मीठी, कोमल। **बानी** = वाणी। **मुनीसु** = महामुनि। **महाभट** = महान् वीर या योद्धा। **मानी** = मान लिया। **पुनि-पुनि** = बार, बार। **मोहि** = मुझे। **देखाव** = दिखाते हो। **चहत** = चाहते हो। **पहारू** = पर्वत, पहाड़। **कुम्हड़ बतिया** = छुईमुई के समान निर्बल व्यक्ति। **कोउ** = कोई। **जे** = जो। **तरजनी** = अंगूठे के बगल वाली संकेतक अँगुली। **कुठारू** = कुल्हाड़ा, फरसा। **सरासन** = धनुष। **बाना** = वाण। **अभिमाना** = अभिमान, गर्व। **भृगुसुत** = भृगु के पुत्र। **जनेउ** = ब्राह्मणों द्वारा धारण किया जाने वाला पवित्र धागा। **बिलोकी** = देखकर। **सहौं** = सहनकर लिया। **कहहु** = कहा। **रिस** = क्रोध। **सुर** = देवता। **महिसुर** = ब्राह्मण। **हरिजन** = भक्त। **गाई** = गाय। **कुल** = परिवार, वंश। **सुराई** = वीरता दिखाना। **बधें** = मार देने पर। **अपकीरति** = अपकीर्ति, अपयश। **मारतहू** = मारने पर भी। **हारें** = हार जाने पर। **पा** = पाँव, पैर। **परिअ** = पड़ेंगे। **कोटि** = करोड़ों। **कुलिस** = कठोरता। **बचनु** = शब्द, वचन। **व्यर्थ** = बेकार। **धरहु** = धारण करते हो, रखते हो। **अनुचित** = जो उचित न हो, गलत। **कहेउँ** = कह रहा हूँ। **छमहु** = क्षमा करें। **धीर** = धैर्य धारण करके। **सरोष** = क्रोध सहित। **भृगुबंसमनि** = भृगुवंश के रत्न। **गिरा** = वाणी। **गंभीर** = गहरी।

3. **बिहसि लखनु बोले मृदु बानी। अहो मुनीसु महाभट मानी॥**
पुनि पुनि मोहि देखाव कुठारू। चहत उड़ावन फूँकि पहारू॥
इहाँ कुम्हड़बतिया कोउ नाहीं। जे तरजनी देखि मरि जाहीं॥
देखि कुठारु सरासन बाना। मैं कछु कहा सहित अभिमाना॥
भृगुसुत समुझि जनेउ बिलोकी। जे कछु कहहु सहौं रिस रोकी॥
सुर महिसुर हरिजन अरु गाई। हमरे कुल इन्ह पर न सुराई॥
बधें पापु अपकीरति हारें। मारतहू पा परिअ तुम्हारें॥
कोटि कुलिस सम बचनु तुम्हारा। ब्यर्थ धरहु धनु बान कुठारा॥
जो बिलोकि अनुचित कहेउँ छमहु महामुनि धीर।
सुनि सरोष भृगुबंसमनि बोले गिरा गंभीर।।

सन्दर्भ—प्रस्तुत काव्यांश महाकवि तुलसीदास द्वारा रचित रामचरितमानस के 'राम-लक्ष्मण-परशुराम' संवाद से अवतरित है।

प्रसंग—इसमें कवि ने लक्ष्मण द्वारा कोमल स्वर में परशुराम पर किये गये तीक्ष्ण व्यंग्यों के विषय में बताया है।

व्याख्या—परशुराम के कठोर वचनों को सुनकर लक्ष्मण हँसते हुए कोमल वाणी में बोले—हे मुनिराज परशुराम! आप तो महान् योद्धा हैं, यह बात हम मानते हैं। आप बार-बार मुझे अपना फरसा क्यों दिखा रहे हो? क्या अपनी फूँक से पहाड़ को उड़ाना चाहते हो? यहाँ पर कोई छुईमुई के समान निर्बल नहीं है जो आपकी तर्जनी अँगुली देखकर कुम्हला जायेंगे या मर जायेंगे। मैं आपकी इन बातों से डरने वाला नहीं हूँ।

हे मुनि! आपके हाथ में कुल्हाड़ा तथा धनुष-बाण देखकर मैंने अभिमानपूर्वक कुछ कह दिया। मुझे लगा कि मेरे सामने कोई वीर योद्धा खड़ा है। आपको भृगुऋषि का पुत्र समझकर तथा आपके शरीर पर जनेऊ देखकर मैंने आपके द्वारा कहा गया सब कुछ सहन कर लिया तथा अपने क्रोध को रोक लिया।

हे मुनिवर! अपने कुल की परम्परा के अनुसार हम क्षत्रिय देवता, ब्राह्मण, भक्त और गाय पर अपनी वीरता नहीं दिखाते। आप तो ब्राह्मण हैं। यदि मुझसे आपका वध हो जायेगा तो मुझे पाप लगेगा और यदि मैं आपसे हार गया तो मुझे अपयश मिलेगा। अत: यदि आप मुझे मार भी दें तो भी मैं आपके चरणों में पड़ा रहूँगा।

हे मुनिराज! आपके मुख से निकले हुए शब्द ही कठोर व्रज के समान हैं। आप बेकार में ही धनुष-बाण और फारसा धारण करते हो। इसलिए इन्हें देखकर यदि मैंने आपसे कुछ अनुचित कह दिया हो तो हे धैर्यवान मुनिवर! आप मुझे क्षमा कर देना।

लक्ष्मण के ऐसे व्यंग्य-वचनों को सुनकर भृगवंश के रत्न मुनि परशुराम क्रोधित होकर गंभीर वाणी में बोले।

काव्यगत सौन्दर्य—कोमल शब्दों में व्यंग्य-बाणों का तीक्ष्ण प्रहार दर्शनीय है। लक्ष्मण का वाक्चातुर्य प्रशंसनीय है। अवधी भाषा का प्रयोग है। मुहावरे के प्रयोग से सौन्दर्य की वृद्धि हुई है। तत्सम तद्भव शब्दावली का सुन्दर प्रयोग है। अनुप्रास एवं वक्रोक्ति अलंकार की छटा दर्शनीय है। पुनरुक्तिप्रकाश अलंकार का प्रयोग देखते ही बनता है। गेयता परिलक्षित है। चौपाई एवं दोहा छन्द का सुन्दर प्रयोग है।

पद्यांश पर आधारित प्रश्नोत्तर

प्रश्न— (i) प्रस्तुत काव्यांश में प्रयुक्त छंद है—

(क) रोला (ग) चौपाई

(ख) सोरठा (घ) गीतिका

उत्तर—(ग) चौपाई

(ii) 'अहो मुनीसु महाभट मानी' इस पंक्ति में प्रयुक्त अलंकार है—

(क) अनुप्रास (ग) यमक

(ख) रूपक (घ) उत्प्रेक्षा

उत्तर—(क) अनुप्रास

(iii) काव्यांश में प्रयुक्त मुहावरा है—

(क) इहाँ कुम्हड़बतिया कोउ नाहीं (ग) देखि कुठारु सरासर बाना

(ख) जे तरजनी देखि मरि जाहीं (घ) चहत उड़ावन फूँकी पहारू

उत्तर—(घ) चहत उड़ावन फूँकी पहारू

(iv) रघुकुल की परम्परा के अनुसार इन पर आघात नहीं किया जाता—

(क) देवता (ग) गाय

(ख) ब्राह्मण (घ) इनमें से किसी पर नहीं

उत्तर—(घ) इनमें से किसी पर नहीं

(v) 'इहाँ कुम्हड़बतिआ कोउ नाहीं—पंक्ति के माध्यम से लक्ष्मण स्पष्ट करना चाहते हैं कि—

(क) यहाँ कद्दू के फूल नहीं हैं (ग) यहाँ कोई निर्बल व्यक्ति नहीं हैं

(ख) यहाँ छुई-मुई का पौधा नहीं हैं (घ) यहाँ कुम्हार की बातें नहीं की जा रही हैं

उत्तर—(ग) यहाँ कोई निर्बल व्यक्ति नहीं हैं

शब्द-सम्पदा

कौसिक = विश्वामित्र। **मंद** = मूर्ख। **येहु** = यह। **कुटिलु** = टेढ़ा। **कालबस** = मृत्यु के वश में। **निज** = अपना। **कुल घालकु** = कुल का नाश करने वाला। **भानुबंस** = सूर्यवंश। **राकेस** = चन्द्रमा। **कलंकू** = कलंक, धब्बा। **निपट** = अति। **निरंकुसु** = उद्दंड। **अबुधु** = बुद्धिहीन, मूर्ख। **असंकू** = निर्भीक, निडर। **कालकवलु** = काल का ग्रास। **होइहि** = हो जाएगा। **छन माही** = एक क्षण में ही। **खोरि** = दोष। **हटकहु** = रोक लो। **जौ** = यदि, अगर। **चहहु** = चाहते हो। **उबारा** = बचाना। **प्रतापु** = बल। **रोषु** = क्रोध। **सुजसु** = सुयश, सम्मान। **अछत** = छोड़कर। **को** = कौन। **बरनै पारा** = वर्णन कर पाएगा। **मुहु** = मुँह से। **आपनि** = अपनी। **करनी** = कर्म, करतूत। **बरनी** = वर्णन किया। **पुनि** = फिर। **जनि** = मत। **रिस** = क्रोध। **दुसह** = असहनीय। **बीरब्रती** = वीरता का व्रत लेने वाला। **अछोभा** = जिसे क्षोभ या दु:ख न हो। **गारी** = गाली। **सूर** = शूरवीर। **समर** = युद्ध। **करनी** = कर्म। **जनावहिं** = बताना, जताना। **आपु** = स्वयं। **विद्यमान** = उपस्थित, प्रकट। **रन** = रण। **रिपु** = शत्रु। **कथहिं** = कहते हो।

4. कौसिक सुनहु मंद येहु बालकु। कुटिलु कालबस निज कुल घालकु।।
भानुबंस राकेस कलंकू। निपट निरंकुसु अबुधु असंकू।।
कालकवलु होइहि छन नाहीं। कहौं पुकारि खोरि मोहि नाहीं।।
तुम्ह हटकहु जौ चहहु उबारा। कहि प्रतापु बलु रोषु हमारा।।
लखन कहेउ मुनि सुजसु तुम्हारा। तुम्हहि अछत को बरनै पारा।।
अपने मुहु तुम्ह आपनि करनी। बार अनेक भाँति बहु बरनी।।
नहिं संतोषु त पुनि कछु कहहू। जनि रिसि रोकि दुसह दुख सहहू।।
बीरब्रती तुम्ह धीर अछोभा। गारी देत न पावहु सोभा।।
सूर समर करनी करहिं, कहि न जनावहिं आपु।
विद्यमान रन पाइ रिपु, कायर कथहिं प्रतापु।।

सन्दर्भ—प्रस्तुत काव्यांश महाकवि तुलसीदास द्वारा रचित रामचरितमानस के 'राम-लक्ष्मण-परशुराम संवाद' से अवतरित है।

प्रसंग—इसमें परशुराम विश्वामित्र से लक्ष्मण की उद्दण्डता की शिकायत करते हुए लक्ष्मण को मूर्ख, कुलघातक, कुल का कलंक, अज्ञानी एवं निरंकुश कह रहे हैं।

व्याख्या—परशुराम विश्वामित्र से कहते हैं कि हे विश्वामित्र! सुनो, यह बालक मूर्ख, कुटिल, मृत्यु के वशीभूत, अपने कुल का नाश करने वाला है। यह सूर्यवंश रूपी चन्द्रमा का कलंक है। यह अति उद्दण्ड, बुद्धिहीन और निडर है। यह अभी एक क्षण में ही मेरे द्वारा काल का ग्रास बन जायेगा। मैं यह बात कह रहा हूँ। बाद में मुझे दोष मत देना। यदि तुम इसे बचाना चाहते हो तो हमारे पराक्रम, बल और क्रोध के विषय में बताकर इसे रोक लो। परशुराम की ये बातें सुनकर लक्ष्मण बोले—हे महामुनि! तुम्हारे सुयश के विषय में आपके अलावा अन्य कौन वर्णन कर सकता है अर्थात् आपके सुयश के बारे में आपको छोड़कर कोई दूसरा वर्णन नहीं कर सकता। आप अपने कर्मों के विषय में अपने मुँह से अनेक बार अनेक प्रकार से स्वयं ही बखान कर चुके हो, इतने पर भी यदि आपको सन्तोष नहीं हुआ है तो फिर से कुछ वर्णन कर दीजिए। अपने उफनते क्रोध को रोककर असहनीय दुःख को सहन मत कीजिए। आप वीरता की प्रतिज्ञा करने वाले, धैर्यवान एवं क्षोभरहित हैं। गालियाँ देते हुए आप अच्छे नहीं लगते। जो शूरवीर होते हैं वे युद्धभूमि में संग्राम करते हैं। वे अपनी प्रशंसा स्वयं करके अपना परिचय नहीं देते। शत्रु को युद्ध में सामने देखकर केवल कायर ही व्यर्थ में अपने पराक्रम की कथाएँ सुनाते हैं।

काव्यगत सौन्दर्य—परशुराम द्वारा विश्वामित्र से लक्ष्मण की शिकायत करना बचकाना है। यह वीरता की पहचान नहीं है। परशुराम द्वारा लक्ष्मण पर अपनी खीझ निकालना दर्शनीय है। भाषा अवधी है। दोहा एवं चौपाई छन्द का प्रयोग किया है। वीरता के गुणों का बखान प्रशंसनीय है। अनुप्रास एवं रूपक अलंकार का प्रयोग सराहनीय है। काव्यांश में गेयता है, वीर रस का सुन्दर प्रयोग है।

➪ पद्यांश पर आधारित प्रश्नोत्तर

प्रश्न— (i) परशुराम विश्वामित्र से किसकी शिकायत कर रहे हैं? परशुराम के अनुसार लक्ष्मण का स्वभाव कैसा है?

(ii) परशुराम क्षणभर में किसे कालकवलित करने की कह रहे हैं और क्यों?

(iii) परशुराम पुकार कर क्या कह रहे हैं?

(iv) परशुराम द्वारा अपने प्रताप, बल तथा रोष का वर्णन करने की कहने पर लक्ष्मण की क्या प्रतिक्रिया थी?

(v) लक्ष्मण ने परशुराम पर व्यंग्य करने के लिए उन्हें किन-किन शब्दों से सम्बोधित किया है?

(vi) समर में शूरवीर क्या करते हैं?

(vii) युद्धभूमि में कायर लोग क्या करते हैं?

उत्तर— (i) परशुराम विश्वामित्र से लक्ष्मण की शिकायत कर रहे हैं। परशुराम के अनुसार लक्ष्मण मूर्ख, कुटिल, अपने कुल का नाश करने वाले, सूर्यवंश पर चन्द्रमा रूपी कलंक, अति उद्दण्ड, बुद्धिहीन तथा निडर हैं।

(ii) परशुराम क्षणभर में लक्ष्मण को कालकवलित करने की कह रहे हैं क्योंकि वे लक्ष्मण के व्यंग्य रूपी शब्द-बाणों के तीक्ष्ण प्रहार से मानसिक रूप से घायल हो चुके हैं, अतः वे लक्ष्मण के प्रति खीझ से भर गए हैं।

(iii) परशुराम पुकार-पुकार कर यह कह रहे हैं कि यदि कोई लक्ष्मण के प्राणों की रक्षा करना चाहता है तो उसे रोक ले। मेरे पराक्रम, बल एवं क्रोध के विषय में उसको बताकर मेरे खिलाफ बोलने से रोक ले। यदि वह मेरे हाथों मारा जाता है तो बाद में मुझे दोष मत देना।

(iv) परशुराम द्वारा अपने पराक्रम, बल तथा रोष का वर्णन करने की कहने पर लक्ष्मण उनसे बोले कि हे मुनि! आपके सुयश के विषय में आपको छोड़कर अन्य कोई भी वर्णन नहीं कर सकता। आप ही अपने मुँह से अपने कर्मों का वर्णन करने में कुशल हैं तथा अनेक बार अनेक भाँति से अपनी वीरता का वर्णन कर भी चुके हैं। यदि आपको फिर भी सन्तोष नहीं है तो और कुछ कह लीजिए। अपने अन्दर क्रोध के उमड़ते सैलाब को रोककर दुःख मत कीजिए।

(v) लक्ष्मण ने परशुराम पर व्यंग्य करते हुए उन्हें वीरव्रती, धैर्यवान तथा क्षोभहीन शब्दों से सम्बोधित किया है।

(vi) शूरवीर समर में युद्ध करके अपना परिचय देते हैं केवल अपने गुणों का बखान करके नहीं।

(vii) कायर लोग युद्धभूमि में शत्रु को सामने देखकर अपने पराक्रम एवं शक्ति-प्रदर्शन की कथाएँ सुनाते हैं, युद्ध नहीं करना चाहते।

शब्द-सम्पदा

काल = मौत, मृत्यु। **जनु** = जैसे, मानो। **हाँक लावा** = जबरन ले आना। **मोह लागि** = मेरे लिए। **बोलावा** = बुलाते हो। **परसु** = फरसा। **सुधारि** = तैयार करके। **कर** = हाथ। **घोरा** = भयंकर। **धरेउ** = रख लिया है। **जनि** = मत। **दोसु** = दोष। **कटुबादी** = कटु वचन बोलने वाला। **बध जोगू** = बध करने या मारने योग्य। **बिलोकि** = देखकर। **बाँचा** = बांचा या सोचा। **मरनिहार** = मरने वाला। **भा** = है। **साँचा** = सच में। **कौसिक** = विश्वामित्र। **छमिअ** = क्षमा। **अपराधू** = अपराधी को। **गुन** = गुण। **गनहिं** = गणना करते, गिनते। **साधू** = सज्जन। **स्वर** = प्रखर, तेज, पेनी। **अकरुन** = करुणा रहित। **कोही** = क्रोधी। **गुरुद्रोही** = गुरु से विद्रोह करने वाला। **उतर** = जवाब। **सील** = विनय, नम्रता। **काटि** = काटकर। **गुरहि** = गुरु के। **उरिन** = ऋणमुक्त। **श्रम थोरे** = थोड़े परिश्रम से। **गाधिसूनु** = गाधि के पुत्र विश्वामित्र। **हसि** = हँसकर। **हरियरे** = हरा ही हरा। **सूझ** = दिखाई देता है। **खाँड़** = चीनी। **अयमय** = लोहे से युक्त। **ऊखमय** = गन्ने से निर्मित। **अजहुँ** = अब तक। **बूझ** = समझ रहा। **अबूझ** = अज्ञानी।

5. तुम्ह तौ कालु हाँक जनु लावा। बार बार मोहि लागि बोलावा।।
सुनत लखन के बचन कठोरा। परसु सुधारि धरेउ कर घोरा।।
अब जनि देइ दोसु मोहि लोगू। कटुबादी बालकु बधजोगू।।
बाल बिलोकि बहुत मैं बाँचा। अब येहु मरनिहार भा साँचा।।
कौसिक कहा छमिअ अपराधू। बाल दोष गुन गनहिं न साधू।।
खर कुठार मैं अकरुन कोही। आगे अपराधी गुरुद्रोही।।
उतर देत छोड़ौं बिनु मारे। केवल कौसिक सील तुम्हारे।।
न त येहि काटि कुठार कठोरे। गुरहि उरिन होतेउँ श्रम थोरे।।
गाधिसूनु कह हृदय हसि मुनिहि हरियरे सूझ।
अयमय खाँड़ न ऊखमय अजहुँ न बूझ अबूझ।।

संदर्भ—प्रस्तुत पंक्तियाँ महाकवि तुलसीदास द्वारा रचित रामचरितमानस के 'राम-लक्ष्मण-परशुराम संवाद' से अवतरित हैं।

प्रसंग—प्रस्तुत काव्यांश में विश्वामित्र परशुराम से लक्ष्मण के अपराध के लिए क्षमा माँग रहे हैं तथा मन ही मन मुनि द्वारा फौलादी बालकों के प्रभाव को न समझ पाने के लिए खेद कर रहे हैं।

व्याख्या—लक्ष्मण परशुराम से कहते हैं—ऐसा लगता है जैसे आप मृत्यु को मेरे लिए जबरदस्ती हाँक-हाँककर ला रहे हो। लक्ष्मण के इन कठोर व्यंग्य वचनों को सुनते ही परशुराम ने अपने फरसे को सँभालकर हाथ में पकड़ लिया। बोले—अब लोग इस बालक का वध करने के लिए मुझे दोष न दें। कटु वचन बोलने वाला यह बालक वध के योग्य है। मैं इसे बालक समझकर कई बार क्षमा करता रहा, परन्तु अब कोई उपाय नहीं है। अब तो यह केवल मारने के योग्य है।

बात बनती न देखकर विश्वामित्र परशुराम से बोले—हे परशुराम! आप तो साधु हैं। साधु पुरुष बालक के गुण-दोषों को नहीं गिनते। परशुराम बोले—मेरे पास तीखी धार वाला बहुत पैना फरसा है। मैं दयारहित और क्रोधी स्वभाव का हूँ। मेरे समक्ष यह अपराधी और गुरुद्रोही लक्ष्मण खड़ा है जो मुझे जवाब देकर बराबर अपमानित किये जा रहा है। हे विश्वामित्र! मैं केवल तुम्हारी नम्रता के कारण ही इसको बिना मारे अर्थात् जीवित छोड़े दे रहा हूँ। नहीं तो इसको अपने इस कठोर फरसे से यहीं काट डालता तथा थोड़े से ही परिश्रम से गुरु के ऋण से उऋण हो जाता।

विश्वामित्र मन ही मन में हँसते हुए बोले—मुनि को हरा-ही-हरा दिखाई दे रहा है अर्थात् अन्य सभी स्थानों पर विजय प्राप्त करने के कारण ये राम और लक्ष्मण को साधारण क्षत्रिय बालक समझ रहे हैं। मुनि अब तक नासमझ बने हुए हैं, वे राम-लक्ष्मण के पराक्रम के प्रभाव को नहीं समझ रहे। ये कोई गन्ने से बनी हुई खाँड नहीं है जो मुँह में डालते ही गल जायेगी, ये लोहे से बनी खाँड़ है अर्थात् उनका व्यक्तित्व लौहमय है। वे निर्भीक, साहसी एवं पराक्रमी हैं।

काव्यगत सौन्दर्य—अहंकार के कारण परशुराम राम-लक्ष्मण के पराक्रम को समझने की चेष्टा नहीं कर रहे हैं। लक्ष्मण की वीर रस से युक्त व्यंग्योक्तियाँ तथा व्यंजना शैली की सरस अभिव्यक्ति परिलक्षित है। परशुराम का असीमित क्रोध विश्वामित्र की प्रार्थना पर शान्त हो जाता है। शुद्ध साहित्यिक अवधी भाषा का प्रयोग है। दोहा-चौपाई छन्द शैली अपनाई है। वीर रस की प्रधानता है। ओज गुण विद्यमान है। मुहावरे का सुन्दर प्रयोग है। अनुप्रास, उत्प्रेक्षा, पुनरुक्तिप्रकाश, रूपकातिशयोक्ति आदि अलंकारों की छटा देखते ही बनती है।

⇨ पद्यांश पर आधारित प्रश्नोत्तर

प्रश्न— (i) **'तुम्ह तौ कालु हाँक जनु लावा' के माध्यम से लक्ष्मण परशुराम से क्या कहना चाहते हैं और क्यों?**

(ii) **लक्ष्मण के किस कथन से उनकी निडरता का परिचय मिलता है?**

(iii) **लक्ष्मण के कठोर वचनों को सुनकर परशुराम ने क्या किया?**

(iv) **फरसे को हाथ में पकड़कर परशुराम क्या बोले?**

(v) **परशुराम क्यों क्रोधित हुए?**

(vi) **परशुराम को क्रोधित होता हुआ देखकर विश्वामित्र ने क्या कहा?**

(vii) **परशुराम ने सभा में किस कार्य का दोष उन्हें न देने के लिए कहा?**

(viii) **विश्वामित्र द्वारा लक्ष्मण के अपराधों को क्षमा कर देने की कहने पर परशुराम ने क्या कहा?**

(ix) **विश्वामित्र के मन ही मन हँसने का क्या कारण था?**

(x) **'अयमय' शब्द का क्या अर्थ है?**

उत्तर— (i) परशुराम लक्ष्मण को बार-बार मारने की धमकी दे रहे हैं। अत: लक्ष्मण उनसे कह रहे हैं कि ऐसा लगता है जैसे आप मौत को जबरदस्ती बुलाकर मेरे पास ला रहे हो।

(ii) ''आप तो जबरदस्ती काल को मेरे लिए बुला रहे हैं।'' इस कथन से उनकी निडरता का परिचय मिलता है।

(iii) लक्ष्मण के कठोर वचनों को सुनकर परशुराम ने अपना फरसा सँभालकर हाथ में पकड़ लिया।

(iv) फरसे को हाथ में पकड़कर परशुराम बोले—यह कटु वचन बोलने वाला बालक वध के योग्य है। अब मैं इसका वध कर दूँ तो कोई मुझे दोष मत देना। बालक समझकर मैंने इसे कई बार क्षमा किया, परन्तु अब यह सचमुच में मरने वाला है।

(v) लक्ष्मण के व्यंग्य को सुनकर परशुराम क्रोधित हो गये थे।

(vi) परशुराम को क्रोधित होता हुआ देखकर विश्वामित्र ने कहा—हे मुनिवर! लक्ष्मण के अपराध को क्षमा कर दीजिए। वैसे भी साधु लोग बालकों के गुण और दोषों की गणना नहीं करते।

(vii) 'कटु वचन बोलने वाला यह बालक वध के योग्य है। इस कार्य का दोष उन्हें न देने के लिए परशुराम ने सभा में कहा।

(viii) विश्वामित्र द्वारा लक्ष्मण के अपराधों को क्षमा कर देने की कहने पर परशुराम ने कहा कि हे विश्वामित्र! मेरे हाथ में तीक्ष्ण धार वाला फरसा है। मैं दयारहित और क्रोधी हूँ। केवल आपकी नम्रता के कारण मैं इस उत्तर दे रहे बालक को बिना मारे छोड़ रहा हूँ।

(ix) परशुराम अभिमान के कारण राम और लक्ष्मण के लौहमय शक्तिशाली शरीर के पराक्रम को समझ नहीं पा रहे थे। वे उसे ईख की खाँड़ समझकर खा जाना चाहते थे। इसी कारण विश्वामित्र मन ही मन हँस रहे थे।

(x) 'अयमय' शब्द का अर्थ है—लोहे से निर्मित।

शब्द-सम्पदा

सीलु = नम्रता। **बिदित** = ज्ञात। **को** = कौन। **उरिन** = ऋण मुक्त। **नीकें** = अच्छी तरह, भली-भाँति। **गुररिनु** = गुरु का ऋण। **सोचु** = चिंता। **बड़** = बड़ी। **जी** = मन, हृदय। **जनु** = मानो। **हमरेहि** = हमारे। **माथें** = मस्तक पर। **काढ़ा** = निकाला। **दिन चलि गये** = दिन व्यतीत हो गये। **बाढ़ा** = बढ़ गया। **आनिअ** = आकर, लाकर। **व्यवहारिआ** = हिसाब-किताब रखने वाला। **तुरत** = शीघ्र, तुरन्त। **कटु** = कठोर। **भृगुबर** = परशुराम। **विप्र** = ब्राह्मण। **नृपद्रोही** = राजाओं के साथ विद्रोह करने वाला, राजाओं का शत्रु। **सुभट** = वीर योद्धा। **रन** = रण। **गाढ़े** = अच्छे। **द्विजदेवता** = ब्राह्मण देवता। **बाढ़े** = फूले-फूले फिरना। **अनुचित** = गलत, जो उचित न हो। **सयनहि** = आँखों के इशारे से। **नेवारे** = रोका। **सरिस** = सम, समान। **कोपु** = क्रोध। **कृसानु** = आग, अग्नि। **सम** = समान। **रघुकुलभानु** = रघुकुल के सूर्य।

6. **कहेउ लखन मुनि सीलु तुम्हारा। को नहि जान बिदित संसारा।।**
माता पितहि उरिन भये नीकें गुररिनु रहा सोचु बड़ जी कें।।
सो जनु हमरेहि माथें काढ़ा। दिन चलि गये ब्याज बड़ बाढ़ा।।
अब आनिअ व्यवहरिआ बोली। तुरत देउँ मैं थैली खोली।।
सुनि कटु बचन कुठार सुधारा। हाय हाय सब सभा पुकारा।।
भृगुबर परसु देखाबहु मोही। बिप्र बिचारि बचौं नृपद्रोही।।
मिले न कबहूँ सुभट रन गाढ़े। द्विजदेवता घरहि के बाढ़े।।
अनुचित कहि सबु लोगु पुकारे। रघुपति सयनहि लखनु नेवारे।।
लखन उतर आहुति सरिस भृगुबरकोपु कृसानु।
बढ़त देखि जल सम बचन बोले रघुकुलभानु।।

संदर्भ—प्रस्तुत काव्यांश तुलसीदास द्वारा रचित रामचरितमानस के 'राम-लक्ष्मण-परशुराम' संवाद से अवतरित है।

प्रसंग—इसमें कवि ने परशुराम पर चढ़े पितृऋण के विषय में लक्ष्मण द्वारा की गई व्यंग्योक्तियों पर प्रकाश डाला है।

व्याख्या—लक्ष्मण ने परशुराम से कहा—हे मुनिवर! आपके शील-स्वभाव के विषय में कौन नहीं जानता? अर्थात् इस विश्व में सब आपके शील के विषय में जानते हैं। आप अपने माता-पिता के ऋण से तो भली-भाँति उऋण हो ही चुके हैं। अब गुरु का ऋण शेष रह गया है। उससे उऋण होने की चिन्ता आपको सता रही है। वही ऋण मानो हमारे सिर पर मढ़ा है। अधिक दिन व्यतीत हो जाने के कारण उस पर ब्याज भी बहुत बढ़ गया होगा। अब ऐसा कीजिए किसी हिसाब-किताब करने वाले को बुला लीजिए। मैं तुरन्त अपनी थैली खोलकर आपका ऋण चुका दूँगा।

लक्ष्मण के मुख से ऐसे कटु वचनों को सुनकर परशुराम ने फरसे को सँभालकर हाथ में पकड़ लिया। ऐसा दृश्य देखकर सभा हाय-हाय चिल्लाने लगी। लक्ष्मण निर्भीकता से बोले— हे भृगुवंशज परशुराम! आप मुझे बार-बार फरसा दिखा रहे हैं और हे राजाओं के शत्रु मैं आपको ब्राह्मण समझकर बार-बार युद्ध करने से बचा रहा हूँ। ऐसा लगता है कि आपको युद्धभूमि में पराक्रमी योद्धा कभी नहीं मिले। इसलिए हे ब्राह्मण देवता! आप अपने घर में ही अपनी वीरता दिखाकर महान् बन रहे हो।

लक्ष्मण के मुख से ऐसे वचन सुनते ही सभा में उपस्थित सभी लोग 'अनुचित है, अनुचित है।' ऐसा कहने लगे। तब श्रीराम ने आँखों से इशारा करके लक्ष्मण को और अधिक बोलने से रोक दिया। लक्ष्मण के आहुति के समान उत्तरों से परशुराम की क्रोध रूपी अग्नि को प्रचण्ड होता देखकर रघुकुल के सूर्य श्रीराम ने शीतल जल के समान वचन बोले।

काव्यगत सौन्दर्य—लक्ष्मण द्वारा परशुराम को नृपद्रोही कहना तथा उपस्थित सभा द्वारा 'अनुचित' कहना सर्वथा उचित है। दोहा-चौपाई-छन्द का सुन्दर प्रयोग किया गया है। अवधी भाषा का सहज-सुन्दर प्रयोग दर्शनीय है। वीर रस रस की प्रधानता है। ओजगुण विद्यमान है। व्यंजना शब्द-शक्ति के कारण लक्ष्मण के शब्दों के अर्थ में चमत्कार एवं विशेष अर्थ का प्रादुर्भाव हुआ है।

➪ पद्यांश पर आधारित प्रश्नोत्तर

प्रश्न— (i) लक्ष्मण ने परशुराम से क्या कहा?

(ii) लक्ष्मण के अनुसार परशुराम को क्या चिन्ता थी?

(iii) प्रस्तुत काव्यांश में किस गुरु-ऋण की बात हो रही है, उसे चुकाने के लिए लक्ष्मण ने परशुराम को क्या उपाय सुझाया?

(iv) लक्ष्मण ने परशुराम से किसे बुलाने के लिए कहा और क्यों?

(v) सभा में उपस्थित लोग हाय-हाय क्यों पुकारने लगे?

(vi) फरसा दिखाने पर लक्ष्मण ने परशुराम से क्या कहा?

(vii) 'अनुचित' कहकर सभा के लोग क्या कहना चाह रहे थे?

(viii) 'माता पितहि उरिन भये नीकें' पंक्ति का भाव स्पष्ट कीजिए।

(ix) श्रीराम ने लक्ष्मण को अधिक बोलने से किस प्रकार रोका?

(x) परशुराम की क्रोध रूपी अग्नि को शान्त करने के लिए श्रीराम ने क्या किया?

(xi) काव्यांश में निहित उपमा अलंकार के उदाहरण लिखिए।

उत्तर— (i) लक्ष्मण ने परशुराम से व्यंग्य करते हुए यह कहा कि हे मुनिवर! संसार में ऐसा कौन है जो आपके शील के बारे में नहीं जानता।

(ii) लक्ष्मण के अनुसार परशुराम को गुरु के ऋण से उऋण होने की चिन्ता थी।

(iii) गुरु शिव का धनुष तोड़ने वाले को परशुराम अपने सम्मुख देख रहे थे, परन्तु कुछ कर नहीं पा रहे थे। गुरु ऋण को चुकाने के लिए लक्ष्मण ने उपाय सुझाया कि किसी हिसाब लगाने वाले को बुलाकर हिसाब लगवा दीजिए।

(iv) लक्ष्मण ने परशुराम से हिसाब-किताब करने वाले को बुलाने के लिए कहा क्योंकि वे उन्हें ऋण से उऋण कर देना चाहते थे।

(v) परशुराम को अपने हाथ में फरसा सँभालता हुआ देखकर लोगों को लगा कि वे क्रोध में आकर लक्ष्मण का वध करने वाले हैं, इसलिए सभा में उपस्थित लोग हाय-हाय चिल्लाने लगे।

(vi) फरसा दिखाने पर लक्ष्मण ने परशुराम से कहा कि आप मुझे फरसा दिखा रहे हैं और मैं आपको ब्राह्मण समझकर बचा रहा हूँ। लगता है आपका रणभूमि में पराक्रमी योद्धाओं से पाला नहीं पड़ा। आप अपने घर में वीरता दिखाने के कारण फूले-फूले फिरते हो।

(vii) 'अनुचित' कहकर सभा के लोग यह कहना चाहते थे कि लक्ष्मण द्वारा परशुराम के लिए अपमानित करने वाले शब्दों का प्रयोग करना गलत है।

(viii) उपर्युक्त पंक्ति का यह भाव है कि परशुराम ने अपनी माता का वध पिता के कहने पर किया, परंतु अन्य भाइयों ने पिता के कहने पर भी माता का वध नहीं किया इसलिए लक्ष्मण ने परशुराम पर इस पंक्ति द्वारा व्यंग्य किया।

(ix) श्रीराम ने आँखों से इशारा करके लक्ष्मण को अधिक बोलने से रोका।

(x) परशुराम की क्रोध रूपी अग्नि को शान्त करने के लिए श्रीराम ने शीतल जल के समान वचन बोले।

(xi) (1) 'लखन उतर आहुति सरिस'

(2) 'जल सम बचन'

(3) 'भृगुबर कोपु कृसानु'

➪ पाठ से सम्बन्धित प्रश्नोत्तर

प्रश्न 1. परशुराम के क्रोध करने पर लक्ष्मण ने धनुष के टूट जाने के लिए कौन-कौन से तर्क दिये?

उत्तर— परशुराम के क्रोध करने पर लक्ष्मण ने धनुष के टूट जाने के लिए अनेक तर्क दिये—

(1) बचपन में हमने अनेक धनुष तोड़े थे तब ऐसा क्रोध हम पर किसी ने नहीं किया।

(2) हे ऋषिवर! इस धनुष पर ऐसी ममता किसलिए है?

(3) हमारी दृष्टि में सभी धनुष एक समान होते हैं।

(4) इस पुराने धनुष को तोड़ने से हमें कोई लाभ या हानि नहीं है।

(5) यह धनुष इतना पुराना है कि राम के स्पर्श-मात्र से ही टूट गया इसको तोड़ने में राम का कोई दोष नहीं है।

प्रश्न 2. परशुराम के क्रोध करने पर राम और लक्ष्मण की जो प्रतिक्रियाएँ हुईं उनके आधार पर दोनों के स्वभाव की विशेषताएँ अपने शब्दों में लिखिए।

उत्तर— राम स्वभाव से नम्र, विनयी और कोमल हैं। वे मर्यादा पुरुषोत्तम हैं। उनके हृदय में बड़ों के प्रति सम्मान एवं श्रद्धाभाव है। वे गुरु को सर्वोपरि मानकर उनके समक्ष झुकना परम कर्त्तव्य और सच्चा धर्म मानते हैं। इसीलिए वे प्रचण्ड क्रोधी परशुराम के सामने स्वयं को दास बताते हैं। वे एक फलदार वृक्ष के समान हैं। राम मितभाषी हैं।

इसके विपरीत लक्ष्मण स्वभाव से उग्र हैं। वे निर्भीक हैं। उनकी रग-रग से वीरता टपकती है। वे परशुराम के क्रोध एवं फरसे से नहीं डरते बल्कि डटकर उनका मुकाबला करते हैं। उनकी भाषा व्यंग्यपूर्ण है। उन्हें किसी भी प्रकार का अन्याय सहन नहीं होता।

प्रश्न 3. लक्ष्मण और परशुराम के संवाद का जो अंश आपको सबसे अच्छा लगा उसे अपने शब्दों में संवाद शैली में लिखिए।

उत्तर— **लक्ष्मण**—हे देव! सुनिये, हमारी दृष्टि में तो सभी धनुष एक-समान हैं। पुराना धनुष तोड़ने से हमें कोई लाभ या हानि नहीं है। यह धनुष तो छूते ही टूट गया है। श्रीराम का इसमें कोई दोष नहीं है। हे मुनि! आप बेवजह गुस्सा मत कीजिए।

परशुराम—लक्ष्मण तुम मेरे फरसे को देखो। लगता है तुम मेरे स्वभाव को नहीं जानते। मैं बालक समझकर तुझे मार नहीं रहा हूँ। तू मुझे साधारण मुनि मत समझ। मैं अत्यन्त क्रोधी तथा बालब्रह्मचारी हूँ। मैं क्षत्रियों के कुल का संहारक हूँ, यह बात सारा संसार जानता है। मैंने अपनी ताकत से राजाओं को मारकर पृथ्वी को ब्राह्मणों को दान कर चुका हूँ। मैंने इसी फरसे से ही समस्त्रबाहु की भुजाओं को काट दिया था। अब तुम अपनी मौत को बुलावा मत दो।

लक्ष्मण—ओहो मुनिवर! आप तो माने हुए योद्धा हैं। पर मैं भी कमजोर नहीं हूँ जो आपके इस फरसे और क्रोध से डर जाऊँगा। मैं भी ब्राह्मण समझकर आपसे युद्ध नहीं कर रहा क्योंकि हमारे कुल में देवता, ब्राह्मण, भक्त और गाय पर वीरता नहीं दिखायी जाती। हे मुनि! आपके शब्द ही कठोर फरसे के समान हैं आप तो बेकार में ही धनुष-बाण और फरसा धारण करते हो।

परशुराम—हे बालक! तुम मौत के वश में हो। तुम सूर्यवंश पर चन्द्रमा रूपी कलंक हो। तुम बहुत उद्दण्ड, बुद्धिहीन और निडर हो। तुम एक क्षण में काल के मुँह में समा जाओगे।

लक्ष्मण—हे परशुराम! डींगें मत हाँको! युद्ध करो। जो वीर होते हैं वे युद्धभूमि में युद्ध करते हैं। अपनी वीरगाथाएँ नहीं गाते। हाँ, कायर जरूर ऐसे होते हैं जो सामने शत्रु को देखकर अपने मुँह मियाँ मिट्ठू बनकर अपने पराक्रम की कहानियाँ सुनाते हैं।

प्रश्न 4. धनुष को तोड़ने वाला कोई तुम्हारा दास होगा—आधार पर राम के स्वभाव पर टिप्पणी कीजिए।

उत्तर— 'धनुष को तोड़ने वाला कोई तुम्हारा दास होगा'—के आधार पर राम की स्वभावगत विशेषताएँ निम्नलिखित हैं। राम अत्यन्त ही विनम्र स्वभाव के व्यक्ति हैं। वे निडर, धैर्यवान तथा मृदुभाषी हैं, वे बड़ों की आज्ञा का पालन करने वाले थे। उन्हें लक्ष्मण की भाँति क्रोध नहीं आता।

प्रश्न 5. परशुराम ने अपने विषय में सभा में क्या-क्या कहा, निम्न पद्यांश के आधार पर लिखिए—

बाल ब्रह्मचारी अति कोही। बिस्वबिदित क्षत्रियकुल द्रोही।।
भुजबल भूमि भूप बिनु कीन्ही। बिपुल बार महिदेवन्ह दीन्ही।।
सहसबाहुभुज छेदनिहारा। परसु बिलोकु महीपकुमारा।।
मातु पितहि जनि सोचबस करसि महीसकिसोर।
गर्भन्ह के अर्भक दलन परसु मोर अति घोर।।

उत्तर— परशुराम ने सभा में अपने विषय में कहा कि मैं बालब्रह्मचारी हूँ और अत्यन्त क्रोधी स्वभाव का हूँ। मैं क्षत्रियों के कुल का संहारक हूँ। यह बात पूरे विश्व में सभी जानते हैं कि मैंने अनेक बार सम्पूर्ण पृथ्वी को राजाओं से विहीन कर दिया है तथा पृथ्वी ब्राह्मणों को दान में दे दी है। मेरा फरसा बहुत भयानक है। इसी से मैंने सहस्त्रबाहु की भुजाओं को काटकर शरीर से अलग कर दिया था। इस फरसे की भयंकरता को देखकर गर्भिणी स्त्रियों के बच्चे गर्भ में ही मर जाते हैं।

प्रश्न 6. 'गाधिसूनु' किसे कहा गया है? वे मुनि की किस बात पर मन-ही-मन मुस्करा रहे थे?

उत्तर— 'गाधिसूनु' मुनि विश्वामित्र को कहा गया है। क्रोधित परशुराम की बातें सुनकर विश्वामित्र मन-ही-मन मुस्कराते हुए कहते हैं कि मुनि राम तथा लक्ष्मण को साधारण क्षत्रिय बालक समझने की भूल कर रहे हैं, जबकि वे इनसे बिल्कुल ही पृथक् हैं।

प्रश्न 7. लक्ष्मण ने वीर योद्धा की क्या-क्या विशेषताएँ बतायीं?

उत्तर— लक्ष्मण ने वीर योद्धा के विषय में बताया कि जो सच्चे वीर होते हैं, वे रणभूमि में वीरता दिखाते हैं केवल अपने पराक्रम का गुणगान नहीं करते।

'सूर समर करनी करहिं कहि न जनावहिं आपु।'

प्रश्न 8. ''साहस और शक्ति के साथ विनम्रता हो तो बेहतर है।'' इस कथन पर अपने विचार लिखिए।

उत्तर— साहस और शक्ति एक-दूसरे के पूरक हैं। ये मनुष्य के श्रेष्ठ गुण हैं, यदि इनके साथ विनम्रता के गुण का समावेश हो जाये तो 'सोने पर सुहागा' का काम करता है। साहस-शक्ति तथा विनम्रता के मेल से मनुष्य महान् बन जाता है। विनम्रता के अभाव में मनुष्य अहंकारी होकर अपनी शक्ति और साहस का दुरुपयोग करने लगता है। विनम्रता उस पर नैतिकता का अंकुश लगाती है। मनुष्य को सही राह पर चलना सिखाती है। अत: साहस एवं शक्ति के साथ विनम्रता का होना अत्यन्त आवश्यक है।

प्रश्न 9. भाव स्पष्ट कीजिए—

(क) बिहसि लखनु बोले मृदु बानी। अहो मुनीसु महाभट मानी।।
पुनि पुनि मोहि देखाव कुठारू। चहत उड़ावन फूँकि पहारू।।

उत्तर— लक्ष्मण हँसते हुए मीठी वाणी में परशुराम से बोले— अहो मुनिवर! आप तो माने हुए महायोद्धा निकले। आप मुझे अपना फरसा बार-बार ऐसे दिखा रहे हो जैसे फूँक मारकर पहाड़ उड़ा दोगे अर्थात् मुझे आसानी से मार दोगे। भाव यह है कि लक्ष्मण परशुराम को कोरी गर्जना करने वाला समझ रहे हैं। व्यंग्यवश उन्हें महायोद्धा कह रहे हैं तथा उन्हें यह समझाना चाहते हैं कि मैं कोई निर्बल बालक नहीं हूँ जो आपके फरसे से डर जाऊँ।

(ख) इहाँ कुम्हड़बतिया कोउ नाहीं। जे तरजनी देखि मरि जाहीं।।
देखि कुठारु सरासन बाना। मैं कछु कहा सहित अभिमाना।।

उत्तर— लक्ष्मण परशुराम का उपहास उड़ाते हुए कहते हैं—हे मुनीश्वर! माना कि आप वीर योद्धा हैं, किन्तु हम भी छुईमुई के समान निर्बल नहीं हैं जो आपकी तर्जनी अँगुली देखकर कुम्हला जाएँगे। हम युद्ध में डटकर मुकाबला करेंगे। आपके हाथ में फरसा तथा कंधे पर धनुष-बाण देखकर मुझे लगा कि मेरे सामने महायोद्धा खड़ा है। मेरे सामने युद्ध करने का अच्छा मौका है, यह जानकर मैंने अभिमानपूर्वक आपसे कुछ शब्द कह दिये थे। यदि मुझे यह पता होता कि आप बहुत बड़े ज्ञानी मुनि हैं तो मैं आपसे कोई बहस नहीं करता।

(ग) गाधिसूनु कह हृदय हसि मुनिहि हरियरे सूझ।
अयमय खाँड़ न ऊखमय अजहुँ न बूझ अबूझ।।

उत्तर— परशुराम के अतिशयोक्ति पूर्ण वचनों को सुनकर विश्वामित्र मन-ही-मन में हँसते हुए सोचने लगे कि परशुराम को हरा-ही-हरा सूझ रहा है। वे लक्ष्मण को गन्ने से बनी खाँड़ के समान समझ रहे हैं जो मुँह में डालते ही घुल जाएगी। अर्थात् वे आसानी से लक्ष्मण को मार देंगे। लेकिन अज्ञानी, नासमझ परशुराम यह नहीं जानते कि लक्ष्मण ईख से नहीं बल्कि लोहे से बना हुआ है। उससे युद्ध करना आसान नहीं है।

प्रश्न 10. पाठ के आधार पर तुलसी के भाषा-सौन्दर्य पर दस पंक्तियाँ लिखिए।

अथवा

तुलसी के भाषा सौन्दर्य पर प्रकाश डालिए।

उत्तर— भक्त शिरोमणि तुलसीदास का भाषा सौन्दर्य अद्वितीय है। 'रामचरितमानस' तुलसीदास का श्रेष्ठतम महाकाव्य है। वे रससिद्ध कवि हैं। इस पाठ में वीर रस की प्रधानता है। ब्रज एवं अवधी भाषा का प्रयोग है। भाषा पर उनका पूर्ण अधिकार है। दोहा-चौपाई शैली का कुशल प्रयोग है। मुहावरों का भी प्रशंसनीय प्रयोग है। अनुप्रास, उपमा, रूपक, पुनरुक्तिप्रकाश आदि अलंकारों की छटा देखते ही बनती है। छन्द में गेयता है। संस्कृतनिष्ठ शब्दावली का यत्र-तत्र प्रयोग भाषा के सौन्दर्य में चार चाँद लगा देता है। कहीं-कहीं हास्य रस का पुट भी बड़ा मनोहर बन पड़ा है। पूरा-का-पूरा पाठ वक्रोक्ति अलंकार से अटा पड़ा है। पूरा प्रसंग भाषा की दृष्टि से अत्यन्त मनोरम है।

प्रश्न 11. काव्यांश के आधार पर परशुराम के स्वभाव की दो विशेषताओं पर सोदाहरण टिप्पणी करिए।

उत्तर— काव्यांश के आधार पर परशुराम के स्वभाव की विशेषताएँ निम्नलिखित हैं—

- वे क्षत्रियों के प्रबल विरोधी थे।
- वे बाल ब्रह्मचारी एवं अत्यंत क्रोधी स्वभाव वाले थे।

प्रश्न 12. इस पूरे प्रसंग में व्यंग्य का अनूठा सौन्दर्य है। उदाहरण के साथ स्पष्ट कीजिए।

उत्तर— 'राम-लक्ष्मण-परशुराम' संवाद का पूरा प्रसंग व्यंग्य के अनूठे सौन्दर्य से आच्छादित है। जो वाक्कुशल लक्ष्मण के माध्यम से प्रकट हुआ है। लक्ष्मण अपने वाक्चातुर्य द्वारा बड़बोले परशुराम की खोखली वीरता की धज्जियाँ उड़ाते दिखाई देते हैं। वे बात-बात पर परशुराम पर व्यंग्य-बाण चलाते नजर आते हैं—

(1) लक्ष्मण ने शिवधनुष की तुलना साधारण धनुष से करके व्यंग्य किया है जो परशुराम के क्रोध को बढ़ाने का कारण है।

(2) लक्ष्मण परशुराम की वीरता व पराक्रम पर व्यंग्य करते हुए कहते हैं कि वे फूँक से पहाड़ उड़ा देना चाहते हैं।

(3) परशुराम के द्वारा अपनी प्रशंसा करने पर भी लक्ष्मण व्यंग्य करते हैं—वीर युद्ध करता है, अपने पराक्रम की गाथाएँ नहीं सुनाता। पराक्रम की कहानियाँ सुनाने का कार्य तो 'कायर' करते हैं।

(4) लक्ष्मण कहते हैं कि लगता है आपका सामना कभी महायोद्धा से नहीं हुआ, आप शायद घर के लोगों के बीच ही वीरता दिखाते रहे हैं।

(5) लक्ष्मण को मारकर गुरु ऋण से उऋण होने की बात कहने पर लक्ष्मण व्यंग्य का करारा प्रहार करते हुए कहते हैं कि माता-पिता के ऋण से तो आप उऋण हो ही चुके हैं। अब गुरु ऋण बचा है, उस पर भी ब्याज बढ़ गया होगा। आप व्यवहारिया को बुला लो तो मैं तुरन्त थैली खोलकर आपका हिसाब-किताब बराबर कर दूँगा।

इस प्रकार यह पूरा प्रसंग व्यंग्य से भरा पड़ा है। परशुराम के शब्द 'आग' का तथा लक्ष्मण के शब्द 'घी' का काम करते हैं।

प्रश्न 13. क्रोधित होते हुए भी परशुराम जी ने लक्ष्मण का वध क्यों नहीं किया?

(i) लक्ष्मण ने शिव-धनुष भंग नहीं किया था
(ii) लक्ष्मण को कम आयु का बालक जानकर
(iii) सभा में सब उपस्थित थे
(iv) वे ब्राह्मण थे

उत्तर— (ii) लक्ष्मण को कम आयु का बालक जानकर

प्रश्न 14. श्रीराम के स्वभाव में कौन-सा गुण नहीं था?

(i) विनम्रता
(ii) सहनशीलता
(iii) वाक्‌पटुता
(iv) अहंकार

उत्तर— (iv) अहंकार

प्रश्न 15. परशुराम के क्रोध करने पर लक्ष्मण ने धनुष के टूट जाने के लिए कई तर्क दिए। इनमें से गलत तर्क कौन-सा है?

(i) हमारी दृष्टि में सभी धनुष एक समान हैं
(ii) बचपन में हमने बहुत-से धनुष तोड़े थे, तब किसी ने हम पर क्रोध नहीं किया
(iii) यह तो राम के स्पर्श-मात्र से ही टूट गया, इसमें उनका कोई दोष नहीं है
(iv) धनुष को तोड़ने वाला कोई तुम्हारा दास होगा

उत्तर— (iv) धनुष को तोड़ने वाला कोई तुम्हारा दास होगा

प्रश्न 16. निम्नलिखित पंक्तियों में प्रयुक्त अलंकार पहचान कर लिखिए—

(क) बालकु बोलि बधौं नहि तोही।

उत्तर— 'ब' और 'ह' वर्ण की आवृत्ति के कारण अनुप्रास अलंकार है।

(ख) कोटि कुलिस सम बचनु तुम्हारा।

उत्तर— उपमा—कोटि कुलिस सम
अनुप्रास—कोटि कुलिस

(ग) तुम्ह तौ कालु हाँक जनु लावा।
बार बार मोहि लागि बोलावा।।

उत्तर— उत्प्रेक्षा अलंकार—तुम्ह तौ कालु हाँक जनु लावा।
पुनरुक्तिप्रकाश—बार-बार

(घ) लखन उतर आहुति सरिस भृगुबरकोपु कृसानु।
बढ़त देखि जल सम बचन बोले रघुकुलभानु।।

उत्तर— उपमा—लखन उतर आहुति सरिस
जल सम बचन
रूपक—भृगुबरकोपु कृसानु

रचना और अभिव्यक्ति

प्रश्न 1. ''सामाजिक जीवन में क्रोध की जरूरत बराबर पड़ती है। यदि क्रोध न हो तो मनुष्य दूसरे के द्वारा पहुँचाए जाने वाले बहुत, से कष्टों की चिर-निवृत्ति का उपाय ही न कर सके।''
आचार्य रामचन्द्र शुक्ल जी का यह कथन इस बात की पुष्टि करता है कि क्रोध हमेशा नकारात्मक भाव लिए नहीं होता बल्कि कभी-कभी सकारात्मक भी होता है। इसके पक्ष या विपक्ष में अपना मत प्रकट कीजिए।

उत्तर— **पक्ष**—मनुष्य एक सामाजिक प्राणी है। सामाजिक जीवन जीने के लिए क्रोध भी उतना ही आवश्यक है जितनी कि शान्ति। क्रोध एक आवेग है। उफनता हुआ लावा है। मनुष्य को अपने अधिकारों के लिए लड़ते वक्त क्रोध की जरूरत पड़ती है। हर मनुष्य के अन्दर क्रोध रूपी आवेग अन्दर-ही-अन्दर हलचल मचाता रहता है। समय आने पर वह लावा की भाँति ज्वालामुखी को फाड़कर बहने लगता है। जीवन में आने वाले अनेक कष्टों से बचने के लिए क्रोध आवश्यक है। क्रोध से ही अन्याय एवं अत्याचार के विरुद्ध आवाज उठा सकते हैं। क्रोध मनुष्य को स्वाभिमानी बनाता है। इस प्रकार क्रोध सकारात्मक रूप से एक मजबूत हथियार का काम करता है।

विपक्ष—जरूरी नहीं कि समाज में जीवन जीने के लिए क्रोध अत्यन्त आवश्यक है। शान्ति से भी जीवन जीया जा सकता है। हमारे देश में ऐसे अनेक महापुरुष हुए जिन्होंने शान्ति एवं सहनशीलता से जीवन व्यतीत किया। अपने अधिकारों के लिए क्रोध की नहीं बल्कि योग्यता एवं अनुभव की जरूरत पड़ती है। योग्यता के सामने तो अच्छे-अच्छों को झुकते देखा है। यदि हम सुचारु रूप से जीवन जीएँगे तो कष्ट आएँगे ही नहीं जो उनसे बचने की जरूरत पड़ेगी। क्रोध मनुष्य का महाशत्रु है। यह मनुष्य के विवेक का नाश कर देता है। क्रोधी मनुष्य ही दूसरों पर अन्याय एवं अत्याचार करता है। क्रोध मनुष्य को अहंकारी बनाता है। इसीलिए मनुष्य को क्रोध से बचना चाहिए।

प्रश्न 2. संकलित अंश में राम का व्यवहार विनयपूर्ण और संयत है, लक्ष्मण लगातार व्यंग्य बाणों का उपयोग करते हैं और परशुराम का व्यवहार क्रोध से भरा हुआ है। आप अपने आपको इस परिस्थिति में रखकर लिखें कि आपका व्यवहार कैसा होता है?

उत्तर— यदि मेरे सामने ऐसी परिस्थिति आएगी तो मैं राम के समान विनयपूर्ण और संयत व्यवहार करना पसन्द करूँगी। एक सीमा तक सहनशक्ति भी रखूँगी। सिर से पानी उतर जाने पर परशुराम जैसा क्रोध एवं लक्ष्मण जैसे व्यंग्यबाणों का प्रयोग न करके कोई ऐसा रास्ता निकालूँगी जिससे लाठी भी न टूटे और साँप भी मर जाए। क्रोध एवं अपमान तो बिलकुल नहीं करूँगी क्योंकि सभी लोगों का स्वाभिमान व सम्मान होता है किसी के स्वाभिमान एवं सम्मान को चोट पहुँचाना न्यायसंगत नहीं है।

प्रश्न 3. अपने किसी परिचित या मित्र के स्वभाव की विशेषताएँ लिखिए।

उत्तर— आजकल अच्छे मित्र किस्मतवालों को मिलाते हैं। मैं भी उनमें से एक हूँ। मेरी एक सच्ची मित्र है जो पढ़ने में बहुत होशियार है। वह सबकी मदद करने के लिए हर समय तैयार रहती है। वह बहुत भली एवं नेक है। सभी अध्यापक उससे खुश रहते हैं। वह जीव-जन्तुओं व गायों के प्रति दयाभाव रखती है। वह 'कार्य ही पूजा है' वाले सिद्धान्त पर चलती है। वह गुणों की खान है अत: घर में भी सबकी लाड़ली है। वह सभी शैक्षिक गतिविधियों में भाग लेकर हमारे विद्यालय का नाम रोशन करती है। वह अच्छाइयों की मिसाल है। सभी लोग उसके उज्ज्वल भविष्य की कामना करते रहते हैं।

प्रश्न 4. दूसरों की क्षमताओं को कम नहीं समझना चाहिए—इसी शीर्षक को ध्यान में रखते हुए एक कहानी लिखिए।

उत्तर— एक लड़की थी। छोटी थी लेकिन बदकिस्मती से जन्म से अपाहिज थी। उसके माता-पिता उसे लेकर बहुत चिंतित रहते थे। बच्चे उसे अपने साथ खिलाते भी नहीं थे बल्कि उसे उल्टा-सीधा बोलकर चिढ़ाते थे। भाग्य ने साथ दिया और उसका प्रवेश एक विद्यालय में हो गया। वह अन्य बच्चों की तरह लिख-पढ़ पाती थी, लेकिन पेंटिंग करने का उसे बहुत शौक था। वह पेन्टिंग के माध्यम से अपनी भावनाओं को व्यक्त करने में सिद्धहस्त थी।

स्कूल में एक अभिमानी लड़की भी थी। उसे उसकी पेन्टिंग के गुण के बारे में ज्यादा जानकारी नहीं थी। उसे शारीरिक रूप से अक्षम समझकर उसने उसे पेंटिंग के लिए चुनौती दे दी। फिर क्या था उस अपंग लड़की ने अभिमानी लड़की को हराकर पुरस्कार प्राप्त किया तथा अपनी प्रतिभा का लोहा मनवाया। अभिमानी लडकी की आँखें खुल गयीं। पहले वह उसे कमजोर समझती थी, उसका अपमान करती थी तथा उसके प्रति घृणा का भाव रखती थी। अब वह उससे मित्रता करने के लिए उसके आस-पास मँडराती रहती थी। घमण्ड के कारण आगे बढ़कर दोस्ती का हाथ नहीं बढ़ा पा रही थी। तब उस भली लड़की ने स्वयं आगे बढ़कर उससे दोस्ती की तथा मुस्करा कर उसे अपने गले से लगा लिया। उसे बड़े प्यार से समझाते हुए वह बोली, ईश्वर ने सबको कोई-न-कोई गुण अवश्य दिया है। दूसरों की क्षमताओं को कम नहीं समझना चाहिए।

प्रश्न 5. उन घटनाओं को याद करके लिखिए जब आपने अन्याय का प्रतिकार किया हो।

उत्तर— (क) मेरी माँ की एक मित्र थीं। वह हमेशा डरी-सहमी रहती थीं। माँ के बहुत पूछने पर उन्होंने बताया कि उन पर उनके ससुराल वाले बहुत अत्याचार करते हैं। मैंने उन दोनों की बातें सुनीं तो मेरे मन में अजीब से भाव आने लगे। मेरे पिताजी बुद्धिजीवी और जागरूक थे। जब मैंने उन्हें इस विषय में बताया तथा उनकी मदद करने के विषय में कहा तो पिताजी ने मुझे महिलाओं के प्रति होने वाले अत्याचारों को रोकने के उपाय बताये। मैंने तुरन्त एक प्रार्थना-पत्र माँ की मित्र से लिखवाया, उस पर उनके हस्ताक्षर कराये तथा सम्बन्धित थाने में शिकायती पत्र दे दिया। कुछ समय बाद उन्हें न्याय मिला। अब वे अपने पति व बच्चों के साथ सुखी जीवन जी रही हैं।

(ख) दूसरी घटना मेरे गाँव में होने वाले दो जुड़वाँ बहनों के बाल-विवाह की है। बाल-विवाह बच्चों के प्रति घोर अन्याय एवं अत्याचार है। बहुत दिनों बाद जब मैं गाँव पहुँची तो पता चला कि गाँव में दो जुड़वाँ बहनों का गुप-चुप तरीके से विवाह सम्पन्न करवाया जा रहा है। अपने अध्यापक व अपने बड़ों से मैं इस कुरीति के विषय में सुन चुकी थी। तुरन्त फोन करके अपनी अध्यापिका व अपने पिताजी को जानकारी दी। उनके निर्देश के बाद जिले के डी.एम. को फोन किया। तुरन्त प्रतिक्रिया हुई। देखते-ही-देखते दो जीपों से पुलिस की टीम वहाँ पहुँच गयी और आनन-फानन में विवाह का कार्यक्रम रुकवाया गया और इस कार्य में सम्मिलित सभी दोषियों को जेल भिजवाया गया। मुझे शान्ति का अनुभव हो रहा था। गाँव के कुछ लोग मेरी पीठ थपथपा रहे थे।

प्रश्न 6. अवधी भाषा आज किन-किन क्षेत्रों में बोली जाती है?

उत्तर— अवधी भाषा आज इलाहाबाद, लखनऊ, फैजाबाद, मिर्जापुर, जौनपुर, गोंडा, फतेहपुर, रायबरेली, लखीमपुर खीरी, सीतापुर, बहराइच, बाराबंकी, सुल्तानपुर आदि क्षेत्रों में बोली जाती है।

➾ मूल्यपरक प्रश्नोत्तर एवं अन्य महत्वपूर्ण प्रश्नोत्तर

प्रश्न 1. परशुराम के प्रति लक्ष्मण का व्यवहार कहाँ तक उचित है? इस सन्दर्भ में अपने विचार प्रकट कीजिए।

उत्तर— लक्ष्मण परम वीर हैं। ऐसे लोग स्वत: ही निडर होते हैं, परन्तु किसी वीर का उग्र होना आवश्यक नहीं। शान्त स्वभाव के लोग भी अच्छे वीर होते हैं। जैसे कि श्रीराम। लक्ष्मण की उग्रता का एक कारण उनका क्षत्रिय होना भी है।

हमारे विचार से एक योद्धा का धर्म अन्याय के खिलाफ आवाज उठाना है। परन्तु जहाँ पर परशुराम और लक्ष्मण के मध्य वाद-विवाद चल रहा है, वह युद्धक्षेत्र नहीं है। परशुराम का असीमित क्रोध तथा लक्ष्मण की असीमित उग्रता दोनों ही बातें ठीक नहीं हैं। हर बात की अति बुरी होती है। फिर भी हमारी समझ से लक्ष्मण को क्रोध की सीमा का उल्लंघन नहीं करना चाहिए था। भारतीय संस्कृति हमें बड़ों का सम्मान करना सिखाती है, अपमान नहीं।

प्रश्न 2. 'राम-लक्ष्मण-परशुराम संवाद' हास्य-व्यंग्य, क्रोध-अहंकार तथा शान्ति का अनूठा संगम है। इस सन्दर्भ में अपनी अनुभूति पर विचार प्रस्तुत कीजिए।

उत्तर— निश्चय ही 'राम-लक्ष्मण-परशुराम संवाद' हास्य-व्यंग्य, क्रोध-अहंकार तथा शान्ति का अनूठा संगम है। इसमें लगभग सभी रसों का सम्मिश्रण है। पाठक भाव-विभोर होकर प्रसंग में लीन हो जाता है। लक्ष्मण के संवादों में हास्य-व्यंग्य की अनुभूति होती है तो परशुराम के संवाद क्रोध एवं अहंकार से भरे पड़े हैं।

विश्वामित्र के संवादों से शान्त रस की अनुभूति होती है। उनके शब्दों से ऋषित्व झलकता है। वातावरण में शान्ति छा जाती है। राम विनयी तथा कोमल स्वभाव के हैं। वे मितभाषी तथा शान्ति के प्रतिरूप हैं। स्वयं को परशुराम का दास बताकर वे अपनी छवि को और भी उत्तम बना लेते हैं। वे मर्यादित तथा धीर गम्भीर हैं।

इस प्रकार हम कह सकते हैं कि यह प्रसंग वास्तव में ही हास्य-व्यंग्य, क्रोध-अहंकार एवं शान्ति का अनूठा संगम है।

प्रश्न 3. राम के धैर्य-शक्ति की परीक्षा लेकर अन्ततः परशुराम का क्रोध शान्त हो जाता है। श्रीराम के स्वभाव में ऐसे कौन-से गुण थे जिन्हें आप अपनाना चाहेंगे?

उत्तर— राम के धैर्य-शक्ति की परीक्षा लेकर अन्ततः परशुराम का क्रोध शान्त हो जाता है। विनयी मनुष्य के सामने सभी अपना सिर झुकाते हैं। श्रीराम तो शीतलता एवं नम्रता की प्रतिमूर्ति हैं। वे गुणों का भण्डार हैं। हम उनकी विनम्रता, सहनशीलता, धैर्य, वाक्पटुता आदि गुणों को अपनाना चाहेंगे।

प्रश्न 4. विश्वामित्र और राम की व्यावहारिक समानताओं पर प्रकाश डालिए।

अथवा

विश्वामित्र और राम के स्वभाव में क्या समानताएँ हैं? लिखिए।

उत्तर— विश्वामित्र एवं राम दोनों ही उदार, विनम्र, कोमल एवं शान्त स्वभाव के हैं। वे परशुराम के क्रोध करने पर भी शान्त रहते हैं। राम तो शील एवं सहनशीलता की खान हैं। वे लक्ष्मण के अधिक उग्र हो जाने पर आँखों के इशारे से उन्हें रोकते हैं। वे स्वयं को परशुराम का दास बताते हैं। यह उनकी महानता का परिचायक है। विश्वामित्र भी शान्ति के दूत हैं। अधिक क्रोधित होने पर वे परशुराम को समझाते हुए कहते हैं कि साधु लोग बालकों के दोषों को नहीं गिनते अतः आप लक्ष्मण के अपराध को क्षमा करें। इस प्रकार राम एवं विश्वामित्र दोनों ही शान्ति एवं सहनशीलता की प्रतिमूर्ति हैं।

प्रश्न 5. ''क्रोध विवेक को नष्ट कर देता है।'' इस बात से आप कहाँ तक सहमत हैं?

अथवा

''क्रोध के अतिरेक से मनुष्य विवेकहीन हो जाता है''—अपने विचार व्यक्त कीजिए।

उत्तर— क्रोध मनुष्य का शत्रु है। यदि किसी बुराई से बचना है तो क्रोध से बचो क्योंकि सभी बुराइयों की जड़ में क्रोध रहता है। क्रोध को काबू में करने से सभी बुराइयों पर जीत हासिल की जा सकती है। क्रोध सोचने-समझने की शक्ति का नाश कर देता है। क्रोधी व्यक्ति को उचित-अनुचित, न्याय-अन्याय का ज्ञान नहीं रहता। क्रोध से समस्याएँ घटती नहीं अपितु बढ़ती चली जाती हैं। अतः मनुष्य को क्रोध से बचना चाहिए।

प्रश्न 6. स्वयंवर स्थल पर शिवधनुष तोड़ने वाले को परशुराम ने किस प्रकार धमकाया?

उत्तर— स्वयंवर स्थल पर शिव धनुष को टूटा हुआ देखकर महर्षि परशुराम क्रोधित होकर कहने लगे कि जिसने भी यह शिव धनुष तोड़ा है। वह सहस्रबाहु के समान मेरा घोर शत्रु है जिसे क्षमा नहीं किया जा सकता। धनुष तोड़ने वाले ने तो शत्रु की भाँति आचरण करके लड़ाई का काम किया है। जिसने भी यह शिव धनुष तोड़ा है वह व्यक्ति राजाओं के इस समाज से अलग होकर सामने आ जाए, नहीं तो सारे राजा मेरे हाथों मारे जाएँगे।

प्रश्न 7. लक्ष्मण को अपने कुल की कौन-सी परम्परा पर अभिमान है?

अथवा

लक्ष्मण अपने कुल की किस परम्परा के विषय में परशुराम को बताते हैं?

उत्तर— लक्ष्मण सूर्यवंशी हैं। वे गर्व सहित अपने कुल की परम्परा के विषय में बताते हुए परशुराम से कहते हैं कि हमारे कुल की परम्परा के अनुसार देवताओं, गाय, ब्राह्मण एवं भक्तों पर वीरता नहीं दिखाई जाती। यह अक्षम्य अपराध है।

प्रश्न 8. परशुराम कौन-कौन से तर्क देकर लक्ष्मण को वध-योग्य बताते हैं?

अथवा

परशुराम को क्यों लगता है कि लक्ष्मण वध-योग्य हैं?

उत्तर— परशुराम को लगता है कि लक्ष्मण मूर्ख, कुटिल, कुल का घातक, सूर्यवंश पर चन्द्रमा रूपी कलंक, अति उद्दण्ड, बुद्धिहीन तथा निडर है। काल के साये में होने के कारण यह अपने होश में नहीं है। यह अज्ञानी और अविवेकी है। इन्हीं सब कारणों से परशुराम को लगता है कि लक्ष्मण वध के योग्य हैं।

प्रश्न 9. परशुराम की स्वभावगत विशेषताएँ क्या हैं? पाठ के आधार पर लिखिए।

उत्तर— परशुराम की स्वभावगत विशेषताएँ निम्नलिखित हैं—परशुराम बालकों का वध न करने की बात कहकर मर्यादा का पालन करते हैं। वे क्षत्रियों के प्रबल विरोधी हैं। वे बाल ब्रह्मचारी तथा अत्यन्त क्रोधी स्वभाव वाले हैं। उन्होंने अनेक बार पृथ्वी जीतकर ब्राह्मणों को दान में दी थी।

प्रश्न 10. राम के द्वारा स्वयं को दास बताने वाले परशुराम ने दास की कौन-सी विशेषता की ओर संकेत किया?

अथवा

परशुराम के अनुसार सेवक कौन होता है?

उत्तर— राम के द्वारा स्वयं को दास बताने पर परशुराम बोले कि तुम स्वयं को मेरा सेवक कैसे कह सकते हो? सेवक तो वह होता है जो सेवा करता हो। जो शत्रु के समान कार्य करता है वह सेवक कैसे हो सकता है? अतः तुम मेरे सेवक नहीं हो सकते। अर्थात् शिवधनुष को तोड़ने वाला मेरा शत्रु हो सकता है सेवक नहीं।

प्रश्न 11. परशुराम विश्वामित्र से लक्ष्मण की शिकायत किन शब्दों में करते हैं?

उत्तर— परशुराम, विश्वामित्र से लक्ष्मण की शिकायत करते हुए कहते हैं कि यह बालक बहुत मंदबुद्धि और कुटिल है। काल के वशीभूत होकर यह अपने कुल का घातक बन रहा है। यह सूर्यवंशी चन्द्रमा का कलंक, अत्यंत उद्दंड और मूर्ख है। मैं तुम्हें चेतावनी देता हूँ कि क्षण भर में यह काल का ग्रास हो जाएगा फिर तुम मुझे दोष न देना।

प्रश्न 12. परशुराम ने पृथ्वी को क्षत्रियविहीन क्यों कर दिया था?

अथवा

परशुराम ने स्वयं को 'क्षत्रियकुल द्रोही' क्यों कहा है?

उत्तर— परशुराम ऋषि जमदग्नि के पुत्र थे। एक बार राजा सहस्रबाहु शिकार खेलते हुए जमदग्नि ऋषि के आश्रम में पहुँच गये तथा उनकी विशेष गाय कामधेनु को प्राप्त करने की इच्छा व्यक्त की। ऋषि द्वारा गाय देने के लिए मना करने पर सहस्रबाहु ने जमदग्नि से बलपूर्वक गाय को छीन लिया। इस बात पर परशुराम को बहुत क्रोध आया और उन्होंने सहस्रबाहु का वध कर दिया। परशुराम का ऐसा करना जमदग्नि को अच्छा नहीं लगा, उन्होंने उनसे पश्चाताप करने के लिए कहा। सहस्रबाहु की हत्या से खिन्न उसके पुत्रों ने जमदग्नि की हत्या कर दी। इसी बात से क्रोधित होकर परशुराम ने पृथ्वी को क्षत्रियविहीन करने की प्रतिज्ञा की तथा उसी प्रतिज्ञा को पूरा करने के लिए उन्होंने पृथ्वी को क्षत्रियविहीन कर दिया था।

प्रश्न 13. 'लखन कहेउ मुनि सुजसु तुम्हारा। तुम्हहि अछत को बरनै पारा।।' पंक्ति के माध्यम से लक्ष्मण परशुराम से क्या कह रहे हैं?

उत्तर— इस पंक्ति के माध्यम से लक्ष्मण परशुराम पर व्यंग्य करते हुए कह रहे हैं कि हे मुनि! अपने पराक्रम का वर्णन आप स्वयं ही कर लीजिए क्योंकि आपको छोड़कर अन्य कोई आपके पराक्रम के विषय में नहीं बता सकता। आप ही अपने मुँह मियाँ मिट्ठू बनने में अत्यन्त कुशल हैं।

प्रश्न 14. 'बहु धनुही तोरी लरिकाई'—यह किसने कहा और क्यों?

उत्तर— उक्त कथन लक्ष्मण ने कहा है। उनके अनुसार हमने बचपन में ऐसे अनेक धनुष तोड़े थे, तब कभी किसी ने गुस्सा नहीं किया, परंतु इस धनुष के टूट जाने पर आप इतना गुस्सा क्यों हो रहे हो? क्या यह धनुष आप को अति प्रिय था?

प्रश्न 15. इस पाठ से हमें क्या सन्देश मिलता है?

अथवा

इस पाठ से हमें क्या शिक्षा मिलती है?

उत्तर— यह पाठ हमें क्रोध के अतिरेक से बचने की शिक्षा देता है। क्रोध विवेक को नष्ट कर देता है। परशुराम के क्रोध एवं लक्ष्मण का उग्र व्यवहार अनजाने में हमें अच्छी सीख दे देता है। क्रोध के समान ही उग्रता का परिणाम भी कष्टकारी होता है। ऐसा व्यवहार लोगों को खटकने लगता है। हमें राम के समान नम्र, उदार तथा मृदु व्यवहार करना चाहिए। धैर्य, क्षमाशीलता तथा सहनशीलता जैसे गुण अपनाने चाहिए। शान्तिपूर्ण व्यवहार से सभी प्रसन्न होते हैं। परशुराम की तरह अपना वर्चस्व स्थापित करने के लिए अपने पराक्रम की गाथाएँ स्वयं ही नहीं सुनाते रहना चाहिए। हमें विश्वामित्र के समान धीर-गम्भीर एवं क्षमाशील बनना चाहिए। इस पाठ से हमें यही शिक्षा मिलती है।

❑❑

उत्साह, अट नहीं रही है

|5|

कवि-सूर्यकांत त्रिपाठी 'निराला'

कवि-परिचय—छायावाद के आधार स्तम्भ सूर्यकान्त त्रिपाठी 'निराला' का जन्म बंगाल की महिषादल रियासत में सन् 1899 में हुआ। वे मूलत: उन्नाव (उत्तर प्रदेश) के निवासी थे। उनकी प्रारम्भिक शिक्षा महिषादल में ही हुई। उन्होंने स्वाध्याय से ही संस्कृत, बांग्ला और अंग्रेजी भाषा का ज्ञान अर्जित किया। हिन्दी भाषा उन्होंने हिन्दी-पत्रिकाओं के माध्यम से सीखी।

निराला का पारिवारिक जीवन दु:खों एवं संघर्षों से भरा था। आत्मीयजनों की असामयिक मृत्यु से वे भीतर तक हिल गये। निराला जी स्वभाव से उदार, स्वाभिमानी, अध्ययनशील, त्यागी एवं प्रकृति प्रेमी थे। अतिथि सत्कार की भावना उनमें कूट-कूटकर भरी थी।

रचनाएँ—अनामिका, परिमल, गीतिका, कुकुरमुत्ता, नये पत्ते तथा राम की शक्ति-पूजा उनकी प्रमुख रचनाएँ हैं। इसके अतिरिक्त उपन्यास, कहानी, आलोचना, रेखाचित्र, जीवनी तथा निबन्ध लेखन में भी उनकी ख्याति अविस्मरणीय है।

साहित्यिक विशेषताएँ—निराला विद्रोही प्रकृति के कवि थे। इनकी रचनाओं में प्रकृति प्रेम, दार्शनिकता, विद्रोह, क्रान्ति तथा निराशा स्पष्ट दिखाई देती है। निराला छायावादी कवि थे। उन्होंने प्रगतिवाद, प्रयोगवाद तथा रहस्यवाद से सम्बन्धित कविताएँ भी लिखीं उन्होंने अपनी रचनाओं में शोषकों का जमकर विद्रोह किया। उन्होंने शिल्प-क्षेत्र में बदलाव लाते हुए परम्परागत छन्द-परम्परा को तोड़कर छन्दमुक्त कविताएँ लिखीं। मुक्तक छन्द निराला की ही देन है। उनकी भाषा में कोमलता, चित्रात्मकता, संगीतात्मकता, प्राकृतिक उपमानों तथा अलंकारों का प्रयोग प्रचुर मात्रा में दिखाई देता है।

निराला जी बहुमुखी प्रतिभा के धनी थे। उन्होंने गद्य एवं पद्य दोनों में ही लेखन कार्य किया।

शब्द-सम्पदा

गरजो = गर्जना करो। **घोर** = भयंकर। **गगन** = आसमान। **धाराधर** = बादल, मूसलाधार वर्षा। **ललित** = सुन्दर। **विद्युत छवि** = बिजली के समान चमकती शोभा। **उर** = हृदय, मन। **कवि** = रचना करने वाला, सृजनकर्ता। **वज्र** = कठोर, भीषण। **नूतन** = नया। **विकल** = व्याकुल, बैचेन, घबराए हुए। **उन्मन** = उदास, अनमने। **विश्व** = संसार। **निदाघ** = तपन, प्रचण्ड गर्मी। **सकल जन** = सभी लोग। **अज्ञात** = अनजान। **अनन्त** = आकाश। **घन** = बादल। **तप्त** = तपित, तपती हुई। **धरा** = धरती, पृथ्वी। **शीतल** = ठण्डी।

➪ पद्यांशों की ससन्दर्भ व्याख्या (काव्यगत सौन्दर्य सहित)

उत्साह

1. **बादल, गरजो!**
घेर घेर घोर गगन, धाराधर ओ!
ललित ललित, काले घुँघराले,
बाल कल्पना के-से पाले,
विद्युत छबि उर में, कवि नवजीवन वाले!
वज्र छिपा, नूतन कविता
फिर भर दो-
बादल, गरजो!

सन्दर्भ—सुप्रसिद्ध छायावादी कवि सूर्यकान्त त्रिपाठी 'निराला' द्वारा रचित प्रस्तुत कविता 'उत्साह' नामक शीर्षक से अवतरित है।

प्रसंग—इसमें कवि प्यास से व्याकुल लोगों की प्यास बुझाने के लिए बादलों का आह्वान कर रहे हैं।

व्याख्या—कवि बादलों को सम्बोधित करते हुए कहता है कि हे बादल! तुम आसमान में गर्जना करो। हे काले बादल! तुम अत्यन्त सुन्दर हो। तुम बालक के काले घुँघराले बालों के समान प्रतीत हो रहे हो। तुम अबोध बालकों की कल्पना में पाले हुए दिखाई दे रहे हो। हे बादल! तुम सम्पूर्ण गगन को चारों ओर से घेरकर मूसलाधार वर्षा करो। जिस प्रकार कवि की कविता में नव-जीवन प्रदान करने की शक्ति होती है, उसी प्रकार तुम्हारे हृदय में भी वज्रपात करने वाली विद्युत् शक्ति छिपी हुई है। तुम उस शक्ति से संसार के प्राणियों को नवजीवन प्रदान कर दो। हे बादल! तुम गरजकर बरस जाओ।

काव्यगत सौन्दर्य—छायावादी कवि निराला जी ने बादलों के माध्यम से सामाजिक चेतना हेतु सामाजिक क्रान्ति का आह्वान किया है। खड़ी बोली का प्रयोग है तथा तत्सम शब्दावली की अधिकता है। ओज गुण है। कहीं-कहीं तद्भव शब्द भी दिखाई देते हैं। सम्बोधन शैली

विद्यमान है। अनुप्रास, उपमा, पुनरुक्तिप्रकाश तथा मानवीकरण अलंकारों का प्रयोग कुशलतापूर्वक किया गया है। नई कविता के माध्यम से कवि ने बादलों को माध्यम बनाकर अपने भावों की कुशल अभिव्यक्ति की है। वीर रस का प्रयोग दर्शनीय है। नाद सौन्दर्य विद्यमान है।

पद्यांश पर आधारित प्रश्नोत्तर

प्रश्न— (i) उपर्युक्त काव्यांश किस कविता से लिया गया है?

(क) बादल
(ख) बादल गरजो
(ग) उत्साह
(घ) अट नहीं रही है

उत्तर—(ग) उत्साह

(ii) प्रस्तुत कविता के रचयिता हैं—

(क) सुमित्रानंदन पंत
(ख) महादेवी वर्मा
(ग) जयशंकर प्रसाद
(घ) सूर्यकांत त्रिपाठी 'निराला'

उत्तर—(घ) सूर्यकांत त्रिपाठी 'निराला'

(iii) 'घेर घेर घोर गगन' में प्रयुक्त अलंकार है—

(क) रूपक
(ख) पुनरुक्तिप्रकाश
(ग) यमक
(घ) अनुप्रास

उत्तर—(घ) अनुप्रास

(iv) 'ललित ललित' में प्रयुक्त अलंकार का नाम है—

(क) अनुप्रास
(ख) पुनरुक्तिप्रकाश
(ग) यमक
(घ) श्लेष

उत्तर—(ख) पुनरुक्तिप्रकाश

(v) इस काव्यांश में कवि आह्वान कर रहा है—

(क) बादलों का
(ख) बादल की गर्जना का
(ग) मूसलाधार वर्षा का
(घ) बाल कल्पना का

उत्तर—(क) बादलों का

2. विकल विकल, उन्मन थे उन्मन
विश्व के निदाघ के सकल जन,
आये अज्ञात दिशा से अनंत के घन!
तप्त धरा, जल से फिर
शीतल कर दो-
बादल, गरजो!

सन्दर्भ—प्रस्तुत कविता सूर्यकान्त त्रिपाठी 'निराला' द्वारा रचित 'उत्साह' नामक शीर्षक से अवतरित है।

प्रसंग—इस कविता के माध्यम से कवि भीषण गर्मी से तपित धरती तथा व्याकुल लोगों को शीतलता प्रदान करने के लिए बादलों से निवेदन कर रहा है।

व्याख्या—कवि कहता है कि लोग गर्मी से बेचैन और व्याकुल हो रहे थे। वे परेशान होकर अनमने हो रहे थे। उनका मन एकाग्रचित्त नहीं था। सभी के मन उचाट हो रहे थे। सभी लोग भीषण गर्मी में आकुल हो रहे थे। तपती गर्मी के कारण सम्पूर्ण विश्व के सभी लोग बेचैन थे। ऐसे वातावरण में असीमित आकाश में अनजानी दिशा से आकर बादल छा गये। कवि उन बादलों से तपती धरा को फिर से शीतल कर देने के लिए कह रहा है। वह बादलों से कहता है कि तुम गरज कर वर्षा कर दो।

काव्यगत सौन्दर्य—अतुकान्त मुक्तक छन्द होने पर भी गेयता परिलक्षित है। बादलों से वर्षा करने का निवेदन सामाजिक क्रान्ति को चरितार्थ करता है। भीषण गर्मी की प्रतीकार्थ सराहनीय है। खड़ी बोली तथा तत्सम शब्दावली का प्रयोग हुआ है। वीर रस व ओज गुण है। चाक्षुष बिम्ब का प्रयोग सराहनीय है। सम्बोधन शैली दर्शनीय है। छायावाद की झलक विद्यमान है। मानवीकरण एवं पुनरुक्तिप्रकाश अलंकारों की छटा देखते ही बनती है।

पद्यांश पर आधारित प्रश्नोत्तर

प्रश्न— (i) विश्व के जन किस कारण व्याकुल हो रहे थे?

(ii) बादल कौन सी दिशा से आकर आसमान में छा गये?

(iii) 'अनंत के घन' से क्या तात्पर्य है?

(iv) 'निदाघ' शब्द का क्या अर्थ है?

(v) कवि कैसी धरा को फिर से शीतल करने के लिए कह रहा है?

(vi) विकल विकल में कौन-सा अलंकार है?

(vii) कवि बादल से क्या प्रार्थना कर रहा है?

(viii) 'तप्त धरा' का अर्थ तथा संकेतार्थ स्पष्ट कीजिए।

उत्तर— (i) विश्व के जन भीषण गर्मी के कारण व्याकुल हो रहे थे।

(ii) बादल अज्ञात दिशा से आकर आसमान में छा गये।

(iii) 'अनंत के घन' से तात्पर्य असीमित आकाश में छाये हुए बादलों से है।

(iv) 'निदाघ' शब्द का अर्थ भीषण गर्मी की तपन से है।

(v) कवि भीषण गर्मी से तप्त धरा को फिर से शीतल करने के लिए कह रहा है।

(vi) 'विकल विकल' में पुनरुक्तिप्रकाश अलंकार है।

(vii) कवि बादल से भीषण गर्मी से तपित धरती को शीतल करने की प्रार्थना कर रहा है।

(viii) 'तप्त धरा' का शाब्दिक अर्थ है—भयंकर गर्मी से तपित पृथ्वी तथा इसका सांकेतिक अर्थ है—कष्टों से पीड़ित विश्व के लोग।

शब्द-सम्पदा

अट = समाना, समाहित होना। **आभा** = चमक, सौन्दर्य। **फागुन** = फाल्गुन मास। **तन** = शरीर। **सट** = स्पर्श। **नभ** = आसमान। **पर** = पंख। **उर** = हृदय। **मंद** = धीमी। **गंध** = सुगन्ध। **पुष्प-माल** = फूलों की माला। **पाट-पाट** = जगह-जगह। **शोभा श्री** = सौन्दर्य रूपी लक्ष्मी। **पट नहीं रही है** = समा नहीं रही है।

अट नहीं रही है

3. **अट नहीं रही है**
आभा फागुन की तन
सट नहीं रही है।
कहीं साँस लेते हो,
घर-घर भर देते हो,
उड़ने को नभ में तुम
पर-पर कर देते हो,
आँख हटाता हूँ तो
हट नहीं रही है।
पत्तों से लदी डाली
कहीं हरी कहीं लाल,
कहीं पड़ी है उर में
मंद-गंध-पुष्प-माल,
पाट-पाट शोभा-श्री
पट नहीं रही है।

सन्दर्भ—प्रस्तुत कविता प्रसिद्ध छायावादी कवि सूर्यकान्त त्रिपाठी 'निराला' द्वारा रचित उनकी काव्य-रचना 'राग-विराग' के 'अट नहीं रही है' नामक शीर्षक से अवतरित है।

प्रसंग—इसमें कवि ने चारों ओर फैली हुई फाल्गुन मास की मदमाती सुन्दरता तथा लोगों के हृदय से छलकते उल्लास का वर्णन किया है।

व्याख्या—कवि कहता है कि फाल्गुन के महीने की अद्भुत प्राकृतिक छटा अत्यन्त आभायुक्त है। उसकी मादकता इतनी अधिक है कि वह तन-मन में समा नहीं रही है। प्रकृति के रूप-सौन्दर्य को देखकर लोग इतने प्रफुल्लित हैं कि उनकी खुशी छलक कर बाहर आ रही है।

फाल्गुन को सम्बोधित करते हुए कवि कहता है कि हे फाल्गुन! तुम्हारी प्रत्येक साँस से सुगन्धित हवा का झोंका निकलता है, जिससे सारा वातावरण सुगन्धित एवं मादक हो जाता है। प्रत्येक घर रंग-बिरंगे फूलों से आच्छादित है। चारों ओर निराली छटा बिखर रही है। ऐसे मनमोहक वातावरण में पक्षी भी अम्बर में उड़ने के लिए आतुर हैं। वे आसमान में उड़ान भरने के लिए अपने पंखों को फड़फड़ा रहे हैं। सौन्दर्य में इतना आकर्षण है कि इसे लगातार देखते रहने का मन कर रहा है। यदि मैं इस शोभा से आँख हटाना चाहता हूँ, तब भी मेरी नजर इससे हट नहीं रही है। प्राकृतिक सौन्दर्य में चुम्बक जैसी आकर्षण शक्ति है, जो मुझे अपनी ओर खींच रही है।

वृक्ष लाल और हरे रंग के नये पत्तों से लद गये हैं। कहीं वृक्षों के गले एवं हृदय पर मंद-मंद सुगन्धयुक्त फूलों की माला सुशोभित हो रही है, जो बरबस ही लोगों के चित्त को आकर्षित कर रही है। जगह-जगह सौन्दर्य का खज़ाना बिखरा हुआ है, जो कि समा नहीं पा रहा। शोभा जगह-जगह से फूटकर छलकी पड़ रही है।

काव्यगत सौन्दर्य—फाल्गुन मास की मदमाती शोभा का मनमोहक वर्णन पाठकों को आकर्षित करता है। प्रकृति का सौन्दर्य छलका जा रहा है। कविता में तत्सम एवं तद्भव शब्दावली की अधिकता है तथा प्रसाद गुण विद्यमान है। कविता में रहस्यवादी भावना दिखाई देती है। भाषा गेय है तथा खड़ी बोली का प्रयोग है। मुहावरे का प्रयोग किया गया है, जिससे सौन्दर्य में वृद्धि हो गई है। कथन को गम्भीरता प्रदान करने के लिए लाक्षणिकता का सराहनीय प्रयोग किया गया है, अनुप्रास, पुनरुक्तिप्रकाश तथा मानवीकरण अलंकार का सहज प्रयोग प्रशंसनीय है।

➯ पद्यांश पर आधारित प्रश्नोत्तर

प्रश्न— (i) उपर्युक्त कविता के रचयिता हैं—

(क) जयशंकर प्रसाद
(ख) सूर्यकांत त्रिपाठी 'निराला'
(ग) गिरिजा कुमार माथुर
(घ) ऋतुराज

उत्तर—(ख) सूर्यकांत त्रिपाठी 'निराला'

(ii) इस कविता में कवि ने वर्णन किया है—

(क) शरद् ऋतु का
(ख) हेमंत ऋतु का
(ग) फाल्गुन के महीने का
(घ) ग्रीष्म ऋतु का

उत्तर—(ग) फाल्गुन के महीने का

(iii) 'कहीं साँस लेते हो, घर-घर भर देते हो'—यह पंक्ति किसके लिए कही गई है?

(क) कवि के लिए
(ख) प्रकृति का आनंद लेने वाले लोगों के लिए
(ग) फाल्गुन मास की मादकता के लिए
(घ) आकाश में उड़ने वाले पक्षियों के लिए

उत्तर—(ग) फाल्गुन मास की मादकता के लिए

(iv) 'घर-घर' तथा 'पर-पर' में अलंकार है—

(क) पुनरुक्तिप्रकाश
(ख) यमक
(ग) श्लेष
(घ) उपमा

उत्तर—(क) पुनरुक्तिप्रकाश

(v) यहाँ प्रयुक्त 'पाट-पाट' का प्रयोग किस अर्थ में किया गया है?

(क) किसी वस्तु को पाट देना
(ख) पट्टा-पट्टा
(ग) पत्ता-पत्ता
(घ) स्थान-स्थान

उत्तर—(घ) स्थान-स्थान

➯ पाठ से सम्बन्धित प्रश्नोत्तर

उत्साह

प्रश्न 1. कवि बादल से फुहार, रिमझिम या बरसने के स्थान पर 'गरजने' के लिए कहता है, क्यों?

अथवा

कवि द्वारा बादल से फुहार, रिमझिम या बरसने की न कहकर 'गरजने' के लिए क्यों कहा गया है?

उत्तर— निराला विद्रोही स्वभाव के कवि हैं। शोषक वर्ग और सत्ता के प्रति उनके मन में प्रचण्ड प्रतिकार के भाव रहते हैं। वे क्रान्ति के माध्यम से समाज में परिवर्तन लाना चाहते हैं। गरजता हुआ बादल ओज व जोश का प्रतीक है, इसलिए वे बादल से फुहार, रिमझिम या बरसने के स्थान पर 'गरजने' के लिए कहते हैं।

प्रश्न 2. कविता का शीर्षक 'उत्साह' क्यों रखा गया है?

उत्तर— उत्साह नामक कविता में कल्पना का लालित्य और क्रान्तिकारी चेतना विद्यमान है। यदि बादल प्यासों की प्यास बुझा सकते हैं, तो वे नई कल्पना और नए अंकुर के लिए विध्वंसक, विप्लवकारी तथा क्रान्ति चेतना सम्भव करने वाले भी हो सकते हैं। वे अपने अन्दर विद्युत् के समान वज्रपात छिपाकर रखते हैं। वे विश्व को जीवनदान भी दे सकते हैं तथा प्रलयकारी भी हो सकते हैं। बादल के इन्हीं गुणों के कारण कविता का शीर्षक 'उत्साह' रखा गया है।

प्रश्न 3. कविता में बादल किन-किन अर्थों की ओर संकेत करता है?

उत्तर— कविता में बादल लालित्यपूर्ण कल्पना तथा क्रान्तिकारी चेतना की ओर संकेत करता है। एक तरफ तो बादल प्यासे-पीड़ित, शोषित, उपेक्षित लोगों के प्रति सहानुभूति दर्शाते हुए उनकी आकांक्षाओं को पूरा करने वाला है तथा दूसरी ओर वह नयी कल्पना तथा नये अंकुर के लिए विध्वंसक एवं प्रलयकारी रूप धारण करने वाला है।

प्रश्न 4. शब्दों का ऐसा प्रयोग जिससे कविता के किसी खास भाव या दृश्य में ध्वन्यात्मक प्रभाव पैदा हो, नाद-सौन्दर्य कहलाता है। 'उत्साह' कविता में ऐसे कौन-से शब्द हैं जिनमें नाद-सौन्दर्य मौजूद है, छाँटकर लिखें।

उत्तर— निम्नलिखित शब्दों में नाद-सौन्दर्य मौजूद है—

(1) घेर घेर घोर गगन।

(2) ललित ललित, काले घुँघराले।

(3) बाल कल्पना के-से पाले।

(4) विद्युत छवि उर में, कवि नवजीवन वाले।

(5) विकल विकल, उन्मन थे उन्मन।

अट नहीं रही है

प्रश्न 1. छायावाद की एक खास विशेषता है अन्तर्मन के भावों का बाहर की दुनिया से सामंजस्य बिठाना। कविता की किन पंक्तियों को पढ़कर यह धारणा पुष्ट होती है? लिखिए।

उत्तर— छायावादी कवि अपनी कविता में प्रकृति चित्रण के माध्यम से अपने अन्तर्मन के भावों को प्रकट करता है। इस धारणा की पुष्टि निम्नलिखित पंक्तियों से होती है—

आभा फागुन की तन
सट नहीं रही है।

यहाँ फागुन की आभा के माध्यम से कवि अपनी प्रिया के सौन्दर्य के विषय में बात कर रहा है।

कहीं पड़ी है उर में
मंद-गंध-पुष्प-माल
पाट-पाट शोभा-श्री
पट नहीं रही है।

इन पंक्तियों में कवि ने प्रकृति के माध्यम से अपनी प्रियतमा के उर पर सुशोभित सुगन्धित माला को दर्शाया है। उसकी सौन्दर्य राशि के बारे में बताया है। उसकी आभा से सारा वातावरण सुशोभित हो रहा है।

प्रश्न 2. कवि की आँख फाल्गुन की सुन्दरता से क्यों नहीं हट रही है?

उत्तर— फाल्गुन मदमस्त, शोभायुक्त तथा वातावरण को मादक बनाने वाला है। उसके सौन्दर्य की छटा देखते ही बनती है। मनमोहक मंद-सुगन्धित हवा चल रही है। चारों ओर रंग-बिरंगे फूल खिल रहे हैं। पेड़ नई कोंपलों से लद गए हैं। मौसम अत्यन्त सुहावना है, इस कारण कवि की आँखें फाल्गुन की सुन्दरता से हट नहीं रही हैं।

प्रश्न 3. प्रस्तुत कविता में कवि ने प्रकृति की व्यापकता का वर्णन किन रूपों में किया है?

अथवा

'अट नहीं रही है' कविता के आधार पर फाल्गुन के सौन्दर्य का वर्णन कीजिए।

उत्तर— 'अट नहीं रही है' कविता में प्रकृति का सौन्दर्य सब जगह व्याप्त है। कोई भी स्थान प्राकृतिक सौन्दर्य से अछूता नहीं है। फाल्गुन की सुन्दरता फूटी पड़ रही है। पेड़ हरे और लाल पत्तों से लदे हुए हैं। सुगन्धित पवन चल रही है। रंग-बिरंगे फूल खिल रहे हैं। पक्षी पंख फड़फड़ाकर उड़ने को आतुर हैं। चारों ओर सौन्दर्य-राशि बिखरी हुई है।

प्रश्न 4. फाल्गुन में ऐसा क्या होता है जो बाकी ऋतुओं से भिन्न होता है?

अथवा

फाल्गुन की विशिष्टता का उल्लेख कीजिए।

उत्तर— फाल्गुन में प्राकृतिक सौन्दर्य चरम पर होता है। यह ऋतुराज बसंत के आगमन का समय होता है। मौसम मदमस्त एवं सुहावना होता है। पेड़ों पर नए-नए पत्ते आ जाते हैं। धरती रंग-बिरंगे फूलों से सज जाती है। आम पर बौर आने लगते हैं तथा कोयल मतवाली होकर कूकने लगती है। पक्षी असीम आसमान में पंख-पसारकर विचरण करने लगते हैं। खेतों में सरसों के फूल खिलने लगते हैं। लोगों का मन-मयूर नाचने लगता है। तापमान सुखद रहता है। लोगों का उत्सव मनाने को मन करता है। रंगों का पवित्र त्योहार होली भी इसी मास की शोभा बढ़ाता है। अपनी इन्हीं विशेषताओं के कारण फाल्गुन बाकी ऋतुओं से भिन्न होता है।

प्रश्न 5. ''कहीं साँस लेते हो, घर घर भर देते हो'' पंक्ति में किसकी विशिष्टता व्यंजित हुई है? बताइए कि वह उसकी कौन-सी खूबी है जिससे घर-घर भर आता है? 'अट नहीं रही है' कविता के आधार पर उत्तर दीजिए।

उत्तर— इस पंक्ति में फूलों की विशिष्टता व्यंजित हुई है। जब फाल्गुन मास में चारों ओर फूल खिले होते हैं, उनकी सुगंध से घर भर जाता है।

प्रश्न 6. इन कविताओं के आधार पर निराला के काव्य-शिल्प की विशेषताएँ लिखिए।

अथवा

'अट नहीं रही है' के आधार पर निराला के काव्य-शिल्प पर प्रकाश डालिए।

उत्तर— निराला छायावादी कवि हैं। उनकी कविता में रहस्यवाद के दर्शन होना स्वाभाविक है। विद्रोह, दार्शनिकता, तरलता, क्रान्ति एवं प्रकृति का विराट रूप उनकी कविताओं के मूल में स्थित है। छायावादी रचनाकारों में उन्होंने ही सर्वप्रथम मुक्तक छन्दों का प्रयोग किया। उनके शिल्प-काव्य में भाषा की कोमलता, मधुर शब्द-संयोजन, संगीतात्मकता या गेयता, चित्रात्मकता, लाक्षणिकता, बिम्ब-संयोजन, संकेतात्मकता तथा अलंकारों का उचित प्रयोग दर्शनीय है। निराला जी का शिल्प-काव्य मौलिक तथा महत्वपूर्ण है, जो उनको अलग पहचान दिलाता है।

प्रश्न 7. 'उत्साह' कविता के माध्यम से कवि ने 'नवजीवन वाले' कहकर संबोधित किया है–

(i) जीवन प्रदान करने वाले बादलों और नई रचना करने वाले कवियों को
(ii) निराश व हताश लोगों को
(iii) मूसलाधार वर्षा को
(iv) बाल-कल्पना को

उत्तर– (i) जीवन प्रदान करने वाले बादलों और नई रचना करने वाले कवियों को

प्रश्न 8. 'निराला' द्वारा रचित 'उत्साह' नामक कविता में बादल अनेक अर्थों की ओर संकेत करता है। इनमें से गलत उत्तर छाँटिए–

(i) क्रांतिकारी चेतना
(ii) मूसलाधार वर्षा
(iii) उपेक्षित लोगों के प्रति सहानुभूति
(iv) विध्वंसक एवं प्रलयंकारी

उत्तर– (ii) मूसलाधार वर्षा

प्रश्न 9. 'उत्साह' कविता में ध्वन्यात्मक प्रभाव तथा नाद-सौन्दर्य उत्पन्न करने वाले शब्दों का प्रयोग किया गया है। इनमें से गलत उत्तर पर सही का निशान लगाइए–

(i) घेर-घेर घोर गगन
(ii) ललित-ललित काले घुँघराले
(iii) विकल-विकल, उन्मन थे उन्मन
(iv) आये अज्ञात दिशा से अनंत के घन

उत्तर– (iv) आये अज्ञात दिशा से अनंत के घन

रचना और अभिव्यक्ति

प्रश्न 1. जैसे बादल घुमड़-घुमड़कर बारिश करते हैं वैसे ही कवि के अन्तर्मन में भी भावों के बादल उमड़-घुमड़कर कविता के रूप में अभिव्यक्त होते हैं। ऐसे ही किसी प्राकृतिक सौन्दर्य को देखकर अपने उमड़ते भावों को कविता में उतारिये।

उत्तर– मैंने देखा
रंग-बिरंगे कुसुमों वाले
खेतों के बीच
बिल्कुल बीचों-बीच
वहीं मेड़ पर
गुलाबी सुमनों से लदा
शिरीष का पेड़
खड़ा था
मानो दूल्हा बना सजा-सा।
और उसके निकट ही, उससे
बिल्कुल सटी
श्वेत-रानी चूँदर ओढ़े
कुछ लजाती-शरमाती
बोगनबेलिया
अँगड़ाइयाँ ले रही थी।
जैसे कि 'कुसुम' हो या 'सुमन'
बस मिलने को अपने
प्रियतम से
बेचैन-सी
उस ओर कदमों को बढ़ाकर
गर्दन को उचकाकर
बस
बढ़ी जा रही थी।
मैंने देखा, और फिर
कुछ सोचा.......।

प्रश्न 2. होली के आसपास प्रकृति में जो परिवर्तन दिखाई देते हैं, उन्हें लिखिए।

उत्तर– होली के आसपास प्रकृति में आश्चर्यजनक तथा मनोहर परिवर्तन दिखाई देते हैं। नैसर्गिक सौन्दर्य मन को आकर्षित करता है। खेतों में गेहूँ की बालियाँ इठलाने लगती हैं। खेतों में सरसों खिल उठती है। पेड़-पौधे पुष्पित एवं पल्लवित हो जाते हैं। चारों ओर अनूठी एवं मादक सुगन्ध फैल जाती है। मौसम सुहावना हो जाता है।

मूल्यपरक प्रश्नोत्तर

प्रश्न 1. क्या बसंत ऋतु को होली का संदेशवाहक कहा जा सकता है? क्यों? होली से सम्बन्धित प्रचलित तथ्यों को स्पष्ट कीजिए।

उत्तर– हाँ, बसंत ऋतु को होली का संदेशवाहक कहा जा सकता है, क्योंकि बसंत ऋतु में ही रंगों का त्योहार होली मनायी जाती है। राग एवं रंग इसके प्रमुख अंग हैं। राग और रंग को चरमोत्कर्ष पर यह पहुँचाने वाली प्रकृति भी इस ऋतु में पूरे यौवन पर होती है। यह त्योहार बसंत पंचमी से आरम्भ हो जाता है। इस वक्त बच्चे-वृद्ध सभी ढोलक-झाँझ-मंजीरों की धुन पर नृत्य-संगीत में पूर्ण तथा लीन हो जाते हैं।

परीक्षोपयोगी महत्वपूर्ण प्रश्नोत्तर

प्रश्न 1. 'उत्साह' कविता का उद्देश्य स्पष्ट करते हुए शीर्षक की सार्थकता पर प्रकाश डालिए।

उत्तर– 'उत्साह' एक संकेतात्मक तथा प्रतीकात्मक कविता है। इसमें बादलों की ललित कल्पना तथा क्रान्ति चेतना दोनों पक्षों को समाहित किया गया है। इसमें वे पीड़ित जनों की प्यास बुझाने तथा उनके कष्टों को दूर करने के लिए बादलों का आह्वान करते हैं तथा उनसे गरज कर बरसने के लिए कहते हैं।

गरजता हुआ बादल उत्साह से परिपूर्ण होता है। वह अपने उर में छिपी विद्युत् शक्ति से वज्रपात करने की क्षमता रखता है। कवि समाज में बादलों के माध्यम से क्रान्ति लाना चाहता है। यह सब देखते हुए हम कह सकते हैं कि कविता का शीर्षक उचित एवं सार्थक है।

प्रश्न 2. कवि ने कौन-से उपमान के माध्यम से बादलों के सौन्दर्य का बखान किया है?

उत्तर— कवि ने बादलों को काले घुँघराले बालों के समान माना है, जो कि अपने हृदय में वज्रपात करने वाली विद्युत् शक्ति समाये हुए हैं।

प्रश्न 3. मानव-जीवन में बादलों का क्या महत्व है?

उत्तर— मानव-जीवन में बादलों का बहुत महत्व है। मानव कृषि पर आधारित है। बिना वर्षा के कृषि द्वारा पर्याप्त अन्न का उत्पादन सम्भव नहीं है। यदि बादल वर्षा नहीं करेंगे तो सूखा पड़ जायेगा, जिससे मानव जीवन प्रभावित होगा। अत: मानव जीवन के लिए बादलों का महत्वपूर्ण योगदान है।

प्रश्न 4. निराला के काव्य में नारी का चित्रण किन रूपों में हुआ है?

उत्तर— निराला ने अपने काव्य में नारी का विविध रूपों में चित्रण किया है। नारी के प्रति उनके हृदय में विशेष सहानुभूति है। कहीं वह उनके जीवन में उनकी प्रेयसी या सहचरी प्रतीत होती है, तो कहीं वह सम्पूर्ण प्रकृति में व्याप्त होकर अपनी आभा बिखेरती दिखाई देती है। राह में दिखाई देने वाली पत्थर तोड़ती हुई मजदूर महिला के प्रति भी वे सहानुभूति दिखाते हुए परिलक्षित होते हैं—

वह तोड़ती पत्थर
न छायादार पेड़ वह
जिसके तले बैठी हुई स्वीकार
गुरु हथौड़ा हाथ
करती बार-बार प्रहार
ढुलक माथे से गिरे सीकर।

प्रश्न 5. 'उत्साह' कविता के माध्यम से कवि ने 'नवजीवन वाले' कहकर किसे सम्बोधित किया है और क्यों?

उत्तर— 'उत्साह' कविता के माध्यम से कवि ने जीवन प्रदान करने वाले बादलों तथा नई रचना करने वाले कवियों को 'नवजीवन वाले' कहकर सम्बोधित किया है, क्योंकि बादल पानी बरसाकर प्यासे-पीड़ित मुरझाए लोगों को जीवन प्रदान करते हैं। कवि अपनी उत्साहपूर्ण रचना के माध्यम से निराश-हताश लोगों के जीवन को आशा की किरण दिखाकर नई उम्मीदें पैदा कर देते हैं।

प्रश्न 6. 'अट नहीं रही है' कविता में 'उड़ने को नभ में तुम पर-पर कर देते हो' के आलोक में बताइए कि फागुन लोगों के मान को किस तरह प्रभावित करता है?

उत्तर— फागुन की सुंदरता प्रकृति पर अनेक रूपों में देखी जा सकती है और जन-मन उससे प्रभावित होता है। फागुन की सुगंधित हवा के रूप में जन-जन अन्दर बाहर सुवासित हो उठता है। यह वातावरण को इतना मनमोहक बना देते हैं कि जन-जन पक्षी की तरह पंख फैलाकर उड़ने के लिए व्याकुल नज़र आते हैं।

प्रश्न 7. 'अट नहीं रही है' कविता के आधार पर मदमस्त फाल्गुन के सौन्दर्य का वर्णन कीजिए।

अथवा

'अट नहीं रही है' कविता के आधार पर फाल्गुन की मस्ती का वर्णन कीजिए।

उत्तर— 'अट नहीं रही है' कविता में कवि ने अपने अन्तर्मन के भावों को व्यक्त करते हुए मदमाते फाल्गुन के अनूठे सौन्दर्य का वर्णन किया है। चारों ओर सुगन्धित फूल खिले हुए हैं। शीतल मन्द-सुगन्धयुक्त हवा चल रही है। फाल्गुन का सौन्दर्य चरमोत्कर्ष पर है। पेड़ पुष्पित एवं पल्लवित हो गए हैं। जगह-जगह फाल्गुन का मस्ती भरा सौन्दर्य बिखरा पड़ा है, जो सबके चित्त को हरने वाला है।

प्रश्न 8. फाल्गुन का मादक वातावरण मानव-हृदय को कैसे प्रभावित करता है?

अथवा

फाल्गुन की मस्ती का मानव-मन पर क्या प्रभाव पड़ता है?

उत्तर— फाल्गुन का मादक वातावरण मानव-हृदय को रोमांचित कर देता है। बालक-वृद्ध सभी फाल्गुन की मस्ती में लीन होकर झूमने-नाचने-गुनगुनाने लगते हैं। चारों ओर राग-रंग और संगीत दिखाई देता है। सबके मन उल्लास से भरकर प्रफुल्लित दिखाई देते हैं। प्रकृति भी पूरे उत्साह के साथ सौन्दर्य बिखेरकर लोगों को आह्लादित कर देती है। चारों ओर मस्ती नज़र आती है।

प्रश्न 9. 'पाट-पाट शोभा-श्री पट नहीं रही है।' के माध्यम से कवि क्या कहना चाहता है?

उत्तर— 'पाट-पाट शोभा-श्री पट नहीं रही है।' के माध्यम से कवि प्रकृति की मनमोहक छटा के विषय में बताना चाहता है। फाल्गुन में प्राकृतिक सौन्दर्य चारों ओर बिखरा पड़ा है। फूलों की मादक सुगन्ध जन-जन को मस्त कर रही है। जगह-जगह इतना सौन्दर्य फूटा पड़ रहा है, जो समा नहीं पा रहा है।

यह दंतुरित मुस्कान, फसल |6|

कवि-नागार्जुन

कवि-परिचय—घुमक्कड़ी और अक्खड़ स्वभाव के धनी नागार्जुन का जन्म बिहार के दरभंगा के जिले के सतलखा नामक गाँव में सन् 1911 में हुआ। उनका मूलनाम वैद्यनाथ मिश्र था। उनकी आरम्भिक शिक्षा संस्कृत पाठशाला में हुई, बाद में अध्ययन के लिए वे बनारस और कोलकाता गये। लंका जाकर उन्होंने बौद्ध धर्म की दीक्षा ली। सन् 1998 में उनका देहान्त हो गया।

रचनाएँ—युगधारा, सतरंगे पंखों वाली, तुमने कहा था, हज़ार-हज़ार बाँहों वाली, पुरानी जूतियों का कोरस, आखिर ऐसा क्या कह दिया मैंने, मैं मिलिटरी का बूढ़ा घोड़ा, तालाब की मछलियाँ, पका है कटहल, रत्नगर्भा तथा भस्मांकुर इनकी प्रमुख रचनाएँ हैं। बलचनमा, रतिनाथ की चाची, कुंभीपाक, उग्रतारा तथा जमनिया का बाबा इनके प्रमुख उपन्यास हैं। उन्होंने कविता तथा उपन्यास के साथ-साथ गद्य की अन्य विधाओं में भी लेखन कार्य किया है। उनका सम्पूर्ण कृतित्व नागार्जुन रचनावली के सात खण्डों में प्रकाशित है।

साहित्यिक योगदान के लिए उन्हें अनेक पुरस्कारों से नवाज़ा गया, जिनमें से हिन्दी अकादमी, दिल्ली का शिखर सम्मान, उत्तर प्रदेश का भारत भारती पुरस्कार तथा बिहार का राजेन्द्र प्रसाद पुरस्कार प्रमुख हैं।

इन्होंने मैथिली, बांग्ला और संस्कृत में भी कविताएँ लिखीं। व्यंग्य में माहिर होने के कारण उन्हें आधुनिक कबीर भी कहा जाता है। उनकी कविताएँ गाँव की चौपालों से लेकर साहित्यिक दुनिया तक समान रूप से लोकप्रिय रहीं। वे वास्तविक अर्थों में जनकवि कहे जा सकते हैं। उन्होंने छन्दों तथा मुक्त काव्य दोनों में रचना की। हिन्दी-साहित्य-जगत् में उनका महत्वपूर्ण योगदान है।

शब्द-सम्पदा

दंतुरित = नये निकलते हुए दाँतों वाली। **मृतक** = मरा हुआ। **धूलि-धूसर** = धूल-मिट्टी से सने हुए। **गात** = शरीर के अंग। **जलजात** = कमल के फूल। **परस** = स्पर्श। **प्राण** = जीवन। **पाषाण** = पत्थर, शिला, चट्टान। **छू** = स्पर्श। **बबूल** = कँटिदार जंगली पेड़। **अनिमेष** = बिना पलक झपकाये लगातार देखते जाना। **फेरना** = हटाना। **परिचित** = जान-पहचान वाले। **माध्यम** = लोगों को मिलाने का ज़रिया। **चिर प्रवासी** = लम्बे समय तक घर के बाहर दूर रहने वाला। **धन्य** = आदरणीय। **इतर** = अन्य, दूसरा। **सम्पर्क** = सम्बन्ध। **मधुपर्क** = पंचामृत जो घी, शहद, दही, गंगाजल और दूध के मिश्रण से बनाया जाता है तथा आत्मीयता से भरा स्नेहयुक्त वात्सल्य। **कनखी** = तिरछी नज़र। **आँखें चार होना** = प्यार होना। **छविमान** = अत्यन्त सुन्दर।

पद्यांशों की ससन्दर्भ व्याख्या (काव्यगत सौन्दर्य सहित)

यह दंतुरित मुस्कान

1. **तुम्हारी यह दंतुरित मुस्कान**
मृतक में भी डाल देगी जान
धूलि-धूसर तुम्हारे ये गात.......
छोड़कर तालाब मेरी झोंपड़ी में खिल रहे जलजात
परस पाकर तुम्हारा ही प्राण,
पिघलकर जल बन गया होगा कठिन पाषाण

सन्दर्भ—प्रस्तुत पंक्तियाँ प्रगतिशील जनवादी कवि नागार्जुन द्वारा रचित 'यह दंतुरित मुस्कान' से अवतरित हैं।

प्रसंग—इन पंक्तियों में उन्होंने प्रत्यावर्तन के बाद अपने बच्चे के मुँह में उगते हुए नए दाँतों को देखकर अपार प्रसन्नता व्यक्त की है। उन्हें बच्चे की दंतुरित मुस्कान मनमोहक लग रही है।

व्याख्या—कवि घुमक्कड़ स्वभाव का है। लम्बे प्रवास के बाद जब वह घर लौटता है तो अपने बच्चे के मुँह में उगते हुए दाँत देखकर अत्यन्त प्रसन्न होता है। वह बच्चे को सम्बोधित करते हुए कहता है कि यह नन्हें-नन्हें दाँतों से युक्त तुम्हारी मधुर मुस्कान इतनी मनमोहक और आकर्षक है कि इन्हें देखकर मृतक भी जी उठने की क्षमता रखता है अर्थात् तुम्हारी इस प्यारी मुस्कान को देखकर मुर्दा भी जी उठेगा। तुम्हारी मोहक मुस्कान उदास-निराश लोगों को भी प्रसन्नता प्रदान करने की शक्ति रखती है। तुम्हारा धूल से सना हुआ शरीर इतना सुन्दर लग रहा है कि ऐसा प्रतीत होता है कि सारे कमल के फूल तालाब को छोड़कर मेरी झोंपड़ी में आ गये हों अर्थात् तुम्हारा शरीर कमल के समान सुशोभित हो रहा है।

हे नन्हें शिशु! तुम अत्यन्त प्राणवान हो ऐसा लगता है कि तुम्हारा स्पर्श पाकर ही ये कठोर चट्टानें पिघलकर जलधारा में परिवर्तित हो गयी हों अर्थात् तुम्हारे रूप-सौन्दर्य को देखकर पाषाण-हृदय भी पिघलकर कोमल बन सकता है।

काव्यगत सौन्दर्य—कवि द्वारा अपने नन्हें बच्चे की मधुर मुस्कान के आकर्षण का वर्णन सहज रूप से करना प्रशंसनीय है। पत्नी का सम्मान करते हुए उसकी कर्त्तव्यनिष्ठा की सराहना शोभनीय है। अभिधा शब्द शक्ति का प्रयोग किया गया है। प्रसाद गुण है तथा वात्सल्य रस है। खड़ी बोली, तत्सम एवं तद्भव शब्दावली का मिला-जुला प्रयोग किया गया है। अतुकान्त मुक्त छन्द हैं। मुहावरों से कविता में सौन्दर्य की वृद्धि हो गई है। चाक्षुष बिम्ब है तथा अनुप्रास अलंकार की सुन्दर छटा विद्यमान है।

पद्यांश पर आधारित प्रश्नोत्तर

प्रश्न— (i) पाषाण शब्द का अर्थ लिखिए—

(क) पत्थर या चट्टान (ग) सौन्दर्य

(ख) स्पर्श (घ) मुस्कान

उत्तर—(क) पत्थर या चट्टान

(ii) 'परस' से तात्पर्य है—

(क) सौन्दर्य (ग) कमल

(ख) चट्टान (घ) स्पर्श

उत्तर—(घ) स्पर्श

(iii) कमल कहाँ खिल रहे हैं?

(क) कवि की झोंपड़ी में (ग) चट्टान पर

(ख) तालाब में (घ) नदी में

उत्तर— (क) कवि की झोंपड़ी में

(iv) कवि ने किसके गात को धूलि-धूसर कहा है?

(क) शिशु के स्पर्श (ग) शिशु के दाँत

(ख) शिशु के गात (घ) शिशु की मुस्कान

उत्तर—(ख) शिशु के गात

(v) दंतुरित मुस्कान का क्या आशय है?

(क) नए-नए दाँत निकलना (ग) स्पर्श

(ख) शिशु की मुस्कान (घ) मासूम मुस्कान

उत्तर— (क) नए-नए दाँत निकलना

2. छू गया तुमसे कि झरने लग पड़े शेफालिका के फूल
बाँस था कि बबूल?
तुम मुझे पाये नहीं पहचान?
देखते ही रहोगे अनिमेष!
थक गये हो?
आँख लूँ मैं फेर?
क्या हुआ यदि हो सके परिचित न पहली बार?
यदि तुम्हारी माँ न माध्यम बनी होती आज
मैं न सकता देख
मैं न पाता जान
तुम्हारी यह दंतुरित मुस्कान

सन्दर्भ—प्रस्तुत कविता वामपंथी विचारधारा के कवि नागार्जुन द्वारा रचित 'यह दंतुरित मुस्कान' से अवतरित है।

प्रसंग—इन पंक्तियों में कवि ने प्रवास के बाद लौटकर अपने नन्हें शिशु को देखकर उसके साथ हुए पहचान सम्बन्धी भावों को व्यक्त करते हुए उस बच्चे की माँ को भी सराहा है।

व्याख्या—कवि शिशु को सम्बोधित करते हुए कहता है कि तुम इतने नाजुक और कोमल हो कि तुम्हारा स्पर्श पाकर कठोर स्वभाव वाले बाँस और तीक्ष्ण काँटों से युक्त बबूल भी कोमल बनकर शेफालिका के फूल बरसाने लगते हैं। आशय यह है कि बच्चे इतने सौम्य और सुन्दर होते हैं कि उनकी मनोहर मुस्कान के समक्ष कठोर हृदय वाले लोग भी नतमस्तक होकर सरस हृदय वाले बन जाते हैं।

कवि शिशु को एकटक निहारता हुआ देखकर कहता है कि अरे शिशु! तुम्हारे इस तरह एक टक देखते रहने से मुझे लगता है कि तुमने मुझे पहचाना नहीं। क्या तुम मुझे इसी तरह लगातार बिना पलक झपकाए देखते रहोगे? इस तरह तो तुम थक जाओगे। कहीं ऐसा तो नहीं कि तुम थक गए हो? क्या मैं अपनी नज़र घुमा लूँ जिससे तुम्हारी आँखों को आराम मिल सके? यदि तुम मुझे पहचान नहीं पाये तो कोई बात नहीं क्योंकि अभी हम पहली बार मिले हैं। धीरे-धीरे तुम मुझे पहचानने लगोगे। मैं तो तुम्हारी माँ का कृतज्ञ हूँ क्योंकि उन्होंने ही तुम्हें मुझसे मिलवाया है। यदि वह तुम्हें मुझसे मिलवाने का माध्यम नहीं बनी होतीं तो मैं आज तुम्हारी यह नये उगे दाँतों वाली सुन्दर मुस्कान नहीं देख पाता और न ही मैं तुम्हें जान पाता। यह मेरा सौभाग्य ही है, जो तुम्हारी माँ ने मुझे तुमसे मिलवा दिया।

काव्यगत सौन्दर्य—कवि द्वारा बच्चे की दंतुरित मुस्कान की सराहना करना, सबके चित्त को आकर्षित करता है। अतुकान्त छंद तथा खड़ी बोली का प्रयोग हुआ है। तत्सम और तद्भव शब्दावली का समन्वित प्रयोग किया गया है। प्रसाद गुण तथा वात्सल्य रस विद्यमान है। प्रश्न-शैली के प्रयोग से रंगमंचीय शोभा की सृष्टि हुई है। प्रतीकात्मकता परिलक्षित है तथा बिम्बों का प्रयोग दर्शनीय है। अनुप्रास, उत्प्रेक्षा तथा अतिशयोक्ति अलंकारों के प्रयोग से कविता में भव्यता आ गयी है।

पद्यांश पर आधारित प्रश्नोत्तर

प्रश्न— (i) कौन किसको नहीं पहचान पाया है?

(ii) आँखें फेर लेने के लिए कौन पूछ रहा है?

(iii) किसका स्पर्श पाकर बाँस या बबूल शेफालिका के फूलों के समान झड़ने लगते हैं?

(iv) कौन थक गया है और क्यों?

(v) शिशु कवि को किस प्रकार देखता रहता है?

(vi) बच्चे की दंतुरित मुस्कान और कवि के बीच कौन माध्यम बना था?

(vii) माँ के माध्यम न बनने पर कवि किसे देख और जान नहीं पाता?

उत्तर— (i) नन्हा शिशु कवि को नहीं पहचान पाया है।

(ii) आँखें फेर लेने के लिए कवि शिशु से पूछ रहा है।

(iii) कोमल और मासूम शिशु का स्पर्श पाकर बाँस या बबूल शेफालिका के फूलों के समान झड़ने लगते हैं।

(iv) भोलाभाला-मासूम शिशु थक गया है क्योंकि वह बिना पलक झपकाए हुए एकटक कवि की ओर देखे जा रहा है।

(v) शिशु कवि को एकटक बिना पलकें झपकाए देखता रहता है।

(vi) बच्चे की दंतुरित मुस्कान और कवि के बीच माँ माध्यम बनी थी।

(vii) माँ के माध्यम न बनने पर कवि अपने शिशु को देख और जान नहीं पाता।

3. **धन्य तुम, माँ भी तुम्हारी धन्य!**
चिर प्रवासी मैं इतर, मैं अन्य!
इस अतिथि से प्रिय तुम्हारा क्या रहा सम्पर्क
उँगलियाँ माँ की कराती रही हैं मधुपर्क
देखते तुम इधर कनखी मार
और होती जब कि आँखें चार
तब तुम्हारी दंतुरित मुस्कान
मुझे लगती बड़ी ही छविमान!

सन्दर्भ—प्रस्तुत पंक्तियाँ कवि नागार्जुन द्वारा रचित 'यह दंतुरित मुस्कान' से ली गयी हैं।

प्रसंग—इन पंक्तियों में कवि ने बच्चे से मिलाने का माध्यम बनी माँ की महिमा का मण्डन किया है तथा स्वयं को चिरप्रवासी बताया है।

व्याख्या—कवि कहता है कि हे शिशु! तुम धन्य हो तथा तुम्हारी माँ भी सम्माननीय है, जिसने तुम्हें जन्म देकर मुझे कृतज्ञ किया है। मेरा क्या है मैं तो हमेशा लम्बी यात्राओं के कारण प्रवास में रहता हूँ। मैं तुम्हारे लिए दूसरे लोगों के समान पराया ही हूँ। प्रवास के कारण तुम्हारे पालन-पोषण में मैं कोई सहयोग नहीं कर पा रहा हूँ। मैं एक 'अतिथि' के समान हो गया हूँ। हे प्रिय शिशु! इस अतिथि से तुम्हारा कोई सम्पर्क नहीं रहता है। तुम्हारी माँ ही तुम्हारा सर्वस्व है। वही स्नेहरूपी पंचामृत चटाकर तुम्हें वात्सल्य प्रदान कर रही है। मुझे तिरछी नज़र से देखते हुए जब तुम मुँह फेर लेते हो तो बड़े सुन्दर लगते हो। जब तुम्हारी आँखें मेरी आँखों से मिलती हैं तब वे स्नेह से भरी हुई लगती हैं। जब तुम मुझे तिरछी निगाहों से देखते हुए मुस्कुराते हो तब तुम्हारे नये उगते हुए दाँतों वाली मुस्कान बड़ी मनोहर लगती है। मैं तुम्हारी उस मधुर मुस्कान पर मोहित हो जाता हूँ।

काव्यगत सौन्दर्य—कवि ने अपने शिशु की दंतुरित मुस्कान का सजीव चित्रण किया है। पत्नी के वात्सल्य व कर्तव्यनिष्ठा का वर्णन सराहनीय है। प्रसाद गुण तथा वात्सल्य रस विद्यमान है। खड़ी बोली का प्रयोग किया गया है। मुहावरों के प्रयोग से पंक्तियों में काल-सौन्दर्य

की सृष्टि हो गयी है। अतुकान्त छंद है। तत्सम एवं तद्भव शब्दावली का प्रयोग दर्शनीय है। अभिधा शब्द-शक्ति के प्रयोग से कथन में सरलता एवं सरसता प्रकट हो रही है। चाक्षुक बिम्ब तथा अनुप्रास अलंकार का प्रयोग सराहनीय है।

➡ पद्यांश पर आधारित प्रश्नोत्तर

प्रश्न— (i) कवि ने किसे धन्य कहा है?

(ii) 'चिरप्रवासी' किसके लिए प्रयुक्त हुआ है? और क्यों?

(iii) 'मधुपर्क' में निहित प्रतीकात्मकता स्पष्ट कीजिए।

(iv) नन्हा शिशु कवि की ओर किस प्रकार देख रहा था?

(v) पद्यांश में प्रयुक्त मुहावरे लिखिए।

(vi) 'अतिथि' शब्द किसके लिए प्रयुक्त हुआ है?

(vii) किसकी मुस्कान को कवि ने छविमान कहा है?

उत्तर— (i) कवि ने शिशु को और उसकी माँ को धन्य कहा है?

(ii) 'चिरप्रवासी' कवि ने स्वयं के लिए प्रयोग किया है, क्योंकि वे अधिकतर घर से दूर प्रवास में ही रहते थे।

(iii) 'मधुपर्क' शिशु को जीवन प्रदान करने वाली आत्मीयता युक्त मिठास से ओत-प्रोत माँ के स्नेहमयी वात्सल्य का प्रतीक है।

(iv) नन्हा शिशु कवि की ओर तिरछी नज़र से देख रहा है।

(v) (क) कनखी मारना तथा (ख) आँखें चार होना।

(vi) 'अतिथि' शब्द कवि के लिए प्रयुक्त हुआ है।

(vii) नन्हें शिशु की मुस्कान को कवि ने छविमान कहा है।

शब्द-सम्पदा

ढेर = अनेक, बहुत-सी। **जादू** = चमत्कार। **कोटि-कोटि** = करोड़ों। **गरिमा** = गौरव। **गुण-धर्म** = स्वभाव एवं विशेषताएँ। **संदली** = चन्दन के समान सुगन्ध वाली। **रूपान्तर** = रूप में अन्तर, परिवर्तन। **सिमटा** = संकुचित, इकट्ठा। **संकोच** = झिझक, सिकुड़ना, सिमटना। **थिरकन** = लहराना, थिरकना।

फसल

1. एक के नहीं,
दो के नहीं
ढेर सारी नदियों के पानी का जादू :
एक के नहीं,
दो के नहीं,
लाख-लाख कोटि-कोटि हाथों के स्पर्श की गरिमा :
एक की नहीं,
दो की नहीं,
हज़ार-हज़ार खेतों की मिट्टी का गुण-धर्म :

सन्दर्भ—प्रस्तुत काव्यांश छायावादोत्तर कालीन कवि 'नागार्जुन' द्वारा रचित 'फसल' से अवतरित है।

प्रसंग—इस कविता में कवि ने फसल को पैदा करने वाले तत्वों के विषय में बताया है।

व्याख्या—फसलें प्राणी जगत् का आधार हैं। कवि नागार्जुन फसल के महत्व पर प्रकाश डालते हुए कहते हैं कि फसलों के फलने-फूलने में केवल एक-दो नहीं बल्कि ढेर सारी नदियों के जादुई प्रभाव का सहयोग है। अनेक नदियों के पानी से सींचने के बाद फसल पककर तैयार होती है। इन फसलों को तैयार करने में एक या दो नहीं बल्कि लाखों-करोड़ों किसानों के हाथों के स्पर्श की गरिमा समाहित होती है। अर्थात् करोड़ों किसानों तथा मज़दूरों द्वारा फसल को तैयार किया जाता है। उन सबके पसीने और परिश्रम के फलस्वरूप ही फसल तैयार होती है। एक-दो नहीं बल्कि हज़ारों खेतों की मिट्टी के स्वाभाविक गुण फसल में मिश्रित हो जाते हैं। अभिप्राय यह है कि फसल अनेक तत्वों तथा अनेक किसानों-मजदूरों के मिलकर कार्य करने से तैयार होती है।

काव्यगत सौन्दर्य—कविता के माध्यम से पाठक को उपभोक्तावादी संस्कृति के दौर में कृषि-संस्कृति के सन्निकट ले जाने का प्रयास सराहनीय है। खड़ी बोली का सहज एवं स्वाभाविक प्रयोग दर्शनीय है। अतुकान्त छंद का प्रयोग हुआ है। प्रसाद गुण है। तत्सम एवं तद्भव शब्दावली का सहज प्रयोग है। शान्त रस विद्यमान है। अनुप्रास एवं पुनरुक्तिप्रकाश अलंकारों के प्रयोग से काव्य सुन्दर बन पड़ा है।

➯ पद्यांश पर आधारित प्रश्नोत्तर

प्रश्न— (i) कितनी नदियों के पानी से फसल तैयार होती है?

(ii) फसल किसके स्पर्श की गरिमा का परिणाम है?

(iii) फसलों में हज़ारों खेतों की मिट्टी का क्या विद्यमान है?

(iv) फसल किसके जादू का परिणाम है?

(v) पुनरुक्तिप्रकाश अलंकार के उदाहरण लिखिए।

(vi) काव्यांश में प्रयुक्त भाषा कौन-सी है?

(vii) कवि ने कविता में कैसे छन्द का प्रयोग किया है?

उत्तर— (i) ढेर सारी नदियों के पानी से फसल तैयार होती है।

(ii) फसल लाखों-करोड़ों किसानों एवं मजदूरों के हाथों के स्पर्श की गरिमा का परिणाम है।

(iii) फसलों में हज़ारों खेतों की मिट्टी के गुण-धर्म विद्यमान हैं।

(iv) फसल ढेर सारी नदियों के पानी के जादू का परिणाम है।

(v) लाख-लाख, कोटि-कोटि, हज़ार-हज़ार।

(vi) काव्यांश में प्रयुक्त भाषा खड़ी बोली है।

(vii) कवि ने कविता में अतुकान्त छंद का प्रयोग किया है।

2. फसल क्या है?
और तो कुछ नहीं है वह
नदियों के पानी का जादू है वह
हाथों के स्पर्श की महिमा है
भूरी-काली-संदली मिट्टी का गुण धर्म है
रूपांतर है सूरज की किरणों का
सिमटा हुआ संकोच है हवा की थिरकन का!

सन्दर्भ—प्रस्तुत काव्यांश घुमक्कड़ कवि नागार्जुन द्वारा रचित 'फसल' से अवतरित है।

प्रसंग—कवि ने कविता के माध्यम से यह बताया है कि सृजन मनुष्य और प्रकृति दोनों के ही सहयोग से सम्भव है।

व्याख्या—कवि प्रश्न करता है कि खेतों में लहलहाती फसल क्या है? वह स्वयं ही उत्तर देते हुए कहता है कि इन फसलों का स्वयं का कोई अस्तित्व नहीं है, बल्कि उनको पुष्ट करने में ढेरों नदियों के पानी का जादुई प्रभाव तथा किसानों का परिश्रम एवं मिट्टी के गुण का सहयोग है। कोई फसल भूरी मिट्टी में अधिक पैदावार देती है, कोई काली मिट्टी में तथा कोई फसल संदली मिट्टी में अधिक अन्न उत्पन्न करती है। फसल के हिसाब से ही मिट्टी की उपयोगिता सिद्ध होती है अर्थात् मिट्टी के गुण-धर्म के आधार पर ही फसल बोई जाती हैं। मिट्टी एवं पानी के साथ फसल के लिए धूप एवं हवा भी महत्वपूर्ण है। इनके बिना फसल की कल्पना भी नहीं की जा सकती। फसल सूरज के बदले स्वरूप का ही परिणाम है तथा हवा की थिरकन भी सिमटकर संकोच के साथ फसल में समा जाती है। भाव यह है कि फसल को पैदा करने में मनुष्य एवं प्रकृति दोनों का सराहनीय योगदान है। दोनों एक-दूसरे के पूरक हैं।

काव्यगत सौन्दर्य—कवि ने फसल का आधार मनुष्य एवं प्रकृति के सहयोग को माना है। अपनी सहज लेखन-शक्ति के माध्यम से पाठक के मन को लहराती फसल के सामने पहुँचा दिया है। अतुकान्त छंद एवं खड़ी बोली का प्रयोग है। प्रश्न-शैली तथा तत्सम-तद्भव शब्दावली का प्रयोग दर्शनीय है। प्रसाद गुण है। अनुप्रास अलंकार का प्रयोग किया गया है। शान्त रस विद्यमान है। अभिधा शब्द-शक्ति के प्रयोग से कथन में सहजता एवं सरलता आ गयी है।

➯ पद्यांश पर आधारित प्रश्नोत्तर

प्रश्न— (i) कवि के अनुसार फसल क्या है?

(ii) फसल नदियों के पानी का जादू किस तरह है? स्पष्ट कीजिए।

(iii) कवि ने मिट्टी की कौन-कौन सी विशेषताएँ बतायी हैं?

(iv) फसल किसकी किरणों का रूपान्तर है?

(v) काव्य में किस शैली के प्रयोग ने नाटकीयता की सृष्टि की है?

(vi) फसल किसकी सिमटा हुआ संकोच है?

(vii) फसल किसका गुणधर्म होता है? और किस तरह?

(viii) मिट्टी के लिए संदली शब्द का प्रयोग क्यों किया गया है?

(ix) काव्यांश में प्रयुक्त भाषा, छन्द एवं रस बताइए।

(x) हवा फसल पर अपना प्रभाव किस रूप में डालती है?

उत्तर— (i) कवि के अनुसार फसल नदियों के जादुई पानी, खनिज तत्वों के गुणों से युक्त मिट्टी, धूप, थिरकती हुई हवा तथा मनुष्य के कठिन परिश्रम का मिश्रित परिणाम है।

(ii) फसल नदियों के पानी का जादू है क्योंकि इसी से सिंचित होकर फसल के रूप में परिणत होकर हमारे सामने आती है।

(iii) कवि ने मिट्टी की काली-भूरी एवं संदली आदि गुणों एवं रंगों को बताया है।

(iv) फसल सूरज की किरणों का रूपान्तर है।

(v) काव्य में प्रश्न-शैली के प्रयोग ने नाटकीयता की सृष्टि की है।

(vi) फसल हवा की थिरकन का सिमटा हुआ संकोच है।

(vii) फसल मिट्टी की गुण धर्म होती है क्योंकि जैसी मिट्टी होती है फसल भी वैसी ही होती है।

(viii) 'संदल' चंदन को कहा जाता है। मिट्टी से भी चंदन के समान भीनी-भीनी एवं सौंधी-सौंधी सुगन्ध आती है। मिट्टी के इसी गुण के कारण कवि ने 'संदली' शब्द का प्रयोग किया है।

(ix) काव्यांश में भाषा—खड़ी बोली, छंद—अतुकान्त या मुक्त तथा रस-शान्त प्रयोग हुआ है।

(x) हवा फसल को ऑक्सीजन देकर उसे बढ़ने में सहयोग देती है।

पाठ से सम्बन्धित प्रश्नोत्तर

यह दंतुरित मुस्कान

प्रश्न 1. बच्चे की दंतुरित मुस्कान का कवि के मन पर क्या प्रभाव पड़ता है?

अथवा

'यह दंतुरित मुस्कान' कविता में बच्चे की दंतुरित मुस्कान कवि के हृदय को किस प्रकार प्रभावित करती है?

उत्तर— बच्चे की दंतुरित मुस्कान का कवि के मन पर गहरा प्रभाव पड़ता है। बच्चे की मोहक मुस्कान कवि के हृदय को प्रसन्नता से भर देती है। उसे लगता है कि जैसे कमल तालाब को छोड़कर उसकी झोंपड़ी में आकर खिल गया हो। कवि का हृदय बच्चे की मुस्कान को देखकर आह्लादित हो जाता है।

प्रश्न 2. बच्चे की मुस्कान और एक बड़े व्यक्ति की मुस्कान में क्या अन्तर है?

अथवा

बच्चे की मुस्कान तथा एक बड़े व्यक्ति की मुस्कान का तुलनात्मक वर्णन कीजिए।

उत्तर— बच्चे की मुस्कान निश्छल, सरल एवं मासूमियत से भरी व आकर्षक होती है। उसमें बनावटीपन नहीं होता। वह स्वार्थरहित, सहज एवं स्वाभाविक होती है। इसके विपरीत, एक बड़े व्यक्ति की मुस्कान कुटिल, स्वार्थयुक्त तथा बनावटी हो सकती है। बड़ों की मुस्कान में स्वाभाविकता नहीं होती।

प्रश्न 3. कवि ने बच्चे की मुस्कान के सौन्दर्य को किन-किन बिम्बों के माध्यम से व्यक्त किया है?

अथवा

'यह दंतुरित मुस्कान' में प्रयुक्त बिम्ब-योजना पर प्रकाश डालिए।

उत्तर— कवि ने बच्चे की दंतुरित मुस्कान के माध्यम से चाक्षुष और मानस बिम्बों की सुन्दर छटा प्रस्तुत की है। नये उगते दाँतों से युक्त शिशु की मुस्कान मृतक में भी जान डालने की क्षमता रखती है। बच्चे के धूल-धूसरित शरीर को देखकर ऐसा लगता है, मानो कमल के फूल तालाब छोड़कर उसकी झोंपड़ी में खिल रहे हों। वह इतना मासूम और कोमल है, जिसका स्पर्श पाकर कठोर चट्टानें भी जलधारा में परिवर्तित हो गयी हों। कठोर बाँस तथा काँटेयुक्त बबूल भी उसे छूकर शेफालिका के फूलों के समान कोमल हो गये हों।

प्रश्न 4. कवि ने किसे धन्य कहा है?

(i) शिशु और उसकी माँ　　(ii) अतिथि

(iii) शिशु और पिता　　(iv) किसान

उत्तर— (i) शिशु और उसकी माँ

प्रश्न 5. फसल किसके जादू का परिणाम है?

(i) ढेर सारी नदियों के पानी　　(ii) किसानों की मेहनत

(iii) मजदूरों के हाथों का स्पर्श　　(iv) खेतों की मिट्टी

उत्तर—(i) ढेर सारी नदियों के पानी

प्रश्न 6. भाव स्पष्ट कीजिए—

(क) छोड़कर तालाब मेरी झोंपड़ी में खिल रहे जलजात।

(ख) छू गया तुमसे कि झरने लग पड़े शेफालिका के फूल
बाँस था कि बबूल?

उत्तर— (क) लम्बे समय के प्रवास के उपरान्त घर वापस लौटने पर कवि ने अपनी पत्नी की गोद में नन्हें बच्चे को मुस्कराते हुए देखा, जिसके मुँह में नये दाँत उगे हुए थे। कवि को धूल से सने हुए शरीर वाले नन्हें शिशु को मुस्कराता हुआ देखकर अत्यन्त प्रसन्नता हुई। वह शिशु उन्हें बहुत सुन्दर व मन को मोहित करने वाला लगा। उसे देखकर उन्हें ऐसा लगा मानो तालाब को छोड़कर कमल उसकी झोंपड़ी में खिल रहे हों। वह उसके प्रति आकर्षित हो गया था।

(ख) उस नन्हें शिशु का रूप इतना मनोहर और आकर्षक था कि उसे देखकर सबका हृदय प्रसन्नता से भर जाता था। वह इतना मासूम और कोमल था कि उसे छूकर कठोर बाँस हो या काँटेदार बबूल, सभी अपना स्वभाव बदल कर शेफालिका के फूल झड़ाने लगते थे। आशय यह है कि उस नन्हें शिशु में कठोर-से-कठोर हृदय वाले व्यक्ति का हृदय-परिवर्तन करने की क्षमता थी।

रचना और अभिव्यक्ति

प्रश्न 1. मुस्कान और क्रोध भिन्न-भिन्न भाव हैं। इनकी उपस्थिति से बने वातावरण की भिन्नता का चित्रण कीजिए।

उत्तर— मुस्कान और क्रोध दोनों भिन्न भाव हैं। दोनों का उदय मानव-हृदय में होता है। क्रोध मन की उग्रता व अप्रसन्नता को प्रकट करने वाला मनोविकार है। जबकि मुस्कान सुखद अनुभव कराने वाला मनोभाव है। मुस्कान सुखदायक होती है। मुस्कान से सम्पूर्ण वातावरण सुख एवं प्रसन्नता से भर जाता है। सभी प्रसन्नचित्त दिखाई देते हैं। इसके विपरीत क्रोध दुखदायी होता है। क्रोध प्रकट करने से वातावरण में तनाव एवं अशान्ति फैल जाती है। वातावरण बोझिल हो जाता है। मुस्कान से सबके दिलों को जीता जा सकता है। क्रोध से कुछ भी हासिल नहीं होता। क्रोध से समस्याएँ बढ़ जाती हैं जिससे क्लेश बढ़ जाता है।

प्रश्न 2. बच्चा अनजान व्यक्ति की ओर किस प्रकार देखता रहता है? ''यह दंतुरित मुस्कान'' कविता के अनुसार उसे देखकर कवि नागार्जुन क्या कहकर आँखें फेर लेना चाहते हैं?

उत्तर— बच्चा अनजान व्यक्ति को एकटक निहारता रहता है। वह आगुंतक को जानना चाहता है। कवि बच्चे से कहता है कि वह इस तरह से उसे लगातार देखते हुए थक गया होगा, इसलिए मैं स्वयं तुम पर से अपनी आँखें फेर लेता हूँ।

प्रश्न 3. 'दंतुरित मुस्कान' से बच्चे की उम्र का अनुमान लगाइए और तर्क सहित उत्तर दीजिए।

उत्तर— 'दंतुरित मुस्कान' कविता पढ़कर हमें लगता है कि बच्चे की उम्र नौ महीने से एक वर्ष के बीच हो सकती है। क्योंकि अधिकतर बच्चों के दाँत इसी उम्र में निकल आते हैं। बच्चे द्वारा की गई क्रियाओं-प्रतिक्रियाओं को देखकर भी उसकी आयु के विषय में यही अनुमान लगाया जा सकता है।

प्रश्न 4. बच्चे से कवि की मुलाकात का जो शब्द-चित्र उपस्थित हुआ है उसे अपने शब्दों में लिखिए।

उत्तर— लम्बे समय तक घर से दूर प्रवास में रहने के बाद घर लौटने पर कवि ने अपनी पत्नी की गोद में दंतुरित मुस्कान वाले नन्हें शिशु को देखा तथा उसके अपार सौन्दर्य को देखकर मन्त्र-मुग्ध-सा रह गया। उसे लगा कि जैसे कमल तालाब को छोड़कर उसकी झोंपड़ी में खिल रहे हों। बच्चे को देखकर उसकी सारी थकान दूर हो गयी तथा उसके निष्प्राण शरीर में जान-सी आ गयी। वातावरण में शेफालिका के फूल झड़ने लगे। शिशु कवि को कनखियों से देखने लगा। फिर नज़रें मिल जाने पर वात्सल्य का सागर उमड़ पड़ा। कवि ने शिशु व अपनी पत्नी के प्रति आभार प्रकट किया।

फसल

प्रश्न 1. कवि के अनुसार फसल क्या है?

उत्तर— कवि के अनुसार फसल प्रकृति और मनुष्य के समन्वित प्रयत्नों का परिणाम है। फसल में सभी नदियों के पानी का जादुई प्रभाव, सभी प्रकार की उपजाऊ मिट्टियों का गुण-धर्म, सूरज की गर्मी तथा हवा का प्रभाव विद्यमान है। फसल में किसानों व मजदूरों की खून-पसीने की मेहनत भी शामिल है।

प्रश्न 2. कविता में फसल उपजाने के लिए आवश्यक तत्वों की बात कही गई थी। वे आवश्यक तत्व कौन-कौन से हैं?

अथवा

फसल उगाने में सहायक आवश्यक तत्व लिखिए।

उत्तर— खनिज-लवण युक्त पानी, उर्वरा-शक्ति, युक्त मिट्टी, सूर्य की ऊष्मा तथा वायु फसल उगाने हेतु आवश्यक तत्व हैं।

प्रश्न 3. फसल को 'हाथों के स्पर्श की गरिमा' और 'महिमा' कहकर कवि क्या व्यक्त करना चाहता है?

उत्तर— फसल को 'हाथों के स्पर्श की गरिमा' और 'महिमा' कहकर कवि परिश्रमी किसानों को सलाम करना चाहता है। किसान तपती गर्मी, कड़कड़ाती तथा हाड़ कँपकँपाती ठण्ड तथा मूसलाधार वर्षा में भी दिन-रात परिश्रम करते हुए खून-पसीना एक करके फसल उगाने

में लगा रहता है। उन्हीं के हाथों के स्पर्श के कारण फसलें खेतों में लहलहाती फलती-फूलती दिखाई देती हैं। कवि किसानों के प्रति अपना आभार व्यक्त करना चाहता है।

प्रश्न 4. भाव स्पष्ट कीजिए–

(क) रूपांतर है सूरज की किरणों का
सिमटा हुआ संकोच है हवा की थिरकन का!

उत्तर– कवि कहना चाहता है कि फसलों का अपना कोई अस्तित्व नहीं है। सूर्य की किरणों के रूपान्तर के फलस्वरूप ही फसल अस्तित्व में आती है। आशय यह है कि फसलें सूर्य की ऊष्मा और हवा प्राप्त करके ही लहलहाती हैं।

रचना और अभिव्यक्ति

प्रश्न 1. कवि ने फसल को हज़ार-हजार खेतों की मिट्टी का गुण-धर्म कहा है–

(क) मिट्टी के गुण-धर्म को आप किस तरह परिभाषित करेंगे?

(ख) वर्तमान जीवन शैली मिट्टी के गुण-धर्म को किस-किस तरह प्रभावित करती है?

(ग) मिट्टी द्वारा अपना गुण-धर्म छोड़ने की स्थिति में क्या किसी भी प्रकार के जीवन की कल्पना की जा सकती है?

(घ) मिट्टी के गुण-धर्म को पोषित करने में हमारी क्या भूमिका हो सकती है?

उत्तर– (क) वे प्राकृतिक तत्व, ह्यूमस, खनिज-लवण आदि पोषक तत्व जो मिट्टी की उर्वरा शक्ति को बढ़ाते हैं तथा उसके रूप-रंग और गंध में परिवर्तन ला देते हैं, मिट्टी का गुण-धर्म कहलाते हैं।

(ख) वर्तमान जीवन शैली मिट्टी के गुण-धर्म पर विपरीत प्रभाव डाल रही है। पॉलीथिन और प्लास्टिक जैसे कृत्रिम रासायनिक पदार्थ, खुले में शौच, कीटनाशक दवाएँ, प्रदूषित जल आदि मिलकर मिट्टी के गुण-धर्म को प्रभावित करके उसकी उर्वरा शक्ति को कम कर रहे हैं, जो भविष्य के लिए हानिकारक है।

(ग) मिट्टी द्वारा अपना गुण-धर्म छोड़ने की स्थिति में किसी भी प्रकार के जीवन की कल्पना नहीं की जा सकती। सम्पूर्ण प्राणि जगत् मिट्टी के गुण-धर्म पर निर्भर है। यदि मिट्टी अपना स्वाभाविक गुण-धर्म छोड़ देगी तो जीवन का स्वरूप विकृत और असम्भव हो जायेगा।

(घ) मिट्टी के गुण-धर्म को पोषित करने में हम महत्वपूर्ण भूमिका का निर्वहन कर सकते हैं। प्लास्टिक तथा पॉलीथिन प्रयोग न स्वयं करें और न ही किसी को करने दें। खुले में शौच करने वालों को जागरूक करें, जिससे वे सरकारी योजनाओं का लाभ उठाकर शौचालय बनवायें तथा उनका प्रयोग करें। रासायनिक उर्वरकों, कीटनाशकों के स्थान पर प्राकृतिक खाद तथा अन्य प्राकृतिक उत्पादों का प्रयोग करें। औद्योगिक अपशिष्ट पदार्थों की रोकथाम करके भी हम मिट्टी के गुण-धर्म को पोषित कर सकते हैं।

मूल्यपरक प्रश्नोत्तर

प्रश्न 1. भारत की अर्थव्यवस्था में महिलाओं का क्या योगदान है?

उत्तर– भारत की अर्थव्यवस्था में महिलाओं का महत्वपूर्ण योगदान है। वे पुरुष के कन्धे-से-कन्धा मिलाकर चल रही हैं। दोहरी जिम्मेदारियों का निर्वहन करने में भी वे पुरुषों से एक कदम आगे हैं। कृषि-व्यवस्था, गृह-व्यवस्था से लेकर तकनीकी क्षेत्र तक, व्यापक क्षेत्र में वे अपना परचम लहराकर अपना योगदान दे रही हैं।

प्रश्न 2. बच्चों के पालन-पोषण में माँ का क्या योगदान है?

उत्तर– बच्चों के पालन-पोषण तथा उनकी परवरिश में माँ महत्वपूर्ण भूमिका निभाती है। उनके खान-पान, शिक्षा तथा संस्कारों की पूरी जिम्मेदारी उसी पर होती है जिसका निर्वहन वह पूरे समर्पण के साथ करती है।

प्रश्न 3. फसलों के उत्पादन में महिलाओं की क्या भूमिका है?

उत्तर– फसलों के उत्पादन में कृषक-पत्नियाँ व ग्रामीण महिलाएँ महत्वपूर्ण भूमिका का निर्वहन करती हैं। घर के दैनिक कार्यों से लेकर पशुओं की देखभाल, फसलों की बुवाई, निराई तथा कटाई में उनका महत्वपूर्ण योगदान रहता है। बीज बोने से लेकर फसल घर आने या बाज़ार में जाने तक वे तन्मयता से उसमें लगी रहती हैं। भयंकर तपती गर्मी, कड़कड़ाने वाली शीतल हवाएँ या फिर मूसलाधार वर्षा, उनके मार्ग में कोई बाधा नहीं पहुँचा सकती तथा वे हर समय अपने कार्य में तल्लीन रहकर पुरुषों का सहयोग करती हैं।

परीक्षोपयोगी महत्वपूर्ण प्रश्नोत्तर

प्रश्न 1. शिशु की निश्छल मुस्कराहट में पाषाण-हृदय को भी द्रवित करने की क्षमता समाहित है—सिद्ध कीजिए।

उत्तर– शिशु बहुत भोले-मासूम और नादान होते हैं। उनकी मुस्कराहट निश्छल, निस्वार्थ तथा निष्कपट होती है। वह सबके मन को हरती है। उनकी फूल के समान कोमल मुस्कराहट को देखकर पाषाण-हृदय भी पिघलकर द्रवित हो जाता है। वह मन्त्र-मुग्ध सा होकर शिशु को देखता रह जाता है।

प्रश्न 2. माँ का सान्निध्य शिशु के लिए विशिष्ट क्यों है?

उत्तर— माँ शिशु की प्रथम गुरु होती है। उसके सान्निध्य में वह स्वयं को सुरक्षित व आत्मविश्वास से भरपूर समझता है। माँ ही उसे बाहरी दुनिया से परिचित कराती है। माँ की स्नेह-छाया में ही शिशु पुष्ट होकर आत्मनिर्भर बनने के गुण सीखता है। उचित-अनुचित, न्याय-अन्याय आदि का ज्ञान भी वह अपनी माँ से प्राप्त करता है। माँ द्वारा दिये गये संस्कारों तथा शिक्षाओं को अपनाकर वह संसार-सागर में तैरने के लिए तैयार होता है।

प्रश्न 3. कवि ने स्वयं को प्रवासी तथा अतिथि क्यों कहा है?

उत्तर— कवि नागार्जुन स्वभाव से फक्कड़ तथा घुमक्कड़ थे। राजनीति तथा घुमक्कड़ी के कारण अधिकतर वे लम्बे समय तक घर से दूर ही रहते थे इसलिए उन्होंने स्वयं को प्रवासी कहा है। साहित्य-क्षेत्र में भी वे 'यात्री' नाम से प्रसिद्ध थे। अतिथि का अर्थ होता है—जिसके आने की तिथि निश्चित न हो कवि के आने की तिथि तथा समय निश्चित नहीं होता था। इसीलिए उन्होंने स्वयं को 'अतिथि' कहा है।

प्रश्न 4. 'यह दंतुरित मुस्कान' कविता में पिता के कैसे मनोभावों को अभिव्यक्त किया गया है?

उत्तर— इस कविता में पिता के कोमल मनोभावों को अभिव्यक्त किया गया है। लम्बे समय के बाद अपने पुत्र को देखकर स्नेह से भर जाता है। उसके छोटे-छोटे क्रियाकलाप पिता के दिल को जीत लेते हैं। एक-एक भाव-भंगिमा पिता के हृदय को अभिभूत कर देती है। अपने शिशु को देखकर वह उसकी दुनिया में खो जाना चाहता है।

प्रश्न 5. शिशु के धूलि-धूसरित शरीर को देखकर कवि नागार्जुन ने क्या कल्पना की?

उत्तर— शिशु के धूलि-धूसरित शरीर को देखकर कवि नागार्जुन जी की कल्पना प्रलवित हो रही है कि तुम्हारे धूल से सने शरीर को देखकर लगता है, मानों कमल के फूल तालाब को छोड़कर झोंपड़ी में खिल रहे हों, कहने का अर्थ है धूल-धूलसरित बाल तन को देखकर हृदय कमल खिल उठता है। कवि कल्पना करता हुआ कहता है तुम ऐसे प्राणवान हो कि तुम्हारा स्पर्श पाकर ही कठोर पत्थर भी पिघल कर जल वन गया होगा। अर्थात् बच्चे के कोमल स्पर्श में इतनी जीवंतता है कि वह कठोर को भी कोमल बना देती है।

प्रश्न 6. शिशु अपने पिता को पहचान क्यों नहीं पाता?

उत्तर— शिशु की आयु बहुत कम है। वह अभी बहुत छोटा है तथा उसके पिता लम्बे समय से उससे दूर हैं। अचानक उन्हें अपने सामने देखकर वह उन्हें पहचान नहीं पाता, लेकिन निरन्तर पहचानने का प्रयास करता रहता है।

प्रश्न 7. 'यह दंतुरित मुस्कान' के आधार पर बताइए कि अतिथि के आने पर बच्चे के मन में कैसे भाव उठते हैं?

उत्तर— अतिथि के आने पर बच्चे अत्यन्त प्रसन्न हो जाते हैं। उसे देखकर उनके मन में कौतूहल होता है। वे उससे मिलकर बात करना चाहते हैं, किन्तु संकोच के कारण वे ऐसा नहीं कर पाते केवल कनखियों से उसे देखकर मुस्कराते रहते हैं।

प्रश्न 8. कवि को बच्चे की मुस्कान किस वशता में और अधिक शोभाशाली लग उठती है? यह दंतुरित मुस्कान पाठ के आधार पर स्पष्ट कीजिए।

उत्तर— कवि को बच्चे की मुस्कान उसके दाँत निकलने के बाद अधिक शोभाशाली लग उठती है क्योंकि जब वह हँसता हुआ उसकी झोंपड़ी में घूमता है, एक टक निहारता है, तो कवि उस पर मंत्रमुग्ध हो जाता है।

प्रश्न 9. मधुपर्क से क्या तात्पर्य है?

उत्तर— दूध, दही, शहद, घी और जल के मिश्रण को मधुपर्क कहा जाता है। इसे पूजा में देवताओं के समक्ष चढ़ाया जाता है। इसमें गाय का दूध, दही एवं घी प्रयुक्त होता है।

प्रश्न 10. कवि ने फसल के पैदा होने में प्रकृति की अपेक्षा किसान को अधिक महत्व क्यों दिया है?

उत्तर— कवि का मानना है कि फसल उगाने में प्रकृति एवं मनुष्य दोनों का ही सम्मिलित योगदान है, परन्तु प्रकृति की अपेक्षा किसान का महत्व अधिक है क्योंकि किसान कठिन परिश्रम करके खेतों में जुताई-बुवाई, निराई तथा सिंचाई करता है। उसकी रखवाली करता है तथा उसमें खाद डालकर उचित देखभाल करता है। फसल के पक जाने पर उसे काटकर उसमें से दाने निकालता है। इस कारण किसान की भूमिका महत्वपूर्ण मानी जाती है।

प्रश्न 11. खेतों में लहलहाती फसल किस-किस के योगदान का प्रतिफल है?

अथवा

'फसल' कविता का उद्देश्य स्पष्ट कीजिए।

अथवा

'फसल' कविता का प्रतिपाद्य स्पष्ट कीजिए।

उत्तर— फसल कविता का उद्देश्य है—प्रकृति के नि:शुल्क उपादानों के उपयोग से अपने कठिन परिश्रम द्वारा लहलहाती फसल पैदा करने वाले किसानों को समाज में सम्मान व उचित स्थान दिलाना। खेतों में लहलहाती फसल प्रकृति एवं किसानों के सामूहिक प्रयासों का ही प्रतिफल है। प्रकृति एवं मनुष्य दोनों एक-दूसरे के पूरक हैं।

प्रश्न 12. कवि द्वारा किसानों के स्पर्श को महिमा-मण्डित क्यों किया गया है?

उत्तर— किसानों के परिश्रम के बिना फसल को उगाना असम्भव है। किसानों के स्पर्श करने पर ही प्रकृति के उपादानों का प्रयोग कृषि-क्षेत्र में किया जा सकता है। बिना किसान के प्रकृति अकेली फसल उगाने में पूरी तरह सक्षम नहीं है। इसीलिए कवि द्वारा किसानों के स्पर्श को महिमा-मण्डित किया गया है।

प्रश्न 13. 'यह दंतुरित मुस्कान' कविता में 'बाँस और बबूल' किसके प्रतीक हैं?

उत्तर— कविता में बाँस और बबूल के पेड़ कठोर हृदय या रसहीन व्यक्तियों के प्रतीक हैं। इन प्रतीकों के माध्यम से कवि कहना चाहता है कि बच्चे की मधुर मुस्कान को देखकर कठोर-से-कठोर हृदय मानव भी सरस हो उठते हैं।

प्रश्न 14. फसल शब्द सुनते ही श्रोता की आँखों के समक्ष कैसा दृश्य उभरकर आ जाता है?

उत्तर— फसल शब्द सुनते ही श्रोता के समक्ष हरे-भरे लहलहाते ऐसे खेतों का दृश्य उभरकर सामने आ जाता है। जहाँ हमें हल जोतते, फसल बोते-काटते, पक्षियों को उड़ाने के लिए ज़ोर की आवाज लगाते किसान नज़र आने लगते हैं।

प्रश्न 15. फसल कविता के माध्यम से कवि क्या सन्देश देना चाहता है?

उत्तर— फसल कविता के माध्यम से कवि यह सन्देश देना चाहता है कि प्रकृति और मनुष्य एक-दूसरे पर निर्भर हैं। प्रकृति के बिना मनुष्य का जीवन असम्भव है इसलिए हमें प्राकृतिक संसाधनों का दोहन नहीं करना चाहिए। प्राकृतिक सौन्दर्य व प्रकृति को बनाये रखने हेतु निरन्तर प्रयास करते रहना चाहिए।

प्रश्न 16. 'यात्री' नाम से प्रतिष्ठित नागार्जुन के साहित्यिक जीवन पर प्रकाश डालिए।

उत्तर— 'यात्री' नाम से प्रतिष्ठित कवि नागार्जुन का साहित्य के क्षेत्र में विशेष योगदान रहा। लोकजीवन से गहरा सम्बन्ध रखने वाले नागार्जुन ने भ्रष्टाचार, राजनीतिक स्वार्थ व समाज की पतनशील स्थितियों के प्रति आक्रोश को अपने साहित्य में स्थान दिया। उन्होंने गद्य की अनेक विधाओं जैसे—कहानी, उपन्यास तथा निबन्ध आदि में लेखन कार्य किया। उन्होंने मुक्तक काव्य की रचना की। वे व्यंग्य-कला में माहिर थे।

प्रश्न 17. नागार्जुन एक जनकवि हैं—स्पष्ट कीजिए।

उत्तर— नागार्जुन को आधुनिक कबीर भी कहा जाता है। कबीर के 'दोहे' तथा 'सबद' जन-मानस के मस्तिष्क में अमिट छाप छोड़ देते थे। नागार्जुन की कविताएँ भी गाँव की चौपालों पर लोगों के बीच लोकप्रिय थीं। समसामयिक समस्याओं से जुड़े नागार्जुन अपनी कविताओं के माध्यम से उनके साथ संघर्ष करते रहे। उनकी रचनाएँ यथार्थ के धरातल पर खरी उतरती हैं। इससे स्पष्ट होता है कि नागार्जुन वास्तविक अर्थों में जनकवि हैं।

❑❑

छाया मत छूना

|7|

कवि-गिरिजा कुमार माथुर

कवि-परिचय—नई कविता के कवि गिरिजाकुमार माथुर का जन्म सन् 1918 में मध्य प्रदेश के गुना नामक स्थान पर हुआ था। उनकी प्रारम्भिक शिक्षा उत्तर प्रदेश के झाँसी में हुई। उन्होंने लखनऊ से एम.ए. अंग्रेजी तथा एल.एल.बी. की उपाधि अर्जित की। आरम्भ में वकालत करने के बाद वे आकाशवाणी एवं दूरदर्शन में कार्यरत रहे। सन् 1994 में उनका स्वर्गवास हो गया।

रचनाएँ—काव्य-रचना क्षेत्र में जन्मजात प्रतिभा के धनी माथुर जी की काव्य-रचनाएँ निम्नलिखित हैं—

काव्य-संग्रह—धूप के धान, भीतरी नदी की यात्रा, शिलापंख चमकीले, नाश और निर्माण तथा मंजीर।

नाटक—जन्म कैद।

पृथ्वी कल्प—प्रतीकात्मक नाट्य-काव्य।

नई कविता—सीमाएँ और सम्भावनाएँ (आलोचनात्मक रचना)

इसके अतिरिक्त माथुर जी ने गीति नाट्य, रेडियो फीचर तथा प्रतीकात्मक नाटकों की रचना भी की है।

काव्यगत विशेषताएँ—माथुर जी भावुक तथा रोमानी मिज़ाज के कवि माने जाते हैं। उनकी रचनाओं में सरसता, मधुरता तथा सौन्दर्य के प्रति आकर्षण का बाहुल्य है। उनकी दृष्टि यथार्थपरक है। उनकी रचनाएँ व्यक्तिगत अनुभूतियों का जीता-जागता उदाहरण हैं। इनकी रचनाएँ छायावाद से प्रभावित हैं। उन्होंने अपनी रचना में संवेदना एवं पीड़ा दोनों ही भावों को स्थान दिया है। जीवन के यथार्थ, कटु और मधुर रूप पर भी इन्होंने दृष्टिपात किया है। प्रकृति का मानवीकरण करने में भी इनकी लेखनी पीछे नहीं रही है।

माथुर जी ने मुक्त छन्द में रचनाएँ की हैं। स्थान-स्थान पर आंचलिक भाषा के प्रयोग से काव्य को स्वाभाविकता मिली है। विषय को मौलिक बनाये रखने के लिए विशेष वातावरण की सृष्टि करके कविता में लयात्मकता उत्पन्न की है। भाषा सरल एवं सहज है। अलंकारों का स्वाभाविक प्रयोग है। वर्णनात्मक शैली में उनकी विशेष रुचि है।

शब्द-सम्पदा

छाया = दुविधा, भ्रम, अवास्तविक। **दूना** = दुगुना। **सुरंग** = रंग-बिरंगी। **सुधियाँ** = यादें, स्मृतियाँ। **सुहावनी** = मन को अच्छी लगने वाली, अच्छी। **छवियों** = स्मृति में बसे सुहावने रूप और दृश्य। **चित्रगंध** = दृश्य के साथ गंध का महसूस होना। **मनभावनी** = मन को भली लगने वाली। **तन-सुगन्ध** = शरीर की सुगन्ध। **शेष** = बाकी, बची हुई। **यामिनी** = तारों से भरी चाँदनी रात। **कुंतल** = लम्बे केश, लम्बे बाल। **छुअन** = स्पर्श की अनुभूति। **जीवित क्षण** = जीता-जागता अनुभव। **यश** = कीर्ति। **वैभव** = धन-सम्पदा। **सरमाया** = पूँजी। **भरमाया** = भटका, भ्रमित हुआ। **प्रभुता का शरण-बिम्ब** = बड़प्पन का अहसास। **मृगतृष्णा** = धोखा, झूठा भ्रम। **चन्द्रिका** = चाँदनी। **कृष्णा** = काली अमावस्या की रात। **यथार्थ** = वास्तविक। **कठिन** = मुश्किल। **पूजन** = पूजा-अर्चना। **दुविधा-हत साहस** = साहस होते हुए भी दुविधा में रहने के कारण सही निर्णय न ले पाना। **पंथ** = रास्ता। **देह** = शरीर। **शरद-रात** = सर्दियों की रात। **रस-बसंत** = बसंत ऋतु में मिलने वाला रस, आनन्द। **भविष्य-वरण** = आने वाले सुखी समय का चुनाव।

पद्यांशों की ससन्दर्भ व्याख्या (काव्यगत सौन्दर्य सहित)

1. छाया मत छूना

मन, होगा दुख दूना।
जीवन में है सुरंग सुधियाँ सुहावनी
छवियों की चित्र-गन्ध फैली मनभावनी;
तन-सुगन्ध शेष रही, बीत गई यामिनी,
कुंतल के फूलों की याद बनी चाँदनी।
भूली-सी एक छुअन बनता हर जीवित क्षण—

सन्दर्भ—प्रस्तुत अवतरण प्रसिद्ध कवि गिरिजाकुमार माथुर द्वारा रचित 'छाया मत छूना' नामक पाठ से अवतरित है।

प्रसंग—इस अवतरण के माध्यम से कवि अतीत के सुखद प्रसंगों को बार-बार याद न करने के लिए कह रहे हैं क्योंकि अतीत की सुखद स्मृतियाँ जीवन में आये दुःखों को दुगुना कर देती हैं।

व्याख्या—कवि कहते हैं कि हे मेरे मन! तू बीती हुई सुखद स्मृतियों को याद मत करना। जो पल बीत चुके हैं उनकी यादों में मत खोये रहना। ऐसा करने से दुःख के क्षण दुगुने हो जायेंगे। अर्थात् दुःखों को सहन करने की शक्ति कम हो जायेगी इससे दुःख अधिक बढ़े हुए लगेंगे।

तुम्हारा जीवन मीठी, सुहावनी एवं रंग-बिरंगी यादों से भरा हुआ है। उन मधुर स्मृतियों में उभरने वाले मनभावन चित्र अपनी सुगन्ध से तुम्हें मस्ती से सराबोर कर देते हैं। उन यादों में डूबकर तुम अपनी प्रियतमा के तन की सुगन्ध को महसूस कर लेते हो। इस प्रकार अपनी प्रिया की मधुर यादों में खोये हुए तुम तारों भरी चाँदनी रात बिता देते हो। जब तुम चाँदनी रातों को देखते हो तो तुम्हें अपनी प्रियतमा के लम्बे केशों में गुँथे हुए सुगन्धित फूल याद आते हैं। इस प्रकार अपनी प्रियतमा का भूला हुआ-सा प्रेम भरा स्पर्श हर पल तुम्हारे सामने मानो जीवित होकर प्रत्यक्ष खड़ा हो जाता है। उस समय तुम्हें सुख का अनुभव होता है, परन्तु जब तुम्हें ये यादें केवल कल्पना मात्र लगती हैं तब दु:ख दुगुना हो जाता है। अत: अतीत की स्मृतियाँ मन के दु:ख को बढ़ाने वाली होती हैं, इसलिए उन्हें याद करने से बचना चाहिए।

काव्यगत सौन्दर्य—'चाँदनी' प्रेम-भरे क्षणों का प्रतीक है। ऐसे शब्दों से कवि का रोमानी मिज़ाज व्यक्त होता है। तत्सम शब्दावली युक्त खड़ी बोली का प्रयोग है। तुकान्त छन्द लय से पूर्ण है। वियोग श्रृंगार रस तथा प्रसाद गुण विद्यमान है। लक्षणा शब्दशक्ति का प्रयोग हुआ है। अनुप्रास एवं उपमा अलंकार के प्रयोग से काव्य में अनोखी छटा की सृष्टि हुई है।

➯ पद्यांश पर आधारित प्रश्नोत्तर

प्रश्न— (i) कवि छाया को छूने से क्यों मना कर रहा है?

(ii) 'चाँदनी' किसका प्रतीकात्मक है? चाँदनी को देखकर कवि किस की यादों में खो जाता है?

(iii) 'भूली-सी एक छुअन बनता हर जीवित क्षण' का भाव स्पष्ट कीजिए।

(iv) 'सुधियों' से क्या तात्पर्य है? कवि ने सुधियों के लिए 'सुरंग' शब्द का प्रयोग क्यों किया है?

(v) छवियों की चित्र-गंध फैली मनभावनी' उक्त पंक्ति में कवि का क्या भाव है?

(vi) 'कुंतल के फूलों की याद बनी चाँदनी' के माध्यम से कवि क्या कहना चाहता है?

(vii) अनुप्रास अलंकार का उदाहरण लिखिए।

उत्तर— (i) कवि का मानना है कि छाया को छूने अर्थात् बीती बातों को याद करने से दु:ख दुगुना हो जाता है। पुराना समय लौटकर वापस नहीं आता। उन्हें याद करके हमें अपने वर्तमान समय के खालीपन का एहसास सताने लगता है। अत: हम दुखी हो जाते हैं। इसी कारण कवि छाया को छूने से अर्थात् पुरानी बातों को याद करने से मना कर रहा है।

(ii) 'चाँदनी' प्रेम भरे पलों का प्रतीकात्मक है। चाँदनी को देखकर कवि अपनी प्रियतमा की यादों में खो जाता है। सुगन्धित फूलों से सजे लम्बे केश वाली प्रियतमा की मधुर स्मृतियाँ कवि को बेचैन कर देती हैं।

(iii) इस पंक्ति का भाव यह है कि सुखद पलों में भूल से किया गया एक स्पर्श भी जीवित एवं साक्षात क्षण के समान मादक प्रतीत होता है। उस मादक स्पर्श की सुखद अनुभूति भुलाने पर भी नहीं भूलती। वह सुखद 'रह-रहकर याद आती है।

(iv) 'सुधियों' से तात्पर्य जीवन की सुहावनी, मधुर यादों से है जो हृदय के किसी कोने में हर समय बसी रहती हैं। यादें रंग-बिरंगी तथा मोहक होती हैं, इसीलिए कवि ने सुधियों के लिए 'सुरंग' शब्द का प्रयोग किया है।

(v) 'छवियों की चित्र-गंध फैली मनभावनी' के माध्यम से कवि कहना चाहता है कि मनुष्य के सुखमय क्षणों की यादें उसके मानस पटल पर गहराई से अंकित हो जाती हैं, जिनका स्मरण आते ही अतीत की स्मृतियों के कारण आस-पास का वातावरण जीवंत हो उठता है। भावानुसार जब हम पुरानी बातों का स्मरण करते हैं, तो बीते हुए मधुर सुखद क्षणों के दृश्य हमारे नेत्रों के सामने साकार हो उठते हैं और उन सुखद क्षणों की सुगंध भी चारों ओर व्याप्त हो उठती है।

(vi) 'कुन्तल के फूलों की याद बनी चाँदनी' इस पंक्ति के माध्यम से कवि यह कहना चाहता है कि जब भी वह तारों भरी चाँदनी रात को देखता है तब उसे अपनी प्रियतमा के साथ बिताए सुखद पल याद आ जाते हैं।

(vii) **अनुप्रास अलंकार**—जीवन में सुरंग सुधियाँ सुहावनी।

2. छाया मत छूना

मन, होगा दुख दूना
यश है या न वैभव है, मान है न सरमाया;
जितना ही दौड़ा तू उतना ही भरमाया।
प्रभुता का शरण-बिंब केवल मृगतृष्णा है,
हर चन्द्रिका में छिपी एक रात कृष्णा है।
जो है यथार्थ कठिन उसका तू कर पूजन—

सन्दर्भ—प्रस्तुत अवतरण प्रसिद्ध कवि गिरिजाकुमार माथुर द्वारा रचित 'छाया मत छूना' नामक पाठ से अवतरित है।

प्रसंग—इस अवतरण में कवि ने बताया है कि सुख और दु:ख तो जीवन का चक्र है। दु:ख के बाद सुख तथा सुख के बाद दु:ख तो आते ही रहते हैं, लेकिन दु:ख के समय सुखों को याद नहीं करना चाहिए। ऐसा करने से दु:ख दुगुना हो जाता है।

व्याख्या—कवि कहता है कि हे मेरे मन! जिस समय जीवन में दु:ख हों उस समय छाया रूपी सुखों को याद करने की कोशिश मत करना। सुख और दु:ख तो उलटती-पलटती छाया है। दु:ख के समय सुखद पलों को याद करने से दु:ख की अनुभूति दुगुनी हो जाती है।

इस संसार में न यश का कोई महत्व है और न धन-सम्पदा का। न तो व्यक्ति मान-सम्मान से सन्तुष्ट है और न जीवन भर कमाई पूँजी से। मनुष्य इनको प्राप्त करने के लिए जितना इनके पीछे दौड़ता है उतना ही भटकता है। वह भ्रमित होकर रह जाता है। बड़प्पन का एहसास भी एक छलावा है, मृगतृष्णा है, भ्रम है। जिस प्रकार चाँदनी रातों के बाद अमावस्या की अँधेरी रात आती है उसी प्रकार दु:ख के बाद सुख तथा सुख के बाद दु:ख आता है। अत: मनुष्य को कल्पनाओं में न जीकर यथार्थ का सामना करते हुए जीवन की कठोर सच्चाइयों को मानना चाहिए। अत: उन्हें स्वीकार करके उन्हीं के बीच रहकर जीवन जीने की आदत डाल लेनी चाहिए। अपनी पुरानी बातों को याद नहीं करना चाहिए इससे वर्तमान दु:ख दुगुने हो जाते हैं।

काव्यगत सौन्दर्य—प्रतीकात्मकता का प्रयोग करके कवि ने भावों को गहन गम्भीरता प्रदान की है। कवि ने बड़ी सहजता से जीवन के कटु सत्य को स्वीकार किया है। तत्सम एवं तद्भव शब्दावली का सहज-स्वाभाविक प्रयोग हुआ है। खड़ी बोली का सहज प्रयोग है। प्रसाद गुण विद्यमान है। तुकान्त होने के कारण लयात्मक छन्द है। अनुप्रास अलंकार का सुन्दर प्रयोग है।

पद्यांश पर आधारित प्रश्नोत्तर

प्रश्न— (i) 'मृगतृष्णा' से क्या तात्पर्य है?

(क) धोखा (ग) वैभव

(ख) भ्रम (घ) सम्मान

उत्तर—(ख) भ्रम

(ii) कवि के अनुसार इस दुनिया में क्या महत्वहीन है?

(क) यश-वैभव (ग) सुख प्राप्ति

(ख) मान-सम्मान (घ) जीवन भर परिश्रम

उत्तर—(क) यश-वैभव

(iii) 'भरमाया' में निहित अर्थ स्पष्ट कीजिए।

(क) यश-वैभव (ग) बड़प्पन

(ख) भटकना (घ) अहसास

उत्तर—(ख) भटकना

(iv) 'प्रभुता का शरण-बिंब' से क्या तात्पर्य है?

(क) जीवन भर परिश्रम (ग) फल की इच्छा

(ख) सुख की प्राप्ति (घ) बड़प्पन का अहसास

उत्तर—(घ) बड़प्पन का अहसास

(v) 'सरमाया' का शाब्दिक अर्थ लिखिए।

(क) पूँजी (ग) कठिन परिश्रम

(ख) मान-सम्मान (घ) जिन्दगी भर भटकना

उत्तर—(क) पूँजी

3. छाया मत छूना
मन, होगा दुख दूना।
दुविधा-हत साहस है, दिखता है पंथ नहीं,
देह सुखी हो पर मन के दुख का अन्त नहीं।
दुख है न चाँद खिला शरद-रात आने पर,
क्या हुआ जो खिला फूल रस-बसंत जाने पर?
जो न मिला भूल उसे कर तू भविष्य वरण,
छाया मत छूना
मन, होगा दुख दूना।

सन्दर्भ—प्रस्तुत अवतरण नई कविता के कवि गिरिजाकुमार माथुर द्वारा रचित 'छाया मत छूना' नामक पाठ से अवतरित है।

प्रसंग—इस अवतरण के माध्यम से कवि यह संदेश देना चाहते हैं कि अतीत के सुखों को याद करके हर पल उसी में डूबे रहना उचित नहीं है, इससे दु:ख बढ़ जाते हैं। कठिन परिश्रम करके भविष्य-वरण करने में ही सुख है।

व्याख्या—कवि मन को सम्बोधित करते हुए कहता है कि हे मेरे मन! दुख के पल में सुखी पलों को याद करके निराश मत हो, ऐसा करने से वर्तमान दु:खों की छाया बढ़कर दुगुनी हो जाती है।

इस समय तुम्हारा साहस सफलता और असफलता के दोराहे पर खड़ा है। दुविधा होने के कारण साहस नष्ट हो चुका है। वह उचित-अनुचित का निर्णय लेने में सक्षम नहीं है। सही एवं गलत मार्ग की पहचान करने में असमर्थ है। मनुष्य शरीर से स्वस्थ हो सकता है, परन्तु उसके मन में दुःख अनन्त होते हैं। उनसे पार पाना सम्भव नहीं है। सभी सुख-सुविधाओं के होते हुए भी तुम मन से अस्वस्थ होने के कारण उन सुख-सुविधाओं का उपभोग नहीं कर पा रहे। शरद-ऋतु के निर्मल आसमान में रात्रि रूपी सुखद चाँदनी मन में स्थित निराशा के भावों के कारण दिखाई नहीं दी, अर्थात् मन के दुःखों के कारण सुखद पलों का पता ही नहीं चला। फूल बसन्त ऋतु में खिलकर धरती की शोभा बढ़ाते हैं। वही फूल यदि बसंत ऋतु के बीत जाने पर खिलें तो क्या फायदा? अर्थात् सुखद क्षण बीत जाने के बाद उनका एहसास हो तो क्या उसका कोई लाभ नहीं। सुखद दिनों में निराशा के भाव मन में नहीं लाने चाहिए। जीवन में जो कुछ भी तुम्हें प्राप्त नहीं हो पाया उसे भूलकर अपने भविष्य को सँवारने में अपना समय लगाना ही सर्वथा उचित है। जो नहीं मिला उसके लिए पछताते रहना केवल समय बर्बाद करना है। अतः हे मनुष्य! तू कठिन परिश्रम करके अपना भविष्य सँवार! बीते दिनों के सुखद पलों को याद करके अपना दुःख मत बढ़ा क्योंकि ऐसा करने से दुख दुगुना हो जायेगा।

काव्यगत सौन्दर्य—कवि ने कठिन परिश्रम करके अपने भविष्य को सँवारने का अच्छा सन्देश दिया है जो सराहनीय है। भावों की गम्भीरता को प्रतीकों के माध्यम से प्रस्तुत करना प्रशंसनीय है। तत्सम शब्दावली का बाहुल्य है। खड़ी बोली का प्रयोग हुआ है। प्रश्न-शैली ने भावों को सामर्थ्य प्रदान किया है। तुकान्त छन्द होने के कारण लयात्मकता की सृष्टि हुई है। प्रसाद गुण विद्यमान है। छायावाद का प्रभाव दृष्टिगोचर है।

पद्यांश पर आधारित प्रश्नोत्तर

प्रश्न— (i) कवि ने भावों की गम्भीरता का आधार किसे माना है?

(ii) 'छाया' से कवि का क्या तात्पर्य है?

(iii) 'छाया मत छूना'—कवि ने ऐसा क्यों कहा?

(iv) कवि ने 'दुविधा-हत साहस' कहकर क्या बताना चाहा है?

(v) कवि कौन से पंथ की बात कर रहा है?

(vi) 'देह सुखी हो पर मन के दुःख का अन्त नहीं' के माध्यम से कवि कौन से दुःखों के अन्त न होने की बात कर रहा है?

(vii) कवि के अनुसार मनुष्य को किस बात का दुःख रहता है?

(viii) 'क्या हुआ जो खिला फूल रस-बसंत जाने पर' के माध्यम से कवि क्या सन्देश देना चाहता है?

(ix) 'भविष्य-वरण' करने की कहकर कवि क्या भूल जाने के लिए प्रेरित कर रहा है?

उत्तर— (i) कवि ने प्रतीकात्मकता एवं लाक्षणिकता को भावों की गम्भीरता का आधार माना है।

(ii) कवि के अनुसार 'छाया' शब्द का प्रयोग जीवन के उन सुखद क्षणों के लिए किया गया है, जो अतीत बन चुके हैं। जीवन में सुखद क्षणों की स्मृतियाँ यथार्थ में मनुष्य को दुविधाग्रस्त कर देती हैं।

(iii) 'छाया मत छूना' अर्थात् अतीत की सुखद स्मृतियों को कहा है क्योंकि अतीत के सुखों को याद करने से वर्तमान के दुःख और प्रबल हो जाते हैं।

(iv) कवि ने 'दुविधा-हत साहस' कहकर यह बताना चाहा है कि साहस के नष्ट हो जाने पर मनुष्य उचित, अनुचित का निर्णय लेने में असमर्थ हो जाता है। साहस के नष्ट होने का कारण, जीवन की घोर निराशाएँ तथा दुःख बढ़ जाता है।

(v) कवि उस पंथ की बात कर रहा है जिस पर मनुष्य आगे बढ़ना चाहता है, लेकिन साहस के नष्ट हो जाने के कारण वह दोराहे पर खड़ा है। वह सही रास्ते का चुनाव नहीं कर पा रहा है।

(vi) 'देह सुखी हो पर मन के दुःख का अन्त नहीं' के माध्यम से कवि यह कहना चाह रहा है कि मनुष्य शारीरिक रूप से सुखी हो तब भी वह मानसिक दुःखों से दूर नहीं रह सकता क्योंकि मन के दुःख अनन्त होते हैं। उनका कभी अन्त नहीं होता।

(vii) कवि के अनुसार मनुष्य को इस बात का दुःख है कि खुशी के अवसर पर भी मन में प्रसन्नता की अनुभूति नहीं हुई।

(viii) 'क्या हुआ जो खिला फूल रस-बसंत जाने पर' इस पंक्ति के माध्यम से कवि यह सन्देश देना चाहता है कि मनुष्य को खुशी के अवसर पर प्रसन्नता नहीं मिल पायी, तो कोई बात नहीं, तुम जीवन में मिलने वाली असफलताओं को भूलकर आगे आने वाले समय को सँवारने का प्रयत्न करो।

(ix) 'भविष्य-वरण' करने की कहकर कवि मनुष्य से जीवन के दुःखों को भूलकर कठिन परिश्रम करके अपना भविष्य सँवारने के लिए प्रेरित कर रहा है।

पाठ से सम्बन्धित प्रश्नोत्तर

प्रश्न 1. कवि ने कठिन यथार्थ के पूजन की बात क्यों कही है?

उत्तर— मनुष्य का जीवन संघर्षों से भरा हुआ है। संघर्षों से ही मनुष्य विकास-पथ पर अग्रसर होता है। सुख भरी अतीत की यादें उसके वर्तमान को कठिन बना देती हैं। इससे वह दुःखी हो जाता है। अपने जीवन में यथार्थ के धरातल पर रहकर ही मनुष्य उन्नति कर सकता है, केवल कल्पनाओं के सागर में गोता लगाते हुए नहीं। मनुष्य को वास्तविकता को स्वीकार करना चाहिए। इसीलिए कवि ने कठिन यथार्थ के पूजन की बात कही है।

प्रश्न 2. भाव स्पष्ट करें—

प्रभुता का शरण-बिम्ब केवल मृगतृष्णा है,
हर चन्द्रिका में छिपी एक रात कृष्णा है।

उत्तर— इन पंक्तियों का भाव यह है कि बड़प्पन का एहसास मनुष्य को भ्रमित करने वाला एक मात्र छलावा है। स्वयं को बड़ा समझकर भी यह आवश्यक नहीं कि मनुष्य खुशी महसूस करे। हर मनुष्य कहीं-न-कहीं दु:खों को भी महसूस करता रहता है। दु:ख के बाद सुख और सुख के बाद दु:ख आना प्रकृति का नियम है। जिस प्रकार हर पूर्णिमा के बाद अमावस्या की काली अन्धेरी रात आती है, उसी प्रकार मनुष्य के जीवन में सुख के बाद दु:ख तथा दु:ख के बाद सुख आता है।

प्रश्न 3. 'छाया' शब्द यहाँ किस सन्दर्भ में प्रयुक्त हुआ है? कवि ने उसे छूने के लिए मना क्यों किया है?

उत्तर— 'छाया' एक लाक्षणिक शब्द है। इसका सम्बन्ध अवास्तविक, दुविधा, संशय तथा भ्रम की स्थिति से है। अपने कष्ट या दु:ख के समय मनुष्य अपने अतीत के सुखद पलों को याद करके दु:ख का अनुभव करता है। इसीलिए कवि ने छायाओं को छूने से मना किया है।

प्रश्न 4. कविता में विशेषण के प्रयोग से शब्दों के अर्थ में विशेष प्रभाव पड़ता है; जैसे कठिन यथार्थ। कविता में आये ऐसे अन्य उदाहरण छाँटकर लिखिए और यह भी लिखिए कि इससे शब्दों के अर्थ में क्या विशिष्टता पैदा हुई?

उत्तर— उदाहरण—

(1) **सुरंग सुधियाँ सुहावनी**—यहाँ पर कवि ने '**सुधियाँ**' विशेष्य के लिए दो विशेषणों का प्रयोग किया है—'सुरंग' तथा '**सुहावनी**' इन विशेषणों के प्रयोग से अतीत की सुखद स्मृतियाँ मधुर, मनभावन तथा रंगीन बन गयी हैं।

(2) **छवियों की चित्र-गंध**—यहाँ पर विशेषण के प्रयोग से सुन्दर रूपों में मादकता का चित्र उभरकर सामने आ रहा है। सुन्दर एवं मनमोहक दृश्यों में मादक गंध की विशिष्टता का अनुभव हो रहा है।

(3) **जीवित-क्षण**—यहाँ पर 'क्षण' विशेष्य के लिए 'जीवित' विशेषण का प्रयोग हुआ है। इस विशेषण के प्रयोग से अतीत की भूली-बिसरी यादें जीवन्त बनकर पाठ के समक्ष चित्रित हो जाती हैं। इससे समय की सकारात्मक विशिष्टता परिलक्षित हो रही है।

(4) **तन सुगन्ध**—यहाँ पर '**तन**' विशेष्य के लिए '**सुगन्ध**' विशेषण का प्रयोग हुआ है। इससे सुगंध के साकार रूप की विशिष्टता व्यक्त हो रही है।

(5) **केवल मृगतृष्णा**—'**मृगतृष्णा**' विशेष्य के साथ केवल लगाने से मात्र, भ्रम, धोखा, छलावा आदि की पुष्टि होने से '**बड़प्पन का अहसास**' छलावा मात्र प्रतीत हो रहा है।

(6) **दुविधा-हत साहस**—'**साहस**' के साथ '**दुविधा-हत**' विशेषण का प्रयोग होने से '**साहस**' दबा हुआ 'घायल' सा प्रतीत होता है। ऐसा लगता है जैसे '**साहस**' निर्जीव या मृतप्राय:-सा हो गया है।

(7) **शरद-रात**—यहाँ पर '**रात**' विशेष्य के साथ '**शरद**' विशेषण के प्रयोग से वाक्य में रंगीन-मोहकता का समावेश हो गया है, जिससे रात में शरदऋतु की मदमाती शीतलता प्रतिध्वनित हो रही है।

(8) **रस-बसंत**—बसंत के साथ '**रस**' विशेषण के प्रयोग से बसंत और भी मादक, रंगीला, मनभावन एवं रोमांचकारी प्रतीत हो रहा है। मन को लुभावना अहसास करा रहा है।

प्रश्न 5. 'मृगतृष्णा' किसे कहते हैं? कविता में इसका प्रयोग किस अर्थ में हुआ है?

उत्तर— प्यास से व्याकुल हिरन को गर्मी की चिलचिलाती धूप से चमकती रेत में दूर से देखने पर पानी होने की अनुभूति होती है। वहाँ दौड़कर पहुँचने पर उसे पानी दिखाई नहीं देता। ऐसा अहसास उसे बार-बार होता है। वह दौड़ते-दौड़ते बेहाल हो जाता है, परन्तु उसे रेत के रूप में चमकता हुआ पानी का एहसास छलावा मात्र लगता है। प्रकृति के इस भ्रामक एहसास को ही मृगतृष्णा कहते हैं। कविता में इसका प्रयोग बड़प्पन के झूठे एहसास के लिए किया गया है जो कि मृगतृष्णा के समान केवल 'छलावा' मात्र है।

प्रश्न 6. बीती ताहि बिसार दे आगे की सुधि ले'—यह भाव कविता की किस पंक्ति से झलकता है?

उत्तर— 'बीती ताहि बिसार दे आगे की सुधि ले'—यह भाव कविता की निम्नलिखित पंक्ति से झलकता है—

'जो न मिला भूल उसे कर तू भविष्य वरण'

प्रश्न 7. कविता में व्यक्त दु:ख के कारणों को स्पष्ट कीजिए।

उत्तर— सुख-दु:ख प्रकृति-प्रदत्त हैं, जो कि क्रम से आकर मानव-जीवन को प्रभावित करते रहते हैं। दु:खों की घड़ी में सुखद पलों को याद करने से दु:ख बढ़ जाता है। धन-वैभव, यश-कीर्ति, पूँजी आदि भ्रमित करने वाली वस्तुएँ हैं। इनके पीछे भागने पर भी मानव को इसकी प्राप्ति नहीं होती तो दु:ख होता है। मानसिक व शारीरिक सुख-शान्ति न होने पर भी मनुष्य कष्टों से घिर जाता है। अवसर रहते सुख प्राप्त न होना भी पीड़ादायक होता है। कविता में ऐसे ही अनेक दु:ख के कारणों को व्यक्त किया गया है।

प्रश्न 8. 'छाया मत छूना'—में 'छाया' से क्या तात्पर्य है?

(i) अतीत की सुखद स्मृतियाँ (ii) सुखों की भरमार
(iii) जीवन भर परिश्रम (iv) मान-सम्मान

उत्तर— (i) अतीत की सुखद स्मृतियाँ

प्रश्न 9. कवि ने भावों की गम्भीरता का आधार किसे माना है?

(i) प्रतीक्षात्मक एवं लाक्षणिकता (ii) लाक्षणिकता

(iii) प्रतीकात्मकता एवं लाक्षणिकता (iv) प्रतीकात्मकता

उत्तर— (iii) प्रतीकात्मकता एवं लाक्षणिकता

रचना और अभिव्यक्ति

प्रश्न 1. 'जीवन में हैं सुरंग सुधियाँ सुहावनी' से कवि का अभिप्राय जीवन की मधुर स्मृतियों से है। आपने अपने जीवन की कौन-कौन-सी स्मृतियाँ संजो रखी हैं?

उत्तर— मेरा जीवन मधुर स्मृतियों से भरा पड़ा है। उन्हीं में से एक मधुर स्मृति है—बचपन के वे दिन जब गर्मियों की छुट्टी में मैं गाँव में जाकर अपनी सखी-सहेलियों के साथ इमली और आँवले के पेड़ों पर चढ़कर इमली-आँवले तोड़कर नीचे फेंकती जाती थी और बाकी सहेलियाँ उनको बीनकर इकट्ठा करती थीं। बाद में मिलकर खूब धमाल मचाते थे। प्रकृति के सम्पर्क में बिताए वे दिन बहुत याद आते हैं।

प्रश्न 2. 'क्या हुआ जो खिला फूल रस बसंत जाने पर?' कवि का मानना है कि समय बीत जाने पर भी उपलब्धि मनुष्य को आनन्द देती है, लेकिन कभी-कभी समय बीतने पर उपलब्धि की उपादेयता नहीं रहती। इस पर अपनी राय लिखिए।

उत्तर— कहते हैं कि जीवन अमूल्य है और समय बहुमूल्य है। ये दोनों ही बातें अक्षरशः सत्य हैं। समय बीत जाने पर उपलब्धि मिलने से कोई लाभ नहीं है। खेती सूख जाने के बाद वर्षा होने का कोई लाभ नहीं है—'का वर्षा जब कृषि सुखाने।' तथा 'अब पछताये होत का जब चिड़ियाँ चुंग गईं खेत।' ये उदाहरण समय के महत्व को चरितार्थ करते हैं। हमारे विचार से समय बीत जाने पर उपलब्धि की उपादेयता नहीं रहती, परन्तु मनुष्य को समय पर उपलब्धि न मिलने पर निराश नहीं होना चाहिए।

मूल्यपरक एवं अन्य महत्वपूर्ण प्रश्नोत्तर

प्रश्न 1. 'अपनी दुखदायी वृत्तियों के कारण मानव-जीवन कष्टकारक बन जाता है।' 'छाया मत छूना' पाठ के आधार पर उन वृत्तियों के विषय में बताइए।

उत्तर— मानव जीवन भर काल्पनिक दुनिया में विचरण करता रहता है। अतीत की सुखद यादों में रमते हुए वह वर्तमान में जो सुख है उसका उपभोग करने से वंचित रह जाता है। धन-वैभव, मान-प्रतिष्ठा आदि के पीछे दौड़ता हुआ वह अपने दुःखों में वृद्धि करता रहता है। ये सभी चीजें काल्पनिक एवं अवास्तविक हैं। ये मनुष्य को मृगतृष्णा की प्रवृत्ति में जीने के लिए प्रेरित करती हैं। अन्त में निराशा हाथ लगने के कारण मानव-जीवन कष्टकारक बन जाता है। अतः मनुष्य को अपने आज में खुश रहते हुए संघर्ष करते रहना चाहिए।

प्रश्न 2. अपने सुखद भविष्य के लिए कवि ने क्या 'वरण' करने के लिए कहा है?

अथवा

कवि ने क्या भूलकर 'भविष्य वरण' करने के लिए कहा है?

उत्तर— अपने सुखद भविष्य के लिए कवि ने कठिन परिश्रम करने के लिए कहा है। कवि का मानना है कि जीवन में प्राप्त न होने वाली उपलब्धियों को भूलकर अपने भविष्य को सँवारने के लिए कठिन परिश्रम करते रहना चाहिए।

प्रश्न 3. 'छाया मत छूना' पाठ का उद्देश्य स्पष्ट कीजिए।

अथवा

'छाया मत छूना' पाठ के माध्यम से कवि क्या सन्देश देना चाहता है?

अथवा

'जो न मिला भूल उसे कर तू भविष्य वरण'—कथन में कवि की वेदना और चेतना कैसे व्यक्त हो रही है?

उत्तर— 'छाया मत छूना' नामक पाठ उद्देश्यपूर्ण है। इस कविता के माध्यम से कवि अतीत की सुखद स्मृतियों को अपने वर्तमान पर हावी न होने देने का सन्देश दे रहा है। वास्तविकता ही जीवन का आधार है अतः यथार्थ का सामना करने में संकोच नहीं करना चाहिए। सुखद वर्तमान ही सुखद भविष्य की सीढ़ी है। निराशाओं एवं हताशाओं को स्वयं पर हावी न होने दें। जीवन को परिश्रमी एवं संघर्षशील बनायें। यथार्थ को स्वीकार करने से ही जीवन में उपलब्धियाँ मिल सकती हैं, केवल कल्पनाओं के आधार पर नहीं।

प्रश्न 4. 'दुविधा-हत साहस है, दिखता है पंथ नहीं' कथन में किस यथार्थ का चित्रण है?

उत्तर— जब जीवन में लक्ष्य प्राप्ति के लिए किए प्रयास संघर्ष सफल होते हैं, तो जीवन में सदैव उत्साह रहता है। जीवन में आई बाधाओं से संघर्ष करने में आनंदानुभूति होती है। इसके विपरीत अभीष्ट की प्राप्ति के लिए किए गए प्रयास और संघर्ष असफल होते हैं, तो हतोत्साहित व्यक्ति को कोई पथ दिखाई नहीं देता है। इस प्रकार जीवन में अंधेरा-ही-अंधेरा छा जाता है। दूर-दूर तक दुखों का अंत नहीं होता है।

प्रश्न 5. 'छाया मत छूना' कविता में 'जितना ही दौड़ा तू उतना ही भरमाया' के माध्यम से कवि क्या कहना चाहता है?

उत्तर— कवि कहना चाहता है कि मनुष्य यश, मान, सुख और वैभव पाने के पीछे जितना दौड़ता है, उतना ही उसका मन भ्रमित रहता है। इनको पाकर भी मनुष्य प्रसन्न नहीं रह सकता है।

प्रश्न 6. कवि के अनुसार मनुष्य को पंथ कब दिखाई नहीं देता?

अथवा

कैसे व्यक्ति को पंथ नहीं दिखाई देता है?

उत्तर— जब मनुष्य का मन-मस्तिष्क दुविधाग्रस्त रहता है। सफलता-असफलता से उसका मन आशंकित रहता है, जब वह उचित-अनुचित का सही अन्तर नहीं कर पाता, तब उसे पंथ दिखाई नहीं देता। ऐसा व्यक्ति शारीरिक एवं मानसिक सुख प्राप्त नहीं कर पाता तथा वह वर्तमान सुखों को भोगने से भी वंचित रहता है। आशंकित, सशंकित तथा दुविधाग्रस्त व्यक्ति को पंथ नहीं दिखाई देता।

प्रश्न 7. अतीत के सुखद अहसास में मनुष्य दु:खी रहता है। मनुष्य के दु:खी होने के और क्या-क्या कारण हो सकते हैं?

उत्तर— वही व्यक्ति दु:खी रहता है जो स्वयं से सन्तुष्ट नहीं रहता। आज मनुष्य अपने दु:ख से दु:खी न होकर दूसरों के सुख से ज्यादा दु:खी होता है। ईर्ष्या, जलन, लालच एवं स्वार्थ आदि दुर्भावनाओं का शिकार व्यक्ति कभी सुखी नहीं रह सकता। आलस्य भी मनुष्य का शत्रु है, यह उसे कायर बना देता है, जिससे मनुष्य जीवन-भर दु:खी रहता है।

प्रश्न 8. 'छाया मत छूना' से कवि का क्या अभिप्राय है? कवि ने 'छाया' किसे कहा है?

उत्तर— कवि ने अतीत की सुखद स्मृतियों को छाया कहा है। अतीत का सुख मनुष्य को दुविधा में डालकर दु:खी कर देता है। अत: कवि का कहना है कि मनुष्य को बीते समय को भूलकर आगे बढ़ जाना चाहिए। अतीत की सुखद स्मृतियाँ वर्तमान के दु:ख का आधार हैं अत: उन्हें याद न करके कठिन परिश्रम करते हुए भविष्य के सुन्दर सपने देखने चाहिए। वास्तविकता को स्वीकार करके सद्मार्ग पर अग्रसर होना चाहिए।

प्रश्न 9. 'छाया मत छूना' कविता में कौन-कौन सी ऋतुओं का उदाहरण दिया गया है? इनके माध्यम से कवि कौन-से भाव व्यक्त करना चाहता है?

उत्तर— 'छाया मत छूना' कविता में शरद और बसंत ऋतु का उदाहरण दिया गया है। इनके माध्यम से कवि जीवन के अभावों तथा उचित समय पर उपलब्धियों के न मिलने के भाव व्यक्त करना चाहता है। कवि का मानना है कि जीवन में सुख समय पर न मिले तो व्यर्थ है, परन्तु मनुष्य को इस बात पर अफसोस नहीं करना चाहिए। समय बलवान होता है। परिश्रम से सुखों को फिर से प्राप्त किया जा सकता है।

प्रश्न 10. ऐसे कौन से अच्छे कार्य हैं, जिन्हें करके मनुष्य सुख प्राप्त कर सकता है?

उत्तर— परोपकार, धार्मिक, सामाजिक तथा सांस्कृतिक स्तर पर ऐसे अनेक कार्य हैं जिन्हें अपनाकर हम सुख प्राप्त कर सकते हैं। दूसरों की मदद करना, किसी का अहित न करना तथा किसी को शारीरिक, मानसिक या आर्थिक किसी भी स्तर पर हानि न पहुँचाना भी सद्कार्य है। सुख के अनेक रूप होते हैं। यह मनुष्य के अपने स्वभाव पर निर्भर करता है कि उसे किस कार्य में अधिक सुख प्राप्त होता है। हमारा तो यही मानना है कि यदि हम किसी को लाभ नहीं पहुँचा सकते तो उसे हानि भी न पहुँचाएँ।

❑❑

कन्यादान

|8|

कवि-ऋतुराज

कवि-परिचय—हिन्दी साहित्य के प्रसिद्ध कवि ऋतुराज का जन्म सन् 1940 में राजस्थान के भरतपुर नामक स्थान पर हुआ था। राजस्थान विश्वविद्यालय से अंग्रेजी विषय में एम.ए. करने के बाद उन्होंने अध्ययन एवं अध्यापन को ही आजीविका का साधन बनाया। सेवानिवृत्ति के पश्चात् ये जयपुर में ही निवास कर रहे हैं।

रचनाएँ—नई कविता के क्षेत्र में विशिष्ट पहचान बनाने वाले ऋतुराज की आठ रचनाएँ प्रकाशित हो चुकी हैं। उनमें से प्रमुख हैं—एक मरण धर्मा और अन्य पुल, पटरानी, सुरत निरत, लीला मुखारबिंद।

पुरस्कार—ऋतुराज को साहित्य-साधना के क्षेत्र में अनेक बार पुरस्कारों से सम्मानित किया जा चुका है। जो निम्न हैं—सोमदत्त परिमल सम्मान, मीरा पुरस्कार, पहल सम्मान तथा बिहारी पुरस्कार आदि।

साहित्यिक विशेषताएँ—ऋतुराज ने आधुनिक मानव के संघर्ष को अपनी कविता में स्थान दिया है। वे शोषितों, उपेक्षितों, वंचितों तथा पीड़ितों के कवि हैं। उन्होंने समाज के हाशिए पर खड़े लोगों की परेशानियों एवं चिन्ताओं को अपने साहित्य का विषय बनाया है। वे यथार्थ के कवि हैं, कल्पनाओं का उनके लेखन में कहीं स्थान नहीं है। उन्होंने लाचार एवं बेबस नारी-जीवन तथा उन पर होने वाले शोषण एवं अत्याचारों को नज़दीक से देखा है। वे रोज़मर्रा के जीवन में घटित होने वाले सामाजिक एवं आर्थिक शोषण से व्यथित हैं। उन्होंने परम्परा से हटकर नये मूल्यों को स्थापित करने का प्रयास किया है। ऋतुराज ने लोकजीवन से जुड़ी भाषा का प्रयोग किया है। उनकी भाषा में तत्सम एवं तद्भव शब्दावली का समन्वय दिखाई पड़ता है। उनकी शब्दयोजना अत्यन्त सरल किन्तु मर्मभेदी है।

सारांश—कवि ऋतुराज ने 'कन्यादान' कविता के माध्यम से माँ-बेटी के घनिष्ठ सम्बन्धों को प्रतिपादित करते हुए नए सामाजिक मूल्यों को परिभाषित किया है। इस कविता में कवि ने बताया कि कन्यादान करते समय कन्या की माँ का दुःख सच्चा और प्रामाणिक होता है। उसकी कन्या ही उसके लिए अन्तिम पूँजी थी, जिसे उसने जीवन-भर सहेज कर रखा था। वह इस बात को समझती थी कि उसकी कन्या अभी नासमझ और नादान थी। वह अभी सयानी या समझदार नहीं थी। उसे सांसारिक सुखों का आभास तो था, किन्तु उन सुखों के पीछे छिपे दुःखों का एहसास नहीं था। वह जीवन के यथार्थ से अनजान केवल मधुर कल्पनाओं में जी रही थी। माँ को उसकी चिन्ता थी, इसलिए वह उसे विदा करते हुए समझा रही थी कि वह जीवन के यथार्थ को समझे, बाहरी सौन्दर्य और वस्त्र-आभूषणों की चमक में अपने अस्तित्व को अनदेखा न कर दे। ये सब दिखावटी एवं भ्रामक हैं। जीवन की वास्तविकता इन सबसे अलग है। वह जीवन में आने वाले कष्टों और कठिनाइयों को जाने तथा समझे। माँ अपनी बेटी को पानी में झाँककर अपने चेहरे पर न रीझने तथा आग से बचकर रहने की सीख दे रही है। उसने बताया कि आग रोटियाँ सेंकने के लिए है न कि जलने के लिए। माँ ने कहा कि वह लड़की के समान व्यवहार करे, परन्तु लड़की के समान कोमल और नाजुक बनकर अत्याचार एवं शोषण बर्दाश्त न करे। वह सजग, सतर्क, जागरूक एवं दृढ़ रहे। जीवन में आने वाली कठिनाइयों का डटकर मुकाबला करे। वह साहस से काम ले तथा जीवन के संघर्षों से न घबराते हुए आगे बढ़ती रहे।

शब्द-सम्पदा

प्रामाणिक = वास्तविक। **सयानी** = समझदार। **आभास** = एहसास। **बाँचना** = पढ़ना, समझना। **पाठिका** = पढ़ने वाली। **धुँधले** = अस्पष्ट, ठीक से न दिखाई देने वाला। **लयबद्ध** = लय में बँधी। **अन्तिम पूँजी** = आखिरी सम्पत्ति। **वक्त** = समय। **तुकों** = अंदाज़ों। **रीझना** = आकृष्ट होना, आकर्षित होना। **आग** = अग्नि। **आभूषण** = गहने। **भ्रम** = धोखा, छल। **शाब्दिक भ्रम** = शब्दों का जाल या शब्द जाल, मीठे शब्दों द्वारा फैलाया गया जाल।

पद्यांशों की ससन्दर्भ व्याख्या (काव्यगत सौन्दर्य सहित)

1. कितना प्रामाणिक था उसका दुःख
लड़की को दान में देते वक्त
जैसे वही उसकी अन्तिम पूँजी हो

लड़की अभी सयानी नहीं थी
अभी इतनी भोली सरल थी
कि उसे सुख का आभास तो होता था
लेकिन दुख बाँचना नहीं आता था
पाठिका थी वह धुँधले प्रकाश की
कुछ तुकों और कुछ लयबद्ध पंक्तियों की

सन्दर्भ—प्रस्तुत पंक्तियाँ कवि ऋतुराज द्वारा रचित 'छाया मत छूना' नामक पाठ से अवतरित हैं।

प्रसंग—इस कविता में कवि ने बेटी का कन्यादान करते समय माँ को होने वाले वास्तविक दु:ख के विषय में बताया है तथा बेटी के भोलेपन से परेशान माँ की चिन्ता को भी व्यक्त किया है।

व्याख्या—कवि कहता है कि अपनी बेटी का कन्यादान करते समय लड़की की माँ बहुत दु:खी थी, क्योंकि वह अपने जीवनभर की पूँजी किसी को सौंपने जा रही थी। उसका दु:ख वास्तविक था। कन्यादान के रूप में वह अपना सब कुछ अनजान लोगों को समर्पित कर रही थी।

उसकी बेटी अभी नादान और मासूम थी। उसे व्यावहारिक ज्ञान नहीं था। रिश्तों की जटिलताओं को वह नहीं समझ पाती थी। वह अभी बहुत भोली तथा सरल स्वभाव की थी। उसे ससुराल से सम्बन्धित सच्चाइयों का भान नहीं था। पुरुष-प्रधान समाज के तौर-तरीकों से वह अनजान थी। उसे वैवाहिक सुखों का कुछ एहसास तो था, किन्तु वैवाहिक जीवन में आने वाली कठिनाइयों तथा तकलीफों का ज्ञान नहीं था। वह सुख के पीछे छिपे दु:खों को नहीं समझती थी। उसे वैवाहिक जीवन के धुँधले उजाले का एहसास था अर्थात् विवाहोपरान्त मिलने वाले सुखों की अस्पष्ट-सी कल्पना थी। वह तुक और लय से युक्त काव्य-पंक्तियों या छन्दों को कुछ-कुछ पढ़ना तो जानती थी, परन्तु उन पंक्तियों की गहराइयों को नहीं समझती थी। वह विवाह के केवल मनमोहक एवं उजले पक्ष को जानती थी, दूसरे स्याह पक्ष के विषय में उसको ज्ञान नहीं था। वह कल्पना लोक में विचरण करने वाली कोमल-सरल स्वभाव की मासूम कन्या थी।

काव्यगत सौन्दर्य—कवि द्वारा बदलती हुई सामाजिक-व्यवस्था की ओर संकेत करना सराहनीय है। भावों को स्पष्ट करने के लिए प्रतीकात्मकता का प्रयोग प्रशंसनीय है। लाक्षणिकता के प्रयोग से कवि के कथन में गहनता एवं गम्भीरता का समावेश हो गया है। खड़ी बोली का प्रयोग है। शान्त रस है। प्रसाद गुण विद्यमान है। अतुकान्त छन्द है। सामान्य बोलचाल के शब्दों के प्रयोग से काव्य में स्वाभाविकता आ गयी है। अनुप्रास एवं उत्प्रेक्षा अलंकार के प्रयोग से काव्य सुन्दर बन पड़ा है। कवि ने माँ के माध्यम से बेटी को परम्पराओं से हटकर शिक्षा देने की ओर जो संकेत किया है, वह वांछनीय है।

पद्यांश पर आधारित प्रश्नोत्तर

प्रश्न— (i) 'लड़की अभी सयानी नहीं थी' से आशय है—

(क) लड़की भोली, मासूम एवं सरल हृदय की थी

(ख) उसे व्यावहारिक ज्ञान नहीं था

(ग) पुरुष प्रधान समाज के तौर-तरीकों से वह अनजान थी

(घ) उपर्युक्त सभी सत्य हैं

उत्तर—(घ) उपर्युक्त सभी सत्य हैं

(ii) लड़की को 'अंतिम पूँजी' कहने का अर्थ है—

(क) बेटी माँ के सुख-दु:ख का सहारा होती है

(ख) बेटी के विवाह पर संपूर्ण पूँजी लग गई थी

(ग) माँ के पास एकमात्र बेटी ही थी और अब उसका भी विवाह हो रहा था

(घ) बेटी के जाने के बाद माँ के जीवन में रिक्तता आ जाएगी

उत्तर—(घ) बेटी के जाने के बाद माँ के जीवन में रिक्तता आ जाएगी

(iii) कवि के अनुसार माँ का दु:ख प्रामाणिक है, क्योंकि—

(क) माँ के दु:ख को किसी प्रमाण की आवश्यकता नहीं होती

(ख) माँ के द्वारा बेटी को वरपक्ष को सौंपना बहुत पीड़ादायक होता है

(ग) माँ के दु:ख में कृत्रिमता नहीं होती

(घ) माँ अपनी बेटी का विवाह नहीं करना चाहती थी

उत्तर—(ख) माँ के द्वारा बेटी को वरपक्ष को सौंपना बहुत पीड़ादायक होता है

(iv) 'पाठिका थी वह धुँधले प्रकाश की'— इस पंक्ति से कवि का आशय है—

(क) बेटी धुँधले प्रकाश में पढ़ती थी

(ख) बेटी कम पढ़ी-लिखी थी

(ग) उसे जीवन की समस्याओं का अनुमान नहीं था

(घ) वह अज्ञानी थी

उत्तर—(ग) उसे जीवन की समस्याओं का अनुमान नहीं था

(v) काव्यांश में प्रयुक्त 'प्रामाणिक', 'पाठिका' 'लयबद्ध' आदि शब्द हैं—

(क) तत्सम (ख) तद्भव (ग) ब्रजभाषा के (घ) अवधी के

उत्तर— (i) तत्सम

2. माँ ने कहा पानी में झाँककर
अपने चेहरे पर मत रीझना
आग रोटियाँ सेंकने के लिए है
जलने के लिए नहीं
वस्त्र और आभूषण शाब्दिक भ्रमों की तरह
बंधन हैं स्त्री जीवन के

माँ ने कहा लड़की होना
पर लड़की जैसी दिखाई मत देना

सन्दर्भ—प्रस्तुत पंक्तियाँ कवि ऋतुराज द्वारा रचित 'कन्यादान' नामक कविता से अवतरित हैं।

प्रसंग—इस कविता में माँ अपनी बेटी को कन्यादान करते समय स्त्री के परम्परागत 'आदर्श' रूप से हटकर शिक्षा दे रही है।

व्याख्या—माँ अपनी बेटी का कन्यादान करते समय उसे समझाते हुए कहती है कि पानी में झाँककर अपने सुन्दर चेहरे की ओर आकर्षित होकर उसे निहारते ही मत रहना। केवल अपने शृंगार की ओर ध्यान देना काफी नहीं है, बल्कि उस पानी की गहराई को जान लेना आवश्यक है, क्योंकि वही पानी मृत्यु का कारण भी बन सकता है। अत: उससे होशियार रहना। आग का उपयोग केवल रोटियाँ सेंकने के लिए करना कोई गम्भीर कदम उठाने के लिए नहीं। उस आग का शिकार मत हो जाना। तू सावधानीपूर्वक अपने जीवन का निर्वहन करना। घर-गृहस्थी की जिम्मेदारियाँ अवश्य निभाना, लेकिन अत्याचार एवं शोषण बर्दाश्त मत करना। सुन्दर वस्त्र और गहने आदि भ्रामक वस्तुएँ हैं, इनके छलावे में मत आना। इन्हें बन्धन के समान प्रयोग किया जाता है तू इन बन्धनों से सावधान रहना। माँ ने अपनी बेटी को सीख दी कि तू लड़की के समान भोली, नाज़ुक, मासूम एवं निश्छल रहना, परन्तु व्यावहारिक रूप से सतर्क और सावधान रहना। अपनी मासूमियत एवं सरलता को व्यक्त मत होने देना अन्यथा लोग तुझे बेवकूफ समझकर तेरा शोषण करेंगे।

काव्यगत सौन्दर्य—कवि द्वारा वर्तमान समाज के प्रति नारी को सतर्क किया जाना सराहनीय है। भावों में गम्भीरता के लिए लाक्षणिकता का प्रयोग किया गया है। अतुकान्त छन्द है। सामान्य शब्दावली युक्त खड़ी बोली का प्रयोग है। शान्त रस है। उपमा एवं विरोधाभास अलंकारों के प्रयोग से काव्य सुन्दर बन पड़ा है।

➡ पद्यांश पर आधारित प्रश्नोत्तर

प्रश्न— (i) माँ ने बेटी से चेहरे पर रीझने के लिए क्यों मना किया?

(क) ताकि वह कहीं अपना चेहरा ही निहारती न रहे
(ख) ताकि वह अपने सौंदर्य पर गर्व न करने लगे
(ग) ताकि वह सौंदर्य के आकर्षण में बँधकर शोषण का शिकार न हो जाए
(घ) क्योंकि विवाह के बाद कन्या को चेहरे पर घूँघट डालना चाहिए

उत्तर—(ग) ताकि वह सौंदर्य के आकर्षण में बँधकर शोषण का शिकार न हो जाए

(ii) पानी के प्रतीकार्थ हैं—

(क) सौंदर्य (ग) झूठी प्रशंसा
(ख) दर्पण (घ) उपर्युक्त सभी

उत्तर—(घ) उपर्युक्त सभी

(iii) 'लड़की जैसी दिखाई मत देना' से तात्पर्य है—

(क) लड़के की तरह वेशभूषा रखना
(ख) लड़के की तरह बोलना
(ग) ससुराल में भोली और मासूम बनकर अत्याचार का शिकार मत होना
(घ) लड़की की तरह घर के कामों में लगी मत रहना

उत्तर—(ग) ससुराल में भोली और मासूम बनकर अत्याचार का शिकार मत होना

(iv) कवि के अनुसार वस्त्र तथा आभूषण हैं—

(क) बहुत मूल्यवान (ग) सुहाग का प्रतीक
(ख) लड़की की वास्तविक पूँजी (घ) छलावा मात्र और भ्रामक

उत्तर—(घ) छलावा मात्र और भ्रामक

(v) 'लड़की होना पर, लड़की जैसी दिखाई मत देना'—इस पंक्ति में अलंकार है—

(क) उपमा अलंकार (ग) उत्प्रेक्षा अलंकार
(ख) विरोधाभास अलंकार (घ) यमक अलंकार

उत्तर—(ख) विरोधाभास अलंकार

➪ पाठ से सम्बन्धित प्रश्नोत्तर

प्रश्न 1. 'कन्यादान' कविता की माँ परम्परागत माँ से कैसे भिन्न है?

उत्तर— 'कन्यादान' कविता की माँ परम्परागत माँ से भिन्न थी, क्योंकि इसमें माँ अपनी बेटी को स्त्री के परम्परागत 'आदर्श' रूप से हटकर जीने की सीख दे रही है। समाज व्यवस्था द्वारा स्त्रियों के लिए आचरण संबंधी जो प्रतिमान गढ़ दिए जाते हैं उनमें 'कमजोरी' का एहसास छिपा रहता है।

प्रश्न 2. आपके विचार से माँ ने ऐसा क्यों कहा कि लड़की होना पर लड़की जैसी दिखाई मत देना?

अथवा

'लड़की जैसी दिखाई मत देना' यह आचरण अब बदलने लगा है—इस पर अपने विचार लिखिए।

उत्तर— माँ चाहती है कि उसकी बेटी सम्पूर्ण नारी बने। नारी के समस्त गुण जैसे—कोमलता, धैर्य, सहनशीलता, मासूमियत, सरलता एवं समर्पण आदि को वह आत्मसात करे। अत्यन्त सहनशीलता से कहीं वह कमज़ोर न हो जाये। कोई उसके इन गुणों के कारण उसके अधिकारों का हनन न करे इसीलिए वह उससे लड़की जैसा न दिखने की बात कह रही है।

प्रश्न 3. 'आग रोटियाँ सेंकने के लिए है, जलने के लिए नहीं।'

(क) इन पंक्तियों से समाज में स्त्री की किस स्थिति की ओर संकेत किया गया है?

(ख) माँ ने बेटी को सचेत करना क्यों जरूरी समझा?

उत्तर— (क) इन पंक्तियों से समाज में स्त्री की शोचनीय एवं दयनीय स्थिति की ओर संकेत किया गया है। जब दहेजलोभी लड़की को जलाकर मार दिया करते थे या उन्हें स्वयं जलकर आत्महत्या करने के लिए विवश कर दिया करते थे।

(ख) माँ ने बेटी को सचेत करना इसलिए जरूरी समझा ताकि वह शोषण तथा अत्याचार का शिकार होकर अपने जीवन का परित्याग न कर दे। वह कमजोर बनकर षड्यन्त्र का शिकार न हो जाये। वह मजबूत इरादों वाली बनकर अपने अधिकारों की रक्षा कर सके। अन्याय के विरुद्ध आवाज़ उठा सके।

प्रश्न 4. 'बेटी अभी सयानी नहीं थी'—में माँ की चिन्ता क्या है? 'कन्यादान' कविता के आधार पर लिखिए।

उत्तर— माँ के स्नेह में पली-बढ़ी उसके लिए सरल ही होती है। इसके अतिरिक्त माँ जानती है कि बेटी को वैवाहिक जीवन एवं मनुष्यों की कटु बातों की जानकारी नहीं है। ससुराल पक्ष के उस व्यवहार को कैसे सहन कर पाएगी? जो छल-कपट से युक्त हैं। वह उन्हें कैसे समझ पाएगी? यही माँ की अंतर्वेदना उसे संत्रस्त कर रही है।

प्रश्न 5. 'पाठिका थी वह धुँधले प्रकाश की, कुछ तुकों और कुछ लयबद्ध पंक्तियों की'—इन पंक्तियों को पढ़कर लड़की की जो छवि आपके सामने उभर कर आ रही है, उसे शब्दबद्ध कीजिए।

उत्तर— इन पंक्तियों को पढ़कर हमारे सामने एक शिष्ट, सभ्य, मासूम, कोमल तथा नासमझ लड़की की छवि उभरकर आ रही है, जो अभी व्यावहारिक रूप से परिपक्व नहीं है। विवाह के सुख के पीछे छिपे दु:खों से अनजान है। उसे वैवाहिक जीवन के सुखों का धुँधला-सा अहसास है, लेकिन दु:खों के अहसास एवं गहराइयों को नहीं समझती।

प्रश्न 6. 'कन्यादान' कविता में 'वस्त्र' और 'आभूषणों' को शाब्दिक भ्रम क्यों कहा गया है?

उत्तर— प्रशंसात्मक शब्दों को सुनकर कई बार समझदार लोग भी अन्य लोगों के भ्रमजाल में फँस जाते हैं, जिसका परिणाम उचित नहीं होता है। ठीक इसी प्रकार वस्त्र, आभूषण तथा सुंदरता की प्रशंसा स्त्री के बंधन हैं। अगर वह इस बंधन में एक बार बँध गई, तो उसका अस्तित्व खो जाता है, लेकिन नारी जीवन वस्त्राभूषणों तक ही सीमित नहीं है। उसे अपनी स्वतंत्रता बनाए रखनी चाहिए।

प्रश्न 7. माँ को अपनी बेटी अन्तिम पूँजी क्यों लग रही थी?

उत्तर— बेटी माँ के दिल का टुकड़ा होती है वह उसकी हमराज़ होती है। माँ बेटी के साथ ही जीवन के सुख-दु:ख बाँटती है। बेटी ही उसके सबसे निकट होती है। इसीलिए माँ को अपनी बेटी अन्तिम पूँजी लग रही थी।

प्रश्न 8. माँ ने बेटी को क्या-क्या सीख दी?

अथवा

कन्यादान करते समय माँ ने बेटी को क्या शिक्षा दी?

अथवा

'कन्यादान' कविता में माँ ने बेटी को अपने चेहरे पर न रीझने की सलाह क्यों दी है?

उत्तर— माँ ने बेटी को सीख दी कि अपने सौन्दर्य पर इतनी मुग्ध मत होना कि दुनियादारी का ध्यान ही न रहे। घर-गृहस्थी तथा ससुरालीजनों के लिए समर्पित तो रहना, किन्तु शोषण एवं अत्याचार सहन मत करना। आग और पानी से सावधान रहना कहीं वे जानलेवा सिद्ध न हो जायें तथा वस्त्र और आभूषण के भ्रम में पड़कर अपने अस्तित्व को मत खो देना। लड़की के सभी गुणों से परिपूर्ण रहना, परन्तु अपनी शिष्टता, सहनशीलता एवं मासूमियत का किसी को गलत लाभ मत उठाने देना। अन्याय के खिलाफ मजबूती से आवाज़ उठाना।

प्रश्न 9. माँ का कौन-सा दुःख प्रामाणिक था, कैसे?

उत्तर— विवाह के अवसर पर कन्यादान करते समय माँ जो दुःख अनुभव करती थी वह दुःख प्रामाणिक था, क्योंकि बेटी को कन्यादान स्वरूप वर-पक्ष के हाथों सौंपते समय माँ के हृदय की पीड़ा स्वाभाविक होती है उसमें किंचित भी कृत्रिमता नहीं होती है।

प्रश्न 10. 'आग रोटियाँ सेंकने के लिए है, जलने के लिए नहीं।' इस पंक्ति के माध्यम से माँ ने बेटी को सचेत करना जरूरी समझा, ताकि—

(i) वह शोषण तथा अत्याचार का शिकार न हो (ii) वह मजबूत इरादों वाली बनकर अपने अधिकारों की रक्षा कर सके

(iii) विवश होकर वह अपने जीवन का परित्याग न कर दे (iv) उपर्युक्त सभी बातें सत्य हैं

उत्तर— (iv) उपर्युक्त सभी बातें सत्य हैं

प्रश्न 11. 'कन्यादान' कविता के माध्यम से ऋतुराज संदेश देना चाहते हैं—

(i) नारी-सशक्तीकरण का

(ii) नारी-जागृति का

(iii) नारी जाति को अन्याय के विरुद्ध आवाज उठाने के लिए प्रेरित करना

(iv) उपर्युक्त सभी

उत्तर— (iv) उपर्युक्त सभी

प्रश्न 12. 'ऋतुराज' द्वारा रचित 'कन्यादान' कविता में किसके दुःख को प्रामाणिक कहा गया है?

(i) कवि के दुःख को (ii) माँ के दुःख को

(iii) कन्या के दुःख को (iv) पिता के दुःख को

उत्तर— (ii) माँ के दुःख को

रचना और अभिव्यक्ति

प्रश्न 1. आपकी दृष्टि में कन्या के साथ दान की बात करना कहाँ तक उचित है?

अथवा

'कन्यादान' शब्द के सन्दर्भ में वर्तमान समय में कन्या के दान की बात करना कहाँ तक उचित है?

अथवा

कन्या के साथ दान शब्द के औचित्य पर अपने विचार व्यक्त कीजिए।

उत्तर— जब कोई वस्तु दान कर दी जाती है, तो वह अपनी नहीं रहती। इस सन्दर्भ में वस्तुएँ दान की जाती हैं और कन्या कोई वस्तु नहीं है। परन्तु यदि उसका दान कर भी दिया जाता है, तो उससे सम्बन्ध-विच्छेद नहीं होता वह फिर भी अपने माता-पिता की लाड़ली रहती है तथा समय-समय पर अपने 'मायके' आती जाती रहती है। आज समाज में लड़का व लड़की को समान अधिकार प्राप्त हैं। इस प्रकार हमारी दृष्टि में कन्या के साथ दान शब्द का कोई औचित्य नहीं है।

प्रश्न 2. 'कन्यादान' कविता में किसे दुःख बाँचना नहीं आता था और क्यों?

उत्तर— 'कन्यादान' कविता में बेटी को अभी दुःख बाँचना नहीं आता था, क्योंकि माँ के अनुसार बेटी स्नेह के भावों को तो समझती है, किन्तु स्नेह में छल-कपटों से अपरिचित ही है। इसी कारण माँ के हृदय में भय व्याप्त है कि बेटी ससुराल के छल को कैसे समझ पायेगी?

मूल्यपरक एवं अन्य महत्वपूर्ण प्रश्नोत्तर

प्रश्न 1. कवि ने माँ की सीख के माध्यम से समाज की किन कुरीतियों पर प्रहार किया है?

उत्तर— समाज में कुछ कुरीतियाँ प्रचलित हैं जो समाज की प्रगति पर काले धब्बे के समान हैं। दहेज प्रथा, कन्या भ्रूणहत्या, नववधू को आत्महत्या के लिए मजबूर करना या उसकी हत्या कर देना। घरेलू हिंसा, नववधू को ताने और उलाहने देकर उसको अस्तित्वहीन एवं हीनभावना का शिकार बना देना आदि।

कवि ने माँ की सीख के माध्यम से दहेजलोभियों द्वारा लड़की को प्रताड़ित करना, उसकी हत्या कर देना या फिर उसे आत्महत्या के लिए विवश कर देना, उसको दबाकर रखना, उस पर अत्याचार करना तथा उसको परिवार में महत्व न देना आदि सामाजिक कुरीतियों पर प्रहार किया है।

प्रश्न 2. 'कन्यादान' कविता की माँ परम्परागत माँ से भिन्न है—सिद्ध कीजिए।

उत्तर— परम्परागत माँ बेटी को ससुराल के प्रति पूर्ण रूप से समर्पित होने की सीख देती है। वह अपनी बेटी को सब कुछ सहन करते हुए ससुरालीजनों की सेवा करने की सीख देती है। 'कन्यादान' कविता की माँ अपनी बेटी को साहसी बनकर अपने अधिकारों की रक्षा करने तथा कमज़ोर न बनने की सीख देती है। वह बेटी को गहनों व वस्त्रों के बन्धन में न बँधने तथा शोषण का पात्र न बनने के प्रति भी सचेत करती है। वह दहेज के कारण जलाये जाने के खतरे के प्रति भी उसे आगाह करती है। माँ की इन सभी सीखों से सिद्ध होता है कि 'कन्यादान' कविता की माँ परम्परागत माँ से सर्वथा भिन्न है।

प्रश्न 3. हर माँ की चाहत अपनी बेटी को दुल्हन के रूप में देखने व उसके सुखी भविष्य के सपने सँजोने की होती है। आप इस विचार से कहाँ तक सहमत हैं?

उत्तर— हाँ! यह बिल्कुल सत्य है कि हर माँ की चाहत अपनी बेटी को दुल्हन के रूप में देखने तथा उसके सुखी भविष्य के सपने सँजोने की होती है। आज पढ़े-लिखे समाज में रोजगार के लिए भागमभाग होने के बावजूद भी एक बेटी की माँ उसे आत्मनिर्भर बनाने के साथ उसे दुनिया की सबसे खूबसूरत दुल्हन के रूप में देखने के लिए लालायित रहती है। उसका पूरा दिन इन्हीं खुशियों के पलों के लिए ताने-बाने बुनते हुए निकल जाता है।

प्रश्न 4. 'कन्यादान' कविता की मुख्य विशेषता क्या है?

उत्तर— 'कन्यादान' कविता की मुख्य विशेषता यह है कि माँ अपनी बेटी को लीक से हटकर शिक्षा दे रही है। उसकी शिक्षा स्त्री के परम्परागत 'आदर्श' रूप से हटकर है। हमारे समाज में नववधू को 'आदर्शों' का प्रतिमान माना जाता है। उसे कोमल तथा लज्जाशील माना जाता है। यही आदर्श, कोमलता व लज्जाशीलता उसके बन्धन बन जाते हैं। उसकी कोमलता को कमज़ोरी मानकर उसका शोषण किया जाता है। 'कन्यादान' कविता की माँ अनुभवी है। अतः कविता में केवल भावुकता ही नहीं अपितु माँ के संचित अनुभव एवं उसकी पीड़ा की मार्मिक अभिव्यक्ति है। यह छोटी-सी कविता सम्पूर्ण नारी-जीवन की कहानी कह रही है।

प्रश्न 5. 'कन्यादान' कविता में निहित सन्देश स्पष्ट कीजिए।

अथवा

'कन्यादान' कविता का उद्देश्य स्पष्ट कीजिए।

अथवा

'कन्यादान' कविता के माध्यम से ऋतुराज क्या सन्देश देना चाहते हैं?

उत्तर— ऋतुराज द्वारा रचित 'कन्यादान' कविता शिक्षाप्रद है। यह कविता आधुनिक समाज को आइना दिखाती है। यह नारी जागृति का सन्देश देते हुए उसे साहसी बनाती है। यह कविता नारी को अपने अस्तित्व की रक्षा करने, आत्मसम्मान की रक्षा करने तथा अपने अधिकारों के लिए संघर्ष करने के लिए प्रेरित करती है। यह कविता नारी-जाति को अन्याय के खिलाफ अपनी आवाज़ बुलन्द करने का हौसला देती है। साथ ही कन्यादान के समय माँ के दुःख को भी अभिव्यक्त करती है। इस कविता का उद्देश्य नारी सशक्तिकरण भी है।

प्रश्न 6. वर्तमान समय के परिप्रेक्ष्य में 'कन्यादान' कविता की उपयुक्तता पर अपने विचार व्यक्त कीजिए।

उत्तर— वर्तमान समय में समान में कई परिवर्तन आये हैं। स्वावलम्बी होते-होते समाज में स्वार्थी लोगों की संख्या बढ़ गई है। लोगों में सामाजिकता कम हो गई है। केवल अपने परिवार तक ही सिमटना लोगों का फैशन बन गया है। ऐसे में 'कन्यादान' कविता एकदम उपयुक्त है। समाज का दबाब कम हो जाने के कारण कन्या को स्वयं ही अपने स्वाभिमान, आत्मसम्मान व अस्तित्व की रक्षा हेतु आगे जाना पड़ेगा। वर्तमान समय की कन्या को सचेत होने की जरूरत है। उसमें उचित-अनुचित, न्याय-अन्याय आदि समझने की परख होना आवश्यक है, अन्यथा उसका शोषण हो सकता है, उस पर अत्याचार किये जा सकते हैं। ऐसे में उसे अनुकरणीय साहस व सूझ-बूझ से काम लेना आवश्यक है। 'कन्यादान' कविता की माँ भी अपनी बेटी को यही सीख दे रही है।

प्रश्न 7. ऋतुराज द्वारा रचित 'कन्यादान' कविता में किसके दुःख को प्रामाणिक कहा गया है और क्यों?

उत्तर— ऋतुराज द्वारा रचित 'कन्यादान' कविता में अपनी बेटी का कन्यादान करने वाली 'माँ' के दुःख को प्रामाणिक कहा गया है। उसके जीवन-भर की पूँजी उससे दूर जाने वाली थी। माँ बिल्कुल अकेली रह जाने वाली थी। उसका यह दुःख कोई बनावटी न होकर वास्तविक था। माँ के इस दुःख को किसी प्रमाण की जरूरत नहीं थी। यह दुःख स्वाभाविक था।

प्रश्न 8. 'कोमलता के गौरव में दुर्बलता का उपहास छिपा रहता है' आप इस बात से कहाँ तक सहमत हैं?

उत्तर— कोमलता एवं लज्जाशीलता स्त्री का गहना होती है। इसी कोमलता की आड़ में धीरे-धीरे उसे गहने रूपी बेड़ियों में जकड़ दिया जाता है। लोग उसकी इसी कमज़ोरी का उपहास उड़ाते हैं। उसे कोमलता एवं सौन्दर्य का प्रतिमान बनाकर धीरे-धीरे उसका शोषण करने लगते हैं। शोषण के भी अनेक रूप होते हैं। बन्धन में बँधी होने के कारण वह अपनी आवाज़ को मुखर नहीं कर पाती तथा शोषित होती रहती है।

प्रश्न 9. वर्तमान समाज में स्त्रियों की क्या स्थिति है?

उत्तर— वर्तमान समाज में स्त्रियों की स्थिति में काफी सुधार हुआ है। आज की स्त्री स्वतन्त्र तथा आत्मनिर्भर है। हर क्षेत्र में उसकी पहुँच है। वह स्वाभिमानी तथा निर्णय लेने में समर्थ है। वह रसोई से लेकर चाँद तक हर क्षेत्र में स्वयं को सिद्ध करने का जज़्बा रखती है। उसकी सोच नयी है तथा कल्पनाशक्ति भी कमाल की है।

आज की नारी पुरुषों के साथ कन्धे-से-कन्धा मिलाकर चल रही है। किसी भी क्षेत्र में वह पुरुषों से पीछे नहीं है। वह जागरूक है। वह अपने अधिकारों के प्रति सजग है। आज की नारी में नेतृत्व की क्षमता का विकास हुआ है। वह कर्मठ तथा दृढ़निश्चयी है। आज की स्त्री गर्व करने योग्य है।

संगतकार

|9|

कवि-मंगलेश डबराल

कवि-परिचय—हिन्दी साहित्य के श्रेष्ठ कवि मंगलेश डबराल का जन्म सन् 1948 में टिहरी गढ़वाल (उत्तराखण्ड) के काफलपानी नामक गाँव में हुआ। इनकी शिक्षा-दीक्षा देहरादून में हुई। पत्रकारिता के क्षेत्र से जुड़कर इन्होंने हिन्दी 'पेट्रियट, प्रतिपक्ष' और 'आस-पास' में काम किया। भोपाल जाकर पूर्वग्रह में सहायक सम्पादक रहे। तत्पश्चात् इलाहाबाद और लखनऊ से प्रकाशित 'अमृत प्रभात' में कार्य किया। सन् 1983 में जनसत्ता समाचार पत्र में सहायक सम्पादक का पद सँभाला। सहारा समय में सम्पादन कार्य करने के बाद वर्तमान समय में वे नेशनल बुक ट्रस्ट से जुड़े हुए हैं।

रचनाएँ—मंगलेश डबराल के चार कविता संग्रह प्रकाशित हो चुके हैं—पहाड़ पर लालटेन, घर का रास्ता, हम जो देखते हैं तथा आवाज़ भी एक जगह है। अनुवादक के रूप में विख्यात मंगलेश जी साहित्य अकादमी पुरस्कार तथा पहल सम्मान से सम्मानित हो चुके हैं। इनकी कविताओं के भारतीय भाषाओं के अतिरिक्त अंग्रेजी, रूसी, जर्मन, स्पानी, पोल्स्की तथा बल्गारी भाषाओं में भी अनुवाद प्रकाशित हो चुके हैं। कविता के अतिरिक्त डबराल जी साहित्य, सिनेमा, संचार माध्यम तथा संस्कृति पर नियमित रूप से लेख लिखते हैं।

काव्यगत विशेषताएँ—मंगलेश की कविता में सामंती बोध तथा पूँजीवादी छल-छद्म दोनों का पुरज़ोर विरोध हुआ है। आज के संघर्षशील, कर्मठ मानव की आवाज़ को इनकी कविता में विशेष स्थान मिला है। ये सजग भाषा-दृष्टि के चितेरे हैं। इनकी कविता कोमल भावनाओं एवं लय से युक्त है। इनकी कविता में नए बिम्बों एवं नए प्रतीकों की भरमार है। इनकी भाषा सहज सरल, सुन्दर एवं पारदर्शी है। उनकी कविता में शोषितों एवं वंचितों की आवाज़ मुखर होती प्रतीत होती है।

सारांश—मंगलेश डबराल ने 'संगतकार' कविता के माध्यम से मुख्य गायक का साथ निभाने वाले संगतकार के महत्व पर प्रकाश डाला है। संगतकार मुख्य गायक की सफलता में महत्वपूर्ण योगदान प्रदान करता है। जब मुख्य गायक भारी स्वर में गायन करता है, तब संगतकार अपनी सुन्दर कमज़ोर काँपती आवाज़ से उसे और अधिक खूबसूरत बना देता है। युगों-युगों से संगतकार अपनी आवाज़ को मुख्य गायक के स्वर के साथ मिलाता चला आ रहा है। मुख्य गायक जब अन्तरे को गाते समय उसकी जटिल तान में खो जाता है या अपने ही सरगम को लाँघकर अनहद के ऊँचे स्वर में भटक जाता है, तब संगतकार ही स्थायी को सँभालता है। जब मुख्य गायक तार सप्तक गाते-गाते स्वर को बहुत ऊँचा ले जाता है, जहाँ उसकी आवाज़ बिखर जाती है, तब संगतकार उसका साथ देते हुए, उसकी आवाज़ को संबल प्रदान करता है। इस प्रकार वह उसकी आवाज़ को सँभालकर उसका आत्मविश्वास बढ़ाता है। उसे फिर से गाने के लिए प्रेरित करता हुआ, वह हमेशा इस प्रयास में लगा रहता है कि उसका स्वर मुख्य गायक के स्वर से अधिक प्रभावशाली न हो जाये। यह उसकी महानता है न कि असफलता। यह उसका त्याग एवं समर्पण है। ऐसा करके वह मुख्य गायक के प्रति सम्मान प्रकट करता है। संगीत की सूक्ष्म समझ एवं कविता की दृश्यात्मकता कविता को साक्षात घटित कर देती है।

शब्द-सम्पदा

संगतकार = मुख्य गायक के साथ गायन करने वाला या वाद्य बजाने वाला कलाकार या सहयोगी। **गरज** = ऊँची गम्भीर आवाज़। **अन्तरा** = स्थायी या टेक को छोड़कर गीत का चरण। **मुख्य गायक** = प्रधान गायक। **शिष्य** = चेला। **प्राचीन काल से** = पुराने समय से। **गूँज** = सुरीली तान। **जटिल** = कठिन। **तान** = स्वर का विस्तार, ऊँचा स्वर, आलाप। **सरगम** = संगीत के सात स्वर। **लाँघकर** = पार करके। **अनहद** = असीमित, बहुत ऊँची। **समेटता** = इकट्ठा करता। **नौसिखिया** = जिसने सीखना आरम्भ किया हो। **राख जैसा गिरता हुआ** = बुझता हुआ स्वर। **ढाढ़स बँधाना** = सांत्वना देना। **गला** = कंठ। **उत्साह** = जोश। **अस्त होना** = छिपना। **हिचक** = संकोच। **कोशिश** = प्रयत्न। **विफलता** = असफलता। **मनुष्यता** = मानवता, इंसानियत।

पद्यांशों की ससन्दर्भ व्याख्या (काव्यगत सौन्दर्य सहित)

1. **मुख्य गायक के चट्टान जैसे भारी स्वर का साथ देती**
वह आवाज़ सुन्दर कमज़ोर काँपती हुई थी
वह मुख्य गायक का छोटा भाई है
या उसका शिष्य
या पैदल चलकर सीखने आने वाला दूर का कोई रिश्तेदार
मुख्य गायक की गरज़ में
वह अपनी गूँज मिलाता आया है प्राचीन काल से

सन्दर्भ—प्रस्तुत अवतरण प्रसिद्ध कवि मंगलेश डबराल द्वारा रचित 'संगतकार' नामक कविता से अवतरित है।

प्रसंग—इन पंक्तियों में कवि ने मुख्य गायक का साथ निभाने वाले संगतकार के महत्व पर प्रकाश डाला है।

व्याख्या—कवि कहता है कि मुख्य गायक की सफलता के पीछे संगतकार का योगदान छिपा रहता है। जब मुख्य गायक चट्टान के समान गम्भीर, भारी-भरकम आवाज़ में गाता था, तो उसका संगतकार अपनी अत्यन्त सुन्दर काँपती हुई आवाज़ से उसका साथ देता था। ऐसा लगता था जैसे संगतकार या तो मुख्य गायक का छोटा भाई है या उसका परम शिष्य। या फिर कोई दूर का रिश्तेदार, जो पैदल चलकर संगीत सीखने आया हो। अपनेपन से मुख्य गायक की आवाज़ में अपना खूबसूरत स्वर मिलाने वाला निश्चय ही उसका कोई अपना ही हो सकता है। वह सदैव से ही मुख्य गायक की ऊँची गम्भीर आवाज़ में अपना आलाप लगाता चला आया है।

काव्यगत सौन्दर्य—संगतकार को महत्व देना सराहनीय है। संगतकार ही मुख्य गायक के स्वर को सँभालता है। खड़ी बोली का प्रयोग है। सामान्य बोलचाल के शब्दों का सफल प्रयोग है। प्रसाद गुण विद्यमान है। अतुकान्त छन्द है। अभिधा शब्द-शक्ति के प्रयोग से कवि का कथन सरल एवं सरस हो गया है। अनुप्रास, उपमा, रूपक एवं उत्प्रेक्षा अलंकारों की छटा अत्यन्त मनोहर बन पड़ती है।

पद्यांश पर आधारित प्रश्नोत्तर

प्रश्न— (i) गायक के स्वर को सँभालने में कौन सहायक सिद्ध होता है?

(ii) 'वह अपनी गूँज मिलाता आया है प्राचीन काल से' का भाव स्पष्ट कीजिए।

(iii) कवि के अनुसार संगतकार के साथ मुख्य गायक का क्या रिश्ता हो सकता है?

(iv) 'संगतकार' का स्वर कैसा है?

(v) 'पैदल चलकर' से किस ओर संकेत किया गया है?

(vi) 'संगतकार' प्राचीनकाल से क्या करता चला आ रहा है?

(vii) मुख्य गायक का स्वर कैसा है?

उत्तर— (i) गायक के स्वर को सँभालने में 'संगतकार' का महत्वपूर्ण योगदान है। वही मुख्य गायक के स्वर को सँभालने में सहायक सिद्ध होता है।

(ii) मुख्य गायक के गायन को प्रभावी बनाने, उसकी सहायता करने के लिए संगतकार उसके स्वर से अपना स्वर मिलाते हैं। ऐसी परम्परा प्राचीनकाल से चली आ रही है।

(iii) कवि के अनुसार 'संगतकार' मुख्य गायक का छोटा भाई, शिष्य या कोई दूर से पैदल चलकर आया दूर का रिश्तेदार हो सकता है, जो संगीत सीखने की लालसा से आया हो।

(iv) 'संगतकार' का स्वर सुन्दर, कंपन युक्त एवं मुख्य गायक के स्वर की तुलना में कमज़ोर है।

(v) 'पैदल चलकर' से संगतकार की साधनहीनता की ओर संकेत किया गया है।

(vi) 'संगतकार' प्राचीनकाल से मुख्य गायक की गम्भीर आवाज़ में अपने सुन्दर स्वर की गूँज मिलाकर मुख्य गायक के स्वर को संबल प्रदान करता चला आ रहा है।

(vii) मुख्य गायक का स्वर चट्टान के समान भारी एवं गम्भीर है।

2. गायक जब अन्तरे की जटिल तानों के जंगल में
खो चुका होता है
या अपने ही सरगम को लाँघकर
चला जाता है भटकता हुआ एक अनहद में
तब संगतकार ही स्थायी को सँभाले रहता है
जैसे समेटता हो मुख्य गायक का पीछे छूटा हुआ सामान
जैसे उसे याद दिलाता हो उसका बचपन
जब वह नौसिखिया था

सन्दर्भ—प्रस्तुत पंक्तियाँ प्रसिद्ध कवि मंगलेश डबराल द्वारा रचित 'संगतकार' नामक कविता से अवतरित हैं।

प्रसंग—इन पंक्तियों में कवि ने संगतकार के महत्वपूर्ण योगदान के विषय में बताया है।

व्याख्या—मुख्य गायक गाते समय जब स्वर को लम्बा खींचते हुए, अन्तरे की जटिल तानों रूपी जंगल में खो जाता है। संगीत के सुरीले रस में डूब जाता है या संगीत के सुरों की सरगम-सीमा को लाँघकर अनोखे आनन्द में डूब जाता है। वह भटकता हुआ 'अनहद' के अलौकिक आनन्द में गोते लगाने लगता है तब उस समय संगतकार ही गीत के स्थायी को सँभाले रहता है, इस प्रकार वह गीत को बिखरने से रोक लेता है। वह स्थायी के स्वर को पकड़कर अलापता रहता है तथा मुख्य गायक को मूल स्वर में वापस लाने में मदद करता है। ऐसा लगता है मानो वह मुख्य गायक के पीछे छूट गए सामान को इकट्ठा कर रहा हो। जैसे वह मुख्य गायक को उसके बचपन का वह समय याद दिला रहा है, जब उसने संगीत सीखना शुरू किया था तथा वह संगीत में निपुण नहीं हुआ था। अतः मूल स्वर में भटक जाया करता था।

काव्यगत सौन्दर्य—कवि द्वारा मुख्य गायक के साथ संगतकार के महत्व को प्रतिपादित करना सराहनीय है। सामान्य बोलचाल की भाषा के शब्दों से युक्त खड़ी बोली का प्रयोग है। प्रसाद गुण विद्यमान है। अतुकान्त छन्द है। अभिधा शब्दशक्ति के प्रयोग से कथन में सरलता एवं सरसता का समावेश हो गया है। अलंकारों के उचित प्रयोग से सुन्दर छटा बन पड़ी है।

पद्यांश पर आधारित प्रश्नोत्तर

प्रश्न— (i) 'अन्तरे' की जटिल तानों के जंगल' से क्या तात्पर्य है?

(ii) 'सरगम को लाँघने से क्या अभिप्राय है?

(iii) मुख्य गायक कहाँ भटक जाता है?

(iv) संगतकार स्थायी को कैसे सँभाले रहता है?

(v) भटके स्वर को संगतकार कब सँभालता है और मुख्य गायक पर इसका क्या प्रभाव पड़ता है?

(vi) मुख्य गायक के अंतरे की जटिल-तान में खो जाने पर संगतकार क्या करता है?

(vii) 'अनहद' से क्या तात्पर्य है?

(viii) संगतकार क्या समेटता है? और क्यों?

(ix) संगतकार की भूमिका का महत्व कब सामने आता है?

(x) 'नौसिखिया' से क्या अभिप्राय है? कविता में नौसिखिया किसे कहा गया है?

(xi) संगतकार, मुख्य गायक को क्या याद दिलाता है?

उत्तर— (i) अन्तरे की जटिल तानों के जंगल से तात्पर्य सुर, लय, ताल व तान की उन जटिल रागों से है जिसमें गायक गीत के अन्तरे को गाते हुए उसके सुरों व आलापों की भूलभुलैया में उलझकर खो जाता है।

(ii) गीत के मुख्य स्वर की मर्यादा को भूलकर बहुत कठिन आलापों में उलझकर खो जाना ही 'सरगम को लाँघना' है।

(iii) मुख्य गायक गीत के अन्तरे की जटिल तानों में डूबकर भटक जाता है।

(iv) 'संगतकार' मुख्य गायक के स्वर को दोहराकर स्थायी को सँभाले रहता है।

(v) भटके स्वर को संगतकार गायक के तार सप्तक में पहुँचने के बाद सँभालता है और मुख्य गायक को इससे सहारा मिलता है।

(vi) मुख्य गायक के अंतरे की जटिल तान में खो जाने पर अर्थात् उसके स्वर के बिगड़ जाने पर संगतकार अपने स्वर से सहारा देकर उसे संभालता है।

(vii) 'अनहद' से तात्पर्य अनन्त, असीम या बेहद से है। दूसरे अर्थ में 'अनहद' वह विशेष ध्वनि है, जिसमें भक्त आध्यात्मिक रूप से मस्त होकर प्रभु-मिलन के आनन्द में डूब जाता है।

(viii) 'संगतकार' मुख्य गायक के पीछे छूटे हुए सुरों को समेटता है, ताकि मुख्य गीत का स्वर अपनी राह से न भटक जाये।

(ix) जब मुख्य गायक अंतरे की जटिल तानों में खो जाता है, तब संगीतकार स्थायी पर स्थिर होकर उसे वापस आने में सहायता करता है।

(x) 'नौसिखिया' से अभिप्राय नया-नया ज्ञान प्राप्त करने वाले से है। कविता में 'नौसिखिया' मुख्य गायक के लिए प्रयुक्त हुआ है।

(xi) संगतकार अपनी कोमल, सुंदर तथा क्षीण आवाज से कदम-कदम पर मुख्य गायक के गायन में सहायता करता है। मुख्य गायक जब भटकने लगता है अथवा अनहद की गूँज में लड़खड़ा जाता है तब संगतकार ही स्थायी भाव को सँभाले रखता है। ऐसा करके संगतकार मुख्य गायक को उसके द्वारा बचपन में की गई गलतियों की याद दिलाता है।

3. तारसप्तक में जब बैठने लगता है उसका गला
प्रेरणा साथ छोड़ती हुई उत्साह अस्त होता हुआ
आवाज़ से राख जैसा कुछ गिरता हुआ
तभी मुख्य गायक को ढाढ़स बँधाता
कहीं से चला आता है संगतकार का स्वर
कभी-कभी वह यों ही दे देता है उसका साथ
यह बताने के लिए कि वह अकेला नहीं है
और यह कि फिर से गाया जा सकता है
गाया जा चुका राग
और उसकी आवाज़ में जो एक हिचक साफ सुनाई देती है
या अपने स्वर को ऊँचा न उठाने की जो कोशिश है

उसे विफलता नहीं

उसकी मनुष्यता समझा जाना चाहिए।

सन्दर्भ—प्रस्तुत पंक्तियाँ प्रसिद्ध कवि मंगलेश डबराल द्वारा रचित 'संगतकार' नामक कविता से अवतरित हैं।

प्रसंग—इसमें कवि ने 'संगतकार' के महत्वपूर्ण योगदान के विषय में बताया है।

व्याख्या—कवि कहता है कि जब मुख्य गायक ऊँचे स्वर में गाता है तथा जब उसकी आवाज़ तारसप्तक में पहुँच जाती है, तो उच्च ध्वनि के कारण उसका गला बैठने लगता है। उस समय उसकी प्रेरणा उसका साथ छोड़ने लगती है, उसकी गाने की शक्ति समाप्त होने लगती है तथा उसका उत्साह भी शान्त पड़ने लगता है। उसका स्वर बुझ-सा जाता है तथा वह स्वयं को हतोत्साहित महसूस करने लगता है। उसे समझ में आने लगता है कि अब वह अच्छी तरह नहीं गा पायेगा। निराशा भरे उन्हीं क्षणों में संगतकार उसका मनोबल बढ़ाता है। उसके डूबते स्वर में अपना स्वर जोड़ देता है।

कभी-कभी संगतकार अनावश्यक रूप से भी उसका साथ देकर मुख्य गायक को अकेलेपन का अहसास नहीं होने देता। वह अपने राग के माध्यम से मुख्य गायक को यह भी बता देता है कि पहले गाया गया राग फिर से भी गाया जा सकता है। यह सब आभास कराते समय संगतकार के हृदय में संकोच का स्वर साफ़-साफ़ सुनाई देता है। वह गाते समय वह कोशिश करता है कि उसका स्वर मुख्य गायक के स्वर से किसी भी हालत में ऊँचा न उठ पाये।

कवि का कहना है कि 'संगतकार' की इस कोशिश को उसकी असफलता न समझकर उसकी इंसानियत समझना चाहिए। गुरु के प्रति समर्पण भाव के कारण वह शक्ति एवं सामर्थ्य होने पर भी स्वयं को ऊँचा उठाकर अपने स्वर का प्रदर्शन नहीं करता, बल्कि अपने गुरु की महानता को ही महत्व देने का प्रयत्न करता है।

काव्यगत सौन्दर्य—कवि ने संगतकार के माध्यम से गुरु के महत्व को प्रतिपादित किया है, जो सराहनीय है। खड़ी बोली का प्रयोग है। प्रसाद गुण विद्यमान है। सामान्य बोलचाल के शब्दों का सराहनीय प्रयोग है। शान्त रस की अभिव्यक्ति है। अतुकान्त-मुक्त छन्द का सुन्दर प्रयोग है। अभिधा शब्द-शक्ति के प्रयोग से कवि का कथन सरस एवं सरल बन पड़ा है। उपमा, सन्देह एवं पुनरुक्तिप्रकाश अलंकारों का सुन्दर प्रयोग किया गया है।

➯ पद्यांश पर आधारित प्रश्नोत्तर

प्रश्न— (i) 'तारसप्तक' से क्या अभिप्राय है?

(क) संगीत के सात शुद्ध स्वर (ग) संगीत की उच्चता

(ख) ध्वनि की ऊँचाई (घ) गायक की आवाज़

उत्तर—(क) संगीत के सात शुद्ध स्वर

(ii) 'राख जैसा' किसे कहा गया है?

(क) संगीत की ध्वनि (ग) गायक की ध्वनि

(ख) गायक के बुझते हुए स्वर (घ) ऊँचे स्वर

उत्तर— (ii) गायक के बुझते हुए स्वर

(iii) मुख्य गायक को ढाढ़स कौन बँधाता है?

(क) संगतकार (ग) गायक

(ख) कवि (घ) प्रेरणा

उत्तर—(क) संगतकार

(iv) 'आवाज से राख जैसा कुछ गिरता हुआ' से क्या तात्पर्य है?

(क) बुझता हुआ स्वर (ग) गायक का स्वर

(ख) उत्साहपूर्ण (घ) संगीत की ध्वनि

उत्तर—(क) बुझता हुआ स्वर

(v) 'कभी-कभी' में कौन सा अलंकार है?

(क) अनुप्रास अलंकार (ग) पुनरुक्तिप्रकाश अलंकार

(ख) श्लेष अलंकार (घ) उपमा अलंकार

उत्तर—(ग) पुनरुक्तिप्रकाश अलंकार

पाठ से सम्बन्धित प्रश्नोत्तर

प्रश्न 1. संगतकार के माध्यम से कवि किस प्रकार के व्यक्तियों की ओर संकेत कर रहा है?

उत्तर— संगतकार के माध्यम से कवि किसी भी कार्य-स्थल अथवा कला के क्षेत्र में सहयोग प्रदान करने वाले कर्मचारियों तथा कलाकारों की ओर संकेत कर रहा है। ऐसे सहयोगी स्वयं को महत्व न देकर किसी भी मुख्य व्यक्ति या मुख्य कलाकार को महत्व देना ही अपना धर्म समझते हैं। शक्ति एवं सामर्थ्य से पूर्ण होने पर भी वे स्वयं को गौण मानते हैं।

प्रश्न 2. संगतकार जैसे व्यक्ति संगीत के अलावा और किन-किन क्षेत्रों में दिखाई देते हैं?

उत्तर— संगतकार जैसे व्यक्ति सामाजिक एवं राजनीतिक क्षेत्र सहित लगभग सभी क्षेत्रों में दिखाई देते हैं। कलाकार, मूर्तिकार, काष्ठकार, फैक्ट्री सहित सभी स्थानों पर संगतकार जैसे लोग अपना धर्म एवं फर्ज़ निभाते दिखाई दे जाते हैं। धार्मिक क्षेत्र में भी इनकी कमी नहीं है।

प्रश्न 3. संगतकार किन-किन रूपों में मुख्य गायक-गायिकाओं की मदद करते हैं?

अथवा

संगतकार की भूमिका पर अपने विचार व्यक्त कीजिए।

उत्तर— संगतकार सहगायक एवं सहगायिका के रूप में तथा वाद्ययन्त्र बजाकर मुख्य गायक-गायिकाओं की मदद करते हैं। वे अपने स्वर की गूँज को मुख्य गायक के स्वर में मिलाकर उसका मनोबल बढ़ाते हैं। वे मुख्य गायक के तारसप्तक में भटक जाने पर भी स्थायी को पकड़े रहते हैं तथा मुख्य गायक को मूल स्वर पर वापस लाते हैं। वे मुख्य गायक को अकेला नहीं पड़ने देते। वे मुख्य गायक की टूटती-बिखरती आवाज़ को बल प्रदान करते हैं।

प्रश्न 4. 'संगतकार' का स्वर कैसा है?

(i) सुन्दर, कंपन युक्त (ii) सरगम युक्त
(iii) कमजोर स्वर (iv) प्रभावशाली स्वर

उत्तर— (i) सुन्दर, कंपन युक्त

प्रश्न 5. 'पैदल चलकर' से किस ओर संकेत किया गया है?

(i) साधनहीनता (ii) साधन सहित
(iii) विफलता (iv) उपर्युक्त में से कोई नहीं

उत्तर— (i) साधनहीनता

प्रश्न 6. भाव स्पष्ट कीजिए—

और उसकी आवाज़ में जो एक हिचक साफ सुनाई देती है
या अपने स्वर को ऊँचा न उठाने की जो कोशिश है
उसे विफलता नहीं
उसकी मनुष्यता समझा जाना चाहिए।

उत्तर— संगतकार मुख्य गायक का सहयोग करता रहता है। वह उसे अकेलेपन का एहसास नहीं होने देता। वह अपने स्वर के माध्यम से उसे यह भी बता देता है कि पहले गाया गया राग फिर से गाया जा सकता है। ऐसा आभास कराते समय उसकी आवाज़ में निहित संकोच साफ सुनाई देता है। संगतकार की हर सम्भव यह कोशिश रहती है कि उसका स्वर किसी भी हालत में मुख्य गायक के स्वर से ऊँचा उठना चाहिए।

कवि कहना चाहता है कि 'संगतकार' की इस कोशिश को उसकी असफलता नहीं, बल्कि मानवता समझना चाहिए। उसके हृदय में अपने गुरु के प्रति श्रद्धा एवं समर्पण भाव है, इसी कारण वह शक्ति एवं सामर्थ्य होने पर भी अपनी प्रतिभा का प्रदर्शन नहीं करना चाहता, बल्कि अपने गुरु की कला को ही महत्व देना चाहता है।

प्रश्न 7. किसी भी क्षेत्र में प्रसिद्धि पाने वाले लोगों को अनेक लोग तरह-तरह से अपना योगदान देते हैं। कोई एक उदाहरण देकर इस कथन पर अपने विचार लिखिए।

उत्तर— महेन्द्र सिंह धोनी आज किसी परिचय के मोहताज नहीं हैं। भारत को 28 साल बाद विश्वकप जिताने वाले 'धोनी' को विश्व के सफलतम कप्तानों में शुमार किया जाता है। महेन्द्र सिंह धोनी के 'माहि' से 'कैप्टन कूल' जैसी प्रसिद्ध शख्सियत बनने तक के सफर में अनेक लोगों का योगदान रहा है। माता-पिता के बाद धोनी के लिए उनके मित्रों का योगदान सराहनीय है। आर्थिक मदद से लेकर

प्रोत्साहन देने तक हर तरह से वे उनके साथ थे। उनके कठिन समय में भी वे धोनी के साथ चट्टान की तरह अडिग खड़े रहे। धोनी के जीवन में उनके कोच का भी महत्वपूर्ण योगदान रहा है, जिन्होंने उन्हें क्रिकेट की ओर आकर्षित व प्रेरित किया।

इस प्रकार हम कह सकते हैं कि हर प्रसिद्ध शख्सियत के पीछे अनेक लोगों का योगदान रहता है।

प्रश्न 8. ''कभी-कभी तारसप्तक की ऊँचाई पर पहुँचकर मुख्य गायक का स्वर बिखरता नज़र आता है उस समय संगतकार उसे बिखरने से बचा लेता है।'' इस कथन के आलोक में संगतकार की विशेष भूमिका को स्पष्ट कीजिए।

उत्तर— जब तारसप्तक की ऊँचाई पर पहुँचकर मुख्य गायक का स्वर बिखरता नज़र आता है, तब उसका आत्मविश्वास डगमगा जाता है तथा उत्साह क्षीण पड़ जाता है। उसकी इच्छा-शक्ति समाप्त होने लगती है, तब संगतकार मुख्य स्वर को दोहराकर उसका मनोबल बढ़ाता है। उसके बिखराव को सँभालकर उसके आत्मविश्वास तथा उत्साह को वापस लाता है। इस प्रकार संगतकार मुख्य गायक को ढाढ़स बँधाते हुए, उसे मूल स्वर पर वापस लाता है। संगतकार अपनी महत्वपूर्ण भूमिका का निर्वहन करते हुए मुख्य गायक को संबल प्रदान करता है। अतः हम कह सकते हैं कि संगतकार का स्थान महत्वपूर्ण व अत्यन्त उपयोगी है। वह मुख्य गायक का सहायक होने के साथ-साथ उसका अभिन्न मित्र व सच्चा सहयोगी है।

प्रश्न 9. संगतकार की आवाज़ में एक हिचक-सी क्यों प्रतीत होती है?

उत्तर— संगतकार अपने पूर्ण स्वर में नहीं गाता है, क्योंकि वह नहीं चाहता है कि मुख्य गायक से उसका स्वर तेज़ हो जाए। संगतकार सोचता है कि अगर उसका स्वर तेज़ हो गया, तो मुख्य गायक का स्वर एवं प्रभाव क्षीण हो सकता है। वह मुख्य गायक के प्रति श्रद्धा रखता है, जिसके परिणामस्वरूप संगतकार की आवाज़ में हिचक-सी प्रतीत होती है।

प्रश्न 10. सफलता के चरम शिखर पर पहुँचने के दौरान यदि व्यक्ति लड़खड़ाता है, तब उसे सहयोगी किस तरह सँभालते हैं?

उत्तर— सफलता के चरम शिखर पर पहुँचने के दौरान यदि व्यक्ति लड़खड़ाने लगता है, तो उस समय उसके सहयोगी उसे सांत्वना देकर उसका हौसला बढ़ाते हैं। उत्साहवर्धन करके उसका मनोबल बढ़ाते हैं। हर परिस्थिति में उसका साथ देने का वादा करके उसे संबल प्रदान करते हैं। उसे सँभालने में वे अपनी पूरी शक्ति एवं सामर्थ्य लगा देते हैं।

प्रश्न 11. संगतकार में त्याग की उत्कृष्ट भावना भरी है, पुष्टि कीजिए।

उत्तर— संगतकार वह व्यक्ति है, जो कदम पर मुख्य गायक की सहायता करता है, किन्तु वह अपने स्वर को मुख्य गायक के स्वर से अधिक प्रभावपूर्ण नहीं होने देता है। वह गायन का सम्पूर्ण श्रेय मुख्य गायक को देता है। वह नींव की ईंट की भाँति होता है, जो अपना अस्तित्व दाँव पर लगाकर त्याग की उत्कृष्ट भावना का परिचय देता है।

➯ रचना और अभिव्यक्ति

प्रश्न 1. कल्पना कीजिए कि आपको किसी संगीत या नृत्य समारोह का कार्यक्रम प्रस्तुत करना है, लेकिन आपके सहयोगी कलाकार किसी कारणवश नहीं पहुँच पाये—

(क) ऐसे में अपनी स्थिति का वर्णन कीजिए।

(ख) ऐसी परिस्थिति का आप कैसे सामना करेंगे?

उत्तर— (क) ऐसे में मेरी स्थिति अत्यन्त चिंतनीय होगी। मैं घबराकर हैरान व परेशान हो जाऊँगी। कुछ समय बाद हिम्मत जुटाकर धैर्य धारण करके किसी उपाय के विषय में सोचूँगी।

(ख) ऐसी परिस्थिति से सामना करने के लिए मैं अनेक तरह के प्रयास करूँगी। अपने अन्य पुराने साथियों को बुलाकर किसी मनोरंजक नाटक की प्रस्तुति करके उसका अच्छा सन्देश प्रसारित करूँगी जिसमें दिखाऊँगी कि विपरीत परिस्थितियों में कैसे जीता जा सकता है?

प्रश्न 2. आपके विद्यालय में मनाये जाने वाले सांस्कृतिक समारोह में मंच के पीछे काम करने वाले सहयोगियों की भूमिका पर एक अनुच्छेद लिखिए।

उत्तर— सांस्कृतिक समारोह के सफल संचालन में मंच के पीछे काम करने वाले सहायक एवं सहयोगियों की महत्वपूर्ण भूमिका होती है। किसी भी सांस्कृतिक समारोह में जितना महत्व मंच पर कार्यक्रम प्रस्तुत करने वाले कलाकारों का होता है, उससे कहीं अधिक महत्व मंच के पीछे काम करने वाले सहयोगियों का होता है। मंच सज्जा, ध्वनि एवं प्रकाश व्यवस्था, उचित संगीत व्यवस्था आदि का संचालन मंच के पीछे काम करने वाले सहयोगियों का होता है, यदि ये अपने कार्यों को पूर्ण जिम्मेदारी से नहीं करेंगे, तो सभी कलाकारों की प्रस्तुति धरी की धरी रह जायेगी। मेरे विद्यालय में मनाये जाने वाले सांस्कृतिक समारोह में मंच के पीछे काम करने वाले सभी सहयोगी अपने दायित्वों का निर्वाह बड़ी संजीदगी से करते हैं।

प्रश्न 3. किसी भी क्षेत्र में, संगतकार की पंक्ति वाले लोग प्रतिभामान होते हुए भी मुख्य या शीर्ष स्थान पर क्यों नहीं पहुँच पाते होंगे?

अथवा

संगतकार की श्रेणी के लोग प्रतिभा, शक्ति एवं सामर्थ्य होने के बावजूद भी शीर्ष स्थान क्यों नहीं प्राप्त कर पाते?

उत्तर— किसी भी क्षेत्र में संगतकार की श्रेणी में आने वाले लोग प्रतिभा, शक्ति एवं सामर्थ्य होने पर भी शीर्ष स्थान पर नहीं पहुँच पाते, यह उनकी विडंबना ही है। यह लोगों की नज़रों का फेर है कि उन्हें केवल एक पक्ष नज़र आता है, उसके पीछे लगी कई लोगों की शक्ति नहीं। इसका दूसरा कारण गरीबी, सम्बन्धों का अभाव, साधनहीनता तथा उचित अवसर न मिलना भी है। इन्हीं चीजों के अभाव में संगतकार को स्वयं को सिद्ध और स्थापित करने का मौका नहीं मिलता, जिससे वह शीर्ष स्थान तक नहीं पहुँच पाता तथा वह केवल संगतकार बनकर ही रह जाता है।

➡ मूल्यपरक एवं अन्य महत्वपूर्ण प्रश्नोत्तर

प्रश्न 1. 'संगतकार' कविता के आधार पर शीर्षक की सार्थकता स्पष्ट कीजिए।

उत्तर— 'संगतकार' कविता के माध्यम से कवि ने गुमनामी के अँधेरे में जीवनयापन कर रहे दोयम दर्जे के लोगों की महत्वपूर्ण भूमिका पर प्रकाश डाला है। ऐसे लोग किसी भी क्षेत्र में कार्य कर रहे हों। ये हुनरबन्द होते हैं। इन्हीं के कंधों पर सफलता की जिम्मेदारी होती है। हाँ! यह अवश्य है कि सफलता का श्रेय इनको नहीं मिलता। कवि ने 'संगतकार' कविता के माध्यम से इन्हीं लोगों की महत्वपूर्ण उपस्थित के विषय में बताया है। अत: यह शीर्षक पूर्ण रूप से सार्थक है।

प्रश्न 2. संगतकार जैसे प्रतिभावान लोग सर्वगुण सम्पन्न होने पर भी समाज में प्रतिष्ठित न होकर दोयम दर्जे पर ही रहते हैं। 'संगतकार' कविता के आधार पर स्पष्ट कीजिए।

उत्तर— यह कटु सत्य है कि समाज में 'संगतकार' जैसे प्रतिभावान लोग लब्ध प्रतिष्ठित नहीं होते। अपनी जिम्मेदारियों व कर्त्तव्यों को निभाने में ये अपना सर्वस्व न्योछावर कर देते हैं। यह पता होने पर भी कि सफलता का श्रेय उनको नहीं मिलने वाला है, वे हार नहीं मानते। समाज में स्थित अग्रिम पंक्ति के लोग इनके हुनर का लाभ उठाकर पूरा श्रेय खुद ले लेते हैं। इनके हाथ कुछ नहीं लगता। ये केवल संगतकार बनकर ही खुशी महसूस कर लेते हैं।

प्रश्न 3. प्रतिष्ठा प्राप्त करने के लिए सामाजिक सम्बन्ध अत्यन्त आवश्यक हैं—स्पष्ट कीजिए।

उत्तर— मनुष्य एक सामाजिक प्राणी है। गुणवान, बुद्धिमान एवं प्रतिभाशाली होने पर भी सफलता के चरम शिखर पर पहुँचने के लिए उसे समाज का सहारा लेना ही पड़ता है। जब उसके गुणों, बुद्धि तथा प्रतिभा को समाज की शक्ति मिलती है तभी वह प्रतिष्ठा प्राप्त करने में सफल होता है।

प्रश्न 4. संगतकार मुख्य गायक के स्वर में अपना स्वर मिलाकर उसके स्वर को संबल प्रदान करके प्राचीन परम्परा का निर्वाह कर रहा है। अपने विचार व्यक्त कीजिए।

उत्तर— संगतकार मुख्य गायक के स्वर में अपना स्वर मिलाकर, उसके स्वर को संबल प्रदान करके प्राचीन परम्परा का निर्वाह कर रहा है। यह बात बिल्कुल सही है। प्राचीनकाल से ही साहित्य जगत, फिल्म, राजनीति, खेल, नाटक हर क्षेत्र में संगतकार या सलाहकार अपना सहयोग करते चले आ रहे हैं। वर्तमान समय में भी यही स्थिति बरकरार है। संगतकार के बिना सफलता की कल्पना नहीं की जा सकती।

प्रश्न 5. 'संगतकार' कविता में कवि ने आम लोगों से क्या अपेक्षा की है?

उत्तर— 'संगतकार' कविता के आधार पर कवि की आम लोगों से अपेक्षा है कि जिस प्रकार आप लोग हमारी प्रशंसा करते हैं उसी प्रकार हमारे संगतकारों की भी प्रशंसा किया करें। उनके बिना साधना अधूरी है।

प्रश्न 6. संगतकार की आवाज़ में साफ सुनाई देने वाली 'हिचक' को कवि ने विफलता न मानकर मनुष्यता क्यों माना है?

उत्तर— संगतकार की आवाज़ में साफ सुनाई देने वाली हिचक संगतकार की मुख्य गायक के प्रति श्रद्धा एवं वफादारी का संकेत देती है। संगतकार अवसरवादी नहीं है। वह मुख्य गायक के प्रति समर्पित है। प्रतिभावान होने के बावजूद भी वह अपनी प्रतिभा नहीं दिखाना चाहता, इसीलिए कवि ने 'हिचक' को विफलता न मानकर उसे संगतकार की मनुष्यता माना है।

प्रश्न 7. सिद्ध कीजिए कि 'संगतकार' मानवतावादी दृष्टिकोण अपनाता है।

उत्तर— संगतकार गायन क्षेत्र में कुशल होने पर भी अपने स्वर को मुख्य गायक के स्वर से ऊँचा नहीं उठाता। यदि वह स्वयं चाहे तो मुख्य गायक को भी गायन-क्षेत्र में पीछे छोड़ सकता है। चूँकि वह मानवतावादी दृष्टिकोण अपनाता है, इसी कारण गाते समय वह इस बात का विशेष ध्यान रखता है कि उसका स्वर मुख्य गायक के सुर से किसी भी हालत में ऊँचा न उठ जाये। ऐसा करके वह मुख्य गायक का सम्मान करता है तथा अपना फर्ज़ निभाता है।

प्रश्न 8. 'संगतकार' कविता का सन्देश स्पष्ट कीजिए।

अथवा

'संगतकार' कविता का उद्देश्य स्पष्ट कीजिए।

उत्तर— 'संगतकार' कविता का उद्देश्य समाज में संगतकारों के महत्व को प्रतिपादित करते हुए उनकी ओर ध्यान आकर्षित करना है। जिससे समाज में उनकी उपेक्षा न हो बल्कि उन्हें सम्मान की दृष्टि से देखा जाये। उनके योगदान को सराहा जाये। बिना सहयोगी के अग्रिम पंक्ति में बैठे लोग अकेले सफलता प्राप्त नहीं कर सकते। टूटने या बिखरने पर संगतकार ही उन्हें संबल प्रदान कते हैं तथा उन्हें अकेला न होने का एहसास कराते हैं।

प्रश्न 9. यदि आपको कभी अवसर मिले, तो आप मुख्य गायक बनना चाहेंगे या संगतकार—तर्क सहित उत्तर दीजिए।

उत्तर— यदि कभी मुझे ये अवसर मिलता है, तो मैं मुख्य गायक के तौर पर गाना पसन्द करूँगा क्योंकि इससे मेरा आत्मविश्वास बढ़ेगा तथा धन व प्रतिष्ठा की प्राप्ति होगी तथा मेरी गणना अग्रिम पंक्ति में बैठे लोगों में होगी। यदि मुझे संगतकार बनने का अवसर मिलता है, तो भी मुझे बहुत प्रसन्नता होगी और मैं खुशी-खुशी इस भूमिका का निर्वहन कर लूँगा। ऐसी दशा में मैं मुख्य गायक को शीर्षक तक पहुँचाने में अपनी सारी शक्ति लगा दूँगा जिससे उसे सफलता की ऊँचाइयाँ छूने का मौका मिले। मुख्य गायक की जीत में ही मेरी जीत होगी। उसी विजय में मैं अपनी जीत का एहसास कर लूँगा।

❑❑

नेताजी का चश्मा

|10|

लेखक-स्वयं प्रकाश

लेखक परिचय—प्रसिद्ध कहानीकार स्वयं प्रकाश का जन्म 20 जनवरी सन् 1947 में मध्य प्रदेश के इंदौर नगर में हुआ। मैकेनिकल इंजीनियरिंग की शिक्षा प्राप्त करने के बाद इन्होंने राजस्थान के औद्योगिक प्रतिष्ठान में सेवाकार्य किया। स्वैच्छिक सेवानिवृत्ति के पश्चात् वे इस समय भोपाल में रहकर 'वसुधा' नामक पत्रिका के संपादन से जुड़े हैं। इन्हें पहल सम्मान, बनमाली तथा राजस्थान साहित्य अकादमी का रांघेय राघव पुरस्कार मिल चुका है। सन् 2011 में इन्हें प्रतिष्ठित आनन्द सागर कथाक्रम सम्मान से नवाज़ा गया है। इनकी कहानियों का अनुवाद रूसी भाषा में भी हो चुका है।

रचनाएँ—वरिष्ठ कथाकार स्वयं प्रकाश को प्रेमचन्द्र की परम्परा का महत्वपूर्ण कहानीकार माना जाता है। साहित्य के क्षेत्र में इनका महत्वपूर्ण योगदान है। इनके प्रमुख कहानी संग्रह, सूरज कब निकलेगा, आयेंगे अच्छे दिन भी, संधान आदि हैं तथा ईंधन, बीच में विनय आदि इनके प्रमुख उपन्यास हैं। इसके अतिरिक्त इन्होंने फिनिक्स, नई बिरादरी, सबका दुश्मन आदि नाटक भी लिखे हैं।

साहित्यिक विशेषताएँ—स्वयं प्रकाश का कथा साहित्य वैज्ञानिक सोच एवं सहजता का अनूठा और विरल संगम है। उनकी अतिसहज शैली का निजी एवं मौलिक प्रयोग उन्हें हमारे समय का सर्वाधिक लोकप्रिय कथाकार बनाता है।

वास्तव में, आज स्वयं प्रकाश समकालीन कहानी के महत्वपूर्ण हस्ताक्षर हैं।

सारांश—'नेताजी का चश्मा' कहानी के माध्यम से लेखक स्वयं प्रकाश ने देश के उन गुमनाम नागरिकों के योगदान के विषय में बताया है, जिन्होंने राष्ट्र-निर्माण में अपने-अपने ढंग से योगदान दिया है। इस कहानी का नायक कैप्टन चश्मे वाला भी उन्हीं में से एक है।

हालदार साहब अक्सर कम्पनी के काम से छोटे से कस्बे से गुज़रते थे। कस्बे में कुछ पक्के और अधिकतर कच्चे मकान थे। लड़कों एवं लड़कियों के लिए एक-एक स्कूल था। इसके अतिरिक्त एक छोटा-सा सीमेण्ट का कारखाना, दो सिनेमाघर तथा एक नगरपालिका थी, जो कस्बे के विकास के लिए कार्य करती थी। नगरपालिका ने कस्बे के चौराहे पर नेताजी सुभाषचन्द्र बोस की संगमरमर की एक मूर्ति लगवा दी। मूर्ति कस्बे के स्कूल के ड्राइंग-मास्टर मोतीलाल ने बनाई। उन्होंने समयाभाव के कारण केवल एक महीने में मूर्ति तैयार कर दी, परन्तु हड़बड़ी में वह मूर्ति पर चश्मा पहनाना भूल गये। देखने वालों को मूर्ति में कुछ कमी खटकती थी, इसीलिए कैप्टन चश्मेवाले ने मूर्ति पर असली चश्मा लगा दिया था।

पहली बार कस्बे से गुजरते समय हालदार साहब को लोगों का यह प्रयास अच्छा लगा। उन्हें महसूस हुआ कि आज भी लोगों में देश व देशभक्त नेताजी के प्रति सम्मान का भाव है। अगली बार कस्बे से गुज़रते समय हालदार साहब को मूर्ति पर अलग-अलग तरह का चश्मा दिखाई दिया। यह देखकर वे अचंभित रह गए और अपनी जिज्ञासा को शान्त करने के लिए उन्होंने इस विषय में चौराहे पर स्थित पानवाले से पूछा। पानवाले ने बताया कि मूर्ति का चश्मा कैप्टन बदल देता है। जब किसी ग्राहक को मूर्ति पर लगा चश्मा पसन्द आ जाता है तो वह उसे उतारकर ग्राहक को दे देता है और उसके स्थान पर दूसरा चश्मा लगा देता है।

हालदार साहब कैप्टन चश्मेवाले से बहुत प्रभावित हुए। उन्हें लगा कि कैप्टन या तो नेताजी का साथी होगा या फिर आजाद हिन्द फौज का सिपाही। जब उन्होंने इस विषय में पानवाले से पूछा, तो वह मुस्कराकर तपाक से व्यंग्य भरे अन्दाज में बोला—'वो लँगड़ा क्या जायेगा फौज में। पागल है पागल!'

एक देशभक्त का पानवाले द्वारा इस तरह मज़ाक उड़ाया जाना हालदार साहब को बिल्कुल अच्छा नहीं लगा। कैप्टन एक बूढ़ा, पतला तथा लँगड़ा व्यक्ति था। वह एक सन्दूकची तथा बाँस पर टँगे चश्मे लेकर आ रहा था। लेखक के मन में कैप्टन के विषय में और भी बहुत कुछ जानने की इच्छा थी, परन्तु पानवाला इससे अधिक बताने को तैयार नहीं था।

हालदार साहब अगले दो वर्ष तक इसी तरह कस्बे से गुज़रते हुए, नेताजी की मूर्ति पर बदलते चश्मों को देखते रहे।

एक बार जब हालदार साहब उधर से गुज़रे तो नेताजी की मूर्ति पर चश्मा न देखकर चौंक गये। पानवाले से पूछने पर पता चला कि चश्मेवाला कैप्टन मर गया। कैप्टन के मर जाने के बाद हालदार साहब चिन्ता में पड़कर, यह सोचने लगे कि उस देश का भविष्य क्या होगा जहाँ लोग राष्ट्र निर्माताओं तथा देशभक्तों पर हँसते हैं, उनका उपहास उड़ाते हैं।

पन्द्रह दिन बाद वहाँ से गुज़रते समय हालदार साहब ने तय किया कि वे चौराहे पर रुककर मूर्ति की तरफ नहीं देखेंगे, क्योंकि वे नेताजी की बिना चश्मेवाली मूर्ति नहीं देखना चाहते थे, लेकिन जैसे ही वे चौराहे से गुज़रे, स्तब्ध रह गये, क्योंकि मूर्ति पर सरकण्डे से बना हुआ चश्मा लगा था, जो किसी बच्चे द्वारा बनाया गया प्रतीत होता था। वे भावुक हो गये। उन्हें विश्वास हो गया कि अभी भी देश में देशभक्तों की कमी नहीं है।

बच्चों की भावना को सम्मान देने के लिए मूर्ति के समक्ष अटेंशन की स्थिति में खड़े होकर उन्होंने नेताजी तथा बच्चों की भावनाओं को नमन किया।

शब्द-सम्पदा

प्रतिमा = मूर्ति। **ऊहापोह** = दुविधा। **बस्ट** = छाती। **पटक देने** = जैसे-तैसे पूरी करने। **कमसिन** = कम उम्र का, सुन्दर। **लक्षित करना** = ध्यान देना। **कौतुकभरी** = रहस्यमयी। **निष्कर्ष** = परिणाम, नतीजा। **कौतूहल** = जिज्ञासा। **बत्तीसी** = खुले हुए दाँत। **गिराक** = ग्राहक। **किदर से** = कहाँ से। **उदर से** = वहाँ से। **आहत** = दुःखी। **दुर्दमनीय** = जिसका दमन न किया जा सके, जिसे दबाया न जा सके। **दरकार** = जरूरत। **चकित** = हैरान, अचम्भित। **द्रवित** = भावुक। **विचित्र** = अद्भुत। **समक्ष** = सामने। **नतमस्तक होना** = श्रद्धा से सिर झुकाना। **भूतपूर्व** = पुराना। **अवाक्** = हैरान। **प्रफुल्लता** = खुशी। **क्षण** = पल। **कौम** = जाति। **होम** = त्याग। **चौखट** = फ्रेम। **भावुक** = भावनाओं से भरा हुआ। **अटेंशन** = सावधान की स्थिति। **सरकंडे** = एक प्रकार की घास। **हृदय-स्थली** = बीच का स्थान, चौराहा। **असुविधा** = परेशानी। **खटकती**= बुरी लगती। **कसर** = कमी। **बिकने के मौके** = अपना स्वार्थ सिद्ध करने के अवसर। **प्रतिष्ठापित** = स्थापित।

➯ गद्यांश पर आधारित प्रश्नोत्तर

निम्नलिखित गद्यांशों को पढ़िए और उनके नीचे दिये गये प्रश्नों के उत्तर लिखिए—

1. **हालदार साहब को हर पंद्रहवें दिन कम्पनी के काम के सिलसिले में उस कस्बे से गुज़रना पड़ता था। कस्बा बहुत बड़ा नहीं था। जिसे पक्का मकान कहा जा सके, वैसे कुछ ही मकान और जिसे बाजार कहा जा सके, वैसा एक ही बाजार था। कस्बे में एक लड़कों का स्कूल, एक लड़कियों का स्कूल, एक सीमेण्ट का छोटा-सा कारखाना, दो ओपन एयर सिनेमाघर और एक ही नगरपालिका भी थी। नगरपालिका थी तो कुछ-न-कुछ करती भी रहती थी। कभी कोई सड़क पक्की करवा दी, कभी पेशाबघर बनवा दिये, कभी कबूतरों की छतरी बनवा दी तो कभी कवि सम्मेलन करवा दिया। इसी नगरपालिका के किसी उत्साही बोर्ड के प्रशासनिक अधिकारी ने एक बार 'शहर' के मुख्य बाजार के मुख्य चौराहे पर नेताजी सुभाषचन्द्र बोस की एक संगमरमर की प्रतिमा लगवा दी। यह कहानी उसी प्रतिमा के बारे में है, बल्कि उसके भी एक छोटे-से हिस्से के बारे में।**

प्रश्न— (i) गद्यांश में वर्णित कस्बे की दो विशेषताएँ लिखिए।
(ii) कस्बे में नेताजी की प्रतिमा किसने और कहाँ लगवाई थी?
(iii) हालदार साहब उस कस्बे से कितने दिनों के अंतराल से गुज़रा करते थे और क्यों?

उत्तर— (i) कस्बे की दो विशेषताएँ निम्नलिखित हैं—
(क) लड़के-लड़कियों के अलग-अलग स्कूल।
(ख) दो ओपन एयर सिनेमाघर।
(ii) नगरपालिका के किसी उत्साही बोर्ड या प्रशासनिक अधिकारी ने कस्बे के मुख्य बाजार के मुख्य चौराहे पर, नेताजी की प्रतिमा लगवायी थी।
(iii) हालदार साहब हर पंद्रहवें दिन कम्पनी के काम के सिलसिले में उस कस्बे से गुजरा करते थे।

2. **इस दृष्टि से यह सफल और सराहनीय प्रयास था। केवल एक चीज की कसर थी, जो देखते ही खटकती थी। नेताजी की आँखों पर चश्मा नहीं था। यानी चश्मा तो था, लेकिन संगमरमर का नहीं था। एक सामान्य और सचमुच के चश्मे का चौड़ा काला फ्रेम मूर्ति को पहना दिया गया था। हालदार साहब जब पहली बार इस कस्बे से गुज़रे और चौराहे पर पान खाने रुके तभी उन्होंने इसे लक्षित किया और उनके चेहरे पर एक कौतुकभरी मुस्कान फैल गई।**

प्रश्न— (i) हालदार साहब ने क्या लक्षित किया?
(ii) कौन-सा प्रयास सफल और सराहनीय था?
(iii) वह कौन-सी चीज थी, जिसकी कसर देखते ही खटकती थी?
(iv) नेताजी की आँखों पर कैसा चश्मा लगा था?
(v) हालदार साहब के चेहरे पर कौतुकभरी मुस्कान फैलने का क्या कारण था?
(vi) हालदार साहब चौराहे पर क्यों रुके?
(vii) हालदार साहब पहली बार कहाँ से गुजरे?

उत्तर— (i) हालदार साहब ने लक्षित किया कि नेताजी की मूर्ति पर सामान्य तथा सचमुच का चश्मा पहना दिया गया था।
(ii) नेताजी की सुन्दर, मासूम और कमसिन, फौजी वर्दी में मूर्ति बनाकर चौराहे पर लगवा देना नगरपालिका का सफल और सराहनीय प्रयास था।
(iii) नेताजी की मूर्ति पर मूर्तिकार चश्मा पहनाना भूल गया था। मूर्ति पर चश्मा न लगा होने की कसर देखते ही खटकती थी।
(iv) नेताजी की आँखों पर एक सामान्य और सचमुच के चौड़े काले फ्रेम वाला चश्मा लगा था।
(v) नेताजी की पत्थर की मूर्ति पर असली चश्मा लगा हुआ देखकर हालदार साहब के चेहरे पर कौतुकभरी मुस्कान फैल गई।
(vi) हालदार साहब चौराहे पर पान खाने रुके।
(vii) हालदार साहब पहली बार कस्बे से गुज़रे।

3. जीप कस्बा छोड़कर आगे बढ़ गई तब भी हालदार साहब इस मूर्ति के बारे में ही सोचते रहे, और अन्त में इस निष्कर्ष पर पहुँचे कि कुल मिलाकर कस्बे के नागरिकों का यह प्रयास सराहनीय ही कहा जाना चाहिए। महत्व मूर्ति के रंग-रूप या कद का नहीं, उस भावना का है वरना तो देशभक्ति भी आजकल मजाक की चीज होती जा रही है। दूसरी बार जब हालदार साहब उधर से गुज़रे, तो उन्हें मूर्ति में कुछ अन्तर दिखाई दिया। ध्यान से देखा तो पाया कि चश्मा दूसरा है। पहले मोटे फ्रेमवाला चौकोर चश्मा था, अब तार के फ्रेमवाला गोल चश्मा है। हालदार साहब का कौतुक और बढ़ा। वाह भई! क्या आइडिया है। मूर्ति कपड़े नहीं बदल सकती, लेकिन चश्मा तो बदल ही सकती है।

प्रश्न— (i) हालदार साहब को कस्बे के नागरिकों का कौन-सा प्रयास सराहनीय लगा और उन्हें इसमें उनके किस भाव की अनुभूति हुई?

(ii) दूसरी बार उधर से जाने पर हालदार साहब को मूर्ति में क्या अन्तर दिखाई दिया और इससे उन्हें कैसा लगा?

(iii) गद्यांश के पाठ का तथा लेखक का नाम लिखिए।

उत्तर— (i) हालदार साहब को कस्बे के लोगों का मूर्ति लगाने का काम सराहनीय लगा। उसमें उन्हें उनकी देशभक्ति की भावना की अनुभूति हुई।

(ii) दूसरी बार उधर से जाने पर हालदार साहब को मूर्ति का चश्मा बदला हुआ दिखाई दिया और उन्हें यह आइडिया अच्छा लगा।

(iii) पाठ का नाम 'नेताजी का चश्मा' व लेखक-स्वयं प्रकाश।

4. अब हालदार साहब को बात कुछ-कुछ समझ में आई। एक चश्मेवाला है जिसका नाम कैप्टन है। उसे नेताजी की बगैर चश्मेवाली मूर्ति बुरी लगती है। बल्कि आहत करती है, मानो चश्मे के बगैर नेताजी को असुविधा हो रही हो। इसलिए वह अपनी छोटी-सी दुकान में उपलब्ध गिने-चुने फ्रेमों में से एक नेताजी की मूर्ति पर फिट कर देता है, लेकिन जब कोई ग्राहक आता है और उसे वैसे ही फ्रेम की दरकार होती है, जैसा मूर्ति पर लगा है तो कैप्टन चश्मेवाला मूर्ति पर लगा फ्रेम-संभवतः नेताजी से क्षमा माँगते हुए—लाकर ग्राहक को दे देता है और बाद में नेताजी को दूसरा फ्रेम लौटा देता है। वाह ! भई खूब! क्या आइडिया है, लेकिन भाई ! एक बात अभी भी समझ में नहीं आई। हालदार साहब ने पानवाले से फिर पूछा, नेताजी का ओरिजिनल चश्मा कहाँ गया?

प्रश्न— (i) हालदार साहब को यह बात समझ में आई कि—

(क) एक चश्मे वाला है, जिसका नाम कैप्टन है
(ख) चश्मेवाला कोई फौजी है
(ग) कैप्टन सेना से सेवानिवृत है।
(घ) चश्मेवाला अपने चश्मों का विज्ञापन करता है।

उत्तर—(क) एक चश्मे वाला है, जिसका नाम कैप्टन है।

(ii) चश्मेवाले को यह बात बुरी लगती थी कि—

(क) सब लोग उसे चश्मेवाला कहते हैं
(ख) सब लोग उसे कैप्टन कहते हैं।
(ग) नेताजी की मूर्ति की आँखों पर चश्मा नहीं था
(घ) उसे नेताजी की मूर्ति पर चश्मा पहनाना पड़ता है।

उत्तर—(ग) नेताजी की मूर्ति की आँखों पर चश्मा नहीं था

(iii) ग्राहक द्वारा मूर्ति पर लगा फ्रेम माँगने पर कैप्टन क्या करता था?

(क) वह ग्राहक को फ्रेम देने से मना कर देता था
(ख) वह मूर्ति पर लगा फ्रेम ग्राहक को दे देता था और मूर्ति पर दूसरा फ्रेम लगा देता था
(ग) वह नेताजी से क्षमा माँगता था
(घ) वह ग्राहक से अधिक पैसे वसूलता था

उत्तर—(ख) वह मूर्ति पर लगा फ्रेम ग्राहक को दे देता था और मूर्ति पर दूसरा फ्रेम लगा देता था

(iv) असुविधा' शब्द से उपसर्ग और मूलशब्द अलग-अलग कीजिए—

(क) असु + विधा
(ख) असुवि + धा
(ग) अस + उविधा
(घ) अ + सुविधा

उत्तर—(घ) अ + सुविधा

(v) 'आइडिया' शब्द किस भाषा से लिया गया है?

(क) अंग्रेजी भाषा
(ख) हिंदी भाषा
(ग) पुर्तगाली भाषा
(घ) जर्मनी भाषा

उत्तर—(क) अंग्रेजी भाषा

5. हालदार साहब की आदत पड़ गई, हर बार कस्बे से गुजरते समय चौराहे पर रुकना, पान खाना और मूर्ति को ध्यान से देखना। एक बार जब कौतूहल दुर्दमनीय हो उठा तो पानवाले से ही पूछ लिया, क्यों भई! क्या बात है? यह तुम्हारे नेताजी का चश्मा हर बार बदल कैसे जाता है? पानवाले के खुद के मुँह में पान ठुँसा हुआ था। वह एक काला मोटा और खुशमिज़ाज़ आदमी था। हालदार साहब का प्रश्न सुनकर वह आँखों ही आँखों में हँसा। उसकी तोंद थिरकी। पीछे घूमकर उसने दुकान के नीचे पान थूका और अपनी लाल-काली बत्तीसी दिखाकर बोला, कैप्टन चश्मेवाला करता है।

प्रश्न— (i) हालदार साहब को क्या आदत पड़ गई थी?

(ii) पानवाला कैसा आदमी था?

(iii) हालदार साहब को किस बात पर आश्चर्य था?

(iv) पानवाले की बत्तीसी लाल-काली कैसे हो गयी थी?

(v) 'दुर्दमनीय' शब्द का अर्थ लिखिए।

(vi) हालदार साहब ने पानवाले से क्या पूछा?

(vii) पानवाले के मुँह में क्या ठुँसा हुआ था?

उत्तर— (i) हर बार कस्बे से गुज़रते समय चौराहे पर रुकना, पान खाना तथा मूर्ति को ध्यान से देखने की हालदार साहब को आदत पड़ गई थी।

(ii) पानवाला एक काला, मोटा और खुशमिज़ाज़ स्वभाव का आदमी था।

(iii) हालदार साहब को इस बात पर आश्चर्य था कि नेताजी का चश्मा बार-बार कैसे बदल जाता है?

(iv) अधिक पान खाने के कारण पान वाले की बत्तीसी लाल-काली हो गई थी।

(v) 'दुर्दमनीय' शब्द का अर्थ है—जिसका दमन न किया जा सके।

(vi) हालदार साहब ने पानवाले से यह पूछा कि नेताजी का चश्मा हर बार कैसे बदल जाता है?

(vii) पानवाले के मुँह में पान ठुँसा हुआ था।

6. पानवाले के लिए यह एक मज़ेदार बात थी लेकिन हालदार साहब के लिए चकित और द्रवित करने वाली। यानी वह ठीक ही सोच रहे थे। मूर्ति के नीचे लिखा 'मूर्तिकार मास्टर मोतीलाल' वाकई कस्बे का अध्यापक था। बेचारे ने महीने-भर में मूर्ति बनाकर पटक देने का वादा कर दिया होगा। बना भी ली होगी लेकिन पत्थर में पारदर्शी चश्मा कैसे बनाया जाए—काँचवाला-यह तय नहीं कर पाया होगा। या कोशिश की होगी और असफल रहा होगा। या बनाते-बनाते 'कुछ और बारीकी' के चक्कर में चश्मा टूट गया होगा। या पत्थर का चश्मा अलग से बनाकर फिट किया होगा और वह निकल गया होगा। उफ.......।।

प्रश्न— (i) पानवाले के लिए क्या बात मजेदार थी और क्यों?

(ii) हालदार साहब की दृष्टि में कस्बे का अध्यापक 'बेचारा' क्यों था?

(iii) हालदार साहब ने नेताजी की प्रतिमा पर चश्मा न होने की क्या-क्या संभावनाएँ व्यक्त कीं?

उत्तर— (i) पानवाले के लिए मास्टर मोतीलाल द्वारा मूर्ति का चश्मा बनाना भूल जाना मज़ेदार बात थी, क्योंकि देशभक्तों के प्रति संवेदनशीलता नहीं थी।

(ii) हालदार साहब की दृष्टि से कस्बे के अध्यापक को 'बेचारा' इसलिए कहा, क्योंकि इतने कम समय में पत्थर की मूर्ति तैयार तो कर दी पर चश्मे का निर्णय नहीं ले सका। अलग-अलग संभावनाओं के बीच अध्यापक फँस गया होगा।

(iii) चश्मा न होने की संभावनाएँ निम्नलिखित हैं—

(क) काँचवाला तय नहीं कर पाया या कोशिश करने पर असफल रहा होगा।

(ख) चश्मा बनाते समय टूट गया होगा।

(ग) पत्थर का चश्मा अलग से बनाकर फिट किया होगा और वह निकल गया होगा।

7. हालदार साहब को पानवाले द्वारा एक देशभक्त का इस तरह मज़ाक उड़ाया जाना अच्छा नहीं लगा। मुड़कर देखा तो अवाक् रह गए। एक बेहद बूढ़ा मरियल-सा लँगड़ा आदमी सिर पर गाँधी टोपी और आँखों पर काला चश्मा लगाए, एक हाथ में एक छोटी-सी संदूकची और दूसरे हाथ में एक बाँस पर टँगे बहुत-से चश्मे लिए अभी-अभी एक गली से निकला था और अब एक बन्द दुकान के सहारे अपना बाँस टिका रहा था। तो इस बेचारे की दुकान भी नहीं! फेरी लगाता है!

प्रश्न— (i) हालदार साहब अवाक् क्यों रह गए?

(क) पान वाले द्वारा देशभक्त का मजाक उड़ाए जाने पर
(ख) एक बेहद बूढ़े लँगड़े आदमी को देखकर
(ग) बूढ़े आदमी की संदूकची देखकर
(घ) बूढ़े आदमी के चश्मे को देखकर

उत्तर—(ख) एक बेहद बूढ़े लँगड़े आदमी को देखकर

(ii) हालदार साहब को कैप्टन देशभक्त क्यों लगा?

(क) क्योंकि वह चश्मे बेचता था

(ख) क्योंकि वह गाँधी टोपी लगाए था

(ग) क्योंकि वह नेताजी की बिना चश्मे वाली प्रतिमा पर नित्य नया चश्मा पहनाता था

(घ) क्योंकि वह फेरी लगाता था

उत्तर—(ग) क्योंकि वह नेताजी की बिना चश्मे वाली प्रतिमा पर नित्य नया चश्मा पहनाता था

(iii) कैप्टन चश्मे वाला गली से निकलने के बाद क्या करता था?

(क) फेरी लगाता था

(ग) पानवाले से बातें करता था

(ख) दुकान खोलकर बैठ जाता था

(घ) मूर्ति पर चश्मा लगाता था

उत्तर—(क) फेरी लगाता था

(iv) उपर्युक्त गद्यांश किस पाठ से लिया गया है?

(क) कैप्टन चश्मे वाला

(ग) हालदार साहब

(ख) नेताजी का चश्मा

(घ) पानवाले की दुकान

उत्तर—(ख) नेताजी का चश्मा

(v) 'मरियल-सा' 'छोटी-सी', 'अभी-अभी' शब्दों के मध्य लगा (–) चिह्न क्या कहलाता है?

(क) निर्देशक चिह्न

(ग) अल्प विराम

(ख) योजक चिह्न

(घ) अर्द्ध विराम

उत्तर—(ख) योजक चिह्न

8. बार-बार सोचते, क्या होगा उस कौम का जो अपने देश की खातिर घर गृहस्थी-जवानी-जिन्दगी सब कुछ होम देने वालों पर हँसती है और अपने लिए बिकने के मौके ढूँढ़ती है। दुःखी हो गए। पन्द्रह दिन बाद फिर उसी कस्बे से गुज़रे। कस्बे में घुसने से पहले ही ख्याल आया कि कस्बे की हृदय-स्थली में सुभाष की प्रतिमा अवश्य ही प्रतिष्ठापित होगी, लेकिन सुभाष की आँखों पर चश्मा नहीं होगा।.........क्योंकि मास्टर बनाना भूल गया।.........और कैप्टन मर गया। सोचा आज वहाँ रुकेंगे नहीं, पान भी नहीं खायेंगे, मूर्ति की तरफ़ देखेंगे भी नहीं, सीधे निकल जाएँगे। ड्राइवर से कह दिया, चौराहे पर रुकना नहीं, आज बहुत काम है, पान आगे कहीं खा लेंगे।

प्रश्न— **(i) हालदार साहब दुखी थे, क्योंकि—**

(क) कैप्टन मर गया था

(ख) सुभाष की प्रतिमा की आँखों पर चश्मा नहीं होगा

(ग) कुछ लोग देश की खातिर अपना सर्वस्व बलिदान कर देने वालों पर हँसते थे

(घ) वह बहुत व्यस्त थे

उत्तर—(ग) कुछ लोग देश की खातिर अपना सर्वस्व बलिदान कर देने वालों पर हँसते थे

(ii) अपने लिए बिकने के मौके ढूँढ़ते हैं—

(क) स्वार्थी और मतलबी लोग

(ख) देशभक्त

(ग) कस्बे में रहने वाले

(घ) देश की खातिर अपना सब कुछ होम कर देने वाले

उत्तर—(क) स्वार्थी और मतलबी लोग

(iii) हालदार साहब कितने दिन बाद फिर उसी कस्बे से गुजरे?

(क) बहुत दिन बाद

(ग) पंद्रह दिन बाद

(ख) महीनों बाद

(घ) पंद्रह वर्ष बाद

उत्तर—(ग) पंद्रह दिन बाद

(iv) हालदार साहब ने क्या सोचा था?

(क) मास्टर चश्मा लगाना भूल गया

(ग) कि आज वह मूर्ति की तरफ नहीं देखेंगे

(ख) कैप्टन चश्मेवाला मर गया

(घ) कि मूर्ति की आँखों पर चश्मा नहीं होगा

उत्तर—(ग) कि आज वह मूर्ति की तरफ नहीं देखेंगे

(v) 'हृदयस्थली' शब्द का अर्थ है—

(क) चौराहा (ग) अत्यंत प्रिय

(ख) हृदय का स्थल (घ) हृदय में रहने वाला

उत्तर—(क) चौराहा

9. लेकिन आदत से मजबूर आँखें चौराहा आते ही मूर्ति की तरफ उठ गईं। कुछ ऐसा देखा कि चीखे, रोको! जीप स्पीड में थी, ड्राइवर ने जोर से ब्रेक मारे। रास्ता चलते लोग देखने लगे। जीप रुकते-रुकते हालदार साहब जीप से कूदकर तेज़-तेज़ कदमों से मूर्ति की तरफ़ लपके और उसके ठीक सामने जाकर अटेंशन में खड़े हो गये।

मूर्ति की आँखों पर सरकण्डे से बना छोटा-सा चश्मा रखा हुआ था, जैसा बच्चे बना लेते हैं। हालदार साहब भावुक हैं। इतनी-सी बात पर उनकी आँखें भर आयीं।

प्रश्न— (i) हालदार साहब ने न चाहते हुए भी मूर्ति की ओर क्यों देखा?

(ii) हालदार साहब कहाँ जाकर अटेंशन में खड़े हो गये?

(iii) मूर्ति की आँखों पर कैसा चश्मा लगा था?

(iv) हालदार साहब जीप से कूदकर तेज-तेज कदमों से किधर लपके?

(v) सरकण्डे का चश्मा किसने बनाया होगा?

(vi) क्या देखकर हालदार साहब चीख पड़े?

(vii) हालदार साहब की आँखें क्यों भर आयीं?

उत्तर— (i) हालदार साहब ने न चाहते हुए भी मूर्ति की ओर इसलिए देखा क्योंकि हालदार साहब देशप्रेमी थे और आदत से मजबूर थे। सुभाषचन्द्र बोस की मूर्ति को देखना उनकी आदत थी।

(ii) हालदार साहब नेताजी की मूर्ति के ठीक सामने जाकर अटेंशन में खड़े हो गये।

(iii) मूर्ति की आँखों पर सरकण्डे से बना चश्मा लगा था।

(iv) हालदार साहब जीप से कूदकर तेज़-तेज़ कदमों से सुभाषचन्द्र बोस की मूर्ति की तरफ लपके।

(v) सरकण्डे का चश्मा बच्चों ने बनाया होगा।

(vi) मूर्ति की आँखों पर सरकण्डे का चश्मा लगा हुआ देखकर हालदार साहब चीख पड़े।

(vii) मूर्ति की आँखों पर सरकण्डे से बना हुआ चश्मा लगा देखकर उन्हें लगा कि बच्चों में भी अभी राष्ट्रप्रेम की भावना है। इसी अनुभूति को महसूस करके उनकी आँखें भर आयीं।

➯ पाठ से सम्बन्धित प्रश्नोत्तर

प्रश्न 1. सेनानी न होते हुए भी चश्मेवाले को लोग कैप्टन क्यों कहते थे?

उत्तर— चश्मेवाला भावुक व देशप्रेमी था। देश के प्रति अपनी श्रद्धा व्यक्त करने के लिए वह नेताजी की मूर्ति पर चश्मा लगा देता था। उसकी इसी भावना का मान रखने के लिए लोग उसे कैप्टन कहते थे।

प्रश्न 2. हालदार साहब ने ड्राइवर को पहले चौराहे पर गाड़ी रोकने के लिए मना किया था, लेकिन बाद में तुरन्त रोकने को कहा—

(i) हालदार साहब पहले मायूस क्यों हो गये थे?

उत्तर— हालदार साहब भावुक व्यक्ति थे। उन्हें लगा कि कैप्टन की मृत्यु के बाद नेताजी की मूर्ति पर चश्मा नहीं लगा होगा। वे बिना चश्मेवाली मूर्ति नहीं देखना चाहते थे। इन्हीं भावनाओं के वशीभूत होकर वे मायूस हो गये।

(ii) मूर्ति पर सरकण्डे का चश्मा क्या उम्मीद जगाता है?

उत्तर— मूर्ति पर लगा हुआ सरकण्डे का चश्मा यह उम्मीद जगाता है कि यह धरती देशप्रेमियों से भरी हुई है। एक देशभक्त के जाने के बाद अनेक देशभक्त उसका दायित्व वहन करने के लिए तत्पर दिखायी देते हैं। यहाँ तक कि इस धरती का बच्चा-बच्चा भी देशभक्ति की भावना से ओत-प्रोत है।

(iii) हालदार साहब इतनी-सी बात पर भावुक क्यों हो उठे?

उत्तर— हालदार साहब संवेदनशील व्यक्ति थे। देश के प्रति उनकी भी संवेदनाएँ जुड़ी हुई थीं। नेताजी की मूर्ति पर लगा हुआ सरकण्डे का चश्मा उनके हृदय को द्रवित कर देता है। हालदार साहब के लिए यह इतनी-सी बात न होकर एक महान् कृत्य था। नई पीढ़ी में देश के लिए जीवन्त श्रद्धा एवं भक्ति को देखकर हालदार साहब भावुक हो उठे। उनका हृदय कोमल भावनाओं से भर गया।

प्रश्न 3. आशय स्पष्ट कीजिए—

''बार-बार सोचते क्या होगा उस कौम का जो अपने देश की खातिर घर-गृहस्थी-जवानी-जिन्दगी का सब कुछ होम देने वालों पर भी हँसती है और अपने लिए बिकने के मौके ढूँढ़ती है।''

उत्तर— पानवाले द्वारा कैप्टन का मज़ाक उड़ाया जाना हालदार साहब को अच्छा नहीं लगा। वे सोचने लगे कि कैप्टन जैसे लोग ही सच्चे देशभक्त होते हैं, जो निःस्वार्थ भाव से राष्ट्र के प्रति सच्ची श्रद्धा रखते हैं। स्वार्थी एवं लालची जाति के लोगों द्वारा ऐसे देशभक्तों का मज़ाक उड़ाया जाना हालदार साहब को आहत करता है, जो अपने देश की खातिर अपना सर्वस्व न्यौछावर कर देते हैं। उन्हें बार-बार यह चिन्ता सताती है कि जहाँ ऐसे स्वार्थी जाति के लोग रहते हैं उस देश का भविष्य कैसे सुरक्षित रहेगा?

प्रश्न 4. पानवाले का एक रेखाचित्र प्रस्तुत कीजिए।

उत्तर— पानवाला काले रंग का मोटा व्यक्ति था। उसकी तोंद निकली हुई थी, जो हँसने पर थिरकने लगती थी। सदैव पान खाते रहने के कारण उसके दाँत लाल-काले हो गये थे तथा वह अपनी बात को स्पष्टतः कह भी नहीं पाता था। वह स्वभाव से खुशमिज़ाज़ था। उसका बात करने का अन्दाज रसीला था।

प्रश्न 5. ''वो लँगड़ा क्या जायेगा फौज में। पागल है पागल!'' कैप्टन के प्रति पानवाले की इस टिप्पणी पर अपनी प्रतिक्रिया लिखिए।

उत्तर— पानवाले की यह टिप्पणी दर्दनाक, दुर्भाग्यपूर्ण तथा किसी भी सहृदय व्यक्ति को व्यथित करने वाली है। पानवाले द्वारा कैप्टन के विषय में इस प्रकार बात करना सर्वथा अनुचित है। उसे कैप्टन का सम्मान करना चाहिए था, क्योंकि कैप्टन ही नेताजी की मूर्ति पर चश्मा लगाता रहता था ताकि नेताजी की मूर्ति अधूरी न लगे, जो उसकी देशभक्ति की भावना को प्रकट करता है। शारीरिक बनावट एवं रंग-रूप तो ईश्वरीय देन है। मनुष्य को मन व चरित्र से सुन्दर होना चाहिए, क्योंकि सुन्दर मन-मस्तिष्क में ही सुन्दर विचारों का जन्म होता है।

रचना और अभिव्यक्ति

प्रश्न 1. निम्नलिखित वाक्य पात्रों की कौन-सी विशेषता की ओर संकेत करते हैं—

(i) हालदार साहब हमेशा चौराहे पर रुकते और नेताजी को निहारते।

उत्तर— इस वाक्य से हालदार साहब की देशभक्ति की भावना प्रकट होती है। चौराहे पर प्रतिष्ठापित क्रान्तिकारी नेता सुभाष चन्द्र बोस की प्रतिमा पर चश्मों का बदल जाना उन्हें आकर्षित करता है।

(ii) पानवाला उदास हो गया। उसने पीछे मुड़कर मुँह का पान नीचे थूका और सिर झुकाकर अपनी धोती के सिरे से आँखें पौंछता हुआ बोला—साहब! कैप्टन मर गया।

उत्तर— इस वाक्य से इस बात का संकेत मिलता है कि हँसोड़ एवं फक्कड़ स्वभाव के लोगों में भी संवेदनशीलता होती है। जीते-जी कैप्टन चश्मेवाले का उपहास करने वाले पानवाले को भी उसकी मृत्यु पर अफसोस हुआ। इससे पानवाले की संवेदनात्मक भावना प्रकट होती है।

(iii) कैप्टन बार-बार मूर्ति पर चश्मा लगा देता था।

उत्तर— कैप्टन देशप्रेमी था। उसे बिना चश्मेवाली नेताजी की मूर्ति अच्छी नहीं लगती थी। इसके अतिरिक्त दूसरा कारण यह भी था कि कैप्टन चश्मे बेचता था। मूर्ति पर लगा हुआ चश्मा ग्राहक को पसन्द आ जाने पर वह उसे बेच देता था तथा मूर्ति पर दूसरा चश्मा लगा देता था। इससे उसके देशभक्त होने के साथ-साथ अच्छा व्यापारी होने की विशेषता का पता चलता है।

प्रश्न 2. जब तक हालदार साहब ने कैप्टन को साक्षात् देखा नहीं था तब तक उनके मानस पटल पर उसका कौन-सा चित्र रहा होगा? अपनी कल्पना से लिखिए।

उत्तर— जब तक हालदार साहब ने कैप्टन को साक्षात् देखा नहीं था तब तक उनके मानस पटल पर एक हृष्ट-पुष्ट, अनुशासित, गम्भीर, रौबदार एवं दबंग व्यक्ति का चित्र अंकित हुआ होगा।

प्रश्न 3. कस्बों, शहरों, महानगरों के चौराहों पर किसी-न-किसी क्षेत्र के प्रसिद्ध व्यक्ति की मूर्ति लगाने का प्रचलन-सा हो गया है—

(i) इस तरह की मूर्ति लगाने के क्या उद्देश्य हो सकते हैं?

उत्तर— इस तरह की मूर्ति लगाने का उद्देश्य लोगों को जागरूक एवं प्रेरित करना है जिससे लोग उस प्रसिद्ध व्यक्ति के विषय में जानें और समझें, साथ ही उनके गुणों को अपनाकर समाज के लिए प्रेरणास्रोत बनें।

(ii) आप अपने इलाके के चौराहे पर किस व्यक्ति की मूर्ति स्थापित करवाना चाहेंगे और क्यों?

उत्तर— हम अपने इलाके के चौराहे पर राष्ट्र के लिए अपने प्राणों की बलि देने वाले शहीद की प्रतिमा लगवाना चाहेंगे। जिससे भावी पीढ़ी उसके बलिदान को याद करके उसके समक्ष नतमस्तक हो तथा उस पर गर्व महसूस करे। उसमें राष्ट्रप्रेम की भावना का विकास हो जिससे वह एक मजबूत नींव के साथ देश का कर्णधार बन सके।

(iii) उस मूर्ति के प्रति आपके एवं दूसरे लोगों के क्या उत्तरदायित्व होने चाहिए?

उत्तर— उस मूर्ति के प्रति हमारे तथा अन्य लोगों के यह उत्तरदायित्व होने चाहिए कि उसकी देखभाल करें। उसके प्रति सम्मान की भावना रखें। समय-समय पर उसकी मरम्मत करवायें। जिस व्यक्ति की प्रतिमा है उसके कार्यों पर अमल करें।

प्रश्न 4. सीमा पर तैनात फौजी ही देश-प्रेम का परिचय नहीं देते। हम सभी अपने दैनिक कार्यों में किसी-न-किसी रूप में देश-प्रेम प्रकट करते हैं; जैसे—सार्वजनिक सम्पत्ति को नुकसान न पहुँचाना, पर्यावरण संरक्षण आदि। अपने जीवन जगत् से जुड़े ऐसे और कार्यों का उल्लेख कीजिए और उन पर अमल भी कीजिए।

उत्तर— पर्यावरण संरक्षण हेतु वृक्षारोपण करना तथा उनकी देखभाल करना, पॉलीथिन का प्रयोग बन्द करना, घर के साथ-साथ आस-पास के स्थान पर सफाई रखना, प्रदूषण फैलाने से रोकना तथा पानी एवं बिजली की बर्बादी रोकना आदि हमारा नैतिक कर्त्तव्य है। इन्हीं कार्यों के माध्यम से हम देश-प्रेम प्रकट कर सकते हैं।

प्रश्न 5. निम्नलिखित पंक्तियों में स्थानीय बोली का प्रभाव स्पष्ट दिखाई देता है, आप इन पंक्तियों को मानक हिन्दी में लिखिए—
कोई गिराक आ गया समझो। उसको चौड़े चौखट चाहिए। तो कैप्टन किदर से लायेगा? तो उसको मूर्तिवाला दे दिया। उदर दूसरा बिठा दिया।

उत्तर— मान लीजिए कोई ग्राहक आ गया उसको चौड़े फ्रेम वाला चश्मा चाहिए तो कैप्टन कहाँ से लाएगा? इसलिए उसे मूर्तिवाला फ्रेम दे देता है तथा मूर्ति पर दूसरा चश्मा लगा देता है।

प्रश्न 6. ''भई खूब! क्या आइडिया है।'' एक भाषा में दूसरी भाषा के शब्द आने से क्या लाभ होते हैं?

उत्तर— प्रत्येक भाषा में अन्य भाषाओं का प्रभाव होता है जो अलग-अलग संस्कृतियों के प्रभाव को दर्शाता है। एक भाषा में दूसरी भाषा के शब्द आने से भाषा समृद्ध, सुसंगठित एवं प्रभावशाली बन जाती है। वाक्य में लचीलापन आ जाता है जिससे भाषा सहज और सरल हो जाती है। इससे भाषा का नया स्वरूप विकसित होता है।

प्रश्न 7. 'नेताजी का चश्मा' कहानी में कैप्टन कौन था?

(i) हालदार साहब (ii) पानवाला
(iii) चश्मे बेचने वाला (iv) अध्यापक

उत्तर— (iii) चश्मे बेचने वाला

प्रश्न 8. लेखक स्वयं प्रकाश द्वारा लिखित 'नेताजी का चश्मा' नामक पाठ का उद्देश्य इनमें से क्या हो सकता है?

(i) नगरपालिका की कार्य-पद्धति पर आलोचना करना
(ii) कैप्टन चश्मे वाले के माध्यम से देश के करोड़ों नागरिकों की देशभक्ति और उनके योगदान को रेखांकित करना
(iii) पान वाले द्वारा चश्मे वाले के व्यक्तित्व एवं क्रियाकलापों का मज़ाक उड़ाए जाने पर दुखी होना
(iv) नेताजी की मूर्ति पर बदलते हुए चश्मों को देखकर उत्सुकता प्रकट करना

उत्तर— (ii) कैप्टन चश्मे वाले के माध्यम से देश के करोड़ों नागरिकों की देशभक्ति और उनके योगदान को रेखांकित करना

प्रश्न 9. 'नेताजी का चश्मा' पाठ के माध्यम से हालदार साहब के स्वभाव में इनमें से कौन-सी विशेषता नहीं दिखाई देती?

(i) हालदार साहब संवेदनशील थे (ii) वे देश के प्रति सच्ची श्रद्धा रखते थे
(iii) वे भावुक हृदय के धनी थे (iv) उन्हें नेताजी की मूर्ति पर सरकंडे का चश्मा पसंद नहीं था

उत्तर— (iv) उन्हें नेताजी की मूर्ति पर सरकंडे का चश्मा पसंद नहीं था।

भाषा अध्ययन

प्रश्न 1. निम्नलिखित वाक्यों में से निपात छाँटिये और उनसे नये वाक्य बनाइए—

(i) नगरपालिका थी तो कुछ-न-कुछ करती भी रहती थी।
(ii) किसी स्थानीय कलाकार को ही अवसर देने का निर्णय किया गया होगा।
(iii) यानी चश्मा तो था, लेकिन संगमरमर का नहीं था।
(iv) हालदार साहब अब भी नहीं समझ पाये।
(v) दो साल तक हालदार साहब अपने काम के सिलसिले में उस कस्बे से गुजरते रहे।

उत्तर— (i) **तो**—बाजार जाओ तो सब्जी ले आना।
भी—सब्जी के साथ फल भी ले आना।
(ii) **ही**—पुस्तकें ही सच्ची मित्र होती हैं।
(iii) **यानी**—यानी पढ़ना तो था, लेकिन किताब नहीं थी।
तो—सोना तो था, लेकिन नींद नहीं आ रही थी।
(iv) **भी**—प्रदूषण बढ़ रहा है तब भी लोग समझ नहीं रहे हैं।
(v) **तक**—डॉक्टर साहब ने मरीज को देखा तक नहीं।

प्रश्न 2. निम्नलिखित वाक्यों को कर्मवाच्य में बदलिए—

(i) वह अपनी छोटी-सी दुकान में उपलब्ध गिने-चुने फ्रेमों में से नेताजी की मूर्ति पर फिट कर देता है।

(ii) पानवाला नया पान खा रहा था।

(iii) पानवाले ने साफ बता दिया था।

(iv) ड्राइवर ने ज़ोर से ब्रेक मारे।

(v) नेताजी ने देश के लिए अपना सब कुछ त्याग दिया।

(vi) हालदार साहब ने चश्मेवाले की देशभक्ति का सम्मान किया।

उत्तर— (i) उसके द्वारा अपनी छोटी-सी दुकान में उपलब्ध गिने-चुने फ्रेमों में से नेताजी की मूर्ति पर फिट कर दिया जाता है।

(ii) पानवाले द्वारा नया पान खाया जा रहा था।

(iii) पानवाले द्वारा साफ बता दिया गया था।

(iv) ड्राइवर द्वारा जोर से ब्रेक मारे गये।

(v) नेताजी द्वारा देश के लिए अपना सब कुछ त्याग दिया गया।

(vi) हालदार साहब द्वारा चश्मेवाले की देशभक्ति का सम्मान किया गया।

प्रश्न 3. नीचे लिखे वाक्यों को भाववाच्य में बदलिये—

जैसे—अब चलते हैं। अब चला जाये।

(i) माँ बैठ नहीं सकती।

(ii) मैं देख नहीं सकती।

(iii) चलो, अब सोते हैं।

(iv) माँ रो भी नहीं सकती।

उत्तर— (i) माँ से बैठा नहीं जाता।

(ii) मुझसे देखा नहीं जाता।

(iii) चलो, अब सोया जाये।

(iv) माँ से रोया भी नहीं जाता।

➾ परीक्षोपयोगी महत्वपूर्ण प्रश्नोत्तर

प्रश्न 1. चौराहे पर लगी मूर्ति के प्रति हमारा क्या कर्तव्य है?

उत्तर— चौराहे पर लगी मूर्ति की देखभाल करना एवं नियमित रूप से उसकी सफाई की व्यवस्था करना हमारा नैतिक कर्तव्य है। कुछ ऐसी व्यवस्था करें, जिससे पक्षी आदि उसको गन्दा न कर सकें। जिसकी प्रतिमा है उनकी शिक्षाओं व कार्यों के विषय में प्रचार-प्रसार करें।

प्रश्न 2. महिलाएँ देश के लिए किस प्रकार योगदान दे सकती हैं?

उत्तर— नारियाँ सदैव से देश के लिए योगदान देती चली आ रही हैं। बच्चे ही देश के भावी कर्णधार हैं और उनकी परवरिश में महिलाओं की ही मुख्य भूमिका रहती है। वे अपने बच्चों की उचित अनुशासन, सुसंस्कार तथा नैतिक मूल्यों के साथ परवरिश करके, उनको स्वस्थ व पोषणयुक्त भोजन से हृष्ट-पुष्ट बनाकर देश को मजबूत नागरिक प्रदान करके अपना योगदान दे सकती हैं।

प्रश्न 3. देशभक्ति क्या है? इस सन्दर्भ में अपने विचार व्यक्त कीजिए।

उत्तर— देश में रहने वाले सभी नागरिकों, पशु-पक्षियों, नदियों-समुद्रों, झीलों-झरनों, पहाड़ों-पठारों, पेड़-पौधों तथा वनस्पतियों, घाटियों एवं वादियों से प्रेम करना, उनकी देखभाल करना तथा उनकी खुशहाली एवं समृद्धि के लिए प्रयास करते रहना ही देशभक्ति है।

प्रश्न 4. 'नेताजी का चश्मा' पाठ का क्या उद्देश्य है?

अथवा

लेखक स्वयं प्रकाश द्वारा लिखित 'नेताजी का चश्मा' नामक पाठ का उद्देश्य स्पष्ट कीजिए।

उत्तर— 'नेताजी का चश्मा' पाठ का उद्देश्य कैप्टन चश्मेवाले के माध्यम से देश के उन करोड़ों नागरिकों की देशभक्ति तथा उनके योगदान को रेखांकित करना है जिन्होंने राष्ट्रनिर्माण में अपने-अपने तरीके से सहयोग किया है। कहानी को पढ़कर पता चलता है कि देश के निर्माण में केवल बड़ों की ही नहीं बल्कि बच्चों की भी सराहनीय भूमिका रही है।

प्रश्न 5. नगरपालिका की कार्यपद्धति पर टिप्पणी लिखिए।

अथवा

नगरपालिका द्वारा कार्य करने के तरीके पर प्रकाश डालिए।

अथवा

नगरपालिका की कार्यपद्धति पर लेखक द्वारा किये गये व्यंग्य को स्पष्ट कीजिए।

उत्तर— लेखक ने नगरपालिका की कार्यपद्धति पर व्यंग्य करते हुए उसके द्वारा कराये जाने वाले अधूरे कार्यों की ओर संकेत किया है। नगरपालिका संसाधनविहीन है तथा अपने कार्यों की अपूर्ण जानकारी रखती है। विचार-विमर्श एवं निर्णय लेने की क्षमता का सर्वथा अभाव दिखाई देता है। कागजी-प्रक्रिया अधिक लम्बी होने के कारण शासनावधि समाप्त हो जाती है। हड़बड़ी में निर्णय लेने के कारण कार्य अधूरे रह जाते हैं।

प्रश्न 6. हालदार साहब भावुक तथा देशप्रेमी थे, स्पष्ट कीजिए।

अथवा

''हालदार साहब देशप्रेमी होने के साथ-साथ भावुक हृदय के धनी थे।''—तर्क सहित प्रस्तुत कीजिए।

अथवा

''हालदार साहब संवेदनशील तो थे ही साथ-ही-साथ देश के प्रति भी सच्ची श्रद्धा रखते थे।''—सिद्ध कीजिए।

उत्तर— हालदार साहब संवेदनशील तथा भावुक हृदय के धनी हैं। चौराहे पर प्रतिष्ठापित नेताजी की मूर्ति पर बदलते चश्मों को देखकर उनका हृदय भावनाओं से भर जाता है। इस विषय में वे पानवाले से जानकारी भी लेते हैं। नेताजी की मूर्ति पर चश्मे बदलने वाले कैप्टन को देशभक्त के रूप में देखते हैं। उनकी मृत्यु का समाचार सुनकर दु:खी हो जाते हैं तथा बाद में मूर्ति पर सरकण्डे का चश्मा देखकर भावुक होकर उसके समक्ष अटेंशन की स्थिति में खड़े होकर नतमस्तक हो जाते हैं। उनके इन सभी व्यवहारों से सिद्ध होता है कि हालदार साहब देशप्रेमी तथा भावुक व्यक्तित्व के धनी थे।

प्रश्न 7. मूर्ति के असली चश्मे के विषय में हालदार साहब की जिज्ञासा का पान वाले ने क्या कहकर समाधान किया? उस समाधान से चश्मा बदलने वाले के प्रति हालदार साहब की कैसी विचारधारा बनी और उन्होंने आज के लोगों तथा कौम के प्रति क्या चिंता प्रकट की?

उत्तर— मूर्ति के असली चश्मे के विषय में हालदार साहब की जिज्ञासा का पानवाले ने यह कहकर समाधान किया कि मास्टर मूर्ति पर चश्मा लगाना भूल गया था। उस समाधान से हालदार साहब की विचारधारा बनी कि देशभक्ति की सच्ची भावना आज भी जीवित है, परन्तु उन्हें यही चिन्ता थी कि वर्तमान पीढ़ी की घटती देशभक्ति और बढ़ते स्वार्थ के प्रति देश के भविष्य का क्या होगा?

प्रश्न 8. नेताजी की मूर्ति किसने व कितने समय में बनाई थी?

अथवा

नेताजी की मूर्ति कितने समय में बनकर तैयार हुई थी? मूर्तिकार का नाम लिखिए।

उत्तर— नेताजी की मूर्ति कस्बे के स्कूल के ड्राइंग-मास्टर मोतीलाल ने महीने-भर में बनाई थी।

प्रश्न 9. 'नेताजी का चश्मा' किस प्रकार की कहानी है?

उत्तर— 'नेताजी का चश्मा' एक प्रेरणादायक कहानी है। यह कहानी राष्ट्रनिर्माण में अपना योगदान देने वाले गुमनाम लोगों की देशभक्ति की पराकाष्ठा को परिलक्षित करती है।

प्रश्न 10. पानवाले का चरित्र-चित्रण कीजिए।

अथवा

''पानवाला हँसोड़ स्वभाव का व्यक्ति है, परन्तु उसका हृदय संवेदनशील भी है।'' इस कथन पर अपने विचार व्यक्त कीजिए।

अथवा

पानवाले की चारित्रिक विशेषताओं पर प्रकाश डालिए।

उत्तर— पानवाले का स्वभाव हँसोड़ है। स्वभाव रसीला होने के कारण वह चश्मेवाले के व्यक्तित्व एवं क्रियाकलापों का मज़ाक उड़ाता रहता है। हँसोड़ प्रकृति का होने के बावजूद उसका हृदय संवेदनाओं से भरा हुआ है। कैप्टन के मर जाने पर वह व्यथित हो जाता है। उसका हृदय करुणा से भर जाता है तथा उसकी आँखों में आँसू आ जाते हैं।

प्रश्न 11. हालदार साहब के द्वारा कैप्टन के विषय में पूछने पर पानवाला अपनी आँखें क्यों पौंछने लगा?

अथवा

पानवाले की आँखों में आँसू आने का क्या कारण था?

अथवा

'मनुष्य के जाने के बाद ही उसकी कीमत पता चलती है।' इस सन्दर्भ में पानवाले के विषय में बताइए।

उत्तर— यह बिल्कुल सत्य है कि मनुष्य के जाने के बाद ही उसकी कीमत पता चलती है। पानवाले को भी कैप्टन की मृत्यु के बाद उसका महत्व समझ में आया। चश्मेवाले कैप्टन पर जीते-जी हँसते रहने वाले पानवाले को उसकी मृत्यु के बाद उसकी देशभक्ति का अहसास

हो गया था। इसी कारण हालदार साहब द्वारा कैप्टन के विषय में पूछने पर उसकी आँखों में आँसू आ गये और वह अपनी आँखें पोंछने लगा।

प्रश्न 12. हालदार साहब का चरित्र-चित्रण कीजिए।

अथवा

हालदार साहब की चारित्रिक विशेषताओं पर प्रकाश डालिए।

उत्तर— हालदार साहब देशप्रेमी, भावुक, संवेदनशील तथा सुलझे हुए व्यक्ति थे। वे राष्ट्र के प्रति सम्मान का भाव रखते थे तथा सभी लोगों को समानता की दृष्टि से देखते थे। अपने इसी गुण के कारण उनका ध्यान नेताजी की मूर्ति पर बदलते हुए चश्मों की ओर बरबस ही चला जाता है। अपने भावुक स्वभाव के कारण ही वे पानवाले द्वारा चश्मेवाले कैप्टन का उपहास उड़ाये जाने पर आहत हो जाते हैं।

प्रश्न 13. हालदार साहब के दुःखी होने का कारण बताइए।

उत्तर— हालदार साहब को अपने देशवासियों की देशभक्ति के प्रति उदासीनता और देशभक्तों का मजाक बनाने की प्रवृत्ति को देखकर दुःख हो रहा था। उनके देश का भविष्य अंधकारमय प्रतीत हो रहा था।

प्रश्न 14. नेताजी की मूर्ति पर बदलते हुए चश्मों को देखकर हालदार साहब क्या सोचते थे?

उत्तर— नेताजी की मूर्ति पर बदलते हुए चश्मों को देखकर हालदार साहब के मन में कौतूहल होता था। इस विषय में उनकी सकारात्मक प्रतिक्रिया थी। इससे उनका हृदय प्रफुल्लित हो जाता था। उन्हें लगता था कि क्या हुआ यदि चश्मे बदल जाते हैं। कम-से-कम नेताजी बगैर चश्मे के तो नहीं रहते। मूर्ति का अधूरापन तो समाप्त हो जाता है। यह सोचकर उन्हें बहुत सन्तोष मिलता था कि कोई तो देशभक्त है, जो नेताजी की प्रतिमा का ख्याल रखता है।

प्रश्न 15. 'नेताजी का चश्मा' पाठ में बच्चों द्वारा मूर्ति पर सरकंडे का चश्मा लगाना क्या प्रदर्शित करता है?

उत्तर— नेताजी का चश्मा पाठ में बच्चों द्वारा मूर्ति पर सरकण्डे का चश्मा लगाना यह प्रदर्शित करता है कि हमारी आने वाली भावी पीढ़ी में भी देशभक्ति और देशप्रेम की भावना है। इस देश के नव निर्माण में न केवल युवा बल्कि बच्चा-बच्चा भी अपना योगदान देने में तत्पर हैं। देशभक्त कैप्टन मरकर भी इस कस्बे के बच्चों में जिंदा हैं।

❑❑

बालगोबिन भगत

|11|

लेखक-रामवृक्ष बेनीपुरी

लेखक परिचय—प्रसिद्ध निबन्धकार रामवृक्ष बेनीपुरी का जन्म बिहार के मुज़फ्फरपुर जिले के बेनीपुर गाँव में सन् 1899 में हुआ। बचपन में ही माता-पिता का साया सिर से उठ जाने के कारण जीवन अभावों-कठिनाइयों एवं संघर्षों में बीता। दसवीं तक की शिक्षा प्राप्त करने के बाद वे राष्ट्र सेवा में समर्पित हो गये तथा कई बार जेल भी गये। सन् 1968 में उनका देहान्त हो गया।

पन्द्रह वर्ष की अवस्था में ही इन्होंने लेखन कार्य प्रारम्भ कर दिया था। ये एक अच्छे सम्पादक भी थे। इन्होंने गद्य की लगभग सभी विधाओं में लिखा है।

रचनाएँ—इनकी रचनाओं में चिता के फूल, पतितों के देश में, माटी की मूरतें, नेत्रदान, अंबपाली, गेहूँ और गुलाब, जंजीरें और दीवारें तथा पैरों में पंख बाँधकर आदि रचनाएँ प्रसिद्ध हैं। इन्होंने अनेक पत्र-पत्रिकाओं का सम्पादन किया, जिनमें तरुण भारत, बालक, युवक, किसान मित्र, योगी, जनता, जनवाणी और नई धारा उल्लेखनीय हैं।

साहित्यिक विशेषताएँ—विशिष्ट शैलीकार होने के कारण इन्हें 'कलम का जादूगर' कहा जाता है। उनकी रचनाओं में स्वाधीनता की चेतना तथा मानवता की चिन्ता यत्र-तत्र दिखाई पड़ती है। इनकी भाषा-शैली विशिष्ट एवं कलात्मक है। वाक्य-रचना एवं शब्द संयोजन पाठक के हृदय को चमत्कृत कर देने वाला है।

सारांश—बालगोबिन भगत रेखाचित्र विधा में लिखा गया है। इसका नायक रूढ़िवादी प्रवृत्तियों पर प्रहार करने वाला एक साधारण व्यक्ति है। इस रेखाचित्र के माध्यम से लेखक ने एक ऐसे विलक्षण चरित्र को उद्घाटित किया है, जो मानवता, लोक-संस्कृति एवं सामूहिक चेतना का प्रतीक है। इस रेखाचित्र में ग्रामीण जीवन का सजीव चित्रण हुआ है। नायक बालगोबिन भगत के चरित्र में लघुता की प्रभुता का सच परिलक्षित होता है।

लेखक पक्का ब्राह्मण था, फिर भी उनका मस्तक तेली जाति के बालगोबिन भगत के समक्ष झुक जाता था। कबीरपंथी बालगोबिन भगत की वेशभूषा साधारण होते हुए भी वे असाधारण व्यक्तित्व के धनी थे। वे गृहस्थ होकर भी साधु थे। उनके पास थोड़ी-सी खेती और एक मकान था।

कबीर के आदर्शों के अनुगामी भगत स्वभाव से खरे थे। बिना पूछे किसी की वस्तु नहीं छूते थे। किसी के खेत में शौच को भी नहीं जाते थे। उनका एक पुत्र था, जो दिमाग से कमज़ोर था। उसका विवाह हो चुका था। पुत्रवधू अत्यन्त सुन्दर, सुशील एवं गृहकार्य में दक्ष थी।

बालगोबिन अलमस्त होकर गीत गाया करते थे। लेखक भी उनके गीतों पर मुग्ध थे। कड़कड़ाती ठण्ड हो या भीषण गर्मी उनका गायन चरम पर रहता था। धान की रोपाई के समय उनका संगीत जादू का काम करता था। बच्चे झूमने लगते थे तथा स्त्रियाँ गुनगुनाने लगती थीं।

बालगोबिन भगत के इकलौते बेटे की मृत्यु पर भी उनकी संगीत-साधना चरम उत्कर्ष के शिखर पर थी।

लेखक ने देखा कि सफेद चादर से ढँके बेटे के मृत शरीर पर कुछ फूल और तुलसी-दल पड़े हुए हैं। चिराग जल रहा है। सामने आसन पर बैठे भगत जी पूरी तल्लीनता के साथ गीत गा रहे हैं। पुत्रवधू बिलख-बिलखकर रो रही है। भगत जी उसे आनन्द मनाने को कह रहे हैं, क्योंकि उनकी दृष्टि में मृत्यु आत्मा का परमात्मा से मिलन है।

पुत्र की चिता को अग्नि भी वे पुत्रवधू से ही दिलवाते हैं। श्राद्ध के बाद वे पतोहू के भाई को बुलाकर पुत्रवधू को साथ ले जाने का आदेश देते हैं। संस्कारी होने के कारण पुत्रवधू वहीं रहकर उनकी सेवा करते रहने के लिए अनुनय-विनय करती है, परन्तु वे तीक्ष्ण तर्क देकर उसे निरुत्तर करके पीहर भेज देते हैं।

संगीत-साधना में लीन रहते हुए ही उनकी मृत्यु हो जाती है। गंगास्नान करके लौट आने पर उनकी तबीयत खराब हो जाती है तथा वे सदा के लिए संसार से विदा हो जाते हैं।

शब्द-सम्पदा

गर्वोन्नत = गर्व से ऊँचा। **खामखाह** = बेवजह। **सोलहोकला** = पूरी तरह। **चरम उत्कर्ष** = सबसे अधिक ऊँचाई पर। **कलेवा** = सुबह का नाश्ता। **मात्र** = केवल। **पतोहू** = पुत्रवधू। **रोपनी** = धान की रोपाई। **मँझोले** = मध्यम कद के। **कनफटी** = कानों के स्थान पर फटी हुई टोपी। **कमली** = कंबल। **छोर** = किनारा। **बेडौल** = अनगढ़। **कुतूहल** = जिज्ञासा। **मुग्ध** = मोहित। **सदा-सर्वदा** = हमेशा। **समूचा** = सम्पूर्ण। **अजीब** = अनोखा। **अधरतिया** = आधी रात। **कोलाहल** = शोरगुल। **अकस्मात्** = अचानक। **कौंध** = चमक। **निस्तब्धता** = सन्नाटा, शान्ति। **प्रभातियाँ** = प्रात:काल गाये जाने वाले गीत। **भिंडे** = ऊँचा स्थान। **पोखरे** = तालाब। **लोही** = प्रात:कालीन लालिमा। **कुहासा** = कुहरा। **आवृत्त**= ढका हुआ। **सुरूर** = नशा, धुन। **उत्तेजित** = जोश से भड़का हुआ। **श्रम बिन्दु** = पसीने की बूँदें। **जुटना** = इकट्ठे होना। **गति** = चाल। **हावी होना** = प्रभुत्व जमाना। **तन** = शरीर। **ओतप्रोत** = लबालब भरा हुआ। **निवृत्त** = मुक्त। **चिराग** = दीपक। **तल्लीनता** = लीन होना, मग्न होना। **कोशिश** = प्रयत्न। **नज़दीक** = करीब, पास। **उत्सव** = जश्न। **अवधि** = समय। **आदेश** = आज्ञा। **अटल** = जिसे टाला न जा सके।

आस्था = विश्वास। **संबल** = सहारा। **हक** = अधिकार। **भिक्षा** = भीख। **उपवास** = व्रत। **टेक** = आदत। **छीजने** = कमजोर होने। **पंजर** = मृत शरीर। **बेडौल** = अनगढ़। **खरा उतरना** = सही सिद्ध होना। **मठ** = आश्रम। **कंठ** = गला। **पुरवाई** = पूर्व की ओर से बहने वाली हवा। **झंकार** = झनझनाती आवाज। **लिथड़े** = लथपथ, सने हुए। **जीने** = सीढ़ी। **हलवाहे** = किसान। **क्रम** = सिलसिला। **दादुर** = मेढक। **पियवा** = पिया। **टेरना** = ऊँची आवाज़ में बुलाना। **रहस्य** = गुप्त बात। **कुश** = एक प्रकार की घास। **ताँता लगना** = लगातार निकलना। **गुरूर** = नशा। **मस्तक** = माथा। **उमस** = घुटन। **करताल** = तालियाँ। **भरमार** = अधिकता। **बोदा** = सुस्त। **निगरानी** = देखभाल। **साध** = इच्छा। **सुभग** = सुन्दर। **दंग** = हैरान। **सिरहाने** = सिर के पास। **तूल देना** = अधिक महत्व देना। **चुल्लू भर** = थोड़ा-सा। **निर्णय** = फैसला। **दलील** = तर्क। **जून** = समय। **अनुरूप** = अनुसार। **तागा टूटना** = साँसें टूटना। ।

➯ गद्यांश पर आधारित प्रश्नोत्तर

निम्नलिखित गद्यांशों को पढ़िए और उनके नीचे दिये गये प्रश्नों के उत्तर लिखिए—

1. किन्तु खेतीबारी करते, परिवार रखते भी, बालबगोबिन भगत साधु थे— साधु की सब परिभाषाओं में खरे उतरने वाले। कबीर को 'साहब' मानते थे, उन्हीं के गीतों को गाते, उन्हीं के आदेशों पर चलते। कभी झूठ नहीं बोलते, खरा व्यवहार रखते। किसी से भी दो टूक बात करने में संकोच नहीं करते, न किसी से खामखा झगड़ा मोल लेते। किसी की चीज़ नहीं छूते, न बिना पूछे व्यवहार में लाते। इस नियम को कभी-कभी इतनी बारीकी तक ले जाते कि लोगों को कुतूहल होता! कभी वह दूसरे के खेत में शौच के लिए भी नहीं बैठते! वह गृहस्थ थे; लेकिन उनकी सब चीज़ 'साहब' की थी। जो कुछ खेत में पैदा होता, सिर पर लादकर पहले उसे साहब के दरबार में ले जाते—जो उनके घर से चार कोस दूरी पर था—एक कबीरपंथी मठ से मतलब! वह दरबार में 'भेंट' रूप रख लिया जाकर 'प्रसाद' रूप में जो उन्हें मिलता, उसे घर लाते और उसी से गुज़र चलाते !

प्रश्न— (i) लेखक ने बालगोबिन भगत को साधु क्यों कहा है?

(क) वे साधु के समान दिखते थे
(ख) वे मोह-माया से दूर थे
(ग) वे सच्चे साधुओं जैसा ही उत्तम आचार-विचार रखते थे
(घ) वे किसी से झगड़ा नहीं करते थे

उत्तर—(ग) वे सच्चे साधुओं जैसा ही उत्तम आचार-विचार रखते थे

(ii) बालगोबिन भगत का कौन-सा कार्य-व्यवहार लोगों के आश्चर्य का विषय था?

(क) जीवन के सिद्धांतों और आदर्शों का गहराई से अपने आचरण में पालन करना
(ख) गीत गाते रहना
(ग) किसी से झगड़ा न करना
(घ) अपना काम स्वयं करना

उत्तर—(क) जीवन के सिद्धांतों और आदर्शों का गहराई से अपने आचरण में पालन करना।

(iii) बालगोबिन भगत कबीर के आदर्शों पर चलते थे क्योंकि?

(क) कबीर भगवान् का रूप थे
(ग) कबीर उनके गाँव के मुखिया थे
(ख) वे कबीर की विचारधारा से प्रभावित थे
(घ) कबीर उनके मित्र थे

उत्तर—(ख) वे कबीर की विचारधारा से प्रभावित थे

(iv) बालगोबिन भगत के खेत में जो कुछ पैदा होता, उसे वे सर्वप्रथम किसे भेंट कर देते?

(क) गरीबों को
(ग) घर में
(ख) मन्दिर में
(घ) कबीरपंथी मठ में

उत्तर—(घ) कबीरपंथी मठ में

(v) 'वह गृहस्थ थे; लेकिन उनकी सब चीज़ 'साहब' की थी।' यहाँ 'साहब' से क्या आशय है?

(क) गुरु (ख) मुखिया (ग) कबीर (घ) भगवान्

उत्तर—(ग) कबीर

2. आषाढ़ की रिमझिम है। समूचा गाँव खेतों में उतर पड़ा है। कहीं हल चल रहे हैं; कहीं रोपनी हो रही है। धान के पानी-भरे खेतों में बच्चे उछल रहे हैं। औरतें कलेवा लेकर मेंड़ पर बैठीं हैं। आसमान बादल से घिरा; धूप का नाम नहीं। ठण्डी पुरवाई चल रही। ऐसे ही समय आपके कानों में एक स्वर-तरंग झंकार-सी कर उठी। यह क्या है—यह कौन है! यह पूछना न पड़ेगा। बालगोबिन भगत

समूचा शरीर कीचड़ में लिथड़े, अपने खेत में रोपनी कर रहे हैं। उनकी अँगुली एक-एक धान के पौधे को, पंक्तिबद्ध, खेत में बिठा रही है। उनका कण्ठ एक-एक शब्द को संगीत के जीने पर चढ़ाकर कुछ को ऊपर, स्वर्ग की ओर भेज रहा है और कुछ को इस पृथ्वी की मिट्टी पर खड़े लोगों के कानों की ओर!

प्रश्न— (i) बच्चे कहाँ उछल रहे हैं?

(ii) कौन-से महीने की रिमझिम है?

(iii) औरतें क्या कर रही हैं?

(iv) कानों में स्वर-तरंग की झंकार-सी क्यों कर उठी?

(v) बालगोबिन भगत अपने खेत में क्या कर रहे हैं?

(vi) उनकी अँगुली क्या कार्य कर रही है?

(vii) 'ठण्डी पुरवाई' से क्या अभिप्राय है?

(viii) बालगोबिन भगत का कण्ठ शब्दों का जादू कैसे बिखेर रहा है?

उत्तर— (i) बच्चे धान के पानी भरे खेतों में उछल रहे हैं।

(ii) आषाढ़ के महीने की रिमझिम है।

(iii) औरतें कलेवा लेकर मेंड़ पर बैठी हैं।

(iv) बालगोबिन भगत के संगीत के जादू की ध्वनि कानों में स्वर-तरंग की झंकार-सी कर उठी।

(v) बालगोबिन भगत अपने खेत में धान की रोपनी कर रहे हैं।

(vi) उनकी अँगुली एक-एक धान के पौधे को पंक्तिबद्ध खेत में बिठा रही है।

(vii) ठण्डी पुरवाई से अभिप्राय पूर्व दिशा की ओर से बहने वाली ठण्डी हवा से है।

(viii) बालगोबिन का कण्ठ एक-एक शब्द को संगीत के जीने पर चढ़ाकर कुछ को स्वर्ग की ओर तथा कुछ को इस पृथ्वी की मिट्टी पर खड़े लोगों के कानों की ओर भेजकर अपना जादू बिखेर रहा है।

3. **मैं शुरू से ही देर तक सोनेवाला हूँ, किन्तु, एक दिन, माघ की उस दाँत किटकिटानेवाली भोर में भी, उनका संगीत मुझे पोखरे पर ले गया था। अभी आसमान के तारों के दीपक बुझे नहीं थे। हाँ, पूरब में लोही लग गई थी जिसकी लालिमा को शुक्र तारा और बढ़ा रहा था। खेत, बगीचा, घर-सब पर कुहासा छा रहा था। सारा वातावरण अजीब रहस्य से आवृत मालूम पड़ता था। उस रहस्यमय वातावरण में एक कुश की चटाई पर पूरब मुँह, काली कमली ओढ़े, बालगोबिन भगत अपनी खँजड़ी लिए बैठे थे। उनके मुँह से शब्दों का ताँता लगा था, उनकी अँगुलियाँ खँजड़ी पर लगातार चल रही थीं। गाते-गाते इतने मस्त हो जाते, इतने सुरूर में आते, उत्तेजित हो उठते कि मालूम होता, अब खड़े हो जाएँगे। कमली तो बार-बार सिर से नीचे सरक जाती। मैं जाड़े से कँपकँपा रहा था, किन्तु तारे की छाँव में भी उनके मस्तक के श्रम बिन्दु, जब-तब, चमक ही पड़ते।**

प्रश्न— (i) किसका संगीत लेखक को पोखरे पर ले गया था?

(ii) कुहासा कहाँ छा रहा था?

(iii) सारा वातावरण कैसा मालूम पड़ता था?

(iv) रहस्यमय वातावरण में कौन किस प्रकार बैठा था?

(v) शब्दों का ताँता किसके मुँह से निकल रहा था?

(vi) बालगोबिन भगत उत्तेजित क्यों हो उठते?

(vii) तारे की छाँव में भी उनके मस्तक पर क्या चमक पड़ता?

(viii) पूरब में लोही लगने से क्या तात्पर्य है?

उत्तर— (i) बालगोबिन भगत का संगीत लेखक को पोखरे पर ले गया था।

(ii) खेत, बगीचा, घर सब पर कुहासा छा रहा था।

(iii) सारा वातावरण अजीब रहस्य से आवृत मालूम पड़ता था।

(iv) रहस्यमय वातावरण में बालगोबिन भगत एक कुश की चटाई पर पूरब की ओर मुँह करके, काली कमली ओढ़े, अपनी खँजड़ी लिए बैठे थे।

(v) शब्दों का ताँता बालगोबिन भगत के मुँह से निकल रहा था।

(vi) बालगोबिन भगत गाते-गाते इतने मस्त हो जाते कि सुरूर में आकर उत्तेजित हो उठते।

(vii) तारे की छाँव में भी उनके मस्तक पर श्रमबिन्दु चमक पड़ते।

(viii) पूरब में लोही लगने से तात्पर्य प्रातःकालीन लालिमा से है।

4. गर्मियों में उनकी 'संझा' कितनी उमसभरी शाम को न शीतल करती! अपने घर के आँगन में आसन जमा बैठते। गाँव के उनके कुछ प्रेमी भी जुट जाते। खँजड़ियों और करतालों की भरमार हो जाती। एक पद बालगोबिन भगत कह जाते, उनकी प्रेमी मण्डली उसे दुहराती, तिहराती। धीरे-धीरे स्वर ऊँचा होने लगता—एक निश्चित ताल, एक निश्चित गति से। उस ताल-स्वर के चढ़ाव के साथ श्रोताओं के मन भी ऊपर उठने लगते। धीरे-धीरे मन तन पर हावी हो जाता। होते-होते, एक क्षण ऐसा आता कि बीच में खँजड़ी लिए बालगोबिन भगत नाच रहे हैं और उनके साथ ही सबके तन और मन नृत्यशील हो उठे हैं। सारा आँगन नृत्य और संगीत से ओतप्रोत है।

प्रश्न— **(i) गर्मियों में बालगोबिन भगत अपना आसन जमाकर कहाँ बैठते थे?**

(ii) धीरे-धीरे स्वर किस प्रकार ऊँचा होने लगता?

(iii) उस ताल-स्वर के चढ़ाव का क्या प्रभाव पड़ता?

(iv) धीरे-धीरे मन की क्या दशा हो जाती?

(v) संगीत-संझा में किसकी भरमार हो जाती?

(vi) सारा आँगन किससे ओतप्रोत है?

(vii) किसके नृत्य के साथ सबके तन और मन नृत्यशील हो उठते हैं?

उत्तर— (i) गर्मियों में बालगोबिन भगत अपना आसन जमाकर अपने घर के आँगन में बैठते थे।

(ii) धीरे-धीरे स्वर एक निश्चित ताल और एक निश्चित गति से ऊँचा होने लगता।

(iii) उस ताल-स्वर के चढ़ाव के साथ श्रोताओं के मन भी ऊपर उठने लगते।

(iv) धीरे-धीरे मन तन पर हावी हो जाता था।

(v) संगीत-संझा में खंजड़ियों और करतालों की भरमार हो जाती।

(vi) सारा आँगन नृत्य और संगीत से ओतप्रोत है।

(vii) बालगोबिन भगत के नृत्य के साथ सबके तन और मन नृत्यशील हो उठते हैं।

5. बेटे को आँगन में एक चटाई पर लिटाकर एक सफेद कपड़े से ढाँक रखा है। वह कुछ फूल तो हमेशा ही रोपते रहते, उन फूलों में से कुछ तोड़कर उस पर बिखरा दिये हैं; फूल और तुलसीदल भी। सिरहाने एक चिराग जला रखा है और उसके सामने जमीन पर ही आसन जमाये गीत गाये चले जा रहे हैं! वही पुराना स्वर, वही पुरानी तल्लीनता। घर में पतोहू रो रही है जिसे गाँव की स्त्रियाँ चुप कराने की कोशिश कर रही हैं, किन्तु बालगोबिन भगत गाए जा रहे हैं। हाँ, गाते-गाते कभी-कभी पतोहू के नजदीक भी जाते और उसे रोने के बदले उत्सव मनाने को कहते। आत्मा परमात्मा के पास चली गई, विरहिनी अपने प्रेमी से जा मिली, भला इससे बढ़कर आनन्द की कौन बात? मैं कभी-कभी सोचता, यह पागल तो नहीं हो गये। किन्तु नहीं, वह जो कुछ कह रहे थे उसमें उनका विश्वास बोल रहा था—वह चरम विश्वास जो हमेशा ही मृत्यु पर विजयी होता आया है।

प्रश्न— **(i) मृत्यु के बाद भगत जी ने बेटे को कहाँ व किस प्रकार लिटाकर रखा है।**

(ii) बेटे के ऊपर क्या बिखेर दिया है?

(iii) मृत-शरीर के सिरहाने क्या जला रखा है?

(iv) बेटे के मृत शरीर के पास आसन जमाकर भगत जी क्या कर रहे हैं?

(v) पति की मृत्यु के बाद पतोहू की कैसी दशा है?

(vi) भगत जी पतोहू को क्या कहकर समझाने का प्रयास कर रहे हैं?

(vii) बालगोबिन भगत पतोहू से क्या कह रहे हैं?

उत्तर— (i) मृत्यु के बाद भगत जी ने बेटे को आँगन में एक चटाई पर, एक सफेद कपड़े से ढ़ककर लिटाकर रखा है।

(ii) बेटे के ऊपर फूल और तुलसीदल बिखेर दिये हैं।

(iii) मृत शरीर के सिरहाने एक चिराग जला रखा है।

(iv) बेटे के मृत शरीर के पास आसन जमाकर भगत जी पूरी तल्लीनता के साथ गाये चले जा रहे हैं।

(v) पति की मृत्यु के बाद पतोहू बिलख-बिलखकर रो रही है, जिसे गाँव की स्त्रियाँ चुप कराने की कोशिश कर रही हैं।

(vi) भगत जी पतोहू को यह कहकर समझाने का प्रयास कर रहे हैं कि आत्मा परमात्मा के पास चली गयी है। विरहिनी अपने प्रेमी से जाकर मिल गयी है इसलिए यह रोने की नहीं आनन्द की बात है।

(vii) बालगोबिन भगत पतोहू से रोने के स्थान पर उत्सव मनाने को कह रहे हैं।

6. बेटे के क्रिया-कर्म में तूल नहीं किया; पतोहू से ही आग दिलाई उसकी, किन्तु ज्योंही श्राद्ध की अवधि पूरी हो गई, पतोहू के भाई को बुलाकर उसके साथ कर दिया, यह आदेश देते हुए कि इसकी दूसरी शादी कर देना। इधर पतोहू रो-रोकर कहती—मैं चली जाऊँगी

तो बुढ़ापे में कौन आपके लिए भोजन बनायेगा, बीमार पड़े तो कौन एक चुल्लू पानी भी देगा? मैं पैर पड़ती हूँ, मुझे अपने चरणों से अलग नहीं कीजिए। लेकिन भगत का निर्णय अटल था। तू जा, नहीं तो मैं ही इस घर को छोड़कर चल दूँगा—यह थी उनकी आखिरी दलील और इस दलील के आगे बेचारी की क्या चलती?

प्रश्न— (i) बेटे के क्रियाकर्म में उसकी चिता को भगत जी ने किससे आग दिलवाई?
(ii) श्राद्ध की अवधि पूरी होते ही भगत जी ने क्या किया?
(iii) पतोहू के भाई को भगत जी ने क्या आदेश दिया?
(iv) पतोहू रो-रोकर क्या कह रही थी?
(v) भगत का निर्णय कैसा था?
(vi) भगत की आखिरी दलील क्या थी?
(vii) आखिरी दलील का पतोहू पर क्या प्रभाव पड़ा?

उत्तर— (i) बेटे के क्रियाकर्म में उसकी चिता को भगत जी ने पतोहू से आग दिलवाई।
(ii) श्राद्ध की अवधि पूरी होते ही भगत जी ने पतोहू के भाई को बुलाकर उसे अपने साथ ले जाने को कहा।
(iii) पतोहू के भाई को भगत जी ने पतोहू की दूसरी शादी करवाने का आदेश दिया।
(iv) पतोहू रो-रोकर यह कह रही थी कि मुझे अपने चरणों से अलग मत कीजिए।
(v) भगत का निर्णय अटल था।
(vi) भगत की आखिरी दलील यह थी कि ''तू जा, नहीं तो मैं ही इस घर को छोड़कर चल दूँगा।''
(vii) आखिरी दलील के सामने पतोहू की बिल्कुल नहीं चली। विवश होकर उसे अपने भाई के साथ जाना पड़ा।

7. **बालगोबिन भगत की मौत उन्हीं के अनुरूप हुई। वह हर वर्ष गंगा-स्नान करने जाते। स्नान पर उतनी आस्था नहीं रखते, जितनी संत-समागम और लोक-दर्शन पर। पैदल ही जाते। करीब तीस कोस पर गंगा थी। साधु को संबल लेने का क्या हक? और, गृहस्थ किसी से भिक्षा क्यों माँगे? अतः घर से खाकर चलते, तो फिर घर पर ही लौटकर खाते। रास्ते भर खँजड़ी बजाते, गाते जहाँ प्यास लगती, पानी पी लेते। चार-पाँच दिन आने-जाने में लगते; किन्तु इस लम्बे उपवास में भी वही मस्ती! अब बुढ़ापा आ गया था, किन्तु टेक वही जवानीवाली। इस बार लौटे तो तबियत कुछ सुस्त थी। खाने-पीने के बाद भी तबीयत नहीं सुधरी, थोड़ा बुखार आने लगा, किन्तु नेम-व्रत को छोड़ने वाले नहीं थे। वही दोनों जून गीत, स्नान ध्यान, खेतीबारी देखना। दिन-दिन छीजने लगे।**

प्रश्न— (i) भगत जी की मौत किसके अनुरूप हुई?
(ii) उनकी गंगा-स्नान से भी अधिक किस बात पर आस्था थी?
(iii) उनके गाँव से गंगा की दूरी कितनी थी? उन्हें गंगा-स्नान के लिए आने-जाने में कितने दिन लग जाते थे?
(iv) साधु को और गृहस्थ को क्या लेने का हक नहीं होता?
(v) भगत जी गंगा-स्नान करने किस साधन से जाते थे?
(vi) बुढ़ापा आ जाने पर भी भगत जी की टेक कैसी थी?
(vii) तबियत खराब होने पर भी भगत जी क्या छोड़ने वाले नहीं थे?
(viii) इस बार गंगा स्नान से लौटने के बाद उनकी तबियत कैसी थी?

उत्तर— (i) भगत जी की मौत उन्हीं के अनुरूप हुई।
(ii) उनकी गंगा-स्नान से भी अधिक संत-समागम और लोक-दर्शन में आस्था थी।
(iii) उनके गाँव से गंगा की दूरी करीब तीस कोस थी। उन्हें गंगा-स्नान के लिए आने-जाने में चार-पाँच दिन लग जाते थे।
(iv) बालगोबिन भगत के अनुसार साधु को संबल तथा गृहस्थ को भिक्षा माँगने का हक नहीं है।
(v) भगत जी गंगा-स्नान करने पैदल ही जाते थे।
(vi) बुढ़ापा आ जाने पर भी भगत जी की टेक जवानी वाली थी।
(vii) तबियत खराब होने पर भी भगत जी नेम-व्रत छोड़ने वाले नहीं थे।
(viii) इस बार गंगा-स्नान से लौटने के बाद उनकी तबियत सुस्त थी। थोड़ा बुखार आने लगा था।

पाठ से सम्बन्धित प्रश्नोत्तर

प्रश्न 1. खेतीबारी से जुड़े गृहस्थ बालगोबिन भगत अपनी किन चारित्रिक विशेषताओं के कारण साधु कहलाते थे?

अथवा

गृहस्थ होकर भी बालगोबिन भगत साधु थे—स्पष्ट कीजिए।

उत्तर— बालगोबिन भगत गृहस्थ थे लेकिन उनका आचरण साधुओं जैसा था। वे कबीरपंथी थे। उन्हीं के आदर्शों पर चलते थे। उनका सम्पूर्ण जीवन 'साहब' (कबीर) के लिए ही समर्पित था। वे मृत्यु को उत्सव मानते थे। वे कभी झूठ नहीं बोलते थे, झगड़ा नहीं करते थे, बिना पूछे किसी की वस्तु न छूते थे और न व्यवहार में लाते थे। दूसरे के खेत में शौच तक नहीं जाते थे। इन सभी गुणों से सिद्ध होता है कि बालगोबिन भगत गृहस्थ होकर भी साधु थे।

प्रश्न 2. भगत की पुत्रवधू उन्हें अकेले क्यों नहीं छोड़ना चाहती थी?

उत्तर— भगत की पुत्रवधू अत्यन्त संस्कारी और सुलझे हुए दिमाग की थी। वह इस बात को अच्छी तरह समझती थी कि उम्र के इस पड़ाव में भगत जी को सेवा की सख्त ज़रूरत है। उनकी सेवा करने वाला उसके अतिरिक्त कोई नहीं है। उसके बिना वे खाने-पीने जैसी छोटी-छोटी जरूरतों के लिए भी लाचार हो जायेंगे। इसी सेवाभाव के कारण भगत की पुत्रवधू उन्हें अकेले नहीं छोड़ना चाहती थी।

प्रश्न 3. भगत ने अपने बेटे की मृत्यु पर अपनी भावनाएँ किस तरह व्यक्त कीं?

अथवा

सिद्ध कीजिए कि कबीर निर्गुण ब्रह्म के उपासक थे।

उत्तर— भगत कबीरपंथी थे अत: कबीर के समान वह भी निर्गुण-ब्रह्म में आस्था रखते थे। उनके अनुसार शरीर नश्वर है तथा आत्मा अमर है। आत्मा का परमात्मा में मिलन ही संसार में आवागमन के चक्र को पूरा करता है। अपनी इन्हीं भावनाओं को व्यक्त करने के लिए वे अपने पुत्र की मृत्यु पर तल्लीनता के साथ गीत गाये जा रहे थे तथा विलाप करती हुई पतोहू को भी उत्सव मनाने के लिए कह रहे थे।

प्रश्न 4. भगत के व्यक्तित्व और उनकी वेशभूषा का अपने शब्दों में चित्र प्रस्तुत कीजिए।

उत्तर— कबीर के आदर्शों के अनुगामी बालगोबिन भगत गृहस्थ होकर भी साधु थे। उनका कद मँझला तथा रंग गोरा था। उनकी उम्र साठ से ऊपर थी तथा बाल सफेद थे। वे कपड़े बिल्कुल कम पहनते थे। शरीर पर एकमात्र लँगोटी तथा सिर पर एक कनफटी टोपी होती थी। सर्दियाँ आने पर काला कम्बल ओढ़ लेते थे। वे अपने मस्तक पर रामानंदी तिलक लगाते थे तथा गले में तुलसी की जड़ों की बेडौल माला बाँधे रहते थे।

भगत जी साधारण होते हुए भी असाधारण व्यक्तित्व के धनी थे। वे कट्टर कबीरपंथी थे। झूठ न बोलना, किसी से झगड़ा न करना, किसी की वस्तु को बिना पूछे प्रयोग में न लाना आदि नियमों को वे पूरी बारीकी से निभाते थे। वे भक्ति-संगीत में सदैव तल्लीन रहते थे। साहब में उनकी अपार श्रद्धा थी। वे सामाजिक रूढ़ियों एवं बाह्यडंबरों में विश्वास नहीं रखते थे। वे निर्गुण ब्रह्म के उपासक थे तथा मृत्यु को उत्सव मानते थे।

प्रश्न 5. बालगोबिन भगत की दिनचर्या लोगों के अचरज का कारण क्यों थी?

अथवा

बालगोबिन की दिनचर्या पर लोगों को आश्चर्य क्यों होता था?

अथवा

लोगों के कौतूहल का क्या कारण था?

उत्तर— बालगोबिन भगत की दिनचर्या पूरी तरह व्यवस्थित थी। वे सभी नियमों का दृढ़ता से पालन करते थे। चाहे हाड़ कँपा देने वाली ठण्ड हो या भीषण गर्मी उनकी दिनचर्या में लेश मात्र भी परिवर्तन नहीं होता था। कार्तिक के महीने में भी वे पूरे जोश व तल्लीनता के साथ प्रभातियाँ गाते रहते थे। प्रात: जल्दी उठकर गाँव से दो मील दूर पैदल जाकर नदी में स्नान करना तथा लौटकर खँजड़ी बजाते हुए लगातार गाते रहना लोगों को हैरान कर देता था। उनका सुरूर और उत्तेजना देखकर लोग ठगे से रह जाते थे। इसलिए बालगोबिन भगत की दिनचर्या लोगों के अचरज का कारण थी।

प्रश्न 6. कैसे कहा जा सकता है कि बालगोबिन भगत जीवन के अन्तिम क्षणों में भी अपने नियम-व्रत का निरन्तर पालन करते रहे? उदाहरण के आधार पर स्पष्ट कीजिए।

उत्तर— बालगोबिन भगत साधुओं जैसा सीधा-सादा सरल जीवन बिताते थे। वे ईश्वर और गुरु की प्रशंसा के गीत गुनगुनाते रहते थे। वे हर वर्ष गंगा-स्नान करने पैदल जाते थे। इसमें सन्त-समागम और लोक-दर्शन हो जाता था। वे घर से खाकर चलते थे और घर आकर ही खाते थे, कहीं भिक्षा नहीं माँगते थे। आने-जाने में चार-पाँच दिन लग जाते थे। वे जीवन के अन्तिम क्षणों तक अपने नियम-व्रत का निरन्तर पालन करते रहे। एक बार जब वे लौटे तो उनकी तबियत सुस्त थी, थोड़ा बुखार था। लोगों ने नहाने से मना किया, परन्तु नहीं माने। उस दिन भी सन्ध्या के समय गीत गाए। सुबह जब लोगों ने उनका गीत नहीं सुना, तब पता चला कि बालगोबिन नहीं रहे।

प्रश्न 7. पाठ के आधार पर बालगोबिन भगत के मधुर गायन की विशेषताएँ लिखिए।

अथवा

बालगोबिन भगत का गायन मधुर था—सिद्ध कीजिए।

बालगोबिन भगत के गीतों का खेतों में काम करते हुए और आते-जाते नर-नारियों पर क्या प्रभाव पड़ता था?

उत्तर— बालगोबिन भगत बड़ी तल्लीनता एवं जोश में प्रभु-भक्ति के बीत गाते थे। उनका मधुर गायन लोगों को आकर्षित कर लेता था। उनके गायन में मिठास के साथ-साथ निश्चित ताल एवं गति थी। उनके स्वर में आरोह एवं अवरोह का गुण था। उनका मधुर गायन सुनकर बच्चे खेलते हुए झूम उठते थे, मेंड़ पर बैठी औरतें गुनगुनाने लगती थीं। हलवाहों के पैर ताल के साथ एक निश्चित क्रम में उठने लगते थे। यहाँ तक कि धान रोपने वालों की अँगुलियाँ भी एक अजीब क्रम से चलने लगती थीं। समूचा वातावरण संगीतमय हो जाता था। भगत जी का संगीत इतना मधुर व आकर्षक था कि उसका जादू लोगों के सिर चढ़कर बोलने लगता था।

प्रश्न 8. कुछ मार्मिक प्रसंगों के आधार पर यह दिखायी देता है कि बोलगोबिन भगत प्रचलित सामाजिक मान्यताओं को नहीं मानते थे। पाठ के आधार पर उन प्रसंगों का उल्लेख कीजिए।

उत्तर— बालगोबिन भगत निर्गुण ब्रह्म के उपासक थे। वे कबीरपंथी थे अत: कबीर के समान वे भी समाज में प्रचलित मान्यताओं का खण्डन करते थे। वे केवल अपने अन्तर्मन की आवाज सुनते थे। वे पुरानी परम्पराओं एवं रूढ़ियों के कट्टर विरोधी थे। पुत्र की मृत्यु के उपरान्त उसकी चिता को पुत्रवधू द्वारा अग्नि दिलवाना सामाजिक मान्यताओं एवं रूढ़ियों के मूक विरोध का जीता-जागता उदाहरण है। अपनी पुत्र-वधू को पुनर्विवाह हेतु आदेश देकर उन्होंने विधवा विवाह को बढ़ावा दिया।

उन्होंने पुत्र-शोक भी नहीं मनाया बल्कि मृत्यु को आत्मा का परमात्मा से मिलन के रूप में उत्सव मानकर अपनी पुत्रवधू को आनन्दपूर्वक उत्सव मनाने की सलाह दी।

प्रश्न 9. धान की रोपाई के समय समूचे माहौल को भगत की स्वर-लहरियाँ किस तरह चमत्कृत कर देती थीं? उस माहौल का शब्द-चित्र प्रस्तुत कीजिए।

उत्तर— आषाढ़ मास की रिमझिम में खेतों में धान की रोपाई चल रही है। आसमान में बादल छाये हुए हैं। ठण्डी पुरवाई चल रही है। ऐसे मनोहर वातावरण में अचानक बालगोबिन भगत की स्वर-लहरियाँ गूँजने लगती हैं। स्वर में आरोह एवं अवरोह के साथ निश्चित ताल एवं गति है। उसी गति के अनुसार उनकी अंगुलियाँ एक निश्चित क्रम में, एक-एक धान के पौधे को खेत में पंक्तिबद्ध बिठा रही हैं। कलेवा लेकर मेंड़ों पर बैठी स्त्रियों के ओंठ गाने को बेचैन होकर थरथराने लगे। किसानों के पैर भी संगीत की ध्वनि के अनुसार चलने लगे। चारों ओर मदमदाता हुआ संगीत का जादू छा गया।

➡ रचना और अभिव्यक्ति

प्रश्न 1. पाठ के आधार पर बतायें कि बालगोबिन भगत की कबीर पर श्रद्धा किन-किन रूपों में प्रकट हुई है?

अथवा

बालगोबिन भगत की कबीर में अपार आस्था थी। तर्क सहित प्रस्तुत कीजिए।

उत्तर— बालगोबिन भगत की कबीर के प्रति अपार श्रद्धा थी। वे कबीर के अनुयायी थे तथा उन्हीं के आदर्शों पर चलते थे। कबीर के समान ही वे स्वयं भी खरे स्वभाव के थे। वे भी निराकार ब्रह्म में विश्वास रखते थे। गृहस्थ होकर भी सांसारिक माया-मोह के बन्धन से दूर थे। वे लोभ-लालच तथा स्वार्थ से परे थे। वे अपनी फसल को सबसे पहले मठ पर जाकर साहब को समर्पित कर देते थे तथा वहाँ से प्रसाद-स्वरूप जो भी मिलता था, उससे गुजारा करते थे। कबीर के समान ही उन्होंने भी पारम्परिक मान्यताओं, सामाजिक रूढ़ियों तथा बाह्य आडम्बरों का कड़ा विरोध किया। समाज में प्रचलित मान्यता पर प्रहार करते हुए उन्होंने अपने इकलौते पुत्र का अन्तिम संस्कार पुत्रवधू से करवाया तथा मृत्यु को उत्सव के समान माना। कबीर के समान भगत जी का भी यही मानना था कि आत्मा का परमात्मा से मिलन ही सांसारिक आवागमन के चक्र को पूरा करना है।

प्रश्न 2. आपकी दृष्टि में भगत की कबीर पर अगाध श्रद्धा के क्या कारण रहे होंगे?

उत्तर— कबीरदास एक महान् समाजसुधारक थे। उन्होंने अपना समस्त जीवन समाज-सुधार में समर्पित कर दिया था। कबीर एक सच्चे पथ-प्रदर्शक थे। बालगोबिन भगत पर अनेक प्रकार से कबीर के गुणों का प्रभाव पड़ा। वे कबीर के अनेक गुणों से प्रभावित हुए होंगे। उन्हें कबीर की वाणी में सत्य के दर्शन हुए होंगे अत: उन्होंने कबीर के आदर्शों पर चलना शुरू कर दिया होगा और कबीर को सच्चा 'सद्‌गुरू' मान लिया होगा। हमारी दृष्टि में भगत की कबीर पर अगाध श्रद्धा के यही कारण रहे होंगे।

प्रश्न 3. बालगोबिन भगत पाठ में चित्रित ग्रामीण परिवेश को अपने शब्दों में प्रस्तुत करते हुए उस पर बालगोबिन भगत पर संगीत के प्रभाव एवं महत्व को स्पष्ट कीजिए।

उत्तर— बरसात में धान रोपते कीचड़ में लथपथ बालगोबिन भगत गीत गाते रहते। उनके कण्ठ से निकला मधुर संगीत खेतों में काम कर रहे लोगों के मन में झंकार उत्पन्न कर देता था। उसे सुनकर खेतों में उछल-कूद मचाते बच्चों में एक मस्ती आ जाती थी। खेतों की मेड़ों पर बैठी औरतों के ओंठ गाने के लिए बेचैन हो उठते थे। धान रोपते किसानों की अँगुलियों में भी एक क्रमिक लय आ जाती थी। हल चलाने वाले किसानों के पैर संगीत की थाप पर चलने लगते थे। इस प्रकार सारा वातावरण संगीतमय जादूभरा हो जाता था।

प्रश्न 4. गाँव का सामाजिक-सांस्कृतिक परिवेश आषाढ़ चढ़ते ही उल्लास से क्यों भर जाता है?

उत्तर— भारत एक कृषि-प्रधान देश है। यहाँ की 72% जनसंख्या कृषि पर निर्भर है। कृषि का मुख्य आधार वर्षा है। वर्षा का आरम्भ आषाढ़ मास में होता है इसीलिए आषाढ़ माह में ग्रामवासी उल्लास से भर जाते हैं। धान की रोपाई के लिए बड़ी उत्सुकता से वे आषाढ़ मास

का इंतजार करते हैं। वर्षा की रिमझिम शुरू होते ही वातावरण आनन्दमय हो जाता है। बच्चे खुशी से नाचने लगते हैं। किसान हल लेकर निकल पड़ते हैं। औरतें कलेवा लेकर खेतों पर आ जाती हैं। सभी अच्छी फसल के प्रति आशान्वित हो जाते हैं। खुशियों की बहार छा जाती है। वातावरण संगीतमय हो जाता है।

प्रश्न 5. ''ऊपर की तस्वीर से यह नहीं माना जाये कि बालगोबिन भगत साधु थे।'' क्या 'साधु' की पहचान पहनावे के आधार पर की जानी चाहिए? आप किन आधारों पर यह सुनिश्चित करेंगे कि अमुक व्यक्ति 'साधु' है?

उत्तर— 'साधु' का शाब्दिक अर्थ है–'सज्जन'। साधु की पहचान केवल पहनावे या वेशभूषा के आधार पर नहीं की जा सकती। साधु होना केवल 'भगवे' वस्त्रों पर निर्भर नहीं करता, बल्कि गृहस्थी सँभालते हुए अपनी समस्त जिम्मेदारियों का निर्वहन करने वाला व्यक्ति भी साधु के गुणों को अपनाकर 'साधु' बन सकता है। 'साधु' में सज्जनता का समावेश होना अति आवश्यक है। साधु सदैव माया-मोह एवं सांसारिक आकर्षणों से दूर रहता है। उसके अन्दर परोपकार, संयम, अनुशासन, धैर्य, क्षमा, त्याग आदि गुण होने चाहिए। उसके स्वभाव में सरलता रहनी चाहिए। उसे ऐसे कार्य करने चाहिए जो समाज व राष्ट्र के हित में हों।

उपर्युक्त गुणों को धारण करने वाला व्यक्ति गृहस्थ होते हुए भी साधु की श्रेणी में आता है। केवल पहनावे के आधार पर किसी को 'साधु' नहीं कहा जा सकता।

प्रश्न 6. ''मोह और प्रेम में अन्तर होता है।'' भगत के जीवन की किस घटना के आधार पर इस कथन का सच सिद्ध करेंगे?

उत्तर— मोह और प्रेम एक ही सिक्के के दो पहलू हैं, लेकिन दोनों में निश्चित रूप से अन्तर है। मोह में मनुष्य स्वार्थी होकर केवल अपने हित की चिन्ता करता है इसके विपरीत प्रेम के विवश होकर वह उसमें अपने प्रिय के हित के विषय में सोचता है। बालगोबिन भगत ने अपनी पतोहू के प्रति मोह त्यागकर प्रेम प्रकट किया। यदि वे मोह के वशीभूत होकर उसे पास रखकर उससे सेवाकार्य करवाते तो यह उनका स्वार्थ होता। मगर उन्होंने ऐसा न करके उसके भविष्य की चिन्ता की तथा पुनर्विवाह की सलाह देकर उसका जीवन सँवारने का प्रयास किया। उसे विधवा जीवन जीने से बचाया। इसी घटना के आधार पर सिद्ध होता है कि मोह और प्रेम में अन्तर होता है।

प्रश्न 7. बालगोबिन भगत के गीतों का खेतों में काम करते हुए और आते-जाते नर-नारियों पर क्या प्रभाव पड़ता था?

उत्तर— बालगोबिन भगत के गीतों का खेती में काम करते हुए और आते-जाते नर-नारियों पर गीतात्मक प्रभाव पड़ता था कि मेड़ पर खड़ी औरतों के ओंठ काँप उठते हैं वे गुनगुनाने लगती हैं, रोपनी करने वालों की अँगुलियाँ एक अजीब क्रम से चलने लगती हैं। यही बालगोबिन भगत के संगीत का जादू है।

प्रश्न 8. बालगोबिन भगत की वेशभूषा कैसी थी?

(i) शरीर पर एकमात्र लँगोटी तथा सिर पर कनफटी टोपी होती थी
(ii) सर्दियों में काला कंबल ओढ़ लेते थे
(iii) मस्तक पर रामानंदी तिलक और गले में तुलसी की माला होती थी
(iv) उपर्युक्त सभी सत्य हैं

उत्तर— (iv) उपर्युक्त सभी सत्य हैं

प्रश्न 9. गृहस्थ होकर भी बालगोबिन भगत साधु थे, क्योंकि—

(i) वे खेतीबारी करते थे
(ii) वे भजन गाते थे
(iii) उनका आचरण साधुओं जैसा था
(iv) वे दूसरे के खेत में शौच नहीं जाते थे

उत्तर— (iii) उनका आचरण साधुओं जैसा था

प्रश्न 10. बालगोबिन भगत की मृत्यु को गौरवशाली कहा जा सकता है, क्योंकि—

(i) उनका जीवन गरीबी में गुजरा
(ii) खेती करना उनका व्यवसाय था
(iii) वे जीवन-पर्यन्त कठिन नियमों का पालन करते हुए सद्कर्मों में लगे रहे
(iv) वे अपनी पतोहू का पुनर्विवाह करना चाहते थे

उत्तर— (iii) वे जीवन-पर्यन्त कठिन नियमों का पालन करते हुए सद्कर्मों में लगे रहे।

➯ भाषा अध्ययन

प्रश्न 1. इस पाठ में आए कोई दस क्रियाविशेषण छाँटकर लिखिए और उनके भेद भी बताइए।

उत्तर— (i) कपड़े बिल्कुल कम पहनते।

बिल्कुल कम—परिमाणवाचक क्रियाविशेषण

(ii) वे दिन-दिन छीजने लगे
दिन-दिन—कालवाची क्रियाविशेषण

(iii) थोड़ा बुखार आने लगा।
थोड़ा—परिमाणवाचक क्रियाविशेषण

(iv) धीरे-धीरे स्वर ऊँचा होने लगा।
धीरे-धीरे—रीतिवाचक क्रियाविशेषण

(v) इन दिनों वह सवेरे ही उठते।
सवेरे ही—कालवाचक क्रियाविशेषण

(vi) थोड़ी ही देर पहले मूसलाधार वर्षा खत्म हुई है।
थोड़ी—परिमाणवाचक क्रियाविशेषण

(vii) धीरे-धीरे मन तन पर हावी हो जाता।
धीरे-धीरे—रीतिवाचक क्रियाविशेषण

(viii) उस दिन भी संध्या में गीत गाये।
संध्या में—कालवाचक क्रियाविशेषण

(ix) औरतें कलेवा लेकर मेंड़ पर बैठी हैं।
मेंड़ पर—स्थानवाचक क्रियाविशेषण

(x) न किसी से खामखाह झगड़ा मोल लेते।
खामखाह—रीतिवाचक क्रियाविशेषण

परीक्षोपयोगी महत्वपूर्ण प्रश्नोत्तर

प्रश्न 1. आपकी दृष्टि में साधु तथा असाधु में क्या अन्तर है?

उत्तर— हमारी दृष्टि में त्याग, संयम, अनुशासन, धैर्य, क्षमा आदि गुणों से युक्त तथा लोकमंगल की भावना से कार्य करने वाला व्यक्ति साधु है। इसके विपरीत कृतघ्न, स्वार्थी, दंभी तथा दूसरों का अहित चाहने वाला व्यक्ति असाधु की श्रेणी में आता है।

प्रश्न 2. किसी भी मनुष्य को साधु या असाधु बनाने में उसके परिवार के सदस्यों का क्या योगदान है?

उत्तर— किसी भी व्यक्ति को साधु या असाधु बनाने में उसके परिवार के सदस्यों का महत्वपूर्ण योगदान होता है। बालक अपने बड़ों के कार्यों तथा विचारों एवं व्यवहार का अनुसरण करता है। घर का वातावरण ही उसे सर्वाधिक प्रभावित करता है। घर के बड़ों के व्यवहार के अनुसार ही बच्चे भी व्यवहार करेंगे। यदि घर के लोग संस्कारी होंगे तो बच्चा बड़ा होकर साधु बनेगा और यदि बड़े लोगों में छल-कपट, ईर्ष्या-द्वेष, दम्भ तथा कृतघ्नता आदि अवगुण होंगे तो बच्चा बड़ा होकर निश्चय ही असाधु बनेगा।

प्रश्न 3. 'मानसिक रूप से सुस्त बच्चों की ओर अधिक ध्यान देने की आवश्यकता होती है।' इस विषय पर अपने विचार व्यक्त कीजिए।

उत्तर— हाँ! यह बिल्कुल सत्य है कि मानसिक रूप से सुस्त बच्चों की ओर अधिक ध्यान देने की आवश्यकता होती है। ऐसे बच्चों को विशेष स्नेह एवं देख-रेख की जरूरत होती है। अधिकांशतः ऐसे बच्चों को तिरस्कार एवं उपेक्षा झेलनी पड़ती है, जो गलत है। मित्रों से लेकर अध्यापक तक बात-बात में उन्हें जलील करते हैं जिससे उनके अन्दर असुरक्षा एवं हीनता की भावना जन्म लेती है तथा उनका भविष्य खतरे में पड़ जाता है एवं वे समाज से कटने लगते हैं।

लोगों का कर्त्तव्य है कि मानसिक रूप से कमजोर बच्चों के साथ सख्ती का नहीं नम्रता का व्यवहार करें। उनके साथ ऐसा कोई भी व्यवहार न करें, जिससे उन्हें मानसिक एवं शारीरिक रूप से चोट पहुँचे। उनके साथ ऐसा व्यवहार करें, जिससे उनका मनोबल बढ़े तथा वे स्वयं समाज का हिस्सा समझकर अपने लिए समाज में स्थान बना सकें।

प्रश्न 4. 'भगत का निर्णय अटल था।' इस कथन से बालगोबिन भगत की कौन-सी चारित्रिक विशेषता प्रकट होती है?

उत्तर— इस कथन से बालगोबिन भगत की चारित्रिक दृढ़ता प्रकट होती है तथा उनकी कथनी और करनी में समानता परिलक्षित होती है। इससे पता चलता है कि भगत जी अपनी कही हुई बात का दृढ़ता से पालन करते थे। उन्होंने अपनी पतोहू के एक भी तर्क को नहीं माना तथा उसे पुनर्विवाह का आदेश देकर उसके भाई के साथ पीहर भेज दिया।

प्रश्न 5. बालगोबिन भगत की प्रेम-मण्डली कैसी थी तथा वह क्या करती थी?

अथवा

बालगोबिन भगत की प्रेम-मण्डली में कैसे लोग थे? उनका गीत-संगीत कैसा था?

उत्तर— बालगोबिन भगत की प्रेम-मण्डली में संगीत-प्रेमी लोग थे। वे भजन-कीर्तन में लगे रहते थे। भजन-कीर्तन करने में ही उन्हें आनन्द की अनुभूति होती थी। उनका गीत-संगीत शान्ति प्रदान करने वाला था। वह गर्मियों की उमसभरी शाम को भी शीतल कर देता था।

प्रश्न 6. 'ब्रह्मं जानाति ब्राह्मण:' से क्या तात्पर्य है? लेखक स्वयं को पक्का ब्राह्मण क्यों समझता था?

उत्तर— 'ब्रह्मं जानाति ब्राह्मण:' इसका तात्पर्य यह है कि जो ब्रह्म को जानता है, वही ब्राह्मण है। लेखक ब्राह्मणों द्वारा किये जाने वाले सभी कार्य जैसे—हवन, संध्या पूजन, पूजा-पाठ आदि को बड़ी श्रद्धा-भक्ति से करता था, इसीलिए वह स्वयं को पक्का ब्राह्मण समझता था।

प्रश्न 7. प्रभातियाँ क्या हैं? इनको गाने का क्या उद्देश्य होता है?

उत्तर— प्रभातियों का अभिप्राय जागरण-गीतों से है। जिनमें केवल सुकोमल भावनाएँ ही नहीं बल्कि वीरता, साहस एवं उत्साह की बातें भी कही जाती हैं। प्रभातियों में राष्ट्रीय चेतना और विकास की भावना का समन्वय भी मिलता है।

प्रभातियाँ गाने का मुख्य उद्देश्य बच्चों को जगाना है। प्रभाती में सूर्योदय से कुछ समय पूर्व से लेकर कुछ समय बाद तक का वर्णन होता है। प्रभातियों का भावक्षेत्र व्यापक तथा वास्तविक धरातल के बहुत निकट होता है।

प्रश्न 8. ''बालगोबिन भगत सन्तोषी प्रवृत्ति के व्यक्ति थे।''—तर्क सहित उत्तर दीजिए।

उत्तर— बालगोबिन भगत सन्तोषी-प्रवृत्ति के व्यक्ति थे। वे 'साधु' शब्द को पूर्णरूप से चरितार्थ करते थे। उनकी आवश्यकताएँ सीमित थीं। वे अपने खेतों में पैदा होने वाली फसल को सबसे पहले 'साहब' के दरबार में समर्पित करते थे। वहाँ से प्रसाद रूप में जो मिलता था उसी से वे अपना गुजारा करते थे।

प्रश्न 9. बालगोबिन भगत 'साहब' किसको मानते थे तथा किसके पद गाते थे?

उत्तर— बालगोबिन भगत कबीर को 'साहब' मानते थे तथा वे कबीर के पद गाते थे।

प्रश्न 10. मृत्यु को उत्सव के रूप में कौन जी सकता है?

उत्तर— सांसारिक आकर्षणों तथा मोह-माया से विरक्त व्यक्ति ही मृत्यु को उत्सव के रूप में जी सकता है।

प्रश्न 11. वे कौन-से कारण थे जिनकी वजह से भगत की पतोहू अपने भाई के साथ जाने को तैयार नहीं थी? क्या आज के समय में ऐसी संस्कारी पुत्र-वधुएँ देखने को मिलती हैं?

उत्तर— भगत की पतोहू अत्यन्त संस्कारी एवं कुलीन महिला थी। उसे अपने कर्त्तव्य की समझ थी। वह अपने ससुर के प्रति अपार श्रद्धा एवं आत्मीयता रखती थी। उसे भारतीय संस्कृति एवं परम्पराओं का ज्ञान था अत: अपने ससुर की सेवा को ही वह अपना धर्म समझती थी। इसलिए वह अपने भाई के साथ पीहर जाने को तैयार नहीं थी।

हाँ ! आज के समय में भी ऐसी संस्कारी पुत्र-वधुएँ देखने की मिलती हैं, लेकिन उनकी संख्या बहुत कम है।

प्रश्न 12. कबीर पंथ मानव-जीवन को किस प्रकार प्रभावित करता है?

अथवा

मानव-जीवन पर 'कबीर पंथ' का क्या प्रभाव पड़ता है?

उत्तर— कबीर पंथ मनुष्य को सांसारिक आकर्षणों से दूर रहने की प्रेरणा देता है। वह मानव के अन्दर सत्यता, सरलता, त्याग, परोपकार आदि सद्गुणों का विकास करके उसे असत्य, छल-कपट, ईर्ष्या-द्वेष, माया-मोह, स्वार्थ-लालच आदि अवगुणों से दूर रहने के लिए प्रेरित करता है। कबीर पंथ के अनुसार मानव-जीवन 'साहब' की देन है, इसीलिए उसे अपना सम्पूर्ण जीवन उन्हीं के चरणों में समर्पित कर देना चाहिए।

प्रश्न 13. क्या बालगोबिन भगत की मृत्यु को गौरवशाली मृत्यु कहा जा सकता है?

अथवा

सिद्ध कीजिए कि बालगोबिन भगत की मृत्यु गौरवशाली मृत्यु है।

अथवा

बालगोबिन की मृत्यु को गौरवशाली मृत्यु कैसे कहेंगे?

उत्तर— बालगोबिन भगत का जीवन कबीर को समर्पित था। वे अपनी अन्तिम साँस तक भक्ति-संगीत में लीन रहे। जीवन-पर्यन्त कठिन नियमों का पालन करते हुए सद्कर्मों में लगे रहे। उनके अन्दर छल-कपट, ईर्ष्या-द्वेष आदि भावनाएँ लेशमात्र भी नहीं थीं। उन्होंने आजीवन न किसी की वस्तु को छुआ और न ही उसको बिना पूछे व्यवहार में लाया। पूरा जीवन गाते-गाते जिया। अन्त समय में भी गंगा-स्नान करने के बाद गीत गाते हुए ही मृत्यु हुई। जाते-जाते भी वे अपना संगीत बाँटकर गए। इन सभी बातों से सिद्ध होता है कि बालगोबिन भगत की मृत्यु गौरवशाली मृत्यु है।

प्रश्न 14. ''उनका बेटा बीमार है, इसकी खबर रखने की लोगों को कहाँ फुर्सत।'' इस कथन के माध्यम से लेखक क्या कहना चाहता है?

उत्तर— ''उनका बेटा बीमार है, इसकी खबर रखने की लोगों को कहाँ फुर्सत''। इस कथन के माध्यम से लेखक यह कहना चाहता है कि आज की भागमभाग जिन्दगी में लोग अपने-अपने कामों में व्यस्त हैं। वे अपनी ही समस्याओं के समाधान में जुटे रहते हैं। दूसरे के विषय में जानने का उनके पास समय ही नहीं है।

प्रश्न 15. बालगोबिन भगत के जीवन से जुड़ी ऐसी कौन-सी बातें हैं जो आपको प्रभावित करती हैं और क्यों?

उत्तर— बालगोबिन भगत वास्तव में सच्चे संत थे। वे अत्यन्त सरल स्वभाव के थे। उनके अन्दर अनेक गुणों का समावेश है। उनके संयम, धैर्य, त्याग, तल्लीनता, सादगी तथा आत्मनिर्भरता आदि गुण हमें बहुत प्रभावित करते हैं। उनके द्वारा बेटे की मृत्यु को गा-बजाकर उत्सव की तरह मनाया जाना अनोखी एवं विचित्र बात है। अपनी पुत्रवधू को पुनर्विवाह के लिए आदेश देना क्रान्ति का परिचायक है।

प्रश्न 16. बालगोबिन भगत बेटे की मृत्यु पर रोती हुई पतोहू से उत्सव मनाने को क्यों कह रहे थे? इस संदर्भ में उनका दर्शन किससे प्रभावित था?

उत्तर— भगत अपनी रोती हुई पतोहू को उत्सव मनाने के लिए आज इसलिए कह रहे थे क्योंकि उनका मानना था कि आज आत्मा-परमात्मा से जा मिली है। इस सम्बन्ध में उनका दर्शन कबीर से प्रभावित था।

प्रश्न 17. बालगोबिन भगत पतोहू के पुनर्विवाह की व्यवस्था करके समाज को क्या सन्देश देना चाहते हैं?

उत्तर— बालगोबिन भगत पतोहू के पुनर्विवाह की व्यवस्था करके समाज को पुनर्विवाह के प्रति जागरूक करना चाहते हैं। वे चाहते हैं कि विधवा युवतियाँ श्रापयुक्त जीवन न जीयें। विधवा होने में उनका स्वयं का कोई दोष नहीं है। वे भी खुशियों से भरी जिन्दगी जीने का अधिकार रखती हैं। अत: समाज के ठेकेदारों को उनका पुनर्विवाह कर देना चाहिए।

प्रश्न 18. बालगोबिन भगत ने अपने पुत्र की मृत्यु के बाद पतोहू के साथ कैसा व्यवहार किया? उनके इस व्यवहार को आप कहाँ तक उचित मानते हैं?

उत्तर— भगत ने अपने पुत्र की मृत्यु के बाद पतोहू के साथ बहुत अच्छा व्यवहार किया। उन्होंने उसे उसके भाई को सौंप दिया व दुबारा उसका विवाह करने का आदेश दिया व उसके मना करने पर घर छोड़कर जाने की दलील दे डाली। उनके इस व्यवहार को हम पूर्णरूप से उचित मानते हैं क्योंकि पति की मृत्यु के बाद दुबारा विवाह न करना व वैसी ही जिन्दगी जीते रहना उचित नहीं है।

प्रश्न 19. अपनी पतोहू को घर में रखने में बालगोबिन भगत को किस बात का भय था?

अथवा

बालगोबिन भगत अपनी पतोहू को किस भय या विचार से अपने घर न रखकर भाई के साथ भेज देना चाहते थे?

उत्तर— बालगोबिन भगत 'साधु' थे। वे अपनी भक्ति-संगीत की दुनिया में लीन रहते थे। उन्हें लोकनिंदा एवं ऊँच-नीच का भय था इसी भय के कारण वे पतोहू को भाई के साथ भेज देना चाहते थे। इसका दूसरा कारण यह भी था कि वे पुत्रवधू का पुनर्विवाह करवाकर उसे शापित जीवन से मुक्त कर देना चाहते थे।

प्रश्न 20. गर्मियों की उमस भरी शाम को भी बालगोबिन भगत किस प्रकार शीतल और मनमोहक बना देते थे?

उत्तर— बालगोबिन भगत अपने मधुर गायन से गर्मियों की उमस भरी शाम को शीतल कर देते थे। भगत अपने घर के आँगन में आसन जमा कर बैठ जाते और खंजड़ी और करताल के साथ भजन गाने लगते। गाँव के अन्य लोग भी उनके पीछे-पीछे पदों को दोहराते। धीरे-धीरे स्वर इतना ऊँचा हो जाता कि भगत भक्ति में लीन हो नाचने लगते। इस प्रकार सम्पूर्ण वातावरण संगीतमय हो जाता था।

प्रश्न 21. बालगोबिन भगत के व्यक्तित्व की दो विशेषताएँ लिखिए।

उत्तर— बालगोबिन भगत गृहस्थ होकर भी साधु का प्रतिनिधित्व करते थे। सामाजिक रूढ़वादिता में विश्वास नहीं रखते थे। वे कबीर को अपना साहब मानते थे, उनके गीत गाते थे और जो कुछ भी खेत में उपजता उसको सबसे पहले कबीर के मठ में रख देते थे।

प्रश्न 22. बालगोबिन भगत अपने सुस्त और बोदे से बेटे के साथ कैसा व्यवहार करते थे और क्यों?

उत्तर— बालगोबिन भगत का अपने सुस्त और बोदे से बेटे के साथ अत्यंत आत्मीय व्यवहार था। वे जानते थे कि इसे अधिक प्रेम की आवश्यकता है क्योंकि ऐसे बच्चों को विशेष स्नेह व देखभाल की जरूरत होती है। ऐसे लोग निगरानी और मुहब्बत के ज्यादा हकदार होते हैं। यदि ऐसे बच्चों को तिरस्कार व अपेक्षित किया जाए तो उनमें असुरक्षा व हीनता की भावना जन्म लेगी एवं उनका भविष्य खतरे में पड़ जाएगा।

प्रश्न 23. 'बालगोबिन भगत' पाठ में किन सामाजिक रूढ़ियों पर प्रहार किया गया है?

उत्तर— बालगोबिन भगत पाठ में दर्शाई गई सामाजिक रूढ़ियाँ—

(क) समाज में स्त्री द्वारा मृतक को आग देने का नियम नहीं था, पर बालगोबिन ने पुत्र के क्रिया कर्म के समय पतोहू द्वारा आग दिलाई। यह उस समय के नियम के विरुद्ध था।

(ख) उन्होंने पतोहू के भाई को बुलाकर पतोहू के पुनर्विवाह पर जोर दिया।

लखनवी अंदाज़

|12|

लेखक-यशपाल

लेखक परिचय—प्रसिद्ध कहानीकार, निबन्धकार एवं यशस्वी उपन्यासकार यशपाल जी का जन्म सन् 1903 में पंजाब के फिरोजपुर छावनी में हुआ था। उनके पिता का नाम हीरालाल तथा माता का नाम प्रेमा देवी था। उनकी प्रारम्भिक शिक्षा काँगड़ा में हुई। उन्होंने लाहौर के नेशनल कॉलेज से बी.ए. किया। यहीं पर वे भगत सिंह और सुखदेव के सम्पर्क में आए। स्वाधीनता संग्राम की क्रान्तिकारी लहर से जुड़ने के कारण उन्हें कई बार जेल जाना पड़ा। सन् 1976 में उनका देहावसान हो गया।

रचनाएँ—यशपाल की रचनाओं में आम आदमी के सरोकारों की झलक मिलती है। उनके कहानी संग्रहों में पिंजरे की उड़ान, फूलों का कुर्ता, वा दुलिया, तर्क का तूफान, ज्ञानदान आदि हैं। उनके झूठा सच, दादा कामरेड, अमिता, दिव्या, देश-द्रोही, पार्टी कामरेड तथा मेरी तेरी उसकी बात आदि प्रसिद्ध उपन्यास हैं। राम राज्य की कथा, बीबी जी कहती हैं मेरा चेहरा रोबीला है, मार्क्सवाद, देखा सोचा समझा, गाँधीवाद की शव परीक्षा, चक्कर क्लब, न्याय का संघर्ष, जग का मुजरा तथा बात-बात में बात आदि प्रसिद्ध निबन्ध संग्रह हैं।

साहित्यिक विशेषताएँ—यशपाल जी यथार्थवादी शैली के विशिष्ट रचनाकार हैं। इन्होंने भावपूर्ण, प्रवाहयुक्त, चित्रात्मक, वर्णनात्मक तथा आत्मकथात्मक शैली का अधिक प्रयोग किया है। इनकी रचनाओं में उर्दू मिश्रित शब्दों की बहुतायत है। यशपाल जी मार्क्सवादी विचारधारा से प्रभावित थे। इनकी रचनाएँ सामाजिक विषमता, राजनीतिक पाखण्ड तथा रूढ़ियों के खिलाफ अपनी आवाज मुखर करती हैं।

सारांश—लेखक यशपाल 'लखनवी अंदाज' नामक कहानी के माध्यम से यह कहना चाहते हैं कि पात्र एवं कथ्य के बिना कहानी नहीं लिखी जा सकती, परन्तु एक स्वतन्त्र रचना की जा सकती है। इस कहानी के माध्यम से यशपाल जी ने पतनशील सामंती वर्ग पर व्यंग्य किया है।

लेखक को करीब के स्टेशन तक यात्रा करनी थी। वह एकान्त समय में नई कहानी के तथ्य पर विचार करना चाहता था इसलिए वह अधिक किराया होने पर भी सेकण्ड क्लास के डिब्बे में चढ़ गया। उस डिब्बे में उनकी सामने वाली सीट पर एक सफेदपोश लखनवी नवाब विराजमान थे। वे आराम से पालथी मारकर सीट पर बैठे हुए थे। उनके सामने एक तौलिये पर दो ताज़ा, चिकने खीरे रखे हुए थे। लेखक के आने पर उन्होंने स्वयं को असहज महसूस किया तथा लेखक से बात करने का कोई उत्साह नहीं दिखाया। लेखक आँखें चुराते हुए अपनी कल्पना लोक में विचरण करने लगा। अचानक नवाब साहब ने लेखक से खीरे खाने के लिए पूछा। लेखक ने इन्कार कर दिया।

अब नवाब साहब ने दोनों खीरों को धोकर चाकू से दोनों सिरों को काटकर उसको रगड़कर उसका झाग निकाला। बड़ी नज़ाकत से उन्होंने उन खीरों पर नमक-मिर्च बुरका। लेखक के मुँह में खीरों को देखकर पानी आने लगा, किन्तु वे पहले ही उनके लिए मना कर चुके थे अतः नवाब साहब द्वारा फिर से पूछने पर भी लेखक ने आत्मसम्मान की रक्षा के लिए इन्कार कर दिया।

नवाब साहब ने प्यासी आँखों से खीरे को देखा, एक फाँक को उठाकर ओठों तक ले गये। उसे केवल सूँघा। खीरे के स्वाद से उनके मुँह में पानी भर गया था। तब भी उन्होंने उसे खाया नहीं बल्कि सूँघकर खिड़की से बाहर फेंक दिया। इसी प्रकार उन्होंने सभी फाँकों को एक-एक करके सूँघकर खिड़की से बाहर फेंक दिया। उसके बाद उन्होंने तौलिये से हाथ पोंछते हुए बड़े घमण्ड से लेखक की ओर देखा। जैसे कह रहे हों कि खीरे खाना तो आम आदमी का काम है, खानदानी नवाब तो इसी तरह खीरे का स्वाद लेते हैं। लेखक सोच रहा था कि क्या इस तरह खीरे का स्वाद लेने से नवाब साहब के पेट की भूख शान्त हो गयी होगी? उसी समय नवाब साहब ने ज़ोर से डकार ली मानो उनका पेट भर गया हो। लेखक सोचने लगता है कि नवाब साहब बिना खीरा खाये डकार ले सकते हैं तो एक लेखक बिना घटना, पात्रों और बिना विचार के कहानी क्यों नहीं लिख सकता। इस तरह लेखक को नवाब साहब के रूप में नई कहानी मिल जाती है।

शब्द-सम्पदा

मुफ़स्सिल = केन्द्रीय स्थान के आसपास के स्थल। **पैसेंजर ट्रेन** = यात्री गाड़ी। **उतावली** = जल्दी। **फुँकारना** = तेज़ आवाज करना। **दाम** = किराया। **किफायत** = कम खर्च। **अनुमान** = अन्दाजा। **एकान्त** = निर्जन, अकेला। **प्रतिकूल** = विपरीत। **निर्जन** = खाली। **बर्थ** = सीट। **नवाबी नस्ल का** = नवाबी जाति या स्वभाव का। **सफेदपोश** = सज्जन व्यक्ति, भद्र पुरुष। **सुविधा** = आराम। **सहसा** = अचानक। **एकान्त चिन्तन** = अकेले में बैठकर सोच-विचार करना। **विघ्न** = बाधा। **संकोच** = लज्जा, शर्म। **सूझ** = विचार। **अपदार्थ वस्तु** = तुच्छ वस्तु। **संगति** = साथ, मित्रता। **आत्मसम्मान** = स्वाभिमान। **आँखें चुराना** = नज़रें बचाना। **असुविधा** = परेशानी। **गवारा न होना** = असहनीय। **ठाली बैठना** = खाली बैठना। **मँझले दर्जे** = बीच का दर्जा। **सम्बोधन** = पुकारना। **वक्त काटना** = समय व्यतीत करना। **कनखियाँ** = तिरछी नज़र से देखना। **गौर करना** = ध्यान देना। **स्थिति** = दशा। **आदाब अर्ज़** = अभिवादन करना। **शौक फरमाना** = आनन्द लेना, खाना। **लथेड़ लेना** = मिला लेना। **भाँप लेना** = समझ जाना। **भाव परिवर्तन** = भावों में बदलाव। **शराफ़त** = सज्जनता। **गुमान** = घमण्ड। **हरकत** = गतिविधि। **किबला** = सम्मानपूर्वक सम्बोधन। **एहतियात** = सावधानी। **बुरक देना** = छिड़क देना। **स्फुरण** = फड़कना, कम्पन्न करना।

प्लावित = पानी भर जाना। **खम** = झुकाना। **नज़ाकत** = कोमलता। **नफ़ासत** = स्वच्छता। **लज़ीज़** = स्वादिष्ट। **पनियाती** = पनीली, रसीली। **मेदा** = आमाशय। **तहज़ीब** = शिष्टता। **तसलीम** = आदर-सम्मान में। **नफीस** = बढ़िया। **दृढ़ निश्चय** = पक्का इरादा। **फाँक** = कटा हुआ लम्बा टुकड़ा। **गोदकर** = चुभाकर। **एब्स्ट्रैक्ट** = जिसका भौतिक अस्तित्व न हो, सूक्ष्म। **हाज़िर करना** = प्रस्तुत करना, देना। **सुर्खी** = लाली। **सकील** = आसानी से न पचने वाला। **इस्तेमाल** = प्रयोग। **तृप्ति** = सन्तुष्टि। **रईस** = अमीर। **उदर** = पेट। **सुगन्ध** = महक, खुशबू। **भाव-भंगिमा** = चेहरे के बदलते भाव। **जबड़ा** = मुँह। **प्रक्रिया** = सम्पूर्ण विधि। **वल्लाह** = सचमुच, खुदा कसम। **असलियत** = वास्तविकता। **कल्पना** = सोच। **निबाहना** = निभाना। **सतृष्ण** = प्यासी। **तलब महसूस होना** = तीव्र इच्छा होना। **संयोग** = मेल। **दीर्घ निश्वास** = लम्बी साँस। **वासना** = कामना, लालसा, इच्छा। **पलकें मूँदना** = आँखें बन्द करना। **रसास्वादन** = रस का स्वाद लेना। **खानदानी** = कुलीन, पारिवारिक। **गुलाबी आँख** = अभिमान से युक्त निगाहें। **सूक्ष्म** = बारीक। **गर्व** = अभिमान। **नामुराद** = एक अपशब्द, जिसकी मुराद पूरी न हो, अभागा। **ज्ञान-चक्षु** = ज्ञान रूपी नेत्र।

➯ गद्यांश पर आधारित प्रश्नोत्तर

निम्नलिखित गद्यांशों को पढ़िए और उनके नीचे दिये गये प्रश्नों के उत्तर लिखिए—

1. मुफ़स्सिल की पैसेंजर ट्रेन चल पड़ने की उतावली में फुँकार रही थी। आराम से सेकण्ड क्लास में जाने के लिए दाम अधिक लगते हैं। दूर तो जाना नहीं था। भीड़ से बचकर, एकान्त में नयी कहानी के सम्बन्ध में सोच सकने और खिड़की से प्राकृतिक दृश्य देख सकने के लिए टिकट सेकण्ड क्लास का ही ले लिया।

गाड़ी छूट रही थी। सेकण्ड क्लास के एक छोटे डिब्बे को खाली समझकर, जरा दौड़कर उसमें चढ़ गये। अनुमान के प्रतिकूल डिब्बा निर्जन नहीं था। एक बर्थ पर लखनऊ की नवाबी नस्ल के एक सफ़ेदपोश सज्जन बहुत सुविधा से पालथी मारे बैठे थे। सामने दो ताज़े-चिकने खीरे तौलिए पर रखे थे। डिब्बे में हमारे सहसा कूद जाने से सज्जन की आँखों में एकान्त चिंतन में विघ्न का असंतोष दिखाई दिया। सोचा, हो सकता है, यह भी कहानी के लिए सूझ की चिंता में हों या खीरे-जैसी अपदार्थ वस्तु के शौक करते देखे जाने के संकोच में हों।

प्रश्न— (i) मुफ़स्सिल की पैसेंजर ट्रेन क्यों फुँकार रही थी?
(ii) सेकण्ड क्लास में दाम अधिक क्यों लगते हैं?
(iii) लेखक ने सेकण्ड क्लास का टिकट क्यों ले लिया?
(iv) लेखक छोटे डिब्बे में क्यों चढ़ गये?
(v) अनुमान के प्रतिकूल डिब्बा कैसा नहीं था?
(vi) एक बर्थ पर कौन तथा कैसे बैठा था?
(vii) नवाब साहब के सामने तौलिए पर क्या रखा था?
(viii) डिब्बे में बैठे सज्जन ने लेखक के आने पर क्या प्रतिक्रिया व्यक्त की और लेखक ने उनके व्यवहार से क्या अनुमान लगाया?

उत्तर— (i) मुफ़स्सिल की पैसेंजर ट्रेन चल पड़ने की उतावली में फुँकार रही थी।
(ii) सेकण्ड क्लास में आराम से जाने के लिए दाम अधिक लगते हैं।
(iii) भीड़ से बचकर, एकान्त में नई कहानी के सम्बन्ध में सोच सकने और खिड़की से प्राकृतिक दृश्य देख सकने के लिए लेखक ने सेकण्ड क्लास का टिकट लिया।
(iv) गाड़ी छूट रही थी। सेकण्ड क्लास के एक छोटे डिब्बे को खाली समझकर लेखक उसमें चढ़ गये।
(v) अनुमान के प्रतिकूल डिब्बा निर्जन नहीं था।
(vi) एक बर्थ पर लखनऊ की नवाबी नस्ल के एक सफ़ेदपोश सज्जन बहुत सुविधा से पालथी मारे बैठे थे।
(vii) नवाब साहब के सामने तौलिए पर दो ताज़े-चिकने खीरे रखे हुए थे।
(viii) डिब्बे में पहले से बैठे सज्जन की आँखों में लेखक के आने पर एकांत चिंतन में विघ्न का असंतोष दिखाई दिया। लेखक ने अनुमान लगाया कि या तो नवाब साहब किसी नई कहानी के विषय में सोचते हुए चिंतित हैं अथवा एक नवाब को खीरा खाते देख लिए जाने का संकोच उनके चेहरे पर आ गया है।

2. ठाली बैठे, कल्पना करते रहने की पुरानी आदत है। नवाब साहब की असुविधा और संकोच के कारण का अनुमान करने लगे। सम्भव है, नवाब साहब ने बिल्कुल अकेले यात्रा कर सकने के अनुमान में किफ़ायत के विचार से सेकण्ड क्लास का टिकट खरीद लिया हो और अब गवारा न हो कि शहर का कोई सफेदपोश उन्हें मँझले दर्जे में सफ़र करता देखे।.........अकेले सफ़र का वक्त काटने के लिए ही खीरे खरीदे होंगे और अब किसी सफेदपोश के सामने खीरा कैसे खायें?

हम कनखियों से नवाब साहब की ओर देख रहे थे। नवाब साहब कुछ देर गाड़ी की खिड़की से बाहर देखकर स्थिति पर गौर करते रहे। 'ओह', नवाब साहब ने सहसा हमें सम्बोधन किया, 'आदाब-अर्ज़' जनाब, खीरे का शौक फ़रमाएँगे?

प्रश्न— (i) लेखक की पुरानी आदत क्या है?
(ii) लेखक किस चीज़ का अनुमान करने लगे?

(iii) लेखक ने नवाब साहब के विषय में क्या सोचा?

(iv) लेखक के अनुसार नवाब साहब को क्या गवारा नहीं हो रहा?

(v) लेखक के अनुसार नवाब साहब ने खीरे क्यों खरीदे होंगे?

(vi) नवाब साहब खीरे क्यों नहीं खा रहे थे?

(vii) नवाब साहब ने लेखक को सम्बोधित करते हुए क्या कहा?

उत्तर— (i) खाली बैठे कल्पना करते रहना ही लेखक की पुरानी आदत है।

(ii) लेखक यह अनुमान करने लगा कि नवाब साहब ने अकेले यात्रा करना चाहते होंगे। किफ़ायत के विचार से उन्होंने सेकण्ड क्लास का टिकट खरीद लिया होगा।

(iii) लेखक ने सोचा कि नवाब साहब को यह लगा होगा कि सेकण्ड क्लास का डिब्बा खाली मिलेगा। इसीलिए उन्होंने किराया कम होने के कारण सेकण्ड क्लास में यात्रा करने के लिए सोचा होगा।

(iv) लेखक के अनुसार नवाब साहब को यह गवारा नहीं होगा कि कोई सफ़ेदपोश तथा आम आदमी उन्हें सेकण्ड क्लास में सफ़र करता देखे।

(v) लेखक के अनुसार नवाब साहब ने खीरे सफ़र का वक्त काटने के लिए खरीदे होंगे।

(vi) नवाब साहब को लग रहा था कि किसी सफ़ेदपोश के सामने खीरा कैसे खायें? यह उनकी शान के खिलाफ था।

(vii) नवाब साहब ने लेखक को सम्बोधित करते हुए कहा—'आदाब-अर्ज़', जनाब, खीरे का शौक फ़रमाएँगे?

3. लखनऊ स्टेशन पर खीरा बेचने वाले खीरे के इस्तेमाल का तरीका जानते हैं। ग्राहक के लिए जीरा-मिला नमक और पिसी हुई लाल मिर्च की पुड़िया भी हाज़िर कर देते हैं।

नवाब साहब ने बहुत करीने से खीरे की फाँकों पर जीरा मिला नमक और लाल-मिर्च की सुर्खी बुरक दी। उनकी प्रत्येक भाव-भंगिमा और जबड़ों के स्फुरण से स्पष्ट था कि उस प्रक्रिया में उनका मुख खीरे के रसास्वादन की कल्पना से प्लावित हो रहा था।

हम कनखियों से देखकर सोच रहे थे, मियाँ रईस बनते हैं, लेकिन लोगों की नज़रों से बच सकने के ख्याल में अपनी असलियत पर उतर आये हैं।

नवाब साहब ने फिर एक बार हमारी ओर देख लिया, 'वल्लाह, शौक कीजिए, लखनऊ का बालम खीरा है!' नमक-मिर्च छिड़क दिये जाने से ताज़े खीरे की पनियाती फाँकें देखकर पानी मुँह में जरूर आ रहा था, लेकिन इन्कार कर चुके थे। आत्मसम्मान निबाहना ही उचित समझा, उत्तर दिया, 'शुक्रिया, इस वक्त तलब महसूस नहीं हो रही, मेदा भी जरा कमज़ोर है, किबला शौक फरमायें।'

प्रश्न— (i) लखनऊ स्टेशन पर खीरा बेचने वाले ग्राहक के लिए हाजिर कर देते हैं—

(क) जीरा मिला नमक
(ख) पिसी हुई लाल मिर्च की पुड़िया
(ग) खीरे
(घ) जीरा मिला नमक और पिसी हुई लाल मिर्च की पुड़िया

उत्तर— (घ) जीरा मिला नमक और पिसी हुई लाल मिर्च की पुड़िया

(ii) नवाब साहब ने बड़े करीने से क्या किया?

(क) खीरे की फाँकों पर नमक बुरक दिया
(ख) खीरे की फाँकों को तौलिए पर सजाकर रखा
(ग) खीरे की फाँकों पर जीरा मिला नमक और लाल मिर्च की सुर्खी बुरक दी
(घ) खीरे की फाँकों को एक-एक करके सूँघकर खिड़की से बाहर फेंक दिया

उत्तर—(ग) खीरे की फाँकों पर जीरा मिला नमक और लाल मिर्च की सुर्खी बुरक दी

(iii) लेखक कनखियों से देखता हुआ नवाब साहब के विषय में सोच रहा था—

(क) नवाब साहब बहुत रईस हैं
(ख) मियाँ रईस बनते हैं, लेकिन लोगों की नजरों के बचने के ख्याल में अपनी असलियत पर उतर आए हैं
(ग) नवाब साहब खीरे के बहुत शौकीन हैं
(घ) नवाब साहब खीरे के इस्तेमाल का तरीका जानते हैं

उत्तर—(ख) मियाँ रईस बनते हैं, लेकिन लोगों की नजरों के बचने के ख्याल में अपनी असलियत पर उतर आए हैं

(iv) ललचाते हुए भी लेखक ने खीरा खाने से मना कर दिया, क्योंकि—

(क) वे अपने आत्मसम्मान की रक्षा करना चाहते थे
(ख) उस समय उन्हें खीरा खाने की तलब महसूस नहीं हो रही थी
(ग) उनकी हालत कमजोर थी।

उत्तर—(क) वे अपने आत्मसम्मान की रक्षा करना चाहते थे

(v) प्रस्तुत गद्यांश में अधिकतर किस भाषा के शब्दों का प्रयोग किया गया है?

(क) हिंदी भाषा के
(ख) उर्दू के
(ग) अंग्रेजी के
(घ) पंजाबी के

उत्तर—(ख) उर्दू के।

4. हम गौर कर रहे थे, खीरा इस्तेमाल करने के इस तरीके को खीरे की सुगन्ध और स्वाद की कल्पना से सन्तुष्ट होने का सूक्ष्म, नफ़ीस या एब्स्ट्रैक्ट तरीका ज़रूर कहा जा सकता है, परन्तु क्या ऐसे तरीके से उदर की तृप्ति भी हो सकती है?

नवाब साहब की ओर से भरे पेट के ऊँचे डकार का शब्द सुनाई दिया और नवाब साहब ने हमारी ओर देखकर कह दिया, 'खीरा लज़ीज होता है लेकिन होता है सकील, नामुराद मेदे पर बोझ डाल देता है।'

ज्ञान-चक्षु खुल गये! पहचाना—ये हैं नई कहानी के लेखक! खीरे की सुगन्ध और स्वाद की कल्पना से पेट भर जाने का डकार आ सकता है तो बिना विचार, घटना और पात्रों के लेखक की इच्छा मात्र से 'नई कहानी' क्यों नहीं बन सकती?

प्रश्न—(i) नवाब साहब खीरे की सब फाँकों को खिड़की से बाहर फेंककर दिखाना चाहते थे—

(क) कि खीरा कड़वा था
(ख) खानदानी रईसों का तरीका
(ग) कि वे लेखक को खीरा नहीं देना चाहते
(घ) कि खीरे की फाँकें गंदी हो गई थीं

उत्तर—(ख) खानदानी रईसों का तरीका।

(ii) अपने इस व्यवहार से नवाब साहब लेखक को दिखा रहे थे—

(क) खानदानी तहजीब
(ख) नफासत
(ग) नज़ाकत
(घ) इनमें से तीनों

उत्तर—(ग) इनमें से तीनों

(iii) लेखक ने अपने ज्ञान चक्षु खुलने पर इनमें से क्या पहचाना?

(क) नई कहानी का लेखक
(ख) नवाब साहब का व्यवहार
(ग) नवाब साहब का चेहरा
(घ) खीरा खाने का तरीका

उत्तर—(क) नई कहानी का लेखक

(iv) इस गद्यांश में भरमार है—

(क) हिंदी-शब्दों की
(ख) उर्दू-शब्दों की
(ग) अंग्रेजी शब्दों की
(घ) गुजराती शब्दों की

उत्तर—(ख) उर्दू-शब्दों की

(v) क्या आप भी नवाब साहब की तरह खीरा खाना पसंद करते हैं—

(क) हाँ
(ख) नहीं
(ग) कभी नहीं
(घ) कभी-कभी

उत्तर—(ख) नहीं।

पाठ से सम्बन्धित प्रश्नोत्तर

प्रश्न 1. लेखक को नवाब साहब के किन हाव-भावों से महसूस हुआ कि वे उनसे बातचीत करने के लिए तनिक भी उत्सुक नहीं थे?

उत्तर— लेखक को सामने देखकर नवाब साहब की आँखों में असन्तोष दिखाई दिया। ऐसा प्रतीत हो रहा था जैसे लेखक के अचानक आ जाने से उनके एकान्त-चिन्तन में विघ्न पड़ गया हो। उन्होंने लेखक की संगति के लिए उत्साह भी नहीं दिखाया, बल्कि उपेक्षा प्रकट करने के लिए गाड़ी से बाहर देखने का नाटक करने लगे।

प्रश्न 2. नवाब साहब ने बहुत ही यत्न से खीरा काटा, नमक-मिर्च बुरका, अन्ततः सूँघकर ही खिड़की से बाहर फेंक दिया। उन्होंने ऐसा क्यों किया होगा? उनका ऐसा करना उनके कैसे स्वभाव को इंगित करता है?

उत्तर— नवाब साहब द्वारा स्वादिष्ट खीरों को केवल सूँघकर ही खिड़की से बाहर फेंक देने का कारण उनका दिखावा मात्र था। अपनी नज़ाकत व नफ़ासत दिखाने व अपनी अमीरी प्रकट करने के लिए ही उन्होंने ऐसा किया होगा।

प्रश्न 3. बिना विचार, घटना और पात्रों के भी क्या कहानी लिखी जा सकती है? यशपाल के इस विचार से आप कहाँ तक सहमत हैं?

उत्तर— यशपाल के इस विचार से हम पूर्णतः सहमत नहीं हैं। लखनवी अन्दाज़ कहानी में लेखक ने सामन्ती वर्ग पर कटाक्ष करते हुए अपने विचारों को प्रस्तुत किया है। पात्र तथा घटना के स्थान पर नवाब साहब एवं रेलयात्रा को दर्शा दिया गया है।

'कहानी' को पूर्णरूप से चरितार्थ करने के लिए उसमें कहानी के सभी तत्वों का समावेश अत्यन्त आवश्यक है तभी कहानी को पूर्णता प्रदान की जा सकती है। बिना विचार, घटना और पात्रों के कहानी लिखना असम्भव-सा है।

प्रश्न 4. आप इस निबन्ध को और क्या नाम देना चाहेंगे?

उत्तर— 'दिखावे के मारे—नवाब बेचारे' या 'झूठी शान और नवाब साहब' हम इस निबन्ध को ऐसा ही नाम देना चाहेंगे, क्योंकि अपनी झूठी शान दिखाने के कारण वे खीरों को खा भी नहीं पाते।

➫ रचना और अभिव्यक्ति

प्रश्न 1. (i) नवाब साहब द्वारा खीरा खाने की तैयारी करने का एक चित्र प्रस्तुत किया गया है। इस पूरी प्रक्रिया को अपने शब्दों में व्यक्त कीजिए।

अथवा

नवाब साहब ने खीरे की एक फाँक को रेल के डिब्बे की खिड़की से बाहर फेंकने से पहले क्या-क्या क्रियाएँ सम्पन्न कीं?

उत्तर— नवाब साहब ने तौलिए पर रखे दो ताज़े-चिकने खीरों को उठाकर नीचे रखा और तौलिए को झाड़कर सामने बिछा लिया। सीट के नीचे लोटे में रखे हुए पानी से खिड़की के बाहर उन खीरों को धोया और उसी तौलिए से पोंछ लिया। जेब से चाकू निकालकर उन खीरों के सिर काटकर उन्हें गोदकर उनका कड़वा झाग बाहर निकाल दिया। खीरों को बड़े ध्यान से फाँकों के रूप में काटकर तौलिए पर सजाकर रख दिया। उसके बाद उन फाँकों पर जीरा मिला नमक तथा लाल मिर्च पाउडर बुरक कर इस तरह रख दिया कि देखने वालों के मुँह में पानी आ जाये।

(ii) किन-किन चीज़ का रसास्वादन करने के लिए आप किस प्रकार तैयारी करते हैं?

उत्तर— हम कच्ची खाई जाने वाली तथा सलाद के रूप में प्रयोग किये जाने वाली लगभग सभी वस्तुओं जैसे—गाजर, मूली, चुकन्दर, टमाटर, पालक, बन्दगोभी आदि को साफ करने के बाद धोकर तथा साफ कपड़े से पोंछकर साफ प्लेट में काट लेते हैं फिर उसमें जीरा-नमक-मिर्च तथा नीबू निचोड़ कर खाने की तैयारी करते हैं।

प्रश्न 2. खीरे के सम्बन्ध में नवाब साहब के व्यवहार को उनकी सनक कहा जा सकता है। आपने नवाबों की और भी सनकों और शौक के बारे में पढ़ा-सुना होगा। किसी एक के बारे में लिखिए।

उत्तर— मैंने अपने दादाजी से नवाब नसीरुद्दीन हैदर के शौक के बारे में सुना था—नवाब को कबूतरबाजी का बड़ा शौक था। उनको प्रसन्न करने के लिए कबूतरबाज भिन्न-भिन्न प्रकार के उपाय किया करते थे। कबूतरबाजों ने दो कबूतर के बच्चों को लेकर उनमें से एक का दायाँ भाग तथा दूसरे का बायाँ भाग काटकर आपस में जोड़ दिया तथा टाँके लगा दिये। उन्हें इसी अवस्था में पाल-पोसकर बड़ा किया और उन्हें उड़ान भरना सिखा दिया। उन्होंने इनका नाम 'दोहरिया कबूतर' रखा। जब नवाब साहब गोमती नदी के किनारे बैठकर आराम फ़रमाते थे तभी ये कबूतरबाज दूसरे किनारे से उन कबूतरों को उड़ा दिया करते थे। कबूतर भी बहुत उस्ताद थे, वे अक्सर नवाब साहब के पास जाकर बैठ जाया करते थे। नवाब साहब कबूतरों पर रीझकर इनाम लुटाया करते थे।

प्रश्न 3. क्या सनक का कोई सकारात्मक रूप हो सकता है? यदि हाँ तो ऐसी सनकों का उल्लेख कीजिए।

उत्तर— हाँ! सनक का सकारात्मक रूप हो सकता है। नवाब आसफुद्दौला कुशल शासक के साथ-साथ बड़े दयालु भी थे। उन्हें प्रजा के हित की सनक चढ़ी रहती थी। अकाल के दौरान उन्होंने बड़ा इमामबाड़ा का निर्माण करवाया था। बताया जाता है कि दिन में जो काम होता था उसे रात में ढहा दिया जाता था, ताकि प्रजा को अनाज के रूप में ज़्यादा लाभ मिल सके। इस प्रकार सभी दरवाज़े और बड़ा इमामबाड़ा को बनवाने का काम दो साल तक चला। जिसमें करीब 2 करोड़ रुपये खर्च हुए थे। इस तरह अपनी सनक के कारण उन्होंने प्रजा के आत्मसम्मान को बिना चोट पहुँचाये उनकी मदद की।

प्रश्न 4. नवाब साहब ने खीरा काटा, नमक-मिर्च बुरका, अंततः सूँघकर ही खिड़की से बाहर फेंक दिया। उनका ऐसा करना उनके कैसे स्वभाव को इंगित करता है?

उत्तर— उनका ऐसा करना उनके घमंड से भरे दर्प-युक्त स्वभाव तथा दिखावटी जीवन-शैली को इंगित करता है।

प्रश्न 5. 'लखनवी अंदाज' नामक पाठ के द्वारा लेखक हमें क्या संदेश देना चाहता है?

उत्तर— मनुष्य को यथार्थ के धरातल पर रहकर ही अपना जीवन-यापन करना चाहिए।

प्रश्न 6. नवाब साहब ने बहुत ही यत्न से खीरा काटा, नमक-मिर्च बुरका, अंत में सूँघकर ही खिड़की से बाहर फेंक दिया। उन्होंने ऐसा इसलिए किया, क्योंकि—

उत्तर— वे अपनी नज़ाकत और अमीरी दिखाना चाहते थे।

➫ भाषा अध्ययन

प्रश्न 1. निम्नलिखित वाक्यों में से क्रियापद छाँटकर क्रिया-भेद भी लिखिए—

(i) एक सफ़ेदपोश सज्जन बहुत सुविधा से पालथी मारे बैठे थे।

(ii) नवाब साहब ने संगति के लिए उत्साह नहीं दिखाया।

(iii) ठाली बैठे, कल्पना करते रहने की पुरानी आदत है।

(iv) अकेले सफ़र का वक्त काटने के लिए ही खीरे खरीदे होंगे।

(v) दोनों खीरों के सिर काटे और उन्हें गोदकर झाग निकाला।

(vi) नवाब साहब ने सतृष्ण आँखों से नमक-मिर्च के संयोग से चमकती खीरे की फाँकों की ओर देखा।

(vii) नवाब साहब खीरे की तैयारी और इस्तेमाल से थककर लेट गये।

(viii) जेब से चाकू निकाला।

उत्तर— (i)	**बैठे थे**	—	अकर्मक क्रिया।	(पूर्ण भूतकालिक क्रिया)
(ii)	**दिखाया**	—	सकर्मक क्रिया।	(सामान्य भूतकालिक क्रिया)
(iii)	**बैठे**	—	अकर्मक क्रिया।	(सामान्य भूतकालिक क्रिया)
	कल्पना करना	—	अकर्मक क्रिया।	(आसन्न भूतकालिक क्रिया)
	है	—	अकर्मक क्रिया।	(आसन्न भूतकालिक क्रिया)
(iv)	**काटना**	—	सकर्मक क्रिया।	(सामान्य भूतकालिक क्रिया)
	खरीदे होंगे	—	सकर्मक क्रिया।	(संदिग्ध भूतकालिक क्रिया)
(v)	**काटा**	—	सकर्मक क्रिया।	(सामान्य भूतकालिक क्रिया)
	गोदकर	—	सकर्मक क्रिया।	(सामान्य भूतकालिक क्रिया)
	निकाला	—	सकर्मक क्रिया।	(सामान्य भूतकालिक क्रिया)
(vi)	**देखा**	—	अकर्मक क्रिया।	(सामान्य भूतकालिक क्रिया)
(vii)	**लेट गये**	—	अकर्मक क्रिया।	(आसन्न भूतकालिक क्रिया)
	थककर	—	अकर्मक क्रिया।	(आसन्न भूतकालिक क्रिया)
(viii)	**निकाला**	—	सकर्मक क्रिया।	(समर्थक क्रिया)

परीक्षोपयोगी महत्वपूर्ण प्रश्नोत्तर

प्रश्न 1. नवाब साहब ने खीरे उसी तौलिये पर रखकर काट दिये। स्वास्थ्य एवं स्वच्छता की दृष्टि से यह कहाँ तक उचित है? अपने विचार व्यक्त कीजिए।

उत्तर— नवाब साहब ने खीरों को उसी तौलिए पर रखकर काट दिया जिस पर वे धोने से पहले भी रखे हुए थे। तौलिया हमारे शरीर के अंगों को पोंछने के काम आती है। कितनी भी साफ होने पर उसे इतना स्वच्छ नहीं मान सकते कि उस पर खाद्य-पदार्थों को रखा जा सके। हमारे विचार से यह स्वास्थ्य एवं स्वच्छता की दृष्टि से सर्वथा अनुचित है।

प्रश्न 2. झूठी शान दिखाना तथा दिखावा करना एक अच्छे व्यक्तित्व के परिचायक हैं? इस सम्बन्ध में अपने विचार व्यक्त कीजिए।

उत्तर— झूठी शान दिखाना तथा दिखावा करना एक अच्छे व्यक्तित्व के परिचायक नहीं हैं। ऐसा करने से मनुष्य दूसरों की नजरों में गिर जाता है। समाज के लोग उसके कोरे ढकोसले को समझते हैं तथा वे ऐसे लोगों से दूरी बनाने का प्रयास करते हैं। ऐसे लोग उपहास के पात्र भी बनते रहते हैं।।

प्रश्न 3. नवाब साहब ने सहसा भाव-परिवर्तन किया। समाज में हमें भी कई लोग अचानक भाव-परिवर्तन करते दिखाई देते हैं। भाव-परिवर्तन पर अपने विचार स्पष्ट कीजिए।

उत्तर— आज के समय में भाव-परिवर्तन एक कला है जो हर किसी को नहीं आती। कुछ लोग इस कला में पारंगत होते हैं। भाव-परिवर्तन नकारात्मक भी हो सकता है और सकारात्मक भी। हमारे विचार से बनावटी स्वभाव के लोग भाव-परिवर्तन में अधिक माहिर होते हैं। सरल एवं सीधे स्वभाव के लोग तो इस कला से दूर ही रहते हैं। आज के समय में भी यत्र-तत्र ऐसी परजीवी संस्कृति दिखाई दे जाती है।

प्रश्न 4. 'लखनवी अंदाज़' शीर्षक की सार्थकता पर प्रकाश डालिए।

अथवा

'लखनवी अंदाज़' शीर्षक के औचित्य को स्पष्ट कीजिए।

उत्तर— 'लखनवी अंदाज़' एक व्यंग्य-प्रधान रचना है। एक स्वतन्त्र रचना के रूप में इसको पढ़ा जा सकता है। इसमें झूठी शान तथा बनावटी जीवन जीने वालों पर करारा व्यंग्य किया गया है। इस व्यंग्य-प्रधान कहानी के माध्यम से यशपाल जी ने उस पतनशील सामन्ती वर्ग पर कटाक्ष किया है जो वास्तविकता व जीवन के यथार्थ से बेखबर होकर बनावटी जीवन-शैली अपनाते हैं। इन्हीं कारणों से यह 'लखनवी अंदाज' शीर्षक सार्थक बन गया है।

प्रश्न 5. लेखक ने नवाब साहब के थककर लेट जाने का क्या कारण बताया?

उत्तर— नवाब के थककर लेट जाने का कारण-नवाब साहब का खीरे को धोना, काटना, सूँघना व पेट भर जाना बताया।

प्रश्न 6. 'लखनवी अंदाज़' नामक पाठ के नवाब साहब पतनशील सामन्ती वर्ग के जीते-जागते उदाहरण हैं—स्पष्ट कीजिए।

अथवा

'लखनवी अंदाज़' पाठ के नवाब साहब पतनशील सामन्तवादी संस्कृति का प्रतिनिधित्व करते हैं। टिप्पणी लिखिए।

उत्तर— नवाब साहब पतनशील सामन्तवादी संस्कृति का प्रतिनिधित्व करते हैं। वे पतनशील सामन्ती वर्ग के जीते-जागते उदाहरण हैं। नज़ाकत, नफ़ासत, तहज़ीब और शराफत उनके खून में बसी रहती हैं। अपनी इन्हीं आदतों का बारीकी से अनुसरण करते रहने से इनका जीवन बनावटी-सा दिखने लगता है। अपने को विशिष्ट तथा औरों से अलग दिखाने के लिए वे सामन्तवादी संस्कृति को अपनाते हैं। नवाब साहब भी इसी संस्कृति के मारे हैं, इसीलिए वे खीरे को केवल सूँघकर खिड़की से बाहर फेंकर स्वयं को पतनशील सामन्ती संस्कृति के जीते-जागते उदाहरण के रूप में प्रस्तुत करते हैं।

प्रश्न 7. 'लखनवी की नवाबी नस्ल के सफेदपोश सज्जन' में निहित व्यंग्य को स्पष्ट कीजिए।

अथवा

'लखनऊ की नवाबी नस्ल के सफ़ेदपोश सज्जन' कहकर लेखक ने किसे सम्बोधित किया है और क्यों?

उत्तर— 'लखनऊ की नवाबी नस्ल के सफेदपोश सज्जन' कहकर लेखक ने नवाब साहब को सम्बोधन किया है। यह कहकर वे नवाब साहब पर कटाक्ष करना चाहते थे क्योंकि लखनऊ के नवाब बहुत विचित्र स्वभाव के होते हैं। वे स्वयं को बहुत कोमल, सफाई पसन्द, सज्जन तथा तहज़ीब वाला मानते हैं। वैसे ये सभी गुण हर मनुष्य में अत्यन्त आवश्यक हैं, परन्तु नवाब लोग इन गुणों को इतना बढ़ा-चढ़ाकर प्रस्तुत करते हैं कि लोगों में अजीब-सा भाव आ जाता है। उनकी इस विचित्र हरकत को दर्शाने के लिए ही लेखक ने 'नस्ल' शब्द का प्रयोग किया है, जो कि एक गम्भीर कटाक्ष है।

प्रश्न 8. 'लखनवी अंदाज' पाठ का उद्देश्य स्पष्ट कीजिए।

उत्तर— 'लखनवी अंदाज' एक व्यंग्यप्रधान स्पतान्त्र रचना है। इसका मूल उद्देश्य यह है कि बिना पात्र, विचार, घटना तथा कथ्य के आधार पर कहानी नहीं लिखी जा सकती है, किन्तु इसे एक स्वतन्त्र रचना के रूप में पढ़ा जा सकता है। इस पाठ के माध्यम से लेखक बनावटी लोगों पर करारा व्यंग्य करना चाहते हैं।

प्रश्न 9. लेखक का नवाब साहब के प्रति व्यंग्य से भर जाने का क्या कारण है?

अथवा

नवाब साहब को सामने देखते ही लेखक व्यंग्य से क्यों भर जाता है?

उत्तर— अपने मन में स्थित पूर्वधारणा के कारण लेखक नवाब साहब के प्रति व्यंग्य से भर जाता है। वह जानता है कि लखनवी नवाब अपनी आन-बान और शान को जीवन में सर्वोपरि मानते हैं। वे नज़ाकत और नफासत दिखाकर स्वयं को दूसरों की तुलना में अधिक शिष्ट और खानदानी साबित करना चाहते हैं। अपने मन में बैठी इसी धारणा के कारण लेखक को नवाब साहब के व्यवहार में झूठी शान तथा बनावटीपन दिखाई देता है। यही कारण है कि जिससे नवाब साहब को सामने देखते ही लेखक व्यंग्य से भर जाता है।

प्रश्न 10. 'लखनवी अंदाज़' नामक व्यंग्य से हमें क्या सन्देश मिलता है?

अथवा

'लखनवी अंदाज़' नामक पाठ का सन्देश स्पष्ट कीजिए।

उत्तर— 'लखनवी अंदाज़' नामक पाठ के माध्यम से लेखक यह सन्देश देना चाहता है कि मनुष्य को यथार्थ के धरातल पर रहकर ही अपना जीवन-यापन करना चाहिए। दिखावा मात्र से जीवन नहीं जीया जा सकता। मानव-जीवन में सूक्ष्म और स्थूल दोनों ही महत्वपूर्ण हैं। केवल सुगन्ध और स्वाद की कल्पना मात्र से पेट नहीं भर सकता। साथ ही यह व्यंग्य हमें यह सन्देश भी देता है कि कहानी लिखने के लिए कहानी के सभी तत्वों का होना अत्यन्त आवश्यक है। बिना पात्र, घटना, विचार एवं तथ्य के कहानी नहीं गढ़ी जा सकती।

प्रश्न 11. 'नवाब साहब खीरे की तैयारी और इस्तेमाल से थककर लेट गये।' पंक्ति में निहित व्यंग्य स्पष्ट कीजिए।

उत्तर— नवाबों के स्वभाव में बनावटीपन होता है। उन्हें परिश्रम करने की आदत नहीं होती। वे स्वयं को अत्यन्त नाजुक दर्शाते हैं। इसी कारण लेखक ने नवाब साहब पर इस पंक्ति के माध्यम से सटीक व्यंग्य करके उनकी कार्य पद्धति पर तीक्ष्ण प्रहार किया है।

प्रश्न 12. 'लखनवी अंदाज़' और 'नई कहानी' में निहित साम्य भाव को स्पष्ट कीजिए।

अथवा

'लखनवी अंदाज़' और 'नई कहानी' की एकरूपता को वर्णित कीजिए।

अथवा

'नई कहानी' और 'लखनवी अंदाज़' में आपको क्या समानता दिखाई देती है?

उत्तर— 'नई कहानी' और 'लखनवी अंदाज़' दोनों ही जीवन की वास्तविकता से दूर हैं। दोनों ही यथार्थ की उपेक्षा तथा सूक्ष्म को महत्व देते हैं तथा दोनों ही कल्पना पर आधारित हैं। नवाब साहब खीरे को बिना खाए ही पेट भर लेते हैं तथा कहानीकार पात्र, घटना, विचार तथा बिना तथ्यों के ही कहानी लिखना चाहते हैं।

प्रश्न 13. लेखक नवाब साहब के सामने बैठकर आँखें क्यों चुरा रहे थे?

अथवा

'हमने भी उनके सामने की बर्थ पर बैठकर आत्मसम्मान में आँखें चुरा लीं।' लेखक द्वारा आँखें चुराने का कारण स्पष्ट कीजिए।

उत्तर— जब लेखक नवाब साहब के सामने की बर्थ पर बैठा तो उसने महसूस किया कि नवाब साहब उनसे मिलने व बात करने के लिए उत्सुक नहीं हैं। लेखक को उनका यह व्यवहार बुरा लगा। वह अपने आत्मसम्मान की रक्षा करना चाहता था। अतः अपने स्वाभिमान की रक्षा करने के लिए लेखक ने आँखें चुरा लीं।

प्रश्न 14. 'लखनवी अंदाज' पाठ के आधार पर बताइए कि लखनऊ के नवाबों और रईसों के बारे में लेखक की क्या धारणा थी?

उत्तर— लखनऊ के नवाबों और रईसों के बारे में लेखक की धारणा व्यंग्यपूर्ण और नकारात्मक थी। वह उनकी जीवन-शैली की कृत्रिमता को और दिखावे को पसन्द नहीं करता था। उसने आरम्भ में ही डिब्बे में बैठे सज्जन को 'नवाबी नस्ल का सफेदपोश' कहा है।

प्रश्न 15. नवाब साहब की असुविधा और संकोच के विषय में लेखक का क्या अनुमान था?

अथवा

नवाब साहब की असुविधा एवं संकोच के क्या कारण रहे होंगे?

उत्तर— नवाब साहब की असुविधा एवं संकोच के विषय में लेखक का अनुमान था कि सम्भव है, नवाब साहब बिल्कुल अकेले यात्रा करना चाहते हों तथा फिजूलखर्ची से बचना चाहते हों, इसीलिए उन्होंने सेकेण्ड क्लास का टिकट खरीद लिया होगा। अब उन्हें यह गवारा न हो रहा हो कि शहर का कोई सफेदपोश उन्हें मँझले दर्जे में सफर करता देखे।

प्रश्न 16. 'अनुमान के प्रतिकूल डिब्बा निर्जन नहीं था।' लेखक ने डिब्बे में चढ़ते ही क्या देखा?

उत्तर— लेखक का अनुमान था कि सेकेण्ड क्लास का डिब्बा खाली होगा, जिससे वे भीड़ से बचकर नई कहानी के विषय में एकान्त-चिन्तन करने के साथ-साथ प्राकृतिक दृश्यों की शोभा भी देख लेंगे।

'अनुमान के प्रतिकूल डिब्बा निर्जन नहीं था।' लेखक ने देखा कि एक बर्थ पर लखनऊ की नवाबी नस्ल के एक सफेदपोश सज्जन बहुत सुविधा से पालथी मारे बैठे हुए हैं। सामने तौलिए पर दो ताज़े-चिकने खीरे रखे हुए हैं।

प्रश्न 17. 'लखनवी अंदाज़' पाठ के आधार पर यशपाल जी की भाषा-शैली पर प्रकाश डालिए।

उत्तर— यशपाल जी की भाषा-शैली वातावरण के अनुरूप प्रभाव पैदा करने की क्षमता रखती है। इनकी भाषा-शैली वर्णनात्मक, विवेचनात्मक, भावनात्मक, चित्रात्मक तथा प्रवाहयुक्त है। 'लखनवी अंदाज' इनकी पतनशील सामन्ती वर्ग पर करारा व्यंग्य करने वाली रचना है। इसमें इन्होंने आत्मकथात्मक शैली का प्रयोग करके पाठ को बिना तथ्यों के ही रोचक बना दिया है। इस व्यंग्य में इन्होंने उर्दू मिश्रित शब्दावली का प्रयोग बड़ी कुशलता से किया है।

प्रश्न 18. यशपाल मार्क्सवादी विचारधारा से प्रभावित थे—स्पष्ट कीजिए।

उत्तर— यशपाल मार्क्सवादी विचारधारा से प्रभावित थे। इसी कारण उनके कथा-साहित्य में राजनीतिक तथा आधुनिक सामाजिक जीवन की विडम्बनाओं का मर्मस्पर्शी चित्रण दिखाई देता है। यथार्थवादी होने के कारण ही उन्होंने सामाजिक रूढ़ियों एवं कुरीतियों की कटु आलोचना की। उन्होंने लोगों की आर्थिक दुर्दशा पर भी अनेक कहानियाँ लिखीं। 'लखनवी अंदाज़' कहानी के माध्यम से भी उन्होंने झूठी शान दिखाने वाले बनावटी लोगों पर व्यंग्य करते हुए तीक्ष्ण प्रहार किया है। उनकी रचनाएँ यथार्थ के धरातल पर खरा उतरती हैं।

प्रश्न 19. 'लखनवी अंदाज' रचना में नवाब साहब की सनक को आप कहाँ तक उचित ठहराएँगे? क्यों?

उत्तर— 'लखनवी अंदाज़' रचना में नवाब साहब की सनक को सकारात्मक कहा जा सकता है। सनक चाहे अंदाज की हो या बलिदान की उसको किस रूप से लेते हैं यह जरूरी है। देशभक्ति रखने वाला देशभक्त, संत, महात्माओं की भक्ति और परोपकार की सनक महापुरुषों की नव निर्माण की सनक सकारात्मक है, तो नवाब साहब की सनक भी सकारात्मक है, अर्थात् उचित है।

□□

|13|

मानवीय करुणा की दिव्य चमक

लेखक-सर्वेश्वर दयाल सक्सेना

लेखक परिचय—हिन्दी के प्रतिभावान साहित्यकार सर्वेश्वर दयाल सक्सेना का जन्म सन् 1927 में उत्तर प्रदेश के बस्ती जिले में हुआ। उनकी प्रारम्भिक शिक्षा बस्ती में तथा उच्च शिक्षा इलाहाबाद विश्वविद्यालय में हुई। प्रारम्भ में उन्होंने अध्यापन कार्य किया तथा बाद में वे आकाशवाणी में सहायक प्रोड्यूसर, दिनमान में उपसम्पादक तथा पराग के सम्पादक रहे। सन् 1983 में उनका निधन हो गया।

सर्वेश्वर दयाल सक्सेना बहुमुखी प्रतिभा के धनी थे। वे एक अच्छे कवि, उपन्यासकार, कहानीकार तथा नाटककार थे। काठ की घंटियाँ, जंगल का दर्द, कुआनो नदी तथा खूँटियों पर टँगे लोग उनके प्रसिद्ध कविता संग्रह हैं। पागल कुत्तों का मसीहा तथा सोया हुआ जल प्रमुख उपन्यास हैं। लड़ाई उनका प्रसिद्ध कहानी-संग्रह तथा बकरी प्रसिद्ध नाटक हैं। लाख की नाक, बतूता का जूता एवं भौं भौं खौं खौं उनके बाल-साहित्य हैं। चरचे और चरखे उनके लेखों का संग्रह है। खूँटियों पर टँगे लोग नामक कविता पर उन्हें साहित्य अकादमी द्वारा नवाजा जा चुका है।

साहित्यिक विशेषताएँ—हिन्दी के सशक्त हस्ताक्षर सर्वेश्वर दयाल सक्सेना की अभिव्यक्ति में सहजता, सरलता एवं स्वाभाविकता है। उन्होंने अपने साहित्य में मध्यमवर्गीय जीवन की महत्वाकांक्षाओं, संघर्ष, शोषण, कुण्ठा एवं हताशा का मार्मिक एवं यथार्थ चित्रण किया है। ये प्रकृति-प्रेम एवं शृंगार व सौन्दर्य के कवि हैं। इन्होंने साहित्य की विभिन्न विधाओं को अपनी लेखनी प्रदान की है। वे अपनी चित्रात्मक शैली के लिए विख्यात हैं। भावपूर्ण शैली उनको विशेष स्थान पर लाकर खड़ा कर देती है। लेखक ने फ़ादर बुल्के से सम्बन्धित अपनी स्मृतियों को अत्यन्त भावुकतापूर्ण एवं सहज रूप से प्रस्तुत किया है। उन्होंने अपने साहित्य में तत्सम, देशज तथा विदेशी शब्दों का प्रचुर मात्रा में प्रयोग किया है।

सारांश—संस्मरण विधा में लिखित 'मानवीय करुणा की दिव्य चमक' नामक पाठ के माध्यम से लेखक सर्वेश्वर दयाल सक्सेना ने फ़ादर बुल्के से सम्बन्धित स्मृतियों पर प्रकाश डाला है।

स्वयं को भारतीय कहने वाले फ़ादर बुल्के का जन्म बेल्जियम (यूरोप) के रैम्सचैपल शहर में हुआ था, परन्तु उन्होंने भारत को अपनी कर्मभूमि बनाया। रैम्सचैपल को पादरियों, गिरजों, धर्मगुरुओं तथा संतों की भूमि कहा जाता है।

फ़ादर बुल्के एक संन्यासी थे, परन्तु पारम्परिक अर्थ में उन्हें संन्यासी नहीं कहा जा सकता। सर्वेश्वर का फ़ादर बुल्के के साथ अन्तरंग तथा भावनाप्रद सम्बन्ध था, जिसकी झलक हमें इस संस्मरण में दिखाई देती है। उन्हें हिन्दी भाषा से विशेष लगाव था।

फ़ादर की मृत्यु ज़हरबाद (गैंग्रीन) से हुई थी। लेखक को इस बात का बहुत अफसोस हुआ। लेखक के अनुसार जीवन-भर मिठास बाँटने वाले साधु-पुरुष को यह बीमारी नहीं होनी चाहिए थी। फ़ादर बुल्के हमेशा साधुओं जैसा लम्बा चोगा धारण करते थे। उनकी बाँहें और आँखें सदा सबको गले लगाने को आतुर रहती थीं। लेखक पैंतीस वर्षों तक उनके इस स्नेह को महसूस करते रहे। फ़ादर लेखक के बड़े भाई के समान सदैव उनकी सहायता के लिए तैयार रहते थे। उनका वात्सल्य देवदारु की छाया के समान था। फ़ादर बहुत साधारण थे। इलाहाबाद की सड़कों पर उनकी साईकिल चलती ही रहती थी। वे सदा उत्साह से लबरेज रहते थे। उन्हें कभी क्रोध नहीं आता था। प्यार और ममता उनमें कूट-कूट कर भरी थी। जब फ़ादर इंजीनियरिंग के अन्तिम वर्ष में थे तभी वे बेल्जियम छोड़कर संन्यासी होकर भारत आ गये। उनका पूरा परिवार बेल्जियम के रैम्सचैपल शहर में रहता था। उन्हें अपनी जन्मभूमि रैम्सचैपल तथा माँ बहुत याद आती थीं। भारत आने के बाद शुरू के दो वर्ष धर्माचार की शिक्षा ली। उसके बाद 9-10 वर्ष तक दार्जिलिंग में पढ़ाई की। बी. ए. की शिक्षा उन्होंने कलकत्ता से प्राप्त की। इलाहाबाद विश्वविद्यालय से एम. ए. करने के बाद उन्होंने अपना शोधकार्य प्रयाग विश्वविद्यालय के हिन्दी विभाग से सन् 1950 में पूरा किया। उनके शोधकार्य का विषय—'रामकथा उत्पत्ति और विकास' था। फ़ादर ने मातरलिंक के प्रसिद्ध नाटक 'ब्लू बर्ड' का 'नील पंछी' नाम से हिन्दी रूपान्तर किया। बाद में वे सेंट जेवियर्स कॉलेज, राँची में हिन्दी तथा संस्कृत विभाग के विभागाध्यक्ष भी रहे। यहीं पर उन्होंने अपना प्रसिद्ध अंग्रेजी-हिन्दी कोश तैयार किया तथा बाइबिल का हिन्दी अनुवाद भी किया। राँची रहने के दौरान ही उनका स्वास्थ्य खराब हो गया, जिसके बाद वहाँ से वे दिल्ली आये तथा वहीं पर 47 वर्ष देश में रहकर तथा 73 वर्ष की ज़िन्दगी जीकर अपना शरीर छोड़ गये।

फ़ादर बुल्के केवल संकल्प से संन्यासी थे, मन से नहीं, वे जब किसी के साथ एक बार रिश्ता बनाते थे, तो सदियों बाद मिलने पर भी उसकी गन्ध महसूस होती थी। वे दिल्ली आते थे, तो हर हाल में लेखक से जरूर मिलते थे। वे हिन्दी को राष्ट्रभाषा के रूप में देखना चाहते थे। वे हर मंच से हिन्दी को समृद्ध बनाने के लिए जूझते तथा आकाट्य तर्क देते थे। वे हिन्दी वालों द्वारा हिन्दी की उपेक्षा करते देखकर झुँझला जाते थे। वे सबसे उनके दुःख तकलीफों के बारे में पूछते रहते थे। लेखक की पत्नी व पुत्र की मृत्यु के समय फ़ादर ने उन्हें सांत्वना देते हुए कहा था कि हर मौत जीवन को नई राह दिखाती है। इन शब्दों से विरल शान्ति-सी झड़ रही थी।

लेखक को फ़ादर की मृत्यु के बारे में पता नहीं चला, वह उनकी मृत्यु के बाद दिल्ली पहुँचे। वे चिर-शान्ति की अवस्था में ताबूत में लेटे हुए थे। उनकी मृत्यु 18 अगस्त, 1982 में हुई थी। दिल्ली में कश्मीरी गेट के निकलसन कब्रगाह में उनके ताबूत को एक नीली गाड़ी से कुछ पादरी, रघुवंश जी का बेटा और उनके परिजन उतार रहे थे। सभी दुःखी और उदास थे। उनका अन्तिम संस्कार मसीही विधि-विधान से हुआ। उनके पीछे रोने वालों की कमी नहीं थी।

इस तरह सबसे अधिक छायादार, फल-फूल एवं गन्ध से भरा, सबसे अलग, सबका होकर, सबसे ऊँचाई पर, मानवीय करुणा की दिव्य चमक में लहलहाता खड़ा एक सितारा हमारे बीच से चला गया। जिसकी स्मृति सबके मन में बसी हुई थी। एक पवित्र अग्नि की आँच की तरह आजीवन सबके हृदय में उनकी स्मृति बसी रहेगी। लेखक का मानना है कि जब तक रामकथा है तब तक इस विदेशी भारतीय साधु को याद किया जायेगा तथा उन्हें हिन्दी भाषा और बोलियों के अगाध प्रेम का उदाहरण माना जायेगा। लेखक उस पवित्र ज्योति की स्मृति में श्रद्धा से नतमस्तक है।

शब्द-सम्पदा

ज़हरबाद = गैंग्रीन, एक तरह का ज़हरीला और कष्ट साध्य फोड़ा। **रंगों** = नसों। **दिव्य** = महान्। **विधान** = रचना। **आस्था** = विश्वास, श्रद्धा। **अस्तित्व**= वजूद, पहचान, जीवन। **देह** = शरीर। **यातना** = असाध्य कष्ट, पीड़ा। **अतिरिक्त** = अलावा। **देहरी** = दहलीज़। **पादरी** = ईसाई गुरु, आचार्य। **आकृति** = आकार। **झाँई** = झलक, चमक। **भूरी** = सफेद। **चोगा** = बहुत लम्बा कुर्ता। **बाँहें** = भुजाएँ। **आतुर** = अधीर। **अपनत्व** = अपनापन। **साक्षी** = गवाह। **निर्मल** = पवित्र। **संकल्प** = दृढ़ निश्चय, प्रतिज्ञा। **कर्म** = कार्य। **निर्लिप्त** = अनासक्त भाव से, जो लिप्त न हो। **शामिल** = सम्मिलित। **गोष्ठी** = विचार-विमर्श के लिए बुलाई गई सभा। **गंभीर** = गहरी। **बेबाक राय देना** = बेझिझक विचार प्रस्तुत करना। **उत्सव** = जलसा, त्योहार। **पुरोहित** = पण्डित, गुरु। **आशीष** = आशीर्वाद। **मुख** = मुँह। **वात्सल्य** = बच्चों के प्रति स्नेह। **देवदारु** = घनी छाया वाला पहाड़ी पेड़। **क्रोध** = गुस्सा। **आवेश** = जोश, उत्साह। **लबालब** = ऊपर तक भरा हुआ। **छलकता** = छलछलाता, उमड़ता। **स्मृति** = याद। **चिट्ठियाँ** = पत्र। **अभिन्न मित्र** = गहरा दोस्त। **व्यवसायी** = व्यापारी। **सख्त** = कठोर। **व्यक्त** = प्रकट। **घोषित करना** = सबके सामने कहना। **धर्माचार** = धर्म का पालन, आचरण। **रूपान्तर** = अनुवाद, बदला हुआ रूप। **शोधप्रबन्ध** = खोज (रिसर्च) करने के बाद लिखी गई पुस्तक। **परिमल** = एक साहित्यिक संस्था। **कोश** = डिक्शनरी, शब्द-कोष। **तकलीफ** = कष्ट, दुःख। **बयान करना** = वर्णन करना। **अकाट्य** = जिनको काटा न जा सके, पक्के, मजबूत। **तर्क** = दलील। **झुंझलाते** = खीज प्रकट करते। **उपेक्षा** = महत्व न देना, तिरस्कार, अनदेखा करना। **निजी** = अपना। **गन्ध** = सुगन्ध, चाह। **मौत** = मृत्यु। **राह** = रास्ता। **विरल** = कम मिलने वाली। **सांत्वना** = तसल्ली। **जादू भरे** = प्रभावशाली। **तपस्या** = साधना। **जनमती** = पैदा होती। **ताबूत** = शव को ले जाने वाला सन्दूक। **जिस्म** = शरीर। **थिर** = स्थिर, ठहरी हुई। **सँकरी** = तंग। **कब्रगाह** = जहाँ मुर्दे दफनाये जाते हैं, कब्रस्थान। **छोर** = किनारा। **अवाक्** = चुपचाप, मौन। **वृत्त** = गोले। **करील** = बिना पत्ते वाली कँटीली झाड़ी। **गैरिक वसन** = गेरुए वस्त्र। **घनी** = गहरी। **ठण्डी उदासी** = हतोत्साहित करने वाली निराशा। **खामोश** = चुप। **अपरिचित** = अनजान। **आहट** = आवाज़। **मसीही विधि** = मसीही (ईसाई) धर्म में अन्तिम संस्कार करने का ढंग। **अर्पित करना** = चढ़ाना। **रत्न** = मूल्यवान व्यक्ति। **अनुकरणीय** = अनुकरण करने योग्य। **नमन करना** = नतमस्तक होना। **क्षण** = पल। **स्याही फैलाना** = लिखने का व्यर्थ प्रयास करना। **लहलहाता** = शान से झूमता। **आँच** = तपन, ऊष्मा। **आजीवन** = जीवन भर। **ज्योति** = प्रकाश। **श्रद्धानत** = श्रद्धा से झुका हुआ।

गद्यांश पर आधारित प्रश्नोत्तर

निम्नलिखित गद्यांशों को पढ़िए और उनके नीचे दिये गये प्रश्नों के उत्तर लिखिए—

1. फ़ादर को ज़हरबाद से नहीं मरना चाहिए था। जिसकी रगों में दूसरों के लिए मिठास भरे अमृत के अतिरिक्त और कुछ नहीं था। उसके लिए इस ज़हर का विधान क्यों हो? यह सवाल किस ईश्वर से पूछें? प्रभु की आस्था ही जिसका अस्तित्व था। वह देह की इस यातना की परीक्षा उम्र की आखिरी देहरी पर क्यों दे? एक लम्बी, पादरी के सफेद चोगे से ढकी आकृति सामने है—गोरा रंग, सफेद झाँई मारती भूरी दाढ़ी, नीली आँखें-बाँहें खोल गले लगाने को आतुर। इतनी ममता, इतना अपनत्व इस साधु में अपने हर एक प्रियजन के लिए उमड़ता रहता था। मैं पैंतीस साल से इसका साक्षी था। तब भी जब वह इलाहाबाद में थे और तब भी जब वह दिल्ली आते थे। आज उन बाहों का दबाव मैं अपनी छाती पर महसूस करता हूँ।

प्रश्न—(i) 'ज़हरबाद' शब्द का अर्थ है—

(क) ज़हर खाना
(ख) ज़हर खिलाना
(ग) ज़हरीला और कष्ट साध्य फोड़ा
(घ) ज़हरीला भोजन।

उत्तर—(ग) ज़हरीला और कष्ट साध्य फोड़ा

(ii) लेखक के अनुसार फ़ादर को ज़हरबाद से नहीं मरना चाहिए था, क्योंकि—

(क) ज़हर खाना अच्छी बात नहीं है
(ख) ज़हरीला भोजन नहीं करना चाहिए
(ग) फ़ादर ने आत्महत्या करने का प्रयास किया था
(घ) उनकी रगों में मिठास से युक्त अमृत भरा हुआ था

उत्तर—(घ) उनकी रगों में मिठास से युक्त अमृत भरा हुआ था

(iii) फ़ादर बुल्के का व्यक्तित्व कैसा था?

(क) गोरा रंग (ग) सफ़ेद झाँई मारती भूरी दाढ़ी

(ख) नीली आँखें (घ) ये सभी

उत्तर—(घ) ये सभी

(iv) लेखक कितने साल तक फ़ादर के साथ रहे?

(क) पैंतीस साल (ग) पच्चीस साल

(ख) पैंतालीस साल (घ) चालीस साल

उत्तर—(क) पैंतीस साल

(v) साधु के हृदय में अपने प्रियजन के लिए उमड़ता रहता है—

(क) अगाध प्रेम (ग) अपनत्व

(ख) ममता (घ) ये सभी

उत्तर—(क) अगाध प्रेम।

2. फ़ादर को याद करना एक उदास शान्त संगीत को सुनने जैसा है। उनको देखना करुणा के निर्मल जल में स्नान करने जैसा था और उनसे बात करना कर्म के संकल्प से भरना था। मुझे 'परिमल' के वे दिन याद आते हैं जब हम सब एक पारिवारिक रिश्ते में बँधे जैसे थे जिसके बड़े फ़ादर बुल्के थे। हमारी हँसी-मज़ाक में वह निर्लिप्त शामिल रहते, हमारी गोष्ठियों में वह गम्भीर बहस करते, हमारी रचनाओं पर बेबाक राय और सुझाव देते और हमारे घरों के किसी भी उत्सव और संस्कार में वह बड़े भाई और पुरोहित जैसे खड़े हो हमें अपने आशीषों से भर देते। मुझे अपना बच्चा और फ़ादर का उसके मुख में पहली बार अन्न डालना याद आता है और नीली आँखों की चमक में तैरता वात्सल्य भी—जैसे किसी ऊँचाई पर देवदारु की छाया में खड़े हों।

प्रश्न— (i) फ़ादर को याद करना और उनको देखना कैसा था?

(ii) 'परिमल' से क्या तात्पर्य है? 'परिमल के वे दिन' से क्या आशय है?

(iii) फ़ादर कामिल बुल्के की 'परिमल' में क्या भूमिका थी तथा वे परिमल के सदस्यों के साथ कैसा सम्बन्ध रखते थे?

(iv) लेखक को क्या याद आता है?

(v) 'जैसे किसी ऊँचाई पर देवदारु की छाया में खड़े हों।' का भाव स्पष्ट कीजिए।

(vi) फ़ादर से बात करना किसके समान था?

उत्तर— (i) फ़ादर को याद करना एक उदास शान्त संगीत को सुनने जैसा तथा उनको देखना करुणा के निर्मल जल में स्नान करने जैसा था।

(ii) 'परिमल' एक साहित्यिक संस्था थी। उसमें उत्साही साहित्यिक लोग राष्ट्रीय स्तर की गोष्ठियाँ आयोजित किया करते थे तथा साहित्यिक चर्चाएँ, समीक्षाएँ तथा आलोचना किया करते थे। 'परिमल के वे दिन' से आशय उन दिनों से है, जब लेखक इलाहाबाद में 'परिमल' की गोष्ठियों में भाग लेते थे।

(iii) फ़ादर बुल्के साहित्यिक संस्था 'परिमल' के सक्रिय एवं महत्वपूर्ण सदस्य थे। वे संस्था में मुख्य भूमिका निभाते थे। वे सभी सदस्यों के साथ अपनत्व एवं स्नेह का व्यवहार करते थे। हँसी-मज़ाक से लेकर गम्भीर मुद्दों तक में उनकी उपस्थिति आवश्यक थी। वे सभी रचनाओं पर बेबाक राय और सुझाव देते थे। संस्था के सभी सदस्य एक पारिवारिक रिश्ते में बँधे थे।

(iv) अपने बच्चे के अन्नप्राशन संस्कार के समय फ़ादर द्वारा उसके मुख में पहली बार अन्न डालना लेखक को बहुत याद आता है।

(v) फ़ादर कामिल बुल्के के हृदय में प्रेम, ममता एवं अपनत्व का निर्झर झरना बहता था। उनका हृदय वात्सल्य से भरा था। लेखक के बच्चे के लिए भी उनके मन में तथा आँखों में वात्सल्य तैर रहा था। उनको सामने देखकर सबको ऐसा प्रतीत होता था जैसे वे सब देवदारु के समान शीतल छाया में खड़े हैं।

(vi) फ़ादर से बात करना कर्म के संकल्प से भरने के समान लगता था, क्योंकि फ़ादर कामिल बुल्के स्वयं दृढ़-प्रतिज्ञ थे। लोग उनसे प्रभावित होकर कर्म के प्रति दृढ़ संकल्पित हो जाते थे।

3. उनकी शर्त मान ली गई और वह भारत आ गये। पहले 'जिसेट संघ' में दो साल पादरियों के बीच धर्माचार की पढ़ाई की। फिर 9-10 वर्ष दार्जिलिंग में पढ़ते रहे। कलकत्ता (कोलकाता) से बी. ए. किया और फिर इलाहाबाद से एम. ए.। उन दिनों डॉ. धीरेन्द्र वर्मा हिन्दी विभाग के अध्यक्ष थे। शोधप्रबन्ध प्रयाग विश्वविद्यालय के हिन्दी विभाग में रहकर 1950 में में पूरा किया—'रामकथा: उत्पत्ति और विकास।' 'परिमल' में उसके अध्याय पढ़े गये थे। फ़ादर ने मातरलिंक के प्रसिद्ध नाटक 'ब्लू बर्ड' का रूपान्तर भी किया है 'नील पंछी' के नाम से। बाद में वह सेंट जेवियर्स कॉलेज, राँची में हिन्दी तथा संस्कृत विभाग के विभागाध्यक्ष हो गये और यहीं उन्होंने अपना प्रसिद्ध अंग्रेजी-हिन्दी कोश तैयार किया और बाइबिल का अनुवाद भी....और वहीं बीमार पड़े, पटना आये। दिल्ली आये और चले गये...... 47 वर्ष देश में रहकर और 73 वर्ष की ज़िन्दगी जीकर।

प्रश्न— (i) फ़ादर बुल्के ने भारत आने के बाद सर्वप्रथम—

(क) दार्जिलिंग में पढ़ाई की
(ख) कलकत्ता से बी.ए. किया
(ग) इलाहाबाद से एम.ए. किया
(घ) 'जिसेट संघ' में धर्माचार की पढ़ाई की।

उत्तर—(घ) 'जिसेट संघ' में धर्माचार की पढ़ाई की।

(ii) फ़ादर ने इनमें से कहाँ पर शिक्षा प्राप्त नहीं की?

(क) दिल्ली (ख) दार्जिलिंग (ग) इलाहाबाद (घ) कलकत्ता

उत्तर—(क) दिल्ली।

(iii) फ़ादर के एम.ए. करते समय इलाहाबाद के हिंदी विभागाध्यक्ष थे—

(क) लेखक
(ख) डॉ. धीरेन्द्र वर्मा
(ग) मातरलिंग
(घ) पादरी

उत्तर—(ख) डॉ. धीरेन्द्र वर्मा

(iv) फ़ादर के शोध प्रबंध का नाम है—

(क) ब्लू बर्ड
(ख) नील पंछी
(ग) रामकथा : उत्पत्ति और विकास
(घ) परिमल

उत्तर—(ग) रामकथा : उत्पत्ति और विकास

(v) फ़ादर कामिल बुल्के ने अपना शोध प्रबंध कहाँ रहकर पूरा किया?

(क) राँची के हिंदी तथा संस्कृत विभाग में रहकर
(ख) प्रयाग विश्वविद्यालय के हिंदी विभाग में रहकर
(ग) कलकत्ता में रहकर
(घ) दार्जिलिंग में रहकर

उत्तर—(ख) प्रयाग विश्वविद्यालय के हिंदी विभाग में रहकर

4. फ़ादर बुल्के संकल्प से संन्यासी थे। कभी-कभी लगता है वह मन से संन्यासी नहीं थे। रिश्ता बनाते थे तो तोड़ते नहीं थे। दसियों साल बाद मिलने के बाद भी उसकी गन्ध महसूस होती थी। वह जब भी दिल्ली आते जरूर मिलते-खोजकर, समय निकालकर गर्मी, सर्दी, बरसात झेलकर मिलते, चाहे दो मिनट के लिए ही सही। यह कौन संन्यासी करता है? उनकी चिन्ता हिन्दी को राष्ट्रभाषा के रूप में देखने की थी। हर मंच से इसकी तकलीफ बयान करते, इसके लिए अकाट्य तर्क देते। बस इसी एक सवाल पर उन्हें झुँझलाते देखा है और हिन्दी वालों द्वारा ही हिन्दी की उपेक्षा पर दुःख करते उन्हें पाया है। घर-परिवार के बारे में, निजी दुःख-तकलीफ के बारे में पूछना उनका स्वभाव था और बड़े-से-बड़े दुःख में उनके मुख से सांत्वना के जादू भरे दो शब्द सुनना एक ऐसी रोशनी से भर देता था जो किसी गहरी तपस्या से जनमती है। 'हर मौत दिखाती है जीवन को नयी राह।' मुझे अपनी पत्नी और पुत्र की मृत्यु याद आ रही है और फ़ादर के शब्दों से झरती विरल शान्ति भी।

प्रश्न— (i) फ़ादर बुल्के के संबंध में कौन-सा वाक्य उचित है?

(क) फ़ादर बुल्के मन से संन्यासी थे, संकल्प से नहीं
(ख) फ़ादर बुल्के संकल्प और मन दोनों से संन्यासी थे
(ग) फ़ादर बुल्के संन्यासी थे ही नहीं
(घ) फ़ादर बुल्के संकल्प से संन्यासी थे, मन से नहीं

उत्तर—(घ) फ़ादर बुल्के संकल्प से संन्यासी थे, मन से नहीं

(ii) फ़ादर बुल्के की चिंता का कारण था—

(क) हिंदी को राष्ट्रभाषा के रूप में देखना
(ख) लेखक की पत्नी और पुत्र की मृत्य
(ग) उनका संन्यासी होना
(घ) इनमें से कोई नहीं

उत्तर—(क) हिंदी को राष्ट्रभाषा के रूप में देखना

(iii) फ़ादर बुल्के के स्वभाव में नहीं था—

(क) घर-परिवार के बारे में पूछना
(ख) निजी दुःख-तकलीफ के बारे में पूछना
(ग) सांत्वना के शब्द कहना
(घ) किसी को भी नजरंदाज कर देना

उत्तर—(घ) किसी को भी नजरंदाज कर देना

(iv) लेखक ने उनके बारे में बताया कि वे—

(क) रिश्ता तोड़ते थे तो बनाते नहीं थे
(ख) रिश्ता बनाते थे तो तोड़ते नहीं थे
(ग) रिश्ता बनाते ही नहीं थे
(घ) रिश्ता बनाते थे लेकिन कुछ समय बाद भूल जाते थे

उत्तर—(ख) रिश्ता बनाते थे तो तोड़ते नहीं थे

(v) 'हर मौत दिखाती है जीवन को नयी राह' यह पंक्ति किसने कही?

(क) फ़ादर बुल्के ने (ग) लेखक के मित्रों ने

(ख) लेखक ने (घ) लेखक के परिवारीजनों ने

उत्तर—(क) फ़ादर बुल्के ने

5. मैं नहीं जानता इस संन्यासी ने कभी सोचा था या नहीं कि उसकी मृत्यु पर कोई रोएगा, लेकिन उस क्षण रोने वालों की कमी नहीं थी। (नम आँखों को गिनना स्याही फैलाना है।)

इस तरह हमारे बीच से वह चला गया जो हममें से अधिक छायादार फल-फूल गन्ध से भरा और सबसे अलग, सबका होकर, सबसे ऊँचाई पर, मानवीय करुणा की दिव्य चमक में लहलहाता खड़ा था। जिसकी स्मृति हम सबके मन में जो उनके निकट थे, किसी यज्ञ की पवित्र आग की आँच की तरह आजीवन बनी रहेगी। मैं उस पवित्र ज्योति की याद में श्रद्धानत हूँ।

प्रश्न— (i) लेखक क्या नहीं जानता?

(ii) 'नम आँखों को गिनना स्याही फैलाना है।' से क्या अभिप्राय है?

(iii) अपना कोई सगा न होने पर भी फ़ादर कामिल बुल्के की मृत्यु पर रोने वालों की कमी क्यों नहीं थी?

(iv) 'मानवीय करुणा की दिव्य चमक में लहलहाता खड़ा था'—वाक्य का आशय स्पष्ट कीजिए।

(v) फ़ादर की स्मृति सबके मन में किस भाँति बनी रहेगी?

(vi) उस संन्यासी को सबसे अधिक छायादार, फल-फूल, गन्ध से भरा और सबसे अलग, सबका होकर क्यों कहा गया है?

(vii) लेखक किसकी याद में श्रद्धानत है?

उत्तर— (i) लेखक यह नहीं जानता कि फ़ादर ने कभी यह सोचा होगा या नहीं कि उनकी मृत्यु पर कोई रोएगा या नहीं।

(ii) 'नम आँखों को गिनना स्याही फैलाना है।' से यह आशय है कि फ़ादर की मृत्यु पर अनगिनत लोगों की आँखें नम थीं। उनका वर्णन लिखने का मतलब स्याही खर्च करना है, अर्थात् इतने लोगों के बारे में लिखा नहीं जा सकता।

(iii) फ़ादर बुल्के बेल्जियम के निवासी थे, भारत में उनका अपना कोई सगा नहीं था, परन्तु अपने जीते-जी भारत के लोगों को उन्होंने इतना प्रेम तथा अपनत्व दिया कि उनके अन्तिम समय पर उनके लिए रोने वालों की कोई कमी नहीं थी।

(iv) इस वाक्य का आशय यह है कि फ़ादर का व्यक्तित्व दिव्य आभा से प्रकाशित था। मृत्यु के उपरान्त भी इस दिव्य ज्योति से उनका मुख-मण्डल ज्योतिर्मय हो रहा था।

(v) फ़ादर की स्मृति सबके मन में किसी यज्ञ की पवित्र आग की आँच की तरह आजीवन बनी रहेगी।

(vi) फ़ादर महान् व्यक्तित्व के धनी थे। वे सब पर अपनी छत्र-छाया रखते थे। उन्हीं की छाया में सब फलते-फूलते थे। उनके प्रेम और करुणा की सुगन्ध चारों ओर फैलती रहती थी। वे संन्यासी होकर भी संन्यासी जैसा व्यवहार नहीं करते थे। सबको अपना बनाकर रखते थे। इसीलिए लेखक ने ऐसा कहा है।

(vii) लेखक पवित्र ज्योति के समान फ़ादर बुल्के की याद में श्रद्धानत है।

➫ पाठ से सम्बन्धित प्रश्नोत्तर

प्रश्न 1. फ़ादर की उपस्थिति देवदारु की छाया जैसी क्यों लगती थी?

उत्तर— जिस प्रकार देवदारु वृक्ष की छाया के नीचे उनके छोटे-बड़े पौधों का विकास होता रहता है तथा उन्हें वात्सल्यमयी शरण मिलती है, उसी प्रकार फ़ादर बुल्के का हृदय ममता, करुणा एवं अपनेपन से भरा था। उनकी छत्र-छाया में लेखक तथा उनके परिजन एवं मित्रों को स्नेह एवं वात्सल्य की प्राप्ति होती थी। इसीलिए फ़ादर की उपस्थिति देवदारु की छाया जैसी लगती थी।

प्रश्न 2. फ़ादर बुल्के भारतीय संस्कृति के एक अभिन्न अंग हैं, किस आधार पर ऐसा कहा गया है?

उत्तर— फ़ादर बुल्के ने रैम्सचैपल से भारत आने का फैसला लिया। यहीं पर उन्होंने अपनी एम.ए. तक की शिक्षा पूर्ण की। उन्होंने यहाँ की संस्कृति को अपना लिया। उन्होंने 'रामकथा: उत्पत्ति और विकास' विषय पर शोध कार्य किया। वे हिन्दी और संस्कृत विभाग के विभागाध्यक्ष रहे तथा हिन्दी को राष्ट्रभाषा के रूप में देखने के लिए संघर्ष करते रहे। इन सभी आधारों पर हम कह सकते हैं कि फ़ादर बुल्के भारतीय संस्कृति के एक अभिन्न अंग हैं। वे भारतीय संस्कृति में रच-बस गये थे।

प्रश्न 3. पाठ में आये उन प्रसंगों का उल्लेख कीजिए, जिनसे फ़ादर बुल्के का हिन्दी प्रेम प्रकट होता है।

उत्तर— फ़ादर कामिल बुल्के ने हिन्दी विषय में ही शोधकार्य किया। मातरलिंक के उपन्यास 'ब्लू बर्ड' का 'नील पंछी' नाम से हिन्दी रूपान्तर किया। उन्होंने प्रसिद्ध अंग्रेजी हिन्दी कोश तैयार किया। उनकी चिन्ता हिन्दी को राष्ट्रभाषा के रूप में देखने की थी। हर मंच से वे हिन्दी को राष्ट्रभाषा बनाने के विषय में बोलते तथा अकाट्य तर्क देते थे। वे हिन्दी की अवहेलना को लेकर झुँझला जाते थे। हिन्दी वालों द्वारा हिन्दी की उपेक्षा करने पर वे बहुत दुःखी हो जाते थे। वे हिन्दी के प्रबल पक्षधर थे। उन्हें हिन्दी पर गर्व था। इन्हीं सब प्रसंगों से फ़ादर बुल्के का हिन्दी प्रेम प्रकट होता है।

प्रश्न 4. इस पाठ के आधार पर फ़ादर कामिल बुल्के की जो छवि उभरती है, उसे अपने शब्दों में लिखिए।

उत्तर— फ़ादर कामिल बुल्के विदेशी होते हुए भी भारतीय थे। वे संकल्प से संन्यासी थे। उनके हृदय में सबके लिए ममता, प्रेम तथा अपनत्व था। वात्सल्य भाव तो उनकी आँखों में तैरता रहता था। उनका व्यक्तित्व तपती धूप में शीतलता प्रदान करने वाला था। वे संयमी थे। क्रोध तो उन्हें छूकर भी नहीं गया था। उनके व्यक्तित्व से शान्ति तथा सरलता बरसती थी तथा शब्दों से विरल शान्ति झड़ती थी। उनका व्यक्तित्व देवदारु के समान था।

प्रश्न 5. लेखक ने फ़ादर बुल्के को 'मानवीय करुणा की दिव्य चमक' क्यों कहा है?

उत्तर— फ़ादर बुल्के तरल हृदय के व्यक्ति थे। उनके मन में अपने सभी परिचित लोगों के प्रति अपार सद्भावना एवं ममता थी। वे सबके सुख-दुःख में बराबर साथ देते थे। उनका हृदय वात्सल्य से भरा था। वे सभी प्रियजनों को गले लगाने के लिए आतुर रहते थे। वे बड़े भाई और पुरोहित के समान सिर पर अपना आशीष भरा हाथ रखते थे। उनके हृदय की तरलता की चमक उनके चेहरे पर प्रतिबिम्बित होती थी, इसीलिए लेखक ने फ़ादर बुल्के को 'मानवीय करुणा की दिव्य चमक' कहा है।

प्रश्न 6. फ़ादर बुल्के ने संन्यासी की परम्परागत छवि से अलग एक नई छवि प्रस्तुत की है, कैसे?

उत्तर— संन्यासी से आशय ऐसे व्यक्ति से है, जो माया-मोह-धन-सम्पत्ति सबका त्याग करके वैराग्य का जीवन बिताए। फ़ादर बुल्के संन्यासी की परम्परागत छवि से अलग थे। वे संकल्प से संन्यासी थे, मन से नहीं। वे अपने आत्मीयजनों से गहरा लगाव रखते थे। वे सभी के धार्मिक उत्सवों एवं संस्कारों में बड़ी प्रसन्नता के साथ एक बड़े बुजुर्ग की भाँति शामिल होकर अपना आशीर्वाद प्रदान करते थे। वे किसी से एक बार सम्बन्ध बनाकर उसे तोड़ते नहीं थे। वर्षों बाद भी उनसे मिलने पर अपनत्व की गन्ध को महसूस किया जा सकता था। इन्हीं सब विशेषताओं के कारण वह संन्यासी की परम्परागत छवि से भिन्न थे।

प्रश्न 7. आशय स्पष्ट कीजिए—

(क) नम आँखों को गिनना स्याही फैलाना है।

(ख) फ़ादर को याद करना एक उदास शान्त संगीत को सुनने जैसा है।

उत्तर— (क) फ़ादर बुल्के विदेशी थे। फिर भी वे भारत की संस्कृति में रच-बस गये थे। अपनी ममता, अपनत्व तथा वात्सल्य से उन्होंने सबके दिलों को जीत लिया था। उनकी मृत्यु पर रोने वालों की संख्या अनगिनत थी। लेखक के अनुसार इतनी नम आँखों के बारे में लिखना व्यर्थ ही स्याही खर्च करना है अर्थात् उनकी मृत्यु पर नम आँखों की संख्या इतनी अधिक थी कि उनको गिना नहीं जा सकता।

(ख) लेखक के फ़ादर बुल्के के साथ आत्मीय सम्बन्ध थे। उनकी मृत्यु के बाद लेखक को लगता है कि फ़ादर का स्मरण करना एक उदास शान्त संगीत को सुनने जैसा है, क्योंकि अब फ़ादर नहीं हैं। केवल उनकी स्मृतियाँ शेष हैं और वे यादें अशान्त मन को शान्ति प्रदान करती हैं।

➪ रचना और अभिव्यक्ति

प्रश्न 1. आपके विचार से बुल्के ने भारत आने का मन क्यों बनाया होगा?

उत्तर— भारत की मिट्टी से अनेक महान् साधु-सन्तों का आविर्भाव हुआ है। अनेक महान् आत्माओं ने अपने कदमों से देश की माटी को पावन किया है। भारत को आध्यात्मिकता का केन्द्र कहा जाता है। स्वामी विवेकानन्द, रामकृष्ण परमहंस तथा दयानन्द सरस्वती जैसे महान् सन्तों से प्रभावित होकर या फिर भारत की पावन माटी की महक से आकर्षित होकर फ़ादर बुल्के ने भारत आने का मन बनाया होगा।

प्रश्न 2. 'बहुत सुन्दर है मेरी जन्मभूमि रैम्सचैपल'—इस पंक्ति में फ़ादर बुल्के की अपनी जन्मभूमि के प्रति कौन-सी भावनाएँ अभिव्यक्त होती हैं? आप अपनी जन्मभूमि के बारे में क्या सोचते हैं?

उत्तर— 'जननी जन्मभूमिश्च स्वर्गादपि गरीयसी' जननी और जन्मभूमि स्वर्ग से भी बढ़कर हैं। यह कटु सत्य है। सबको अपनी जन्मभूमि बहुत ही सुन्दर लगती है। मनुष्य जन्म से लेकर मृत्युपर्यन्त अपनी जन्मभूमि के प्रति अगाध प्रेम व लगाव रखता है।

फ़ादर बुल्के को भी अपनी जन्मभूमि रैम्सचैपल से बहुत प्यार था, जिस मिट्टी में पलकर वे बड़े हुए थे, आज भी वे उस मिट्टी की महक को अपने अन्दर महसूस करते थे। इस पंक्ति में फ़ादर बुल्के की देश-प्रेम की भावनाएँ प्रकट होती हैं। गहरा लगाव होने के कारण उन्हें अपनी जन्मभूमि अत्यन्त सुन्दर प्रतीत होती है।

मैं भी अपनी जन्मभूमि के प्रति अपार श्रद्धा एवं गहरा लगाव रखती हूँ। मुझे उसकी माटी, अन्न-जल तथा धर्म एवं संस्कृति पर गर्व है। इसके विकास और उत्थान के लिए दृढ़ संकल्पित हूँ।

प्रश्न 3. फ़ादर कामिल बुल्के का हिन्दी प्रेम किस प्रसंग से प्रकट होता है?

उत्तर— उन्होंने प्रामाणिक अंग्रेजी-हिन्दी शब्दकोश तैयार किया।

प्रश्न 4. 'माननीय करुणा की दिव्य चमक' पाठ के आधार पर फ़ादर बुल्के के चरित्र में कौन-सा गुण नहीं मिलता—

(i) गरिमामय व्यक्तित्व (ii) करुणामय व्यक्तित्व

(iii) वात्सल्य (iv) क्रोध

उत्तर— (iv) क्रोध

भाषा अध्ययन

प्रश्न 1. 'मेरा देश भारत' विषय पर 200 शब्दों का निबन्ध लिखिए।

दक्षिण से उत्तर भारत तक, विस्तृत पावन राष्ट्र हमारा।
सर्व समन्वय की यह धरती, नहीं भेद की इसमें धारा।।

उत्तर— स्वामी विवेकानन्द ने कहा था—''यदि पृथ्वी पर ऐसा कोई देश है, जिसे हम पुण्यभूमि कह सकते हैं......तो मैं निश्चित रूप से कहूँगा कि वह हमारी मातृभूमि भारतवर्ष ही है।''

भारत अत्यन्त प्राचीन देश है। यह स्वर्ग के समान सुन्दर है। हम यहीं पर जन्मे हैं, इसी की गोद में पलकर बड़े हुए हैं तथा इसी के अन्न-जल से हमारा पालन-पोषण हुआ है। अत: हमारा कर्त्तव्य है कि हम इसके गौरव की रक्षा करें, इसका सम्मान करें तथा जरूरत पड़ने पर इसकी आन-बान-शान के लिए अपना सर्वस्व न्योछावर कर दें।

भारत में प्रकृति सुन्दरी ने भी अनुपम रूप प्रदर्शित किया है। चारों ओर प्राकृतिक सौन्दर्य बिखरा पड़ा है।

भारत त्याग और तपस्या की भूमि है। यहीं पर श्रीराम और श्रीकृष्ण का जन्म हुआ। अनेक प्रतापी राजाओं तथा सम्राटों ने भी इस पवित्र मिट्टी को अपनी कर्मभूमि बनाकर कर्म का पाठ पढ़ाया। आज विश्व के मानचित्र में भारत का एक विशिष्ट स्थान है।

हमें अपने महापुरुषों पर भी गर्व है, जिन्होंने स्वर्ग-फलदायिनी भारत वसुन्धरा पर जन्म लेकर अपने आदर्शों से इसे गौरवान्वित किया है। इस पावन-भूमि पर जन्म लेकर मैं स्वयं को धन्य मानती हूँ।

महान् शायर इकबाल ने कहा है—

''सारे जहाँ से अच्छा हिन्दोस्तां हमारा।''

प्रश्न 2. आपका मित्र हडसन एंड्री ऑस्ट्रेलिया में रहता है। उसे इस बार की गर्मी की छुट्टियों के दौरान भारत के पर्वतीय प्रदेशों के भ्रमण हेतु निमन्त्रित करते हुए पत्र लिखिए।

उत्तर— 148, A-B
दक्षिण रेलवे कॉलोनी,
आगरा
02 दिसम्बर, XXXX

प्रिय मित्र हडसन एंड्री

सप्रेम नमस्कार,

मित्र बहुत दिनों से तुम्हारे समाचार नहीं मिले हैं। आशा है कि तुम सकुशल होंगे। तुम सपरिवार आनन्द में रहो, मेरी ईश्वर से यही प्रार्थना है। तुम इस बार गर्मी की छुट्टियों में भारत आ जाओ। मेरी छुट्टियाँ मई से प्रारम्भ होंगी। मैं यहाँ पर तुम्हें पर्वतीय प्रदेशों की सैर कराऊँगा। शिमला तथा कश्मीर के पहाड़ी स्थानों व घाटियों में घुमाऊँगा। मुझे तुम्हारे साथ ऑस्ट्रेलिया में बिताए दिनों की बहुत याद आती है। मैं भी तुम्हें भारत के पर्वतीय स्थानों का भ्रमण कराना चाहता हूँ। मुझे उम्मीद है कि तुम आओगे।

तुम्हारा मित्र
हंसराज।

प्रश्न 3. निम्नलिखित वाक्यों में समुच्चयबोधक छाँटकर अलग लिखिए—

(क) तब भी जब वह इलाहाबाद में थे और तब भी जब वह दिल्ली आते थे।

उत्तर— और।

(ख) माँ ने बचपन में ही घोषित कर दिया था कि लड़का हाथ से गया।

उत्तर— कि।

(ग) वे रिश्ता बनाते थे तो तोड़ते नहीं थे।

उत्तर— तो।

(घ) उनके मुख से सांत्वना के जादू भरे दो शब्द सुनना एक ऐसी रोशनी से भर देता था जो किसी गहरी तपस्या से जन्मती है।

उत्तर— जो।

(ङ) पिता और भाइयों के लिए बहुत लगाव मन में नहीं था लेकिन वो स्मृति में अक्सर डूब जाते।

उत्तर— और, लेकिन।

➯ परीक्षोपयोगी महत्वपूर्ण प्रश्नोत्तर

प्रश्न 1. हिन्दी अपना उचित स्थान प्राप्त करने के लिए संघर्ष कर रही है—इस विषय पर अपने विचार व्यक्त कीजिए।

अथवा

यदि हिन्दी को अपना उचित स्थान नहीं मिला तो क्या परिणाम होगा?

उत्तर— हिन्दी जन-मानस की भाषा है। हिन्दी ही समस्त राष्ट्र को एकता के सूत्र में पिरोने की क्षमता रखती है। हिन्दी ही सांस्कृतिक धरोहर को सहेजकर आने वाली पीढ़ियों तक पहुँचा सकती है। हिन्दी भारत को उसके प्राचीन गौरव का स्मरण दिलाने वाली संजीवनी है। यदि हिन्दी को उसका उचित स्थान एवं सम्मान नहीं मिला तो वह दिन दूर नहीं जब राष्ट्र मृतप्राय: होकर कालान्तर में अपनी सम्प्रभुता खो देगा।

प्रश्न 2. हिन्दी को राष्ट्रभाषा बनाने के मार्ग में आने वाली बाधाओं के निवारण के उपायों पर प्रकाश डालिए।

उत्तर— हिन्दी को राष्ट्रभाषा बनाने के लिए सरकार एवं समाज दोनों स्तर पर काम करना होगा। सरकार को चाहिए कि वह अपनी तुष्टिकरण की नीति को त्यागकर सच्ची भावना एवं ईमानदारी के साथ हिन्दी को बढ़ावा दे। हिन्दी के पोषक इसके शब्द-भण्डार एवं व्यवहार को जनप्रिय बनाने का कार्य करें। हिन्दी भाषा के शब्द-भण्डार एवं साहित्य को सम्पन्न बनाना, दफ्तरों एवं रोजगारों में हिन्दी को वरीयता देना, प्रशासनिक कार्य में इसका प्रयोग करना आदि अनेक उपाय हैं, जिनसे हिन्दी को राष्ट्रभाषा का वास्तविक सम्मान मिल सकता है।

प्रश्न 3. 'मानवीय करुणा की दिव्य चमक' लेखक सर्वेश्वर दयाल सक्सेना द्वारा लिखित एक संस्मरण है। हिन्दी की विधा संस्मरण के विषय में क्या जानते हैं?

उत्तर— स्मृति के आधार पर अपने परिचित व्यक्ति, वस्तु या घटना का कलात्मक गद्य में किया गया अंकन संस्मरण कहलाता है। संस्मरण में किसी महान् व्यक्ति के प्रत्यक्ष संसर्ग को यथार्थ के सहारे स्मृति के आधार पर अंकित किया जाता है।

प्रश्न 4. फ़ादर कामिल बुल्के का संक्षिप्त परिचय दीजिए।

उत्तर— फ़दर कामिल बुल्के का जन्म बेल्जियम (यूरोप) के रैम्सचैपल शहर में हुआ था। इंजीनियरिंग के अन्तिम वर्ष में वे अपनी जन्मभूमि को छोड़कर भारत आ गए। यहाँ आकर उन्होंने एम. ए. तक शिक्षा ग्रहण करने के बाद हिन्दी विषय में पीएच.डी. की। उनके शोध कार्य का विषय 'रामकथा: उत्पत्ति और विकास' था। वे रांची में हिन्दी और संस्कृत विभाग के विभागाध्यक्ष रहे। 1974 में उन्हें पद्मभूषण से सम्मानित किया गया। 18 अगस्त, 1982 को सुबह दस बजे दिल्ली में उनका निधन हो गया।

प्रश्न 5. 'रैम्सचैपल' किसकी भूमि कही जाती है? यह कहाँ पर स्थित है?

उत्तर— रैम्सचैपल गिरजों, पादरियों, धर्मगुरुओं और संतों की भूमि कही जाती है। यह यूरोप के बेल्जियम में स्थित है।

प्रश्न 6. पाठ के आधार पर फ़ादर बुल्के की चारित्रिक विशेषताओं पर प्रकाश डालिए।

अथवा

'मानवीय करुणा की दिव्य चमक' पाठ के आधार पर फ़ादर बुल्के का चरित्र-चित्रण कीजिए।

उत्तर— फ़ादर कामिल बुल्के एक चमकते हुए रत्न के समान थे। वे गरिमामय एवं करुणामय व्यक्तित्व के धनी थे। वात्सल्य तो उनकी आँखों में तैरता रहता था। अपने प्रियजनों के प्रति स्नेह का व्यवहार करते थे। उनका स्वभाव शान्त था। उन्हें क्रोध कभी नहीं आता था, केवल हिन्दी को राष्ट्रभाषा के रूप में देखने के लिए उसकी उपेक्षा पर उन्हें झुँझलाहट होती थी। उनकी उपस्थिति देवदारु के वृक्ष के समान थी। उनका व्यक्तित्व भीषण तपन को शीतलता में बदलने की क्षमता रखता था।

प्रश्न 7. क्या फ़ादर कामिल बुल्के के जीवन को अनुकरणीय कहा जा सकता है?

अथवा

फ़ादर के व्यक्तित्व को अनुकरणीय कैसे माना जा सकता है?

अथवा

फ़ादर बुल्के के जीवन का अनुकरण करना कहाँ तक उचित है?—अपने विचार व्यक्त कीजिए।

उत्तर— फ़ादर बुल्के का जीवन पूर्णत: अनुकरणीय है। उनके हृदय में बसने वाली दया, करुणा, ममता तथा अपनत्व उन्हें सम्मान का पात्र बनाते हैं। लेखक भी उस दिव्य-ज्योति के समक्ष नतमस्तक था। समाज में ऐसे महान् लोग सदैव अनुकरणीय रहे हैं। इनके गुणों का अनुकरण करके देश को अच्छे नागरिक मिल सकते हैं।

प्रश्न 8. फ़ादर बुल्के के भारत-प्रेम को तर्क सहित सिद्ध कीजिए।

अथवा

फ़ादर का भारत के लिए स्वाभाविक लगाव था—स्पष्ट कीजिए।

अथवा

फ़ादर कामिल बुल्के के भारत प्रेम पर प्रकाश डालिए।

उत्तर— संन्यास लेते समय फ़ादर द्वारा भारत जाने की शर्त रखने से यह बात स्पष्ट होती है कि उन्हें भारत से बहुत लगाव था। जहाँ लगाव होता है वहाँ प्रेम की उत्पत्ति स्वतः ही हो जाती है। फ़ादर बुल्के का भारत से लगाव स्वाभाविक ही था। संन्यास हो जाने की भावना मन में आ जाने के बाद प्रभु की इच्छा मानकर ही उन्होंने भारत आने का निर्णय लिया। इंजीनियरिंग की पढ़ाई को अन्तिम वर्ष में छोड़कर भारत आकर अपनी शिक्षा पूर्ण करना भी उनके भारत-प्रेम को दर्शाता है।

प्रश्न 9. लेखक के अनुसार फ़ादर को ज़हरबाद से क्यों नहीं मरना चाहिए था?

अथवा

फ़ादर बुल्के की मृत्यु का क्या कारण था? ज़हरबाद से उनकी मृत्यु होने पर लेखक दुःखी क्यों था?

अथवा

ज़हरबाद क्या है? लेखक को किस बात का दुःख था?

उत्तर— ज़हरबाद एक असाध्य ज़हरीला फोड़ा होता है, जिसे गैंग्रीन कहा जाता है। ज़हरबाद के कारण ही बुल्के की मृत्यु हुई। फ़ादर शान्त स्वभाव के वात्सल्य से पूर्ण हृदय के स्वामी थे। वे सदैव स्नेह बाँटते रहते थे। विदेशी होकर भी देश में पूरी तरह रच-बस गये थे। सबके ऊपर सदैव उनके आशीष की छाया रहती थी। लेखक के अनुसार ऐसे करुणामय इंसान की मौत भयंकर यातना देने वाले ज़हरबाद रोग से तड़प-तड़प कर नहीं होनी चाहिए थी। इसी बात से लेखक दुःखी था। उसे लगता था कि अच्छे कर्म करने वाले की मृत्यु इतनी दर्दनाक कैसे हो सकती है?

प्रश्न 10. फ़ादर कामिल बुल्के भारत के प्रति अपने लगाव के बारे में क्या कहते हैं?

उत्तर— फ़ादर कामिल बुल्के से पूछा गया, वे भारत ही आना क्यों चाहते थे? तो उन्होंने बताया कि बस मन में यही था, ऐसा लगता है कि उनके मन में भारत के प्रति स्वाभाविक लगाव था, इसे चाहें तो पूर्वजन्मों का संस्कार कह सकते हैं।

प्रश्न 11. फ़ादर का अन्तिम संस्कार किसके द्वारा व किस विधि से हुआ तथा उस समय फ़ादर पास्कल ने क्या कहा?

उत्तर— फ़ादर कामिल बुल्के का अन्तिम संस्कार राँची के फ़ादर तोयना के द्वारा मसीही विधि से हुआ। उन्होंने हिन्दी में मसीही विधि से प्रार्थना की। सेंट जेवियर्स के रेक्टर फ़ादर पास्कल ने उनके जीवन और कर्म पर श्रद्धांजलि अर्पित करते हुए कहा कि 'फ़ादर बुल्के धरती में जा रहे हैं। इस धरती से ऐसे रत्न और पैदा हों।'

प्रश्न 12. 'मानवीय करुणा की दिव्य चमक' नामक पाठ के शीर्षक की सार्थकता स्पष्ट कीजिए।

उत्तर— 'मानवीय करुणा की दिव्य चमक' एक संस्मरण है। संस्मरण स्मृतियों पर आधारित होता है तथा स्मृतियों की विश्वसनीयता ही उसे महत्वपूर्ण बनाती है। सर्वेश्वर दयाल सक्सेना द्वारा फ़ादर कामिल बुल्के पर लिखा गया यह संस्मरण कसौटी पर खरा उतरता है। फ़ादर की चारित्रिक विशेषताओं को देखते हुए वास्तव में ही उनको 'मानवीय करुणा की दिव्य चमक' कहा जा सकता है। अतः यह शीर्षक पूर्णतः सार्थक है।

प्रश्न 13. क्या फ़ादर बुल्के को भारत का रत्न कहा जा सकता है?

अथवा

विदेशी होकर भी फ़ादर बुल्के देश के रत्न थे—सिद्ध कीजिए।

उत्तर— फ़ादर बुल्के भारत के लिए पूर्णतः समर्पित थे। विदेशी होकर भी उनका दिल भारत के लिए ही धड़कता था, उन्होंने स्वयं भारत को ही अपना देश माना। उन्होंने हिन्दी व हिन्दुस्तान दोनों के विकास व सम्मान के लिए आजीवन संघर्ष किया। उन्होंने यहाँ की मूल संस्कृति को समझा, जाना तथा उसका अनुसरण किया। उन्होंने भारत तथा भारतवासियों से प्रेम किया। भाषा को समृद्ध करने के लिए जूझते रहे। उनके इन सब चारित्रिक विशेषताओं को देखते हुए निश्चय ही उन्हें भारत-रत्न की संज्ञा दी जा सकती है। वे वास्तव में ही रत्न थे, जो जीवन भर अपने प्रकाश से सबको प्रकाशित करते रहे। वे वास्तव में ही पवित्र ज्योति के समान जगमगाते रत्न थे।

प्रश्न 14. लेखक और फ़ादर बुल्के के बीच आत्मीय सम्बन्ध थे—सिद्ध कीजिए।

अथवा

फ़ादर बुल्के के साथ लेखक सर्वेश्वर दयाल सक्सेना की घनिष्ठता पर प्रकाश डालिए।

उत्तर— लेखक और फ़ादर बुल्के के बीच आत्मीय सम्बन्ध थे, इसकी स्पष्ट झलक इस संस्मरण में दिखाई देती है। लेखक के पुत्र का अन्नप्राशन संस्कार फ़ादर बुल्के ने किया, जबकि भारतीय रीति के अनुसार घर का बड़ा सदस्य ही इस संस्कार को करता है। लेखक की पत्नी व पुत्र की मृत्यु के समय फ़ादर द्वारा सांत्वना देना भी उनकी घनिष्ठता का परिचायक है। दिल्ली आने पर लेखक से हर हाल में मिलना भी दोनों के जुड़ाव को स्पष्ट करता है। लेखक फ़ादर के साथ गहरी आत्मीयता रखता था। वह उनके अन्तिम संस्कार में भी उनके साथ था। फ़ादर की ज़हरबाद से मृत्यु पर अत्यन्त दुःखी होना भी उनके आत्मीय सम्बन्धों का ही परिणाम है।

प्रश्न 15. फ़ादर के अन्तिम संस्कार के समय कौन-कौन उपस्थित था? उनकी यह उपस्थिति क्या दर्शाती है?

उत्तर— फ़ादर के अन्तिम संस्कार के समय कुछ पादरी, डॉ. रघुवंश और उनका बेटा, राजेश्वर सिंह, जैनेन्द्र कुमार, विजयेन्द्र स्नातक, अजीत कुमार, डॉ. निर्मला जैन, डॉ. सत्यप्रकाश, मसीही समुदाय के लोग बड़ी संख्या में तथा अन्य लोग उपस्थित थे। इन सबकी उपस्थिति यह दर्शाती है कि फ़ादर में सबके प्रति लगाव, समर्पण एवं त्याग था। उन्होंने सबके मन में अपने लिए जगह बना ली थी।

प्रश्न 16. ''मानवीय करुणा की दिव्य चमक'' पाठ के अनुसार बताइए कि 'फ़ादर की स्मृति' किसी यज्ञ की पवित्र आग की लौ की तरह कैसे और क्यों आजीवन बनी रहेगी? स्पष्ट कीजिए।

उत्तर— जिस प्रकार यज्ञ की अग्नि पवित्र होती है तथा उसके ताप में उष्णता होती है, उसी प्रकार फ़ादर को याद करना शरीर तथा मन में ऊष्मा, उत्साह तथा पवित्र भाव भर देता है। अत: फ़ादर की स्मृति किसी यज्ञ की पवित्र आग और उसकी लौ की तरह आजीवन बनी रहेगी।

प्रश्न 17. 'मैं उस पवित्र ज्योति की याद में श्रद्धानत हूँ'—लेखक किस पवित्र ज्योति की याद में श्रद्धानत है और क्यों?

उत्तर— लेखक फ़ादर बुल्के रूपी पवित्र ज्योति की याद में श्रद्धानत है क्योंकि फ़ादर बुल्के जीवन भर देश व देशवासियों के प्रति समर्पित रहे। सबके ऊपर अमृत रूपी स्नेह की वर्षा करते रहे। हिन्दी को राष्ट्रभाषा के रूप में देखने के लिए संघर्षशील रहे। उनका जीवन त्याग, समर्पण, करुणा एवं वात्सल्य से परिपूर्ण था।

प्रश्न 18. फ़ादर बुल्के की माँ ने बचपन में ही उनके विषय में क्या घोषित कर दिया था तथा उस घोषणा का क्या परिणाम हुआ?

उत्तर— फ़ादर बुल्के की माँ ने बचपन में ही यह घोषित कर दिया था कि 'लड़का हाथ से गया।' इस घोषणा का यह परिणाम हुआ कि फ़ादर ने सचमुच इंजीनियरिंग के अन्तिम वर्ष में पढ़ाई छोड़कर भारत आने व संन्यास लेने का फैसला कर लिया।

प्रश्न 19. फ़ादर के परिवार के सदस्यों के विषय में संक्षेप में बताइए।

उत्तर— फ़ादर का भरा-पूरा परिवार था। उनके परिवार में दो भाई, एक बहन, माँ, पिता सभी थे। उन्हें अपने पिता और भाइयों की अपेक्षा माँ से अधिक लगाव था। उनके पिता व्यवसायी थे। एक भाई पादरी था और दूसरा काम करता था। उसका परिवार भी था। बहन सख्त स्वभाव की और जिद्दी थी, उसने शादी भी बहुत देर से की थी।

प्रश्न 20. फ़ादर को किसकी शादी की चिन्ता व्यक्त करते देखा गया था? क्यों?

उत्तर— फ़ादर को अपनी बहन की शादी की चिन्ता व्यक्त करते देखा गया था, क्योंकि उनकी बहन सख्त और जिद्दी स्वभाव की थी।

प्रश्न 21. फ़ादर बुल्के के विषय में लेखक का क्या मानना है?

उत्तर— फ़ादर बुल्के के विषय में लेखक का यह मानना है कि जब तक रामकथा है तब तक इस विदेशी-भारतीय संन्यासी को याद किया जायेगा तथा उन्हें हिन्दी भाषा और बोलियों के अगाध प्रेम का उदाहरण माना जायेगा।

प्रश्न 22. 'जहाँ धरती की गोद में सुलाने के लिए कब्र अवाक् मुँह खोले लेटी थी।'—पंक्ति का आशय स्पष्ट कीजिए।

उत्तर— इतने सच्चे इंसान, करुणामयी, स्नेही, सबके सहयोगी, आत्मीयता से परिपूर्ण, शान्त स्वभाव से सबका दिल जीतने वाले इस इंसान की मृत्यु ज़हरबाद से कैसे हो सकती है? यह देखकर कब्र भी मुँह खोले अवाक् लेटी हुई थी। उसको भी फ़ादर की मौत पर विश्वास नहीं हो रहा था।

प्रश्न 23. फ़ादर बुल्के की मृत्यु से लेखक आहत क्यों था?

उत्तर— फ़ादर करुणा और वात्सल्य की प्रतिमूर्ति थे। फ़ादर और लेखक के बीच अत्यंत आत्मीय संबंध थे। उनकी मृत्यु ज़हरवाद से हुई। लेखक आहत था कि ऐसे विनम्र, मधुर, त्यागी, आस्थावान व्यक्ति का अंत इतना पीड़ादायक क्यों हुआ? जबकि उनका पूरा जीवन दूसरों को प्यार, अपनत्व और ममता का अमृत बाँटते बीता था।

प्रश्न 24. फ़ादर बुल्के ने भारत में रहते हुए हिन्दी के उत्थान के लिए क्या कार्य किए?

उत्तर— 'फ़ादर बुल्के' एक विदेशी होते हुए उनका हिन्दी प्रेम देखते ही बनता था, उनमें हिन्दी के प्रति हिन्दी वालों से कहीं ज्यादा गहरा प्रेम दिखा। उन्होंने राम कथा और रामचरित मानस को बौद्धिक जीवन दिया। उनके प्रयासों के कारण विश्वविद्यालय ने अपने नियमों में बदलाव किया जिससे भविष्य में हिन्दी में भी थीसिस लिखी जाने लगी। उन्हें कतई स्वीकार नहीं था कि हिन्दी की अभिव्यक्ति में दूसरी भाषाओं के शब्द इस्तेमाल किए जाएँ। अत: यह सही है जो हिन्दी से सरोकार रखते हैं। फ़ादर बुल्के उनके लिए एक आदर्श व्यक्ति हैं।

प्रश्न 25. फ़ादर बुल्के को हिन्दी के बारे में क्या चिंता थी?

उत्तर— फ़ादर बुल्के की चिंता हिंदी को राष्ट्रभाषा के रूप में देखने की थी। हिंदी वालों के द्वारा हिंदी की उपेक्षा पर उन्हें बहुत दु:ख होता था। हर मंच से वे अपनी यह तकलीफ बयान करते।

प्रश्न 26. लेखक ने फ़ादर कामिल बुल्के की याद को यज्ञ की पवित्र अग्नि क्यों कहा है?

उत्तर— जिस प्रकार यज्ञ की पवित्र अग्नि अपने चारों ओर के वातावरण को शुद्ध पवित्र करके महका देती है और लम्बे समय तक वह पवित्रता और शुद्धता बनी रहती है, ठीक उसी प्रकार फ़ादर बुल्के भी अपने स्नेह और ममता की छाँव से सबको सराबोर कर देते थे।

एक कहानी यह भी

|14|

लेखक-मन्नू भंडारी

लेखक परिचय—प्रसिद्ध कथाकार मन्नू भंडारी का जन्म सन् 1931 में मध्य प्रदेश के मंदसौर जिले में भानपुरा नामक गाँव में हुआ। इनकी प्रारम्भिक शिक्षा अजमेर में तथा उच्च शिक्षा बनारस हिन्दू विश्वविद्यालय से हुई। मिरांडा हाउस दिल्ली विश्वविद्यालय में अध्यापन क्षेत्र से अवकाश प्राप्त करने के पश्चात् वर्तमान समय में दिल्ली में ही रहकर स्वतन्त्र लेखन कर रही हैं।

रचनाएँ—कहानी संग्रह तथा उपन्यास के अतिरिक्त मन्नू भंडारी ने फिल्म एवं टेलीविजन, धारावाहिकों के लिए पटकथा लेखन भी किया है। उनकी प्रमुख रचनाएँ निम्नलिखित हैं—

कहानी संग्रह—एक प्लेट सैलाब, यही सच है, मैं हार गई तथा त्रिशंकु।

उपन्यास—आपका बंटी, महाभोज।

आत्मकथ्य—एक कहानी यह भी।

स्वातंत्र्योत्तर हिन्दी कथा साहित्य की प्रमुख हस्ताक्षर मन्नू भंडारी की कहानियों में नारी जीवन की विडंबना तथा व्यथा का मार्मिक चित्रण हुआ है। उनकी साहित्य-साधना के लिए उन्हें हिन्दी अकादमी के शिखर सम्मान सहित अनेक पुरस्कारों से नवाज़ा जा चुका है।

साहित्यिक विशेषताएँ—मन्नू भंडारी के साहित्य में भाषा एवं शिल्प की सादगी मिलती है। उनके साहित्य में सामाजिक विसंगतियों पर भी प्रहार किया गया है। उनकी कहानियों में सामाजिक तत्वों की प्रधानता है। आत्मकथात्मक शैली एवं व्यावहारिक भाषा का प्रयोग करने में ये सिद्धहस्त हैं। इनकी भाषा-शैली सरल एवं सहज है।

सारांश—'एक कहानी यह भी' मन्नू भंडारी द्वारा लिखित 'आत्मकथ्य' है। इसमें उन्होंने आजादी की लड़ाई के समय अपने उत्साह, संगठन एवं खिलाफत करने का तरीका बताया है।

मन्नू भंडारी को अजमेर के ब्रह्मपुरी मोहल्ले का दुमंजिला मकान याद है, जिसकी ऊपर की मंजिल पर पिताजी और उनकी पुस्तकों तथा पत्र-पत्रिकाओं का साम्राज्य था। नीचे व्यक्तित्वहीन और अनपढ़ माँ थी, जिसका सारा समय पति की आज्ञा का पालन करने तथा बच्चों की इच्छापूर्ति में बीत जाता था। पिताजी की समाज में प्रतिष्ठा थी। वे कांग्रेस से जुड़े थे तथा समाज सुधारक थे। वे दिन खुशहाली भरे थे। पिताजी आठ-दस विद्यार्थियों को घर रखकर पढ़ाते थे। पिताजी अत्यन्त कोमल तथा संवेदनशील होने के साथ-साथ अहंकारी एवं क्रोधी स्वभाव के थे।

किसी आर्थिक संकट के कारण पिताजी को अजमेर आना पड़ा। जहाँ उन्होंने अपने बल पर अंग्रेजी-हिन्दी शब्दकोश के अधूरे काम को पूरा करना शुरू कर दिया। इससे उन्हें यश और प्रतिष्ठा मिली, परन्तु धन नहीं मिला। अहं के कारण वे आर्थिक व्यवस्थाओं में बच्चों का सहयोग नहीं लेते थे। नवाबी आदतों एवं अधूरी महत्वाकांक्षाओं के कारण, वे अत्यन्त क्रोधी हो गये थे। अपनों के हाथों विश्वासघात के कारण, वे शक्की और चिड़चिड़े भी हो गये थे। लेखिका का रंग काला तथा शरीर मरियल होने के कारण, वे हीन भावना का शिकार हो गईं। आज भी हीनभाव की ग्रन्थि उन्हें अहसास दिलाती है। पिताजी से उनकी किसी-न-किसी बात पर टक्कर ही चलती रहती थी।

लेखिका की माँ का स्वभाव पिताजी के स्वभाव से विपरीत था। वे प्रेम, त्याग एवं सहिष्णुता की प्रतिमूर्ति थीं। लेखिका बचपन में अपनी सखी-सहेलियों के साथ विभिन्न प्रकार के खेल खेलती थीं। लेखिका के अनुसार आधुनिक दबाव ने परम्परागत 'पड़ोस-कल्चर' से अलग करके मनुष्य को संकुचित, असहाय एवं असुरक्षित बना दिया है। लेखिका की कहानियों के पात्र उनके मोहल्ले के लोगों में से हैं। लेखिका पाँच भाई-बहनों में सबसे छोटी हैं। पिताजी उन्हें रसोईरूपी भटियारखाने से दूर रहने को कहते थे। घर में राजनीतिक मसलों पर जमकर बहसें होती थीं। पिताजी लेखिका को भी उस बहस में भाग लेने के लिए बोलते थे। बहस करना पिताजी का प्रिय शगल था। सावित्री गर्ल्स हाईस्कूल……में लेखिका का परिचय हिन्दी की प्राध्यापिका शीला अग्रवाल से हुआ। उन्होंने ही लेखिका को साहित्य की दुनिया में प्रवेश करवाया तथा देश की स्थितियों से परिचय करवाया उसके बाद उनका विवाह राजेन्द्र से हो गया। पिताजी को उनका जुलूस में शामिल होना तथा नारे लगाना आदि पसन्द नहीं था। इनके लिए उन्हें कई बार पिताजी से खरी-खोटी सुननी पड़ी। एक बार पिताजी के परिचित द्वारा मेरी ऐसी ही शिकायत किये जाने पर पिताजी तो बहुत भड़के पर उनके बेहद अन्तरंग और अभिन्न मित्र तथा अजमेर के प्रतिष्ठित व्यक्ति डॉ. अम्बालाल जी ने लेखिका का स्वागत बड़ी गर्मजोशी से किया तथा उनके भाषण की प्रशंसा की और बधाई भी दी। उनके मुँह से धुआँधार तारीफ सुनकर पिताजी के चेहरे का सन्तोष धीरे-धीरे गर्व में बदलता गया। माँ द्वारा दोपहर में गुस्से वाली बात सुनकर लेखिका ने राहत की साँस ली।

आज लेखिका सोचती हैं कि उस उम्र में उनका भाषण कितना प्रभावी रहा होगा? वे डॉक्टर साहब के स्नेह को याद करती हैं। उनको लगता है कि पिताजी कितने अन्तर्विरोधों के बीच जीते थे। एक ओर तो उनकी लालसा 'विशिष्ट' और प्रबल बनने की थी तथा दूसरी ओर वे अपनी सामाजिक छवि की ओर भी सजग रहते थे। लेखिका को लगता है कि क्या पिताजी को इन अन्तर्विरोधों तथा टकराहट का बिल्कुल भी अहसास नहीं था?

सन् 1947 में कॉलेज का अनुशासन बिगाड़ने के आरोप में शीला अग्रवाल को कॉलेज की ओर से नोटिस थमा दिया गया तथा इसको लेकर हुड़दंग न मचे इसलिए जुलाई माह में थर्ड इयर की क्लासेज बन्द कर दीं तथा लेखिका सहित दो-तीन छात्राओं का प्रवेश निषिद्ध कर दिया। बाहर रहकर भी छात्राओं ने इतना हुड़दंग मचाया कि अगस्त माह में आखिरकार थर्ड ईयर खोलना पड़ गया। जीत की यह खुशी आजादी की बड़ी खुशी में विलीन हो गई।

आज़ादी की सबसे बड़ी उपलब्धि 15 अगस्त, 1947 को लेखिका ने शताब्दी की सबसे बड़ी उपलब्धि करार दिया।

शब्द-सम्पदा

साम्राज्य = अधिकार। **निहायत** = बिल्कुल। **बेपढ़ी** = अनपढ़। **तत्पर** = तैयार। **प्रतिष्ठा** = सम्मान। **ओहदा** = पद। **बेहद** = बहुत अधिक, असीमित। **संवेदनशील** = भावुक। **अहंवादी** = अहंकारी। **भग्नावशेष** = टूटे हुए अंश। **बल-बूते** = बल एवं सामर्थ्य पर। **हौसला** = हिम्मत। **आर्थिक** = धन सम्बन्धी। **निचोड़ना** = समाप्त करना। **विस्फारित** = फैला हुआ। **अहं** = अहंकार, घमण्ड। **अनुमति** = आज्ञा। **विवशता** = मजबूरी। **भागीदार** = हिस्सेदार, बाँटने वाला। **नवाबी आदतें** = शानोशौकत से जीने वाली खर्चीली आदतें। **शीर्ष** = सबसे ऊपर। **हाशिए पर** = महत्वरहित स्थान पर। **सरकते** = खिसकते, धीरे-धीरे हटते। **यातना** = कष्ट, पीड़ा। **विश्वासघात** = धोखा। **मूँदकर** = बंद करके, बिना जाँचे-परखे। **शक्की** = संदेह करने वाला। **चपेट में आना** = प्रभाव में आना। **पितृ-गाथा** = पिता की कहानी। **खूबी** = गुण। **खामियाँ** = दोष। **गुँथी** = रची-बसी। **ताने-बाने** = रचना, संरचना। **ग्रन्थि** = गाँठ, मन में दबे भाव या विचार। **दुबली-पतली** = मरियल, बहुत कमजोर। **हीन-भाव** = आत्मविश्वास की कमी। **उबर पाना** = मुक्त होना। **ज़िक्र** = चर्चा। **संकोच** = झिझक, शर्म। **गड़ना** = बहुत संकोच करना। **अचेतन** = मन की सुप्त अवस्था। **पर्त** = परत। **तुक्का** = भाग्य से मिला। **भरोसा** = विश्वास। **भन्ना जाना** = अत्यन्त क्रोधित होना। **एकाएक** = अचानक। **खण्डित** = टूटा हुआ। **व्यथा** = पीड़ा, दर्द। **शक** = संदेह। **उपजा** = पैदा हुआ। **होश सँभालना** = समझदार होना। **कुंठा** = मन में दबी ग्रन्थि। **प्रतिक्रिया** = अनुक्रिया। **प्रतिच्छाया** = परछाईं, प्रतिबिम्ब। **भिन्नता** = अलगाव। **नकारना** = इनकार करना। **अहसास** = आभास। **आसन्न** = समीप। **अतीत** = बीता हुआ समय। **कदर** = तरह, प्रकार। **प्रवाह** = बहाव। **मुक्त** = स्वतन्त्र। **विपरीत** = उलटा। **धैर्य** = धीरज। **ज़्यादती** = अत्याचार। **प्राप्य** = भाग्य, नसीब। **फ़रमाइश** = इच्छा। **फ़र्ज** = कर्त्तव्य। **सहानुभूति** = दया, अनुकंपा। **सहज** = स्वाभाविक। **असहाय** = बेवस। **सहिष्णुता** = सहनशीलता। **पैतृक पुराण** = पिता सम्बन्धी कहानियाँ। **धुँधली** = हल्की, अस्पष्ट। **सतोलिया** = एक प्रकार का खेल। **माँजा** = पतंग उड़ाने वाला धागा। **दायरा** = सीमा। **पाबन्दी** = रोक। **गतिविधि** = क्रियाकलाप। **शिद्दत** = प्रबलता। **पड़ोस-कल्चर** = पड़ोस में रहने वालों के तौर-तरीके। **विच्छिन्न** = अलग। **संकुचित** = सिमटा हुआ। **पात्र** = चरित्र। **छाप** = प्रभाव, असर। **अंतराल** = दूरी। **भाव-भंगिमा** = भाव प्रकट करने की शैली। **विशेष प्रयास** = खास तरीके की कोशिश। **आश्चर्य** = अचंभा। **सुखद** = सुख देने वाला। **अनिवार्य** = अति आवश्यक। **छत्र-छाया** = आशीर्वाद रूपी आसरा। **वजूद** = अस्तित्व। **अहसास** = अनुभूति, आभास। **केन्द्रित होना** = ध्यान लगाना। **सुघड़** = कुशल। **पाकशास्त्री** = भोजन कला में कुशल। **नुस्खे** = तरीके। **जुटाना** = एकत्र करना। **आग्रह** = बलयुक्त विनय। **क्षमता** = सामर्थ्य। **झोंकना** = नष्ट करना। **आये दिन** = अक्सर, हर रोज। **विभिन्न** = तरह-तरह के। **जमावड़ा** = एकत्रित। **जमकर** = खूब। **बहस** = तर्क-वितर्क। **शगल** = शौक। **खौलना** = क्रोध में उबलना। **रोमानी** = रोमांचित करने वाला। **कुर्बानी** = बलिदान। **आक्रान्त** = दु:ख से भयभीत। **आलम** = हाल। **अहमियत** = महत्व। **परिचित** = जानकार। **ककहरा** = अक्षर ज्ञान, क, का, कि, की। **नियुक्त होना** = नौकरी लगना। **बकायदा** = पूरे नियम से। **मात्र** = केवल। **आकृष्ट करना** = आकर्षित करना, खींचना। **झोंक** = दीवानगी, मस्ती। **मूल्य** = आदर्श, सिद्धान्त। **मंथन** = गहराई से सोच-विचार करना। **धारणा** = विचार। **प्रश्नचिह्न लगना** = सवालिया निशान लगना। **ध्वस्त** = धराशायी, टूटा हुआ। **सन्दर्भ** = प्रसंग। **सक्रिय भागीदारी** = क्रियाशील रहना। **चरित्र** = स्वभाव। **दमखम** = ताकत, शक्ति। **जोश-खरोश** = पूरे उत्साह से। **उन्माद** = नशा, पागलपन। **लावा** = हृदय में धधकता क्रोध फूटकर बाहर आने को आतुर। **स्थिति** = दशा। **बवंडर** = आन्दोलन रूपी तूफान। **सड़कें नापना** = सड़कों पर घूमना। **बर्दाश्त** = सहनशक्ति। **निषेध** = रोक, मनाही। **वर्जना** = रोकना। **यश-कमाना** = यश प्राप्त करने की इच्छा। **यश-लिप्सा** = नाम कमाने की लत। **दुर्बलता** = कमजोरी, बुरी आदत। **धुरी** = केन्द्र। **विशिष्ट** = विशेष, खास। **वर्चस्व** = पूर्ण अधिकार। **कोप** = क्रोध। **आग बबूला** = बहुत अधिक गुस्से में। **लायक** = योग्य। **कहर बरपाना** = मुसीबत टूटना। **अनुमान** = अंदाजा। **गुबार निकालना** = गुस्से का दबाव कम करना। **रौब** = दबदबा। **गर्व** = अभिमान। **गद्‌गद्** = अति प्रसन्न। **अवाक्** = मौन, चुप। **हकीकत** = वास्तविकता, सच्चाई। **मुकद्‌मा** = कानूनी कार्यवाही। **आवाहन** = बुलावा। **समूह** = झुण्ड। **दकियानूसी** = घिसे-पिटे पुराने विचार। **लू उतारना** = गर्मी निकालना, भली-बुरी सुनाना। **मत मारी जाना** = बुद्धि भ्रष्ट होना। **हुड़दंग मचाना** = शोर-शराबा करके अव्यवस्था फैलाना। **मान-मर्यादा** = मान-सम्मान की हिफाज़त। **आबरू** = इज़्ज़त। **आग लगाना** = भड़काना। **भभकना** = अत्यन्त गुस्से में बोलना। **थू-थू करना** = बेइज़्ज़त करना। **बेखबर** = अनजान। **अन्तरंग** = आत्मीय। **अभिन्न** = गहरे। **प्रतिष्ठित** = सम्मानित। **गर्मजोशी** = अति उत्साह। **धुआँधार** = जोर-शोर से। **राहत** = तसल्ली। **संकोच** = झिझक। **मूल** = वास्तविक। **अन्तर्विरोध** = विरोधी स्थिति। **प्रबल** = तेज़। **लालसा** = तीव्र इच्छा। **सजगता** = जागरूकता। **नोटिस थमाना** = निष्कासन की जानकारी देना। **निषिद्ध** = रोक। **चिर प्रतीक्षित** = जिसकी लम्बे समय से प्रतीक्षा थी। **बिला जाना** = विलय हो जाना। **शताब्दी** = सौ वर्ष का समय। **आरोप** = दोषारोपण। **उपलब्धि** = सफलता प्राप्ति। **लहू** = रक्त, खून।

गद्यांश पर आधारित प्रश्नोत्तर

निम्नलिखित गद्यांशों को पढ़िए और उनके नीचे दिये गये प्रश्नों के उत्तर लिखिए—

1. पर यह सब तो मैंने केवल सुना। देखा, तब तो इन गुणों के भग्नावशेषों को ढोते पिता थे। एक बहुत बड़े आर्थिक झटके के कारण वे इंदौर से अजमेर आ गये थे जहाँ उन्होंने अपने अकेले के बलबूते और हौंसले से अंग्रेजी-हिन्दी शब्दकोश (विषयवार) के अधूरे काम को आगे बढ़ाना शुरू किया जो अपनी तरह का पहला और अकेला शब्दकोश था। इसने उन्हें यश और प्रतिष्ठा तो बहुत दी, पर अर्थ नहीं। और शायद गिरती आर्थिक स्थिति ने ही उनके व्यक्तित्व के सारे सकारात्मक पहलुओं को निचोड़ना शुरू कर दिया। सिकुड़ती आर्थिक स्थिति के कारण और अधिक विस्फारित उनका अहं उन्हें इस बात तक की अनुमति नहीं देता था कि वे कम-से-कम अपने बच्चों को तो अपनी आर्थिक विवशताओं का भागीदार बनाएँ। नवाबी आदतें, अधूरी महत्वाकांक्षाएँ, हमेशा शीर्ष पर रहने के बाद हाशिए पर सरकते चले जाने की यातना क्रोध बनकर हमेशा माँ को कँपाती-थरथराती रहती थी। अपनों के हाथों विश्वासघात की जाने कैसी गहरी चोटें होंगी। वे, जिन्होंने आँख मूँदकर सबका विश्वास करने वाले पिता को बाद के दिनों में इतना शक्की बना दिया था कि जब-तब हम लोग भी उसकी चपेट में आते ही रहते।

प्रश्न— (i) लेखिका के पिता कौन-से भग्नावशेषों को ढो रहे थे?

(क) प्राचीन वैभव के (ग) महलों के खंडहर के
(ख) रूढ़िवादी विचारों के (घ) टूटे फूटे भवनों के

उत्तर— (क) प्राचीन वैभव के

(ii) लेखिका के पिताजी इंदौर से अजमेर क्यों आ गये थे?

(क) सामाजिक परिस्थितियों के कारण (ग) तबादला होने के कारण
(ख) आर्थिक चोट के कारण (घ) राजनीतिक संगठनों के कारण

उत्तर— (ख) आर्थिक चोट के कारण

(iii) लेखिका के पिता के क्रोध का क्या कारण था?

(क) नवाबी आदतें (ग) शीर्ष पर रहने के बाद हाशिये पर चले जाना
(ख) अधूरी महत्वाकांक्षायें (घ) उपर्युक्त सभी

उत्तर— (घ) उपर्युक्त सभी

(iv) विस्फारित का क्या अर्थ है?

(क) संकुचित (ख) विकसित (ग) फैला हुआ (घ) फूला हुआ

उत्तर— (घ) फैला हुआ

(v) लेखिका के पिता ने किस शब्दकोष की रचना की?

(क) अंग्रेजी-उर्दू (ग) अंग्रेजी-हिन्दी
(ख) संस्कृत-हिन्दी (घ) जर्मन-हिन्दी

उत्तर—(ग) अंग्रेजी-हिन्दी

2. मैं काली हूँ। बचपन में दुबली और मरियल भी थी। गोरा रंग पिताजी की कमजोरी थी, सो बचपन में मुझसे दो साल बड़ी, खूब गोरी, स्वस्थ और हँसमुख बहन सुशीला से हर बात में तुलना और फिर उसकी प्रशंसा ने ही क्या मेरे भीतर ऐसे गहरे हीनभाव की ग्रन्थि पैदा नहीं कर दी कि नाम, सम्मान और प्रतिष्ठा पाने के बावजूद आज तक मैं उससे उबर नहीं पाई? आज भी परिचय करवाते समय जब कोई कुछ विशेषता लगाकर मेरी लेखकीय उपलब्धियों का जिक्र करने लगता है तो मैं संकोच से सिमट ही नहीं जाती, बल्कि गड़ने-गड़ने को हो आती हूँ। शायद अचेतन की किसी पर्त के नीचे दबी इसी हीनभावना के चलते मैं अपनी किसी भी उपलब्धि पर भरोसा नहीं कर पाती.........सब कुछ मुझे तुक्का ही लगता है।

प्रश्न— (i) लेखिका का रंग कैसा है? बचपन में वे शारीरिक रूप से कैसी थीं?

(ii) लेखिका के पिता की क्या कमज़ोरी थी? इस कारण वे लेखिका के साथ कैसा व्यवहार करते थे?

(iii) पिता के ऐसे व्यवहार का लेखिका पर क्या प्रभाव पड़ा?

(iv) आज भी परिचय करवाते समय जब कोई कुछ विशेषता लगाकर लेखिका की लेखकीय उपलब्धियों का जिक्र करने लगता है, तो लेखिका की कैसी दशा हो जाती है?

(v) लेखिका अपनी किसी भी उपलब्धि पर भरोसा क्यों नहीं कर पातीं?

(vi) लेखिका को क्या तुक्का ही लगता है?

उत्तर— (i) लेखिका का रंग काला है। बचपन में वे शारीरिक रूप से दुबली और मरियल थीं।

(ii) गोरा रंग लेखिका के पिता की कमज़ोरी थी। इसलिए वे उससे दो साल बड़ी बहन सुशीला, जो कि खूब गोरी और स्वस्थ थी उसके साथ लेखिका की तुलना करते थे तथा सुशीला की प्रशंसा किया करते थे।

(iii) पिता के ऐसे व्यवहार से लेखिका के मन में हीन-भावना की ग्रन्थि बन गई जिसके कारण नाम, सम्मान व प्रतिष्ठा पाने के बावजूद भी वे उससे उबर नहीं पाईं।

(iv) आज भी परिचय करवाते समय जब कोई कुछ विशेषता लगाकर लेखिका की लेखकीय उपलब्धियों का जिक्र करने लगता है, तो वे संकोच से केवल सिमट ही नहीं जातीं, बल्कि गड़ने-गड़ने को आ जाती हैं। उनका आत्मविश्वास हीन-भावना के कारण डाँवाडोल हो जाता है।

(v) अचेतन मन की किसी पर्त के नीचे दबी हीन-भावना के कारण ही लेखिका अपनी किसी भी उपलब्धि पर भरोसा नहीं कर पातीं।

(vi) अपनी लेखकीय उपलब्धियों को प्राप्त करना लेखिका को तुक्का ही लगता है।

3. पिता के ठीक विपरीत थीं, हमारी बेपढ़ी-लिखी माँ। धरती से कुछ ज़्यादा ही धैर्य और सहनशक्ति थी शायद उनमें। पिताजी की हर ज़्यादती को अपना प्राप्य और बच्चों की हर उचित-अनुचित फरमाइश और ज़िद को अपना फ़र्ज समझकर बड़े सहज भाव से स्वीकार करती थीं वे। उन्होंने ज़िन्दगी भर अपने लिए कुछ माँगा नहीं, चाहा नहीं.......केवल दिया ही दिया। हम भाई-बहनों का सारा लगाव (शायद सहानुभूति से उपजा) माँ के साथ था, लेकिन निहायत असहाय मजबूरी में लिपटा उनका यह त्याग कभी मेरा आदर्श नहीं बन सकीं....न उनका त्याग, न उनकी सहिष्णुता। खैर, जो भी हो, अब यह पैतृक-पुराण यहीं समाप्त कर अपने पर लौटती हूँ।

प्रश्न— (i) लेखिका की माँ कैसी थी?

(ii) वे किस चीज़ को अपना प्राप्य और फ़र्ज समझकर बड़े सहज भाव से स्वीकार करती थीं?

(iii) क्या उन्होंने ज़िन्दगी में किसी वस्तु की माँग की?

(iv) लेखिका एवं उनके भाई-बहनों का सारा लगाव किस कारण व किसके साथ था?

(v) लेखिका की माँ का त्याग व सहिष्णुता लेखिका का आदर्श क्यों नहीं बन सका?

(vi) सहिष्णुता का क्या अर्थ है?

उत्तर— (i) लेखिका की माँ अनपढ़ तथा वे धरती से भी ज्यादा धैर्यवान व सहनशील थीं। उनका स्वभाव पिताजी के ठीक विपरीत था।

(ii) वे पिताजी की हर ज़्यादती को अपना प्राप्य और बच्चों की हर उचित-अनुचित फ़रमाइश तथा ज़िद को अपना फ़र्ज समझकर बड़े सहज भाव से स्वीकार करती थीं।

(iii) उन्होंने ज़िन्दगीभर अपने लिए किसी वस्तु की माँग नहीं की बल्कि जीवन भर दिया ही दिया।

(iv) लेखिका एवं उनके भाई-बहनों का सारा लगाव सहानुभूति के कारण केवल माँ के साथ था।

(v) निहायत असहाय मजबूरी में लिपटा होने के कारण लेखिका की माँ का त्याग एवं सहिष्णुता लेखिका का आदर्श नहीं बन सकीं।

(vi) सहिष्णुता का अर्थ—सहनशीलता।

4. यों खेलने को हमने भाइयों के साथ गिल्ली-डंडा भी खेला और पतंग उड़ाने, काँच पीसकर माँजा सूतने का काम भी किया, लेकिन उनकी गतिविधियों का दायरा घर के बाहर ही अधिक रहता था और हमारी सीमा थी घर। हाँ इतना ज़रूर था कि उस जमाने में घर की दीवारें घर तक ही समाप्त नहीं हो जाती थीं, बल्कि पूरे मोहल्ले तक फैली रहती थीं इसलिए मोहल्ले के किसी भी घर में जाने पर कोई पाबन्दी नहीं थी, बल्कि कुछ घर तो परिवार का हिस्सा ही थे। आज तो मुझे बड़ी शिद्दत के साथ यह महसूस होता है कि अपनी ज़िन्दगी खुद जीने के इस आधुनिक दबाव ने महानगरों के फ्लैट में रहने वालों को हमारे इस परम्परागत 'पड़ोस-कल्चर' से विच्छिन्न करके हमें कितना संकुचित, असहाय और असुरक्षित बना दिया है। मेरी कम-से-कम एक दर्जन आरम्भिक कहानियों के पात्र इसी मोहल्ले के हैं जहाँ मैंने अपनी किशोरावस्था गुज़ार अपनी युवावस्था का आरम्भ किया था।

प्रश्न— (i) लेखिका ने भाइयों के साथ कौन से खेल खेले? भाइयों की गतिविधियों का दायरा कहाँ तक था?

(ii) उस ज़माने में घर की दीवारों की सीमा कहाँ तक थी?

(iii) आज लेखिका को बड़ी शिद्दत के साथ क्या महसूस होता है?

(iv) लेखिका की आरम्भिक कहानियों के कितने पात्र उस मोहल्ले के हैं जहाँ उन्होंने अपनी किशोरावस्था गुज़ार अपनी युवावस्था को आरम्भ किया था?

(v) परम्परागत 'पड़ोस-कल्चर' से क्या तात्पर्य है?

(vi) 'पड़ोस-कल्चर' के समाप्त होने से समाज को कौन-कौन से परिवर्तनों का सामना करना पड़ रहा है?

उत्तर— (i) लेखिका ने भाइयों के साथ गिल्ली डंडा खेला और पतंग उड़ाने, काँच पीसकर माँजा सूतने का काम भी किया। भाइयों की गतिविधियों का दायरा घर के बाहर अधिक था।

(ii) उस ज़माने में घर की दीवारें घर तक ही समाप्त नहीं हो जाती थीं, बल्कि पूरे मोहल्ले तक फैली रहती थीं इसलिए मोहल्ले के किसी भी घर में जाने पर कोई पाबन्दी नहीं थी बल्कि कुछ घर तो परिवार का हिस्सा ही थे।

(iii) आज लेखिका को बड़ी शिद्दत के साथ यह महसूस होता है कि अपनी ज़िन्दगी खुद जीने के इस आधुनिक दबाव ने महानगरों के फ्लैट में रहने वालों को हमारे इस परम्परागत 'पड़ोस-कल्चर' से विच्छिन्न करके हमें कितना संकुचित, असहाय और असुरक्षित बना दिया है।

(iv) लेखिका की आरम्भिक कहानियों के कम-से-कम एक दर्जन पात्र उस मोहल्ले के हैं जहाँ उन्होंने किशोरावस्था गुज़ार अपनी युवावस्था को आरम्भ किया था।

(v) परम्परागत 'पड़ोस-कल्चर' से तात्पर्य अपने ऐसे आस-पड़ोस से है जिनके बीच आत्मीय सम्बन्ध होते हैं। सभी एक-दूसरे के सुख-दुःख एवं उन्नति-अवनति में भागीदार होते हैं तथा प्रत्येक स्थिति में एक-दूसरे के लिए समर्पित रहते हैं।

(vi) परम्परागत 'पड़ोस-कल्चर' के समाप्त होने से समाज संकुचित, असहाय एवं असुरक्षित हो गया है। इससे उसका आत्मविश्वास कम हो गया है।

5. आए दिन विभिन्न राजनैतिक पार्टियों के जमावड़े होते थे और जमकर बहसें होती थीं। बहस करना पिताजी का प्रिय शगल था। चाय-पानी या नाश्ता देने जाती तो पिताजी मुझे भी वहीं बैठने को कहते। वे चाहते थे कि मैं भी वहीं बैठूँ, सुनूँ और जानूँ कि देश में चारों ओर क्या कुछ हो रहा है। देश में कितना कुछ हो भी तो रहा था। सन् 42 के आन्दोलन के बाद से तो सारा देश जैसे खौल रहा था, लेकिन विभिन्न राजनैतिक पार्टियों की नीतियाँ, उनके आपसी विरोध या मतभेदों की तो मुझ दूर-दूर तक कोई समझ नहीं थी। हाँ, क्रांतिकारियों और देशभक्त शहीदों के रोमानी आकर्षण, उनकी कुर्बानियों से ज़रूर मन आक्रांत रहता था।

प्रश्न— (i) लेखिका के पिता लेखिका को घर में होने वाली बहसों में बैठने को क्यों कहते थे?

(ii) घर के ऐसे वातावरण का लेखिका पर क्या प्रभाव पड़ा?

(iii) देश में उस समय क्या-कुछ हो रहा था?

उत्तर— (i) लेखिका के पिता लेखिका को घर में होने वाली बहसों में बैठने के लिए इसलिए कहते थे जिससे कि मैं जान सकूँ कि देश में चारों ओर क्या कुछ हो रहा है।

(ii) घर में ऐसे वातावरण का लेखिका पर यह प्रभाव पड़ा कि क्रांतिकारियों और देशभक्त शहीदों की तरफ उनका रोमानी आकर्षण बढ़ने लगा।

(iii) देश में उस समय विरोध, आंदोलन सभाएँ इत्यादि हो रही थीं।

6. शीला अग्रवाल ने साहित्य का दायरा नहीं बढ़ाया था, बल्कि घर की चारदीवारी के बीच बैठकर देश की स्थितियों को जानने समझने का जो सिलसिला पिताजी ने शुरू किया था, उन्होंने वहाँ से खींचकर उसे भी स्थितियों की सक्रिय भागीदारी में बदल दिया। सन् 46-47 के दिन.........वे स्थितियाँ, उसमें वैसे भी घर में बैठे रहना सम्भव था भला? प्रभात-फेरियाँ, हड़तालें, जुलूस, भाषण हर शहर का चरित्र था और पूरे दमखम और जोश-खरोश के साथ इन सबसे जुड़ना हर युवा का उन्माद। मैं भी युवा थी और शीला अग्रवाल की जोशीली बातों ने रगों में बहते खून को लावे में बदल दिया था। स्थिति यह हुई कि एक बवंडर शहर में मचा हुआ था और एक घर में। पिताजी की आज़ादी की सीमा यहीं तक थी कि उनकी उपस्थिति में घर आए लोगों के बीच उठूँ-बैठूँ, जानूँ-समझूँ। हाथ उठा-उठाकर नारे लगाती, हड़तालें करवाती, लड़कों के साथ शहर की सड़कें नापती लड़की को अपनी सारी आधुनिकता के बावजूद बर्दाश्त करना उनके लिए मुश्किल हो रहा था तो किसी की दी हुई आज़ादी के दायरे में चलना मेरे लिए। जब रगों में लहू की जगह लावा बहता हो तो सारे निषेध, सारी वर्जनाएँ और सारा भय कैसे ध्वस्त हो जाता है, यह तभी जाना और अपने क्रोध से सबको थरथरा देने वाले पिताजी से टक्कर लेने का जो सिलसिला तब शुरू हुआ था, राजेन्द्र से शादी की, तब तक वह चलता ही रहा।

प्रश्न— (i) शीला अग्रवाल कौन थी? लेखिका के जीवन में उनका क्या योगदान रहा?

(ii) 'सन् 46-47 के दिन'.........से लेखिका ने कौन-से दिनों की ओर संकेत किया है?

(iii) उन स्थितियों में हर शहर का चरित्र और हर युवा का उन्माद क्या था?

(iv) शीला अग्रवाल की जोशीली बातों का लेखिका पर क्या प्रभाव पड़ा?

(v) 'स्थिति यह थी कि एक बवंडर शहर में मचा हुआ था और एक घर में' लेखिका किस बवंडर की बात कर रही हैं, स्पष्ट कीजिए।

(vi) लेखिका के पिताजी तथा लेखिका के लिए क्या मुश्किल हो रहा था?

(vii) सबको थरथरा देने वाले पिताजी से टक्कर लेने के बाद लेखिका ने क्या जाना?

(viii) लेखिका का विवाह किसके साथ हुआ?

उत्तर— (i) शीला अग्रवाल लेखिका के कॉलेज की हिन्दी की प्राध्यापिका थीं। शीला अग्रवाल ने लेखिका के साहित्य का दायरा बढ़ाया तथा घर की चारदीवारी के अन्दर बैठकर देश की स्थितियों को जानने-समझने के सिलसिले को घर से बाहर निकालकर सक्रिय भागीदारी में बदल दिया।

(ii) 'सन् 46-47 दिन·····' से लेखिका ने आज़ादी के उस जोशीले वातावरण की ओर संकेत किया है जब देश के नौजवान पूरे उत्साह के साथ निर्भीक होकर आन्दोलन में भाग ले रहे थे।

(iii) उन स्थितियों में प्रभात-फेरियाँ, हड़तालें, जुलूस तथा भाषण हर शहर का चरित्र था और पूरे दमखम तथा जोश-खरोश के साथ इन सबसे जुड़ना हर युवा का उन्माद था।

(iv) शीला अग्रवाल की जोशीली बातों ने लेखिका की रगों में बहते खून को लावे में बदल दिया था।

(v) लेखिका, शीला अग्रवाल की जोशीली बातों से प्रभावित होकर आज़ादी के आन्दोलन में कूद पड़ी थीं। उनके पिताजी को लड़कियों की सक्रिय भागीदारी पसंद नहीं थी इस कारण उन्हें पिताजी के कोप का भाजन बनना पड़ता था। इन शब्दों के माध्यम से लेखिका ने इसी बवंडर की ओर संकेत किया है।

(vi) हाथ उठाकर नारे लगाती, हड़तालें करवाती, लड़कों के साथ शहर की सड़कें नापती लड़की को अपनी सारी आधुनिकता के बावजूद बर्दाश्त करना पिताजी के लिए मुश्किल हो रहा था तथा किसी की दी हुई आज़ादी के दायरे में चलना लेखिका के लिए मुश्किल हो रहा था।

(vii) सबको थरथरा देने वाले पिताजी से टक्कर लेने के बाद लेखिका ने यह जाना कि जब रगों में लहू की जगह लावा बहता हो तो सारे निषेध, सारी वर्जनाएँ और सारा भय कैसे ध्वस्त हो जाता है।

(viii) लेखिका का विवाह राजेन्द्र के साथ हुआ।

7. यश-कामना बल्कि कहूँ कि यश-लिप्सा, पिताजी की सबसे बड़ी दुर्बलता थी और उनके जीवन की धुरी था यह सिद्धान्त कि व्यक्ति को कुछ विशिष्ट बनकर जीना चाहिए····· कुछ ऐसे काम करने चाहिए कि समाज में उसका नाम हो, सम्मान हो, प्रतिष्ठा हो, वर्चस्व हो। इसके चलते ही मैं दो-एक बार उनके कोप से बच गई थी। एक बार कॉलेज से प्रिंसिपल का पत्र आया कि पिताजी आकर मिलें और बताएँ कि मेरी गतिविधियों के कारण मेरे खिलाफ अनुशासनात्मक कार्यवाई क्यों न की जाए? पत्र पढ़ते ही पिताजी आग-बबूला। ''यह लड़की मुझे कहीं मुँह दिखाने लायक नहीं रखेगी.....पता नहीं क्या-क्या सुनना पड़ेगा वहाँ जाकर! चार बच्चे पहले भी पढ़े, किसी ने ये दिन नहीं दिखाया।'' गुस्से से भन्नाते हुए ही वे गए थे। लौटकर क्या कहर बरपा होगा, इसका अनुमान था, सो मैं पड़ोस की एक मित्र के यहाँ जाकर बैठ गई। माँ को कह दिया कि लौटकर बहुत कुछ गुबार निकल जाए, तब बुलाना। लेकिन जब माँ ने आकर कहा कि वे तो खुश ही हैं, चली चल, तो विश्वास नहीं हुआ। गई तो सही, लेकिन डरते-डरते। 'सारे कॉलेज की लड़कियों पर इतना रौब है तेरा......सारा कॉलेज तुम तीन लड़कियों के इशारे पर चल रहा है? प्रिंसिपल बहुत परेशान थीं और बार-बार आग्रह कर रही थीं कि मैं तुझे घर बिठा लूँ, क्योंकि वे लोग किसी तरह डरा-धमकाकर, डाँट-डपटकर लड़कियों को क्लासों में भेजते हैं और अगर तुम लोग एक इशारा कर दो कि क्लास छोड़कर बाहर आ जाओ तो सारी लड़कियाँ निकलकर मैदान में जमा होकर नारे लगाने लगती हैं। तुम लोगों के मारे कॉलेज चलाना मुश्किल हो गया है उन लोगों के लिए।'

प्रश्न— (i) पिताजी की सबसे बड़ी दुर्बलता क्या थी?

(ii) कौन-सा सिद्धान्त पिताजी के जीवन की धुरी था?

(iii) कॉलेज के प्रिंसिपल ने पत्र में क्या लिखा था?

(iv) पत्र पढ़ते ही पिताजी पर क्या प्रभाव पड़ा?

(v) कहर बरपने के डर से लेखिका कहाँ जाकर बैठ गईं तथा उन्होंने अपनी माँ से क्या कहा?

(vi) लेखिका को माँ की किस बात पर विश्वास नहीं हुआ?

(vii) प्रिंसिपल पिताजी से बार-बार क्या आग्रह कर रही थीं?

(viii) प्रिंसिपल को लेखिका से क्या शिकायत थी?

उत्तर— (i) यश-कामना व यश-लिप्सा ही पिताजी की सबसे बड़ी दुर्बलता थी।

(ii) पिताजी के जीवन की धुरी यह सिद्धान्त था कि व्यक्ति को कुछ विशिष्ट बनकर जीना चाहिए तथा उसे जीवन में ऐसे काम करने चाहिए जिनसे समाज में उसका नाम हो, सम्मान हो, प्रतिष्ठा हो तथा वर्चस्व हो।

(iii) कॉलेज के प्रिंसिपल ने लिखा था कि आप आकर मिलें और बताएँ कि आपकी बेटी की गतिविधियों के कारण उसके खिलाफ अनुशासनात्मक कार्यवाही क्यों न की जाए?

(iv) पत्र पढ़ते ही पिताजी आग-बबूला हो उठे और कहने लगे कि ''यह लड़की मुझे कहीं मुँह दिखाने लायक नहीं रखेगी....पता नहीं क्या-क्या सुनना पड़ेगा वहाँ जाकर! चार बच्चे पहले भी पढ़े, किसी ने ये दिन नहीं दिखाया।''

(v) कहर बरपने के डर से लेखिका पड़ोस की एक मित्र के यहाँ जाकर बैठ गईं तथा उन्होंने अपनी माँ से कहा कि लौटकर पिताजी का बहुत कुछ गुबार निकल जाए, तब बुलाना।

(vi) जब लेखिका की माँ ने उन्हें बताया कि पिताजी तो खुश हैं, चली चल तो लेखिका को इस बात का विश्वास नहीं हुआ।

(vii) प्रिंसिपल पिताजी से लेखिका को घर बिठा लेने का बार-बार आग्रह कर रही थीं।

(viii) प्रिंसिपल को लेखिका से यह शिकायत थी कि वे लोग किसी तरह डरा-धमकाकर, डाँट-डपटकर लड़कियों को क्लास में भेजते हैं। लेखिका और उनकी दो सखियों के एक इशारे पर सारी लड़कियाँ क्लास छोड़कर मैदान में आकर नारे लगाने लगती हैं।

8. आज पीछे मुड़कर देखती हूँ तो इतना तो समझ में आता ही है क्या तो उस समय मेरी उम्र थी और क्या मेरा भाषण रहा होगा! यह तो डॉक्टर साहब का स्नेह था जो उनके मुँह से प्रशंसा बनकर बह रहा था या यह भी हो सकता है कि आज से पचास साल पहले अजमेर जैसे शहर में चारों ओर से उमड़ती हुई भीड़ के बीच एक लड़की का बिना किसी संकोच और झिझक के यों धुआँधार बोलते चले जाना ही इसके मूल में रहा हो। पर पिताजी ! कितनी तरह के अन्तर्विरोधों के बीच जीते थे वे ! एक ओर 'विशिष्ट' बनने और बनाने की प्रबल लालसा तो दूसरी ओर अपनी सामाजिक छवि के प्रति भी उतनी ही सजगता। पर क्या यह सम्भव है? क्या पिताजी को इस बात का बिल्कुल भी अहसास नहीं था कि इन दोनों का तो रास्ता ही टकराहट का है?

प्रश्न— (i) लेखिका ने कौन-से डॉक्टर साहब की बात की है? उनका लेखिका के लिए क्या योगदान रहा?

(ii) लेखिका के अनुसार डॉक्टर साहब का स्नेह उनके मुँह से किस रूप में बह रहा था?

(iii) लेखिका के अनुमान से डॉ. साहब की प्रशंसा के मूल में और क्या रहा होगा?

(iv) लेखिका के पिताजी किन अन्तर्विरोधों के बीच में जीते होंगे?

(v) डॉक्टर साहब द्वारा लेखिका की प्रशंसा करने का क्या कारण रहा होगा?

(vi) 'विशिष्ट' बनने से क्या तात्पर्य है?

(vii) पीछे मुड़कर देखने पर लेखिका को क्या समझ में आता है?

उत्तर— (i) लेखिका ने अजमेर के प्रतिष्ठित और सम्मानित डॉक्टर अंबालाल की बात की है। उन्होंने लेखिका के धुआँधार भाषण की प्रशंसा करके तथा उनको बधाई देकर उनका मनोबल बढ़ाया। इसके अतिरिक्त लेखिका के प्रति उनके पिता के मन में बसी संकीर्ण सोच को गर्व के रूप में परिवर्तित कर दिया।

(ii) लेखिका के अनुसार डॉक्टर साहब का स्नेह उनके मुँह से प्रशंसा के रूप में बह रहा था।

(iii) लेखिका के अनुमान से अजमेर जैसे शहर में चारों ओर से उमड़ती भीड़ के बीच एक लड़की का बिना किसी संकोच और झिझक के यों धुआँधार बोलते चले जाना ही डॉ. साहब की प्रशंसा के मूल में रहा होगा।

(iv) एक ओर 'विशिष्ट' बनने और बनाने की प्रबल लालसा और दूसरी ओर अपनी सामाजिक छवि की ओर उतनी ही सजगता, ऐसे ही अनेक अन्तर्विरोधों के बीच लेखिका के पिताजी जीते थे।

(v) भाषण देते समय लेखिका का जोश, उत्साह तथा साहस और उसमें निहित देशभक्ति की भावना को देखकर ही डॉ. साहब ने लेखिका की प्रशंसा की होगी।

(vi) 'विशिष्ट' बनने से तात्पर्य है—किसी विलक्षण प्रतिभा से धनी होना, जिससे असाधारण व्यक्तित्व का स्वामी बन सकें।

(vii) पीछे मुड़कर देखने पर लेखिका को पचास वर्ष पहले की मासूमियत भरी अल्हड़ उम्र तथा उस उम्र में दिए गए भाषण की गुणवत्ता समझ में आती है।

➡ पाठ से सम्बन्धित प्रश्नोत्तर

प्रश्न 1. लेखिका के व्यक्तित्व पर किन-किन व्यक्तियों का किस रूप में प्रभाव पड़ता है?

अथवा

'एक कहानी यह भी' पाठ के आधार पर बताइए कि लेखिका मन्नू भण्डारी के व्यक्तित्व को किन-किन लोगों ने प्रभावित किया?

उत्तर— लेखिका के व्यक्तित्व पर उसके कॉलेज की हिन्दी की प्राध्यापिका शीला अग्रवाल तथा लेखिका के पिताजी का बहुत प्रभाव पड़ा। लेखिका के पिताजी ने उन्हें सकारात्मक एवं नकारात्मक दोनों ही रूप से प्रभावित किया। उन्हीं के कारण लेखिका हीन-भावना का शिकार हुईं जिससे उनका स्वभाव विद्रोही हो गया। पिता ने ही उन्हें देश व समाज के प्रति जागरूक किया। उन्हें रसोईघर से अलग रखकर उन्हें राष्ट्र के प्रति सजग होने को प्रेरित किया।

शीला अग्रवाल ने लेखिका को साहित्य के क्षेत्र में आगे बढ़ाने के साथ ही घर की चारदीवारी से बाहर निकालकर देश की स्थितियों का सक्रिय भागीदार बनाकर उन्हें जोश से भर दिया।

प्रश्न 2. मन्नू भंडारी ने अपने पिताजी के बारे में इंदौर के दिनों की क्या जानकारी दी?

उत्तर— इंदौर में वे सामाजिक-राजनीतिक संगठनों से जुड़े थे। उन्होंने शिक्षा का उपदेश न दिया अपितु विद्यार्थियों को अपने घर पर रखकर भी पढ़ाया जिससे वे बाद में ऊँचे-ऊँचे पद पर आसीन हुए। वहाँ के समाज में उनकी काफी प्रतिष्ठा और सम्मान था।

प्रश्न 3. इस आत्मकथ्य में लेखिका के पिता ने रसोई को 'भटियारखाना' कहकर क्यों संबोधित किया है?

अथवा

लेखिका के पिता द्वारा रसोई को 'भटियारखाना' कहने का क्या कारण है?

उत्तर— 'भटियारखाने' का अर्थ है—ऐसा स्थान जहाँ हर समय खाना-पकाना चलता रहता है। लेखिका के पिता के अनुसार रसोईघर ऐसी भट्टी है, जिसमें स्त्रियों की क्षमता तथा प्रतिभा को झोंककर नष्ट कर दिया जाता है। लेखिका के पिता महत्वाकांक्षी थे। वे लेखिका की विलक्षण प्रतिभा को पहचानते थे। वे उन्हें चूल्हे-चौके तक सीमित न रखकर एक जागरूक व देशप्रेमी बनाना चाहते थे। इसीलिए रसोईघर को 'भटियारखाना' कहकर संबोधित किया है।

प्रश्न 4. वह कौन-सी घटना थी जिसको सुनने पर लेखिका को न अपनी आँखों पर विश्वास हो पाया और न अपने कानों पर?

उत्तर— लेखिका के आन्दोलनपूर्ण रवैये से परेशान होकर उनके कॉलेज की प्रिंसिपल ने पत्र के माध्यम से उनके पिताजी को कॉलेज बुलाया जिससे वे लेखिका के विरुद्ध अनुशासनात्मक कार्यवाई कर सकें। उनके पिता उनके विद्रोही स्वभाव से पहले से ही परेशान थे, अत: उन्हें लगा कि इस लड़की ने अवश्य ही कोई ऐसा कार्य किया होगा जिसके कारण आज उन्हें सिर झुकाना पड़ेगा। उन्हें बहुत क्रोध आया। क्रोध में भन्नाते हुए ही वे कॉलेज चले गए। वहाँ पहुँचकर जब उन्हें लेखिका की नेतृत्व क्षमता के विषय में पता चलता है तो वे गर्व महसूस करने लगे तथा प्राध्यापिका को उत्तर देते हुए बोले कि ये आन्दोलन तो वक्त की पुकार है......इस पर भला कोई कैसे रोक लगा सकता है।'' यही घटना थी जिसके बारे में सुनने पर लेखिका को न अपनी आँखों पर विश्वास हो पाया और न ही अपने कानों पर क्योंकि लेखिका को लगा था कि आज वह पिता के कोप का भाजन बनेगी, किन्तु उसे तो पिता की प्रशंसा मिली जो कि उनके लिए अविश्वसनीय थी।

प्रश्न 5. लेखिका की अपने पिता से वैचारिक टकराहट को अपने शब्दों में लिखिए।

अथवा

लेखिका और उनके पिता के मध्य मतभेद के कारणों पर प्रकाश डालिए।

उत्तर— लेखिका के पिता सीमित आधुनिकता के समर्थक थे। वे स्त्रियों की प्रतिभा एवं क्षमता को समझते थे तथा उसका सम्मान भी करना चाहते थे, लेकिन उनकी यह भावना उनके दकियानूसी विचारों के तले दब जाती थी। वे लेखिका को आजादी की लड़ाई में नारे लगाते हुए तथा लड़कों के साथ कदम मिलाकर चलते हुए देखना पसंद नहीं करते थे। इसके विपरीत लेखिका स्वतन्त्र विचारों वाली थीं। उन्हें पिता द्वारा दी गई आजादी की सीमा में बँधे रहना पसंद नहीं था। इसके अतिरिक्त टकराहट का दूसरा कारण यह भी था कि वे राजेन्द्र के साथ विवाह करना चाहती थीं, परन्तु पिता इसका विरोध करते थे। इन्हीं कारणों से लेखिका की अपने पिता के साथ वैचारिक टकराहट थी।

प्रश्न 6. अन्तिम दिनों में मन्नू भंडारी के पिता का स्वभाव शक्की हो गया था, लेखिका ने इसके क्या कारण दिए?

उत्तर— अन्तिम दिनों में मन्नू भंडारी के पिता का स्वभाव शक्की हो गया था। लेखिका ने इसके कई कारण बताए हैं—उन्हें अपनों के हाथों विश्वासघात मिला, आर्थिक विषम परिस्थितियों के कारण तथा अधूरी महत्वाकांक्षाओं के कारण वे स्वभावगत शक्की हो गए।

प्रश्न 7. इस आत्मकथ्य के आधार पर स्वाधीनता आन्दोलन के परिदृश्य का चित्रण करते हुए उसमें मन्नू जी की भूमिका को रेखांकित कीजिए।

अथवा

स्वतन्त्रता आन्दोलन में देशभक्ति के ज्वार को स्पष्ट करते हुए उस परिप्रेक्ष्य में लेखिका मन्नू भंडारी की भूमिका पर प्रकाश डालिए।

उत्तर— 1946-47 में स्वाधीनता आन्दोलन अपने चरम पर था। युवाओं का जोश हिलोरें मार रहा था। आज़ादी के लिए ज्वार का यौवन पूरे जोश में था। वातावरण देशभक्तों और उनकी देशभक्ति से लबालब नारों, भाषणों, जुलूसों तथा प्रभातफेरियों से झूम रहा था। हर ओर केवल जोश ही जोश था। सब आगे बढ़कर अपनी क्षमता से अधिक योगदान दे रहे थे। क्रांति की लहर बह रही थी। ऐसे उत्साहपूर्ण वातावरण में शीला अग्रवाल की जोशीली बातों ने लेखिका की रगों में बहते खून को लावे में बदल दिया और फिर वे पूरे जोश-खरोश एवं उन्माद के साथ आन्दोलन रूपी अखाड़े में कूद पड़ीं। उन्होंने अपने पिता की इच्छा के विरुद्ध लड़कों के साथ कदम-से-कदम मिलाकर खूब नारे लगाए, भाषण दिए, जुलूस निकाले तथा हड़तालें कीं। अपने कॉलेज में भी उनका इतना प्रभाव था कि उनके एक इशारे पर कॉलेज की लड़कियाँ कक्षाएँ छोड़कर, मैदान में इकट्ठा होकर नारे लगाने लगती थीं। इस प्रकार स्वाधीनता आन्दोलन के परिदृश्य में मन्नू भंडारी की महत्वपूर्ण भूमिका रही।

रचना और अभिव्यक्ति

प्रश्न 1. लेखिका ने बचपन में अपने भाइयों के साथ गिल्ली डंडा तथा पतंग उड़ाने जैसे खेल भी खेले, किन्तु लड़की होने के कारण उनका दायरा घर की चारदीवारी तक ही सीमित था। क्या आज भी लड़कियों के लिए स्थितियाँ ऐसी ही हैं या बदल गई हैं, अपने परिवेश के आधार पर लिखिए।

उत्तर— आज परिस्थितियाँ बदली जरूर हैं, लेकिन उनसे लड़कियों को सकारात्मक ऊर्जा मिली है। उनका दायरा भी बढ़ गया है। आज वे सभी खेलों में बढ़-चढ़ कर हिस्सा लेती हैं तथा समाज व राष्ट्र का नाम रोशन करती हैं। वे घर में भाइयों के साथ भी खेल सकती हैं तथा जिला, राज्य व राष्ट्रीय स्तर पर भी अपने खेलों का प्रदर्शन कर सकती हैं। आज उन्हें अपनी क्षमता व प्रतिभा दिखाने का अवसर मिलता है। समाज व परिवार भी उन्हें पूरा सहयोग देकर उन्हें आत्मनिर्भर बनाने का उपाय करता है। आज समाज में जागरूकता है, अत: लड़के और लड़कियों को समान अधिकार प्राप्त हैं।

प्रश्न 2. मन्नू भंडारी की ऐसी कौन-सी खुशी थी जो 15 अगस्त, 1947 की खुशी में समाकर रह गई?

उत्तर— लेखिका एवं अन्य छात्राओं की प्रेरणा प्राध्यापिका शीला अग्रवाल की लड़कियों को भड़काने तथा कॉलेज का अनुशासन बिगाड़ने के आरोप में प्रिंसिपल ने नोटिस दे दिया तथा थर्ड इअर की क्लास बंद कर दी गई एवं लेखिका और उनकी सहयोगियों का प्रवेश निषिद्ध कर दिया गया, कॉलेज के बाहर भी इन सभी ने खूब हुडदंग मचाया कि कॉलेज वालों को हार मानकर अगस्त में थर्ड ईयर की कक्षाएँ फिर चालू करनी पड़ीं। यही खुशी स्वतंत्रता मिलने की खुशी में समा गई।

प्रश्न 3. मनुष्य के जीवन में आस-पड़ोस का बहुत महत्व होता है, परन्तु महानगरों में रहने वाले लोग प्रायः 'पड़ोस-कल्चर' से वंचित रह जाते हैं। इस बारे में अपने विचार लिखिए।

अथवा

'अपनी ज़िंदगी खुद जीने के इस आधुनिक दबाव ने····· परम्परागत 'पड़ोस-कल्चर' से हमें विच्छिन्न कर दिया है।' मन्नू भंडारी के इस कथन पर अपने विचार व्यक्त कीजिए।

उत्तर— मनुष्य एक सामाजिक प्राणी है। समाज के अभाव में उसका व्यक्तित्व अस्तित्वहीन हो जाता है। आस-पड़ोस भी समाज का ही एक भाग है। आस-पड़ोस का मानव-जीवन में महत्वपूर्ण योगदान है। मानव को उसके विकास तथा अस्तित्व का अहसास आस-पड़ोस ही करवाता है। आस-पड़ोस से ही उसे व्यावहारिक ज्ञान मिलता है, जो जीवन-भर उसके लिए सहायक सिद्ध होता है। आस-पड़ोस ही एक बच्चे को सुरक्षित एवं मजबूत नींव प्रदान करता है। उसे अच्छे-बुरे व उचित-अनुचित की पहचान करवाता है, आस-पड़ोस ही दु:ख एवं सुख के समय हमारे सामने खड़ा दिखाई देता है। इस प्रकार आस-पड़ोस एक बड़ी शक्ति के रूप में उभरकर सामने आता है।

महानगरों में रहने वाले लोगों का दुर्भाग्य ही कहा जाएगा जो कि वे इस महत्वपूर्ण 'पड़ोस-कल्चर' से विच्छिन्न रह जाते हैं। इससे वे पड़ोस से मिलने वाले लाभों को नहीं उठा पाते परिणामस्वरूप वे संकुचित, असहाय, असुरक्षित व अन्य अनेक परेशानियों के शिकार होकर तनावग्रस्त हो जाते हैं। अत: हम मन्नू भंडारी के कथन से पूर्णरूप से सहमत हैं। हम भी फ्लैट-कल्चर से अधिक पड़ोस-कल्चर को महत्वपूर्ण मानते हैं जिससे आज के बच्चे मजबूत व सुरक्षित नींव के साथ बढ़कर आत्मनिर्भर बन सकें।

प्रश्न 4. लेखिका द्वारा पढ़े गए उपन्यासों की सूची बनाइए और उन उपन्यासों को अपने पुस्तकालय में खोजिए।

उत्तर— लेखिका द्वारा पढ़े गए उपन्यासों में सुनीता, शेखर एक जीवनी, नदी के द्वीप, चित्रलेखा, त्यागपत्र आदि उपन्यासों के अतिरिक्त शरत् प्रेमचन्द्र, यशपाल, जैनेन्द्र, अज्ञेय तथा भगवतीचरण वर्मा के प्रसिद्ध उपन्यास भी सम्मिलित हैं। विद्यार्थी स्वयं इन उपन्यासों को पुस्तकालय में खोजें।

प्रश्न 5. आप भी अपने दैनिक अनुभवों को डायरी में लिखिए।

उत्तर— छात्र स्वयं अपने दैनिक अनुभवों को डायरी में लिखें।

प्रश्न 6. झूठी शान दिखाना या दिखावा करना कैसा है? इनमें से गलत कथन बताइए—

(i) अच्छे व्यक्तित्व का परिचायक है

(ii) बुरे व्यक्तित्व का परिचायक है

(iii) ऐसा करने वाला व्यक्ति दूसरों की नज़रों से गिर जाता है

(iv) ऐसे लोग उपहास के पात्र बनते हैं

उत्तर— (i) अच्छे व्यक्तित्व का परिचायक है

भाषा अध्ययन

प्रश्न 1. इस आत्मकथ्य में मुहावरों का प्रयोग करके लेखिका ने रचना को रोचक बना दिया है। रेखांकित मुहावरों को ध्यान में रखकर कुछ और वाक्य बनाएँ—

(i) इस बीच पिताजी के एक निहायत दकियानूसी मित्र ने घर आकर अच्छी तरह की लू उतारी।

(ii) वे तो आग लगाकर चले गए और पिताजी सारा दिन भभकते रहे।............

(iii) बस अब यही रह गया है कि लोग घर आकर थू-थू करके चले जाएँ।

(iv) पत्र पढ़ते ही पिताजी आग-बबूला हो गए।

उत्तर— (i) नववधू ने लालची पति एवं ससुराल वालों को खूब लू उतारी।

(ii) कुछ लोग आग लगाकर झगड़े को बढ़ा देते हैं।

(iii) बच्चों को ऐसे काम नहीं करने चाहिए जिससे लोग उनके परिवार पर थू-थू करें।

(iv) अभिमन्यु की मृत्यु का समाचार सुनकर पांडव आग-बबूला हो गए।

परीक्षोपयोगी महत्वपूर्ण प्रश्नोत्तर

प्रश्न 1. आत्मकथ्य 'एक कहानी यह भी' से आपको क्या संदेश मिलता है?

उत्तर— मन्नू भंडारी द्वारा लिखित आत्मकथ्य 'एक कहानी यह भी' हमें यह संदेश देती है कि यदि एकजुट होकर किसी भी बुराई के खिलाफ संघर्ष किया जाए तो जीत निश्चित होती है। जीत के लिए जोश, तन्मयता तथा ज़ज्बा होना चाहिए। क्षेत्र कोई भी हो, संघर्ष कैसा भी हो यदि हम अपने स्थान पर सही हैं तो जीत अवश्य होगी।

प्रश्न 2. किसी के मन में उपजा हीन-भाव उसके जीवन को किस प्रकार प्रभावित करता है?

अथवा

हीन-भावना मनुष्य को जीवन के गहरे अंधकार में जीवन जीने को विवश कर देती है। इस विचार से आप कहाँ तक सहमत हैं?

उत्तर— हीन-भावना एक ऐसी विषैली ग्रंथि है जो मनुष्य के जीवन को खुशियों से विच्छिन्न कर देती है। हीन-भावना का शिकार व्यक्ति कुण्ठित हो जाता है जिससे उसका मनोबल गिरता जाता है। योग्य होने पर भी वह अपनी योग्यता का प्रदर्शन नहीं कर पाता। उपलब्धियाँ मिलने पर भी उसका अतीत उसे छटपटाने पर मजबूर कर देता है। वह अपना आत्मविश्वास खो देता है तथा धीरे-धीरे जीवन की अंधेरी गहराइयों में डूबता चला जाता है।

प्रश्न 3. मन्नू भंडारी की माँ धैर्य और सहनशक्ति में धरती से कुछ ज़्यादा ही थीं—ऐसा क्यों कहा गया?

उत्तर— लेखिका की माँ अपने पति के दुर्व्यवहार एवं विभिन्न कारणों से उपजे क्रोध को अपना प्राप्य और बच्चों की प्रत्येक उचित-अनुचित फरमाइश तथा जिद्द को अपना फर्ज समझकर बड़े सहज भाव से स्वीकार करती थीं। उन्होंने जिन्दगी भर अपने लिए कुछ नहीं चाहा, कुछ नहीं माँगा बल्कि अपने पति और बच्चों की खुशियाँ को ही अपने जीवन का उद्देश्य बना लिया था। उनका त्याग, धैर्य, सहिष्णुता तथा सहनशक्ति उनकी विवशता और मजबूरी के प्रतीक हैं। लेखिका की माँ उपर्युक्त विशेषताओं के कारण धैर्य और सहनशक्ति में धरती से कुछ ज़्यादा ही थीं।

प्रश्न 4. हीन-भावना से ग्रस्त मनुष्य के आत्मविश्वास को कैसे बढ़ाया जा सकता है?

उत्तर— हीन-भावना का शिकार व्यक्ति दिन-प्रतिदिन कुंठित होता चला जाता है। उसका आत्मबल क्षीण हो जाता है तथा स्वाभिमान चूर-चूर हो जाता है। वह निराशायुक्त जीवन व्यतीत करने लगता है। उसके आत्मविश्वास को बढ़ाने के लिए उसकी प्रतिभा की सराहना करते हुए उसके उत्साह को बढ़ाना चाहिए। उसकी उपेक्षा न करके उसके साथ समय बिताकर उसे उसके अस्तित्व का अहसास कराना चाहिए।

प्रश्न 5. क्या माता-पिता द्वारा अपने बच्चों में तुलना करना उचित है? अपने विचार व्यक्त कीजिए।

उत्तर— नहीं, माता-पिता द्वारा अपनी संतान में तुलना करना कतई उचित नहीं है। सभी बच्चे कभी एक समान नहीं होते। न रंग-रूप के आधार पर और न ही गुणों के आधार पर किसी एक की दूसरे से तुलना नहीं करनी चाहिए। सबके अन्दर कोई-न-कोई गुण या प्रतिभा जरूर होती है। माता-पिता का कार्य इस प्रतिभा को खोजकर उसे आगे बढ़ाने का है न कि उनकी तुलना करके उन्हें कुंठित करने का। रंग-रूप तो केवल दिखावटी होता है। मनुष्य केवल तन से नहीं मन से भी सुन्दर होना चाहिए। हर माता-पिता को अपनी संतान के प्रति समानता की भावना रखनी चाहिए।

प्रश्न 6. लेखिका के भीतर गहरे हीन-भाव की ग्रंथियों को जन्म देने का जिम्मेदार कौन था? हीन-भावना के कारण लेखिका को किन दुष्परिणामों को झेलना पड़ा?

उत्तर— लेखिका के भीतर गहरे हीन-भाव की ग्रंथियों को जन्म देने के जिम्मेदार स्वयं उनके पिताजी थे। उन्होंने ही जाने-अनजाने या चाहे-अनचाहे बहन सुशीला से उनकी तुलना व उसके बाद उसकी प्रशंसा करके लेखिका के मन में हीन-भावना पैदा कर दी।

इसका दुष्परिणाम यह हुआ कि तमाम नाम, सम्मान और प्रतिष्ठा पाने के बावजूद भी लेखिका जीवन-भर हीन-भाव से उबर नहीं पाईं। अपनी उपलब्धियों की चर्चा पर जहाँ उन्हें गर्व होना चाहिए, वहीं हीन-भावना के कारण वे संकोच से सिमट जाती हैं।

प्रश्न 7. परंपरागत 'पड़ोस-कल्चर' ने लेखिका के जीवन को किस प्रकार प्रभावित किया?

अथवा

परंपरागत 'पड़ोस-कल्चर' का लेखिका के कार्यक्षेत्र पर क्या प्रभाव पड़ा?

उत्तर— परंपरागत 'पड़ोस-कल्चर' ने लेखिका के जीवन को किसी-न-किसी रूप में प्रभावित किया। उनके बचपन के मनोहर खेल भी उनके जीवन की खुशियों का हिस्सा रहे। 'पड़ोस कल्चर' के कारण ही उन्हें अपने पड़ोस के लोगों से मिलने तथा उन्हें जानने-समझने का मौका मिला। उन्हीं लोगों की झलक उनकी कहानियों में साफ झलकती है। उनकी कहानियों के अधिकतर पात्र उनके मोहल्ले के लोग हैं। स्पष्ट है कि साहित्य-साधना के क्षेत्र में भी 'पड़ोस-कल्चर' का महत्वपूर्ण योगदान है।

प्रश्न 8. लेखिका के व्यक्तित्व पर घिरे बादल कब छँटना शुरू हुए?

अथवा

लेखिका के व्यक्तित्व का सही विकास कब आरम्भ हुआ?

उत्तर— जब लेखिका की बड़ी बहन सुशीला का विवाह हो गया तथा दोनों भाई आगे की पढ़ाई के लिए बाहर चले गए तब पहली बार उन्हें अपने वजूद का अहसास हुआ। पिताजी का ध्यान अब उन पर केन्द्रित होने लगा वे उनको महत्व देने लगे। उन्हें जागरूक किया तथा देश व राजनीति की चर्चाओं में उन्हें भागीदार बनाया। इस प्रकार लेखिका के व्यक्तित्व का विकास आरम्भ हुआ।

हिन्दी की प्राध्यापिका शीला अग्रवाल के सम्पर्क में आने के बाद उनका व्यक्तित्व पूर्ण रूप से विकसित होने लगा। उन्होंने लेखिका को साहित्य का मार्ग दिखाया।

प्रश्न 9. लेखिका के पिता को कॉलेज की प्रिंसिपल से मिलने के बाद गर्व का अनुभव क्यों हुआ?

उत्तर— कॉलेज की प्रिंसिपल से मिलने के बाद लेखिका के पिता को पता चला कि वह इसलिए परेशान हैं क्योंकि लेखिका देश के लिए संघर्षरत है। वह सभी लड़कियों की लीडर है। उसके एक इशारे पर सारी लड़कियाँ कक्षाएँ छोड़कर मैदान में इकट्ठी होकर नारे लगाने लगती हैं। यह सब जानने के बाद लेखिका के पिता को उनकी नेतृत्व क्षमता पर अभिमान हुआ। इसी कारण वे स्वयं को गर्वित महसूस करने लगे।

प्रश्न 10. डॉ. अंबालाल कौन थे? उन्होंने लेखिका की किस प्रकार मदद की?

उत्तर— डॉ. अंबालाल लेखिका के पिताजी के बेहद अंतरंग और अभिन्न मित्र थे। वे अजमेर के सबसे प्रतिष्ठित और सम्मानित व्यक्ति थे। उन्होंने लेखिका के भाषण को सुनकर उसको शाबाशी दी। उसके भाषाण की भूरि-भूरि प्रशंसा की, जिससे लेखिका के पिता का क्रोध शांत हो गया तथा उन्हें गर्व महसूस होने लगा। इस प्रकार लेखिका उनके क्रोध का शिकार होने से बच गईं।

प्रश्न 11. मन्नू भंडारी द्वारा लिखित 'एक कहानी यह भी' किस प्रकार की कृति है? इसमें उन्होंने अपने जीवन की किन घटनाओं का उल्लेख किया है?

उत्तर— मन्नू भंडारी द्वारा लिखित 'एक कहानी यह भी' आत्मकथ्य है। इसमें उन्होंने उन व्यक्तियों एवं घटनाओं का उल्लेख किया है जो उनके लेखकीय जीवन से जुड़े हुए हैं। इसमें उन्होंने अपनी किशोरावस्था से जुड़ी घटनाओं के साथ अपने पिताजी, कॉलेज की प्राध्यापिका शीला अग्रवाल एवं पिताजी के घनिष्ठ मित्र डॉ. अंबालाल के व्यक्तित्व को विशेष रूप से उभारा है।

प्रश्न 12. क्या कारण था कि लेखिका की माँ उनका आदर्श न बन पाईं?

अथवा

लेखिका की माँ लेखिका के लिए आदर्श क्यों न बन सकीं? 'एक कहानी यह भी' के आधार पर बताइए।

अथवा

मन्नू भंडारी की माँ त्याग और धैर्य की पराकाष्ठा थीं—फिर भी वे लेखिका के लिए आदर्श न बन सकीं। क्यों?

उत्तर— लेखिका की माँ सीमा से अधिक धैर्यवान तथा सहनशील थीं। उनका अपना कोई अस्तित्व नहीं था। वे अनपढ़ थीं। वे पिताजी की हर ज़्यादती को निर्विरोध रूप से केवल अपना भाग्य समझकर मान लेती थीं। वे उचित-अनुचित में फर्क नहीं कर पाती थीं। वे बच्चों की हर उचित-अनुचित फ़रमाइश व ज़िद को पूरा करना अपना फ़र्ज समझती थीं। लेखिका की दृष्टि में वे केवल सहानुभूति एवं दया की पात्र थीं। लेखिका मज़बूत इरादों वाली थीं। निरीह, बेचारी, व्यक्तित्वहीन, अपने अधिकारों के प्रति जागरूक न रहने वाली, निहायत असहाय मज़बूरी में लिपटा माँ का त्याग लेखिका के लिए कभी आदर्श न बन सका। लेखिका के अनुसार एक आदर्श माँ वही हो सकती है जो संघर्षशील, मजबूत इरादों वाली, न्याय-अन्याय, उचित-अनुचित समझने वाली तथा अपने अस्तित्व एवं अधिकारों की रक्षा करने वाली हो तथा साथ ही धैर्यवान, त्यागशील व सहनशील हो।

प्रश्न 13. लेखिका के लेखिकीय व्यक्तित्व के निर्माण में महत्वपूर्ण भूमिका किसने निभाई?

उत्तर— लेखिका के पिताजी तथा उनके कॉलेज की हिन्दी की प्राध्यापिका शीला अग्रवाल ने प्रमुख रूप से उनके लेखिकीय व्यक्तित्व के निर्माण में महत्वपूर्ण भूमिका निभाई। इसके अतिरिक्त 'पड़ोस-कल्चर' भी अपने योगदान के लिए सराहने योग्य है क्योंकि लेखिका की आरंभिक कहानियों के दर्जनों पात्र उनके मोहल्ले के ही लोग हैं, जिन्हें उनके लेखकीय जीवन के लिए 'सोपान' कहा जा सकता है। जिस पर आरूढ़ होकर ही उन्होंने उपलब्धियों रूपी बुलंदियों को छुआ।

प्रश्न 14. मन्नू भंडारी के व्यक्तित्व पर प्रकाश डालिए।

अथवा

'एक कहानी यह भी' पाठ के आधार पर मन्नू भंडारी की चारित्रिक विशेषताएँ लिखिए।

उत्तर— मन्नू भंडारी नेतृत्व क्षमता से युक्त प्रभावशाली व्यक्तित्व की धनी हैं। वे विचारशील एवं प्रभावशाली वक्ता हैं। वे लिंग-भेद को नहीं मानतीं। वे संघर्षशील एवं सुदृढ़ इरादों वाली हैं। वे राष्ट्र एवं समाज के लिए समर्पित हैं। उनकी साहित्य में रुचि है।

प्रश्न 15. लेखिका के अनुसार उनके पिता किन गुणों के भग्नावशेषों को ढो रहे थे?

उत्तर— इंदौर में लेखिका के पिताजी का बहुत नाम, सम्मान एवं प्रतिष्ठा थी। वहाँ पर वे कांग्रेस से जुड़कर समाज-सुधारक का कार्य भी कर रहे थे। अपनी दरियादिली के परिणामस्वरूप वे आठ-आठ, दस-दस विद्यार्थियों को अपने घर रखकर पढ़ाते थे तथा उनके जीवन का निर्माण करते थे। वहाँ पर उनकी दरियादिली के बहुत चर्चे थे। वे बेहद कोमल एवं संवेदनशील होने के साथ-साथ बेहद क्रोधी एवं अहंवादी भी थे, जब तक वे खुशहाल व प्रसन्न रहे। खुशहाली के न रहने पर भी वे उदार एवं प्रतिष्ठित जीवन बिताना चाहते थे, परन्तु ऐसा सम्भव न हो सका। फलस्वरूप वे अपनी विशेषताओं, आकांक्षाओं तथा महत्वाकांक्षाओं के भग्नावशेषों को ढोते रहे।

प्रश्न 16. 'लेखिका के पिताजी विरोधाभाषी व्यक्तित्व के स्वामी थे' इस विषय पर अपने विचार व्यक्त कीजिए।

अथवा

पाठ 'एक कहानी यह भी' के आधार पर लेखिका के पिताजी की चारित्रिक विशेषताओं पर प्रकाश डालिए।

उत्तर— लेखिका के पिताजी विरोधाभाषी व्यक्तित्व के स्वामी थे। यह कथन बिल्कुल सत्य है एक ओर तो वे लेखिका को विशिष्ट बनाना चाहते थे। उसे सम्मान एवं प्रतिष्ठा कायम रखने के प्रति जागरूक करते थे। घर में आए दिन होने वाले राजनैतिक पार्टियों के जमावड़ों में लेखिका को बैठने के लिए कहते थे तथा चाहते थे कि लेखिका देश में चलने वाली आन्दोलन की लहर को जानें तथा सुनें। दूसरी ओर उन्हें लेखिका का आन्दोलन में सक्रिय भागीदारी करना पंसद नहीं था। वे यह कदापि नहीं चाहते थे कि वे लड़कों के साथ कदम मिलाकर प्रभातफेरियों, जुलूसों, भाषणों का हिस्सा बनें तथा हाथ उठा-उठाकर नारे लगाएँ। इन सब बातों से हमें लेखिका के पिताजी के विरोधाभाषी व्यक्तित्व का पता चलता है।

प्रश्न 17. शीला अग्रवाल को कॉलेज वालों द्वारा नोटिस क्यों थमा दिया गया?

उत्तर— लड़कियों को भड़काने और कॉलेज का अनुशासन बिगाड़ने के आरोप में कॉलेज वालों द्वारा शीला अग्रवाल को नोटिस थमा दिया गया। वे नहीं चाहते थे कि लड़कियाँ पढ़ाई छोड़कर आन्दोलन का हिस्सा बनें।

प्रश्न 18. 'जीत की खुशी पर सामने खड़ी बहुत-बहुत बड़ी चिर प्रतीक्षित खुशी के सामने यह खुशी बिला गई।' इस पंक्ति के माध्यम से लेखिका कौन-सी चिर प्रतीक्षित खुशी की बात कर रही हैं?

उत्तर— लेखिका शताब्दी की सबसे बड़ी उपलब्धि............15 अगस्त, 1947 के दिन मिलने वाली चिर-प्रतीक्षित खुशी की बात कर रही हैं। यह दिन पूरे भारतवासियों के लिए महापर्व था। लोग जीत की खुशी को पूर्ण उत्साह के साथ एक-दूसरे के संग बाँट रहे थे।

प्रश्न 19. कॉलेज वालों ने कब और क्यों लेखिका सहित दो-तीन छात्राओं का प्रवेश निषिद्ध कर दिया। उनके द्वारा हुड़दंग मचाने का क्या परिणाम हुआ?

उत्तर— कॉलेज वालों ने हिन्दी की प्राध्यापिका शीला अग्रवाल को लड़कियों को भड़काने तथा कॉलेज का अनुशासन बिगाड़ने के आरोप में कॉलेज से निकाल दिया था। इस कारण उन्हें यह डर था कि इस बात को लेकर हुड़दंग न मचे, अतः जुलाई में थर्ड ईयर की क्लासेज बंद करके लेखिका सहित दो-तीन छात्राओं का प्रवेश निषिद्ध कर दिया। लड़कियों ने कॉलेज के बाहर रहकर हुड़दंग मचाया जिसके परिणामस्वरूप कॉलेज वालों को अगस्त महीने के आखिर में थर्ड ईयर खोलना पड़ा।

प्रश्न 20. सुशीला कौन थी? सुशीला के व्यक्तित्व तथा लेखिका के व्यक्तित्व पर प्रकाश डालिए।

उत्तर— सुशीला लेखिका की बहन थी। वह उनसे दो साल बड़ी, खूब गोरी, स्वस्थ एवं हँसमुख स्वभाव की थी। वह अपने पिता की प्रिय थी। लेखिका काली थीं तथा बचपन में वे दुबली और मरियल भी थीं। इसी कारण वे पिताजी द्वारा उपेक्षित भी रहीं।

प्रश्न 21. घर की गिरती अर्थव्यवस्था का पिताजी के व्यक्तित्व पर क्या प्रभाव पड़ा?

उत्तर— जब लेखिका के पिताजी इंदौर में रहते थे तब उन्हें अपनों के हाथों विश्वासघात का गहरा झटका लगा। इससे उनकी आर्थिक स्थिति बहुत खराब हो गई। उन्हें इंदौर से अजमेर आना पड़ा। यहाँ आकर उन्होंने अपने अकेले ही हिम्मत तथा हौसले से अंग्रेजी-हिन्दी शब्दकोश के अधूरे कार्य को पूरा किया। इससे उन्हें यश और प्रतिष्ठा तो बहुत मिली, परन्तु धन नहीं मिला। गिरती आर्थिक स्थिति ने उनके व्यक्तित्व के सारे सकारात्मक पहलुओं को निचोड़ना शुरू कर दिया। नवाबी आदतों, अधूरी महत्वाकांक्षाओं तथा हमेशा शीर्ष पर रहने की इच्छाओं ने उन्हें हाशिए पर लाकर खड़ा कर दिया। इससे वे अत्यंत क्रोधी एवं अहंकारी बन गए।

प्रश्न 22. लेखिका के अनुसार कॉलेज के दिन 'मूल्यों के मंथन' के थे। स्पष्ट कीजिए।

उत्तर— लेखिका का दायरा परिवार, पड़ोस, तथा मोहल्ले वालों की सीमा को तोड़कर प्रेमचन्द, अज्ञेय, यशपाल, जैनेन्द्र, भगवतीचरण वर्मा तक फैल गया था। उन्हें पढ़कर ऐसा लगा कि नैतिक व सामाजिक मूल्यों में परिवर्तन हो रहा था। पाप-पुण्य, नैतिक-अनैतिक, सही-गलत की बनी-बनाई धारणाओं के आगे प्रश्नचिह्न नहीं लग रहे थे बल्कि उन्हें ध्वस्त भी किया जा रहा था।

प्रश्न 23. मुन्नू भंडारी के पिता की कौन-कौन सी विशेषता अनुकरणीय हैं?

उत्तर— मुन्नू भंडारी के पिता की निम्नलिखित विशेषताएँ अनुकरणीय हैं : लेखिका के पिता महत्वाकांक्षी व्यक्ति थे। यश और प्रतिष्ठा से उन्हें बहुत प्रेम था। साथ ही धुन के पक्के थे। इसी कारण उन्होंने धनाभाव होते हुए भी शब्दकोश को पूरा किया था। संतान की शिक्षा के प्रति सजग थे। उनकी आर्थिक स्थिति ठीक न थी, लेकिन इसका प्रभाव उन्होंने बच्चों की शिक्षा पर नहीं पड़ने दिया।

प्रश्न 24. लेखिका ने अपने बचपन में कौन-कौन से खेल खेले?

उत्तर— लेखिका ने अपने बचपन में सतोलिया, लँगड़ी टाँग, पकड़म-पकड़ाई, काली-टीलो, गुड़िया-गुड्डा, गिल्ली-डंडा, पतंग उड़ाना आदि खेल खेले। इसके अतिरिक्त उन्होंने काँच पीसकर माँजा सूतने का काम भी किया।

प्रश्न 25. मन्नू भंडारी के पिता ने अपनी आर्थिक विवशताएँ कभी बच्चों को क्यों नहीं बताई होंगी?

उत्तर— लेखिका के पिता ने कभी बहुत वैभवशाली दिन देखे थे। वे बहुत अहंकारी थे। बिगड़ती आर्थिक स्थिति के कारण उनका अहं और बढ़ गया, इसीलिए उन्होंने अपनी आर्थिक विवशताएँ कभी अपने बच्चों को भी नहीं बताईं।

प्रश्न 26. 'एक कहानी यह भी' पाठ के आधार पर लेखिका के पिताजी के सकारात्मक और नकारात्मक गुणों का उल्लेख कीजिए।

उत्तर— कहानी के आधार पर लेखिका के पिताजी में नकारात्मक व सकारात्मक गुण थे।

नकारात्मक पहलू—

(i) दोनों बच्चों में रंग के आधार पर भेदभाव करना।

(ii) मन्नू को हीन भावना से देखना, मन्नू के प्रति शक्की भावना रखना।

(iii) चारदीवारी में लेखिका को रखना।

सकारात्मक पहलू—

(i) लेखिका के पिता लेखिका को देश और समाज के प्रति जागरूक करना चाहते थे।

(ii) विद्रोह व जागरण के स्वर भरना चाहते थे।

(iii) बच्चों में आर्थिक परेशानियाँ नहीं बाँटते थे।

प्रश्न 27. मन्नू भंडारी और उनके पिता के बीच मतभेद के दो कारण लिखिए।

उत्तर— मन्नू भंडारी के पिता चाहते थे कि वह घर में होने वाले राजनीतिक पार्टियों के लोगों के विचार सुने, जाने और समझे कि देश में क्या कुछ हो रहा है, यही पिताजी के द्वारा दी गयी आजादी की सीमा थी। वह क्रोधी और अहंकारी स्वभाव के थे लेकिन मन्नू की आजादी की सीमा चारदीवारी से बाहर निकल कर आजादी के आंदोलन में भाग लेना था। इसी कारण अपने पिता के साथ मन्नू की वैचारिक टकराहट थी क्योंकि दोनों के विचारों में विपरीत सोच थी।

दूसरा मन्नू स्वच्छंद ख्यालों वाली थी और पिता शक्की स्वभाव के थे।

❑❑

नौबतखाने में इबादत |16|

लेखक-यतींद्र मिश्र

लेखक परिचय—सुप्रसिद्ध लेखक यतीन्द्र मिश्र का जन्म सन् 1977 में अयोध्या (उ. प्र.) में हुआ। इन्होंने लखनऊ विश्वविद्यालय से हिन्दी में एम. ए. किया। आजकल ये स्वतन्त्र लेखन के साथ ही 'सहित' नामक अर्द्धवार्षिक पत्रिका का संपादन भी कर रहे हैं। वे एक सांस्कृतिक न्यास 'विमला देवी फाउंडेशन' का संचालन भी कर रहे हैं। यह न्यास साहित्य और कलाओं के संवर्द्धन तथा अनुशीलन के लिए समर्पित है।

रचनाएँ—यतीन्द्र मिश्र के तीन काव्य संग्रह हैं—यदा-कदा, अयोध्या तथा अन्य कविताएँ, ड्योढ़ी पर आलाप। इसके अतिरिक्त इन्होंने शास्त्रीय गायिका गिरिजा देवी के जीवन और संगीत-साधना पर आधारित एक पुस्तक गिरिजा भी लिखी। इन्होंने कवि-द्विजदेव-ग्रंथावली का सह-संपादन कार्य भी किया। कुँवर नारायण पर केन्द्रित दो पुस्तकों के अतिरिक्त इन्होंने स्पिक मैके के कार्यक्रम के लिए धाती का संपादन भी किया। यतीन्द्र मिश्र को हेमंत स्मृति कविता पुरस्कार, भारत भूषण अग्रवाल कविता सम्मान, ऋतुराज सम्मान आदि कई पुरस्कारों से नवाजा जा चुका है।

भाषा-शैली—यतीन्द्र मिश्र की भाषा-शैली सहज-सरल, धाराप्रवाह एवं व्यावहारिक है। इन्होंने संगीत-जगत् में प्रचलित शब्दावली का भी प्रयोग किया है। इन्होंने अपने लेखन में भावात्मक, वर्णनात्मक एवं चित्रात्मक शैली का प्रयोग किया है। भाषा में लोक-प्रचलित विदेशी शब्दों तथा तत्सम शब्दावली का सुन्दर प्रयोग किया है।

सारांश—'नौबतखाने में इबादत' एक व्यक्ति-चित्र है। यह प्रसिद्ध शहनाईवादक उस्ताद बिस्मिल्ला खाँ पर आधारित है। इसमें लेखक यतीन्द्र मिश्र ने बिस्मिल्ला खाँ के परिचय के साथ ही उनकी रुचियों, उनके अन्तर्मन की बुनावट, संगीत की साधना तथा लगन को संवेदनशील भाषा में व्यक्त किया है। सन् 1916 से 1922 के लगभग काशी के पंचगंगा घाट पर स्थित बाला जी मंदिर की ड्योढ़ी के नौबतखाने से मंगलध्वनि निकल रही है। छः साल अमीरुद्दीन नौ साल के बड़े भाई शम्सुद्दीन के साथ अपने मामा सादिक हुसैन एवं अलीबख्श के पास रहने आ जाते हैं। दोनों मामा प्रसिद्ध शहनाईवादक हैं। ये बात-बात पर भीमपलासी और मुलतानी कहते रहते हैं। अमरुद्दीन इन सबका मतलब भी नहीं समझ पाता। मामा दिन की शुरूआत बालाजी मंदिर की ड्योढ़ी पर शहनाई बजाकर करते हैं। यह उनका खानदानी पेशा है।

प्रसिद्ध शहनाईवादक बिस्मिल्ला खाँ ही बचपन के अमीरुद्दीन हैं। इनका जन्म बिहार के डुमराँव गाँव के एक संगीत-प्रेमी परिवार में हुआ है। छः वर्ष की उम्र में ही वह डुमराँव छोड़कर अपने नाना के घर काशी आ गये हैं। डुमराँव और शहनाई एक-दूसरे से सम्बन्धित हैं। डुमराँव में सोन नदी के किनारे पाई जाने वाली नरकट नामक घास से शहनाई की रीड बनाई जाती है। रीड अन्दर से पोली होती है। उसी से शहनाई बजती है। इनकी माँ का नाम मिट्ठन तथा पिता का नाम उस्ताद पैगंबरबख्श था।

चौदह वर्ष की उम्र में अमीरुद्दीन रियाज़ के लिए बालाजी मंदिर जाते थे तो उन्हें रसूलनबाई तथा बतूलनबाई के घर के रास्ते से होकर जाना पड़ता था। इस रास्ते से जाना उन्हें पसंद भी था क्योंकि दोनों बहनों की गाने की आवाज़ से उन्हें खुशी मिलती थी तथा ठुमरी, दादरा आदि सुनने को मिलते थे। इसी से उन्हें संगीत के प्रति आसक्ति हुई थी। शहनाई को 'सुषिर वाद्यों' में गिना जाता है। शहनाई प्रभाती की मंगल ध्वनि मानी जाती है। बिस्मिल्ला खाँ अस्सी वर्ष के होने पर भी परमात्मा से सदैव सुर में सच्चाई की तासीर माँगते रहते हैं। सच्चे सुर की तासीर के लिए वे रोज़ खुदा के सामने झुकते हैं। मुहर्रम की आठवीं तारीख को खड़े होकर शहनाई बजाते हैं तथा दालमंडी में फातमान के करीब आठ किलोमीटर तक पैदल चलते हैं तथा रोते हुए नौहा बजाते हैं। इस दिन वे कोई राग-रागनियाँ नहीं अदा करते। ऐसे अवसर पर बिस्मिल्ला खाँ जैसे बड़े कलाकार के सहज मानवीय रूप के दर्शन होते हैं।

बिस्मिल्ला खाँ कभी-कभी अपने जवानी के दिनों को याद करते हुए गीताबाली और सुलोचना को याद करते हैं। उनको याद करके वे मुस्कराते हैं। उनके गालों पर चमक आ जाती है। उन्हें चार वर्ष की उम्र का वह समय याद है जब वह अपने नाना को शहनाई बजाते हुए सुनते थे। उनके जाने के बाद वह ढेरों शहनाइयों में से नाना की मीठी शहनाई ढूँढ़ते थे। बिस्मिल्ला खाँ को बचपन में फिल्मों का शौक था। इसके लिए वह मामू, मौसी व नानी से दो-दो पैसे लेकर सुलोचना के साथ फिल्म देखने जाते थे।

उनकी बालाजी मंदिर और काशी के प्रति अपार श्रद्धा थी। बिस्मिल्ला खाँ और उनकी शहनाई एक-दूसरे के लिए हैं। उनकी शहनाई में सरगम, ताल तथा राग का अद्‌भुत संगम है। उनकी शहनाई सबको आकर्षित करती है। बिस्मिल्ला खाँ की शिष्या ने एक बार उनसे कहा—बाबा आपकी इतनी प्रतिष्ठा है। आपको भारत रत्न भी मिल चुका है। आप यह फटा तहमद न पहना करो। अच्छा नहीं लगता। इस पर बिस्मिल्ला खाँ ने तुरंत गर्व सहित कहा कि यह भारतरत्न मुझे लुंगी पर नहीं बल्कि शहनाई पर मिला है। अगर मैं बनाव-सिंगार पर ध्यान देता तो रियाज़ कैसे हो पाता, ठीक है आगे से नहीं पहनेंगे। काशी में आज भी मंगल गीत गूँजते हैं। यहाँ व्यक्ति का मरण मंगलमय माना जाता है। यह आनंद-स्थली है।

बिस्मिल्ला खाँ और विश्वनाथ एक-दूसरे के लिए बने हैं। यहाँ पर बहने वाली गंगा-जमुनी संस्कृति प्रेरणादायक है। अनेक पुरस्कारों से सम्मानित बिस्मिल्ला खाँ सदैव लोगों के हृदय में विराजमान रहेंगे।

शब्द-सम्पदा

ड्योढ़ी = दहलीज। **वगैरह** = आदि। **वाज़िब** = उचित, योग्य। **इबादत** = पूजा। **गोया** = हाँ, फिर भी। **विभिन्न** = अनेक। **मामाद्वय** = दो मामा। **रियासत** = शासन, क्षेत्र। **विग्रह** = मूर्ति। **रोज़नामचा** = दैनिक कार्यक्रम। **ननिहाल** = नाना का घर। **पेशा** = व्यवसाय। **उपयोगी** = महत्वपूर्ण। **वाद्य** = बाजा। **महत्ता** = महत्व। **साहबज़ादा** = पुत्र। **मसलन** = अर्थात् उदाहरण के लिए। **रियाज़** = अभ्यास। **ठुमरी** = एक प्रकार का गीत। **बोल-बनाव** = गीतों एवं सुरों की रचना। **टप्पा, दादरा** = एक प्रकार की गायन शैली। **मार्फत** = माध्यम से, द्वारा। **साक्षात्कार** = भेंट। **आसक्ति** = आकर्षण, मोह। **अबोध** = नासमझ, नादान। **अनुभव** = तजुरबा। **वर्णमाला** = आरम्भिक ज्ञान। **उकेरी** = स्पष्ट की। **उल्लेख** = वर्णन। **शास्त्रांतर्गत** = शास्त्र के अन्तर्गत, शास्त्र में। **सुषिर-वाद्य** = फूँककर बजाए जाने वाले खोखले यंत्र। **नाड़ी** = तने का खोखला भाग। **शाह** = बादशाह, राजा। **बंदिश** = सुरों की रचना। **शृंगी** = सींगों से बना वाद्य-यंत्र। **मुरछंग** = एक प्रकार का लोक वाद्य यंत्र। **चैती** = एक प्रकार का लोकगीत। **मंगल का परिवेश** = आनंद का वातावरण। **सुर** = मंगल ध्वनि। **प्रतिष्ठित** = स्थापित। **मांगलिक विधि-विधान** = कल्याणकारी आयोजन। **प्रयुक्त** = प्रयोग। **प्रभाती** = प्रातः काल बजाई जाने वाली मंगलकारी आनंददायक ध्वनि। **संपूरक** = पूरा करने वाला, पूर्णता प्रदान करने वाला। **नायक** = नेता, अग्रणी। **नेमत** = वरदान। **सजदा** = प्रार्थना, माथा टेकना। **बख्शना** = देना, प्रदान करना। **तासीर** = प्रभाव, असर। **अनगढ़** = सामान्य रूप से, सहजता से। **यकीन** = विश्वास। **मेहरबान** = कृपालु। **मुराद** = कामना, इच्छा। **ऊहापोह** = उलझन। **दुश्चिंता** = व्यर्थ की चिंता। **दुर्बलता** = कमज़ोरी। **तिलिस्म गढ़ना**= नई योजना बनाना। **महक** = सुगंध, खुशबू। **गमक** = सुगंध। **बरतना** = प्रयोग करना। **तमीज़** = ढंग। **सलीके से** = अच्छी तरह से। **अज़ादारी** = शोक मनाना। **शिरकत करना** = भागीदार बनाना। **खास** = विशेष। **नौहा** = करबला के शहीदों पर लिखे गए शोक-गीत। **अदायगी** = प्रस्तुति। **निषेध** = रोक, मनाही। **शहादत** = कुर्बानी, बलिदान। **पुनर्जीवित** = फिर से जीवन प्राप्त होना। **सहज** = स्वाभाविक। **संपन्न** = पूरा होना। **नम** = गीली। **गमजदा** = दुःख से भरा हुआ। **माहौल** = वातावरण। **सुकून** = चैन। **क्षण** = पल, अवसर। **जुनून** = सनक। **रहस्यमय** = भेदभरी, रहस्य से युक्त। **बदस्तूर** = नियम से, तरीके से। **कायम** = स्थित। **बालसुलभ** = बच्चों जैसी स्वाभाविक। **ज़िक्र** = वर्णन। **नैसर्गिक** = प्राकृतिक। **आँखें चमकना** = आनंद से आँखें भर जाना। **खारिज़ करना** = बेकार समझकर छोड़ देना। **सम** = लय और ताल के बीच की स्थिति। **दाद** = प्रशंसा। **बुखार** = नशा, जुनून। **मेहनताना** = मेहनत के बाद मिला पैसा। **शौक** = चाव। **कलकलाता** = खौलता हुआ। **आरोह-अवरोह** = उतार-चढ़ाव। **स्वादी** = स्वाद लेने वाले। **रियाज़ी** = अभ्यासी, अनुभवी। **शक** = संदेह। **हाथ लगना** = प्राप्त होना। **अद्भुत** = अनोखी। **परंपरा** = रिवाज़। **उत्कृष्ट** = श्रेष्ठ। **मज़हब** = धर्म। **श्रद्धा** = आदर। **आस्था** = विश्वास। **पुश्त** = पीढ़ी। **प्राचीन** = पुरानी। **तालीम** = शिक्षा। **अदब** = लोक व्यवहार का शालीनतापूर्ण तरीका। **जन्नत** = स्वर्ग। **आनंदकानन** = आनंदमय वन। **रसिक** = आनंद का रस लेने वाले। **उपकृत** = अहसानमंद। **जन-समूह** = लोगों का झुंड। **तहज़ीब** = संस्कृति, तौर-तरीका। **विशिष्ट** = विशेष। **गम** = दुख। **परवरदिगार** = खुदा, परमात्मा। **नसीहत** = शिक्षा। **सुबहान अल्लाह** = बहुत अच्छा। **तिस पर** = उस पर। **साज** = वाद्ययंत्र। **अलहमदुलिल्लाह** = तमाम तारीफ़ अल्लाह के लिए। **करतब** = जादू, कला। **अज़ान** = उच्च स्वर में नमाज़ के समय की सूचना देना। **कतार** = पंक्ति। **सरताज** = सर्वोच्च। **दुआ** = शुभकामना। **खाक** = बेकार, व्यर्थ। **लुंगिया** = लुंगी। **शिद्दत** = लगन, प्रबलता। **अफसोस** = दुःख। **तहमद** = लुंगी। **लुप्त** = गायब। **सुर-साधक** = सुर की साधना करने वाला। **थाप** = ताल। **पूरक** = पूरा करने वाला। **ताजिया** = मुहर्रम पर निकलने वाला ताबूत। **अबीर** = एक प्रकार का चमकीला पाउडर। **मरण** = मृत्यु। **नायाब हीरा** = अनमोल रत्न। **अलंकृत** = सुशोभित। **कौम** = जाति। **अजेय** = जिसे जीता न जा सके। **नायक** = अगुआ, अग्रणी व्यक्ति। **जिजीविषा** = जीने की इच्छा। **लाड़** = प्यार। **शिरकत** = शामिल होना।

गद्यांश पर आधारित प्रश्नोत्तर

निम्नलिखित गद्यांशों को पढ़िए और उनके नीचे दिये गये प्रश्नों के उत्तर लिखिए—

1. अमीरुद्दीन का जन्म डुमराँव, बिहार के एक संगीत प्रेमी परिवार में हुआ है। 5-6 वर्ष डुमराँव में बिताकर वह नाना के घर ननिहाल काशी में आ गया है। डुमराँव का इतिहास में कोई स्थान बनता हो, ऐसा नहीं लगा कभी भी। पर यह ज़रूर है कि शहनाई और डुमराँव एक-दूसरे के लिए उपयोगी हैं। शहनाई बजाने के लिए रीड का प्रयोग होता है। रीड अन्दर से पोली होती है जिसके सहारे शहनाई को फूँका जाता है। रीड, नरकट (एक प्रकार की घास) से बनाई जाती है जो डुमराँव में मुख्यतः सोन नदी के किनारों पर पाई जाती है। इतनी ही महत्ता है इस समय डुमराँव की जिसके कारण शहनाई जैसा वाद्य बजता है। फिर अमीरुद्दीन जो हम सबके प्रिय हैं, अपने उस्ताद बिस्मिल्ला खाँ साहब हैं। उनका जन्म स्थान भी डुमराँव ही है। इनके परदादा उस्ताद सलार हुसैन खाँ, डुमराँव निवासी थे। बिस्मिल्ला खाँ उस्ताद पैगंबरबख्श खाँ और मिट्ठन के छोटे साहबज़ादे हैं।

प्रश्न— (i) अमीरुद्दीन का जन्म कहाँ हुआ है?

(क) समस्तीपुर, बिहार में (ग) डुमराँव, बिहार में

(ख) दरभंगा, बिहार में (घ) पटना, बिहार में

उत्तर—(ग) डुमराँव, बिहार में

(ii) रीड अन्दर से कैसी होती है?

(क) संकरी (ख) चौड़ी (ग) ठोस (घ) पोली

उत्तर—(घ) पोली

(iii) 'नरकट' कहाँ पर पाई जाती है?

(क) गंगा नदी के किनारे (ग) सोन नदी के किनारे

(ख) बेतवा नदी के किनारे (घ) तालाब के किनारे

उत्तर— (ग) सोन नदी के किनारे

(iv) अमीरुद्दीन बड़े होकर किस नाम से जाने गए?

(क) बिस्मिल्ला खाँ (ग) पैगम्बर बख्श खाँ

(ख) सलार हुसैन खाँ (घ) सादिक हुसैन

उत्तर— (क) बिस्मिल्ला खाँ

(v) बिस्मिल्ला खाँ की माता का नाम बताइए।

(क) गुड्डन (ख) मिठ्ठन (ग) सकीना (घ) मरजीना

उत्तर— (ख) मिठ्ठन

2. वही पुराना बालाजी का मंदिर जहाँ बिस्मिल्ला खाँ को नौबतखाने रियाज के लिए जाना पड़ता है। मगर एक रास्ता है बालाजी मंदिर तक जाने का। यह रास्ता रसूलनबाई और बतूलनबाई के यहाँ से होकर जाता है। इस रास्ते से अमीरुद्दीन को जाना अच्छा लगता है। इस रास्ते न जाने कितने तरह के बोल-बनाव कभी ठुमरी, कभी टप्पे, कभी दादरा के मार्फत ड्योढ़ी तक पहुँचते रहते हैं। रसूलन और बतूलन जब गाती हैं, तब अमीरुद्दीन को खुशी मिलती है। अपने ढेरों साक्षात्कारों में बिस्मिल्ला खाँ साहब ने स्वीकार किया है कि उन्हें अपने जीवन के आरम्भिक दिनों में संगीत के प्रति आसक्ति इन्हीं गायिका बहनों को सुनकर मिली है।

प्रश्न— (i) बिस्मिल्ला खाँ कौन थे? बालाजी मंदिर से उनका क्या सम्बन्ध है?

(ii) रसूलनबाई और बतूलनबाई के यहाँ से होकर बालाजी के मंदिर जाना बिस्मिल्ला खाँ को क्यों अच्छा लगता था?

(iii) 'रियाज' से क्या तात्पर्य है?

उत्तर— (i) बिस्मिल्ला खाँ पद्मश्री एवं पद्मविभूषण प्राप्त एक सुप्रसिद्ध शहनाई वादक थे। बालाजी मन्दिर वह नौबतखाने रियाज के लिए जाते थे।

(ii) रसूलनबाई और बतूलनबाई के यहाँ से होकर बालाजी के मंदिर जाना बिस्मिल्ला खाँ को इसलिए अच्छा लगता था, क्योंकि उन्हें ठुमरी, दादरा, टप्पे जैसी विभिन्न गायन शैलियाँ सुनाई देती थीं।

(iii) 'रियाज़ का तात्पर्य है अभ्यास करना।

3. वैदिक इतिहास में शहनाई का कोई उल्लेख नहीं मिलता। इसे संगीत शास्त्रान्तर्गत 'सुषिर-वाद्यों' में गिना जाता है। अरब देश में फूँककर बजाए जाने वाले वाद्य जिसमें नाड़ी (नरकट या रीड) होती है, को 'नय' बोलते हैं। शहनाई को 'शाहनेय' अर्थात् 'सुषिर वाद्यों में शाह' की उपाधि दी गई है। सोलहवीं शताब्दी के उत्तरार्द्ध में तानसेन के द्वारा रची बंदिश, जो संगीत राग कल्पद्रुम से प्राप्त होती है, में शहनाई, मुरली, वंशी, शृंगी एवं मुरछंग आदि का वर्णन आया है।

अवधी पारंपरिक लोकगीतों एवं चैती में शहनाई का उल्लेख बार-बार मिलता है। मंगल का परिवेश प्रतिष्ठित करने वाला यह वाद्य इन जगहों पर मांगलिक विधि-विधानों के अवसर पर ही प्रयुक्त हुआ है। दक्षिण भारत के मंगल वाद्य 'नागस्वरम्' की तरह शहनाई, प्रभाती की मंगलध्वनि का संपूरक है।

प्रश्न— (i) वैदिक इतिहास में किस वाद्य-यंत्र का उल्लेख नहीं मिलता है?

(ii) शहनाई को संगीत शास्त्रांतर्गत किन वाद्यों में गिना जाता है?

(iii) 'नय' किसे बोलते हैं?

(iv) शहनाई को किसकी उपाधि दी गई है?

(v) तानसेन के द्वारा रची बंदिश में किन-किन वाद्य यन्त्रों का वर्णन आया है?

(vi) शहनाई का बार-बार उल्लेख कहाँ मिलता है?

(vii) शहनाई किसके समान कौन-सी ध्वनि का संपूरक है?

उत्तर— (i) वैदिक इतिहास में शहनाई का कोई उल्लेख नहीं मिलता है?

(ii) शहनाई को संगीत शास्त्रांतर्गत 'सुषिर-वाद्यों' में गिना जाता है।

(iii) अरब देश में फूँककर बजाए जाने वाले वाद्य यंत्र, जिसमें नाड़ी, नरकट या रीड होती है, उसे 'नय' बोलते हैं।

(iv) शहनाई को 'शाहेनय' अर्थात् 'सुषिर वाद्यों में शाह' की उपाधि दी गई है।

(v) तानसेन के द्वारा रची बंदिश में शहनाई, मुरली, वंशी, शृंगी एवं मुरछँग आदि का वर्णन आया है।

(vi) शहनाई का बार-बार उल्लेख अवधी पारंपरिक लोकगीतों एवं चैती में मिलता है।

(vii) शहनाई दक्षिण भारत के मंगल वाद्य 'नागस्वरम्' के समान प्रभाती की मंगलध्वनि का संपूरक है।

4. शहनाई की इसी मंगलध्वनि के नायक बिस्मिल्ला खाँ साहब अस्सी बरस से सुर माँग रहे हैं। सच्चे सुर की नेमत। अस्सी बरस की पाँचों वक्त वाली नमाज़ इसी सुर को पाने की प्रार्थना में खर्च हो जाती है। लाखों सज़दे, इसी एक सच्चे सुर की इबादत में खुदा के आगे झुकते हैं। वे नमाज़ के बाद सज़दे में गिड़गिड़ाते हैं—'मेरे मालिक एक सुर बख्श दे। सुर में वह तासीर पैदा कर कि आँखों से सच्चे मोती की तरह अनगढ़ आँसू निकल आएँ।' उनको यकीन है, कभी खुदा यूँ ही उन पर मेहरबान होगा और अपनी झोली से सुर का फल निकालकर उनकी ओर उछालेगा, फिर कहेगा, ले जा अमीरुद्दीन इसको खा ले और कर ले अपनी मुराद पूरी। अपने ऊहापोह से बचने के लिए हम स्वयं किसी शरण, किसी गुफा को खोजते हैं जहाँ अपनी दुश्चिंताओं, दुर्बलताओं को छोड़ सकें और वहाँ से फिर अपने लिए एक नया तिलिस्म गढ़ सकें। हिरन अपनी ही महक से परेशान पूरे जंगल में उस वरदान को खोजता है, जिसकी गमक उसी में समाई है। अस्सी बरस से बिस्मिल्ला खाँ यही सोचते आए हैं कि सातों सुरों को बरतने की तमीज़ उन्हें सलीके से अभी तक क्यों नहीं आई।

प्रश्न— (i) शहनाई की मंगलध्वनि का नायक किसे कहा गया है? वे अस्सी बरस से क्या माँग रहे हैं?

(ii) अस्सी बरस की पाँचों वक्त वाली नमाज़ किसमें खर्च हो जाती है?

(iii) वे नमाज़ के बाद सजदे में क्या गिड़गिड़ाते हैं?

(iv) बिस्मिल्ला खाँ को क्या यकीन है?

(v) अपनी ऊहापोहों से बचने के लिए हम क्या करते हैं?

(vi) हिरन पूरे जंगल में क्या खोजता रहता है?

(vii) अस्सी बरस से बिस्मिल्ला खाँ क्या सोचते आए हैं?

उत्तर— (i) बिस्मिल्ला खाँ को शहनाई की मंगलध्वनि का नायक कहा गया है। वे अस्सी बरस से सच्चा सुर माँग रहे हैं।

(ii) अस्सी बरस की पाँचों वक्त वाली नमाज़ सच्चे सुर को पाने की प्रार्थना में खर्च हो जाती है।

(iii) वे नमाज़ के बाद सजदे में गिड़गिड़ाते हैं—

'मेरे मालिक एक सुर बख्श दे। सुर में वह तासीर पैदा कर कि आँखों से सच्चे मोती की तरह अनगढ़ आँसू निकल आएँ।'

(iv) बिस्मिल्ला खाँ को यकीन है कि कभी खुदा यूँ ही उन पर मेहरबान होगा और अपनी झोली से सुर का फल निकालकर उनकी ओर उछालेगा, फिर कहेगा, ले जा अमीरुद्दीन इसको खा ले और कर ले अपनी मुराद पूरी।

(v) अपनी ऊहापोहों से बचने के लिए हम किसी शरण या गुफा को खोजते हैं। जहाँ अपनी दुश्चिंताओं तथा दुर्बलताओं को छोड़ सकें तथा अपने लिए नया तिलिस्म गढ़ सकें।

(vi) हिरन अपनी कस्तूरी की महक से आकर्षित होकर पूरे जंगल में परेशान होकर दौड़ता हुआ उस वरदान को खोजता रहता है जिसकी सुगंध खुद उसी में समाई रहती है।

(vii) अस्सी बरस से बिस्मिल्ला खाँ यही सोचते आए हैं कि सुरों को बरतने का सलीका उन्हें अभी तक क्यों नहीं आया।

5. बिस्मिल्ला खाँ और शहनाई के साथ जिस एक मुस्लिम पर्व का नाम जुड़ा हुआ है, वह मुहर्रम है। मुहर्रम का महीना वह होता है जिसमें शिया मुसलमान हज़रत इमाम हुसैन एवं उनके कुछ वंशजों के प्रति अज़ादारी (शोक मनाना) मनाते हैं। पूरे दस दिनों का शोक। वे बताते हैं कि उनके खानदान का कोई व्यक्ति मोहर्रम के दिनों में न तो शहनाई बजाता है, न ही किसी संगीत के कार्यक्रम में शिरकत ही करता है। आठवीं तारीख उनके लिए खास महत्व की है। इस दिन खाँ साहब खड़े होकर शहनाई बजाते हैं व दालमंडी में फातमान के करीब आठ किलोमीटर की दूरी तक पैदल रोते हुए, नौहा बजाते हैं। इस दिन कोई राग नहीं बजता। राग-रागिनियों की अदायगी का निषेध है इस दिन।

प्रश्न— (i) बिस्मिल्ला खाँ और शहनाई के साथ किस मुस्लिम पर्व का नाम जुड़ा हुआ है?

(क) ईद (ग) शबे-रात

(ख) मुहर्रम (घ) मीलाद-उन-नबी

उत्तर—(ख) मुहर्रम

(ii) मुहर्रम के महीने में कितने दिनों का शोक मनाते हैं?

(क) 8 (ख) 15 (ग) 20 (घ) 10

उत्तर— (घ) 10

(iii) मुहर्रम किन लोगों से जुड़ा है?

(क) मुसलमानों से (ग) सुन्नी मुसलमानों से

(ख) शिया मुसलमानों से (घ) किसी से नहीं

उत्तर— (ख) शिया मुसलमानों से

(iv) इस दिन बिस्मिल्ला खाँ कितनी दूरी तक पैदल चलते हुए नौहा बजाते हैं?

(क) 10 (ख) 9 (ग) 20 (घ) 10

उत्तर— (क) 10

(v) आठवीं तारीख को क्या निषिद्ध रहता है?

(क) शोक करना (ख) राग बजाना (ग) नौहा बजाना (घ) इबादत करना

उत्तर—(ख) राग बजाना

6. काशी में संगीत आयोजन की एक प्राचीन एवं अद्‌भुत परम्परा है। यह आयोजन पिछले कई बरसों से संकटमोचन मंदिर में होता आया है। यह मंदिर शहर के दक्षिण में लंका पर स्थित है व हनुमान जयंती के अवसर पर यहाँ पाँच दिनों तक शास्त्रीय एवं उपशास्त्रीय गायन-वादन की उत्कृष्ट सभा होती है। इसमें बिस्मिल्ला खाँ अवश्य रहते हैं। अपने मज़हब के प्रति अत्यधिक समर्पित उस्ताद बिस्मिल्ला खाँ की श्रद्धा काशी विश्वनाथ जी के प्रति भी अपार है। वे जब भी काशी से बाहर रहते हैं, तब विश्वनाथ व बालाजी मंदिर की दिशा की ओर मुँह करके बैठते हैं, थोड़ी देर ही सही, मगर उसी ओर शहनाई का प्याला घुमा दिया जाता है और भीतर की आस्था रीड के माध्यम से बजती है। खाँ साहब की एक रीड 15 से 20 मिनट के अन्दर गीली हो जाती है तब वे दूसरी रीड का इस्तेमाल कर लिया करते हैं।

प्रश्न— (i) काशी में संगीत आयोजन की कैसी परम्परा है?

(ii) यह आयोजन कहाँ पर होता आया है?

(iii) संकटमोचन मंदिर कहाँ पर स्थित है? यहाँ पर होने वाले संगीत आयोजन के विषय में बताइए।

(iv) संगीत आयोजन में बिस्मिल्ला खाँ की उपस्थिति एवं काशी विश्वनाथ जी के प्रति उनकी श्रद्धा के विषय में बताइए।

(v) बिस्मिल्ला खाँ की काशी विश्वनाथ एवं बालाजी मंदिर के प्रति अपार श्रद्धा थी। सिद्ध कीजिए।

(vi) खाँ साहब की एक रीड कितने समय में गीली हो जाती है?

(vii) 'और भीतर की आस्था रीड के माध्यम से बजती है।' से क्या तात्पर्य है?

उत्तर— (i) काशी में संगीत आयोजन की एक प्राचीन एवं अद्‌भुत परम्परा है।

(ii) यह आयोजन पिछले कई वर्षों से संकटमोचन मंदिर में होता आया है।

(iii) संकटमोचन मंदिर शहर के दक्षिण में लंका पर स्थित है। यहाँ पर हनुमान जयंती के अवसर पर पाँच दिनों तक शास्त्रीय एवं उपशास्त्रीय गायन-वादन की उत्कृष्ट सभा होती है।

(iv) काशी में होने वाले संगीत-आयोजनों में बिस्मिल्ला खाँ अवश्य उपस्थित रहते हैं। बिस्मिल्ला खाँ अपने मज़हब के प्रति अत्यधिक समर्पित होने के उपरांत भी काशी विश्वनाथ जी के प्रति भी अपार श्रद्धा रखते हैं।

(v) खाँ साहब जब काशी में होते हैं, तब वे स्वयं मंदिरों में होने वाले आयोजनों में उपस्थित रहते हैं, परन्तु जब वे काशी से बाहर रहते हैं, तब वे विश्वनाथ व बालाजी मंदिर की दिशा की ओर मुँह करके बैठते हैं तथा थोड़ी देर के लिए शहनाई का प्याला भी उसी ओर घुमा देते हैं। वे तन्मय होकर शहनाई बजाते हैं। इससे सिद्ध होता है कि बिस्मिल्ला खाँ की काशी विश्वनाथ एवं बालाजी मंदिर के प्रति अपार श्रद्धा थी।

(vi) खाँ साहब की एक रीड 15 से 20 मिनट के अन्दर गीली हो जाती है।

(vii) इस कथन का आशय यह है कि जब उस्ताद बिस्मिल्ला खाँ मंदिरों में श्रद्धा रखते हुए भाव-विभोर होकर तन्मयता से शहनाई बजाते हैं, तो ऐसा लगता है कि उनकी आस्था चरम पर है।

7. काशी संस्कृति की पाठशाला है। शास्त्रों में आनंदकानन के नाम से प्रतिष्ठित। काशी में कलाधर हनुमान व नृत्य विश्वनाथ हैं। काशी में बिस्मिल्ला खाँ हैं। काशी में हज़ारों सालों का इतिहास है जिसमें पंडित कंठे महाराज हैं, विद्याधरी हैं, बड़े रामदास जी हैं, मौजुद्दीन खाँ हैं व इन रसिकों से उपकृत होने वाला अपार जन-समूह है। यह एक अलग काशी है जिसकी अलग तहज़ीब है, अपनी बोली और अपने विशिष्ट लोग हैं। इनके अपने उत्सव हैं, अपना गम। अपना सेहरा-बन्ना और अपना नौहा। आप यहाँ संगीत को भक्ति से, भक्ति को किसी भी धर्म के कलाकार से, कजरी को चैती से, विश्वनाथ को विशालाक्षी से, बिस्मिल्ला खाँ को गंगाद्वार से अलग करके नहीं देख सकते।

प्रश्न— (i) काशी को संस्कृति की पाठशाला क्यों कहा गया है?

(ii) शास्त्रों में काशी किस नाम से प्रतिष्ठित है?

(iii) सिद्ध कीजिए कि काशी हिन्दू-मुस्लिम एकता की प्रतीक है।

(iv) लेखक के अनुसार काशी के अन्तर्गत कौन-कौन आते हैं?

(v) काशी के विषय में लेखक ने ऐसा क्यों कहा है कि 'यह एक अलग काशी है।'

(vi) काशी में आप किसको किससे अलग करके नहीं देख सकते?

उत्तर— (i) काशी में भारतीय शास्त्रों के ज्ञान का भंडार है। यहाँ कला एवं साहित्य का संगम है। यहाँ पर गंगा-जमुनी संस्कृति से युक्त हवाएँ बहती हैं। यहाँ के कण-कण में संस्कृति का वास है। इसी कारण काशी को संस्कृति की पाठशाला कहा गया है।

(ii) शास्त्रों में काशी 'आनन्दकानन' के नाम से प्रतिष्ठित है।

(iii) बिस्मिल्ला खाँ मुस्लिम थे। अपने मज़हब के प्रति वे अत्यधिक समर्पित थे। इसके बावजूद भी वे विश्वनाथ एवं बालाजी मंदिर के प्रति अपार श्रद्धा रखते थे। काशी में कंठे महाराज थे, तो मौजुद्दीन खाँ भी थे। इससे सिद्ध होता है कि काशी हिन्दू-मुस्लिम एकता का प्रतीक है।

(iv) लेखक के अनुसार काशी में कलाधार हनुमान, नृत्य विश्वनाथ, बिस्मिल्ला खाँ, पं. कंठे महाराज, विद्याधरी, बड़े रामदास जी, मौजुद्दीन खाँ तथा इन रसिकों से उपकृत होने वाला विशाल जन-समूह इसके अन्तर्गत आता है।

(v) काशी की तहज़ीब, बोली, लोगों की विशिष्टता, उत्सव, गम, सेहरा-बन्ना तथा नौहा सब अलग तरह का है 'यह एक अलग काशी है।' लेखक ने ऐसा इसलिए कहा है क्योंकि—

(vi) काशी में संगीत को भक्ति से, भक्ति को किसी भी धर्म के कलाकार से, कजरी को चैती से, विश्वनाथ को विशालाक्षी से तथा बिस्मिल्ला खाँ को गंगाद्वार से अलग करके नहीं देख सकते।

8. किसी दिन एक शिष्या ने डरते-डरते खाँ साहब को टोका, ''बाबा! आप यह क्या करते हैं इतनी प्रतिष्ठा है आपकी। अब तो आपको भारतरत्न भी मिल चुका है, यह फटी तहमद न पहना करें। अच्छा नहीं लगता, जब भी कोई आता है आप इसी फटी तहमद में सबसे मिलते हैं।'' खाँ साहब मुस्कुराए। लाड़ से भरकर बोले, ''धत्! पगली ई भारतरत्न हमको शहनाई पे मिला है, लुंगिया पे नाहीं। तुम लोगों की तरह बनाव सिंगार देखते रहते, तो उमर ही बीत जाती, हो चुकती शहनाई। तब क्या रियाज़ हो पाता, ठीक है बिटिया, आगे से नहीं पहनेंगे, मगर इतना बताए देते हैं कि मालिक से यही दुआ है, फटा सुर न बख्शें। लुंगिया का क्या है, आज फटी है तो कल सिल जाएगी।''

प्रश्न— (i) खाँ साहब की शिष्या को किस बात का डर था?

(ii) शिष्या ने खाँ साहब से क्या कहा?

(iii) खाँ साहब ने शिष्या को क्या उत्तर दिया?

(iv) खाँ साहब मालिक से क्या दुआ करते हैं?

(v) खाँ साहब सच्चे संगीतकार थे, सिद्ध कीजिए।

उत्तर— (i) खाँ साहब की शिष्या को इस बात का डर था कि कहीं अपनी फटी लुंगी पर टिप्पणी सुनकर वे उससे क्रोधित न हो जाएँ या फिर उन्हें कहीं उसके शब्दों से आघात न पहुँचे।

(ii) शिष्या ने खाँ साहब से कहा कि बाबा आपकी बहुत प्रतिष्ठा है तथा आपको भारतरत्न भी मिल चुका है। आप यह फटी तहमद न पहना करें। अच्छा नहीं लगता।

(iii) खाँ साहब ने शिष्या को उत्तर देते हुए कहा—यह भारतरत्न मुझे शहनाई पर मिला है, लुंगी पर नहीं। मैंने बनाव-सिंगार पर ध्यान न देकर रियाज़ पर ध्यान दिया है। तुम कहती हो तो आगे से फटी लुंगी नहीं पहनेंगे।

(iv) खाँ साहब मालिक से यही दुआ करते हैं कि हे मालिक मुझे फटा सुर न बख्शे।

(v) खाँ साहब सादा-जीवन उच्च विचार के प्रबल समर्थक थे। वे सादगी एवं सरलता के अनुगामी थे। उनका समस्त जीवन कला-साधना में समर्पित रहा। वे मालिक से सदैव सच्चा सुर माँगते रहे। अत: सिद्ध होता है कि वे सच्चे कलाकार थे।

पाठ से सम्बन्धित प्रश्नोत्तर

प्रश्न 1. शहनाई की दुनिया में डुमराँव को क्यों याद किया जाता है?

उत्तर— प्रसिद्ध शहनाईवादक उस्ताद बिस्मिल्ला खाँ का जन्म डुमराँव में हुआ था। डुमराँव में ही सोन नदी के किनारे नरकट नामक घास पाई जाती है, जिसकी रीड का प्रयोग शहनाई में किया जाता है। इसी कारण शहनाई की दुनिया में डुमराँव को याद किया जाता है।

प्रश्न 2. बिस्मिल्ला खाँ को शहनाई की मंगलध्वनि का नायक क्यों कहा गया है?

अथवा

शहनाई की मंगलध्वनि का नायक किसे कहा गया है और क्यों?

अथवा

''बिस्मिल्ला खाँ हमेशा अपनी अजेय संगीत-यात्रा के नायक रहेंगे।''—इस कथन की पुष्टि कीजिए।

उत्तर— शहनाई को मंगलध्वनि का वाद्य माना गया है। मांगलिक अवसरों पर इस वाद्य में मंगलध्वनि का परिवेश प्रतिष्ठित होता है। बिस्मिल्ला खाँ भारत के सर्वश्रेष्ठ शहनाईवादक हैं। वे सच्चे सुर के पुजारी रहे हैं। शहनाई के लिए ही उन्होंने अपना सम्पूर्ण जीवन समर्पित कर दिया। इसीलिए बिस्मिल्ला खाँ को शहनाई की मंगलध्वनि का नायक कहा गया है।

प्रश्न 3. सुषिर वाद्यों से क्या अभिप्राय है? शहनाई को 'सुषिर-वाद्यों में शाह' की उपाधि क्यों दी गई होगी?

उत्तर— सुषिर-वाद्यों से अभिप्राय ऐसे छिद्र वाले वाद्यों से है जिन्हें फूँककर बजाया जाता है। अत्यंत सुरीली एवं मोहक ध्वनि उत्पन्न करने के कारण शहनाई को 'शाहेनय' अर्थात् 'सुषिर-वाद्यों' में शाह की उपाधि दी गई है।

प्रश्न 4. आशय स्पष्ट कीजिए—

(i) 'फटा सुर न बख्शें। लुंगिया का क्या है, आज फटी है, तो कल सिल जाएगी।'

(ii) 'मेरे मालिक सुर बख्श दे। सुर में वह तासीर पैदा कर कि आँखों से सच्चे मोती की तरह अनगढ़ आँसू निकल आएँ।'

उत्तर— (i) प्रसिद्ध शहनाईवादक बिस्मिल्ला खाँ को फटी तहमद पहनने के लिए जब उनकी शिष्या ने रोका तो वे पहले मुस्कराए फिर मालिक से विनती करते हुए बोले कि हे मालिक ! तू मुझे कभी फटा सुर न देना। ऐसी कृपा बनाए रखना कि मेरी शहनाई से मधुर सुर निकलता रहे। मेरे रियाज़ में कमी न रहे। लुंगी फटी रह जाए तो कोई बात नहीं वह तो आज फटी है, कल सिल जाएगी, परन्तु यदि मेरे रियाज़ में कमी रह गई तो सब कुछ समाप्त हो जाएगा। हे मालिक ! मेरी शहनाई मधुर-ध्वनि से वातावरण को मंगलमय करती रहे। आपसे यही दुआ है। मेरी दुआ कुबूल करना।

(ii) शहनाई की मंगलध्वनि के नायक बिस्मिल्ला खाँ अस्सी वर्ष से मालिक से सच्चा सुर माँग रहे हैं। इसी एक सच्चे सुर की इबादत में खुदा के आगे लाखों सजदे करते हैं। वे नमाज़ के बाद सजदे में गिड़गिड़ाते हुए खुदा से विनती करते हैं—हे मालिक! तू मुझे एक ऐसा सच्चा सुर प्रदान कर, जिसकी तासीर से प्रभावित होकर आँखों से स्वाभाविक रूप से खुशियों के आँसू निकल पड़ें। उस सुर में प्रबल आकर्षण शक्ति हो।

प्रश्न 5. काशी में हो रहे कौन-से परिवर्तन बिस्मिल्ला खाँ को व्यथित करते थे?

उत्तर— काशी के पक्का महाल से मलाई बरफ बेचने वालों का चले जाना, देशी घी में मिलावट होना, जलेबी-कचौड़ी का स्वाद चला जाना, गायकों के मन में संगीतकारों के लिए सम्मान का न रहना, संगीत साहित्य तथा अदब का मान-सम्मान न रहना, हिन्दू-मुस्लिम एकता में कमी होना आदि परिवर्तन बिस्मिल्ला खाँ को व्यथित करते थे।

प्रश्न 6. बिस्मिल्ला खाँ जीवन भर ईश्वर से क्या माँगते रहे, और क्यों? इससे उनकी किस विशेषता का पता चलता है?

उत्तर— बिस्मिल्ला खाँ जीवन भर ईश्वर से अच्छा सुर माँगते रहे क्योंकि वह जानते थे कि उनकी पहचान, उनका सम्मान, सुर शहनाई में ही है। यदि सुर एक बार फट गया तो उसे बदला नहीं जा सकता है। इससे उनकी मजहब के प्रति श्रद्धा व धर्म के प्रति आस्था दिखाई देती है।

प्रश्न 7. पाठ में आए किन प्रसंगों के आधार पर आप कह सकते हैं कि—

(i) बिस्मिल्ला खाँ मिली-जुली संस्कृति के प्रतीक थे।

(ii) वे वास्तविक अर्थों में एक सच्चे इंसान थे।

उत्तर— (i) बिस्मिल्ला खाँ सच्चे मुसलमान थे। वे मुस्लिम धर्म के प्रति पूर्णत: समर्पित थे। मुस्लिम त्योहारों एवं उत्सवों को वे सच्ची श्रद्धा से मनाते थे। वे पाँचों वक्त की नमाज़ अदा करते थे। मुहर्रम की आठवीं तारीख को वे खड़े होकर शहनाई बजाते हैं व दालमंडी में फातमान के करीब आठ किलोमीटर तक पैदल चलकर, रोते हुए नौहा बजाते हैं। दूसरी ओर वे काशी के मंदिरों में आयोजित होने वाले उत्सवों में उपस्थित रहते हैं। काशी विश्वनाथ जी के प्रति उनकी अपार श्रद्धा है। काशी से बाहर रहने पर भी वे विश्वनाथ व बालाजी मंदिर की दिशा की ओर मुँह करके बैठते हैं। उसी दिशा की ओर थोड़ी देर के लिए शहनाई का प्याला भी घुमा दिया जाता है। इन प्रसंगों के आधार पर हम कह सकते हैं कि बिस्मिल्ला खाँ मिली-जुली संस्कृति के प्रतीक थे।

(ii) बिस्मिल्ला खाँ सादगी पसंद साधारण किन्तु असाधारण व्यक्तित्व के धनी थे। भारतरत्न मिल जाने पर भी उनमें अहंकार नहीं आया। वे धार्मिक रूप से कट्टर नहीं थे। वे धर्मों में समानता रखते थे। उनका हृदय विशाल था। उन्होंने काशी की परम्पराओं को बखूबी निभाया। उन्होंने सदैव मालिक से सच्चा सुर माँगा। वे सरल स्वभाव के साधारण व्यक्ति थे। वे वास्तविक अर्थों में सच्चे इंसान थे।

प्रश्न 8. बिस्मिल्ला खाँ के जीवन से जुड़ी उन घटनाओं और व्यक्तियों का उल्लेख करें जिन्होंने उनकी संगीत-साधना को समृद्ध किया।

उत्तर— बिस्मिल्ला खाँ जब अपनी ननिहाल आए तब उनकी उम्र केवल छ: वर्ष थी। उस समय वे राग के विषय में कुछ नहीं भी जानते थे। वहाँ पर उनके मामा सादिक हुसैन तथा अलीबख्श जो कि जाने-माने शहनाईवादक थे। उनकी शहनाई को सुनकर बिस्मिल्ला खाँ को शहनाई से प्रेम हुआ तथा उन्हें सम का ज्ञान भी यहीं प्राप्त हुआ। 14 वर्ष की आयु में इन्हें रसूलनबाई एवं बतूलनबाई नामक गायिका बहनों की गायिकी ने अपनी ओर आकर्षित किया। इससे उन्हें संगीत के प्रति आसक्ति हुई। वह उनके संगीत की प्रेरणा थी। बिस्मिल्ला खाँ के नाना भी उनके प्रेरणास्रोत थे। वे इतनी मधुर शहनाई बजाते थे कि उनके रियाज़ करके चले जाने के बाद वह शहनाइयों की भीड़ में से नाना वाली मीठी शहनाई ढूँढ़ा करते थे। अभिनेत्री सुलोचना से भी ये बहुत प्रभावित रहे। वे उसकी हर नई फिल्म अवश्य देखने जाते थे। कुलसुम हलवाइन की कलकलाते घी में डलती कचौड़ियों में छन्न से उठने वाली आवाज में भी उन्हें संगीत के सारे आरोह-अवरोह दिखाई दे जाते थे। संगीत उनके रक्त में प्रवाहित था। उनके दादा, नाना, मामा तथा पिता भी प्रसिद्ध शहनाईवादक थे। इन सभी ने मिलकर बिस्मिल्ला खाँ की संगीत-साधना को समृद्ध किया।

रचना और अभिव्यक्ति

प्रश्न 1. बिस्मिल्ला खाँ के व्यक्तित्व की कौन-कौन-सी विशेषताओं ने आपको प्रभावित किया?

अथवा

बिस्मिल्ला खाँ की उन चारित्रिक विशेषताओं का उल्लेख कीजिए, जो आपको अधिक प्रभावित करती हों।

उत्तर— बिस्मिल्ला खाँ की निम्न विशेषताओं ने मुझे प्रभावित किया—

(i) **आडंबरहीन जीवन—**बिस्मिल्ला खाँ सादगी पसंद थे। वे दिखावे में विश्वास नहीं रखते थे। भारतरत्न मिल जाने के बावजूद भी उनको किसी तरह का अभिमान नहीं था। उन्होंने कभी बनाव-शृंगार की ओर ध्यान नहीं दिया। यहाँ तक कि वह जो लुंगी प्रयोग करते थे वह भी फटी थी। उनका सारा समय संगीत साधना में व्यतीत होता था।

(ii) **धार्मिक सौहार्द्र की भावना—**बिस्मिल्ला खाँ सच्चे मुसलमान होते हुए भी काशी विश्वनाथ एवं बालाजी मंदिर के प्रति अपार श्रद्धा रखते थे। गंगा को मैया कहते थे। पाँचों वक्त की नमाज़ पढ़ने के साथ-साथ हिन्दू देवताओं में भी आस्था रखते थे। वे वास्तव में धार्मिक सौहार्द्र की मिसाल थे।

(iii) **मालिक के प्रति आस्था—**वे मालिक के प्रति गहरी आस्था रखते थे। वे मालिक से सच्चा सुर माँगते थे। उन्हें विश्वास था कि खुदा उनकी कामना को अवश्य पूरा करेगा।

प्रश्न 2. मुहर्रम से बिस्मिल्ला खाँ के जुड़ाव को अपने शब्दों में लिखिए।

उत्तर— मुहर्रम से बिस्मिल्ला खाँ को गहरा जुड़ाव था। उनके खानदान का कोई भी व्यक्ति मुहर्रम के दिनों में न तो शहनाई बजाता है और न ही किसी संगीत के कार्यक्रम में भाग लेता है। आठवीं तारीख उनके लिए अत्यंत महत्वपूर्ण है। इस दिन बिस्मिल्ला खाँ खड़े होकर शहनाई बजाते हैं तथा दालमंडी में फातमान के करीब आठ किलोमीटर तक पैदल चलकर रोते हुए नौहा बजाते जाते हैं। इस दिन राग-रागिनियों का निषेध रहता है। केवल अज़ादारी होती है। उनकी आँखें इमाम हुसैन और उनके परिजनों की शहादत में गीली रहती हैं।

प्रश्न 3. बिस्मिल्ला खाँ कला के अनन्य उपासक थे, तर्क सहित उत्तर दीजिए।

उत्तर— बिस्मिल्ला खाँ कला के अनन्य उपासक थे। शहनाई की मंगलध्वनि के नायक बिस्मिल्ला खाँ अस्सी वर्ष से शहनाई बजाते रहे। वे भारत के प्रसिद्ध एवं प्रतिष्ठित शहनाईवादक तथा भारतरत्न प्राप्तकर्ता थे। इस गौरवपूर्ण सम्मान का उन्हें तनिक भी अभिमान नहीं था। वे खुदा से सच्चा सुर माँगते रहे। उन्हें यकीन था कि खुदा मेहरबान होगा तथा उसकी मुराद पूरी करेगा। वे पूरी तन्मयता के साथ संगीत साधना में लगे रहते थे। बिस्मिल्ला खाँ और शहनाई एक-दूसरे के पर्याय हैं। वे अपनी शहनाई की प्रशंसा भी अल्लाह को समर्पित करते हैं। कला ही उनका धर्म था तथा सुर की साधना उनके जीवन का लक्ष्य।

भाषा अध्ययन

प्रश्न 1. निम्नलिखित मिश्र वाक्यों के उपवाक्य छाँटकर भेद भी लिखिए—

(i) यह ज़रूरी है कि शहनाई और डुमराँव एक-दूसरे के लिए उपयोगी हैं।

(ii) रीड अन्दर से पोली होती है, जिसके सहारे शहनाई को फूँका जाता है।

(iii) रीड नरकट से बनाई जाती है, जो डुमराँव में मुख्यत: सोन नदी के किनारे पाई जाती है।

(iv) उनको यकीन है, कभी खुदा यूँ ही उन पर मेहरबान होगा।

(v) हिरन अपनी ही महक से परेशान पूरे जंगल में उस वरदान को खोजता है, जिसकी गमक उसी में समाई है।

(vi) खाँ साहब की सबसे बड़ी देन हमें यही है कि पूरे अस्सी बरस उन्होंने संगीत को सम्पूर्णता व एकाधिकार से सीखने की जिजीविषा को अपने भीतर जिंदा रखा।

उत्तर—

(i) 1. यह ज़रूरी है। **(प्रधान उपवाक्य)**

2. शहनाई और डुमराँव एक-दूसरे के लिए उपयोगी हैं। **(संज्ञा उपवाक्य)**

(ii) 1. रीड अन्दर से पोली होती है। **(प्रधान उपवाक्य)**

2. जिसके सहारे शहनाई को फूँका जाता है। **(विशेषण उपवाक्य)**

(iii) 1. रीड नरकट से बनाई जाती है। **(प्रधान उपवाक्य)**

2. जो डुमराँव में मुख्यत: सोन नदी के किनारों पर पाई जाती है। **(विशेषण उपवाक्य)**

(iv) 1. उनको यकीन है। **(प्रधान उपवाक्य)**

2. कभी खुदा यूँ ही उन पर मेहरबान होगा। **(संज्ञा उपवाक्य)**

(v) 1. हिरन अपनी ही महक से परेशान पूरे जंगल में उस वरदान को खोजता है **(प्रधान उपवाक्य)**

2. जिसकी गमक उसी में समाई है। **(विशेषण उपवाक्य)**

(vi) 1. खाँ साहब की सबसे बड़ी देन हमें यही है। **(प्रधान उपवाक्य)**

2. पूरे अस्सी बरस उन्होंने संगीत को सम्पूर्णता व एकाधिकार से सीखने की जिजीविषा को अपने अन्दर जिंदा रखा। **(संज्ञा उपवाक्य)**

प्रश्न 2. निम्नलिखित वाक्यों को मिश्रित वाक्यों में बदलिए—

(i) इसी बालसुलभ हँसी में कई यादें बंद हैं।

(ii) काशी में संगीत आयोजन की एक प्राचीन एवं अद्‌भुत परंपरा है।

(iii) धत्! पगली ई भारतरत्न हमको शहनईया पे मिला है, लुंगिया पे नाहीं।

(iv) काशी का नायाब हीरा हमेशा से दो कौमों को एक होकर आपस में भाईचारे के साथ रहने की प्रेरणा देता रहा।

उत्तर— (i) यह वही बालसुलभ हँसी है, जिसमें कई यादें बंद हैं।

(ii) यह काशी की प्राचीन एवं अद्‌भुत परम्परा है कि यहाँ संगीत आयोजन होते रहते हैं।

(iii) धत्! पगली ई जो भारतरत्न हमको मिला है, ऊ शहनाईया पे मिला है लुंगिया पे नाही।

(iv) यह काशी का नायाब हीरा ही है, जिसने हमेशा से दो कौमों को एक होकर आपस में भाई-चारे के साथ रहने की प्रेरणा दी।

परीक्षोपयोगी महत्वपूर्ण प्रश्नोत्तर

प्रश्न 1. अमीरुद्दीन कौन थे? बचपन में उन्हें राग के विषय में कितना ज्ञान था?

उत्तर— अमीरुद्दीन बिस्मिल्ला खाँ के बचपन का नाम है। उनहें बचपन में राग के विषय में कोई ज्ञान नहीं था। वे अपने मामा द्वारा गाए जाने वाले भीमपलासी और मुलतानी का मतलब भी नहीं समझते थे। वे आयु में काफी छोटे थे। इसी कारण इन भारी शब्दों के विषय में नहीं समझते थे।

प्रश्न 2. ''नौबतखाने में इबादत' नामक पाठ का क्या संदेश है?

उत्तर— यह पाठ हमें यह संदेश देता है कि हमें सभी धर्मों का समान भाव से आदर करना चाहिए। आपस में धार्मिक सौहार्द्र एवं भाईचारा बनाकर रखना चाहिए। अपने कार्य के प्रति पूर्णरूप से समर्पित रहना चाहिए। कला के प्रति प्रेम व समर्पण का भाव रखना चाहिए। यह पाठ हमें सादा जीवन जीने की प्रेरणा देता है तथा अपनी कला का रियाज़ करने के लिए प्रेरित करता है। ऊँचाइयाँ छूने पर भी अभिमान न करने की सीख भी हमें इसी पाठ से मिलती है।

प्रश्न 3. जीवन के आरम्भिक समय में संगीत के प्रति बिस्मिल्ला खाँ की आसक्ति कैसे हुई?

अथवा

प्रसिद्ध शहनाईवादक बिस्मिल्ला खाँ को कौन-कौन सी गायिकाओं से आरम्भिक प्रेरणा मिली?

उत्तर— बिस्मिल्ला खाँ को अबोध उम्र में संगीत की प्रेरणा रसूलनबाई तथा बतूलनबाई नामक दो गायिका बहनों से मिली। उनसे ही उन्होंने संगीत की वर्णमाला सीखी। उनका गाना सुनकर बिस्मिल्ला खाँ को खुशी मिलती थी। उन्हें अपने जीवन के आरम्भिक दिनों में संगीत के प्रति आसक्ति इन्हीं गायिका बहनों को सुनकर मिली।

प्रश्न 4. बिस्मिल्ला खाँ बचपन में मामूजान द्वारा शहनाई बजाने पर दाद कैसे देते थे?

उत्तर— जब उनके मामा उस्ताद अलीबख्श शहनाई बजाते हुए सम पर आते थे तब अमीरुद्दीन धड़ से एक पत्थर जमीन पर मार देते थे। उनके हिसाब से यही तरीका दाद देने का था। उन्हें सम पर आने की पहचान हो गई थी परन्तु यह समझ नहीं थी कि दाद वाह करके तथा सिर हिलाकर दी जाती है, पत्थर मारकर नहीं।

प्रश्न 5. बिस्मिल्ला खाँ बचपन से ही फिल्मों के शौकीन थे, स्पष्ट कीजिए।

अथवा

अमीरुद्दीन की पसंदीदा अभिनेत्री कौन थी? उनके फिल्मी-शौक पर प्रकाश डालिए।

उत्तर— बिस्मिल्ला खाँ बचपन से ही फिल्म देखने के शौकीन थे। उनकी पंसदीदा अभिनेत्री सुलोचना थी। वे उसकी हर नई फिल्म देखते थे। उन दिनों वे थर्ड क्लास की टिकट के लिए मामू, मौसी व नानी से दो-दो पैसे लेकर छः पैसे जुटाते थे तथा घंटों लाइन में लगकर टिकट हासिल करते थे। अपनी कमाई में मिलने वाली अठन्नी को भी इसी शौक में खर्च कर देते थे। उनका फिल्मी-शौक जबर्दस्त था।

प्रश्न 6. बिस्मिल्ला खाँ के व्यक्तित्व की कौन-कौन-सी विशेषताओं ने आपको प्रभावित किया? आप इनमें से किन दो विशेषताओं को अपनाना चाहेंगे? कारण सहित किन्हीं दो का उल्लेख कीजिए।

उत्तर— बिस्मिल्ला खाँ के व्यक्तित्व की ऐसी अनेक विशेषताएँ हैं जिन्हें हम अपनाना चाहेंगे—

कृत्रिमता से दूर सहजता, विनम्रता की पराकाष्ठा, धार्मिक उदारता, काशी के प्रति श्रद्धा, अथक परिश्रम, धुन के पक्के इत्यादि विशेषताएँ थीं, पर इनमें से मुख्य दो विशेषताएँ—कृत्रिमता से दूर सहजता अपनाना चाहेंगे क्योंकि कृत्रिमता स्वभाव में, जीवन में हमेशा झूठ बुलवाना चाहती है। विनम्रता जीवन के लिए अत्यन्त आवश्यक है।

प्रश्न 7. बिस्मिल्ला खाँ को काशी से जुड़ाव क्यों था?

उत्तर— बिस्मिल्ला खाँ अल्पायु में ही डुमराँव छोड़कर अपनी ननिहाल काशी आ गए थे। उनके जीवन का बड़ा हिस्सा काशी में ही बीता। उनके पूर्वज भी काशी के निवासी थे, काशी ने ही उन्हें शहनाई की मंगलध्वनि का नायक बनाया। इसी कारण उन्हें भारतरत्न तथा अन्य

पुरस्कारों से नवाज़ा गया। काशी विश्वनाथ मंदिर तथा बालाजी मंदिर की ड्योढ़ी उनके जीवन का अंग थी। काशी ने उन्हें बहुत कुछ दिया था। इसी कारण बिस्मिल्ला खाँ को काशी से जुड़ाव था।

प्रश्न 8. काशी की सांस्कृतिक विशेषताओं का संक्षेप में वर्णन कीजिए।

उत्तर— काशी सांस्कृतिक धरोहर है। यहाँ की हवा में भी संगीत है। यह संस्कृति एवं संस्कारों की खान है। यहाँ पर संगीत, साहित्य, कला एवं नृत्य का अनोखा संगम है। यहाँ धार्मिक एकता है। सौहार्द्रपूर्ण वातावरण है। काशी हिन्दू-मुस्लिम संस्कृति के मेल की गवाह है। यहाँ का परिवेश संगीत एवं साहित्यमय है।

प्रश्न 9. मुहर्रम के विषय में आप क्या जानते हैं?

उत्तर— मुहर्रम एक मुस्लिम पर्व है। इसमें दस दिनों तक शोक मनाया जाता है। मुहर्रम का महीना वह होता है जिसमें शिया मुसलमान हज़रत इमाम हुसैन एवं उनके कुछ वंशजों के प्रति अज़ादारी (शोक) मनाते हैं।

प्रश्न 10. 'खाँ साहब रियाज़ी और स्वादी दोनों रहे हैं।' इस कथन के माध्यम से लेखक क्या कहना चाहता है?

उत्तर— इस पंक्ति के माध्यम से लेखक यह कहना चाहता है कि बिस्मिल्ला खाँ अभ्यास के पक्के होने के साथ-साथ स्वादिष्ट व्यंजनों के शौकीन थे। वे रियाज़ी थे। शहनाई वादन उन्हें विरासत में मिला था। कुलसुम हलवाइन की देशी घी की कचौड़ियों ने उन्हें स्वादी भी बना दिया था। उसकी संगीतमय कचौड़ियों का स्वाद उन्हें आकर्षित करता था।

प्रश्न 11. उस्ताद बिस्मिल्ला खाँ को बालाजी के मंदिर का कौन-सा रास्ता प्रिय था और क्यों?

उत्तर— उस्ताद बिस्मिल्ला खाँ को रसूलनबाई और बतूलनबाई के यहाँ से होकर बालाजी मंदिर जाने का रास्ता बहुत प्रिय था, क्योंकि इससे होकर जाने में उन दोनों गायिका बहनों का मधुर गायन सुनने को मिलता था।

प्रश्न 12. उस्ताद बिस्मिल्ला खाँ को मिलने वाले पुरस्कारों व सम्मानों पर प्रकाश डालिए।

उत्तर— प्रसिद्ध शहनाई वादक उस्ताद बिस्मिल्ला खाँ को पद्मश्री, पद्म विभूषण, भारतरत्न, विश्वविद्यालय की मानद उपाधियों से अलंकृत तथा संस्कृत नाटक अकादमी पुरस्कार आदि अनेक सम्मानों से नवाज़ा जा चुका है।

प्रश्न 13. सुकून के क्षणों में खाँ साहब क्या याद करते हैं?

उत्तर— सुकून के क्षणों में खाँ साहब अपनी जवानी के दिनों को याद करते हैं। वे अपने रियाज़ को कम उन दिनों के अपने जुनून को याद करते हैं। अपने अब्बाजान और उस्ताद को कम, पक्का महाल की कुलसुम हलवाइन की कचौड़ी वाली दुकान तथा गीताबाली व सुलोचना को ज्यादा याद करते हैं। सुलोचना को याद करते समय रहस्यमयी मुस्कराहट के साथ उनके गालों पर चमक आ जाती है।

प्रश्न 14. बिस्मिल्ला खाँ साहब की आँखें कब चमक उठती हैं?

उत्तर— बिस्मिल्ला खाँ जब अपनी बालसुलभ हँसी में बंद यादों का ज़िक्र करते हैं तब उन यादों के नैसर्गिक एवं स्वाभाविक आनंद में उनकी आँखें चमक उठती हैं। अपने नाना की मीठी शहनाई को ढूँढ़ने वाली मधुर स्मृति उन्हें मंत्रमुग्ध कर देती है। मामूजान की शहनाईवादन के समय सम पर आने पर उनके द्वारा जमीन पर पत्थर मारना उन्हें मधुर यादों से भर देता है।

प्रश्न 15. उस्ताद बिस्मिल्ला खाँ के लिए इस धरती पर सबसे बड़ी जन्नत कहाँ पर है? और क्यों?

उत्तर— उस्ताद बिस्मिल्ला खाँ के लिए इस धरती पर शहनाई एवं काशी से बढ़कर कोई जन्नत नहीं है। उन्हें काशी से बहुत लगाव है। वे काशी, गंगा मैया, बाबा विश्वनाथ तथा बालाजी मंदिर को छोड़कर कहीं नहीं जाना चाहते। उनका मानना है कि जिस ज़मीन ने उन्हें तालीम दी, जहाँ से उन्हें अदब मिला, उससे बढ़कर उनके लिए अन्य कोई स्थान नहीं है।

प्रश्न 16. लेखक ने काशी की गंगा-जमुनी संस्कृति पर क्या टिप्पणी की है?

उत्तर— लेखक का कहना है कि काशी में जिस तरह बाबा विश्वनाथ और बिस्मिल्ला खाँ एक-दूसरे के पूरक रहे हैं, उसी प्रकार मुहर्रम-ताजिया और होली-अबीर गुलाल की गंगा-जमुनी संस्कृति भी एक-दूसरे के पूरक रहे हैं। यह हिन्दू-मुस्लिम एकता का प्रतीक है, किन्तु लेखक को इस संस्कृति के लुप्त होकर केवल इतिहास बनकर रह जाने का दुःख है।

प्रश्न 17. उस्ताद बिस्मिल्ला खाँ को खुद के प्रति क्या विश्वास है?

उत्तर— उस्ताद बिस्मिल्ला खाँ नमाज के पश्चात् सजदे में गिड़गिड़ाते हुए प्रार्थना करते थे कि मालिक उन्हें एक सुर दे तथा उनके सुर में वह तासीर पैदा करे कि आँखों से सच्चे मोती की तरह अनगढ़ आँसू निकल आएँ। उनको विश्वास था कि कभी खुदा यूँ ही उन पर मेहरबान होगा।

प्रश्न 18. खाँ साहब का निधन कब हुआ?

उत्तर— संगीत के नायक खाँ साहब का निधन नब्बे वर्ष की आयु में 21 अगस्त, 2006 को बनारस में हुआ। इसी दिन वे संगीत रसिकों की हार्दिक सभा से विदा हो गए।

प्रश्न 19. बिस्मिल्ला खाँ काशी क्यों नहीं छोड़ना चाहते थे? कोई दो कारण लिखिए।

उत्तर— बिस्मिल्ला खाँ काशी छोड़कर इसलिए नहीं जाना चाहते थे, क्योंकि उन्हें गंगा मैया, बाबा विश्वनाथ, बालाजी का मंदिर व शहनाई से बहुत लगाव था।

प्रश्न 20. खाँ साहब की सबसे बड़ी देन क्या है?

उत्तर— खाँ साहब की सबसे बड़ी देन यही है कि पूरे अस्सी बरस उन्होंने संगीत को सम्पूर्णता व एकाधिकार से सीखने की जिजीविषा को अपने भीतर जिंदा रखा। खाँ साहब वास्तव में हम सबके लिए प्रेरणास्रोत हैं।

प्रश्न 21. बिस्मिल्ला खाँ जीवनभर ईश्वर से क्या माँगते रहे और क्यों? इससे किस विशेषता का पता चलता है?

उत्तर— प्रसिद्ध शहनाई वादक बिस्मिल्ला खाँ पाँचों वक्त की नमाज़ में ईश्वर से सच्चे सुर की कामना करते थे, क्योंकि सुर ईश्वर का दिया हुआ वरदान है जो एक कलाकार को श्रोताओं से जोड़े रखता है। वे कला के अनन्य उपासक थे तथा अपनी कला को धनोपार्जन का जरिया नहीं मानते थे। इससे उनकी विनम्रता, ईश्वर पर आस्था और सच्चे संगीत साधक होने की विशेषता पता चलती है।

प्रश्न 22. बिस्मिल्ला खाँ की तुलना कस्तूरी मृग से क्यों की गई है?

उत्तर— बिस्मिल्ला की तुलना कस्तूरी मृग से इसलिए की गई है, क्योंकि दोनों के गुण समान हैं। जिस प्रकार कस्तूरी मृग अपनी कस्तूरी की खुशबू में पागल रहता है, उसी प्रकार बिस्मिल्ला खाँ भी अपने संगीत के प्रति पागल थे।

जिस प्रकार कस्तूरी की खुशबू चारों ओर फैलती है, उसी प्रकार उनके संगीत की महक चारों ओर फैल गई, यह महक आज तक हमारे चारों ओर फैली हुई है।

❑❑

माता का अँचल

1

लेखक—शिवपूजन सहाय

लेखक परिचय—ग्रामीण संस्कृति के पुरोधा शिवपूजन सहाय का जन्म बिहार के भोजपुर जिले में उनवाँस नामक गाँव में सन् 1893 में हुआ। उनके बचपन का नाम भोलानाथ था। दसवीं तक शिक्षा प्राप्त करने के बाद उन्होंने बनारस जाकर अदालत में नौकरी की। उन्होंने हिन्दी विषय में अध्यापन कार्य भी किया। असहयोग आन्दोलन से प्रभावित होकर उन्होंने सरकारी नौकरी छोड़ दी। वे हिन्दी की प्रतिष्ठित पत्रिका 'मतवाला' के संपादक-मंडल में भी थे। उन्होंने बालक, माधुरी, जागरण और हिमालय जैसी अनेक प्रसिद्ध पत्रिकाओं का संपादन भी किया। सन् 1963 में उनका निधन हो गया।

रचनाएँ—शिवपूजन सहाय प्रमुख रूप से गद्य की विधाओं में ही लिखते थे। उनकी सम्पूर्ण रचनाएँ शिवपूजन रचनावली के चार खण्डों में प्रकाशित हैं। ग्राम सुधार, स्मृतिशेष, वे दिन वे लोग और देहाती दुनिया आदि उनकी प्रमुख गद्य-कृतियाँ हैं।

साहित्यिक विशेषताएँ—शिवपूजन सहाय आधुनिक हिन्दी साहित्य में प्रमुख साहित्यकारों में से एक हैं। उनकी रचनाओं में समाज की सामाजिक-राजनीतिक समस्याओं तथा सामाजिक विडंबनाओं का यथार्थ चित्रण मिलता है। उन्होंने नारी में चेतना जाग्रत करने का अभूतपूर्व प्रयास किया। सामाजिक कुरीतियों तथा शोषण के विरुद्ध आवाज़ उठाई।

सहाय जी के साहित्य में ग्राम्य-संस्कृति का एक अनूठा चित्रण देखने को मिलता है। इनके साहित्य में सरल एवं सरस खड़ी बोली का प्रयोग हुआ है। उर्दू, फारसी, अंग्रेजी, तद्भव तथा तत्सम शब्दों का प्रयोग प्रचुरता से हुआ है। वर्णनात्मक, चित्रात्मक एवं विवरणात्मक शैलियों का प्रयोग भावपूर्ण ढंग से किया है। भाषा को रोचक तथा प्रवाहयुक्त बनाने के लिए सुंदर मुहावरों एवं लोकोक्तियों का प्रयोग किया है। शिवपूजन सहाय हिन्दी के महान् लेखक, लोकप्रिय तथा सम्मानित व्यक्ति थे। हिन्दी साहित्य के क्षेत्र में उनके अपूर्व योगदान को हमेशा याद किया जाएगा।

सारांश—माता का अँचल लेखक शिवपूजन सहाय द्वारा लिखित उपन्यास 'देहाती दुनिया' का एक अंश है। संकलित अंश में ग्रामीण अँचल के बालकों का खेल, उनका कौतूहल, माँ की ममता तथा पिता के दुलार के साथ अनेक लोकगीतों को सम्मिलित किया गया है।

इसमें बताया गया है कि ग्रामीण समाज में युवा मौज-मस्ती करते हैं तथा बुजुर्ग लोग कठिनाई से जीवन बिताते हैं। इस पाठ में लेखक ने अपने बचपन के विषय में बताया है।

लेखक के पिता सुबह जल्दी उठने के बाद दैनिक क्रियाकलापों से निवृत्त होकर पूजा करने बैठ जाते थे। लेखक का अपनी माता की अपेक्षा अपने पिता से अधिक जुड़ाव था। अतः पिताजी लेखक को भी अपने साथ नहलाकर पूजा पर बिठा लेते थे। तिलक लगाने की जिद्द करने पर वे लेखक के चौड़े ललाट पर त्रिपुंड बना देते थे। लेखक स्वयं को बम भोला के समान सुंदर समझने लगता था। जब उनके पिताजी रामायण का पाठ करते तब लेखक बगल में बैठकर स्वयं को आइने में निहारते रहते। पिता द्वारा देख लेने पर लजाते हुए मुस्कराकर आइना नीचे रख देते थे। उनकी इन हरकतों पर पिताजी भी मुस्करा पड़ते थे। लेखक का असली नाम 'तारकेश्वरनाथ' था, परंतु पिता जी उनको भोलानाथ कहकर पुकारते थे। लेखक अपनी माँ को 'मइयाँ' तथा पिता को 'बाबूजी' कहकर पुकारते थे।

पिताजी पूजा-पाठ में विश्वास रखते थे। वे 'रामनाथ बही' हजार राम-नाम लिखकर पोथी के साथ रखते थे। वे राम नाम लिखे काग़ज़ के टुकड़ों में आटे की गोलियाँ लपेटकर गंगा नदी पर जाकर मछलियों को खिलाते थे। लेखक उनके कंधे पर बैठकर जाते थे। लौटते में पिताजी उन्हें झुके हुए पेड़ों की डालियों पर झूला झुलाते थे। लेखक का मनोबल बढ़ाने के लिए पिताजी उनके साथ कुश्ती भी लड़ते थे तथा जानबूझकर हार भी जाते थे। वे उनके साथ वात्सल्य भरी क्रियाएँ करते थे। घर लौटकर साथ में ही खाना खाते। पिताजी उन्हें अपने हाथों से खाना खिलाते थे। पेट भर जाने के बाद, उनकी माँ भी उन्हें बहलाकर भोजन करा देती थीं। उनका मानना था कि जब वह बड़े-बड़े निवाले खाएगा, तभी दुनिया में अपने लिए जगह बना पाएगा।

खाना खाकर लेखक उछलते-कूदते अपना काठ का घोड़ा लेकर बाहर खेलने चले जाते थे। कभी-कभी माँ उनको पकड़कर बालों में सरसों का तेल डालकर उबटन करने के बाद नज़र का टीका लगाकर चोटी गूँथतीं और उनमें फूलदार फुँदना बाँधकर रंगीन कुर्ता-पजामा पहनाकर तैयार कर देती थीं। उसमें लेखक स्वयं को 'कन्हैया' के समान सुंदर महसूस करता था। बच्चों के साथ खेलते हुए उन्हें बहुत आनंद मिलता था। वे उनके साथ तरह-तरह के खेल खेलते थे। पिताजी भी उनका उत्साह बढ़ाते रहते थे। उनके खेलों में मिठाई की दुकान लगाना, घरौंदा बनाना, दूल्हा-दुल्हन का विवाह रचाना, खेती करना आदि अनेक तरह के नाटक सम्मिलित थे। खेल के साथ-साथ उनका झुण्ड अनेक तरह की शरारतें भी करता था। ददरी के मेले में जाने वाले झुण्ड को देखकर, वे कूद-कूदकर लोकगीत गाकर चिल्लाने लगते थे। दूल्हे के आगे जाती हुई पर्दे वाली पालकी को देखकर चिल्लाने लगते थे। इसी कारण एक बूढ़े वर ने लेखक की बाल-टोली को खँदेड़ते हुए ढेलों से मारा था।

आँधी आने पर वे आम के बाग की ओर दौड़ पड़ते और चुन-चुनकर आम खाते थे। एक बार आँधी आने के बाद मौसम खराब हो गया। बालकवृंद ने पेड़ के तने से चिपककर जैसे-तैसे समय काटा। बाग में बिच्छू दिखाई देने लगे। डरकर सब घर की ओर भागने लगे। बीच में

मूसन तिवारी मिल गए, जिनको कम दिखाई देता था। अतः बच्चे उन्हें चिढ़ाने लगे। मूसन तिवारी ने उन्हें बुरी तरह खदेड़ा। सब घर की ओर भागे। मूसन तिवारी ने पाठशाला जाकर सबकी शिकायत की, लेखक को पकड़कर दण्ड दिया गया। पिताजी ने गुरुजी से विनती करके उन्हें बचा लिया। रास्ते में बच्चों के झुंड को देखकर लेखक रोना-धोना भूलकर पिताजी की गोद से उतरकर बाल-मंडली में शामिल हो गए तथा लोकगीत की पंक्ति का सुर अलापने लगे। खेत में दाना चुगने वाली चिड़ियों के झुंड के पीछे भागे, पर एक भी चिड़िया को न पकड़ सके तब फिर से लेखक गाने लगे—

राम जी की चिरई, राम जी का खेत, खा लो चिरैया, भर-भर पेट।

उनकी शैतानियों को देखकर गाँव के लोग हँस रहे थे तथा लड़के और बंदरों का समान बता रहे थे। एक बार सभी मित्र शरारत में चूहे के बिल में पानी उलीचने लगे अचानक उस बिल में से साँप निकल आया। साँप को सामने देखकर सब डर गए। गिरते-पड़ते बेतहाशा घर की ओर भागे। किसी के दाँत टूटे तो किसी के सिर में चोट लग गई। लेखक लहूलुहान हो गए तथा उनके पैर काँटों से छलनी हो गए। वे दौड़ते हुए माँ के पास आ गए। उनकी हालत देखकर माँ रो पड़ी। हल्दी पीसकर घावों पर लगाई तथा उनको स्नेह से सहलाया। डर तथा दर्द से लेखक का बुरा हाल था। रोंगटे खड़े हो गए थे। आँखें खुल नहीं रही थीं। होंठ काँप रहे थे। ऐसी दशा देखकर लेखक की माँ बड़े लाड़ से उन्हें गले लगा रही थीं।

उसी समय बाबू जी भी दौड़कर आ गए थे। उन्होंने उन्हें अपनी गोद में लेने की कोशिश की, परंतु लेखक माँ के अँचल की प्रेम व शान्ति भरी छाया को छोड़कर पिताजी की गोद में नहीं जाना चाहते थे।

शब्द-सम्पदा

अँचल = गोद। **मृदंग** = एक प्रकार का वाद्य यंत्र। **खरचे** = खर्च। **तड़के** = बहुत सवेरे, उषाकाल में। **निबट-नहाकर** = दैनिक क्रियाओं के बाद। **लिलार** = मस्तक, माथा, ललाट। **अंग लगना** = साथ रहना। **भभूत** = पूजन सामग्री की राख। **दिक** = जिद्द। **खुलती** = जँचती। **जटाएँ** = लंबे बाल। **नाता** = रिश्ता। **त्रिपुंड** = तीन आड़ी या अर्द्धचन्द्राकार रेखाओं से बना हुआ तिलक। **झुँझलाकर** = चिढ़कर, खीझकर। **आइना** = शीशा। **निहारना** = देखना। **जलाकर** = शर्माकर, शर्म से भरकर। **पोथी** = पूजा की पतली किताब। **विराजमान** = उपस्थित, बैठे हुए। **चारा** = खाना। **शिथिल** = ढीले, पस्त। **पछाड़ना** = हराना। **उतान पड़ना** = पीठ के बल लेटना, चित्त होना। **चूमना** = चुंबन लेना। **चौका** = रसोई। **फूल** = एक धातु। **गोरस** = गाय का दूध। **भात** = चावल। **सानकर** = मिलाकर। **हठ** = जिद्द। **कौर** = टुकड़ा। **अफर जाना** = भरपेट भोजन करना। **ढंग** = तरीका। **ठौर** = स्थान, मौका, अवसर। **मरदुए** = मर्द, पुरुष। **महतारी** = माँ, माता। **चट करना** = खत्म कर देना। **चुल्लू** = जितना एक हाथ में समा सके। **कड़वा तेल** = सरसों का तेल। **नाभी** = नाभि, पेट का मध्य भाग, टुण्डी। **बोथना** = सराबोर कर देना, अधिक मात्रा में लगाना। **बाट जोहना** = प्रतीक्षा करना। **बिगड़ खड़े होना** = अत्यन्त क्रोधित होना। **हमजोली** = साथी, सखा, मित्र। **दल** = झुंड, समूह। **सरकंडा** = एक तरह की घास। **चँदोआ** = छोटा शामियाना। **खोंचा** = ढाँचा। **ठीकरा** = मिट्टी का टुकड़ा। **बटखरे** = एक तरह की मिठाई। **घरोंदा** = घर, रहने का स्थान। **दातून** = नीम की लकड़ी। **किवाड़** = दरवाजे। **आचमनी** = आचमन के काम आने वाला चम्मच। **पिसान** = पिसी हुई वस्तु। **ज्योनार** = दावत, भोज। **पंगत** = पंक्ति। **पाँत** = पंक्ति। **जीमने** = भोजन करने। **तंबूरा** = एक तरह का वाद्य यंत्र। **अमोला** = आम का उगता हुआ पौधा। **कुल्हिए** = मिट्टी से बना लोटा। **कलसा** = कलश। **ओहार** = परदा, परदे के लिए डाला गया कपड़ा। **उधारकर** = खोलकर, हटाकर। **राय** = सहमति। **मूँज** = एक प्रकार की नुकीली घास। **गराड़ी** = गरारी। **चुक्कड़** = कुएँ से पानी खींचने का नाटक करने के लिए रस्सी में बाँधा गया कोई बर्तन जो बाल्टी का काम करे। **मोट** = पुर, चरसा, चमड़े का डोल जिससे कुँए से पानी निकाला जाता है। **हल-जुआठा** = हल का जुआ। **कियारी** = क्यारी। **सकोरे** = मिट्टी से बना छिछला कटोरा। **पटाए** = सींच कर तैयार किए। **ओसाना** = हवा में उड़ाकर दाने से भूसे को अलग करना। **भई** = हुई, हो गई। **बटोही** = राही, पथिक। **ठिठककर** = अचानक रुककर। **राशि** = फसल, धान। **ओहारदार** = पर्दा डोली हुई, पर्देवाली। **रहरी** = अरहर। **मेहरी** = पत्नी, घरवाली। **कनिया** = दुल्हन। **खसूट-खब्बीस** = अजीब-सा चिड़चिड़े स्वभाव वाला। **घोड़-मुँहा** = घोड़े के समान मुँह वाला। **चाबते** = चबाते, खाते। **घुले-घुले** = पके हुए। **पट पड़ना** = भयावह मौसम होना, मौसम बहुत खराब होना। **छितराई** = बिखेर दी। **बरखा** = वर्षा। **बिलाई** = विलुप्त हो गई, गायब हो गई। **उधरे** = उधर ही। **अँठई** = कुत्ते के शरीर में चिपके रहने वाले छोटे कीड़े। **ढीठ** = बेशर्म। **सूझता** = दिखाई देता। **बेतहाशा** = तीव्र गति से। **खदेड़ा** = भगाया। **तर करना** = गीला कर देना। **चिरौरी** = विनती। **खाइब** = खाएँगे। **खेलब** = खेलेंगे। **अलापना** = सुर में गाना। **मकई** = मक्का। **चिरई** = चिड़िया, पक्षी। **पराई** = दूसरे की। **पीर** = दर्द। **औंधा** = उल्टा। **अंटाचित** = आड़ा-तिरछा। **लहूलुहान** = खून से लथपथ। **ओसारे** = बरामदे। **अमनिया** = साफ करना, बीनना। **अधीर होना** = धैर्य खोना। **संकट** = मुसीबत। **थोपना** = अधिक मात्रा में लगाना। **कुहराम** = हायतौबा। **लुके** = छिपे। **रोंगटे** = रोएँ। **निहारना** = देखना। **लाड़** = प्यार। **झट** = जल्दी से, तुरन्त। **चँदोवे** = सुख-चैन।

➪ पाठ से सम्बन्धित प्रश्नोत्तर

प्रश्न 1. प्रस्तुत पाठ के आधार पर यह कहा जा सकता है कि बच्चे का अपने पिता से अधिक जुड़ाव था, फिर भी विपदा के समय वह पिता के पास न जाकर माँ की शरण लेता है। आपकी समझ से इसकी क्या वजह हो सकती है?

अथवा

भोलानाथ को अपनी माताजी से अधिक जुड़ाव अपने पिताजी से था, पर जब उस पर संकट आया तो वह पिताजी की पुकार को अनसुनी करके माता के अँचल में जा छिपा। 'माता का अँचल' पाठ के आधार पर प्रमुख कारण स्पष्ट करते हुए, माँ के महत्व पर प्रकाश डालिए।

उत्तर— माँ अपने बच्चे को नौ माह गर्भ में रखती है। उसके बाद वही उसे जन्म देती है, इसलिए बच्चा स्वाभाविक रूप से अपनी माँ से अधिक जुड़ाव रखता है। मानसिक या शारीरिक रूप से परेशानी के समय माँ का प्यार भरा स्पर्श घाव पर मरहम का कार्य करता है। यही कारण था कि लेखक का अपने पिता से अधिक जुड़ाव होने पर भी विपदा के समय वह पिता के पास न जाकर माँ की शरण लेता है।

प्रश्न 2. आपके विचार से भोलानाथ अपने साथियों को देखकर सिसकना क्यों भूल जाता है ?

उत्तर— 'बचपन' बहुत 'मासूम' होता है। बच्चे कोई भी बात अपने दिल से नहीं लगाते। वे अपने मित्रों के साथ मस्त होकर खेलते हैं। उनके खेल भी निराले होते हैं। वे अपने मित्रों के साथ सारी दु:ख-तकलीफें भूल जाते हैं। भोलानाथ भी अपनी मित्र-मंडली को सामने देखकर सिसकना भूल जाता है।

प्रश्न 3. आपने देखा होगा कि भोलानाथ और उसके साथी जब-तब खेलते खाते समय किसी-न-किसी प्रकार की तुकबंदी करते हैं। आपको यदि अपने खेल आदि से जुड़ी तुकबंदी याद हो तो लिखिए।

उत्तर— अटकन-बटकन दही चटाके वर फूले बंगाले
मामा लाए सात कटोरी एक कटोरी फूटी
मामा की बहू रूठी कौन बात पर रूठी
दूध-दही बहुतेरा खाने को मुँह टेढ़ा।

प्रश्न 4. भोलानाथ और उसके साथियों के खेल और खेलने की सामग्री आपके खेल और खेलने की सामग्री से किस प्रकार भिन्न है ?

उत्तर— भोलानाथ और उसके साथियों के खेल अत्यन्त आनंददायक थे तथा उनकी खेल-सामग्री प्राकृतिक तथा बिना खर्च वाली थी। यह कटु सत्य है कि बच्चा स्वयं के बनाए खेलों को अधिक पसंद करता है, परंतु आज का समय बदल गया है। आज न तो बच्चों के पास इतना समय है और न ही ऐसे संसाधन। आज के बच्चों के खेल तथा खेल-सामग्री दोनों ही चीज़ें बिल्कुल अलग हैं। वे साइकिल चलाना, तैरना, क्रिकेट, फुटबॉल, वॉलीबॉल, हॉकी तथा बास्केटबॉल जैसे खेल खेलना पसंद करते हैं। छोटे बच्चे डॉक्टर-डॉक्टर, टीचर-टीचर, गुड़िया-गुड्डा तथा इसी प्रकार के अन्य खेल पसंद करते हैं।

प्रश्न 5. पाठ में आए ऐसे प्रसंगों का वर्णन कीजिए, जो आपके दिल को छू गए हों।

उत्तर— पाठ के आधार पर दिल को छू जाने वाले प्रसंग—

(i) लेखक द्वारा आइने में अपना मुँह निहारना तथा पिता द्वारा देख लिए जाने पर लजाकर मुस्कराते हुए आइना नीचे रख देना, फिर पिता का मुस्करा पड़ना। (ii) पिता द्वारा लेखक को झूला झुलाना तथा उनके साथ कुश्ती खेलते हुए हार जाना। (iii) माँ का वात्सल्य से पेट भरा होने पर भी बहला-फुसलाकर लेखक को खाना खिलाना तथा उनका तेल-उबटन करके उन्हें प्यार से तैयार करना। (iv) बुरी नज़र से बचाने के लिए काला टीका लगाना। (v) पिता द्वारा बच्चा बनकर लेखक व मित्रों के साथ खेल में शामिल होना तथा चोट लग जाने पर लेखक द्वारा माँ का अँचल छोड़कर पिता की गोद में न जाना आदि प्रसंग हमारे दिल को छू गए हैं।

प्रश्न 6. इस उपन्यास अंश में तीस के दशक की ग्राम्य संस्कृति का चित्रण है। आज की ग्रामीण संस्कृति में आपको किस तरह के परिवर्तन दिखाई देते हैं ?

उत्तर— आज की ग्रामीण संस्कृति में हमें कई तरह के परिवर्तन दिखाई देते हैं। टी. वी., कम्प्यूटर और मोबाइल का प्रयोग होने के कारण ग्रामीण भी जागरूक होने लगे हैं। कुओं के स्थान पर ट्यूबवैल, सबमर्सिबल आदि से पानी का प्रबंध किया जाता है। बैलों के स्थान पर ट्रैक्टर का प्रयोग होने लगा है। घर व सड़कें पक्की हो गई हैं। खुले में शौच कम हो गया है। पढ़ाई के प्रति भी जागरूकता बढ़ी है। लड़की व लड़के के बीच भेद समाप्त होने लगा है। अब ग्रामीण लोग प्रगति के पथ पर अग्रसर हैं।

प्रश्न 7. पाठ पढ़ते-पढ़ते आपको भी अपने माता-पिता का लाड़-प्यार याद आ रहा होगा। अपनी इन भावनाओं को अंकित कीजिए।

उत्तर— माँ का हृदय वात्सल्य से भरा होता है। मेरी माँ भी मुझे बहुत प्यार करती थीं। उनके हर कार्य से ममता छलकती थी। स्नेह से खाना खिलाना, दूध पिलाना तथा बड़ों की डाँट से बचाने में उनका कोई सानी नहीं था। पिता भी बहुत प्यार करते थे, लेकिन उनका प्यार अनुशासन के पीछे छिपा रहता था। हमें पढ़ाने तथा हमारा भविष्य बनाने की जिम्मेदारी के कारण वे अनुशासन प्रिय हो गए थे, परंतु उनका स्नेहभरा हाथ हमारे ऊपर सदैव रहता था।

प्रश्न 8. यहाँ माता-पिता का बच्चे के प्रति जो वात्सल्य व्यक्त हुआ है उसे अपने शब्दों में लिखिए।

उत्तर— लेखक के पिता द्वारा लेखक को अपने साथ सुलाना, सुबह जल्दी उठाकर नहलाने के बाद पूजा पर बिठाना, उनके मस्तक पर त्रिपुंड करना, गंगा जी की ओर आने-जाने में कंधे पर बिठाए रखना तथा लौटते समय पेड़ की झुकी शाखाओं पर झूला झुलाना, उनके साथ कुश्ती खेलना तथा उसमें जानबूझकर हार जाना, उनका खट्टा-मीठा चुम्मा लेना, खेल-खेल में उनसे अपनी मूँछें नुचवाना तथा बनावटी रोना, गोरस और भात सानकर अपने हाथों से खिलाना, उनके हर खेल में बच्चे की तरह भागीदार बनकर उनका मनोबल बढ़ाना, गुरु

जी से विनती करके उन्हें सजा से बचाकर घर ले आना तथा चोट लग जाने पर उसे झटपट माँ की गोदी से अपनी गोद में लेना आदि प्रसंग पिता के हृदय में भरे वात्सल्य को व्यक्त करते हैं।

लेखक द्वारा अपने पिता के साथ भरपेट भोजन कर लेने के उपरांत भी माँ का हृदय संतुष्ट नहीं होता। वह अपने हाथ से बड़े स्नेह से उनको बहला-फुसलाकर अतिरिक्त भोजन कराती है। माँ द्वारा लेखक को इस प्रकार से भोजन करवाना, उनके बालों में कड़वा तेल डालना, उबटन करना, नाभि और मस्तक पर कुदृष्टि से बचाने के लिए ढिठौना (नज़र का टीका) लगाना, चोटी गूँथकर उसमें फूलदार लट्टू बाँधना, रंगीन कुर्ता-टोपी पहनाकर सजाना-सँवारना, लेखक को साँप के डर से काँपते देखकर उसे अपने अँचल में छिपा लेना तथा धैर्य खोकर रो पड़ना, घर के सारे काम छोड़कर अधीर होकर लेखक के घावों पर हल्दी पीसकर थोपना तथा बड़े लाड़ से लेखक को गले लगाकर उनको चूमते जाना आदि प्रसंग बड़े ही मार्मिक हैं जो वात्सल्य से ओतप्रोत हैं।

प्रश्न 9. 'माता का अँचल' शीर्षक की उपयुक्तता बताते हुए कोई अन्य शीर्षक सुझाइए।

अथवा

'माता का अँचल' शीर्षक की सार्थकता स्पष्ट कीजिए।

उत्तर— 'माता का अँचल' शीर्षक एकदम सटीक एवं उपयुक्त है। बच्चा अपनी माँ से स्वाभाविक रूप से जुड़ा होता है। उसके दिल के तार माँ के दिल से अनायास ही जुड़े रहते हैं। यही वजह है कि कोई भी बच्चा सारा दिन पिता व अन्य लोगों के साथ गुज़ार लेता है, लेकिन किसी भी प्रकार का संकट आने पर वह केवल माँ के अँचल में ही शरण पाना चाहता है क्योंकि माँ के अँचल में ही प्रेम, शान्ति व सुख की छाया होती है।

लेखक भी अपना सारा समय पिता व साथियों के बीच रहकर गुजारता है, परंतु साँप को देखकर हड़बड़ाकर गिरने से घायल होने के बाद डरता हुआ वह केवल माँ के अँचल की छत्रछाया में जाकर ही सुख पाता है। उस समय वह माँ के अँचल की प्रेम-शान्ति-सुख-चैन को छोड़कर पिता की गोद में जाना भी पसंद नहीं करता। अत: 'माता का अँचल' एक सार्थक शीर्षक है।

इसका अन्य शीर्षक—'वात्सल्ययुक्त माँ का अँचल' हो सकता है।

प्रश्न 10. बच्चे माता-पिता के प्रति अपने प्रेम को कैसे अभिव्यक्त करते हैं ?

अथवा

बच्चों द्वारा माता-पिता के प्रति प्रेम की अभिव्यक्ति को स्पष्ट कीजिए।

उत्तर— बच्चे बहुत भोले और सच्चे होते हैं। वे उन्हें अपनी ओर आकर्षित करने के लिए अनेक प्रकार के क्रियाकलाप करते रहते हैं। वे कभी हँसकर, खुश होकर तथा कभी रूठकर अपना प्रेम अभिव्यक्त करते हैं। बच्चों द्वारा की गई तरह-तरह की क्रीड़ाएँ तथा लीलाएँ माता-पिता के प्रति उनके प्रेम को अभिव्यक्त करने का माध्यम बनती हैं। उनकी कोमल भावनाएँ ही उनके प्रेम की अभिव्यक्ति हैं।

प्रश्न 11. इस पाठ में बच्चों की जो दुनिया रची गई है वह आपके बचपन की दुनिया से किस तरह भिन्न है?

अथवा

पाठ में अभिव्यक्त बच्चों की दुनिया और बचपन की दुनिया का अंतर स्पष्ट कीजिए।

उत्तर— हमारे बचपन की दुनिया लेखक के बचपन की दुनिया से बिल्कुल भिन्न है। हमारे समय में साथी भी ऐसे नहीं होते जिनके साथ हम हुल्लड़ मचा सकें। सभ्यता के दायरे में रहकर ही हमें खेलना पड़ता है। आज प्राकृतिक खेल गायब हो चुके हैं। लूडो, कैरम, शतरंज, हॉकी, क्रिकेट जैसे खेल ही खेले जाते हैं। आज का समय सुरक्षा की दृष्टि से भी पहले से भिन्न है, अत: अपहरण के डर से माता-पिता दूर खेलने नहीं जाने देते। हमारे बचपन की दुनिया में शिक्षा पर विशेष ज़ोर दिया जाता है। आज के समय में परस्पर प्रेम, त्याग, मित्रता, सहनशक्ति, आत्मीयता तथा विचारों के परस्पर आदान-प्रदान का सर्वथा अभाव है।

परीक्षोपयोगी महत्वपूर्ण प्रश्नोत्तर

प्रश्न 1. पिता द्वारा लेखक को भरपेट खाना खिला देने के बाद उनकी माँ द्वारा लेखक को अतिरिक्त भोजन कराना स्वास्थ्य की दृष्टि से कहाँ तक उचित है?

उत्तर— माँ का हृदय ममता से भरा होता है। अपने हाथ से खाना खिलाए बिना वह संतुष्ट नहीं होती। उसे लगता है कि अभी बच्चे का पेट नहीं भरा। उसके अनुसार पिता बच्चे को पेटभर खाना खिलाना नहीं जानते इस वहज से वह अपने बच्चों को अतिरिक्त भोजन कराकर ही दम लेती है।

यदि स्वास्थ्य की दृष्टि से देखा जाय तो अतिरिक्त भोजन हानिकारक है। यदि भोजन पच नहीं पाएगा तो बच्चे का स्वास्थ्य प्रभावित होगा, परंतु लेखक के खेलों में इतनी भाग-दौड़ सम्मिलित थी कि उनके लिए भोजन पचाना मुश्किल नहीं था।

प्रश्न 2. लेखक अपने बचपन में अपने साथियों के साथ मिलकर चिड़िया, चूहे आदि निरीह जानवरों के साथ क्रूरता का व्यवहार करते थे। क्या निरीह प्राणियों के साथ ऐसा व्यवहार उचित है?

उत्तर— बच्चे शरारती होते हैं। वे इस बात को नहीं समझते कि उनकी ऐसी शरारतों से निरीह प्राणियों को कष्ट पहुँचता है। बस उन्हें उनके साथ खेलने और मस्ती करने में आनंद आता है। वे क्रूरता शब्द का अर्थ नहीं समझते। परन्तु अनजाने में ही सही। निरीह प्राणियों के

साथ इस तरह की क्रूरता करना सर्वथा अनुचित है। हमें बच्चों को इस बात की सीख देनी चाहिए कि निरीह प्राणियों में भी प्राण होते हैं। हमारे द्वारा सताए जाने पर उन्हें बहुत कष्ट होता है। हमें ऐसा कभी नहीं करना चाहिए।

प्रश्न 3. 'जहाँ लड़कों का संग, तहाँ बाजे मृदंग' के माध्यम से लेखक क्या बताना चाहते हैं?

उत्तर— इस पंक्ति के माध्यम से लेखक यह बताना चाहते हैं कि बच्चे मस्तमौला होते हैं। उन्हें सुख-दु:ख का आभास नहीं होता। उन पर कोई जिम्मेदारी नहीं होती। वे हर हालत में खुश रहते हैं। शरारतें करना उनका जन्मसिद्ध अधिकार होता है इसलिए जहाँ बच्चे होते हैं, वहाँ खुशियों के ढोल-नगाड़े बजते रहते हैं। बच्चे निश्चिन्त होकर अपने खेलों में मस्त रहते हैं।

प्रश्न 4. 'जहाँ बुड्डों का संग, तहाँ खरचे का तंग' इस पंक्ति के माध्यम से लेखक क्या संकेत देना चाहते हैं?

उत्तर— इस पंक्ति के माध्यम से लेखक यह बताना चाहते हैं कि बूढ़ों की अपेक्षा बच्चे अपने आप में ज्यादा मस्त रहते हैं। जहाँ पर बुजुर्गों का संग होता है, वहाँ पर घर-परिवार तथा खर्चों से सम्बन्धित गंभीर मुद्दों पर चर्चाएँ चलती हैं। जहाँ बच्चों का संग होता है, वहाँ का माहौल मौज-मस्ती से भरा रहता है। बच्चों की अपेक्षा बुजुर्ग खर्च करने में कंजूस होते हैं। इसका कारण यह है कि उन पर घर-परिवार का संचालन करने की पूरी जिम्मेदारी होती है। बच्चे इस जिम्मेदारी से आज़ाद होते हैं।

प्रश्न 5. 'हम बचपन से ही उनके अंग लग गए थे।' इस कथन का आशय स्पष्ट कीजिए।

उत्तर— इस कथन का आशय यह है कि लेखक को माँ की अपेक्षा पिता से अधिक लगाव था। वे बचपन से ही अपने पिता के साथ अधिक समय व्यतीत करते थे। माता से केवल उनका नाता दूध पीने भर का था। वे बाहर बैठक में पिता के साथ ही सोते थे, उनके साथ ही उठते थे। दैनिक क्रिया से निवृत्त होकर उन्हीं के साथ पूजा करने बैठ जाते थे।

प्रश्न 6. पिता के साथ पूजा पर बैठने के बाद लेखक किस चीज के लिए ज़िद करने लगते थे? उस पर पिताजी की क्या प्रतिक्रिया होती थी?

उत्तर— पिता के साथ पूजा कर बैठने के बाद लेखक अपने मस्तक पर भभूत का तिलक लगा देने के लिए ज़िद करने लगते थे। पिता कुछ हँसकर कुछ झुँझलाकर और कुछ डाँटकर लेखक के मस्तक पर त्रिपुंड कर देते थे।

प्रश्न 7. लेखक का असली नाम क्या था? उनके पिताजी उन्हें क्या कहकर पुकारते थे? और क्यों?

उत्तर— लेखक का असली नाम 'तारकेश्वरनाथ' था। उनके पिताजी उन्हें 'भोलानाथ' कहकर पुकारते थे, क्योंकि उनकी लंबी-लंबी जटाएँ थीं मस्तक पर भभूत का त्रिपुंड लगाने के बाद लेखक 'बम-भोला' जैसे दिखते थे।

प्रश्न 8. लेखक अपने पिताजी और माता को क्या कहकर पुकारते थे?

उत्तर— लेखक अपने पिताजी को 'बाबूजी' और माता को 'मइयाँ' कहकर पुकारते थे।

प्रश्न 9. 'माता का अँचल' पाठ के आधार पर लेखक के पिता की चारित्रिक विशेषताएँ बताइए।

अथवा

'लेखक के पिता स्वभाव से भक्त थे।' उनकी भक्ति को सिद्ध करते हुए उनके चरित्र के अन्य गुणों पर प्रकाश डालिए।

उत्तर— 'माता का अँचल' पाठ के आधार पर लेखक के पिता ईश्वर के परम भक्त, वात्सल्यमय हृदय के स्वामी तथा बाल-गोपालों की भावनाओं को समझने वाले निष्कपट इंसान थे। परम शक्ति में उनकी परम श्रद्धा थी। दैनिक क्रियाओं से निवृत्त होने के बाद वे पूजा करने बैठ जाते थे। उनके बाद 'रामनामा बही' पर राम नाम लिखते थे। कागज़ के छोटे-छोटे टुकड़ों पर राम-नाम लिखने के बाद उनमें आटे की गोलियों को लपेटकर गंगा नदी पर जाकर मछलियों को समर्पित करते थे। इन्हीं सब बातों से उनकी ईश्वर के प्रति अटूट भक्ति सिद्ध होती है।

वे माँ की भाँति लेखक को बड़े स्नेह से खाना खिलाते थे तथा उनके व मित्रों के साथ उनके खेलों में हर्षपूर्वक शामिल हो जाते थे।

प्रश्न 10. 'मरदुए क्या जानें कि बच्चों को कैसे खिलाना चाहिए?' इस कथन के माध्यम से किस पर व्यंग्य किया गया है?

अथवा

'मरदुए क्या जानें कि बच्चों को कैसे खिलाना चाहिए?' इस कथन में निहित व्यंग्यार्थ पर प्रकाश डालिए।

उत्तर— 'मरदुए क्या जानें बच्चों को कैसे खिलाना चाहिए।' इस पंक्ति के माध्यम से लेखक की माँ ने पुरुषों पर व्यंग्य किया है। माँ स्वाभाविक एवं भावनात्मक रूप से बच्चों के साथ जुड़ी होती है। पुरुष की तुलना में माँ का हृदय अधिक वात्सल्यमय होता है। वह बच्चों की भावनाओं को अच्छी तरह समझती है। बच्चा भूखा रह गया है या उसका पेट भर गया है इस बात को वह भली-भाँति समझती है।

प्रश्न 11. लेखक बचपन में अपने साथियों के साथ कौन-कौनसे खेल खेलते थे? उनके पिता की उसमें क्या भूमिका होती थी?

अथवा

लेखक द्वारा बचपन में खेले गए खेलों या नाटकों के नाम बताते हुए, उसमें पिता की भूमिका को स्पष्ट कीजिए।

उत्तर— लेखक बचपन में अपने साथियों के साथ तरह-तरह के नाटक, मिठाई की दुकान, घर-घर, बारात-बारात, खेती-खेती आदि खेल बड़े ही मनोरंजक अंदाज़ में खेला करते थे। उनके नाटक इतने आकर्षक होते थे कि रास्तागीर भी ठिठककर उनके तमाशों को देखने लग जाते थे। उनके पिताजी बड़ी प्रसन्नता के साथ बच्चा बनकर उनके खेल में शामिल होकर उन बच्चों का मनोबल बढ़ाते थे।

प्रश्न 12. भोलानाथ संकट के समय में अपने पिता के पास न जाकर माता के पास क्यों जाता है? 'माता का अँचल' पाठ के आधार पर स्पष्ट कीजिए।

उत्तर— किसी भी संकट में बच्चा अपनी माँ को ही याद करता है। उसका हृदयस्पर्शी स्नेह बालक की हर पीड़ा हर लेता है। बच्चा अपनी माँ के साथ रहकर ही सुरक्षित अनुभव करता है। माँ उसकी भावनाओं को अच्छी तरह समझती है। माँ की ममता और आत्मीयता की कोई तुलना नहीं होती। यही कारण है कि भोलानाथ संकट के समय अपने पिता के पास न जाकर माँ के पास जाता है।

प्रश्न 13. 'बच्चे रोना-धोना, पीड़ा, आपसी झगड़े ज्यादा देर तक अपने साथ नहीं रख सकते हैं।' माता का अँचल' पाठ के आधार पर इस कथन को उदाहरण सहित स्पष्ट कीजिए।

उत्तर— बच्चे रोना-धोना, पीड़ा, आपसी झगड़े ज्यादा देर तक अपने साथ नहीं रखते, यह कथन सही है। बच्चों की मानसिकता बदला लेने वाली नहीं होती, वह अपने मारने वाले दोस्त को भी कुछ समय पश्चात् दोस्ती की नज़र से देखता है।

उदाहरण के तौर पर जब कभी आम की फसल के समय आँधी आती तब भोलानाथ अपने मित्रों के साथ बागों में चला जाता वहाँ उन्हें बूढ़े तिवारी जी मिल गए बैजू ने उन्हें चिढ़ाना आरंभ कर दिया इसकी शिकायत जब गुरुजी से की तो उन्होंने भोलानाथ की खूब खबर ली।

प्रश्न 14. लेखक के बचपन के नाटकों में उनकी सूक्ष्म निरीक्षण की क्षमता दृष्टिगोचर होती है। स्पष्ट कीजिए।

अथवा

लेखक व उनके साथियों के बचपन के खेलों में उनकी कौन-सी विशेषता परिलक्षित होती है?

उत्तर— लेखक एवं उसके साथी बचपन में अनेक खेल खेलते थे। उनके प्रत्येक खेल में उस खेल की बारीकी स्पष्ट रूप से दिखाई देती है। हर खेल पूरी प्रक्रिया से गुज़रता है। कोई भी चीज़ उस खेल से गायब नहीं होती। इससे उनकी सूक्ष्म निरीक्षण की क्षमता परिलक्षित होती है। स्पष्ट दिखाई देता है कि खेती हो या रसोई बनाना, मिठाई की दुकान लगाना हो या शादी-विवाह में होने वाली रस्में सभी कुछ पूरी तरह मंचित किया जाता था। जो कि वास्तव में मनोरंजक तो था ही यथार्थ के करीब भी होता था। प्राकृतिक खेलों का मंचन अत्यन्त सुखदायक होता था।

प्रश्न 15. 'छाती पर चढ़कर बाप की मूँछें उखाड़ता हुआ छोटा बच्चा बुरा क्यों नहीं लगता।' 'माता का अँचल' पाठ के आधार पर इस तथ्य का विश्लेषण करते हुए बताइये कि पिता बच्चों का लालन-पालन कैसे करते हैं?

उत्तर— बच्चों के लालन-पालन में जितना हाथ माता का होता है, उतना पिता का हाथ भी होता है। इस पाठ में पिता, भोलानाथ को शिक्षा देते हैं। उसके साथ खेलते हैं क्योंकि यह संबंध पुत्र के व्यक्तित्व के विकास में सहायक है। प्रस्तुत वाक्य में जहाँ भोलानाथ पिता की छाती पर बैठकर मूँछें उखाड़ता है, वहीं पिता उसे चूमकर या रोने का बहाना बनाकर हटाने की कोशिश करते हैं, परन्तु पिता का वात्सल्य उसे गुस्सा नहीं होने देता। इसलिए पिता और पुत्र के बीच का लगाव सकारात्मक गुणों को विकसित करता है।

प्रश्न 16. 'माता का अँचल' पाठ के आधार पर माता द्वारा भोलानाथ को कन्हैया बनाने का शब्द-चित्र प्रस्तुत कीजिए।

उत्तर— लेखक की मइयाँ लेखक के सिर में एक चुल्लू भर के तेल डाल देती थीं उसके बाद उबटन करने के पश्चात् नाभि और मस्तक पर कुदृष्टि से बचाने के लिए काजल की बिंदिया लगा देती थीं। फिर उनकी चोटी गूँथकर उसमें फूलदार लट्टू बाँध देती थीं। अंत में रंगीन कुर्ता-टोपी पहनाकर उन्हें सजा़ देती थीं। इस प्रकार भोलानाथ कन्हैया के समान सजकर स्वयं को अत्यन्त सुंदर महसूस करते थे।

प्रश्न 17. लेखक के पिताजी के साथ खड़े लोग लेखक और उनकी मित्र-मंडली का तमाशा देखकर हँसते हुए क्या कह रहे थे? उन्होंने लड़कों की बंदरों के साथ तुलना क्यों की?

उत्तर— लेखक के पिताजी के साथ खड़े लोग लेखक और उनकी मित्र-मंडली का तमाशा देखकर हँसते हुए यह कह रहे थे कि 'चिड़िया की जान जाए, लड़कों का खिलौना।' सचमुच 'लड़के और बंदर पराई पीर नहीं समझते।' लड़कों और बंदरों दोनों का स्वभाव नटखट होता है। शैतानियाँ करते समय लड़के बंदरों के समान लापरवाह होते हैं। किसी को कैसी भी हानि पहुँचे उन्हें कोई फर्क नहीं पड़ता। कभी-कभी वे ऐसी शैतानियाँ करते हैं, जिससे स्वयं की जान को भी खतरा हो सकता है। इसी कारण उन्होंने लड़कों की बंदरों के साथ तुलना की है।

प्रश्न 18. लेखक और उनके मित्रों के खेलों में से सबसे खतरनाक खेल के विषय में परिणाम सहित वर्णन कीजिए।

उत्तर— लेखक और उनके मित्रों का सबसे खतरनाक खेल टीले पर जाकर चूहों के बिल में पानी उलीचने वाला था। उस बिल में से चूहे के स्थान पर साँप निकल आया। अचानक साँप को सामने देखकर सभी बच्चे घबरा गए। रोते-चिल्लाते बेतहाशा भागने लगे। ज्यादा घबराहट में शरीर काबू में नहीं रहता। पैर कहीं के कहीं पड़ते हैं। इसी कारण भागते समय कोई औंधा गिरा, कोई अंटाचिट। किसी का सिर फूटा किसी के दाँत टूटे। सभी गिरते-पड़ते भागे। लेखक का शरीर लहूलुहान हो गया तथा उनके पैरों के तलवे काँटों से छलनी हो गए।

प्रश्न 19. 'माता का अँचल' शिवपूजन सहाय के प्रसिद्ध उपन्यास 'देहाती दुनिया' का एक अंश है। इसके विषय में और जानकारी दीजिए।

उत्तर— 'माता का अँचल' एक संकलित अंश है, जो शिवपूजन सहाय के प्रसिद्ध उपन्यास 'देहाती-दुनिया' से लिया गया है। यह हिन्दी का पहला आंचलिक उपन्यास माना जाता है। इसे स्मरण-शिल्प में लिखित हिन्दी के प्रथम उपन्यास का दर्जा प्राप्त है। इस उपन्यास में ग्रामीण जीवन का चित्रण ग्रामीण जनों की भाषा में बड़े ही सजीव ढंग से किया गया है।

प्रश्न 20. 'माता का अँचल' पाठ के कथा-शिल्प एवं कथानक पर प्रकाश डालते हुए तत्कालीन समाज के पारिवारिक परिवेश का चित्रण कीजिए।

उत्तर— 'माता का अँचल' पाठ की शैली आत्मकथात्मक है। इसका कथा-शिल्प अत्यन्त मौलिक एवं प्रयोगधर्मी है। बालक भोलानाथ के शैशव का चरित्र-चित्रण इसके कथानक का दृष्टि बिंदु है। इसमें ग्रामीण अंचल और उसके चरित्रों का अनोखा एवं सजीव चित्रण है जो पाठक के मन को बरबस ही अपनी ओर आकर्षित कर लेता है। शहर की भागमभाग और चकाचौंध से दूर गाँव की शान्ति, शुद्धता एवं सहजता का चित्रण लेखक ने बड़ी ही ईमानदारी एवं आत्मीयता से किया है। लेखक ने बाल-मनोभावों की अभिव्यक्ति के साथ-ही-साथ तत्कालीन समाज के पारिवारिक परिवेश का अनोखा एवं वास्तविक चित्र अंकित किया है। बालकों के तमाशे को ठिठकते हुए देखना, उनके खेलों को देखकर प्रसन्नता व्यक्त करना आदि बाल-गोपालों के खेल के प्रति समाज के आकर्षण को अभिव्यक्त करता है।

प्रश्न 21. भोलानाथ के पिताजी का रामनामी गोलियाँ मछलियों को खिलाना क्या केवल धार्मिक अनुष्ठान है, या जीवों पर दया करने का मूल्य भी इसमें निहित है। 'माता का अँचल' पाठ के आधार पर तर्कसंगत उत्तर दीजिए।

उत्तर— भोलानाथ के पिताजी भगवान् के परमभक्त, परम स्नेही और भोले स्वभाव के व्यक्ति थे। वे 'रामनाम' बही पर हजार बार राम नाम लिखा करते थे। वे कागज के छोटे-छोटे टुकड़ों पर राम नाम लिखकर उनमें आटे की गोलियाँ लपेटते थे और गंगा की मछलियों को खिला आते थे। इसमें उनके भक्त स्वभाव का परिचय मिलता है। भोलानाथ के पिताजी द्वारा रामनामी गोलियाँ मछलियों को खिलाने में धार्मिक अनुष्ठान के साथ-साथ निस्संदेह जीवों पर दया करने का मूल्य भी निहित है। वे भक्त और अत्यंत दयालु स्वभाव के व्यक्ति थे। उनके मन में जीवों के प्रति भी अगाध प्रेम तथा दया भाव था इसलिए वह रामनामी गोलियाँ बनाकर मछलियों को खिलाते थे, ताकि उनका पेट भर सके और इसी के साथ उनका धार्मिक कार्य भी सम्पन्न होता था।

❑❑

जॉर्ज पंचम की नाक

|2|

लेखक—कमलेश्वर

लेखक परिचय—नई कहानी के सशक्त हस्ताक्षर कमलेश्वर का जन्म 6 जनवरी सन् 1932 को मैनपुरी (उ. प्र.) में हुआ। बचपन में ही इनके सिर से पिता का साया उठ गया। इनकी हाईस्कूल तक की शिक्षा मैनपुरी से तथा उच्च शिक्षा प्रयाग विश्वविद्यालय इलाहाबाद से हुई। पत्र-पत्रिकाओं के संपादन क्षेत्र में भी इन्होंने कुशलता का परिचय दिया। दूरदर्शन एवं आकाशवाणी पर भी इन्होंने अनेक चर्चा-परिचर्चाओं में भाग लिया। इन्होंने मुंबई जाकर अनेक फिल्मों एवं दूरदर्शन के लिए धारावाहिकों के लिए पटकथा एवं संवाद लिखे। 27 जनवरी 2007 को दिल का दौरा पड़ने के कारण इनका देहांत हो गया।

रचनाएँ—कमलेश्वर की रचनाओं में कस्बे का आदमी, माँस का दरिया, राजा निरबंसिया ब्यान, तलाश, आधी दुनिया, खोई हुई दिशाएँ, मेरी प्रिय कहानियाँ तथा जिंदा मुर्दे प्रसिद्ध कहानियाँ हैं। समुद्र में खोया हुआ आदमी, काली आँधी, एक सड़क सत्तावन गलियाँ, वही बात, सुबह-दोपहर-शाम और कितने पाकिस्तान एवं डाक बंगला आदि प्रसिद्ध उपन्यास हैं। चारुलता, कमलेश्वर के बाल नाटक एवं अधूरी आवाज़ कमलेश्वर के प्रमुख नाटक हैं। यात्रावृत्त-खंडित मात्राएँ। संस्मरण-अपनी निगाह में। नई कहानी की भूमिका, मेरा पन्ना और समांतर सोच आदि उनकी प्रमुख समीक्षा हैं।

साहित्यिक विशेषताएँ—सुविख्यात रचनाकार कमलेश्वर की कहानियों में आधुनिक समाज में व्याप्त घृणा, स्वार्थ, घुटन एवं आत्महत्या जैसी नकारात्मक भावनाओं का मार्मिक एवं सजीव चित्रण किया गया है। आधुनिक जीवन की विभिन्न प्रकार की विसंगतियों, कुंठाओं, बनावटीपन तथा खोखलेपन पर कुठाराघात किया गया है। इनकी भाषा में उर्दू व अंग्रेजी के साथ आंचलिक शब्दों का प्रयोग हुआ है। आत्मकथात्मक शैली तथा मुहावरों के सटीक प्रयोग से भाषा प्रवाहयुक्त बन पड़ी है।

'जॉर्ज पंचम की नाक एक व्यंग्यात्मक निबन्ध है। इसमें सरकारी तंत्र का मजाक उड़ाया गया है। एक समय में हम इंग्लैण्ड के गुलाम थे, उसकी रानी के सम्मान के लिए भारत की जनता कैसे-कैसे पापड़ बेलती है, अपमानपूर्ण हरकतें करती है, यह दिखाना इस निबन्ध का उद्देश्य है।

सारांश—इंग्लैण्ड की रानी एलिज़ाबेथ द्वितीय अपने पति के साथ भारत आने वाली थीं। सभी अखबार इन्हीं चर्चाओं से भरे रहते थे। रानी का दर्जी उनकी पोशाक को लेकर चिंतित और परेशान था। उनके फ़ोटोग्राफर, सेक्रेटरी और जासूस सभी इस महाद्वीप का दौरा करने में लगे थे। रानी ने हिंदुस्तान से रेशमी कपड़ा मँगाकर हल्के नीले रंग का सूट बनवाया था। उस सूट में करीब चार-सौ पौंड का खर्चा आया। यह खबर भी अखबार की सुर्खी बन गई थी। रानी एलिज़ाबेथ की जन्म-पत्री तथा प्रिंस फिलिप छपे। इसके अलावा उनके नौकरों, खानसामों, अंगरक्षकों की जीवनियों से लेकर शाही महल में पलने वाले कुत्तों की तस्वीरें भी अखबारों में छपी थीं।

बहुत धूम मची हुई थी। राजधानी में तहलका मचा हुआ था। रानी के आगमन की तैयारी में हर कोई उतावला था। सड़कें धोकर साफ कर दी गई थीं। इमारतों को दुल्हनों की तरह सजाया गया था।

सभी तैयारियाँ पूरी हो गई थीं। केवल एक मुश्किल रह गई थी। सुरक्षा के कड़े इंतज़ामों के बाद भी किसी ज़माने में इंडिया गेट के सामने वाली जार्ज पंचम की लाट से उनकी नाक अचानक गायब हो गई थी। अब यही मुश्किल समस्या बनकर सामने खड़ी थी। रानी आए और जॉर्ज पंचम की मूर्ति पर नाक न हो यह विकट समस्या थी। इस समस्या के समाधान के लिए बहुत सलाह-मशवरे हुए तथा अंत में मूर्तिकार से मूर्ति पर नाक लगवाने का फैसला किया गया। मूर्तिकार अच्छा कलाकार था परंतु थोड़ा लालची था। उसने बताया कि लाट कब और कहाँ बनी थी तथा उसका पत्थर कहाँ से मँगवाया गया यह पता चलते ही नाक मूर्ति पर लग जाएगी।

यह जानने के लिए फाइलों को खोजा गया, तो कुछ पता नहीं चला। सभी हुक्कामों के चेहरों पर उदासी छा गई। एक खास कमेटी को पूरा दारोमदार सौंप दिया गया।

मूर्तिकार ने सलाह दी कि मैं हिंदुस्तान के हर पहाड़ पर जाकर ऐसा पत्थर खोजकर लाऊँगा। इस पर सभापति को बड़ा गर्व हुआ और उन्होंने इस विषय पर एक संक्षिप्त भाषण दिया, जो अखबारों में तुरंत छप गया।

मूर्तिकार हिंदुस्तान के पहाड़ी प्रदेशों तथा पत्थरों की खानों का दौरा करके लौटा, तब उसके मुख पर हताशा एवं लानत बरस रही थी। उसने बताया कि यह पत्थर विदेशी है। हिंदुस्तान में ऐसा पत्थर कही नहीं है। ऐसा सुनकर सभापति को मूर्तिकार की अक्ल पर गुस्सा आया। वे उस पर भड़कने लगे। मूर्तिकार शांत खड़ा था। अचानक उसके मन में विचार कौंधा उसने अखबार वालों को पता न चलने की शर्त पर सुझाया कि अपने देश के नेताओं की मूर्ति से नाक उतार कर उसे जॉर्ज पंचम की मूर्ति पर लगा दिया जा सकता है। यह आपकी इजाज़त से ही संभव है। सभापति ने होशियारी रखने की चेतावनी देते हुए इजाज़त दे दी।

मूर्तिकार ने दिल्ली, बंबई, गुजरात, बंगाल, बिहार, उत्तर प्रदेश, मद्रास, केरल तथा पंजाब जाकर दादाभाई नौरोजी, गोखले, शिवाजी, लोकमान्य बाल गंगाधर तिलक, जहाँगीर, गाँधीजी, सरदार वल्लभ भाई पटेल, गुरुदेव रवीन्द्रनाथ टैगोर, सुभाष चंद्र बोस, राजा राममोहन राय, चंद्रशेखर

आज़ाद, मोतीलाल नेहरू, मदन मोहन मालवीय, सरदार भगत सिंह, लाला लाजपत राय तथा कॉवसजी आदि सबकी नाकें टटोलीं, परंतु सबकी नाकें बड़ी निकलीं। बात नहीं बनी। समस्या वहीं की वहीं रही।

सुनकर सभी हुक्काम हताशा से भरकर झुँझलाने लगे। मूर्तिकार ने ढाँढस बँधाते हुए बिहार सेक्रेटरिएट के सामने 1942 में शहीद होने वाले बच्चों की मूर्तियों की नाक को जॉर्ज पंचम की नाक के स्थान पर फिट करने का सुझाव दिया। परंतु उन बच्चों की नाकें भी बड़ी निकलीं।

दिल्ली में सब तैयारियाँ थीं, केवल मूर्ति पर नाक नहीं थी। सभी हुक्काम अपनी नाक बचाने की चिंता में थे। तभी मूर्तिकार के मन में एक हैरतअंगेज विचार कौंधा तथा उसने बंद दरवाज़ों के अंदर ज़िंदा नाक काटकर लगा देने की सलाह दी। चारों ओर पसरे सन्नाटे के बीच कानाफूसी के बाद मूर्तिकार को इजाज़त दे दी गई।

मसला हल होने की बात अखबारों में छप गई। ज़िंदा नाक को ताज़ा रखने के सभी इंतज़ामात कर दिए गये। नाक ज़िंदा मनुष्य की लगी है। इसकी कोई खबर जनता को नहीं थी।

अख़बारों से पता चला कि जॉर्ज पंचम के ज़िंदा नाक लगाई गई है, जो कतई पत्थर की नहीं लगती। उस दिन देश में किसी तरह की कोई खुशी नहीं मनाई गई। कोई उद्घाटन तथा सार्वजनिक सभा नहीं हुई। कोई अभिनंदन व स्वागत समारोह भी नहीं हुआ। किसी का ताज़ा फोटो नहीं छपा। सब अखबार खाली थे। पता नहीं इसका क्या रहस्यमय कारण था ? नाक तो केवल एक ही चाहिए थी, वह भी मूर्ति के लिए। चारों ओर सन्नाटा था।

शब्द-सम्पदा

मय = रहित। **पधारना** = आना। **फ़ौज-फाटा** = सेना सहित अन्य शाही कर्मचारी। **कतरन** = अखबार का कटा हुआ टुकड़ा। **खरचा** = खर्च। **कारनामे** = कार्य। **बावरची** = रसोइया। **खानसामा** = पाकशाला का प्रबंधक। **तहलका** = खलबली। **बेसाख्ता** = स्वाभाविक रूप से। **रहमत** = दया, कृपा। **कायापलट होना** = पूरी तरह परिवर्तन। **करिश्मा** = चमत्कार। **नाज़नीनों** = कोमल अंगों वाली नारी। **शृंगार** = सजावट। **मुश्किल** = कठिनाई। **उम्मीद** = आशा। **दास्तान** = कहानी। **वक्त** = समय। **खामोश** = चुप। **बहस** = चर्चा। **पक्ष-विपक्ष** = समर्थन-विरोध। **तैनात** = नियुक्त। **मजाल** = हिम्मत। **लाट** = खंभा, मूर्ति। **अजायबघर** = प्राचीन एवं मृत वस्तुओं का संग्रहालय। **गुरिल्ला युद्ध** = छिपकर किया जाने वाला युद्ध। **हादसा** = दुर्घटना। **एकाएक** = अचानक। **सरगरमी** = हलचल, खलबली। **खैरख्वाहों** = शुभचिंतकों, भलाई चाहने वाले। **मसला** = मामला। **पेश** = हाज़िर, उपस्थित। **सहमत** = राज़ी, तैयार। **मशवरे** = सलाह। **दिमाग खरोंचना** = दिमाग पर ज़ोर डालकर सोचना। **हुक्म** = आदेश। **फौरन** = तुरंत। **हाज़िर** = उपस्थित। **लाचार** = मजबूर, विवश। **हुक्कामों** = शासकों। **बदहवास** = घबराए हुए। **लटके** = उदास। **ताका** = ध्यान से देखा। **खैर** = आखिर। **खता** = गलती। **छानबीन** = खोज, जाँच। **फाइलों का पेट चीरना** = सूक्ष्म निरीक्षण करना। **हज़म करना** = खाकर पचा लेना। **दारोमदार** = कार्यभार, पूर्ण जिम्मेदारी। **किस्म** = प्रकार। **जान में जान आना** = आशा की किरण देखकर सुकून महसूस करना। **गर्व** = अभिमान। **गर्भ** = कोख, पेट। **हताश** = निराश। **लानत** = धिक्कार का भाव। **तैश** = आवेश, जोश। **तौर-तरीके** = आचार-व्यवहार। **सहसा** = अचानक। **इजाज़त** = आज्ञा। **आँखों में चमक आना** = उम्मीद की किरण जगना। **क्षण** = पल। **बदहवासी** = घबराहट। **होशियारी** = सावधानी। **परिक्रमा** = पूरा एक चक्कर। **ढाढस** = धैर्य, हिम्मत, तसल्ली। **सेक्रेटरिएट** = सचिवालय। **रोगन** = रंग। **हैरतअंगेज ख्याल** = हैरान कर देने वाला विचार। **कौंधा** = अचानक आया। **राय** = सलाह। **खामोशी** = चुप्पी, शांति। **अचकचाना** = भौचक्का होना, चौंक जाना। **कानाफूसी** = कानों में बातें होना। **खाब** = गर्द, कीचड़। **मदद** = सहायता। **हिदायत** = कड़े निर्देश। **गौर करने** = ध्यान देने। **कतई** = थोड़ी भी, जरा भी। **अभिनंदन** = स्वागत। **मानपत्र भेंट** = सम्मान हेतु पत्र भेंट करना। **चित्र** = फोटो। **बुत** = मूर्ति। **सार्वजनिक सभा** = आम लोगों की सभा। **खास दिन** = विशेष दिन। **अखबार** = समाचार पत्र।

गद्यांश पर आधारित प्रश्नोत्तर

प्रश्न 1. सरकारी तन्त्र में जॉर्ज पंचम की नाक लगाने को लेकर जो चिंता या बदहवासी दिखाई देती है वह उनकी किस मानसिकता को दर्शाती है?

उत्तर— सरकारी तन्त्र में जॉर्ज पंचम की नाक लगाने को लेकर दिखाई देने वाली चिंता या बदहवासी उनकी 'गुलाम' मानसिकता को दर्शाती है। इससे संकेत मिलता है कि वे आज भी अंग्रेजी सल्तनत के अधीन हैं। सरकारी तन्त्र को अपने देश के नेताओं, क्रांतिवीरों, आमजनों यहाँ तक कि बच्चों के मान-सम्मान की चिंता नहीं थी। वे केवल अपनी नाक बचाना चाहते थे। अपने देश व देशवासियों को महत्व न देकर जॉर्ज पंचम की नाक को इतना महत्व देना, उनकी नीच, क्रूर, स्वार्थी तथा संकुचित सोच का परिणाम है।

प्रश्न 2. रानी एलिज़ाबेथ के दरज़ी की परेशानी का क्या कारण था? उसकी परेशानी को आप किस तरह तर्कसंगत ठहराएँगे?

उत्तर— रानी एलिज़ाबेथ के दरज़ी की परेशानी का कारण रानी के द्वारा हिंदुस्तान, पाकिस्तान तथा नेपाल के दौरे पर पहनने वाली विभिन्न प्रकार की पोशाकों को तैयार करना था। उसे यह चिंता थी कि रानी की प्रत्येक पोशाक अत्यन्त आकर्षक तथा सुंदर होनी चाहिए।

हर व्यक्ति अपने कार्य को सर्वश्रेष्ठ रूप में प्रस्तुत करना चाहता है तथा प्रतिफल के रूप में प्रशंसा भी लेना चाहता है। अत: दर्जी भी रानी के प्रत्येक परिधान को बहुत खूबसूरती से बनाकर धन एवं प्रशंसा बटोरना चाहता था।

प्रश्न 3. 'और देखते ही देखते नई दिल्ली का कायापलट होने लगा'—नई दिल्ली के कायापलट के लिए क्या-क्या प्रयत्न किए गए होंगे ?

उत्तर— नई दिल्ली के कायापलट के लिए शहर की सड़कों व चौराहों को साफ करके उन्हें सजाया गया होगा। ऐतिहासिक एवं सरकारी इमारतों को रंगाई-पुताई करके दुल्हन की तरह सजा दिया गया होगा। बंद पड़े फव्वारों को मरम्मत करवाने के बाद चला दिया होगा। रानी के स्वागत के लिए सभी इंतज़ामात किए गए होंगे।

प्रश्न 4. आज की पत्रकारिता में चर्चित हस्तियों के पहनावे और खान-पान सम्बन्धी आदतों आदि के वर्णन का दौर चल पड़ा है—

(i) इस प्रकार की पत्रकारिता के बारे में आपके क्या विचार हैं?

(ii) इस तरह की पत्रकारिता आम जनता विशेषकर युवा पीढ़ी पर क्या प्रभाव डालती है?

उत्तर— (i) आज का दौर फैशन का दौर है। चर्चित हस्तियों की पोशाकें आज भी चर्चा का विषय रहता है। पत्रकारिता भी इससे अछूती नहीं है। पत्रकारिता में चर्चित हस्तियों के पहनावे और खान-पान सम्बन्धी आदतों का वर्णन स्वाभाविक है। अच्छे खान-पान व अच्छे पहनावे से आत्मविश्वास में वृद्धि होती है। आत्मविश्वास से सफलता कदम चूमने लगती है।

(ii) इस तरह की पत्रकारिता आम जनता व युवा पीढ़ी के जीवन-स्तर को सुधारने में सहायक है। इससे जागरूकता बढ़ती है तथा सामाजिक बदलाव दिखाई देता है। अच्छा खान-पान शरीर को स्वस्थ बनाता है। युवा पीढ़ी को स्वस्थ खान-पान एवं उचित फैशन की ओर अग्रसर होना चाहिए। किसी भी गलत चीज़ को स्वीकार नहीं करना चाहिए। केवल सकारात्मक चीज़ें अपनानी चाहिए।

प्रश्न 5. जॉर्ज पंचम की लाट की नाक को पुनः लगाने के लिए मूर्तिकार ने क्या-क्या प्रयत्न किए?

उत्तर— जॉर्ज पंचम की लाट की नाक को पुन: लगाने के लिए मूर्तिकार ने सर्वप्रथम पत्थर की किस्म व स्थान पता करने की कोशिश की। पत्थर खोजने के लिए भारत के सभी पर्वतीय स्थानों पर जाकर खानों का दौरा किया। सफलता न मिलने पर भारत के सभी महापुरुषों व क्रांतिकारियों की मूर्तियों का निरीक्षण किया। यहाँ पर भी असफल होने पर बिहार में शहीद होने वाले बच्चों की नाक की नाप-खोज की। अंत में जॉर्ज पंचम की मूर्ति पर ज़िंदा व्यक्ति की नाक लगाकर अपनी जिम्मेदारी से मुक्ति प्राप्त की।

➩ रचना और अभिव्यक्ति

प्रश्न 1. प्रस्तुत कहानी में जगह-जगह कुछ ऐसे कथन आए हैं, जो मौजूदा व्यवस्था पर करारी चोट करते हैं। उदाहरण के लिए 'फाइलें सब कुछ हज़म कर चुकी हैं।' 'सब हुक्कामों ने एक-दूसरे की तरफ ताका।' पाठ में आए ऐसे अन्य कथन छाँटकर लिखिए।

उत्तर— (i) शंख इंग्लैंड में बज रहा था, गूँज हिन्दुस्तान में आ रही थी।

(ii) नई दिल्ली ने अपनी तरफ देखा और बेसाख्ता मुँह से निकल गया "वह आए हमारे घर, खुदा की रहमत ..... कभी कम उनको कभी अपने घर को देखते हैं।"

(iii) और देखते-देखते नई दिल्ली का कायापलट होने लगा।

(iv) नई दिल्ली में सब था ..... सिर्फ नाक नहीं थी।

(v) गश्त लगती रही और लाट की नाक चली गई।

(vi) रानी आए और नाक न हो !

(vii) अगर यह नाक नहीं है, तो हमारी भी नाक नहीं रह जाएगी।

(viii) मूर्तिकार यों तो कलाकार था, पर ज़रा पैसे से लाचार था।

(ix) यह छोटा-सा भाषण फ़ौरन अखबारों में छप गया।

(x) लेकिन बड़ी होशियारी से।

(xi) सबकी नाकों का नाप लिया, पर जॉर्ज पंचम की इस नाक से सब बड़ी निकलीं।

(xii) जॉर्ज पंचम के नाक लग गई।

(xiii) नाक तो सिर्फ एक चाहिए थी और वह भी बुत के लिए।

प्रश्न 2. नाक मान-सम्मान व प्रतिष्ठा का द्योतक है। यह बात पूरी व्यंग्य रचना में किस तरह उभरकर आई है? लिखिए।

उत्तर— नाक को हमेशा से ही मान-सम्मान व प्रतिष्ठा का द्योतक माना जाता रहा है। इस व्यंग्य रचना में लेखक ने इसी बात पर करारी चोट की है।

भारत पर शासन करने वाले जॉर्ज पंचम की नाक का कटना उनके घोर अपमान का प्रतीक है। ऐसे संवेदनशून्य व्यक्ति की मूर्ति पर झूठी शान के लिए नाक लगाने का इंतज़ाम करना हमारे सरकारी तन्त्र की गैर जिम्मेदार कार्यप्रणाली पर करारा व्यंग्य है। हुक्कामों के द्वारा मूर्तिकार को हमारे देश के महापुरुषों, वीरों, क्रांतिकारियों तथा 1942 में शहीद बच्चों तक की मूर्तियों पर से नाक का नाप लेने तथा फिट आने पर उसे वहाँ से निकालकर जॉर्ज पंचम की मूर्ति पर बिठा देने का आदेश देना, उनकी गुलाम मानसिकता तथा कठोर हृदय को दर्शाता है। अपनी नाक बचाने के लिए सरकारी तन्त्र का इस हद तक पहुँच जाना कि एक विदेशी व्यक्ति की नाक बचाने के लिए किसी ज़िंदा नाक को लगवा देना आम जनता की कोमल भावनाओं पर कुठाराघात है। इस प्रकार दर्जी से लेकर मूर्तिकार तक सभी पर लेखक ने अपने व्यंग्यबाणों की वर्षा की है।

प्रश्न 3. जॉर्ज पंचम की लाट पर किसी भी भारतीय नेता, यहाँ तक कि भारतीय बच्चे की नाक फिट न होने की बात से लेखक किस ओर संकेत करना चाहता है?

उत्तर— लेखक यह बताना चाहता है कि किसी भी भारतीय नेता, यहाँ तक कि भारतीय बच्चे की नाक से भी जॉर्ज पंचम की नाक छोटी है। भारतीयों व बलिदानी बच्चों की मान-मर्यादा व प्रतिष्ठा जॉर्ज पंचम से अधिक थी। हमारे देश के नेता, महापुरुष, वीर, क्रांतिकारी सबका सम्मान जॉर्ज पंचम से अधिक था।

प्रश्न 4. अखबारों ने जिंदा नाक लगाने की खबर को किस तरह से प्रस्तुत किया?

उत्तर— अखबारों में केवल इतना छपा कि नाक का मसला हल हो गया है और राजपथ पर इंडियागेट के पास वाली जॉर्ज पंचम की लाट के नाक लग रही है।

प्रश्न 5. "नई दिल्ली में सब था....सिर्फ नाक नहीं थी।" इस कथन के माध्यम से लेखक क्या कहना चाहता है?

उत्तर— रानी एलिज़ाबेथ के स्वागत के लिए नई दिल्ली सज-सँवर कर तैयार थी। सारे प्रबंध हो गए थे। बाकी बचा था तो केवल दिल्ली वालों की नाक की प्रतिष्ठा का सवाल। अपनी पूरी प्रतिष्ठा दाँव पर लगाकर दिल्ली सरकार भारत का दमन करने वाले जॉर्ज पंचम की नाक को लेकर परेशान थी। इस कथन के माध्यम से लेखक दिल्ली सरकार के सरकारी तन्त्र की कार्यप्रणाली पर करारी चोट करना चाहता है।

प्रश्न 6. जॉर्ज पंचम की नाक लगने वाली खबर के दिन अखबार चुप क्यों थे?

उत्तर— अखबारों में छपी इस खबर को पढ़कर कि जॉर्ज पंचम की मूर्ति पर ज़िंदा नाक लगाई गई है, सभी भारतीय हक्के-बक्के रह गए। इस बात से सबके दिल को गहरा आघात लगा। वे समझ गए कि ज़िंदा नाक निश्चित ही किसी भारतीय की होगी। एक मूर्ति की नाक बचाने के लिए भारतीय की प्रतिष्ठा व जीवन को दाँव पर लगा देना उन्हें कचोट गया। सब भौचक्के तथा ठगे-से रह गए। उन्हें अपनी प्रतिष्ठा धूमिल होती प्रतीत होने लगी। चौंकाने वाली इस खबर से हर देशवासी दु:खी एवं सन्न रह गया था। देश में कोई उद्घाटन, स्वागत-समारोह, अभिनंदन एवं किसी भी प्रकार की सार्वजनिक सभा का आयोजन नहीं हुआ। संपादक भी हतप्रभ थे। चारों ओर अजीब-सा सन्नाटा पसरा हुआ था। इसी कारण जॉर्ज पंचम की नाक लगने वाली खबर के दिन अखबार भी चुप थे।

➪ परीक्षोपयोगी महत्वपूर्ण प्रश्नोत्तर

प्रश्न 1. 'अतिथि देवो भव:' भारत की परम्परा रही है। इस पाठ के आधार पर इस विषय में अपने विचार व्यक्त कीजिए।

उत्तर— **'अतिथि देवो भव:'** भारत की परम्परा का ही एक महत्वपूर्ण अंग है। यह कथन अटल सत्य है। भारतीयों की रग-रग में अतिथि सम्मान की भावना समाई हुई है। परंतु जब बात ऐसे अतिथि से सम्मान की आती है जिसके सम्मान के लिए हमारा दिल गवारा नहीं करता तो हम दिल से उसका सम्मान नहीं कर पाते। हम उसका सम्मान तभी कर सकते हैं जब हम अपने ज़मीर एवं आत्मसम्मान को पैरों तले रौंद दें।

इस पाठ में भी लेखक ने यही दर्शाने का प्रयास किया है तभी तो सरकारी तन्त्र ने रानी एलिज़ाबेथ के स्वागत के लिए साम-दाम-दण्ड-भेद की नीति को अपनाकर अपने आत्मसम्मान से अधिक अतिथि-सम्मान को महत्व दिया है। इससे सरकारी तन्त्र की विवशता प्रकट होती है।

प्रश्न 2. आत्मसम्मान और खोखले अतिथि-सम्मान में से आप किसे अधिक महत्व देंगे और क्यों?

उत्तर— आत्मसम्मान और खोखले अतिथि-सम्मान में से हम अपने आत्मसम्मान को अधिक महत्व देंगे क्योंकि आत्मसम्मान की रक्षा करना हमारा परम धर्म है। एक छोटा बच्चा भी आत्मसम्मान के महत्व को पूरी तरह समझता है। वह भी आत्मसम्मान को ठेस पहुँचने पर आपत्ति दर्ज करते हुए पुरज़ोर विरोध करता है। अत: आत्मसम्मान की रक्षा करना हमारा नैतिक कर्त्तव्य है।

प्रश्न 3. जॉर्ज पंचम की लाट की टूटी नाक लगाने के क्रम में पुरातत्व विभाग की फाइलों की छानबीन की जरूरत क्यों आ गई? क्या उससे समाधान संभव था? क्यों?

उत्तर— जॉर्ज पंचम की लाट की टूटी नाक लगाने के क्रम में विभिन्न प्रयास किए गए। इस प्रयासों में सरकारी फाइलों की छानबीन करना भी जरूरी समझा गया क्योंकि वह जानना चाह रहे थे कि लाट कब और कहाँ से बनी इसको बनाने में पत्थर कहाँ से लाया गया उससे पत्थर की पहचान कर उसी पत्थर से उसी रंग की नाक बनाई जा सके समय कम होने की वज़ह से एक आसान राह को खोजा गया जिससे पूरा विवरण मिल सके। कब, कहाँ और कैसे इस लाट की शुरूआत हुई, लेकिन इतना प्रयास करने के बाद भी उन्हें सफलता नहीं मिली।

जॉर्ज पंचम की नाक का सवाल तो था ही, साथ-ही-साथ अधिकारियों व मूर्तिकार की नाक का सवाल भी था इसलिए उन्हें हर हाल में यह कार्य करना था, क्योंकि जॉर्ज पंचम की नाक के साथ उनकी नाक भी कट जाती।

प्रश्न 4. पत्रकारिता का मानव-जीवन में क्या योगदान है—स्पष्ट कीजिए।

उत्तर— पत्रकारिता लोकतन्त्र का चौथा स्तंभ है। इसका क्षेत्र व्यापक है। पत्रकारिता का मानव-जीवन में महत्वपूर्ण स्थान है। यह अपराधों पर रोक लगाने के साथ जन-समस्याओं का समाधान भी करती है। पत्रकारिता सरकार और आम जनता को जोड़ने की एक महत्वपूर्ण कड़ी है। इसी के द्वारा हमें खेल-मनोरंजन, राजनीति, व्यापार, फिल्म जगत् से लेकर देश-विदेश तक की अनेक प्रकार की खबरें मिलती

हैं। सरकार द्वारा लिए गए निर्णयों की विवेचना व समीक्षा करना तथा लोगों के विचारों को समग्र रूप प्रदान करना भी पत्रकारिता द्वारा ही संभव है। पत्रकारिता का मानव जीवन में महत्वपूर्ण योगदान है।

प्रश्न 5. हताशा एवं निराशा से घिरे हुए व्यक्ति को आशा की एक नन्हीं-सी किरण भी नई उम्मीद जगा देती है—पाठ के आधार पर स्पष्ट कीजिए।

उत्तर— हाँ, यह बिल्कुल सत्य है कि हताशा एवं निराशा से घिरे हुए व्यक्ति के लिए उम्मीद की एक किरण ही उसके जीवन में नया सवेरा ला देती है। उम्मीद पर ही दुनिया कायम है। 'जॉर्ज पंचम की नाक' नामक पाठ में सरकारी तन्त्र, नेता, राजनेता उनकी नाक को लेकर संकट में पड़ जाते हैं। कोई भी उपाय न सूझने पर जब वे हताश और निराश हो जाते हैं तब मूर्तिकार उनकी समस्या के समाधान के लिए उम्मीद की किरण बनकर आता है और अनेक कठिनाइयों के बावजूद समस्या का समाधान कर भी देता है। यह बात अलग है कि यह समाधान देशवासियों को रास नहीं आता परंतु वह सरकार व सरकारी तन्त्र की नाक बचाने का कार्य कर देता है।

प्रश्न 6. जॉर्ज पंचम की मूर्ति पर जिस व्यक्ति की ज़िंदा नाक को लगाया गया होगा उसकी व उसके पारिवारिक सदस्यों की कैसी दशा हो गई होगी? अपने विचार व्यक्त कीजिए।

उत्तर— यह एक दुखद घटना रही होगी। रोंगटे खड़े कर देने वाली इस घटना को पढ़ते ही पाठक सिहर-सा उठता है। जॉर्ज पंचम की मूर्ति पर जिस व्यक्ति की ज़िंदा नाक लगाई गई होगी उसकी दशा का वर्णन करना अत्यन्त कठिन है। उसका पूरा जीवन तबाह हो गया होगा। नाक कटने की असहनीय पीड़ा को झेलना कष्टदायक रहा होगा। पता नहीं उसे दर्दनाशक दवाएँ व अन्य अस्पताल से सम्बन्धित सुविधाएँ उपलब्ध करवाई गई होंगी या नहीं। वह ज़िंदा बचा भी होगा या नहीं। इन सवालों का जबाव किसी के पास नहीं था। उसकी व उसके परिजनों की मानसिक व शारीरिक स्थिति बहुत खराब रही होगी। सरकार को कोसने के सिवाय उनके पास कुछ भी नहीं बचा होगा। यह अनुचित कार्य होना ही नहीं चाहिए था।

प्रश्न 7. 'नाक को प्रतिष्ठा का प्रतीक माना जाता है।' इस संदर्भ में अपने विचार व्यक्त कीजिए।

उत्तर— वास्तव में नाक मनुष्य की प्रतिष्ठा का प्रतीक है। मनुष्य जीवन भर अपनी नाक बचाने में लगा रहता है। वह ऐसा कोई कार्य नहीं करना चाहता जिससे उनकी प्रतिष्ठा पर आँच आए। आमजन से लेकर सरकारी तन्त्र, विपक्ष में बैठे लोग, देशी-विदेशी सभी अपनी नाक को बचाने के प्रयास में लगे रहते हैं। इज्जतदार लोगों के लिए, तो अपना स्वाभिमान बचाने के लिए पापड़ बेलने के समान है। अतः मनुष्य को हमेशा ऐसे कार्य करने चाहिए, जिससे समाज में उनकी प्रतिष्ठा बढ़े, जिससे वे राष्ट्र व समाज के लिए आदर्श बन सकें।

प्रश्न 8. 'जॉर्ज पंचम की नाक' नामक कहानी में कमलेश्वर का कथाकार के साथ-ही-साथ सफल पत्रकार होने का परिचय मिलता है। स्पष्ट कीजिए।

उत्तर— कमलेश्वर एक कथाकार होने के साथ ही मँजे हुए पत्रकार भी हैं। इस कहानी के माध्यम से उन्होंने व्यावसायिक पत्रकारिता का विरोध किया है।

पत्रकारिता का कार्य किसी भी घटना को सही रूप में लोगों के सामने प्रस्तुत करना है। न कि किसी दबाव में आकर चुप बैठना। मूर्ति पर ज़िंदा नाक लगा दिए जाने पर अखबारों का चुप हो जाना उनके ऊपर किसी दबाव को दर्शाता है जो कि पत्रकारिता की सामाजिक जिम्मेदारी के विरुद्ध है। कमलेश्वर ने कहानी के माध्यम से इस बात को अच्छी तरह उभारा है। इससे उनके कथाकार होने के साथ-साथ सफल कलाकार होने का परिचय भी मिलता है।

प्रश्न 9. 'जॉर्ज पंचम की नाक' शीर्षक की सार्थकता स्पष्ट कीजिए।

उत्तर— 'जॉर्ज पंचम की नाक' नामक कहानी में आत्मसम्मान की परवाह न करने वाले संवेदना से शून्य लोगों पर करारा व्यंग्य किया गया है। सरकारी तन्त्र तथा सुरक्षा तन्त्र का जमकर उपहास उड़ाया गया है। सरकार द्वारा विदेशियों के स्वागत व भारतीयों की अवहेलना पर प्रकाश डाला गया है। शोषणकर्त्ताओं के वफादार सरकार में छिपे लोगों, बाबुओं तथा कलाकार के रूप में लालची मूर्तिकार आदि की पोल खोली गई है। महापुरुषों, क्रान्तिकारियों, पूर्व राजनेताओं तथा शहीद बच्चों के अपमान को सामने लाया गया है। इस कहानी में लेखक ने अंग्रेजों से आज़ादी मिलने के बाद भी सत्ता से जुड़े लोगों की औपनिवेशक मानसिकता तथा विदेशी आकर्षण पर तीक्ष्ण प्रहार किया है। इस प्रकार हम कह सकते हैं कि यह शीर्षक शब्दशः सार्थक है। साथ ही अपने कथ्य में सफल यह कहानी पत्रकारिता की सार्थकता को भी रेखांकित करती है।

प्रश्न 10. 'मूर्तिकार यों तो कलाकार था पर ज़रा पैसे से लाचार था।' इस कथन के माध्यम से लेखक क्या कहना चाहता है?

अथवा

'मूर्तिकार यों तो कलाकार था, लेकिन पैसे से लाचार था।' कथन में निहित व्यंग्य को स्पष्ट कीजिए।

उत्तर— इस कथन के माध्यम से लेखक ने मूर्तिकार पर करारा व्यंग्य किया है। लेखक के अनुसार कलाकार सादा-जीवन उच्च विचार वाली भावना का अनुसरण करता है। वह निस्वार्थ भाव से कार्य करता है। वह लालची नहीं होता। अपनी कला का कुशलतापूर्वक प्रदर्शन करना ही उसकी जिंदगी का ध्येय होता है। वह अपनी कला का व्यवसायीकरण नहीं करना चाहता।

मूर्तिकार कलाकार होते हुए भी कलाकार के गुणों से अछूता था। वह अत्यंत लालची स्वभाव का व्यक्ति था। वह हाथ में आए धन के स्रोत को गँवाना नहीं चाहता था। वह सरकारी धन का दुरुपयोग करना चाहता था। भारत के पर्वतीय स्थानों सहित पूरे भारत की सैर करके उसने सरकारी धन का दुरुपयोग भी कर लिया। इसी कारण लेखक ने ऐसा कहा है।

प्रश्न 11. जॉर्ज पंचम की मूर्ति पर लगी ज़िंदा नाक को सही-सलामत रखने के लिए क्या-क्या प्रयास किए गए?

उत्तर— जॉर्ज पंचम की मूर्ति पर लगी ज़िंदा नाक को सही-सलामत रखने के लिए मूर्ति के आस-पास का तालाब सुखाकर उसकी गर्द निकालकर उसे साफ किया गया। उसमें ताज़ा पानी भरा गया जिससे नाक को नमी मिलती रहे और वह सूखने न पाए। सुरक्षा के लिए वहाँ पर हथियारबंद पहरेदारों को तैनात किया गया।

प्रश्न 12. 'नाक' से जुड़े प्रचलित मुहावरे लिखिए।

उत्तर— नाक पर मक्खी न बैठने देना, नाक रगड़ना, नाकों चने चबाना, नाक कटना, नाक कटवाना, नाक में दम करना, नाक रखना, नाक बचाना, नाक का सवाल होना, नाक नीची होना आदि नाक से जुड़े प्रचलित मुहावरे हैं।

प्रश्न 13. इंग्लैण्ड की महारानी के हिंदुस्तान आगमन पर अखबार क्या-क्या छाप रहे थे और रानी के आने के दिन वे चुप क्यों रह गए?

उत्तर— रानी के आने से पहले अखबारों में रानी की पोशाकों के रंग, उन पर होने वाले खर्च, रानी की जन्मपत्री, प्रिंस फिलिप के कारनामे छापने के साथ ही उनके नौकर-नौकरानियों, बावर्चियों, खानसामों की जीवनियाँ यहाँ तक कि शाही महल के कुत्तों की तस्वीरें भी छापी गईं। लेकिन रानी के आगमन पर सब अखबार चुप थे। देश का आत्मसम्मान लूटने वाले की मूर्ति पर जिंदा व्यक्ति की नाक लगाए जाने की घटना अपमानजनक बात थी। शायद इसीलिए सभी अखबार चुप रहकर जॉर्ज पंचम की मूर्ति पर जिंदा नाक लगाए जाने के प्रति अपना आक्रोश प्रकट कर रहे थे।

❑❑

साना-साना हाथ जोड़ि |3|

लेखिका—मधु कांकरिया

लेखिका परिचय—प्रसिद्ध लेखिका मधु कांकरिया का जन्म सन् 1957 में कोलकाता में हुआ। इन्होंने कोलकाता विश्वविद्यालय से ही अर्थशास्त्र में एम. ए. तथा कम्प्यूटर एप्लीकेशन में डिप्लोमा किया।

प्रमुख रचनाएँ—मधु कांकरिया जी की प्रमुख रचनाओं में पत्ताखोर (उपन्यास), सलाम आखिरी, खुले गगन के लाल सितारे, बीतते हुए, अन्त में यीशु आदि प्रसिद्ध कहानी संग्रह हैं। इसके अतिरिक्त इन्होंने कई यात्रा-वृत्तान्त भी लिखे हैं। इनकी रचनाओं में विचार एवं संवेदना की नवीनता परिलक्षित होती है।

समाज में व्याप्त अनेक ज्वलन्त समस्याओं पर इन्होंने अपनी लेखनी के माध्यम से कुठाराघात किया है। महानगर की घुटन और असुरक्षा के बीच युवा वर्ग में बढ़ती नशे की आदत, लालबत्ती इलाकों की पीड़ा एवं समाज की तत्कालीन अनेक समसामयिक समस्याओं को इन्होंने अपनी रचनाओं के माध्यम से उभारा है।

इनकी भाषा सरल, सहज, प्रवाहपूर्ण तथा भावानुरूप है। इन्होंने अपनी रचनाओं में वर्णनात्मक, भावात्मक, विचारात्मक एवं चित्रात्मक शैली का प्रयोग किया है।

सारांश—'साना-साना हाथ जोड़ि' मधु कांकरिया द्वारा रचित एक यात्रा-वृत्तान्त है। इसमें उन्होंने सिक्किम की राजधानी गंगटोक तथा हिमालय की यात्रा का रोचक वर्णन किया है। इस यात्रा के दौरान भी लेखिका सामाजिक दायित्वों के प्रति सजग है। उसके हृदय में श्रमजीवी लोगों के प्रति सम्मान है।

रात के समय गंगटोक शहर के अप्रतिम सौन्दर्य को देखते समय उनको ऐसा लग रहा है जैसे आसमान उल्टा पड़ा हो तथा तारे चारों ओर बिखरकर टिम-टिमा रहे हों। गंगटोक परिश्रमी लोगों की राजधानी थी, अतः वहाँ के सुबह, शाम, दिन-रात सभी बेहद सुन्दर थे। उस अप्रतिम सौन्दर्य के सम्मोहन में खोकर अचानक उनके मुँह से नेपाली युवती से सीखी हुई प्रार्थना निकलने लगती है—'साना-साना हाथ जोड़ि' जिसका अर्थ है—छोटे-छोटे हाथ जोड़कर प्रार्थना कर रही हूँ कि मेरा समस्त जीवन अच्छाइयों के लिए समर्पित हो।

लेखिका को प्रातःकाल यूमथांग के लिए निकलना था, परन्तु आँख खुलते ही वे बालकनी की ओर दौड़ीं क्योंकि उन्हें बताया गया था कि मौसम साफ हो तो बालकनी से हिमालय की तीसरी, सबसे बड़ी चोटी कंचनजंगा दिखाई देती है। आसमान में बादल छाये होने के कारण लेखिका को कंचनजंगा तो नहीं दिखाई दी परन्तु विभिन्न प्रकार के इतने सारे रंग-बिरंगे फूल दिखाई दिये जो उन्हें फूलों के बाग में आ जाने जैसा महसूस करा रहे थे।

गंगटोक से यूमथांग की दूरी 149 किमी थी। ड्राइवर जितेन जो उनका गाइड भी था, उसने बताया कि रास्ते में गहरी घाटियाँ और फूलों से लदी वादियाँ मिलेंगी। लेखिका के मन में बर्फ देखने की उत्सुकता थी, परन्तु यूमथांग में बर्फ होगी या नहीं इस बात को जितेन ने रहस्य बना दिया।

रास्ते में मिली सफेद पताकाओं के विषय में नार्गे ने बताया कि किसी बुद्धिस्ट की मृत्यु हो जाने पर उसकी आत्मा की शान्ति हेतु शहर से दूर पवित्र स्थान पर 108 श्वेत पताकाएँ फहरा दी जाती हैं, जिन्हें उतारा नहीं जाता। नया काम शुरू करने के लिए रंगीन पताकाएँ फहरा दी जाती हैं।

कवी-लोंग स्टॉक में जितेन ने ऐसे पत्थर के विषय में बताया जो सिक्किम की दो स्थानीय जाति के बीच चले लम्बे संघर्ष के बाद शान्ति-वार्ता का स्मरण चिन्ह है।

कुटिया के अन्दर घूमते चक्र के विषय में नार्गे ने उसे धर्म-चक्र बताया जिसे घुमाने से सारे पाप धुल जाते हैं। लेखिका को लगा कि सभी स्थानों पर लोगों की आस्थाएँ, विश्वास, अन्धविश्वास तथा पाप-पुण्य के विषय में समान धारणाएँ हैं।

गाड़ी ऊँचाई पर चढ़ने लगी, सुन्दर रास्ते व वादियाँ दिखाई देने लगीं। सैलानी प्रसन्न होकर गीत गाने लगे। लेखिका सम्पूर्ण परिदृश्य को अपने अन्दर समेट लेना चाहती थी, अतः खिड़की से सिर निकालकर प्राकृतिक दृश्यों का आनन्द लेने लगीं। तिस्ता नदी का सौन्दर्य चरम पर था, सेवन सिस्टर्स वॉटर फॉल के पास जीप रुकने पर लेखिका पत्थरों पर बैठकर आत्म-संगीत सुनने लगीं।

पल-पल बदलते हिमालय के रूप में कहीं हरियाली थी, कहीं हल्का पीलापन, तो कहीं पथरीली चट्टानें। कहीं चटक धूप, तो कहीं बादलों की चादरें। माया-छाया के इस अनोखे खेल में प्रकृति के कई रहस्य लेखिका के समक्ष उद्घाटित हो रहे थे।

धुँधली चादर हटते ही जन्नत के समान दुर्लभ नज़ारे दिखाई देने लगे। लेखिका को ईश्वर के निकट होने का अहसास होने लगा। उनके होठों पर वही प्रार्थना आने लगी—साना-साना हाथ जोड़ि ....। उन्हें पत्थर तोड़ती पहाड़ी औरतें भी दिखीं जो अपने अलौकिक सौन्दर्य से बेखबर जीविकोपार्जन में लगी थीं। वे सड़क के चौड़ीकरण के लिए श्रम कर रही थीं। लेखिका दु:खी हो गई। उन्हें दु:खी देखकर जितेन

बोला कि मैडम ! यह मेरे देश की आम जनता है। इन्हें तो आप कहीं भी देख लेंगी। आप पहाड़ों को देखिए, जिसके लिए पैसे खर्च करके आई हैं।

जीप आगे बढ़ने पर उन्होंने देखा ढेर सारे पहाड़ी बच्चे स्कूल से लौटते समय लिफ्ट माँग रहे हैं। जितेन ने बताया कि यहाँ स्कूल बस की कोई व्यवस्था नहीं है। आगे सँकरे एवं खतरनाक रास्ते से जीप आगे बढ़ती रही। सूरज ढल रहा था। उसकी रोशनी चाय के बागानों पर पड़ रही थी। सिक्किमी परिधान पहने कई युवतियाँ चाय की पत्तियाँ तोड़ रहीं थीं। उनका गुदगुदाता यौवन इन्द्रधनुषी छटा बिखेर रहा था। मन्त्रमुग्ध-सी लेखिका उन्हें देखकर खुशी से चीख-सी पड़ी।

रात को छोटी-सी शान्त बस्ती लायुंग में पड़ाव था। जहाँ से वे तिस्ता नदी के किनारे एक लकड़ी के घर में ठहरे। शाम का समय था। वातावरण शान्त था। लेखिका प्रकृति की अखण्ड सम्पूर्णता को महसूस कर रही थीं। नदी के बहते पानी को अपनी अँजुलि में भरकर उन्होंने केवल एक यही प्रार्थना की कि व्यक्ति के मन की तामसिकताएँ बह जायें।

रात के समय जितेन द्वारा तेज़ धुन पर नाचने पर सभी सैलानी मस्त हो गये। पचास वर्षीय मणि के जानदार नृत्य को देखकर तो लड़कियाँ भी हार मान सकती थीं।

लायुंग की ऊँचाई समुद्रतल से 14,000 फीट होने पर भी बर्फ देखने को नहीं मिली। पता चला कि 500 फीट ऊपर स्थित 'कटाओ' में बर्फ मिल सकती है। 'कटाओ' भारत का स्विट्जरलैण्ड है। कटाओ का रास्ता खतरनाक तो था ही ऊपर से धुंध और बारिश भी थी। 'कटाओ' में बर्फ मिलने पर सब झूमने लगे। लेखिका के पास लम्बे जूते न होने के कारण वह बर्फ का भरपूर आनन्द न उठा सकीं। वे सम्पूर्ण परिदृश्य को अपने भीतर खींच रही थीं। वे सोचने लगीं कि इसी आत्मविभोर कर देने वाली दिव्यता के बीच हमारे ऋषियों वे वेदों की रचना की होगी। उन्होंने कृतज्ञता से माथा नवाकर कहा—जाने कितना ऋण है, इन नदियों का हम पर। उन्हें लगा कि संसार स्वप्न-सा सुन्दर है।

थोड़ा आगे बढ़ने पर फौजी छावनियाँ दिखाई दीं। वहाँ पर लेखिका ने फौजियों से बातें कीं। उनकी तकलीफ देखकर लेखिका का मन पिघलने-सा लगा। रास्ते में जितेन ने माओवादी संघर्ष के बारे में बताया। यूमथांग की घाटी फूलों से लदी पड़ी थी मानो कि फूलों की सेज बिछी हो।

यूमथांग में एक इण्डियन लड़की को चिप्स बेचता देखकर लेखिका को अच्छा लगा। वे कश्मीर के साथ ऐसे सहज रिश्ते की कल्पना करने लगीं।

जितेन ने पहाड़ी कुत्ते तथा गुरु नानक के फुट-प्रिंट वाले पत्थर के विषय में बताया। खेदुम के बारे में उसने बताया कि यहाँ देवी-देवताओं का वास है। यहाँ पर गन्दगी फैलाने वाला मर जाता है। यहाँ के लोग पहाड़, नदी और झरने की पूजा करते हैं। वे इन्हें कभी गन्दा नहीं करते।

लेखिका मन-ही-मन कह रही थीं "हाँ रास्ते अभी बन रहे हैं। नये-नये स्थानों की खोज अभी जारी है। मनुष्य की इसी असमाप्त खोज का नाम सौन्दर्य है।"

शब्द-सम्पदा

हैरान = चकित। **झालर** = लड़ी। **सन्धि-स्थल** = मिलने का स्थान। **मेहनतकश** = परिश्रमी। **सम्मोहन** = मोहित करने की भावना। **इस कदर** = इस तरह। **अतीन्द्रियता** = इन्द्रियों से परे। **उजास** = उजाला, प्रकाश। **कपाट** = दरवाजे, द्वार। **रकम-रकम के** = तरह-तरह। **गहनतम** = सबसे गहरी। **बचकाने** = बच्चों जैसे। **गदराए** = भरे हुए। **जायज़ा** = अनुभव। **कतार** = पंक्ति। **श्वेत** = सफेद। **बुद्धिस्ट** = बौद्ध धर्म का अनुयायी। **सन्धि-पत्र** = समझौता-पत्र। **अवधारणाएँ** = मानसिक विचार। **लुभावनी** = मोहित करने वाली। **सुदीर्घ** = लम्बे समय तक चलने वाले। **रफ़्ता-रफ़्ता** = धीरे-धीरे। **परिदृश्य** = नज़ारे। **बौने** = छोटे कद के। **ओझल** = दृष्टि से दूर। **काम्य** = मन-माफिक। **विराट** = विशाल। **शिद्दत** = प्रबलता। **तीर्थाटनियों** = तीर्थ-यात्रियों। **वीरान** = सुनसान, निर्जन। **सँकरे** = संकुचित। **सघन** = घने। **भीमकाय** = विशाल आकार वाला। **परिवर्तित** = बदला हुआ। **हिचकोले** = झटके। **असीम** = असीमित। **मौन** = चुप, शान्त। **मुंडकी** = सिर। **शिखर** = चोटी। **जल-प्रपात** = झरने। **कौंध** = चमक। **पराकाष्ठा** = चरम-सीमा। **फेन** = झाग। **लम्हों** = पलों, क्षणों। **मशगूल** = व्यस्त। **रंगत** = चमक, खूबसूरती। **अभिशप्त** = शापित। **काव्यमय** = कविता से युक्त। **अनंतता** = अन्त न होने की भावना। **सरहदों** = सीमाओं। **तामसिकताओं** = कुटिलताओं, बुरी भावनाओं। **दुष्ट-वासनाएँ** = बुरी इच्छाएँ। **अनन्त** = असीमित। **नज़ारे** = दृश्य। **अद्भुत-अनूठे** = विलक्षण। **अनमनी** = बिना मन या इच्छा के। **चटक** = गहरा। **पलस्तर** = प्लास्टर। **छू-मंतर** = गायब। **चित्र लिखित-सी** = मूर्तिवत्। **अनूठे** = अनोखे, विलक्षण। **सयानी** = चतुर, समझदार। **उद्घाटन करने** = प्रकट करने। **तुली होना** = बेताव या आतुर होना। **धुंध** = बादलों का धुआँ। **जन्नत** = स्वर्ग। **नज़रों के छोर तक** = जहाँ तक नज़र पहुँच रही हो। **अनुभूति** = अहसास। **सतत्** = निरन्तर। **प्रवाहमान** = बहता हुआ। **वेग** = तीव्र गति। **मद्धिम-मद्धिम** = धीमी-धीमी, मंद गति से। **चरैवेति-चरैवेति** = चलते रहो, चलते रहो। **वजूद** = अस्तित्व। **एकात्म** = एकाकार। **तंद्रिल अवस्था** = नींद जैसी दशा। **समाधिस्थ** = समाधि में लीन। **नुपूर** = घुँघरू। **आत्मलीन** = स्वयं में लीन। **निरपेक्ष** = बिना किसी अपेक्षा के। **काया** = शरीर। **दैन्य** = दीनता, गरीबी। **जंग** = लड़ाई। **चुहलबाज़ी** = शरारत, हँसी-मजाक। **अकस्मात** = अचानक। **संजीदा** = गम्भीर। **दुस्साध्य** = कठिन। **डाइनामाइट** = एक प्रकार का विस्फोटक। **चूक** = भूल। **पाँव** = पैर। **हाथों में पड़े ठाठे** = पत्थरों पर कुदाल चलाने से हथेलियों में पड़ी गाँठें। **यातना** = कष्ट, पीड़ा। **वंचना** = वंचित होने की भावना। **गमगीन** = दु:खी, उदास। **हेयर पिन बेंट** = बालों में लगाने वाली पिन जैसा गहरा मोड़। **पड़ाव** = ठहराव। **वर्बीला** = बड़े पेट वाला। **मवेशियाँ** = पशु। **सजग** = जागरूक, चौकन्ना। **सात्विक** = पवित्र। **आभा** = चमक। **छटा** = सौन्दर्य। **असह्य** = असहनीय। **परिंदे** = पक्षी। **अनायास** = अचानक। **अक्षम्य** = क्षमा न करने योग्य।

संकल्प = दृढ़ प्रतिज्ञा। **हलाहल** = विष, ज़हर। **संक्रमण** = संयोग। **सी लेवल** = समुद्र तल। **शर्तिया** = निश्चित रूप से। **बतियाना** = बातें करना। **गुडुप** = निगल लिया। **उम्मीद** = आशा। **आवेश** = जोश। **उत्तेजना** = आवेग। **खलास** = खत्म, समाप्त। **सिवाय** = अलावा, अतिरिक्त। **प्रतिवाद** = विरोध। **राम रोछो** = बहुत अच्छा। **गर्व** = अभिमान। **लम्हे** = क्षण। **ख्वाहिश** = तीव्र इच्छा। **टूरिस्ट स्पॉट** = भ्रमण स्थल। **विभोर** = आनन्दित। **वृत्ति** = स्वभाव। **तरावट** = नमी। **अभिभूत होना** = भावुक हो जाना। **नायाब ढंग** = अनोखे तरीके से। **संग्रह** = इकट्ठा। **ऋण** = कर्ज़। **ख्याल** = विचार। **तैनात** = नियुक्त। **मीआद** = आयु सीमा। **सेज** = शैय्या, बिस्तर। **विस्मय** = आश्चर्य। **असमाप्त** = जो कभी समाप्त न हो।

➾ पाठ से सम्बन्धित प्रश्नोत्तर

प्रश्न 1. झिलमिलाते सितारों की रोशनी में नहाया गंगटोक लेखिका को किस तरह सम्मोहित कर रहा था?

उत्तर— झिलमिलाते सितारों की रोशनी में नहाया गंगटोक का रहस्यमयी सौन्दर्य लेखिका को जादुई रूप से सम्मोहित कर रहा था। उन्हें सब कुछ ठहरा हुआ एवं अर्थहीन-सा महसूस हो रहा था। उन्हें अपने भीतर-बाहर शून्य-सा अनुभव हो रहा था।

प्रश्न 2. गंगटोक को 'मेहनतकश बादशाहों का शहर' क्यों कहा गया?

उत्तर— 'मेहनतकश' का अर्थ है—कड़ी मेहनत करने वाले। 'बादशाह' का अर्थ है—मन की मर्जी के मालिक गंगटोक एक पहाड़ी क्षेत्र है। यहाँ स्त्री, पुरुष, बच्चे व युवतियाँ सभी कठिन परिस्थितियों में पूरी मेहनत से परिश्रम में लगे रहते हैं। स्त्रियाँ अपने शिशु को पीठ पर लादकर काम करती हैं। बच्चे स्कूल के लौटने के बाद मवेशी चराते हैं, पानी भरते हैं तथा लकड़ियों के भारी-भारी गट्ठर ढोते हैं। गंगटोक में सभी लोग मेहनतकश होते हैं। इसीलिए गंगटोक को 'मेहनतकश बादशाहों का शहर' कहा गया है।

प्रश्न 3. कभी श्वेत तो कभी रंगीन पताकाओं का फहराना किन अलग-अलग अवसरों की ओर संकेत करता है?

उत्तर— श्वेत पताकाएँ 'शोक' से युक्त अवसर की ओर संकेत करती हैं। जब किसी बुद्धिस्ट की मृत्यु हो जाती है तो उसकी आत्मा की शान्ति के लिए शहर से दूर किसी पवित्र स्थान पर 108 श्वेत पताकाएँ फहरा दी जाती हैं। इन्हें उतारा नहीं जाता। ये धीरे-धीरे अपने आप ही नष्ट हो जाती हैं।

रंगीन पताकाएँ नये कार्य के शुरुआत की ओर संकेत करती हैं। ये मांगलिक कार्यों का प्रतीक हैं। शुभ कार्यों के प्रारम्भ में ही ये पताकाएँ लगा दी जाती हैं।

प्रश्न 4. जितेन नार्गे ने लेखिका को सिक्किम की प्रकृति, वहाँ की भौगोलिक स्थिति एवं जनजीवन के बारे में क्या महत्वपूर्ण जानकारियाँ दीं? लिखिए।

उत्तर— जितेन नार्गे ने लेखिका को सिक्किम की प्रकृति, वहाँ की भौगोलिक स्थिति एवं जनजीवन के विषय में महत्वपूर्ण जानकारियाँ देते हुए बताया कि हिमालय की गहनतम घाटियों एवं सौन्दर्यशाली फूलों से लदी वादियों में जन्नत के दर्शन होते हैं। सिक्किम चीन की सीमा से सटा है। यहाँ बौद्ध धर्म के अनुयायी हैं। नार्गे के कुटिया के भीतर घूमते धर्म-चक्र के विषय में भी बताया। पहाड़ी इलाके तथा वहाँ के स्कूल व पैदल लौटते बच्चों के विषय में बताया। हिन्दुस्तान के स्विट्‌जरलैण्ड कटाओ के विषय में बताते समय नार्गे अत्यन्त उत्साहित था। उसने लेखिका को पहाड़ों पर गन्दगी न करने तथा सिक्किम टूरिस्ट स्पॉट बनने के विषय में जानकारी दी।

प्रश्न 5. कवी-लोंग में घूमते हुए चक्र को देखकर लेखिका को पूरे भारत की आत्मा एक-सी क्यों दिखाई दी?

उत्तर— कवी-लोंग में घूमते हुए धर्म चक्र के विषय में जब नार्गे से पता चला कि इसको घुमाने से सारे पाप धुल जाते हैं। ऐसा सुनकर लेखिका को पवित्र गंगा का स्मरण हो गया। उन्हें लगा कि चाहे पहाड़ी इलाका हो या मैदानी, तमाम वैज्ञानिक प्रगतियों के बावजूद पूरे भारत की आत्मा एक-सी है। सभी स्थानों पर लोगों की आस्थाएँ, विश्वास, अंधविश्वास, पाप-पुण्य की आवश्यकताएँ एवं कल्पनाएँ सब एक जैसी हैं।

प्रश्न 6. जितेन नार्गे की गाइड की भूमिका के बारे में विचार करते हुए लिखिए कि एक कुशल गाइड में क्या गुण होते हैं?

उत्तर— जितेन नार्गे में कुशल गाइड के सभी गुण विद्यमान हैं। सबसे बड़ा गुण उसका यह है कि वह ड्राइवर-कम-गाइड ज्यादा है। वह आवश्यकता पड़ने पर ड्राइवर की भूमिका बड़ी आसानी से निभा सकता है।

एक कुशल गाइड को अपने क्षेत्र की भौगोलिक स्थिति की जानकारी के साथ-साथ महत्वपूर्ण व ऐतिहासिक स्थानों तथा उससे जुड़े रोचक प्रसंगों की बारीक जानकारियाँ होनी चाहिए। कुशल गाइड में सहनशीलता होनी चाहिए। उसे गीत-संगीत में भी रुचि होनी चाहिए। जिससे वह पर्यटकों का मनोरंजन कर सके। कुशल गाइड में मानवीय संवेदनाओं को समझने की शक्ति एवं वाक्‌चातुर्य होने का गुण भी चाहिए। उसमें अपनत्व की भावना होनी चाहिए। एक कुशल गाइड का मृदुभाषी होना भी अत्यन्त आवश्यक है।

प्रश्न 7. इस यात्रा वृत्तान्त में लेखिका ने हिमालय के जिन-जिन रूपों का चित्र खींचा है, उन्हें अपने शब्दों में लिखिए।

उत्तर— इस यात्रा वृत्तान्त में लेखिका ने हिमालय के पल-पल बदलते विराट रूप, ऊँचाई पर चढ़ते समय विशाल से विशालकाय होते हिमालय के विचित्र रूप, पर्वत की गहराती घाटियाँ एवं सौन्दर्य की पराकाष्ठा से युक्त फूलों से लदी सुन्दर वादियों के रूपों का चित्र खींचा है। सफेद दूधिया फेन उगलते निरन्तर प्रवाहित झरने, बलखाती तिस्ता नदी, चारों ओर बिखरा प्राकृतिक सौन्दर्य लेखिका के मन को मोह लेता है। लेखिका को हिमालय कहीं चटक हरा, कहीं पीलापन लिये तो कहीं पथरीला नजर आता है। बादलों एवं हिमालय का पल-पल बदलता रूप लेखिका को रोमांच से भर रहा था।

प्रश्न 8. प्रकृति के उस अनन्त और विराट स्वरूप को देखकर लेखिका को कैसी अनुभूति होती है?

उत्तर— प्रकृति के उस अनन्त और विराट स्वरूप को देखकर लेखिका रोमांचित हो जाती हैं। प्रकृति के अप्रतिम सौन्दर्य को देखकर वे ठगी-सी रह जाती हैं। उन्हें लगता है कि परोपकार में ही जीवन की सार्थकता निहित है। झरनों की भाँति गतिशीलता तथा फूलों की भाँति मुस्कराते हुए, महक लुटाने में ही जीवन का सच्चा आनन्द है। बहते झरने को देखकर उन्हें सुखद अनुभूति हो रही है।

प्रश्न 9. प्राकृतिक सौन्दर्य के अलौकिक आनन्द में डूबी लेखिका को कौन-कौन से दृश्य झकझोर गये?

उत्तर— प्राकृतिक सौन्दर्य के अलौकिक आनन्द में डूबी लेखिका को पत्थर तोड़ती अद्वितीय सौन्दर्य से युक्त पहाड़ी औरतों का दृश्य झकझोर गया। उन्हें लगा कि स्वर्गिक सौन्दर्य, नदी, फूलों, वादियों और सुन्दर झरनों के बीच भूख, मौत, दीनता और ज़िन्दा रहने की यह जंग जारी है। स्त्रियाँ किस प्रकार मातृत्व एवं श्रम साधना जैसी विपरीत जिम्मेदारियों का निर्वहन साथ-साथ कर रही हैं। इसी विचार से लेखिका को हिलाकर रख दिया।

प्रश्न 10. सैलानियों को प्रकृति की अलौकिक छटा का अनुभव करवाने में किन-किन लोगों का योगदान होता है, उल्लेख करें।

उत्तर— सैलानियों को प्रकृति की अलौकिक छटा का अनुभव करवाने में ट्रेवल एजेन्सी, ड्राइवर, गाइड, कंडक्टर, होटल कर्मचारी, अलग-अलग तरह के दुकानदार तथा फोटोग्राफर आदि लोगों का योगदान रहता है।

ये सैलानियों को अपना भरपूर योगदान देकर प्रकृति की अलौकिक छटा का अनुभव कराकर उनकी यात्रा को सफल बनाते हैं तथा अपने अच्छे व्यवहार की स्मृतियाँ उनके मन-मस्तिष्क में छोड़ देते हैं।

प्रश्न 11. "कितना कम लेकर ये समाज को कितना अधिक वापस लौटा देती है।" इस कथन के आधार पर स्पष्ट करें कि आम जनता की देश की आर्थिक प्रगति में क्या भूमिका है?

अथवा

'साना-साना हाथ जोड़ि' पाठ में प्रदूषण के कारण हिमपात में कमी पर चिंता व्यक्त की गई है। प्रदूषण के और कौन-कौन से दुष्परिणाम सामने आये हैं? हमें इसकी रोकथाम के लिए क्या करना चाहिए?

उत्तर— आम जनता देश की आर्थिक प्रगति में महत्वपूर्ण भूमिका निभाती है। लेखिका का यह कथन पर्वतीय श्रमिक महिलाओं के विषय में है, जो विपरीत एवं कठिन परिस्थितियों में कठोर परिश्रम करती हैं। वे मातृत्व एवं श्रम-साधना जैसी कठिन जिम्मेदारियों को साथ-साथ निभाती हैं। ऐसा करके वे बहुत कम मज़दूरी में अधिक परिश्रम करती हैं। उनका यह श्रमदान देश की प्रगति में आर्थिक रूप से सहायक होता है।

आम जनता के अन्तर्गत श्रमिक वर्ग, डॉक्टर, लेखक आदि सभी लोग आते हैं। ये सभी लोग समाज से अपनी सेवा के बदले जितना धन लेते हैं, सेवा के रूप में उससे अधिक लौटा देते हैं।

प्रश्न 12. आज की पीढ़ी द्वारा प्रकृति के साथ किस तरह का खिलवाड़ किया जा रहा है? इसे रोकने में आपकी क्या भूमिका होनी चाहिए?

अथवा

प्रकृति के साथ क्या-क्या खिलवाड़ हो रहे हैं ? इसे रोकने के उपाय बताइये।

अथवा

'कितना कम लेकर ये समाज को कितना अधिक वापस लौटा देती है।' 'साना-साना हाथ जोड़ि.......' पाठ के इस कथन में निहित जीवन मूल्यों को स्पष्ट कीजिए और बताइये कि देश की प्रगति में नागरिक की क्या भूमिका है?

उत्तर— आज का मानव प्रकृति का दोहन कर रहा है। प्रकृति ईश्वर द्वारा प्रदत्त निःशुल्क उपहार है। प्रकृति का दोहन करने से प्राकृतिक सन्तुलन बिगड़ जाता है जिसके फलस्वरूप अनेक प्रकार की प्राकृतिक विपदाएँ हमें काल का गाल बना सकती हैं।

आज पेड़ों को अधिक मात्रा में काटकर वहाँ पर इमारतें व कॉलोनियाँ बनाई जा रही हैं। वातावरण प्रदूषण युक्त होता जा रहा है। नदियों में गन्दे नालों को छोड़ा जा रहा है। पहाड़ी स्थलों को विहार-स्थल बनाकर वहाँ के प्राकृतिक सौन्दर्य के साथ छेड़छाड़ हो रही है। चारों ओर गन्दगी का साम्राज्य फैला हुआ है। ग्लोबल वॉर्मिंग से तापमान में निरन्तर वृद्धि होने के कारण पर्वत अपने प्राकृतिक सौन्दर्य को खोते जा रहे हैं।

प्रकृति के साथ होने वाले खिलवाड़ को रोकने के लिए हमें प्रकृति की देखभाल करनी चाहिए। अधिक मात्रा में पेड़ लगायें, जिससे प्रकृति का सन्तुलन न बिगड़े। कृषि-योग्य भूमि का दुरुपयोग करने से बचें तथा किसी भी प्रकार के प्रदूषण को न फैलने दें।

प्रश्न 13. प्रदूषण के कारण बर्फबारी में कमी का जिक्र किया गया है। प्रदूषण के कौन-कौन से दुष्परिणाम सामने आये हैं? लिखें।

अथवा

प्रदूषण से होने वाले दुष्परिणामों का उल्लेख कीजिए।

उत्तर— प्रदूषण एक गम्भीर समस्या है। इससे प्राकृतिक सन्तुलन बिगड़ने के साथ-साथ मानव-जीवन भी गम्भीर रूप से प्रभावित हो रहा है। खान-पान, आहार-विहार सभी जगह प्रदूषण का बोलबाला है। जल प्रदूषण, मृदा प्रदूषण, ध्वनि प्रदूषण तथा वायु प्रदूषण आदि

सभी प्रदूषण अपने चरम पर हैं। इनसे मनुष्य में साँस लेने की समस्या, फेंफड़ों का संक्रमण, हृदय रोग, शुगर, रक्तचाप सम्बन्धी बीमारियाँ तथा बहरापन आदि अनेक प्रकार के दुष्परिणाम सामने आये हैं। यदि हम शीघ्र जागरूक नहीं हुए तो हमारे सामने विनाशकारी परिस्थितियाँ अपना 'फन' उठाये खड़ी होंगी।

प्रश्न 14. " 'कटाओ' पर किसी भी दुकान का न होना उसके लिए वरदान है।" इस कथन के पक्ष में अपनी राय व्यक्त कीजिए।

उत्तर— 'कटाओ' अप्रतिम सौन्दर्य से युक्त प्राकृतिक स्थान है। इसे भारत का स्विट्ज़रलैण्ड कहा जाता है। 'कटाओ' पर किसी भी दुकान का न होना उसके लिए वरदान ही कहा जायेगा। यदि वहाँ दुकानें खोल दी जायेंगी तो वहाँ की नैसर्गिक सुन्दरता प्रभावित होगी। लोगों की भीड़ बढ़ेगी तथा गन्दगी एवं प्रदूषण भी बढ़ जायेगा।

प्रश्न 15. प्रकृति ने जल-संचय की व्यवस्था किस प्रकार की है?

उत्तर— प्रकृति नायाब तरीके से जल-संचय की व्यवस्था करती है। सम्पूर्ण एशिया के हिमशिखर जलस्तम्भ हैं। प्रकृति सर्दियों में हिम के रूप में जल-संग्रह कर लेती है। गर्मियों में जब पानी के लिए त्राहि-त्राहि मचती है, तो यही बर्फ शिलाएँ पिघलकर जलधारा बन कर हमारे सूखे कण्ठों की प्यास बुझाती है। प्रकृति के पास जल-संचय की अद्‌भुत व्यवस्था है।

प्रश्न 16. देश की सीमा पर बैठे फौजी किस तरह की कठिनाइयों से जूझते हैं ? उनके प्रति हमारा क्या उत्तरदायित्व होना चाहिए?

उत्तर— देश की सीमा पर बैठे फौजी अनेक तरह की कठिनाइयों से जूझते हैं। ये फौजी पूस और माघ की कड़कड़ाती सर्दी, जिसमें पेट्रोल के अलावा सब कुछ जम जाता है, पूरी सतर्कता से तैनात रहते हैं। बर्फीले क्षेत्रों में तैनात फौजियों को भयंकर बर्फीली हवाओं एवं तूफानों का सामना करना पड़ता है। राजस्थान में रेगिस्तानी सीमाओं पर तैनात फौजियों को प्रचण्ड लू एवं गर्म हवाओं का सामना करना पड़ता है।

हमारा दायित्व है कि हम देश की सीमाओं के रक्षक फौजियों को सम्मान की दृष्टि से देखें। उनके परिवारों को किसी भी प्रकार की कमी न होने दें। उनके बच्चों को स्नेह दें तथा उनकी उचित शिक्षा-व्यवस्था पर ध्यान दें।

प्रश्न 17. "आप चैन की नींद सो सकें, इसीलिए तो हम यहाँ पहरा दे रहे हैं"—एक फौजी के इस कथन पर जीवन मूल्यों की दृष्टि से चर्चा कीजिए।

उत्तर— "आप चैन की नींद सो सकें, इसीलिए तो हम यहाँ पहरा दे रहे हैं।" .... देश की सीमा पर बैठे फौजी कड़कड़ाती ठण्ड में, जब वहाँ का तापमान – 15 डिग्री सेल्सियस पर हो जाता है, पौष और माह के महीने में पेट्रोल को छोड़कर सब कुछ जम जाता है, उस समय भी ये फौजी जी-जान से रक्षा में लगे रहते हैं। वहाँ का मौसम और परिस्थितियाँ विषम होती हैं। हमें देश की सीमाओं की रक्षा करने वाले सैनिकों के प्रति कृतज्ञ होना चाहिए, क्योंकि वह ऐसी उक्त परिस्थितियों में रहते हैं, जिससे हम अपने घरों में चैन की नींद सो सकें तथा देश की एकता एवं शान्ति को कोई भंग न कर सके। अगर ये लोग न हों, तो आपराधिक तत्वों को बढ़ावा मिल जायेगा। जिसके परिणामस्वरूप हमारा प्रत्येक क्षण भययुक्त होगा।

परीक्षोपयोगी अन्य प्रश्नोत्तर

प्रश्न 1. 'घुमक्कड़ी प्रवृत्ति' को लेकर अपने विचार व्यक्त कीजिए।

अथवा

क्या एक घुमक्कड़ प्रवृत्ति का व्यक्ति सामाजिक दायित्व के निर्वहन में पूर्ण योगदान देने की क्षमता रखता है? अपने विचार प्रस्तुत कीजिए।

उत्तर— घुमक्कड़ी प्रवृत्ति मनुष्य को विचारशीलता प्रदान करती है। घुमक्कड़ व्यक्ति आत्मकेन्द्रित न रहकर एक पूर्ण सामाजिक प्राणी बन जाता है। घूमते समय उसे अनेक प्रकार के अनुभवों से गुज़रना पड़ता है। लोगों के साथ सामंजस्य बनाकर चलना पड़ता है। उसके अन्दर अलग-अलग संस्कृतियों को आत्मसात करने का गुण आ जाता है। सामाजिक दायित्वों के प्रति भी वह पहले से अधिक जागरूक हो जाता है। उसकी संकीर्ण विचारधाराएँ समाप्त हो जाती हैं। घूमने की आदत से मनोरंजन तो होता ही है, साथ-ही-साथ हमारी यात्रा ज्ञानवर्धन भी साबित होती है।

प्रश्न 2. यात्राएँ विभिन्न संस्कृतियों से परिचित होने का अच्छा माध्यम हैं। 'साना-साना हाथ जोड़ि' यात्रा वृत्तान्त के आधार पर इस कथन की समीक्षा कीजिए।

उत्तर— इतिहास गवाह है कि सभी यात्राएँ संस्कृतियों के परिचित होने का अच्छा माध्यम रही हैं। पाठ के आधार पर भी यह बात स्पष्ट होती है। व्यक्ति अपने देश-शहर से कितना भी प्रेम क्यों न करता हो, जब वह सैलानी बनकर दूसरे स्थानों पर जाता है वह अपनी माटी को कुछ समय के लिए भूल जाता है। नई जगह के प्राकृतिक सौन्दर्य पल-पल बदलता दृश्य फूलों से लदी वादियाँ एक साधारण व्यक्ति को कवि बनने पर मजबूर कर देती है या गाना गाने के रूप में या कुछ नया सृजन करने पर मजबूर कर देती है।

संस्कृतियों का आदान-प्रदान इसकी अहम भूमिका निभाते हैं। चाहे वह पहनावा, खान-पान व वहाँ की सांस्कृतिक घटा लेखिका की 50 वर्षीय सहेली मणि पर इसका प्रभाव देखने को मिला। गैस्ट हाउस के नाच-गाने में ऐसा नृत्य किया कि वहाँ सब स्तब्ध रह गए। यहीं पर पता चलता है कि सैलानियों में संस्कृति का कितना प्रभाव पड़ता है। यही इस पाठ की विशेषता है।

प्रश्न 3. 'साना-साना हाथ जोड़ि, गर्दहु प्रार्थना। हाम्रो जीवन तिम्रो कौसेली' से क्या तात्पर्य है ?

उत्तर— यह एक प्रार्थना है, जो प्रातः काल के समय लेखिका ने नेपाली युवती से सीखी थी। इसका अर्थ है—छोटे-छोटे हाथ जोड़कर प्रार्थना कर रही हूँ कि मेरा सारा जीवन अच्छाइयों को समर्पित हो।

प्रश्न 4. आँख खुलते ही लेखिका बालकनी की तरफ क्यों भागी?

उत्तर— लेखिका को गंगटोक के लोगों ने बताया था कि मौसम साफ होने पर बालकनी से कंचनजंगा की पहाड़ियाँ दिखाई देती हैं। हिमालय की तीसरी सबसे बड़ी चोटी कंचनजंगा को देखने के लिए वह उत्साहित हो गईं, इसीलिए आँख खुलते ही वह बालकनी की तरफ भागीं।

प्रश्न 5. जितेन नार्गे ने 'कवी-लोंग स्टॉक' के विषय में लेखिका को क्या बताया?

उत्तर— जितेन नार्गे ने बताया कि यहाँ पर 'गाइड' फिल्म की शूटिंग हुई थी। लेपचा और भूटिया सिक्किम की इन दोनों स्थानीय जातियों के बीच लम्बे समय तक चलने वाले झगड़ों के बाद शान्ति वार्ता का शुरुआती स्थल भी यही है।

प्रश्न 6. जिस समय सभी सैलानी प्रकृति के असीम सौन्दर्य से प्रसन्न होकर झूमकर गा रहे थे, उस समय लेखिका मौन क्यों थी?

उत्तर— उस समय लेखिका मौन थी वह किसी ऋषि की तरह शान्त थीं। ऐसा करके वे प्रकृति की सम्पूर्ण सुन्दरता, सारे परिदृश्य को अपने अन्दर समेट लेना चाहती थीं। वे जीप की खिड़की से सिर बाहर निकालकर आसमान छूते पर्वतों, दूध की धार की तरह झर-झर झरते झरनों तथा सौन्दर्य की पराकाष्ठा से युक्त तिस्ता नदी को देखकर पुलकित एवं रोमांचित हो रही थीं। ''मेरे नगपति मेरे विशाल'' कहकर हिमालय को सलामी देना चाह रही थीं।

प्रश्न 7. कहाँ पहुँचकर लेखिका का मन काव्यमय हो उठा? झरने के पास पत्थरों पर बैठकर वे कैसा अनुभव करने लगीं?

उत्तर— 'सेवन सिस्टर्स वॉटर फॉल' पर पहुँचकर लेखिका का मन काव्यमय हो उठा। वे स्वयं को आदिम युग की किसी अभिशप्त राजकुमारी-सा महसूस करते हुए पत्थरों पर बैठकर झरने के संगीत के साथ अपनी आत्मा का संगीत सुनने लगीं। उनका मन सत्य एवं सौन्दर्य को छूने लगा। उन अद्भुत-अनूठे क्षणों में उन्हें जीवन की शक्ति का एहसास हो रहा था।

प्रश्न 8. 'बोर्ड रोड आर्गेनाइजेशन' का कर्मचारी अचानक से संजीदा क्यों हो गया? पहाड़ों पर सड़कें किस प्रकार बनाई जाती हैं?

उत्तर— पहाड़ी रास्तों के चौड़ीकरण के खतरों को बताते हुए कर्मचारी संजीदा हो गया। पहाड़ों पर सड़क या रास्ता बनाना दुस्साध्य कार्य है। पहले डाइनामाइट से चट्टानों को उड़ाया जाता है। फिर बड़े-बड़े पत्थरों को तोड़-तोड़कर एक आधार के छोटे-छोटे पत्थरों में बदला जाता है, उसके बाद बड़े-से जाले में उन्हें लम्बी पट्टी की तरह बिठाकर कटे रास्तों पर बाड़े की तरह लगा दिया जाता है। ज़रा-सी चूक होने पर किसी की मृत्यु भी हो सकती है।

प्रश्न 9. श्रम-सुन्दरियों का खिलखिलाकर हँस पड़ना क्या सन्देश देता है?

उत्तर— श्रम-सुन्दरियों का खिलखिलाकर हँस पड़ना हमें हर परिस्थिति में खुश रहने का सन्देश देता है। इसमें हमें विपरीत परिस्थितियों में भी साहस तथा धैर्य से कार्य करने की सीख मिलती है।

प्रश्न 10. 'कटाओ' का सौन्दर्य वर्णन कीजिए।

उत्तर— 'कटाओ' बहुत सुन्दर पहाड़ी स्थान है। वहाँ पर एकदम ताज़ा एवं कोमल बर्फ पड़ी थी। सभी पहाड़, घाटियाँ बर्फ से लदे पड़े थे। जीवन की अन्तिम सम्पूर्णता का प्रतीक सौन्दर्य सबके मन को आनन्दित करने वाला था। सम्पूर्णता के उन क्षणों में लेखिका का मन पुलकित हो रहा था तथा उन्नत हिमशिखर आध्यात्मिक अतीत से जोड़ रहे थे। उन्हें लग रहा था कि शायद ऐसी ही विभोर कर देने वाली दिव्यता के बीच हमारे ऋषि-मुनियों ने वेदों की रचना की होगी तथा जीवन-सत्यों को खोजा होगा। 'सर्वे भवंतु सुखिनः' का महामन्त्र भी ऐसे ही किसी वैभवशाली स्थान पर पाया गया होगा।

प्रश्न 11. चाय-बागान के दृश्यों को देखते समय लेखिका के खुशी से चीख पड़ने का क्या कारण था?

उत्तर— चाय के हरे-हरे बागानों में कई युवतियाँ बोकु पहने चाय की पत्तियाँ तोड़ने में मशगूल थीं। उनका यौवन नदी की तरह उफान ले रहा था तथा उनका गुलाबी चेहरा परिश्रम करने से दमक रहा था। एक युवती चटक लाल रंग का बोकु पहने हुए थी। सघन हरियाली के बीच चटक लाल रंग डूबते सूरज की स्वर्णिम एवं सात्विक आभा में कुछ इस तरह इंद्रधनुषी छटा बिखेर रहा था, जिसको देखकर मन्त्रमुग्ध-सी लेखिका खुशी से चीख पड़ी थीं।

प्रश्न 12. "जाने कितना ऋण है हम पर इन नदियों का, हिम शिखरों का।" मणि के इस कथन की तथ्यात्मक विवेचना कीजिए।

उत्तर— मणि जीवनदात्री नदियों एवं प्राण-प्रदाता हिम-शिखरों के प्रति नतमस्तक है। हिम-शिखर जलधारा के रूप में प्रवाहित होकर जन-मानस की प्यास बुझाते हैं। नदियाँ सिंचाई का माध्यम बनती हैं। हमें इनके प्रति कृतज्ञता व्यक्त करनी चाहिए।

प्रश्न 13. लौटती यात्रा के समय जितेन ने 'गुरुनानक फुट प्रिंट एवं खेदुम के विषय में क्या बताया?

उत्तर— जितेन ने बताया कि यहाँ एक पत्थर पर गुरुनानक के फुट प्रिंट हैं। कहते हैं कि यहाँ गुरुनानक की थाली से थोड़े से चावल छिटककर बाहर गिर गये थे, वहाँ चावल की खेती होती है।

खेदुम के विषय में जितेन ने बताया कि 'खेदुम' लगभग एक किलोमीटर क्षेत्र में फैला हुआ है। यहाँ पर देवी-देवताओं का निवास है, यहाँ जो गन्दगी फैलाएगा, वह मर जायेगा।

प्रश्न 14. 'मेरे लिए यह यात्रा एक खोज यात्रा थी—'लेखिका के इस कथन की विवेचनात्मक समीक्षा कीजिए।

उत्तर— खोज यात्रा के अन्तर्गत अपरिचित स्थलों तथा टापुओं आदि की खोजों को सम्मिलित किया जाता है, परन्तु लेखिका के लिए गंगटोक से कटाओ तक की यात्रा एक खोज यात्रा के समान ही थी, क्योंकि इस यात्रा ने उनके मानसिक पटल को कई प्रकार से प्रभावित किया था। इस यात्रा में लेखिका ने सुखद अभिभूति के अतिरिक्त पहाड़ी क्षेत्र में लोगों विशेषकर औरतों एवं बच्चों को जिजीविषा के लिए संघर्ष करते देखा था, फौजियों को भीषण हाड़ कँपा देने वाली ठण्ड में भी देश की रक्षा में तैनात देखकर लेखिका के भीतर कुछ पिघलने-सा लगा था। पहाड़ी रास्तों को बनाने में कुर्बान होने वाले अनगिनत लोगों के विषय में सोचकर उनकी अन्तरात्मा में हलचल सी मच गई थी। इसी व्यथित चेतना से प्रभावित होकर लेखिका ने कहा कि 'मेरे लिए यह यात्रा सचमुच ही एक खोज यात्रा थी।'

प्रश्न 15. 'पर्वतीय क्षेत्र के लोगों की प्रकृति के प्रति आस्था, पर्यावरण-संरक्षण का सन्देश देती है।' आप इससे कहाँ तक सहमत हैं?

उत्तर— हम इस कथन से पूर्णतः सहमत हैं। जितेन के अनुसार प्रकृति में देवी-देवताओं का निवास होता है। यदि वे उस पवित्र स्थान पर गन्दगी फैलायेंगे तो मर जायेंगे। उनका यह विश्वास वास्तव में ही लोगों को पर्यावरण संरक्षण का सन्देश देता है। इसी आस्था के कारण लोग यहाँ गन्दगी नहीं फैलाते, अतः वहाँ पर प्रदूषण रहित परिवेश रहता है। फलस्वरूप पर्वत, झीलें, झरने, नदियाँ तथा वहाँ की आबोहवा निर्मल, पवित्र एवं शुद्ध रहती है। ऐसे पवित्र एवं प्राकृतिक स्थान लोगों को संजीवनी प्रदान करके उन्हें जीवन-जीने की प्रेरणा देते हैं।

प्रश्न 16. पलामू और गुमला के जंगलों में पत्तों की तलाश में डोलती आदिवासी युवतियों तथा यूमथांग की पहाड़ियों में लेखिका को कौन-सी समानता नज़र आई?

उत्तर— लेखिका ने दोनों ही क्षेत्र की युवतियों व औरतों को गदराये यौवन से युक्त एवं जिजीविषा के लिए संघर्षरत देखा। अत्यन्त परिश्रम से उनके पैरों व हाथों में समानता थी। दोनों ही पीठ पर बच्चों को बाँधकर श्रम-साधना एवं मातृत्व को एक साथ निभा रही थीं।

प्रश्न 17. 'सेवन सिस्टर्स' वाटर फॉल' को देख लेखिका ने अपनी भावनाओं को कैसे अभिव्यक्त किया है? 'साना-साना हाथ जोड़ि' पाठ के आधार पर लिखिए।

उत्तर— खूब ऊँचाई से गिरते 'सेवन सिस्टर्स वाटर फॉल' को देखकर लेखिका मंत्रमुग्ध हो गई। नीचे बिखरे भारी-भरकम पत्थरों पर बैठकर जैसे आत्मा का संगीत सुनने लगीं। झरना उसे जीवन की अनंतता का प्रतीक लगा। अपने मन की सारी मानसिक वृत्तियाँ लेखिका को उस निर्मल जल धारा में बह जाती-सी प्रतीत हुई। उनका वहाँ से उठने का मन भी नहीं किया।

❑❑

खण्ड 'घ'

(लेखन)

अनुच्छेद-लेखन

|1|

किसी एक विषय पर संयमित, सटीक तथा संक्षिप्त भाषा में उस विषय में सन्दर्भ में सभी बिंदुओं को लिखित रूप में स्पष्ट कर देना ही अनुच्छेद लेखन है। इसमें लेखक एक विषय पर एक ही अनुच्छेद में सीमित शब्दों का प्रयोग कर अपने विचारों को व्यक्त करता है। अनुच्छेद लेखन में लेखक के लेखन कौशल की परख होती है। विषय वस्तु को विस्तार से वर्णन करना सुगम होता है पर विषद विषय के सभी पक्षों को कम शब्दों और एक अनुच्छेद में वर्णन करना ही कौशल है। किसी विषय पर अनुच्छेद लेखन से पहले निम्न तथ्यों को ध्यान में रखना आवश्यक है—

(क) अनुच्छेद में व्यक्त विचार विषय से ही सम्बन्धित होने चाहिए।

(ख) भावों की अभिव्यक्ति में स्वाभाविकता होनी चाहिए।

(ग) अनुच्छेद में व्यक्त विचार तथ्यपरक होने चाहिए।

(घ) अनुच्छेद लेखन में कठिन शब्दों का प्रयोग कम-से-कम करना चाहिए।

(ङ) अनुच्छेद लेखन में व्यक्त विचार परस्पर सुसम्बद्ध होने चाहिए।

(च) अनुच्छेद में व्यक्त विचारों में आदि, मध्य और अन्त का होना अनिवार्य है।

अभ्यास हेतु संकेत बिन्दुओं के आधार पर अनुच्छेद लेखन के उदाहरण—

1. समय का सदुपयोग/का वर्षा जब कृषि सुखाने?

संकेत बिन्दु— • समय के सदुपयोग के लाभ, • विद्यार्थी जीवन में समय पालन की उपयोगिता, • समय का दुरुपयोग करने के दुष्परिणाम, • निष्कर्ष।

समय अमूल्य है। सृष्टि का निर्माता और विनाशक समय, सदैव गतिमान रहता है। किसी ने सत्य कहा है कि 'समय और लहरें किसी की प्रतीक्षा नहीं करते। समय के महत्त्व को समझकर उसका सदुपयोग करने वाले व्यक्ति जीवन के प्रत्येक क्षेत्र में सफलता प्राप्त करते हैं। उनके जीवन में निश्चिंतता आ जाती है। ऐसे महापुरुषों का अनुसरण सम्पूर्ण विश्व करता है। विद्यार्थी जीवन में समय के सदुपयोग हेतु कार्यों की प्राथमिकता के आधार पर समय का बुद्धिमत्ता से विभाजन कर उसका कड़ाई से पालन करना चाहिए। साथ ही विश्राम, खेलकूद एवं मनोरंजन के लिए भी समय निकालना चाहिए। समय का दुरुपयोग करने वाला व्यक्ति प्रगति की दौड़ में पिछड़ जाता है। समय बीत जाने पर कार्य करने का कोई लाभ नहीं होता, कहा भी गया है—

'का वर्षा जब कृषि सुखाने, समय चूकि पुनि का पछताने'

अत: जीवन के प्रत्येक क्षण का सदुपयोग करना चाहिए।

2. इण्टरनेट एवं संचार क्रान्ति

संकेत बिन्दु— • परिभाषा एवं इतिहास, • उपयोग के क्षेत्र और लाभ, • अत्यधिक उपयोग से हानियाँ, • निष्कर्ष।

इण्टरनेट (अंतरजाल) संचार माध्यमों के क्षेत्र में क्रान्ति के रूप में उभर कर आया है। वास्तव में यह तार रहित ग्लोबल कम्प्यूटर नेटवर्क है जो विश्व की कम्प्यूटर प्रणाली को आपस में जोड़कर विभिन्न सूचनाएँ और अन्य सुविधाएँ प्रदान करता है। भारत में सर्वप्रथम 15 अगस्त, 1995 को विदेश संचार निगम द्वारा इसका प्रारम्भ हुआ। इण्टरनेट द्वारा सर्च इंजन की सहायता से हम जानकारी प्राप्त करने के साथ-साथ ऑनलाइन टिकट बुकिंग, बैंकिंग, पढ़ाई, मनोरंजन, मित्र बनाना, पत्र भेजना आदि कई कार्य कर सकते हैं। इण्टरनेट के बढ़ते प्रयोग से विद्यार्थियों का बहुत समय बर्बाद होता है। इससे कम्प्यूटर में वायरस का खतरा बढ़ जाता है। कुछ लोग हमारी गोपनीय जानकारी प्राप्त करके हमें नुकसान पहुँचा सकते हैं। अत: हमें इस सुविधा का प्रयोग नियन्त्रित एवं सकारात्मक रूप से करना चाहिए।

3. साक्षरता अभियान/सर्व शिक्षा अभियान

संकेत बिन्दु— • साक्षरता का महत्त्व, • साक्षरता अभियान का लक्ष्य एवं प्राप्ति के उपाय, • निष्कर्ष।

साक्षरता अभियान का लक्ष्य सभी भारतीयों को साक्षर बनाना है। भारत का एक मात्र केरल राज्य पूर्णत: साक्षर है। शिक्षाविहीन व्यक्ति सींग और पूँछ रहित पशु के समान होता है। शिक्षा, ज्ञान का विकास करके हमें परिवेश, स्वच्छता और स्वास्थ्य के प्रति सजग बनाती है। शिक्षा मनुष्यों

को संस्कारवान बनाने के साथ ही अधिकारों और कर्तव्यों के प्रति जागरूक करने, गरीबी, लिंग अनुपात सुधारने तथा भ्रष्टाचार और आतंकवाद को समाप्त करने में भी समर्थ है। साक्षरता अभियान के अंतर्गत विद्यालयी शिक्षा में गुणात्मक सुधार के साथ-साथ 15 से 35 वर्ष की उम्र के और प्रौढ़ निरक्षरों को साक्षर बनाने का भी लक्ष्य है। यह कार्य केवल सरकारी स्तर पर नहीं किया जा सकता। इसके लिए स्वयंसेवी संस्थाओं को भी आगे आना होगा। शिक्षित और साक्षर लोग ही मिलकर प्रजातंत्र को सफल बनाएँगे और स्वर्णिम भारत का निर्माण करेंगे।

4. आधुनिक समाज में नारी की स्थिति/आधुनिक भारतीय नारी

संकेत बिन्दु—• नारी का योगदान, • समाज का दायित्व, • नारी का कर्तव्य।

नारी सदैव से एक विकसित एवं समृद्ध समाज के निर्माण में महत्त्वपूर्ण भूमिका निभाती रही है। समय के साथ नारी की स्थिति में भी परिवर्तन आया है। आधुनिक नारी घर की चाहरदीवारी से बाहर निकलकर साहित्य, सेना, पुलिस, चिकित्सा, व्यापार, विज्ञान, अंतरिक्ष अनुसंधान, पर्वतारोहण, फिल्म जगत् आदि जीवन के प्रत्येक क्षेत्र में अपना परचम लहरा रही है। वह अपने कर्तव्यों और अधिकारों के प्रति भी सजग है। अब महिलाएँ घर सँभालने के साथ-साथ परिवार को आर्थिक सुरक्षा भी प्रदान करती हैं। समाज का यह कर्तव्य है कि वह नारी का पूर्ण सम्मान और सुरक्षा प्रदान कर उनके महत्त्व को रेखांकित करे। नारी को भी स्वतंत्रता का अनुचित लाभ न उठाते हुए अपनी मर्यादा का पालन करते हुए अपनी गरिमा को बनाए रखना होगा। तभी एक स्वस्थ समाज की कल्पना साकार होगी।

5. युवाओं का विदेश के प्रति बढ़ता मोह/विदेशी आकर्षण और युवा/प्रतिभा पलायन

संकेत बिन्दु—• प्रतिभा पलायन के कारण, • समस्या के समाधान के उपाय, • निष्कर्ष।

किसी भी देश की युवा शक्ति देश के विकास और प्रगति का मुख्य आधार होती है। किन्तु समय परिवर्तन के साथ युवाओं की सोच बदल रही है। आत्मनिर्भर बनाने के बाद एक सुविधा सम्पन्न जीवन जीने की अभिलाषा से आज युवक विदेशों के प्रति आकर्षित हो रहे हैं। विदेशों का स्वतन्त्र वातावरण और उच्चस्तरीय जीवन-शैली के कारण विदेश जाने वाले विद्यार्थियों की संख्या भी तेज़ी से बढ़ रही है। भारत में बढ़ती बेरोज़गारी और विदेशों में रोजगार, शिक्षा और अनुसंधान के नए अवसर प्राप्त होना भी इसका एक प्रमुख कारण है। इस प्रतिभा पलायन को रोकने के लिए हमें बचपन से ही शिशुओं में देश प्रेम की भावना और राष्ट्र की जड़ों से जोड़ने वाले नैतिक मूल्य विकसित करने होंगे। साथ ही अपने देश में रोजगार और शैक्षिक अनुसंधान के अवसर उपलब्ध कराने होंगे। युवाओं को उचित वातावरण में काम करने के अवसर प्रदान करने होंगे। युवाओं को भी विदेशी मोह को त्याग कर अपनी प्रतिभा का प्रयोग देश हित में करना अपना नैतिक उत्तरदायित्व समझना होगा।

6. स्वास्थ्य और व्यायाम अथवा छात्र जीवन में योग का महत्त्व

संकेत बिन्दु—• व्यायाम के प्रकार, • व्यायाम के लाभ, • विद्यार्थियों के लिए महत्त्व, • निष्कर्ष।

स्वस्थ शरीर में ही स्वस्थ मष्तिष्क का निवास होता है। कहा भी गया है—'पहला सुख नीरोगी काया।' शरीर को स्वस्थ रखने का एक मात्र उपाय है, नियमित व्यायाम करना। व्यक्तिगत व्यायाम में योगासन और प्राणायाम प्रमुख हैं। इसके अतिरिक्त प्रातः भ्रमण, तैराकी, खेलकूद, दण्ड-बैठक, भागदौड़ आदि भी व्यायाम के अंतर्गत आते हैं। इससे शरीर में रक्त का संचार ठीक होता है, शक्ति और स्फूर्ति आती है, मुख पर कांति झलकने लगती है व शरीर सुडौल, सुगठित और सुंदर बन जाता है। योग विद्यार्थियों के लिए विशेष महत्त्व रखता है। इससे एकाग्रता बढ़ती है तथा मन पर सकारात्मक प्रभाव पड़ता है। आजकल विद्यालयों में योगाभ्यास को शारीरिक शिक्षा के अंतर्गत सम्मिलित किया गया है। स्वस्थ रहने के लिए हमें उचित समय, उचित मात्रा में अपनी आयु और क्षमता के अनुरूप योगाभ्यास और व्यायाम को जीवन का अनिवार्य अंग बना लेना चाहिए।

7. आज की माँग-संयुक्त परिवार अथवा वर्तमान परिप्रेक्ष्य में संयुक्त परिवार की आवश्यकता

संकेत बिन्दु—• संयुक्त परिवार का अर्थ, • परिवार का रूप, • लाभ, • एकल परिवार व्यवस्था की कमियाँ, • निष्कर्ष।

एक अविभाजित परिवार जिसमें एक से अधिक पीढ़ियों के लोग एक ही घर में मिल-जुलकर साथ रहते हैं, संयुक्त परिवार कहलाता है। इस परिवार में घर का वयोवृद्ध व्यक्ति (पुरुष) मुखिया के रूप में परिवार के सभी सदस्यों के कार्यों का विभाजन, उत्पादन और उपयोग की व्यवस्था करता है। संयुक्त परिवार के सदस्य आर्थिक रूप से सुरक्षित रहते हैं। कोई भी विपदा आने पर सब मिलकर उसका सामना करते हैं। आज औद्योगिक क्रांति के फलस्वरूप एकल परिवारों की स्थापना और संयुक्त परिवारों का तेजी से होता विघटन चिंता का विषय बन गया है। धनोपार्जन में व्यस्त माता-पिता के बच्चे अकेले रहकर बुरी आदतों और मानसिक रोगों का शिकार हो रहे हैं तथा पति-पत्नी अहं का टकराव होने से अवसाद ग्रस्त हो रहे हैं। दूसरी ओर वृद्धों को भी उचित संरक्षण प्राप्त नहीं हो रहा। इस स्थिति को सुधारने के लिए हमारी संस्कृति की अनमोल परम्परा हमारे संयुक्त परिवार आज की माँग हैं।

8. भारत की पहचान—विविधता में एकता अथवा भारत की सांस्कृतिक धरोहर—अनेकता में एकता

संकेत बिन्दु—• विविधता में एकता का उदाहरण, • वर्तमान स्थिति, • निष्कर्ष।

भारत सांस्कृतिक रूप से समृद्ध देश है। विविधता में एकता इसकी अखण्ड पहचान है। यहाँ विभिन्न भाषाएँ बोलने वाले विभिन्न जाति और धर्मों को मानने वाले लोग प्रेम, भाईचारे और सद्भाव से मिल-जुलकर रहते हैं। सब एक-दूसरे के धर्म का आदर करते हैं। देश का हर प्रांत भौगोलिक, सामाजिक, वेशभूषा, रहन-सहन, पर्व, रीति-रिवाज़ और सांस्कृतिक दृष्टि से अलग होते हुए भी एकता के सूत्र में बँधा है। जब भी देश पर कोई संकट आया, तो सबने एकजुट होकर उसका सामना किया। मातृभूमि की रक्षा के लिए अनेक वीरों ने जाति-धर्म का भेद भुलाकर अपने प्राणों का सहर्ष उत्सर्ग कर दिया। लेकिन वर्तमान में कुछ स्वार्थी लोगों द्वारा भारत में धर्म और जातिगत वैमनस्य फैलाकर साम्प्रदायिक सद्भाव को नष्ट करने का प्रयास किया जा रहा है। हमें एकजुट होकर अपनी एकता का परिचय देना होगा।

9. हिन्दी : राष्ट्रभाषा या राजभाषा? अथवा भारत में हिन्दी की वर्तमान स्थिति

संकेत बिन्दु—• हिन्दी की स्थिति, • राजभाषा के रूप में स्वीकृति, • निष्कर्ष।

राष्ट्रभाषा सम्पूर्ण राष्ट्र को एकता के सूत्र में बाँधती है। भारत विविधता का देश है यहाँ हर राज्य की अलग संस्कृति, बोली और भाषा है, किन्तु फिर भी हिन्दी सर्वाधिक बोली जाने वाली सम्पर्क भाषा है। राष्ट्र पिता महात्मा गाँधी ने हिन्दी को राष्ट्रभाषा बनाए जाने का समर्थन करते हुए इसे जनमानस की भाषा कहा था। किन्तु अत्यंत दुखद है कि स्वतन्त्रता प्राप्ति के इतने वर्षों बाद भी हिन्दी क्षुद्र राजनीतिक, क्षेत्रीय एवं साम्प्रदायिक विवादों में पड़कर राष्ट्रभाषा के रूप में अपना उचित स्थान नहीं प्राप्त कर पाई है। 14 सितम्बर, 1949 को संविधान सभा ने हिन्दी को राजभाषा अर्थात् सरकारी कामकाज़ की भाषा के रूप में स्वीकृत किया। इसीलिए प्रतिवर्ष इस दिन को 'हिन्दी दिवस' के रूप में मनाया जाता है। राष्ट्रहित को ध्यान में रखते हुए हमें अपने सभी कार्यों में हिन्दी भाषा का अधिक से अधिक प्रयोग कर हिन्दी को गौरवपूर्ण स्थान दिलाना चाहिए।

10. महानगरीय जीवन : वरदान या अभिशाप

संकेत बिन्दु—• महानगर की परिभाषा, • महानगरों की सुविधाएँ, • विषमताएँ, • निष्कर्ष।

महानगरों से तात्पर्य लाखों की आबादी वाले नगरों से है। हमारे भारतवर्ष में दिल्ली, मुंबई, कोलकाता तथा चेन्नई को महानगरों की संज्ञा दी गई है। यहाँ के गतिशील जीवन, भौतिक-सुख-सुविधाओं और चकाचौंध से आकर्षित होकर आजीविका प्राप्ति हेतु ग्रामीण अंचलों से प्रतिवर्ष हजारों लोग शहरों और महानगरों की ओर पलायन कर रहे हैं। शिक्षा, व्यवसाय, रोज़गार, खेलकूद, मनोरंजन और चिकित्सा की दृष्टि से भी यहाँ उत्तम साधन उपलब्ध हैं। जनसंख्या से अब महानगरों का जीवन संघर्षमय हो गया है। जीवन की भागदौड़ में लोग अपने पड़ोसी को भी नहीं जानते। आवास की समस्या के साथ ही जल एवं वायु प्रदूषण तथा अपराधों में भी वृद्धि हुई है। इस समस्या के समाधान के लिए सरकार को गाँवों में रोज़गार उपलब्ध करवा के लोगों का शहरों की ओर पलायन रोकना होगा।

11. अनुच्छेद 370 और 35 ए पर भारत की वर्तमान स्थिति

संकेत बिन्दु—• अनुच्छेद 370 और 35 ए का प्रारूप, • लागू करने का उद्देश्य, • परिणाम, • वर्तमान स्थिति, • निष्कर्ष।

17 अक्टूबर, 1949 को भारतीय संविधान के अनुच्छेद 370 एक अस्थायी प्रावधान के अनुसार, संसद को जम्मू-कश्मीर के बारे में रक्षा, विदेश मामले और संचार के विषय में कानून बनाने का अधिकार तो था, लेकिन सभी अन्य विषय से सम्बन्धित कानून को लागू करवाने के लिए केन्द्र को राज्य सरकार की मंजूरी चाहिए थी। 35 ए राज्य विधान मण्डल की स्थायी निवासी परिभाषित करने का अधिकार देता था। जम्मू-कश्मीर को स्वायत्तता प्रदान करने के लिए जोड़ा गया यह विधेयक अपने उद्देश्य में विफल रहा। इसी के कारण भारत को कुछ पड़ोसी राष्ट्रों से सुरक्षा सम्बन्धी जटिल चुनौतियों और कश्मीर को उग्रवाद, आतंकवाद और हिंसा का बहुत लम्बे समय तक सामना करना पड़ा। वर्तमान में भारत सरकार द्वारा अनुच्छेद 370 और 35 ए को हटाकर जम्मू-कश्मीर और लद्दाख को दो केन्द्रशासित प्रदेश बना दिया गया है। अब अनुच्छेद 370 का केवल खण्ड-1 लागू रहेगा जिसके अनुसार राष्ट्रपति किसी भी बदलाव का आदेश जारी कर सकते हैं।

12. एक नजर : नागरिकता संशोधन बिल

संकेत बिन्दु—• नागरिकता संशोधन बिल का प्रारूप, • अधिनियम का उद्देश्य, • निष्कर्ष।

नागरिकता संशोधन बिल भारतीय राष्ट्रपति द्वारा 12 दिसम्बर, 2019 को मंजूरी दिए जाने के बाद संसद के दोनों सदनों से पारित होकर 10 जनवरी, 2020 से पूरे देश में प्रभावी हो गया। इस अधिनियम द्वारा मुस्लिम बाहुल्य राष्ट्रों के हिन्दू, सिक्ख, बौद्ध, पारसी और ईसाई समुदायों के उन उत्पीड़ित अप्रवासियों को लाभ मिलने की आशा है जिन्हें नागरिकता के लिए आवेदन करने से पूर्व ग्यारह वर्ष तक भारत में रहना अनिवार्य था। अब इस अवधि को पाँच वर्ष कर दिया है। इस अधिनियम के उद्देश्यों में यह स्पष्ट लिखा है कि 1 दिसम्बर, 2014 से पहले भारत में प्रवेश कर लेने वाले शरणार्थियों के लिए विशेष वैधानिक व्यवस्था की आवश्यकता है। यह अधिनियम संविधान की छठी सूची में शामिल त्रिपुरा, असम,

मेघालय और मिजोरम के आदिवासी क्षेत्रों तथा अरुणाचल प्रदेश और नागालैण्ड पर लागू नहीं होगा। इस अधिनियम का विरोध प्रकट किया गया किन्तु उच्चतम न्यायालय ने सीएए पर अंतरिम रोक सम्बन्धी कोई आदेश जारी नहीं किया है।

13. सौर ऊर्जा : ईंधन का प्रमुख विकल्प अथवा ईंधन संरक्षण आज की आवश्यकता

संकेत बिन्दु—• परिभाषा, • सौर ऊर्जा के उपयोग के क्षेत्र, • लाभ, • कुछ कमियाँ, • निष्कर्ष।

सूर्य की वह ऊर्जा जिसे हम सोलर पैनलों के माध्यम से एकत्रित कर विद्युत् उत्पन्न करके कई उपकरण चला सकते हैं, सौर ऊर्जा कहलाती है। कभी समाप्त न होने वाला ईंधन का यह स्रोत सुरक्षित और प्रदूषण रहित है। दैनिक जीवन में हम सोलर गैस, सोलर कुकर, सोलर गीज़र, सोलर जेनेरेटर और सौर संचालित वाहनों का प्रयोग करके बिजली बचा सकते हैं। किन्तु अभी इसके लिए कुछ चुनौतियाँ भी हैं। सोलर पैनल लगवाने के लिए अधिक पूँजी का निवेश करना पड़ता है, हालांकि सरकार द्वारा भी आर्थिक सहायता दी जाती है। खराब मौसम, बारिश और ठण्डे स्थानों में पैनल कम ऊर्जा एकत्रित कर पाते हैं। भारत में सौर ऊर्जा संरक्षण की अच्छी संभावनाएँ हैं। अत: हमें इसका समुचित उपयोग करके विद्युत् उत्पादन में काम आने वाले पानी और कोयला जैसे बहुमूल्य संसाधनों को बचाना होगा।

14. सफलता की कुंजी-परिश्रम

संकेत बिन्दु—• भूमिका, • सफलता का महत्व, • परिश्रम का महत्व, • आलस सबसे बड़ा अवगुण, • उपसंहार।

जीवन में सफल होना अनेक साधनों पर निर्भर करता है। सफल जीवन के सभी साधनों में सर्वाधिक महत्वपूर्ण परिश्रम है। परिश्रम का मानव जीवन में बहुत बड़ा महत्व है। जीवन के लिए यह किसी आभूषण से कम नहीं है। इसे अपनाने वाले व्यक्ति का जीवन सफलताओं का पर्याय बन जाता है। परिश्रम 'कामधेनु' के समान होता है, जिसके आगे कोई इच्छा अधूरी नहीं रहती। परिश्रमी व्यक्ति मार्ग में आई बाधाओं से हार नहीं मानता, बल्कि उनका सामना करते हुए परिश्रमी स्वभाव से उन पर जीत हासिल करता है, ऐसा व्यक्ति अपने जीवन के एक-एक पल का आनन्द उठाता है, उसके इस गुण से उस समाज में मान-सम्मान प्राप्त होता है। इसके विपरीत एक अकर्मण्य/आलसी व्यक्ति अपने इसी दुर्गुण के कारण सदैव सफलता के लिए तरसता रहता है, उसका जीवन कष्टों से परिपूर्ण होता है और सफलता के अभाव में वह अपने जीवन में छोटी-छोटी सुविधाओं के लिए तरस जाता है। समाज में ऐसे व्यक्ति को कोई आदर नहीं देता। चींटी, मधुमक्खी जैसे लघु जीव भी मनुष्य को परिश्रमी बनने की प्रेरणा देते हैं। संसार के सफल व्यक्तियों के उदाहरण देखिए, उनकी सफलता का मूलमन्त्र यही 'परिश्रम' है। इस कारण यदि व्यक्ति को अपने जीवन के एक-एक पल का आनन्द उठाना है, तो उसे परिश्रम से मुँह नहीं मोड़ना चाहिए क्योंकि कहा भी गया है—सकल पदारथ हैं जग माहीं। कर्महीन नर पावत नाहीं।

15. समाज में बढ़ती अराजकता

संकेत बिन्दु—• भूमिका, • अराजकता के कारण, • अराजकता के प्रकार, • समाधान, • उपसंहार।

मनुष्य एक सामाजिक प्राणी है। समाज का उत्थान या पतन उसमें रहने वाले मनुष्यों की प्रवृत्ति पर निर्भर करता है। वर्तमान समाज में अराजकता अपने चरम पर व्याप्त है। समाज में व्याप्त अराजकता का प्रमुख कारण है मनुष्य की स्वार्थ-लोलुपता एवं असन्तोष की प्रवृत्ति। ऐसे व्यक्ति बुराइयों में लिप्त होते हैं तथा समाज को दूषित करते हैं। इन्हीं व्यक्तियों से समाज में अराजकता का विस्तार होता है। आधुनिक समाज में अराजकता अनेक रूपों में विद्यमान है। समाज में व्याप्त चोरी, डकैती, लूटखसोट, हत्याएँ, महिलाओं से छेड़छाड़, रिश्वतखोरी आदि सभी अराजकता के ही रूप हैं। अराजकता को दूर करना यदि असम्भव नहीं तो कठिन अवश्य है पर सभी लोगों के सामूहिक प्रयास से इसे समाप्त किया जा सकता है। किसी एक व्यक्ति विशेष या वर्ग से नहीं अपितु समाज के समस्त वर्गों के लोगों को उसका विरोध करना होगा। हमें उन्हें रोकने के नये उपाय खोजने होंगे तथा कानून के नियमों को और भी अधिक सख्त बनाना होगा ताकि इनसे भली-भाँति निपटा जा सके। सभी असामाजिक तत्वों का सामाजिक रूप से बहिष्कार भी इस दिशा में एक उत्तम उपाय बन सकता है। हमारे इस प्रयास में समाचार-पत्र एवं पत्रिकाएँ, चलचित्र, दूरदर्शन एवं संचार के अन्य माध्यम भी प्रमुख भूमिका निभा सकते हैं। तब वह दिन दूर नहीं जब हम एक सुसंस्कृत, उन्नत एवं गौरवशाली समाज का गठन कर सकेंगे।

16. भारतीय किसान और कृषि

संकेत बिन्दु—• भूमिका, • किसानों का महत्व, • किसानों की बदहाली, • समस्याओं का समाधान, • उपसंहार।

भारतीय किसान भारतवासियों के लिए अन्नदाता हैं, उनके-पालक हैं। वह धरती की छाती को फाड़कर, हल चलाकर अन्न उपजाता है किन्तु उसके परिश्रम का फल व्यापारी लूट ले जाता है। भारत में कृषि और किसानों की हालात दिनों-दिन बदतर होती जा रही है। जिसके कारण अनेक किसान आत्महत्या तक करने पर मजबूर होते जा रहे हैं। भारत में बहुत-से ऐसे लघु उद्योग हैं जिसे किसान आसानी से कर सकते हैं। इसके लिए सरकार को जागरूक होना चाहिए। कभी खराब बीजों की वजह, कभी फसलों की कम कीमत, कभी खराब मौसम और कभी सरकार की गलत नीतियों की दोहरी मार से किसानों की बुरी दुर्दशा हो जाती है। किसानों की दुर्दशा को ध्यान में रखते हुए सरकार को किसानों के कर्ज माफ

कर देने चाहिए तथा किसानों के लिए सरकार को लघु उद्योग लगाने की व्यवस्था करनी चाहिए। साथ ही कृषि को व्यावहारिक बनाने के लिए अनुबन्ध कृषि को एक विकल्प के रूप में अपनाने पर जोर देना चाहिए ताकि, किसानों के जीवन को सही दिशा दी जा सके। भारतीय किसान बड़े परिश्रमी हैं। वह गर्मी-सर्दी तथा वर्षा की परवाह किये बिना ही अपने कार्य में जुटे रहते हैं। जेठ की दोपहरी, वर्षा ऋतु की उमड़ती-घुमड़ती काली मेघ-मालाएँ तथा शीत ऋतु की हाड़ कँपा देने वाली वायु उसे अपने कर्तव्य से रोक नहीं पाती। अभाव और विवशता के बीच ही वह जन्म लेता है तथा इसी दशा में मृत्यु को प्राप्त हो जाता है। धन्य हैं, अन्नदाता भारतीय किसान।

17. मेरे जीवन का लक्ष्य

संकेत बिन्दु—• भूमिका, • मेरा लक्ष्य, • अनगिनत विकल्प, • प्राप्त करने के उपाय, • उपसंहार।

'पूर्व चलने के बटोही पंथ का निर्माण कर लें'—हरिवंशराय। जो व्यक्ति अपने लक्ष्य का निर्धारण सोच-समझ कर सकता है। वह अपने लक्ष्य को अवश्य प्राप्त करता है। अर्जुन को जैसे चिड़िया की आँख ही दिख रही थी क्योंकि वही उनका लक्ष्य था। सारी इन्द्रियाँ एकाग्रचित्त करके जब उन्होंने बाण चलाया तो वे लक्ष्य बेधने में सफल हुए। जीवन का लक्ष्य बहुत सोच-समझकर प्रारम्भ से ही तय करना चाहिए तभी सफलता प्राप्त होती है। जो बार-बार अपना लक्ष्य बदलते रहते हैं, वे अवश्य ही असफल हो जाते हैं। मधुशाला में बच्चनजी कहते हैं, 'राह पकड़ तू एक चला चल पा जायेगा मधुशाला।' हर व्यक्ति के सामने अनगिनत लक्ष्य रहते हैं। कोई डॉक्टर बनना चाहता है, कोई इंजीनियर, कोई शिक्षक बनना चाहता है, तो कोई फ़ौजी अफसर। व्यक्ति यदि प्रारम्भ से ही अपना लक्ष्य निर्धारित कर ले तो एकाग्रचित होकर उस लक्ष्य की प्राप्ति हेतु प्रयत्नशील हो जाता है और अन्ततः अपना लक्ष्य पा लेता है। मैंने अपने जीवन का लक्ष्य शिक्षक बनना निर्धारित किया है। शिक्षक बनकर मैं देश की भावी पीढ़ी का मार्गदर्शन कर सकूँगा और उनका चारित्रिक विकास कर देश को अच्छा नागरिक देकर देश सेवा में योगदान दे सकूँगा। इससे औरों के समान मुझे भी आत्मसन्तोष तथा गर्व प्राप्त होगा।

18. आधुनिक युग की महिलाएँ

संकेत बिन्दु—• जीवन शैली, • महिलाओं की समस्या, • कामकाजी महिलाओं की समस्या, • सहयोग की अपेक्षा, • उपसंहार।

'यत्र नार्यस्तु पूज्यन्ते रमन्ते तत्र देवताः।' भारत में प्राचीनकाल से ही यह परम्परा रही है कि यहाँ महिलाओं को समाज में विशिष्ट आदर एवं सम्मान दिया जाता है। यहाँ उनकी सुरक्षा व इज्जत का खास ध्यान रखा जाता है। भारतीय संस्कृति में महिलाओं को देवी का दर्जा दिया जाता है। अगर हम इक्कीसवीं सदी की बात करें तो महिलाएँ हर कार्यक्षेत्र में पुरुषों के साथ कंधे-से-कंधा मिलाकर काम कर रही हैं, चाहे वह राजनीति, बैंक, विद्यालय, खेल, पुलिस, रक्षा क्षेत्र, खुद का कारोबार हो या आसमान में उड़ने की अभिलाषा हो। लेकिन भारत के महानगरों में अब महिलाएँ पूर्णरूप से सुरक्षित भी नहीं हैं। बेशक हम उनको एक देवी का दर्जा देते हैं लेकिन उनके साथ वहशीपन करते हुए हिचकिचाते भी नहीं। आज महिलाओं के संरक्षण हेतु केन्द्र और राज्य सरकारों ने कानून बनाकर उनकी सुरक्षा के व्यापक उपाय किये हैं। महिलाओं को अत्याचार से बचाने के लिए प्रत्येक राज्य में महिला आयोग गठित किये गये हैं। अशिक्षित महिलाएँ स्वयं के लिए आवाज उठाने में पूरी तरह से समर्थ नहीं हो पातीं, उन्हें शिक्षित करना व आत्मनिर्भर बनाना भी आवश्यक है। आज के समय भी महिलाएँ आकाश को छू रही हैं पर उनका प्रतिशत बहुत ही कम है। हम सबको मिलकर इस प्रतिशत को बढ़ाने के लिए प्रयास करना होगा तभी समाज का सर्वविध विकास सम्भव हो सकेगा।

19. पर्यावरण संकट—प्लास्टिक

संकेत बिन्दु—• भूमिका, • प्लास्टिक की आवश्यकता, • प्लास्टिक के उपयोग से हानि, • प्लास्टिक से पर्यावरण की हानि, • उपसंहार।

प्लास्टिक एक रासायनिक पदार्थ है जिसे मिट्टी सैकड़ों वर्षों में भी गला नहीं पाती है। यह जहाँ कहीं भी मिट्टी या पानी के आस-पास होता है उस जगह को अनुर्वर बना देता है। वर्तमान में जहाँ एक ओर प्लास्टिक के प्रयोग ने जिन्दगी सुविधाजनक बनाई है वहीं दूसरी ओर उस सुविधा ने पर्यावरण की दृष्टि से कितनी बड़ी मुश्किलें पैदा कर दी हैं इसका अनुमान लगाना भी सम्भव नहीं है। प्लास्टिक कचरा पर्यावरण के लिए गम्भीर संकट बन चुका है। प्लास्टिक कचरे का रिसाइकिल करना सुगम नहीं होता है। पर्यावरण की दृष्टि से जहाँ बेहतर तकनीक वाली रि-साइकिलिंग इकाइयाँ नहीं लगी होती हैं वहीं रि-साइकिलिंग के दौरान पैदा होने वाले विषैले धुएँ से वायु प्रदूषण फैलता है। प्लास्टिक का कचरा नालियों और सीवरेज व्यवस्था को बिगाड़ता है। नदियों में भी इनकी वजह से बहाव पर असर पड़ता है। पानी के दूषित होने से मछलियों और अन्य जलचरों की मौत तक हो जाती है। नदियों के जरिए यह कचरा समुद्र में भी पहुँच कर जल प्रदूषण फैला रहा है। कूड़े में पड़ी प्लास्टिक थैलियों को खाकर आवारा पशुओं की बड़ी तादाद में मौतें हो रही हैं। प्लास्टिक कचरे के पर्यावरण से बचने के लिए जनमानस को जागरूक किया जाना चाहिए। इसके लिए जन-आन्दोलन चलाया जाना अब अति आवश्यक जान पड़ता है। आजकल व्यापारी जन अपने व्यापार को बढ़ावा देने के लिए बेधड़क प्लास्टिक का प्रयोग कर रहे हैं अतः उन्हें भी इस सन्दर्भ में जागरूक और सावधान करने की आवश्यकता है। यदि सब परस्पर निश्चय कर लें तो प्लास्टिक का प्रयोग सुगमता से निषेध हो सकता है।

20. आत्मविश्वास : एक दिव्य गुण

संकेत बिन्दु—• भूमिका, • आत्मविश्वास का अर्थ, • आत्मविश्वास का महत्व, • सबसे बड़ा गुण, • उपसंहार।

आत्मविश्वास मनुष्य के लिए एक ऐसा दिव्य गुण है जिस पर वह आरूढ़ हो देवत्व को प्राप्त कर सकता है। 'आत्मविश्वास' शब्द दो शब्दों 'आत्म और विश्वास' से बना है जिसका अर्थ है स्वयं पर किया गया भरोसा अर्थात् अपनी शक्ति तथा सामर्थ्य पर किया गया विश्वास। अतः इनमें कोई दो मत नहीं कि आत्मविश्वास एक दिव्य गुण है तथा इसके द्वारा बड़े-से-बड़े संकट का सामना करके व्यक्ति प्रतिकूल परिस्थितियों को अपने अनुकूल बना लेता है। आत्मविश्वास व्यक्ति को आशावादी बनाता है, जिससे उसके अन्दर धैर्य, त्याग, आत्मबल, सहिष्णुता आदि गुणों का समावेश हो जाता है तथा जिसमें यदि कभी उसके जीवन में संकट के पल आते भी हैं, तो उसके आत्मविश्वास के समक्ष नतमस्तक हो जाते हैं। बछेन्द्री पाल के आत्मविश्वास ने उन्हें एवरेस्ट की चोटी पर पहुँचाया है, तो सचिन के आत्मविश्वास ने उन्हें 'क्रिकेट-जगत' का देवता बनाया है। इतिहास के पन्नों में लिखे स्वर्णिम नामों में चमक होती है—आत्मविश्वास की। जीवन के आसमान पर प्रखर सूर्य बनकर चमकना हो, तो उसे स्वयं की शक्ति को पहचानकर स्वयं पर भरोसा रखना चाहिए क्योंकि इस दिव्य गुण के सहारे उसका तेजस्वी बनना निश्चित है। सत्य ही कहा है 'मन के हारे हार है, मन के जीते जीत।''

21. समाचार पत्र : संचार का सुलभ तन्त्र

संकेत बिन्दु—• भूमिका, • समाचार की उपयोगिता, • समाचार पत्र की आवश्यकता, • सुलभ साधन, • उपसंहार।

आज भी प्रायः हर शिक्षित भारतीय घरों में सुबह-सुबह चाय के साथ-साथ समाचार पत्र की बेचैनी से प्रतीक्षा रहती है। समाचार पत्र मानव की प्रगति का इतिहास दिखाने वाला संचार का सबसे सस्ता, विश्वसनीय और अति महत्वपूर्ण साधन है। इसका इतिहास बहुत पुराना है। यह संचार के एक देश में बैठे लोगों को दूसरे देशों से जोड़ता है। वर्तमान में संचार के क्षेत्र में वैज्ञानिकों ने अदभुत सफलताएँ अर्जित की हैं, परन्तु समाचार-पत्र का महत्व आज भी उसी रूप में विद्यमान है। कम्प्यूटर के आविष्कार के बाद इस क्षेत्र में प्रतिदिन नये आयाम स्थापित हो रहे हैं। समाचार-पत्रों की प्रिंटिंग हो या खबरों का आदान-प्रदान हो अब घण्टों का काम मिनटों में हो रहा है। समाचार पत्र केवल खबरों का आदान-प्रदान ही नहीं करता अपितु इसके द्वारा विविध प्रकार के ज्ञान का संचार भी हो रहा है। अनेक प्रतियोगिताओं की तैयारी में इससे बहुत ही सहायता मिलती है। समाचार पत्रों का नियमित अध्ययन करने से भाषा ज्ञान भी पूर्ण होता है। अब तो संसार की सभी प्रमुख भाषाओं में समाचार पत्रों का प्रकाशन होने लगा है। लोग जब तक सुबह समाचार पत्र के मुख पृष्ठ का अवलोकन नहीं कर लेते हैं तब तक घर से निकलना मुनासिब नहीं समझते हैं। समाचार-पत्रों में प्रकाशित सूचनाएँ सबसे विश्वस्त होती हैं। इस समाचार-पत्र का महत्व सार्वकालिक है।

22. शिक्षा का क्षेत्र

संकेत बिन्दु—• भूमिका, • शिक्षा की आवश्यकता, • शिक्षा की व्यापकता, • शिक्षा का व्यापक क्षेत्र, • उपसंहार।

अपनी व्यापकता के बाद भी आज बदलते समय में शिक्षा का क्षेत्र सिमटता जा रहा है। आज की शिक्षा पुस्तकीय ज्ञान, विचार तक ही सिमट कर रह गई है जबकि मनुष्य के जीवन की आवश्यकताएँ, अपेक्षाएँ पुस्तकीय ज्ञान से कहीं अधिक हैं। यह अत्यन्त दुःख का विषय है कि अब शिक्षा का अर्थ सिर्फ परीक्षा पास करना रह गया है। डिग्री प्राप्त करने हेतु दी गई परीक्षा में उत्तीर्ण होने के लिए पुस्तकीय ज्ञान अनिवार्य है जबकि हम यह जानते हैं कि पुस्तकीय ज्ञान सीमित क्षेत्र और सीमित समय के लिए ही होता है। जीवन के अन्य क्षेत्रों में सफल होने के लिए पुस्तकीय ज्ञान नहीं बल्कि व्यावहारिक ज्ञान का होना आवश्यक होता है। अतः पुस्तकीय ज्ञान के अतिरिक्त विद्यार्थियों को स्वास्थ्य, संस्कार, संस्कृति एवं रोजगारपरक शिक्षा भी दी जानी चाहिए जो उसे आत्मनिर्भर और व्यवहारकुशल नागरिक भी बना सके। भविष्य में इस तथ्य पर गहराई से विचार कर शिक्षा के स्वरूप को और अधिक विस्तृत और उपयोगी बनाये जाने की आवश्यकता पर बल दिया जाना चाहिए। पुस्तकीय ज्ञान तक सिमटी शिक्षा पुस्तकों के साथ छूटते ही हम भूल जाते हैं। मस्तिष्क में सदैव के लिए बैठ जाने वाली व्यावहारिक शिक्षा में हमें जीवन के प्रत्येक उतार-चढ़ाव में सहायता करती है। अतः हमें पुस्तकों से बाहर निकल कर अपने आस-पास की दुनिया, देश-विदेश की जानकारी, सामाजिक समस्याओं और समाधानों की जानकारी, सद्भावना, समरसता, परोपकार आदि के गुणों को भी अपनाना चाहिए जिससे हमारा और समाज का वास्तविक विकास हो सकेगा और हम विश्व की प्रगति में अपना सहयोग दे सकेंगे और 'या शिक्षा सा विमुक्तऐं' की सूक्ति चरितार्थ हो सकेगी।

23. सत्संगति का महत्व

संकेत बिन्दु—• भूमिका, • सत्संगति का अर्थ, • सत्संगति की आवश्यकता, • सत्संगति का लाभ, • उपसंहार।

'संसर्गजा दोष गुणाः भवन्ति'—संसर्ग से दोष गुण बन जाते हैं। 'सत्संगति' शब्द दो शब्दों से मिलकर बना है—'सत्' और संगति अर्थात् अच्छी संगति। सत्पुरुषों के साथ निवास जिनके विचार अच्छी दिशा की ओर ले जायें सत्संगति कहलाती है। मनुष्य जिस वातावरण में अपना अधिक समय व्यतीत करता है उसका प्रभाव उस पर अनिवार्य रूप से पड़ता है। मनुष्य ही नहीं पशुओं एवं वनस्पतियों पर भी इसका असर होता है। माँसाहारी पशु को यदि शाकाहारी प्राणी के साथ रखा जाये तो उसकी आदतों में स्वयं ही परिवर्तन हो जायेगा। यही नहीं मनुष्य को भी यदि

अधिक समय तक मानव से दूर पशु-संगति में रखा जाये तो वह भी शनैः-शनैः मनुष्य-स्वभाव छोड़कर पशु-प्रवृत्ति को ही अपना लेगा। सत्संगति के अनेक लाभ हैं। सत्संगति मनुष्य को सन्मार्ग की ओर अग्रसर करती है। सत्संगति व्यक्ति को उच्च सामाजिक स्तर प्रदान करती है। विकास के लिए सुमार्ग की ओर प्रेरित करती है। बड़ी-से-बड़ी कठिनाइयों का सफलतापूर्वक सामना करने की शक्ति प्रदान करती है और सबसे बढ़कर व्यक्ति को स्वाभिमान प्रदान करती है। सत्संगति के प्रभाव से पापी पुण्यात्मा और दुराचारी सदाचारी हो जाते हैं। अंगुलिमाल ने महात्मा बुद्ध की संगति में आने से हत्या, लूटपाट के कार्य को छोड़कर सदाचार के मार्ग को अपनाया। संतों के प्रभाव से आत्मा के मलिन भाव दूर हो जाते हैं तथा वह निर्मल बन जाता है। सत्संगति एक प्राणवायु है जिसके संसर्ग मात्र से मनुष्य सदाचरण का पालक बन जाता है। 'सठ सुधरहिं सत्संगति पाई। पारस परस कुधातु सुहाई'—तुलसीदास की इस पंक्ति से सत्संगति का महत्व स्वतः सिद्ध हो जाता है।

24. व्यायाम का महत्व

संकेत बिन्दु—• भूमिका, • व्यायाम का महत्व, • व्यायाम के विविध रूप, • व्यायाम से लाभ, • उपसंहार।

शरीरमाद्यम् खलुधर्मसाधनम्—वेद वाक्य है। वेद वाक्य अकाट्य होता है। स्वस्थ शरीर में ही स्वस्थ मस्तिष्क का निवास है। शरीर को चिकित्सा के बिना ही स्वस्थ रखने के लिए व्यायाम सबसे उत्तम साधन है। मानव शरीर एक मशीन की तरह है। जिस प्रकार एक मशीन को काम में न लाने पर वह ठप पड़ जाती है, उसी तरह यदि शरीर का भी उचित संचालन न किया जाये तो उसमें कई तरह के विकार आने लगते हैं। व्यायाम शरीर के संचालन का एक अच्छा तरीका है। यह शरीर को उचित दशा और दिशा में रखने में सहायता करता है। व्यायाम के लिए अनेक प्रकार के आसनों की व्यवस्था की गई है। कुछ लोग दौड़ लगाते हैं तो कुछ दण्ड-बैठक करते हैं। बच्चे खेल-कूद कर अपना व्यायाम करते हैं। बुजुर्ग सुबह-शाम तेज़ चाल से टहलकर अपना व्यायाम करते हैं। नवयुवकों में व्यायाम-शालाओं में जाकर व्यायाम करने की प्रवृत्ति पाई जाती है। व्यायाम चाहे किसी भी प्रकार का हो, इससे बहुत लाभ होता है। शरीर में ताज़गी आती है तथा यह सुगठित बन जाता है। व्यायाम करने के लिए सुबह का समय सबसे उत्तम होता है। प्रातःकाल में सूर्योदय से पूर्व जगकर व्यायाम करने से तन तथा मन दोनों स्वस्थ तथा नियन्त्रित रहता है। सुबह की वायु स्वच्छ व स्वास्थ्य के लिए लाभकारी होती। अतः प्रत्येक को व्यायाम के प्रति कटिबद्ध होकर बीमारियों से शरीर को दूर रखना चाहिए।

25. कोरोना वायरस

संकेत बिन्दु—• कोरोना संक्रमण, • बचाव के उपाय, • लॉकडाउन के सकारात्मक प्रभाव।

दिसंबर 2019 में चीन के बुहान से शुरू हुआ कोविड-19 या कोरोना वायरस अत्यंत सूक्ष्म किन्तु घातक वायरस है। इस वायरस ने विश्व के अनेक देशों में लाखों लोगों को अकाल मृत्यु का शिकार बना दिया है। कोरोना के प्रारम्भिक लक्षण हैं—सर्दी, जुकाम, बुखार, नाक बहना, गले में खराश और बाद में साँस लेने में तकलीफ होना। गंभीर स्थिति में इससे किडनी फेल तथा मृत्यु भी हो जाती है। इससे बचाव के लिए आवश्यक है कि हम बार-बार साबुन से हाथ धोएँ, अनावश्यक रूप से घर से न निकलें, सामाजिक दूरी का पालन और मास्क का उपयोग करें तथा स्वयं संक्रमित होने पर अन्य लोगों से दूरी बनाकर रखें। कोरोना के संक्रमण को तेजी से फैलने से रोकने हेतु सरकार द्वारा समय-समय पर लॉकडाउन घोषित किया गया। सभी होटल, सिनेमाघर आदि बंद कर दिए गए है। सभी शिक्षण संस्थाएँ बंद करके विद्यार्थियों को ऑनलाइन शिक्षण सुविधा प्रदान की जा रही है। अभी कोविड-19 से बचाव का टीका नहीं बना है अतः आवश्यक है कि हम विश्व स्वास्थ्य संगठन के निर्देशों का पालन करें, पौष्टिक आहार लें योग-व्यायाम करें तथा अफवाहों से बचें।

अभ्यास-प्रश्न

दिए गए संकेत-बिन्दुओं के आधार पर अनुच्छेद लिखें—

1. कम्प्यूटर : आज की आवश्यकता

   * प्रस्तावना * विश्व की तीसरी आँख * कम्प्यूटर की उत्पत्ति * संरचना * कम्प्यूटर के लाभ एवं हानियाँ * उपसंहार

   ....
   ....
   ....
   ....
   ....
   ....

2. भारतीय गाँव और नगर

   * नगर और गाँव की तुलना * गाँव के सुख * गाँव के दुःख * नगरों के सुख * नगरों के दुःख * निष्कर्ष

....

....

....

....

....

....

3. लड़का-लड़की एक समान, दोनों से ही घर की शान

   * लड़का-लड़की दोनों ईश्वर की देन * प्रकृति का संतुलन आवश्यक * आज का मनुष्य-समाज पुरुष प्रधान * पुरुषों को अधिक स्वतन्त्रता * स्त्रियों को हीन दृष्टि से देखा जाना

....

....

....

....

....

....

4. समय का महत्व

   * समय का अवसर कभी ठहरते * समय का सदुपयोग कैसे * समय के दुरुपयोग के परिणाम * समय का सदुपयोग करने वालों के कुछ उदाहरण * सफलता समय की दासी है।

....

....

....

....

....

....

5. आज की बचत कल का सुख

   * भूमिका * बचत का अर्थ और महत्त्व * बूँद-बूँद से घड़ा भरता है * बचत के लिए उपाय * उपसंहार।

....

....

....

....

....

....

6. मेरा प्रिय खेल

   * भूमिका * खेल और स्वास्थ्य * खेल प्रिय क्यों है * निष्कर्ष

....

....

....

....

....

....

7. पर्यटन एवं दर्शनीय स्थल

   * पर्यटन का अर्थ * विकास का सूत्रधार * पर्यटन—एक उद्योग * पर्यटन के लाभ * पर्यटन—एक शौक।

....

....

....

....

....

....

8. मेरी प्रिय पुस्तक

* प्रस्तावना * पुस्तक का नाम और लेखक * विषय *प्रिय होने का कारण * पुस्तक का आधार * पुस्तक के सम्बन्ध में सम्मतियाँ।

....

....

....

....

....

....

अभ्यास हेतु अन्य अनुच्छेद

1. मेरे सपनों का भारत
2. इक्कीसवीं सदी का भारत
3. सह शिक्षा
4. आँखों देखी किसी घटना का वर्णन
5. साँच बराबर तप नहीं
6. मन के हारे हार है, मन के जीते जीत
7. प्रात:कालीन व्यायाम/सैर
8. इंटरनेट की दुनिया
9. महँगाई की समस्याएँ
10. भारत की सांस्कृतिक एकता
11. भारत और भारत के पड़ोसी देश
12. नये युग का भारत
13. फैशन और विद्यार्थी
14. आज की शिक्षा प्रणाली
15. पुस्तकालय
16. मेरी सर्वाधिक प्रिय ऋतु
17. राजनीति और भ्रष्टाचार
18. साँच को आँच नहीं
19. गुरु-शिष्य सम्बन्ध
20. आधुनिक संसाधन वरदान या अभिशाप

❑❑

पत्र लेखन

|2|

पत्र-लेखन एक महत्वपूर्ण कला है। यह कला जन-सामान्य के जन-जीवन से सम्बन्धित है। यद्यपि आज संचार के कई साधन उपलब्ध हैं, परन्तु पत्र-लेखन का अपना अलग ही महत्व है। आज भी सरकारी कामकाज के लिए पत्र लिखने की आवश्यकता होती है।

पत्र दो प्रकार के होते हैं—

औपचारिक पत्र	अनौपचारिक पत्र
औपचारिक पत्र उन व्यक्तियों को लिखे जाते हैं जिनसे हमारा कोई व्यक्तिगत परिचय नहीं होता। इसमें तथ्यों और सूचनाओं को अधिक महत्व दिया जाता है। यह पत्र नियमों में बँधे होते हैं। इसके अन्तर्गत आवेदन-पत्र, शिकायती-पत्र, सम्पादक को पत्र, व्यावसायिक पत्र तथा अन्य सरकारी कार्यालयों आदि के पत्र आते हैं।	जिन व्यक्तियों से हमारा निजी सम्बन्ध होता है, उन्हें अनौपचारिक पत्र लिखे जाते हैं। ऐसे पत्र परिवार के सदस्यों, मित्रों, सगे-सम्बन्धियों आदि को लिखे जाते हैं।

पत्र लिखने में निम्नलिखित मुख्य बिन्दुओं पर ध्यान देना अनिवार्य है—

- पत्र की भाषा सरल, सटीक तथा सुलझी हुई होनी चाहिए।
- पत्र लिखने वाले का नाम, पता सब कुछ साफ अक्षरों में लिखा जाना चाहिए।
- संबोधन के लिए उचित सम्मानजनक शब्दों का प्रयोग होना चाहिए।
- बड़ों को सम्बोधित करते समय आदरणीय, पूजनीय इत्यादि शब्दों का प्रयोग करना चाहिए।
- व्यापारिक पत्र, प्रार्थना-पत्र, शिकायत-पत्र इत्यादि में महोदय, महोदया, माननीय एवं माननीया शब्दों का प्रयोग करना चाहिए।
- यदि ज्ञात हो तो पिन कोड अवश्य लिखना चाहिए।

पत्रों का आरम्भ और समापन

1. अनौपचारिक पत्र

सम्बन्ध	सम्बोधन	अभिवादन	समापन
माता-पिता, दादा-दादी, बड़े भाई-बहन, आचार्य, शिक्षक, मित्र, सखी, छोटा भाई/बहन	पूज्य, पूज्या, आदरणीय, प्रिय मित्र, सुहृदय प्रिय	सादर चरण स्पर्श, सादर प्रमाण, नमस्ते, सुभाशीष, स्नेह	आपका प्रिय पुत्र, पौत्र, स्नेहाभिलाषी, कृपाकांक्षी, तुम्हारा अभिन्न मित्र, तुम्हारा अग्रज, शुभेच्छु

2. औपचारिक पत्र

सम्बन्ध	सम्बोधन	समापन
प्रधानाचार्य/प्रधानाचार्या, डाकपाल, जलबोर्ड अधिकारी, विद्युत् अधिकारी	मान्यवर, श्रीमान, महोदय, महोदया आदि।	आपका आज्ञाकारी शिष्य, भवदीय, विनीत, प्रार्थी आदि।

औपचारिक पत्र चार प्रकार के होते हैं—

1. आवेदन पत्र
2. व्यावसायिक पत्र
3. सरकारी पत्र
4. अव्यावसायिक संस्थाओं के साथ पत्राचार

1. आवेदन पत्र—आवेदन पत्रों के माध्यम से उच्चाधिकारी को आवेदक अपनी दशा सूचित करता है साथ ही किसी प्रकार की मदद के लिए प्रार्थना करता है। इन पत्रों की निम्नलिखित विशेषताएँ हैं—

- विनम्रता व शिष्टता का प्रदर्शन।
- अनावश्यक विचार पर ध्यान न देते हुए अपनी बात संक्षेप में करनी चाहिए।
- पूर्णता का विशेष ध्यान रखा जाना चाहिए। कोई भी महत्वपूर्ण बात छूटनी नहीं चाहिए।
- आवेदन पत्र तथ्यों पर आधारित होने चाहिए।

2. व्यावसायिक पत्र—व्यापारियों को सामान की खरीद के लिए लिखे जाने वाले पत्र व्यावसायिक पत्र कहलाते हैं। विभिन्न व्यावसायिक संगठनों के बीच होने वाला पत्र व्यवहार इसी वर्ग में आता है। व्यावसायिक संस्थान अपने ग्राहकों की शिकायतें दूर करने, अपने नए माल की जानकारी आदि देने के लिए व्यावसायिक पत्रों का प्रयोग करते हैं। जैसे—

- उपभोक्ता
- व्यापारिक संस्थान
- बैंक, बीमा कम्पनी
- सरकारी कार्यालय अथवा गैर-सरकारी कार्यालय

व्यावसायिक पत्रों की विशेषताएँ—

- स्पष्टता
- पूर्णता
- संक्षिप्तता
- सद्भावना
- शिष्टता
- प्रभावोत्पादकता

3. सरकारी पत्र—सरकारी पत्रों को शासकीय पत्राचार भी कहते हैं। सरकारी पत्राचार निम्न विभागों व व्यक्तियों के मध्य होता है।

- विभिन्न सरकारी विभाग
- सरकार व विभिन्न संस्थाएँ
- सरकार तथा सरकार के बाहर के लोगों के मध्य

4. अव्यावसायिक संस्थाओं के मध्य पत्राचार—वे सभी संस्थाएँ जो व्यावसायिक कार्यों में संलग्न नहीं हैं। उनके द्वारा भेजे जाने वाले पत्र या उनके द्वारा किसी व्यक्ति को लिखे जाने वाले पत्र या उनके द्वारा किसी व्यक्ति को लिखे जाने वाले पत्र इस वर्ग में आते हैं। धार्मिक, साहित्यिक तथा आध्यात्मिक क्रियाकलापों से सम्बन्धित अनेक संस्थाएँ जैसे—सनातन धर्म समाज, आर्यसमाज, हिन्दी-साहित्य सम्मेलन, पतंजलि योग पीठ, भारतीय हिन्दी परिषद् आदि इसी वर्ग में आते हैं। इस प्रकार की स्वैच्छिक संस्थाओं के पत्राचार को संस्थागत पत्राचार भी कहा जाता है।

1. औपचारिक पत्र (आवेदन पत्र)

1. अपने विद्यालय के प्रधानाचार्य को स्थानांतरण प्रमाण-पत्र के लिए आवेदन-पत्र लिखिए।

सेवा में
श्रीमान प्रधानाचार्य
डी. ए. वी. विद्यालय
सेक्टर-14
रोहिणी, नई दिल्ली
दिनांक—24 अक्टूबर, 20...
विषय—स्थानांतरण प्रमाण-पत्र हेतु
महोदय,
सविनय निवेदन है कि मैं आपके विद्यालय में कक्षा दसवीं 'अ' का छात्र हूँ। मेरे पिताजी का स्थानांतरण आगरा हो गया है। हमारा समस्त परिवार अब आगरा ही जा रहा है। मैं भी अपने परिवार के साथ आगरा ही जा रहा हूँ और वहीं से अपनी आगे की पढ़ाई करूँगा। मुझे वहाँ नए विद्यालय में प्रवेश करने के लिए हम विद्यालय से स्थानांतरण पत्र की आवश्यकता है। अत: आपसे अनुरोध है कि आप मुझे स्थानांतरण पत्र, संलग्न चरित्र प्रमाण-पत्र शीघ्रातिशीघ्र जारी करने की कृपा करें।
धन्यवाद
आपका आज्ञाकारी छात्र
नीरज सलूजा
कक्षा—दसवीं 'अ'
अनुक्रमांक—5

आवेदन

2. प्रधानाचार्य को कक्षा में किए गए अमानवीय व्यवहार के लिए क्षमा-याचना प्रार्थना पत्र लिखिए।

सेवा में
श्रीमान प्रधानाचार्य महोदय
रा. उ. मा. विद्यालय
पश्चिम विहार, नई दिल्ली
दिनांक: 13 जून 20...
विषय—अमानवीय व्यवहार के लिए क्षमा-योजना हेतु
माननीय महोदय,
सविनय निवेदन यह है कि मैं आपके विद्यालय में दसवीं कक्षा का छात्र हूँ। मैंने अपनी कक्षा के दो सहपाठियों के साथ मिलकर शरारत की एवं कमरे का फर्नीचर तोड़ डाला। इन दोनों सहपाठियों के साथ मिलकर मेरी अक्ल पर पर्दा पड़ गया। मुझे ऐसा नहीं करना चाहिए था। अब मैं बहुत पछता रहा हूँ। कक्षा अध्यापिका जी ने मुझसे 500 रुपये दण्ड (जुर्माना) स्वरूप माँगे हैं। मेरे पिताजी एक गरीब आदमी हैं। वह यह दण्ड राशि नहीं दे पाएँगे। मैं आपसे प्रार्थना करता हूँ कि मुझे इस बार क्षमा कर दिया जाए। मैं वादा करता हूँ कि मैं दोबारा कोई बुरा काम नहीं करूँगा। मुझे एक अवसर प्रदान करने का कष्ट करें। आपकी अति कृपा होगी।
धन्यवाद
आपका आज्ञाकारी शिष्य
सुभाष गुप्ता
कक्षा—दसवीं 'बी' (ब)

शिकायती/सुझाव

3. चोरी की रिपोर्ट के लिए थाना प्रभारी को पत्र लिखिए।

सेवा में
श्रीमान थाना-प्रभारी जी
थाना पहाड़गंज, नई दिल्ली
दिनांक—25 दिसम्बर, 20...
विषय—चोरी की रिपोर्ट लिखवाने के लिए थाना-अधिकारी को पत्र।
मान्यवर महोदय,
सविनय निवेदन है कि गत रात हमारे पड़ोस में श्री मोहनलाल मक्कड़ के घर में चोरी हो गई है। वे किसी विवाह समारोह में सम्मिलित होने के लिए जम्मू गए हुए थे, इस अवसर का लाभ उठाते हुए चोरों ने उनके घर को निशाना बनाया एवं घर का ताला तोड़कर कीमती सामान ले गए। प्रात:काल: उनके घर का दरवाजा टूटा हुआ था एवं घर का सारा सामान बिखरा पड़ा था। उनके घर में किसी असामाजिक तत्व द्वारा और हानि न हो, इसके लिए हम आपका ध्यान इस ओर आकर्षित कर रहे हैं। अत: आपसे अनुरोध है कि घटना स्थल का निरीक्षण करके उचित कार्यवाही करें।
धन्यवाद
भवदीय
मंत्री
मोहल्ला सुधार कमेटी

4. पुस्तकालय में हिंदी के प्रसिद्ध लेखकों की पुस्तकें मँगवाने के लिए प्राचार्य को एक प्रार्थना-पत्र लगभग 80-100 शब्दों में लिखिए।

प्राचार्य
अ ब स विद्यालय
आगरा विस्तार
उत्तर प्रदेश
दिनांक—27-XX-20XX
विषय—पुस्तकें मँगवाने हेतु प्रार्थना-पत्र।
महोदय,

मैं आपके विद्यालय में कक्षा ········· का छात्र हूँ। हमारे विद्यालय में प्रत्येक कक्षा का एक कालांश पुस्तकालय का होता है। हम सभी पुस्तकालय जाते हैं, लेकिन पुस्तकालय में पुस्तकों की बहुत कमी है, विशेष कर हिन्दी की।

हमारे पुस्तकालय में हिन्दी के प्रसिद्ध लेखकों की पुस्तकों की कमी है। हम हिन्दी साहित्य के प्रसिद्ध लेखकों की जीवनी पढ़ना चाहते हैं, कुछ कक्षाओं में लेखकों की जीवनी को विषय के तौर पर पढ़ाया भी जाता है। परन्तु हिन्दी को बढ़ावा देने के लिए इन प्रसिद्ध लेखकों की पुस्तकें मँगवाना जरूरी हो गया है।

हम सभी आप से अनुरोध करते हैं कि हिन्दी के प्रसिद्ध लेखकों की पुस्तकें जल्द-से-जल्द मँगवाने का आदेश दें जिससे हम जल्द लाभ उठा सकें।

सधन्यवाद
प्रार्थी,
सभी विद्यार्थी

शिकायती/सुझाव पत्र

5. मोहल्ले की सफाई के लिए नगर निगम के स्वास्थ्य अधिकारी को पत्र लिखिए।

सेवा में
श्रीमान स्वास्थ्य अधिकारी
दिल्ली नगर निगम
अशोक नगर, नई दिल्ली
दिनांक—25 फरवरी, 20XX
विषय—मोहल्ले की सफाई के सम्बन्ध में पत्र।
माननीय महोदय,

इस पत्र के माध्यम से मैं आपका ध्यान अपने क्षेत्र अशोक नगर की ओर आकर्षित कराना चाहता हूँ। इस क्षेत्र से कई पत्र आपके विभाग में भेजे जा चुके हैं, परन्तु शायद सम्बन्धित अधिकारियों ने उन्हें बिना पढ़े ही रद्दी की टोकरी में डाल दिया। इस क्षेत्र में सफाई कर्मचारी अपने कर्त्तव्य का पालन नहीं कर रहे हैं। स्थान-स्थान पर कूड़े के ढेर लगे हैं। पन्द्रह दिन से सफाई कर्मचारी नहीं आए हैं। मोहल्ले का वातावरण दूषित हो गया है। चारों ओर मच्छर व मक्खियों का साम्राज्य पनप रहा है, दुर्गन्ध से उठना-बैठना, खाना-पीना सब दुश्वार हो गया है। सड़कों पर नालियों का पानी आ रहा है, जिससे आने-जाने में भी अब असुविधा हो रही है। यदि अब सफाई न हुई तो महामारी फैलने की आशंका है। अतः आपसे प्रार्थना है कि यहाँ जल्द-से-जल्द सफाई कर्मचारी भेजने का प्रबन्ध करें, इसके लिए हम सदा आपके आभारी रहेंगे।

भवदीय
डी. एन. शर्मा (मंत्री)
अशोक नगर, नई दिल्ली

शिकायती/सुझाव पत्र

6. निकटस्थ डाकघर को पत्र लिखकर सूचित कीजिए कि पहली जून से 30 जून तक आपकी डाक डाकघर में ही सँभाली जाए, क्योंकि उन दिनों आप घर पर नहीं होंगे।

सेवा में
डाक अधीक्षक
'पावरा' डाकघर
जोधपुर
दिनांक—25 मई, 20XX
विषय—डाकपाल को सूचना हेतु पत्र।
महोदय

प्रार्थना है कि मैं 65 लक्ष्मीनगर, पावरा 'बी' रोड का निवासी हूँ। मैं अपने परिवार के साथ शहर से बाहर 1 जून से 30 जून तक के लिए जा रहा हूँ/रही हूँ। अतः आपसे अनुरोध है कि उक्त दिनों में यदि कोई भी हमारी डाक आपके डाकघर में आए तो उसे वहीं सुरक्षित रखने का कष्ट करें। मैं वापस आकर स्वयं अपनी डाक ले लूँगा। आपका अति आभार रहेगा।

धन्यवाद।
कमलेश कुमार
65 लक्ष्मीनगर, पावरा 'बी' रोड, जोधपुर

आवेदन पत्र (नौकरी के लिए)

7. अपनी योग्यताओं का विवरण देते हुए प्राथमिक शिक्षक के पद के लिए अपने जिले के शिक्षा-अधिकारी को आवेदन-पत्र लिखिए।

सेवा में

जिला शिक्षा अधिकारी

उदयपुर, (राज.)

दिनांक—2 अप्रैल 20XX

विषय—प्राथमिक शिक्षक के पद के लिए आवेदन-पत्र।

मान्यवर,

रोजगार समाचार 'दिनांक 16/4/20XX के माध्यम से यह ज्ञात हुआ कि आपके अधीन प्राथमिक शिक्षकों के कुछ स्थान रिक्त हैं तथा उनके लिए आवेदन-पत्र आमन्त्रित किए गए हैं। मैं भी इसी पद के लिए अपना आवेदन-पत्र आपकी सेवा में प्रस्तुत कर रही हूँ। मेरी शैक्षणिक योग्यताएँ, अनुभव तथा अन्य विवरण निम्नलिखित हैं—

मैंने उदयपुर विश्वविद्यालय से स्नातक की उपाधि द्वितीय श्रेणी में उत्तीर्ण की है।

मैंने राजस्थान माध्यमिक शिक्षा बोर्ड से 1997 में इण्टरमीडिएट की परीक्षा भी द्वितीय श्रेणी में उत्तीर्ण की है।

मैंने राजस्थान माध्यमिक शिक्षा बोर्ड से ही वर्ष 1995 में हाईस्कूल की परीक्षा प्रथम श्रेणी में उत्तीर्ण की है।

मैंने राजकीय शिक्षक प्रशिक्षण केन्द्र उदयपुर (राज.) से बेसिक टीचर कोर्स वर्ष 2002 में सफलतापूर्वक पूरा किया है। (STC) इस परीक्षा में भी मैंने अच्छे अंक प्राप्त किए।

मैं जुलाई 2008 से डी. ए. वी. हायर सैकेण्डरी स्कूल, उदयपुर में प्राथमिक शिक्षिका के पद पर कार्यरत हूँ।

मैंने अपने विद्यार्थी जीवन में सांस्कृतिक कार्यक्रमों में भाग लेकर कई पुरस्कार भी प्राप्त किए हैं। मैं 36 वर्षीय स्वस्थ महिला हूँ।

आशा है कि आप मुझे सेवा का एक अवसर अवश्य प्रदान करेंगे। मैं आपको विश्वास दिलाती हूँ कि मैं चयन किये जाने के पश्चात् अपने कर्त्तव्यों का पूर्ण निष्ठा के साथ पालन करूँगी। आवेदन पत्र के साथ प्रमाण-पत्रों के प्रतिरूप संलग्न है।

धन्यवाद

प्रार्थी

अनिता कुमारी

आवेदन

8. विद्यालय में एक संगीत-सम्मेलन करने की अनुमति देने हेतु अपने प्रधानाचार्य से अनुरोध कीजिए।

सेवा में

प्रधानाचार्य,

सर्वोदय बाल विद्यालय

जनकपुरी, दिल्ली

दिनांक—8 अप्रैल 20XX

विषय—संगीत सम्मेलन करने की अनुमति हेतु।

महोदय,

सविनय निवेदन है कि हम 14 सितम्बर को हिन्दी दिवस के अवसर पर एक संगीत सम्मेलन का आयोजन करना चाहते हैं। इसमें विद्यार्थी एवं अध्यापक-अध्यापिकाएँ अपनी-अपनी प्रतिभा का प्रदर्शन करेंगे। इस अवसर पर अन्य ख्याति प्राप्त संगीतकारों को भी आमन्त्रित किया जाएगा।

कृपया आप हमें अनुमति प्रदान करें कि हम अपने संगीत सम्मेलन के लिए संगीतकारों को आमन्त्रित करें।

इस संगीत सम्मेलन में विद्यालय के संगीत के शिक्षक एवं शिक्षिका भी अपना पूर्ण सहयोग प्रदान करेंगे।

धन्यवाद !

आपका आज्ञाकारी शिष्य

राजीव

विद्यालय छात्र प्रमुख

सम्पादक

9. विद्यालयों में योग-शिक्षा का महत्व बताते हुए किसी समाचार-पत्र के सम्पादक को पत्र लिखिए।

सेवा में

सम्पादक महोदय

दैनिक जागरण

सेक्टर 20

नोएडा, गौतमबुद्ध नगर

दिनांक—1 मार्च 20XX

विषय—योग-शिक्षा के महत्व हेतु।

महोदय,

जन-जन की आवाज, जन-जन तक पहुँचाने के लिए कटिबद्ध आपके समाचार पत्र के माध्यम से मैं विद्यालय में योग-शिक्षा के महत्व को बताना चाहती हूँ।

योग शिक्षा के माध्यम से विद्यार्थी स्वास्थ्य के प्रति जागरूक होंगे। योग शिक्षा उनके स्वास्थ्य के लिए लाभप्रद है।

योग के माध्यम से वे अपने शरीर की नकारात्मक ऊर्जा बाहर निकाल सकते हैं। जिससे सकारात्मक ऊर्जा को ग्रहण कर, वह स्वयं को ऊर्जावान महसूस कर सकते हैं। योग के द्वारा कई लाइलाज बीमारियों को भी जड़ से समाप्त किया जा सकता है। यह हमारे स्वास्थ्य के लिए जीवनदायिनी औषधि की भाँति है। आप अपने समाचार-पत्र के माध्यम से पाठकों को योग-शिक्षा ग्रहण करने के लिए आग्रह करें।

सधन्यवाद !

भवदीया

नीतू

आगरा।

10. स्वरचित कविता प्रकाशन करवाने के लिए अनुरोध करते हुए किसी समाचार-पत्र के संपादक को पत्र लगभग 80-100 शब्दों में लिखिए।

सेवा में

संपादक

हिंदुस्तान टाइम्स

नई दिल्ली

विषय—स्वरचित कविता प्रकाशित करवाने हेतु।

महोदय,

आपके लोकप्रिय समाचार पत्र की साप्ताहिक पत्रिका में नवोदित रचनाकारों की रचनाएँ पढ़ने का सुअवसर प्राप्त हुआ। कुछ रचनाएँ बहुत प्रभावी और प्रेरणादायक थीं। मेरी भी अभिरुचि कविता लेखन में रही है। बाल कविताओं के साथ-साथ समसामयिक विषयों पर मैंने कई कविताएँ लिखी हैं। अपने काव्य संग्रह में से पर्यावरण-संरक्षण पर लिखी एक कविता में इस पत्र के साथ संलग्न कर रही हूँ। आपसे अनुरोध है कि अपने समाचार-पत्र में मेरी रचना को स्थान देकर कृतार्थ करें।

धन्यवाद सहित

निवेदिका

अ ब स

म. सं. 320 पॉकेट-ए, सेक्टर-3

रोहिणी, नई दिल्ली

दिनांक—22-02-20XX

शिकायती पत्र

11. अपने क्षेत्र में जल-भराव की समस्या की ओर ध्यान आकृष्ट करते हुए स्वास्थ्य अधिकारी को एक पत्र लिखिए।

सेवा में

स्वास्थ्य अधिकारी

आगरा नगर निगम

आगरा

दिनांक—2 अगस्त, 20XX

विषय—जलभराव की समस्या हेतु।

महोदय,

मैं लोहामंडी क्षेत्र की निवासी हूँ तथा आपका ध्यान अपने क्षेत्र में जलभराव से हो रही समस्याओं की ओर आकर्षित करना चाहती हूँ। वर्षा ऋतु के पश्चात् जगह-जगह सड़कों पर जलभराव हो गया जिसके कारण मच्छरों का प्रकोप बढ़ गया है साथ ही आने-जाने वालों की गाड़ियाँ पानी चले जाने के कारण खराब हो जाती हैं तथा वे दुर्घटना के शिकार हो जाते हैं। जल भराव से संपूर्ण क्षेत्र में दुर्गंध फैल रही है। ऐसा नहीं है कि हमारे क्षेत्र में सफाई कर्मचारी नहीं आते अपितु वे नियमित रूप से अपने कर्तव्यों का निर्वाहन नहीं करते तथा वे उस जलभराव की समस्या का समाधान नहीं करते हैं। कई बार मौखिक रूप से क्षेत्रीय सफाई निरीक्षक से भी कहा गया तथा लिखित रूप में भी इसकी चर्चा की, परन्तु किसी के कान पर जूँ तक नहीं रेंगी। वर्षा के पानी का भराव गंदी नालियों और सफाई न होने के कारण पूरे क्षेत्र में मलेरिया के फैलने की भी सम्भावना बढ़ गई है। यह चिंता का विषय है।

अतः आपसे अनुरोध है कि लोहामण्डी क्षेत्र के निवासी की इस समस्या के समाधान के लिए संबंधित अधिकारियों तथा कर्मचारियों को उचित निर्देश देने की कृपा करें। जिससे कि पूरा क्षेत्र इस जलभराव की समस्या से बच सके।

मुझे आशा है कि आप हमारे क्षेत्र की सफाई करवाने के लिए तुरंत आवश्यक कार्यवाही करेंगे।

भवदीया

अ ब स

12. किसी महिला के साथ बस में हुए अभद्र व्यवहार को रोकने में बस कंडक्टर के साहस और कर्तव्यपरायणता की प्रशंसा करते हुए परिवहन विभाग के प्रबंधक को पत्र लिखिए।

सेवा में

प्रबंधक,

दिल्ली परिवहन विभाग

दिल्ली—110001

दिनांक—10 जनवरी, 20XX

विषय—बस कंडक्टर के प्रशंसनीय व्यवहार हेतु।

महोदय,

इस पत्र द्वारा मैं आपको आपकी बस के एक कंडक्टर के प्रशंसनीय व्यवहार से अवगत कर रहा हूँ। मैं विकासपुरी का निवासी हूँ तथा प्रतिदिन 860 नं. की रूट बस से गाँधीनगर जाता हूँ। गत 20 अप्रैल की बात है, मैं गाँधीनगर से 860 नं. की बस से सायंकाल लगभग 7.00 बजे अपने घर लौट रहा था कि मोतीनगर के बस स्टॉप से कुछ मनचले बस में चढ़ गए। उन्होंने बस में बैठी एक महिला यात्री के साथ छेड़खानी तथा अभद्र व्यवहार किया। बस कंडक्टर ने साहस के साथ उन युवकों का सामना किया और बहादुरी से उन्हें धर-दबोचा। यात्रियों के सहयोग से बस कंडक्टर उन युवकों को पुलिस स्टेशन में ले गया। जहाँ पुलिस अधिकारी ने बस कंडक्टर के साहस एवं कर्त्तव्यपरायणता के प्रशंसनीय व्यवहार की सराहना की।

अतः आपसे आग्रह है कि आप कंडक्टर श्री रामप्रकाश को उनके साहस और प्रशंसनीय व्यवहार के लिए सम्मानित करें, जिसके परिणामस्वरूप अन्य कर्मचारी को भी प्रेरणा मिल सके।

धन्यवाद,

भवदीय

अशोक कुमार

13. बिजली विभाग के अधिकारी को बिजली बिल की शिकायत करते हुए लगभग 80-100 शब्दों में पत्र लिखिए।

सेवा में
विद्युत् अधिकारी,
विद्युत् प्रदाय संस्थान
नेहरू ग्राम, रायपुर
देहरादून
दिनांक—22-4-20XX
विषय—बिजली के बिल में गड़बड़ी की शिकायत हेतु।
महोदय,

निवेदन है कि हम नेहरू ग्राम रायपुर क्षेत्र के निवासी बिजली से बहुत परेशान हैं। हमारे क्षेत्र के मीटर रीडर मनचाही रीडिंग भर कर भेज देते हैं। जिस कारण हमारे बिजली के बिल आवश्यकता से अधिक आते हैं। कई बार शिकायत करने के बाद भी आपके विभाग की ओर से इस दिशा में कोई कदम नहीं उठाया गया।

पिछले महीने मैं अवकाश पर अपने गाँव गया हुआ था। मेरा घर बंद था। फिर भी मेरा बिजली का बिल ₹ 3,000 आया है। यह समस्या क्षेत्र के प्राय: सभी निवासियों की है।

आशा है आप इस दिशा में उचित कदम उठाते हुए हमारी समस्या का निदान करने की कृपा करेंगे।

धन्यवाद सहित
भवदीय (हस्ताक्षर)
अ ब स
अध्यक्ष
मोहल्ला सुधार समिति
नेहरू ग्राम, रायपुर
देहरादून

14. आप अंतर्विद्यालयी क्रिकेट के लिए अपने विद्यालय की टीम के कप्तान चुने गए हैं। इस आशय की सूचना देते हुए अपने पिताजी को लगभग 80-100 शब्दों में पत्र लिखिए।

छात्रावास
प्रभात मॉडल स्कूल
लखनऊ
दिनांक—22-02-20XX
आदरणीय पिताजी,

सादर प्रणाम, आशा है आप सकुशल होंगे। आदरणीय माताजी तथा मुकुल भी प्रसन्न होंगे।

पिताजी मुझे आपको बताते हुए अत्यंत हर्ष का अनुभव हो रहा है कि इस वर्ष अंतर्विद्यालयी क्रिकेट प्रतियोगिता में भाग लेने के लिए अपने विद्यालय की ओर से मेरा चयन टीम के कप्तान के रूप में हुआ है। निश्चय ही यह एक बहुत बड़ी जिम्मेदारी है और इसके लिए निरंतर अभ्यास एवं परिश्रम की आवश्यकता है। मेरा लक्ष्य प्रतियोगिता में स्वर्णपदक प्राप्त करना है जिसके लिए मुझे आपके आशीर्वाद की आकांक्षा है। आशा है सदैव की भाँति आप अपना आशीर्वाद मुझे देंगे। आदरणीय माताजी को चरण स्पर्श एवं प्रिय मुकुल को स्नेह आशीर्वाद कहिएगा।

आपका पुत्र
अ ब स।

आवेदन पत्र

15. अपनी योग्यता तथा खेलों में रुचि का परिचय देते हुए अपने विद्यालय के प्रधानाचार्य महोदय को विद्यालय के वार्षिकोत्सव के अवसर पर आयोजित खेलों में भाग लेने की अनुमति के लिए प्रार्थना-पत्र लिखिए।

सेवा में
श्रीमती प्रधानाचार्या जी

दयानन्द बाल मन्दिर

गाजियाबाद

दिनांक—5 नवम्बर 20XX

विषय—वार्षिकोत्सव में आयोजित खेलकूद में भाग लेने हेतु पत्र।

महोदया,

सविनय निवेदन यह है कि मैं आपके विद्यालय की दसवीं की छात्रा हूँ। आज ही कक्षाध्यापिका से वार्षिकोत्सव में खेलकूद प्रतियोगिता के आयोजन के विषय में सुना। जैसा आपको विदित है कि इस बार राष्ट्रीय व स्कूली स्तर पर आयोजित कई प्रतियोगिताओं में मैंने भाग लिया है व पुरस्कार भी जीते हैं। मेरा आपसे यही निवेदन है कि मुझे आप विद्यालय की इन प्रतियोगिताओं में खेलने की अनुमति प्रदान करें। आपकी अति कृपा होगी।

सधन्यवाद,

आपकी आज्ञाकारी शिष्या

क ख ग

कक्षा दसवीं (अ)

संपादक

16. नई दिल्ली मेट्रो स्टेशन की जाँच मशीन पर एक यात्री के भूलवश छूटे एक लाख बीस हजार रुपए को मेट्रो पुलिस ने उसे लौटा दिया। इस समाचार को पढ़कर जो विचार आपके मन में आते हैं, उन्हें किसी समाचार-पत्र के संपादक को पत्र के रूप में लिखिए।

सेवा में

संपादक महोदय

दैनिक हिन्दुस्तान

नई दिल्ली।

दिनांक—5 अक्टूबर, 20XX

विषय—खोए हुए रुपये प्राप्त होने पर पत्र।

महोदय,

मैं आपको पत्र द्वारा यह अवगत कराना चाहती हूँ कि नई दिल्ली मेट्रो स्टेशन की जाँच मशीन पर एक यात्री के भूलवश एक लाख बीस हजार रुपये छूट गए। मैं मेट्रो स्टेशन पर ही खड़ी सब देख रही थी। मेट्रो पुलिस ने उस व्यक्ति को बुलाकर उसके रुपये वापस किए तथा उस यात्री ने पुलिस वालों को धन्यवाद दिया। वर्तमान में ईमानदार व्यक्ति कहाँ हैं ? क्योंकि इतनी बड़ी रकम खाने के पश्चात् पुन: प्राप्त करना एक आश्चर्य की बात है। इनाम के रूप में उस व्यक्ति ने पुलिस वालों को कुछ देना चाहा, तो उन्होंने इंकार कर दिया तथा यह कहा कि यह तो हमारा कर्तव्य था। ऐसे व्यक्तियों को सम्मानित करना चाहिए। जो अपने कर्त्तव्य को ईमानदारी से निभाते हैं।

धन्यवाद

भवदीया

अनामिका

17. सार्वजनिक स्थलों पर बढ़ते हुए धूम्रपान तथा उसके कारण संभावित रोगों की ओर संकेत करते हुए किसी दैनिक समाचार पत्र के संपादक को 80-100 शब्दों में पत्र लिखिए।

संपादक

नवभारत टाइम्स

आगरा विभाग

आगरा कैन्ट

उत्तर प्रदेश

दिनांक—27-XX-20XX

विषय—''सार्वजनिक स्थलों पर धूम्रपान''

महोदय,

मैं आगरा निवासी आपके लोकप्रिय समाचार पत्र का ध्यान एक गंभीर समस्या की ओर आकर्षित करना चाहता हूँ।

आज लगभग सभी किसी-न-किसी प्रकार से अपने स्वास्थ्य की चिंता से जुड़े हैं। विभिन्न विभाग सरकार के नियमों के द्वारा बनाए गए मार्गदर्शन को नाक पर रखकर वातावरण को दूषित करने पर आ गया है।

लगभग सभी सार्वजनिक स्थलों पर धूम्रपान की समस्या बढ़ती जा रही है।

मेरा आपसे अनुरोध है कि जगह-जगह जागरूकता कार्यक्रम पुलिस की सहायता से चलाया जाए जिससे लोग प्रभावित होंगे, दूसरा न मानने वालों से भारी जुर्माना वसूला जाएगा। जिससे वह दुबारा यह गलती न करें। केवल होर्डिंग व बैनर लगाने से काम नहीं चलेगा वातावरण में विभिन्न रोगों के उत्पन्न होने से सभी को खतरा होता है।

सभी सार्वजनिक स्थलों पर बहुत जरूरी है तो अलग से स्थान बनाए जाएँ जहाँ वातावरण को शुद्ध करने के उपकरण लगे हों।

इस प्रकार के छोटे-छोटे प्रयासों से बढ़ते प्रदूषण को रोका जा सकता है।

मेरा आपसे अनुरोध है कि मेरे विचार को प्रकाशित करके संबंधित विभाग को जागरूक करें।

सधन्यवाद

प्रार्थी

आम नागरिक

18. आपके छोटे भाई/बहन ने एक आवासीय विद्यालय में एक मास पूर्व ही प्रवेश लिया है। उसको मित्रों के चुनाव में सावधानी बरतने के लिए समझाते हुए एक पत्र 80-100 शब्दों में लिखिए।

प्रेषक

क ख ग नगर

मध्य प्रदेश

दिनांक—27-XX-20XX

प्रिय अनुज,

तुम कैसे हो ईश्वर से तुम्हारी स्वास्थ्य व सुखद भविष्य की कामना करते हैं।

प्रिय पिताजी ने तुम्हारे सुनहरे भविष्य के लिए इस आवासीय विद्यालय में प्रवेश दिलाया है।

आशा करता हूँ कि तुम जल्दी ही इस माहौल में ढल जाओगे।

एक महत्वपूर्ण बात बताना चाहता हूँ कि विद्यार्थी जीवन में अकेले नहीं जिया जा सकता है। प्रिय दोस्त, इसका महत्वपूर्ण हिस्सा है।

दोस्त जीवन का अहम् हिस्सा है लेकिन उसे चुनने के लिए बहुत सावधानियाँ रखनी होंगी।

तुमको भी दोस्त बनाने से पहले उसे पूरी तरह परख लेना होगा तभी उसे अपना मित्र बनाना।

उसके साथ समय बिताना, उसे समझने की कोशिश करना, अपनी बात भी पूरी बताना तभी मेल हो पाएगा।

जीवन में यह सब समझाना जरूरी है। यहाँ सब ठीक है तुम अपना ध्यान रखना।

तुम्हारा

अग्रज

अन्य

19. किसी बस-कंडक्टर की कर्तव्यनिष्ठा की सराहना करते हुए परिवहन विभाग के अध्यक्ष को पत्र लिखिए।

सेवा में

महाप्रबंधक

दिल्ली परिवहन निगम

काले खाँ, नई दिल्ली।

दिनांक—28 मई, 20XX

विषय—बस कंडक्टर की कर्तव्यनिष्ठा की सराहना हेतु पत्र।

महोदय,

मैं इस पत्र के माध्यम से आपका ध्यान आपके विभाग के एक साहसी तथा कर्तव्यनिष्ठ कर्मचारी बस कंडक्टर के व्यवहार की ओर आकर्षित कराना चाहता हूँ तथा आशा करता हूँ कि आप उस कर्मचारी को उचित पुरस्कार देकर सबके सामने सम्मानित करें। मैं दिनांक 18 मई को जनकपुरी से 336 रूट की बस नं. DL-JP-9762 में प्रात:काल 9.00 बजे चढ़ा। बस में बहुत भीड़ होने के कारण मैं अन्दर नहीं आ गया। बस

थोड़ी ही दूर पहुँची थी कि दो-तीन आदमी पीछे से चढ़े और तभी एक महिला की चैन तोड़कर चलती गाड़ी से कूद गए। महिला ने शोर मचाया। कंडक्टर श्री अमर किशोर ने बस रुकवाई और उसके पीछे भाग गया। उस व्यक्ति ने चाकू दिखाया, पर इसका अमर किशोर पर कोई प्रभाव नहीं पड़ा और उसने उस आदमी को धर दबोचा एवं पुलिस के हवाले कर दिया। उस महिला की सोने की चैन सही सलामत वापस मिल गई। उस महिला ने उसे कुछ रुपये देने चाहे, तो उसने धन्यवाद बोलकर लौटा दिए। ऐसे कर्तव्यनिष्ठ एवं साहसी कर्मचारी बहुत कम देखने को मिलते हैं, जो अपनी जान जोखिम में डालकर दूसरों की सहायता करते हैं। अतः आपसे निवेदन है कि आप श्री अमर किशोर जिनका बैच नं. 96230 है, को सम्मानित करके अन्य कर्मचारियों के समक्ष उदाहरण प्रस्तुत करें।

भवदीय,

अनूप

314, जनकपुरी, नई दिल्ली।

20. नगर में बढ़ती भीड़-भाड़ के कारण परिवहन की जटिल समस्या के हल के लिए सड़कों को और अधिक चौड़ा किए जाने की आवश्यकता पर बल देते हुए अपने राज्य के मुख्यमंत्री को पत्र लगभग 80-100 शब्दों में लिखिए।

सेवा में

माननीय मुख्यमंत्री

उत्तराखण्ड सरकार

देहरादून

महोदय,

सविनय निवेदन है कि देहरादून नगर, मसूरी जैसे पर्वतीय स्थल तथा हरिद्वार और ऋषिकेश जैसे तीर्थ स्थलों के निकट होने के कारण सदा से ही पर्यटकों के लिए आकर्षण का केंद्र रहा है। उत्तराखण्ड की राजधानी बनने के बाद से देहरादून नगर राजनैतिक गतिविधियों का केंद्र भी बन गया है। ऐसे में यहाँ के नागरिकों को नगर में बढ़ती भीड़-भाड़ के कारण परिवहन की जटिल समस्या का रोज सामना करना पड़ रहा है। सड़कों पर बढ़ती वाहनों की संख्या तथा अनियंत्रित चालन के कारण आए दिन दुर्घटनाएँ होती रहती हैं। किसी भी चौराहे को पैदल पार करना कठिन हो जाता है। परिवहन की समस्या के हल के लिए सड़कों को और अधिक चौड़ा किए जाने की आवश्यकता है। अतः मेरा आपसे अनुरोध है कि आप अपने अधीनस्थ अधिकारियों को आदेशित करें कि वे शीघ्र-अतिशीघ्र नगर के प्रमुख मार्गों के चौड़ीकरण के साथ-साथ सड़कों की उचित मरम्मत कराने की व्यवस्था करें।

सधन्यवाद

भवदीय

अ ब स

दिनांक—22-02-20XX

सुझाव पत्र

21. विद्यालय में दसवीं और बारहवीं कक्षा के अच्छे परिणामों पर प्रधानाचार्य को पत्र लिखकर सुझाइए कि उन्हें और अच्छा कैसे बनाया जा सकता है?

सेवा में

प्रधानाचार्य जी

राजकीय माध्यमिक विद्यालय,

नेहरू मार्ग,

नई दिल्ली।

दिनांक—8 अक्टूबर, 20XX

विषय—अच्छे परिणाम हेतु सुझाव-पत्र।

महोदय,

विनम्र निवेदन है कि हमारा विद्यालय अपने क्षेत्र के विशेष विद्यालयों में गिना जाता है, शिक्षा का और अधिक विस्तार करने के लिए हमें हमारे विद्यालय में परिश्रमी एवं योग्य शिक्षकों को नियुक्त करना चाहिए जिससे शिक्षा व्यवस्था और अच्छी, सुव्यवस्थित एवं नियमित रूप से हो सके।

जिससे कक्षा दसवीं एवं बारहवीं के परिणाम अच्छे आ सकेंगे तथा शिक्षकों द्वारा उन्हें नया मार्गदर्शन प्राप्त होगा जिसके कारण हमारे विद्यालय को ख्याति प्राप्त होगी। हमारा उद्देश्य विद्यार्थियों को उचित शिक्षा मुहैया करवाना है।

धन्यवाद

आपका आज्ञाकारी शिष्य

विनोद शर्मा

22. यातायात के नियमों के उल्लंघन करने वालों के विरुद्ध कड़ी कार्यवाई करने तथा दो अन्य सुझाव देते हुए यातायात पुलिस आयुक्त को पत्र लगभग 80-100 शब्दों में लिखिए।

पुलिस आयुक्त

आगरा मंडल

आगरा

दिनांक—27-XX-20XX

विषय—यातायात के नियमों का उल्लंघन हेतु।

मैं आगरा विस्तार का निवासी हूँ। हमारे क्षेत्र में लगातार यातायात के नियमों का उल्लंघन हो रहा है। ऐसा लगता है कि कोई नियम ही नहीं है। बिना हैलमेट के स्कूटर चलाना, दो के स्थान पर चार-चार लोगों को बिठाना, लाल बत्ती होते हुए भी नहीं रुकना यातायात पुलिस मूक दर्शन बनी रहती है।

इतनी ज्यादा दुर्घटनाएँ हो रही हैं कि कोई बचाने वाला नहीं है।

कहाँ सो रही है हमारी यातयात पुलिस अगर यही हालात रहे तो हमारा क्षेत्र दुर्घटनाओं की श्रेणी में प्रथम होगा।

मेरा मानना है कि यदि पुलिस चाहे तो यह समस्या जल्द ही दूर हो सकती है, बिना स्वार्थ के चालान काटे जाएँ, प्यार व सख्ती दोनों से काम लिया जा सकता है। सतर्कता जरूरी है तो यह पुलिस कर सकती है।

यदि विभाग में पुलिसकर्मियों की कमी है, तो कॉलेज के युवाओं को अपने साथ जोड़ सकते हैं। इससे लोगों पर प्रभाव भी पड़ेगा और युवाओं में सही राह पर चलने का जोश भी आएगा। यातायात जागरूक सप्ताह शुरू करने से भी इस दशा में बहुत बदलाव आएगा।

आशा है इस दिशा में मेरे सुझाव व आपकी जागरूकता एवं कर्तव्यपरायणता से हम सब इस क्षेत्र में सुधार ला पाएँगे।

प्रार्थी

कुमार के

23. आपका छोटा भाई अनुराग परीक्षा में नकल करता पकड़ा गया, जिसके लिए उसे दंडित किया गया। उसे समझाते हुए पत्र लगभग 80-100 शब्दों में लिखिए।

प्रेषक

अ ब स नगर

आगरा

दिनांक—27-XX-20XX

प्रिय भाई अनुज,

हम सब यहाँ ठीक हैं, आशा करता हूँ तुम कुशलता से होंगे।

भाई मुझे तुम्हारे प्राचार्य का पत्र प्राप्त हुआ, एक पल पढ़कर झटका लगा, लेकिन सँभल कर उसे समझा मैं अपने भाई को बहुत अच्छे से जानता हूँ, जरूर कोई ऐसी परिस्थिति रही होगी जो तुमने यह कदम उठाया।

भाई पढ़ाई किसी के सहारे नहीं पढ़ी जाती खासकर इन चंद कागज के टुकड़ों पर आधारित होकर, यह तभी होता है जब व्यक्ति अपना आत्मविश्वास खो देता है। भाई भविष्य में कभी ऐसा नहीं होने देना, अपने पर विश्वास रखो, पढ़ाई में मन लगाओ, यह सोचो मेरे से अच्छा कोई नहीं, जैसे अंग्रेजी में कहा जाता है। ''आइ एम द बैस्ट''।

अपना विश्वास कभी नहीं खोना, अपनी गलती से सीखने की कोशिश करना, सब ठीक होगा।

मेरी तुम्हारे प्राचार्य से बात हो गई है, दंड जरूरी है लेकिन हारना नहीं, हम सब तुम्हारे साथ हैं।

आगे भविष्य में ऐसी गलती नहीं करोगे, मुझे तुम पर पूरा विश्वास है।

तुम्हारा

अग्रज

शिकायती पत्र

24. प्लास्टिक की चीजों से हो रही हानि के बारे में किसी समाचार पत्र के सम्पादक को पत्र लिखकर अपने सुझाव दीजिए।

सेवा में
दैनिक हिन्दुस्तान
कानपुर
दिनांक—8 अगस्त, 20XX
विषय—प्लास्टिक की चीजों से हो रही हानि हेतु।
महोदय,
मैं आपके प्रतिष्ठित समाचार पत्र के माध्यम से समाज तथा सरकार का ध्यान प्लास्टिक की चीजों से हो रही हानि की तरफ आकर्षित करना चाहता हूँ। आशा है कि आप मेरे विचारों को अपने समाचार-पत्र में स्थान देंगे ताकि इससे देश के नागरिक जागरूक हो जाएँ। प्लास्टिक की थैलियों का प्रयोग लोगों द्वारा धड़ल्ले से हो रहा है। थैलियाँ सस्ती, मजबूत, हल्की एवं सर्वसुलभ होने के कारण लोगों के बीच प्रयोग के लिए सर्वाधिक प्रसिद्ध हैं। इन थैलियों का प्रभाव है कि लोग थैले ले जाना, आवश्यक नहीं समझते हैं। जहाँ ये थैलियाँ खाद्य पदार्थों को दूषित करती हैं तो वहीं ये प्राकृतिक वातावरण के लिए अनुपयुक्त होती हैं। ये मिट्टी में रहकर नष्ट नहीं होती हैं एवं मृदा को भी प्रदूषित करती हैं। इन्हें जलाने से जहरीला धुआँ निकलता है जो मनुष्य और पर्यावरण दोनों के लिए बेहद हानिकारक होता है। नष्ट न होने के कारण ये थैलियाँ नालियों तथा नालों में पानी के बहाव को कम करती हैं। ये थैलियाँ जानवरों के लिए भी जानलेवा साबित होती हैं। इनके प्रयोग एवं क्रय-विक्रय पर कानूनी रोक लगाने की आवश्यकता है।
अत: आपसे प्रार्थना है कि आप अपने समाचार पत्र में इस पत्र को स्थान देने का कष्ट करें। जिससे लोगों में प्लास्टिक से होने वाली हानियों के प्रति जागरूकता बढ़ेगी।
धन्यवाद।
भवदीय
अंजलि,
122, जयपुर हाउस,
आगरा

25. इलेक्ट्रोनिक एवं प्रिंट मीडिया द्वारा आपने किसानों की स्थिति के बारे में बहुत कुछ सुना, देखा और पढ़ा होगा। एक सुदृढ़ कृषि व्यवस्था के लिए आप अपने सुझाव देते हुए अखबार के सम्पादक को पत्र लिखिए।

सेवा में
संपादक महोदय
अमर उजाला
आगरा
26 अक्टूबर, 20XX
महोदय,
मैं आपके समाचार-पत्र के माध्यम से एक सुदृढ़ कृषि व्यवस्था हेतु अपने सुझाव देना चाहती हूँ जो खेतों में किसानों के लिए महत्वपूर्ण सिद्ध हो सकते हैं।
भारत एक कृषि-प्रधान देश है। भारत की कृषि व्यवस्था तथा अर्थव्यवस्था की रीढ़ कहा जाने वाला किसान ही आज सुखी नहीं है। कभी जल-प्लावन तथा कभी सूखे की मार झेलने वाला किसान शोषण का शिकार होकर आत्महत्या करने पर उतारू हो जाता है। यह भारत के लिए बड़े दुर्भाग्य की बात है। सरकार को किसानों को ऐसे संकटों से बचाने के स्थायी उपाय करने चाहिए। उनको सस्ता ऋण दिया जाये। पुराने ऋण को माफ किया जाये तथा उनकी फसलों का बीमा कराया जाये, जिससे आपातकाल में उन्हें कुछ मदद मिल सके। किसानों से भी मेरा अनुरोध है कि वे नये संसाधनों के द्वारा खेती करके अधिक-से-अधिक अन्न उगाकर देश को समृद्ध करने में अपना योगदान दें, जिससे वास्तव में अपना भारत महान् कहलाये।
आपसे विनम्र अनुरोध है कि इन सुझावों को समाचार-पत्र में स्थान दें।
भवदीय
दृष्टि कुलश्रेष्ठ
आगरा

अनौपचारिक पत्र का प्रारूप

48, पालिका बाजार
कोलकाता
दिनांक—12 सितम्बर, 20XX
आदरणीय भाई साहब,
सादर प्रणाम !
कल शाम की डाक से आपका पत्र मिला। हम लोग यहाँ सकुशल हैं। आशा है कि आप भी कुशलपूर्वक होंगे। मेरी पढ़ाई ठीक चल रही है। आज मैं ....
....
....
....

आदरणीया भाभीजी को मेरा प्रणाम तथा मेघा को स्नेह !
आपका रवि
क ख ग

अनौपचारिक पत्रों के प्रकार

अनौपचारिक पत्रों को व्यक्तिगत पत्र भी कहा जाता है। इनके निम्नलिखित प्रकार हो सकते हैं—

- शुभकामना पत्र
- बधाई पत्र
- आभार प्रदर्शन पत्र या धन्यवाद पत्र
- निमन्त्रण पत्र
- निवेदन या प्रार्थना पत्र
- अनुमति पत्र
- क्षमायाचना एवं आश्वासन पत्र
- संवेदना/सांत्वना/सहानुभूति पत्र
- सुझाव/सलाह पत्र
- नाराजगी तथा खेद पत्र
- सूचना, वर्णन आदि पत्र।

उपर्युक्त सभी प्रकारों के पत्रों के नमूने नीचे दिए जा रहे हैं।

2. अनौपचारिक पत्र

सुझाव पत्र/सलाह पत्र

1. आधुनिक संचार साधनों की जानकारी देते हुए मित्र को पत्र लिखिए।

परीक्षा भवन
नई दिल्ली
7 सितम्बर, 20...
प्रिय सखी सुहाना
कल तुम्हारा पत्र मिला। तुम स्वस्थ एवं प्रसन्न हो यह जानकार बहुत प्रसन्नता हुई। मैं यहाँ सकुशल हूँ। पत्र के माध्यम से मैं तुम्हें आज के दौर में नए संचार साधनों की जानकारी दे रही हूँ। सुहाना, तुम्हें तो पता ही है कि हम अब 21वीं सदी में हैं और इस सदी में नित नए आविष्कार हो रहे हैं। तुम्हें तो पता ही होगा पहले लोग अपने संदेशों को कबूतरों के माध्यम से भेजते थे पर अब यह संचार की गति में इतनी गति आ गई कि अब इनका स्थान डाकघरों, टेलीफोनों एवं मोबाइल फोन ने ले लिया है। कम्प्यूटर और इंटरनेट ने संचार साधनों को नई दिशा दी है। इन संचार साधनों द्वारा हमारी जानकारी भी बढ़ रही है, परन्तु फिर भी हमें इन साधनों का सोच-समझकर प्रयोग करना चाहिए। इंटरनेट से लाभ होने के साथ-साथ हानियाँ भी उतनी हैं इसलिए इन साधनों के प्रयोग के समय विशेषकर बच्चों पर सक्त निगरानी बरतनी चाहिए। अपने माता-पिता को मेरा प्रणाम और सुजल को स्नेह कहना। शेष अगले पत्र में।
तुम्हारी मित्र
निशा

2. अपने छोटे भाई को पत्र लिखिए जिसमें उसे व्यायाम का महत्व बताया गया हो।

परीक्षा भवन
नई दिल्ली
दिनांक—26 अक्टूबर, 20XX
प्रिय राजा
चिरंजीवी भव,
कल पिताजी का पत्र आया था। उन्होंने तुम्हारे स्वास्थ्य के बारे में लिखा था कि तुम कुछ दिनों से अस्वस्थ हो। परीक्षा में भी तुम्हारे अंक कम आए हैं।
देखो राजा, स्वास्थ्य के बिना इस संसार में कुछ नहीं है। एक अंग्रेजी में कहावत है—

If wealth is lost nothing is lost,
If heatlh is lost something is lost,
If character is lost everything is lost.

स्वस्थ व्यक्ति ही संसार के सभी सुखों का भोग कर सकता है। परन्तु अस्वस्थ व्यक्ति के लिए सब कुछ बेकार है। स्वस्थ शरीर में स्वस्थ मस्तिष्क का विकास होता है। सभी काम चुस्ती-फुर्ती से हो सकते हैं।
अस्वस्थता भी एक अभिशाप है। शरीर को शक्ति सम्पन्न बनाने के लिए तुम्हें व्यायाम का सहारा लेना होगा। व्यायाम करने से शरीर के अंग पुष्ट होते हैं। सहनशक्ति में वृद्धि होती है। रक्त का संचार ठीक प्रकार से होता है। यदि तुम नियम से व्यायाम करोगे तो कभी बीमार नहीं पड़ोगे। अगले पत्र में अपनी दिनचर्या अवश्य लिखना। मेरे पत्र पर भी अमल करना न भूलना। माताजी व पिताजी को प्रणाम।
तुम्हारा भाई
साहिल

सूचना, वर्णन पत्र

3. वाद-विवाद प्रतियोगिता में प्रथम आने की सूचना देते हुए माताजी को पत्र लिखिए।

दयानंद छात्रावास,
रोहतक, हरियाणा।
दिनांक—10 अगस्त, 20...
पूज्य माताजी,
सादर चरण स्पर्श।
मैं स्वयं सकुशल रहकर आशा करता हूँ कि आप भी सकुशल होंगी। मैं ईश्वर से भी यही कामना करता हूँ। माताजी, इस पत्र के माध्यम से मैं आपको एक अच्छी बात बताना चाहता हूँ। पिछले सप्ताह हमारे विद्यालय में वाद-विवाद प्रतियोगिता आयोजित की गई थी, जिसका विषय था 'नारी शिक्षा की आवश्यकता'। 'जोनल -लेवल' पर आए बीस प्रतियोगियों के बीच मैंने इसके समर्थन में अपना पक्ष रखा। मेरे तर्कों और वाक्-कौशल के आधार पर मुझे प्रथम स्थान दिया गया। मेरी इस सफलता में आपका अमूल्य योगदान है।
पूज्य पिताजी एवं आपको पुनः चरण स्पर्श तथा शैली को स्नेह।
आपका प्रिय पुत्र
संयोग।

4. वाद-विवाद प्रतियोगिता में पहली बार भाग लेने तथा पुरस्कार पाने का अनुभव बताते हुए अपने मित्र को पत्र लगभग 80-100 शब्दों में लिखिए।

मकान संख्या-12
साकेत कॉलोनी
नई दिल्ली
दिनांक: 11-02-20XX
प्रिय मित्र आशीष
सप्रेम नमस्कार,
आशा है कि तुम कुशलपूर्वक होंगे। मैं भी यहाँ सानंद हूँ। जैसा कि तुम्हें पता है कि मैंने इस वर्ष नए विद्यालय में प्रवेश लिया है। यहाँ शिक्षण के साथ-साथ पाठ्य सहगामी गतिविधियाँ भी होती हैं। मैंने भी पहली बार हिंदी वाद-विवाद प्रतियोगिता में भाग लिया था। यद्यपि मैंने इसके

लिए बहुत परिश्रम और अभ्यास किया था, किंतु मंच पर जाने से पूर्व मुझे बहुत घबराहट हो रही थी। तुम्हें यह जानकार खुशी होगी कि इस प्रतियोगिता में मुझे प्रथम स्थान प्राप्त हुआ है। प्राचार्य महोदय से प्रथम पुरस्कार प्राप्त करते समय मेरी खुशी का ठिकाना न रहा। मेरे माता-पिता को भी मेरी इस उपलब्धि पर बहुत खुशी हुई।

तुम भी अपने विद्यालय की गतिविधियों के विषय में मुझे लिखना। अपने माता-पिता को मेरा सादर प्रणाम और छोटी बहन को सस्नेह आशीर्वाद कहना।

तुम्हारा मित्र

अ ब स

शुभकामना पत्र

5. अपने मित्र को पत्र लिखिए, जिसमें विदेश जाने पर मंगलकामना का वर्णन हो।

परीक्षा भवन

नई दिल्ली

दिनांक—4 जनवरी, 20XX

प्रिय नीरज

सस्नेह नमस्ते,

अभी-अभी तुम्हारा पत्र प्राप्त हुआ। यह जानकर अत्यंत प्रसन्नता हुई कि तुम्हें इंग्लैण्ड में इन्जीनियरिंग के लिए चुन लिया गया है। मित्र ! उन्नति का अवसर मिलना आसान नहीं होता, ये सब तुम्हारे परिश्रम का ही फल है। अब इस सुनहरे अवसर का लाभ उठाकर आगे बढ़ो, सफलता तुम्हारे कदम चूमेगी।

मित्र ! तुम्हारे प्रगतिशील कदम आगे ही बढ़ते रहे, यह मेरी शुभकामना है। मुझसे दूर जा रहे हो, इसका दुःख भी है, परन्तु प्रसन्नता इस बात की है कि लौटकर योग्य बनकर आओगे। यहाँ हम साथ-साथ पढ़ते थे, लेकिन अब दूरी काफी बढ़ जाएगी। पत्र द्वारा हमेशा सम्पर्क बनाए रखना। तुम्हारी विदेश यात्रा मंगलमय हो।

माताजी एवं पिताजी को प्रणाम, अनुराधा को प्यार देना।

तुम्हारा अभिन्न मित्र

श्याम

बधाई पत्र

6. अपनी दादी की चित्र-प्रदर्शनी पर अपनी प्रतिक्रिया लिखते हुए बधाई-पत्र लिखिए।

67-ए, मोहन नगर

नई दिल्ली

दिनांक—8 अगस्त, 20XX

पूज्यनीय दादी जी

सादर चरण स्पर्श

आशा करती हूँ कि आप सकुशलता से होंगी। आपके द्वारा जो प्रदर्शनी लगाई गई थी, वो मुझे बहुत पसन्द आई है। आपने जिन चित्रों का प्रयोग प्रदर्शनी में किया था वे बहुत ही आकर्षक एवं मनमोहक थे। दर्शकों द्वारा उनकी बहुत प्रशंसा की गयी थी। परिवार के सभी सदस्यों द्वारा भी उसकी सराहना की गई।

सभी लोगों ने आपकी प्रदर्शनी के फसल आयोजन के लिए आपको बधाई दी है। साथ ही ईश्वर से प्रार्थना करते हैं कि ऐसे ही आपका भविष्य और उज्जवल हो।

आपको तथा अन्य सभी को मेरा सादर चरण स्पर्श।

आपकी प्यारी पोती

अनिता

7. आपकी बड़ी बहन को चिकित्सा महाविद्यालय में प्रवेश प्राप्त हो गया है। इस सफलता के लिए बधाई-पत्र लगभग 80-100 शब्दों में लिखिए।

आगरा कैंट

उत्तर प्रदेश

दिनांक—27-XX-20XX

प्रिय दीदी,

दीदी यहाँ पर सब ठीक है, आशा करती हूँ कि तुम भी कुशल होंगी।

दीदी मैं अपनी भावना को व्यक्त नहीं कर सकती। इतनी खुशी है कि तुम्हारा प्रवेश इस नामी (प्रतिष्ठित) महाविद्यालय में हो गया है।

दीदी मैं छोटी हूँ, ज्यादा जानकारी तो नहीं, लेकिन पापा ने मुझे सब कुछ बताया।

इस महाविद्यालय से डॉ. बनकर बाहर निकलना, हमारे परिवार के लिए यह गर्व की बात है।

चिकित्सक बनना वैसे भी समाज व देश की सेवा करना जैसा है और तुम जैसी प्रतिभाशाली चिकित्सक की, तो हमारे देश में बहुत जरूरत है। हम सपरिवार ईश्वर से कामना करते हैं कि तुम अपना कोर्स पूरा करके परिवार व देश का नाम रोशन करोगी, हम सबको आपकी सफलता का इन्तजार रहेगा।

आपकी बहन

सूचना/वर्णन आदि पत्र

8. हाल में देखे हुए किसी नाटक की समीक्षा करते हुए अपने मित्र को पत्र लिखिए।

आदर्श नगर

जयपुर

दिनांक—2 सितम्बर, 20XX

प्रिय मित्र,

कैसे हो ? आशा करता हूँ कि कुशलतापूर्वक होंगे। मैं भी अच्छा हूँ। बहुत दिनों से तुम्हारे कोई समाचार प्राप्त नहीं हुए।

मैंने अभी हाल ही में कन्या भ्रूण हत्या पर आधारित एक नाटक देखा, जिसकी कहानी मेरे ह्रदय को अन्दर तक झकझोर गई कि कैसे संकीर्ण मानसिकता वाले व्यक्ति एक कन्या का जन्म होना अभिशाप मानते हैं। उसके दुनिया में आने से पूर्व ही उसकी हत्या कर देते हैं। अगर सभी इस प्रकार करने लग जायेंगे तो लड़का-लड़की का अनुपात बिगड़ जाएगा। यदि ऐसा हुआ तो आने वाले समय में विवाह के लिए लड़कियों की संख्या कम होगी बजाय लड़कों के। वे लोग ये कैसे भूल जाते हैं, कि हमें जन्म देने वाली भी एक स्त्री है। मुझे इस तरह की सोच रखने वालों पर बहुत तरस आता है, साथ ही गुस्सा भी बहुत आता है। हमें अपने आस-पास कन्या भ्रूण हत्या जैसे जघन्य कुकृत्यों को रोकना होगा तथा उनकी इस सोच को भी बदलना होगा कि बेटे के बराबर आजकल बेटियाँ भी हैं। उनको बताना होगा कि प्रत्येक क्षेत्र में बेटी बेटे से आगे हैं। अंकल, आँटी को मेरा प्रणाम कहना।

तुम्हारा प्रिय मित्र

निखिल

9. अपने विद्यालय में हुए संगीत समारोह पर टिप्पणी करते हुए माँ को पत्र लिखिए।

परीक्षा भवन

सेंट जॉन्स स्कूल

आगरा

दिनांक—15 अगस्त, 20XX

आदरणीय माता जी,

सादर प्रणाम,

मैं पिछले कई दिनों से स्कूल के संगीत समारोह की तैयारी में व्यस्त थी। इस कारण आपको पत्र न लिख सकी। संगीत समारोह के लिए विद्यालय को अच्छी तरह सजाया गया। समारोह विद्यालय प्रांगण में हुआ। इस अवसर पर प्रसिद्ध संगीतकार ए. आर. रहमान जी मुख्य अतिथि बने। वे जैसे ही विद्यालय के प्रवेश द्वार पर आए उन पर फूलों की वर्षा होने लगी तथा विद्यालय प्राचार्य ने उनका माल्यार्पण कर स्वागत किया। हमारे विद्यालय की छात्राओं द्वारा सरस्वती वंदना प्रस्तुत की गई। इसके पश्चात् एक के बाद एक सांस्कृतिक कार्यक्रमों की झाँकियाँ प्रस्तुत की गईं। राजस्थानी नृत्य एवं गीत ने तो आगंतुकों को मन्त्र-मुग्ध कर दिया। कार्यक्रम के अन्त में विद्यालय प्राचार्य ने उपस्थित मुख्य अतिथि एवं उपस्थित अभिभावकों को सहर्ष धन्यवाद दिया। साथ ही बच्चों के उज्वल भविष्य की कामना भी की। सबको शुभाशीष रहे इसकी कामना करती हूँ। कार्यक्रम का समापन किया।

मेरी पढ़ाई ठीक चल रही है। मीनाक्षी को स्नेह आपका और पिताजी का स्वास्थ्य ठीक ही होगा। उनको मेरा प्रणाम कहना।

आपकी पुत्री

शालिनी

बधाई पत्र

10. पी. वी. सिंधू को पत्र लिखकर रियो ओलंपिक में उसके शानदार खेल के लिए बधाई दीजिए और उनके खेल के बारे में अपनी राय लिखिए।

58/19

अलकापुरी

दिल्ली

दिनांक—8 अगस्त, 20XX

प्रिय पी. वी. सिंधु

सस्नेह नमस्कार,

कल आपका टी. वी. पर प्रदर्शन देखा। उसे देखकर मुझे बहुत गर्व हुआ। आपने ओलम्पिक में रजत पदक प्राप्त करके भारत का नाम रोशन किया है। आपकी यह सफलता प्रशंसा के योग्य है। ओलम्पिक में रजत पदक पाना बड़े सम्मान की बात है।

यह देखकर मुझे बहुत गर्व महसूस हो रहा है कि आपने अपने माता-पिता का ही नहीं अपितु पूरे देश का नाम विश्व में रोशन किया है। आप बहुत अच्छी खिलाड़ी हैं।

आपके परिश्रम एवं प्रतिभा को देखकर मुझे पूर्ण विश्वास हो गया है कि आप एक-न-एक दिन स्वर्ण पदक भी प्राप्त करेंगी। ईश्वर से प्रार्थना है कि आप भविष्य में इसी प्रकार की सफलता प्राप्त कर जीवन के पथ पर आगे बढ़ती जाए। अंत में मेरी ओर से एक बार पुनः आपको इस सफलता के लिए हार्दिक बधाई।

आपकी प्रशंसिका

अ-ब-स

सुझाव/सलाह पत्र

11. अपनी बहन को पत्र लिखकर योगासन करने के लिए प्रेरित कीजिए।

बी/24, गौतम नगर

नई दिल्ली

दिनांक—11 मार्च, 20XX

प्रिय बहन

सस्नेह

अभी-अभी मुझे पिताजी का पत्र प्राप्त हुआ, उससे घर के समाचार ज्ञात हुए। साथ ही यह पता चला कि तुम्हारा स्वास्थ्य ठीक नहीं है। अपने स्वास्थ्य का ध्यान रखा करो। ये तो तुमको पता ही है कि पहला सुख निरोगी काया। इसके लिए तुमको नियमित रूप से योगासन करना चाहिए। भागदौड़ की जिंदगी में सभी बहुत व्यस्त हो गए हैं, उनको अपने स्वास्थ्य का भी ध्यान नहीं रहता। जो व्यक्ति अपने शरीर की उपेक्षा करता है। वह जल्दी ही बूढ़ा हो जाता है। इसलिए तुमको मैं यही सलाह दूँगा कि तुम नियमित रूप से योग करो जिससे तुम्हारा शरीर चुस्त एवं फुर्तीला हो जाएगा। इससे तुम्हारे शरीर में बीमारियों से लड़ने की क्षमता बढ़ जाएगी। स्वयं को हर वक्त तरो-ताजा महसूस करोगी। साथ ही कोई बीमारी तुमको छू भी नहीं पायेगी।

आशा करता हूँ कि तुम मेरी सलाह को मानोगी तथा उसका अपने जीवन में पालन करोगी। मुझे पूर्ण विश्वास है कि तुम पूर्णतः स्वस्थ हो जाओगी।

तुम्हारा भाई

रवि

12. आपके छोटे भाई/बहन ने एक आवासीय विद्यालय में एक मास पूर्व ही प्रवेश लिया है। उसको मित्रों के चुनाव में सावधानी बरतने के लिए समझाते हुए एक पत्र 80-100 शब्दों में लिखिए।

प्रेषक

क ख ग नगर

मध्य प्रदेश

दिनांक—27-XX-20XX

प्रिय अनुज,

तुम कैसे हो ईश्वर से तुम्हारी स्वास्थ्य व सुखद भविष्य की कामना करते हैं।

प्रिय पिताजी ने तुम्हारे सुनहरे भविष्य के लिए इस आवासीय विद्यालय में प्रवेश दिलाया है।

आशा करता हूँ कि तुम जल्दी ही इस माहौल में ढल जाओगे।

एक महत्वपूर्ण बात बताना चाहता हूँ कि विद्यार्थी जीवन में अकेले नहीं जिया जा सकता है। प्रिय दोस्त, इसका महत्वपूर्ण हिस्सा है। दोस्त जीवन का अहम् हिस्सा है लेकिन उसे चुनने के लिए बहुत सावधानियाँ रखनी होंगी।

तुमको भी दोस्त बनाने से पहले उसे पूरी तरह परख लेना होगा तभी उसे अपना मित्र बनाना।

उसके साथ समय बिताना, उसे समझने की कोशिश करना, अपनी बात भी पूरी बताना तभी मेल हो पाएगा।

जीवन में यह सब समझाना जरूरी है। यहाँ सब ठीक है तुम अपना ध्यान रखना।

तुम्हारा

अग्रज

क्षमायाचना व आश्वासन पत्र

13. आपकी अपने प्रिय मित्र से किसी बात पर अनबन हो गई थी, किन्तु अब आपको अपनी गलती का एहसास हो गया है। अत: उसे मनाने के लिए पत्र लिखिए।

5, अलकापुरी

लखनऊ (यू. पी.)

दिनांक—20 मार्च, 20XX

प्रिय मित्र सुरेश

सप्रेम नमस्कार !

मैं यहाँ अपने परिवार के साथ सकुशल हूँ और आशा करती हूँ कि तुम भी अपने परिवारीजन के साथ कुशलतापूर्वक होंगे। आप मेरे यहाँ वैवाहिक कार्यक्रम में नहीं आ पाए। इसके लिए मैंने आपसे अपशब्द कह दिए थे। किन्तु थोड़ी देर पश्चात् मैंने इस बात पर विचार किया कि हो सकता है कि इसके पीछे कोई-न-कोई कारण रहा होगा, जिससे आप सभी न आ सके। मुझे मेरी गलती का एहसास हो गया है। इस गलती के लिए आप सभी को क्षमा कर देंगे, ऐसी मेरी आशा है।

चाचाजी एवं चाचीजी को सादर नमस्ते तथा छोटी को स्नेह।

आपकी मित्र

नेहा

14. अनजाने में हुई भूल के लिए क्षमा माँगते हुए पिताजी को पत्र लिखिए।

पिताजी को पत्र

51/214, गाँधीनगर

कोलकाता

दिनांक—10 फरवरी, 20XX

आदरणीय पिताजी,

सादर प्रणाम !

मुझे आपको यह बताते हुए बहुत खेद हो रहा है कि मैं परीक्षा में नकल करते हुए पकड़ा गया, जिसके कारण विद्यालय प्राचार्य ने मुझे बहुत डाँटा और अपने माता-पिता के साथ विद्यालय आने को कहा। मैंने अपनी गलती के लिए उनसे माफी माँगी तथा उन्होंने माफ भी कर दिया। इससे आपकी बहुत बदनामी हुई। मुझे ऐसा नहीं करना चाहिए था।

अत: आपसे क्षमा याचना करता हूँ। मैं आपको विश्वास दिलाता हूँ कि भविष्य में इसकी पुनरावृत्ति नहीं होगी।

आपका आज्ञाकारी बेटा

अंकुर

संवेदना/सांत्वना/सहानुभूति पत्र

15. आपके मित्र के पिता के सीमा पर शहीद हो जाने का समाचार प्राप्त होने पर अपनी भावनाएँ व्यक्त करते हुए मित्र को संवेदना पत्र लिखिए।

34/160, लक्ष्मीनगर

जयपुर

दिनांक—11 फरवरी, 20XX

प्रिय मित्र राम,

कल ही तुम्हारे पिता के सीमा पर शहीद हो जाने का समाचार प्राप्त हुआ, जिसे सुनकर मुझे बहुत दु:ख हुआ। मैं पिछली बार जब तुम्हारे घर आया था, तब उनसे मिला था। तुम्हारे पिता एक बहादुर सैनिक थे जिन्होंने अपने प्राणों की परवाह न करते हुए आतंकवादियों को मार गिराया तथा स्वयं इस देश के लिए शहीद हो गए। इस दु:खद समाचार पर मुझे विश्वास नहीं हो रहा है। ईश्वर के आगे किसी की नहीं चलती है। हमारे जीवन की डोर उसके हाथों में है। पिताजी के आकस्मिक निधन से पूरे परिवार पर विपत्ति का पहाड़ टूट पड़ा है तथा परिवार की जिम्मेदारी अब तुम पर आ गई है। तुम अपनी माँ तथा भाई को धीरज बँधाना साथ ही स्वयं भी धैर्य के साथ कार्य करना।

मेरी ईश्वर से यह प्रार्थना है कि वह तुम्हें तथा तुम्हारे पूरे परिवार को दु:ख की इस घड़ी में ताकत प्रदान करे। अंत में ईश्वर से प्रार्थना करता हूँ कि वह दिवंगत आत्मा को शांति प्रदान करे।

तुम्हारा मित्र

राजेश

अनौपचारिक एवं औपचारिक पत्रों का अभ्यास

1. रोजगार समाचार-पत्र पढ़कर पता चला कि शिक्षक के पद रिक्त हैं। आप शिक्षा अधिकारी को शिक्षक-पद हेतु आवेदन-पत्र लिखिए।

रोबा में

शिक्षा अधिकारी

शिक्षा निदेशालय

नई दिल्ली

दिनांक ....

विषय—शिक्षक पद हेतु आवेदन पत्र।

माननीय महोदय

दिनांक .... के रोजगार समाचार से ....

....

....

....

....

....

शैक्षणिक योग्यता

....

....

....

....

आशा है, आप मुझे साक्षात्कार का अवसर अवश्य देंगे।

धन्यवाद

आवेदक

....

....

....

संलग्न प्रतियाँ

................................, ..., ...।

2. अपने जन्मदिन पर अपने मामा जी द्वारा भेजे गए उपहार के लिए धन्यवाद-पत्र लिखिए।

दिनांक ....

स्थान ....

....

....

....

....

....

....

....

3. विदेश में रहने वाले अपने मित्र को पत्र लिखकर भारतीय त्योहार के बारे में लिखिए।

दिनांक ....

स्थान ....

....

प्रिय, ...

....

....

....

....

....

4. आदर्श महिला मोर्चा नामक संगठन ने महिलाओं के उत्थान के लिए सराहनीय कार्य किया है। इस संगठन की संचालिका की प्रशंसा करते हुए जिलाधिकारी महोदय को पत्र लिखिए तथा उन्हें पुरस्कृत किए जाने का भी अनुरोध कीजिए।

सेवा में

जिलाधिकारी महोदय

लाजपत नगर, दिल्ली

दिनांक ....

विषय—उत्कृष्ट कार्य के लिए पुरस्कृत करने का अनुरोध।

महोदय

....

....

....

....

....

....

सधन्यवाद

....

....

5. निकट के थाना प्रभारी को पत्र लिखकर रात्रि में गश्त बढ़ाने का अनुरोध कीजिए।

सेवा में

....

....

विषय— ....

महोदय, ...

....

भवदीय

....

....

दिनांक ....

स्थान ....

6. आपके मित्र ने नेशनल स्तर पर ऊँची कूद में स्वर्ण पदक प्राप्त किया है। उसे बधाई पत्र लिखिए।

....

....

दिनांक ....

प्रिय ....

....

7. विद्यालयों में नैतिक-शिक्षा का महत्व बताते हुए किसी समाचार-पत्र के सम्पादक को पत्र लिखिए।

सेवा में,

....

....

विषय— ....

महोदय

....

....

....

....

....

....

सधन्यवाद

भवदीय

....

....

दिनांक ....

स्थान ....

8. अपने प्रिय मित्र को पत्र लिखकर धन्यवाद दीजिए कि उसने किस तरह आपका साथ दिया था।

....

....

दिनांक ....

....

प्रिय ....

....

....

....

....

....

....

....

....

....

9. आप ज्वर से पीड़ित हैं, जिस कारण विद्यालय जाने में असमर्थ हैं, अवकाश प्राप्ति हेतु प्रधानाचार्य को पत्र लिखिए।

सेवा में

....

....

दिनांक ....

विषय— ....

....

....

....

....

....

....

....

....

....

10. समुद्री तूफान से पीड़ित अपने मित्र को पत्र लिखकर उसके मृत बंधुजनों के लिए शोक प्रकट कीजिए एवं सांत्वना पत्र लिखिये।

....

....

प्रिय ....

....

....

....

....

....

....

....

....

....

तुम्हारा मित्र

....

....

अभ्यास प्रश्न

1. कक्षा की कठिनाई के सम्बन्ध में अपनी प्रधानाचार्या जी को प्रार्थना-पत्र लिखिए।
2. मनीआर्डर गुम हो जाने की शिकायत करते हुए पोस्ट-मास्टर को पत्र लिखिए।
3. अपने छोटे भाई को पत्र लिखकर कुसंगति से बचने की शिक्षा दें।
4. अपने विद्यालय के प्रधानाचार्य को पत्र लिखकर छात्रवृत्ति का अनुरोध करें एवं अपनी आर्थिक स्थिति स्पष्ट करें।
5. अपनी दादी की चित्र-प्रदर्शनी पर अपनी प्रतिक्रिया लिखते हुए उन्हें बधाई-पत्र लिखिए।
6. बढ़ते प्रदूषण की रोकथाम के लिए स्वास्थ्य अधिकारी को पत्र लिखिए।
7. किसी महिला के साथ अभद्र व्यवहार को रोकने के लिए बस कंडक्टर के साहस व कर्तव्यपरायणता की प्रशंसा करते हुए परिवहन विभाग को पत्र लिखिए।
8. अपने रूठे हुए मित्र को मनाने के लिए, पश्चाताप की भावना जाग्रत होने के लिए पत्र लिखिए।
9. किसी दैनिक पत्र के सम्पादक को पत्र लिखिए, जिसमें सड़कों की दयनीय दशा के कारण सामान्य नागरिकों की कठिनाइयों का वर्णन किया गया हो।
10. अपने राज्य के परिवहन-प्रबंधक को एक पत्र लिखिए, जिसमें आपकी बस्ती तक नया बस-मार्ग आरम्भ कराने का अनुरोध हो।

विज्ञापन लेखन

|3|

आज सूचना व प्रौद्योगिक विकास के कारण 'विज्ञापन' अपने आप में एक ऐसा सशक्त माध्यम बन चुका है जिसने पूरे बाजार को अपने वश में कर लिया है। आज विज्ञापन लेखन का कार्य एक व्यवसाय के रूप में उभर चुका है एवं दिन-प्रतिदिन विभिन्न सम्भावनाओं के द्वार खोल रहा है।

विज्ञापन के निम्न उद्देश्य हैं—

☞ नवीन उत्पादों को जन-जन तक पहुँचाना।

☞ उत्पादन के प्रति जनता को आकर्षित करना।

☞ उपभोक्ताओं के मन में अमुक वस्तु के लिए लालसा करना, लुभाना, रुचि एवं ऐसा विश्वास जगाना कि उसकी आवश्यकता है।

☞ अमुक वस्तु के प्रति आकर्षित कर माँग बढ़ाना।

☞ वस्तु को खरीदने के लिए प्रेरित करना।

विज्ञापन लेखन की विशेषताएँ

(i) विज्ञापन लिखने के कई ढंग हैं—परन्तु आपको बैनर के अनुसार ही लिखना चाहिए जैसे चारों ओर रेखा खींचकर साथ ही विज्ञापन की वस्तु के प्रति पूरी जानकारी होनी चाहिए।

(ii) विज्ञापन की भाषा पूर्ण एवं सरल होनी चाहिए जिससे हर-आयु वर्ग के लोग समझ सकें। वस्तु की विशेषताओं पर आधारित वाक्य होने चाहिए।

(iii) विज्ञापन की भाषा ध्वन्यात्मक होनी चाहिए जिससे जनता के बीच वह अपनी अमिट छाप छोड़ सकती है।

(iv) विज्ञापन अपने आप में पूर्ण होना चाहिए जो पूर्ण रूप से जनता को अपनी ओर खींच सके।

(v) विज्ञापन में भाषा के आकर्षण पर विशेष ध्यान देना चाहिए। शब्दों की पंक्तिबद्ध व्यवस्था उपयुक्त एवं सुन्दर होनी चाहिए।

हल सहित प्रश्न

1. 'केशकांति आयुर्वेदिक तेल' नामक उत्पाद हेतु एक विज्ञापन तैयार कीजिए।

तेल तेल तेल

केशकांति आयुर्वेदिक तेल

घने मुलायम काले
बालों का राज

प्रकृति के अनमोल खजाने से निर्मित तेलों का तेल—केशकांति तेल

बालों की सभी समस्याओं
का रामबाण इलाज केवल—पतंजलि केशकांति तेल!

निर्माता—पतंजलि आयुर्वेदिक लि., हरिद्वार

2. अपने विद्यालय की नयी ब्रांच हेतु विज्ञापन तैयार कीजिए।

अब आपके शहर में

जल्दी कीजिए

प्रवेश आरम्भ

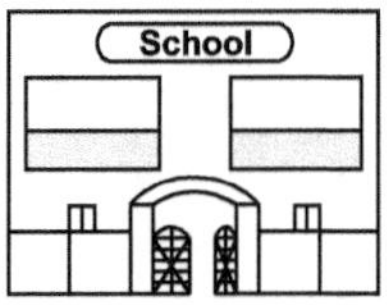

आदर्श पब्लिक स्कूल

लखनऊ (यू.पी.)

नए सत्र हेतु सभी कक्षाओं में प्रवेश

अधिक जानकारी के लिए-www.apsschool.in

प्रवेश परीक्षा—02.20.20xx
समय—10 बजे प्रातः
कक्षा—सभी कक्षाओं हेतु

अभी नहीं तो कभी नहीं

3. नए टूथपेस्ट के लिए विज्ञापन तैयार कीजिए।

स्वस्थ, चमकीले दाँतों का राज
बायोटिक दंत मंजन व पेस्ट

दाँतों की सभी समस्याओं का अब एक ही हल—बायोटिक

चमकीले दाँत ही सुन्दर मुस्कान

दंत मंजन व पेस्ट के साथ एक ब्रश फ्री फ्री फ्री

जल्दी कीजिए यह ऑफर सीमित समय के लिए......

4. घड़ी का विज्ञापन तैयार कीजिए।

आपका समय ही आपकी सफलता का राज सोनाटा घड़ी

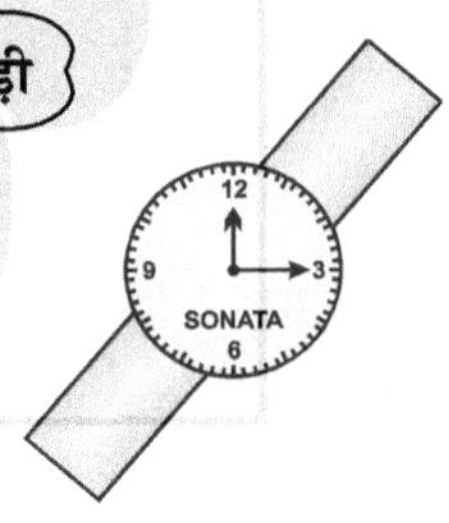

घड़ी थामें, समय थमे

अब नए रंगों व डिजाइनों में उपलब्ध

एक घड़ी के साथ कूपन फ्री-फ्री-फ्री (दीपावली धमाका)

विक्रेता—सदर बाजार वाले, 126, प्रहलाद मार्केट, दिल्ली-6

5. क्रिकेट के बल्ले व गेंदों का विज्ञापन तैयार कीजिए।

खेलों में बनाए अपनी पहचान

ब्लूस्टोन कंपनी लि.
दिल्ली-6

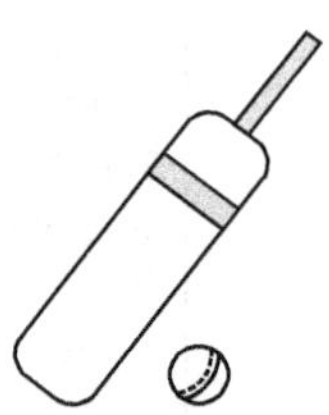

उच्चस्तरीय बल्ले व गेंदें

खिलाड़ियों की पहली पसंद

विशेषताएँ :-
- सागौन की लकड़ी से निर्मित
- आकर्षक ग्रिप
- उचित साइज
- उच्चतम गुणवत्ता

विराट जैसा नाम कमाएँ
बल्ले और गेंदों को अपनी ही
धुन में नचाएँ

6. टूथपेस्ट बनाने वाली कंपनी के लिए एक विज्ञापन 25-50 शब्दों में तैयार कीजिए।

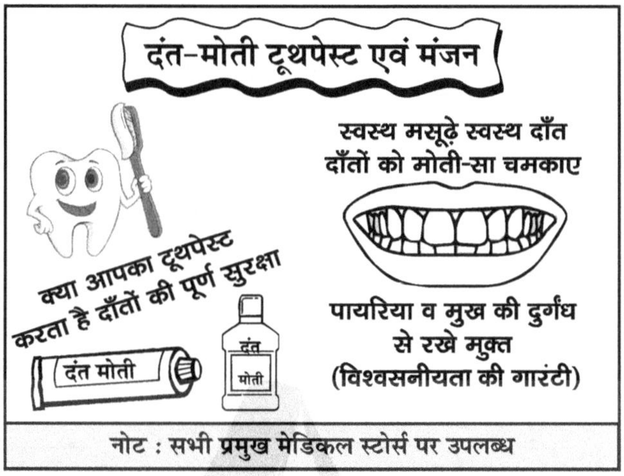

7. पर्यावरण के प्रति जागरूकता बढ़ाने के लिए एक विज्ञापन 25-50 शब्दों में तैयार कीजिए।

8. आपके मुहल्ले में एक संगीत संध्या का आयोजन होने जा रहा है। इसके अधिकाधिक प्रसार के लिए एक विज्ञापन लगभग 25-50 शब्दों में तैयार कीजिए।

9. 'मोबाइल रिपेयर' नाम से सब प्रकार के मोबाइलों को ठीक करने का दावा करने वाली एक नई दुकान खुली है। इसके प्रचार के लिए एक विज्ञापन लगभग 25-50 शब्दों में तैयार कीजिए।

खुल गई खुल गई खुल गई आपके नगर में
मोबाइल रिपेयर की दुकान

गणपति मोबाइल रिपेयरिंग सेंटर

प्रशिक्षित कुशल कारीगर

उचित मजदूरी

गुणवत्ता युक्त कार्य

घर बैठे रिपेयर की सुविधा

संपर्क करें : मोबाइल 1234567809
पता– 535, रिंग रोड हनुमान मंदिर के निकट नई दिल्ली

10. विद्यालय में वार्षिकोत्सव के अवसर पर विद्यार्थियों द्वारा निर्मित हस्तकला की वस्तुओं की प्रदर्शनी के लिए एक विज्ञापन लगभग 25-50 शब्दों में तैयार कीजिए।

बाल विद्या मंदिर

प्रस्तुत करता है (वार्षिकोत्सव) दिनांक 15 मार्च 20××

मुख्य आकर्षण :- हस्तकला प्रदर्शनी

आइए लाभ उठाइए इस अवसर का उचित मूल्य पर पाइए विद्‌यार्थियों द्वारा निर्मित सजावटी सामान

चित्रकारी चादर, फूलदान, झालरें, मोमबत्तियाँ

(स्थान - विद्यालय प्रांगण)
समय - प्रातः 11 से सायं 4 बजे तक

11. हेलमेट बनाने वाली एक कंपनी के लिए एक विज्ञापन लगभग 25-50 शब्दों में तैयार कीजिए।

रक्षक हेलमेट

जीवन सुरक्षा का मजबूत आधार

आइए आइए मिल रहे हैं

लाभ उठाइये आकर्षक छूट का 15% से 30% तक

महिलाओं और बच्चों के लिए
विशेष हेलमेट

आकर्षक रंगों में उपलब्ध

मजबूत हल्के और टिकाऊ

सीमित स्टाक – कहीं देर न हो जाए
हेलमेट पहनें, सुरक्षित रहें, घर पर परिवार आप की प्रतीक्षा कर रहा है

सड़क नियम कानून का पालन करें

राजेंद्र ऑटोमोबाइल एवं स्पेयर पार्ट्स घंटाघर चौक – रुड़की
संपर्क: 0123

12. नगर में आयोजित होने वाली भारत की सांस्कृतिक एकता प्रदर्शनी को देखने के लिए लोगों को आमंत्रित करते हुए 25-50 शब्दों में एक विज्ञापन तैयार कीजिए।

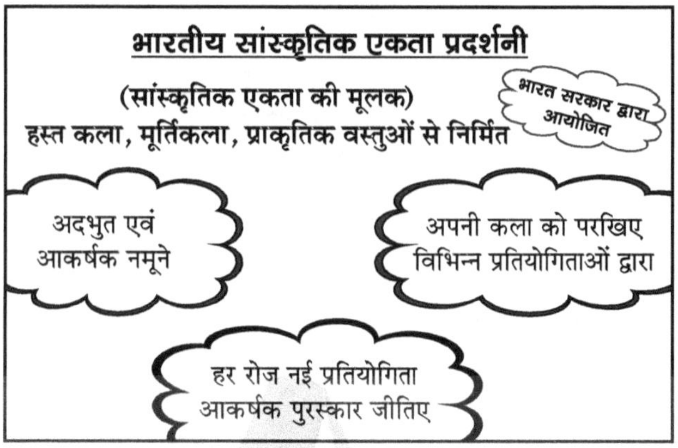

13. प्रदूषण से बचने के लिए जनहित में जारी एक विज्ञापन पर्यावरण विभाग की ओर से 25-50 शब्दों में लिखिए।

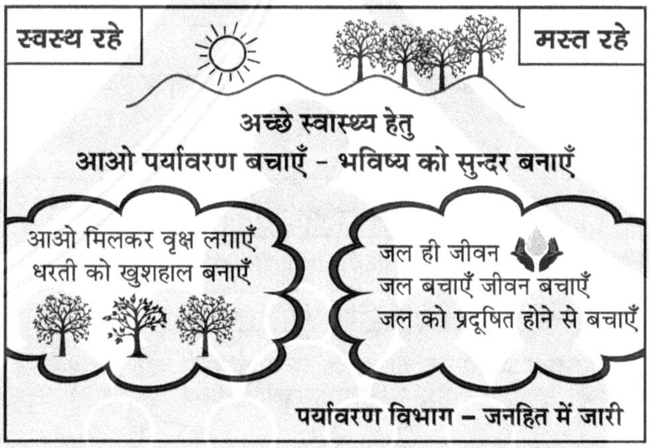

14. देश की जनता को 'मतदान अधिकार' के प्रति जागरूक करने के लिए मुख्य निर्वाचन आयुक्त कार्यालय की ओर से लगभग 25-50 शब्दों में एक विज्ञापन तैयार कीजिए।

15. आपके नगर में मिठाई की एक नई दुकान खुली है। इसके प्रचार के लिए एक विज्ञापन लगभग 25-50 शब्दों में तैयार कीजिए।

जगदीश स्वीट्स

JAGDISH Sweet

विशेष दिनों पर विशेष छूट तक
शुद्ध मिठाई डिब्बा नहीं तोला जाता

गुन्द पाक
मोती पाक
गोंद गिरि लड्डू
रबड़ी लड्डू
स्पे. ड्राई फ्रूट सुगर फ्री
स्पे. नमकीन

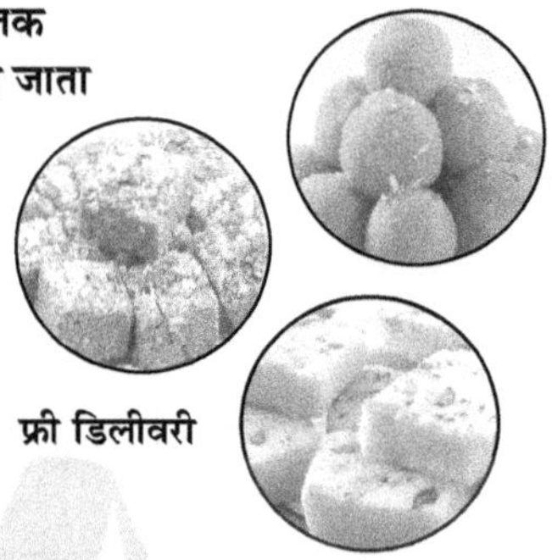

फ्री डिलीवरी

पता: मेन बाजार, आगरा कैन्ट
फोन- ××××-××××××, ××××-××××××
ईमेल- www.jagdish@shweet.com

16. आपके शहर में विराट हास्य कवि सम्मेलन आयोजित होने जा रहा है। इसमें देश के प्रसिद्ध हास्य कवि आमंत्रित हैं। इसके प्रचार के लिए विज्ञापन लगभग 25-50 शब्दों में तैयार कीजिए।

हास्य कवि सम्मेलन

आमंत्रित कविगण

डॉ. हरिओम पंवार (वीर रस)

डॉ. तेज नारायण शर्मा बेचैन (हास्य कवि) — श्री राजेन्द्र राजन (गीतकार)
श्री सर्वेश अस्थाना (हास्य कवि) — श्री सत्यपाल सत्यम (गीतकार)
श्री शंभु शिखर (हास्य कवि) — श्री हाशिम फिरोजावादी (शायर)

मुख्य अतिथि : **श्री विपुल गोयल** (उद्योग एवं वाणिज्य मंत्री हरियाणा सरकार)

कार्यक्रम

25 फरवरी (रविवार), सायं 5: 00 बजे
स्थान : टैगोर ऑडिटोरियम म.द.वि. रोहतक

प्रवेश नि:शुल्क

आप सपरिवार सादर आमंत्रित हैं

17. रजिस्टर एवं कॉपियाँ बनाने वाली 'रचना कंपनी' के लिए उत्पाद प्रचार हेतु एक विज्ञापन लगभग 25-50 शब्दों में तैयार कीजिए।

रजिस्टर एवं कॉपियों की दुनिया में हंगामा

रचना रजिस्टर एवं कॉपियाँ

सुन्दर व चिकने पेज सभी साइजों में उपलब्ध

अपनी रचना को **"रचना"** में कलमबद्ध कीजिए

10 कॉपियों के साथ एक रजिस्टर फ्री

465, माल रोड आगरा दूरभाष- ××-××××××

18. पर्यावरण विभाग की ओर से जल-संरक्षण का आग्रह करते हुए विज्ञापन लगभग 25-50 शब्दों में तैयार कीजिए।

जल संरक्षण जीवन का आधार

जल की हर एक बूँद बचाएँ, धरती पर खुशहाली लाएँ

पृथ्वी की सतह पर जो दो-तिहाई जल है उसमें से बहुत कम मात्रा में पीने योग्य शेष है। इसलिए हम सबका कर्तव्य है कि–

वृक्षारोपण करें और वृक्षों के कटाव को रोकें

- ❑ जल स्रोत्रों को दूषित होने से बचाएँ।
- ❑ वर्षा के जल का संग्रहण करें।
- ❑ पानी व्यर्थ न बहाएँ।

पर्यावरण विभाग द्वारा जनहित में जारी

19. 'रोशनी' मोमबत्ती बनाने वाली कम्पनी के लिए एक विज्ञापन लगभग 25-50 शब्दों में तैयार कीजिए।

आ गई **आपके घर-आँगन को जगमग करने** **आ गई**

रोशनी मोमबत्ती

पानी में तैरने वाले मोम के दीये और रंग-बिरंगी मोमबत्तियाँ

विश्वसनीय और गुणवत्ता की गारंटी

लंबे समय तक प्रकाश देने वाली, सस्ते दामों में उपलब्ध

★ **दीपावली के अवसर पर विशेष छूट और आकर्षक उपहारों का लाभ उठाएँ**

★ सभी प्रमुख स्टोर्स पर उपलब्ध

संपर्क : मो. XXXXXXXXXX

स्वयं अभ्यास

1. छाते का विज्ञापन तैयार कीजिए–

2. टी. वी. का विज्ञापन बनाएँ–

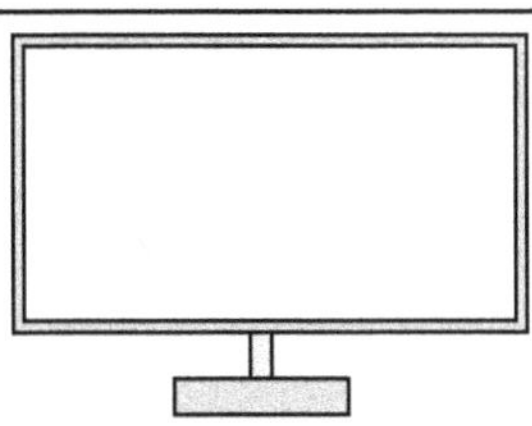

3. जेटर पेन का विज्ञापन बनाएँ—

4. बच्चों के स्कूल बैग हेतु विज्ञापन तैयार कीजिए—

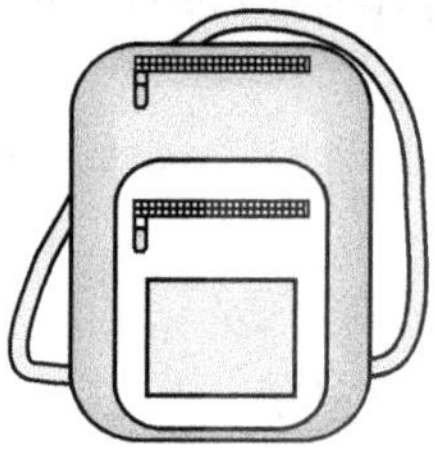

5. 'वाशिंग पाउडर' के लिए विज्ञापन तैयार कीजिए—

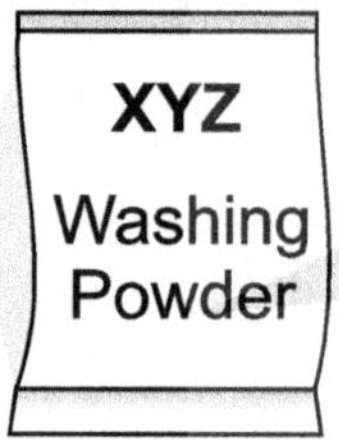

अभ्यास प्रश्न

निम्नलिखित विषयों पर अभ्यास करें—

1. टायरों पर विज्ञापन तैयार कीजिए।
2. नए समाचार पत्र के लिए विज्ञापन तैयार कीजिए।
3. किसी नई कार के लिए विज्ञापन तैयार कीजिए।
4. नए मोबाइल के लिए विज्ञापन तैयार कीजिए।
5. शीतल पेय के लिए विज्ञापन तैयार कीजिए।
6. बैंक लोन के लिए विज्ञापन तैयार कीजिए।
7. शीत वस्त्र की सेल हेतु विज्ञापन तैयार कीजिए।
8. ओपो फोन के लिए (मोबाइल फोन) के विज्ञापन तैयार कीजिए।
9. लैपटॉप के लिए विज्ञापन तैयार कीजिए।
10. क्रीम (सौंदर्य प्रसाधन) के लिए विज्ञापन तैयार कीजिए।

संदेश लेखन |4|

संदेश लेखन एक कला है। अपनी भावनाओं को सीमित शब्दों में, सार रूप में दूसरे को प्रेषित करना या पहुँचाना ही संदेश लिखना या भेजना कहलाता है। इस आधार पर 'वह बात या कथन जो लिखित या मौखिक रूप में एक व्यक्ति द्वारा दूसरे व्यक्ति को भेजा गया हो, संदेश कहलाता है।'

संदेश लेखन के प्रकार—संदेश कई प्रकार के होते हैं। किन्तु पाठ्यक्रम में निर्धारित विषय के अनुसार, इन्हें मुख्यतः तीन श्रेणियों में बाँटा गया है—

(क) शुभकामना संदेश—जन्म दिवस, परीक्षा में सफलता, प्रतियोगिता परीक्षा में उत्तीर्ण होने अथवा पदोन्नति आदि के अवसर पर दिए जाने वाले संदेश।

(ख) पर्व अथवा त्यौहारों पर दिए जाने वाले बधाई संदेश—स्वतन्त्रता दिवस, दीपावली, होली, ईद, क्रिसमस आदि पर्वों पर।

(ग) विशेष अवसरों पर दिए जाने वाले संदेश—शोक संदेश, पुण्य तिथि, धार्मिक आयोजन आदि से सम्बन्धित संदेश।

संदेश लेखन का प्रारूप—शब्द सीमा—30 से 40 शब्द।

आजकल संदेश भेजने के लिए हम मोबाइल का प्रयोग करते हैं, जिसमें संदेश के साथ ही भेजने वाले का नाम, दिनांक और समय भी अंकित होता है। किन्तु जब हम किसी कागज पर संदेश लिखते हैं तो हमें उसे चारों ओर से सीमा रेखा में बाँधना होगा। इसके बाद सबसे ऊपर मध्य में संदेश का शीर्षक, उसके नीचे बायीं ओर संदेश भेजने की तिथि और दायीं ओर समय लिखना चाहिए। (यह संदेश के अंत में नीचे भी लिखा जा सकता है), फिर हम जिसे संदेश भेज रहे हैं उनके लिए संबोधन, तत्पश्चात् मुख्य विषय तथा अंत में प्रेषक का नाम अंकित होना चाहिए। संदेश का प्रारूप कुछ इस प्रकार का हो सकता है—

संदेश/शीर्षक

तिथि

समय

संबोधन

मुख्य विषय

प्रेषक

ध्यान देने योग्य बातें—

☞ संदेश का भाव पूर्णतः स्पष्ट होना चाहिए अर्थात् जिस उद्देश्य से वह संदेश लिखा गया है पढ़ने वाले को वह समझ आ जाए।

☞ संदेश की भाषा विषयानुकूल, शुद्ध एवं वाक्य छोटे, सरल एवं स्पष्ट होने चाहिए।

☞ विषयानुसार कविता की पंक्तियाँ, दोहे आदि का भी प्रयोग कर सकते हैं।

☞ संदेश लगभग 30 से 40 शब्दों का होना चाहिए।

☞ आवश्यकतानुसार चित्रों और रंगों का भी प्रयोग कर सकते हैं।

कुछ उदाहरण—

1. मित्र/सखी को जन्मदिन की शुभकामनाएँ देते हुए 30 से 40 शब्दों में संदेश लिखिए—

बधाई संदेश

22.03.20XX — प्रातः 6 : 00 बजे

प्रिय अभिनव

जन्म दिन की असंख्य शुभकामनाएँ मित्र !

'तुम जियो हजारों साल, साल के दिन हों पचास हजार'

ईश्वर तुम्हें स्वास्थ्य, सुख, समृद्धि, यश एवं बुद्धि प्रदान करे। आने वाला प्रत्येक नया दिन तुम्हारे जीवन में अनेक खुशियाँ और अपार सफलताएँ लेकर लाए। समस्त परिवार को बहुत बधाई।

मुकेश

2. अपनी छोटी बहन के जन्मदिन पर उसे एक बधाई संदेश 30 से 40 शब्दों में लिखिए—

बधाई संदेश

दिनांक : 22-03-20XX प्रात: 6:00 बजे

प्रिय बहन लता

जन्मदिन की असंख्य शुभकामनाएँ

'तुम जियो हज़ारों साल, साल के दिन हों पचास हजार'

ईश्वर तुम्हें स्वास्थ्य, सुख, समृ), यश एवं बु) प्रदान करें। तुम्हारी जीवन बगिया खुशियों के फूलों से महकती रहे। आने वाला वर्ष तुम्हारे जीवन में अपार सफलताएँ लेकर आए।

....

(सौरभ/स्वाति)

3. 'शिक्षक दिवस' के अवसर पर अपने हिन्दी शिक्षक के लिए एक भावपूर्ण संदेश 30 से 40 शब्दों में लिखिए—

दिनांक : 05 सितम्बर, 20XX

शिक्षक दिवस की हार्दिक बधाई

परम श्रद्धेय गुरुदेव

ज्ञान के दीप से जीवन पथ आलोकित कर दिया

आपने हमारा मार्गदर्शन कर जीवन सफल कर दिया।।

आपके द्वारा दिए गए अद्‌भुत ज्ञान और प्रेरणा के लिए आपका कोटिशः धन्यवाद। आपका प्रेरक व्यक्तित्व हमारे मन में नवीन ऊर्जा का संचार करता है। हम सब छात्र आपके सदैव आभारी रहेंगे।

....

4. अपने बड़े भाई को प्रतियोगिता परीक्षा में सफलता प्राप्त करने पर 30 से 40 शब्दों में बधाई संदेश लिखिए—

बधाई संदेश

12.08.20XX प्रात: 10 : 30 बजे

आदरणीय अग्रज

प्रतियोगिता परीक्षा में सफलता प्राप्ति पर आपको हार्दिक बधाई। निश्चय ही यह आपके अथक परिश्रम और निरंतर अभ्यास का परिणाम है। हम सबको आपकी इस उपलब्धि पर बहुत गर्व है। ईश्वर आपको जीवन के हर क्षेत्र में सफलता प्रदान करे।

गौरव/सीमा

बधाई संदेश

15 जून, 20XX सायं 5 : 00 बजे

सोमेश/सुरभि,

परीक्षा में अभूतपूर्व सफलता प्राप्त करने पर हार्दिक बधाई स्वीकार करो। मुझे विश्वास था कि तुम/आप परीक्षा में अवश्य सफल होंगे/होगी......

चरम सफलता पाई तुमने, हमको बड़ा अभिमान है।

माता-पिता का मान बढ़ाया, पाया लक्ष्य महान् है।

आप/तुम सदैव इसी प्रकार उन्नति के पथ पर प्रशस्त रहें/रहो। मिलने पर पार्टी होगी।

आलोक/रीमा

बधाई संदेश

1 फरवरी, 20XX प्रात: 8 : 00 बजे

प्रिय स्वाति/मानव

लक्ष्य प्राप्ति की बहुत-बहुत बधाई। प्रतियोगिता परीक्षा में अभूतपूर्व सफलता प्राप्त करके तुमने अपने विद्यालय ही नहीं परिवार को भी गौरवान्वित किया है। आप/तुम सदैव इसी प्रकार उन्नति के पथ पर प्रशस्त रहें/रहो। सुखद भविष्य की असंख्य शुभकामनाएँ।

माधुरी/सुनील

बधाई संदेश

28 नवम्बर, 20XX — मध्यान्ह : 2 : 15 बजे

अमन/शकीना

इम्तिहान में शानदार कामयाबी के लिए बहुत-बहुत बधाई !

मुबारक तुमको कि ये मुकाम पाया है, अपने हौसलों से हर मुश्किल को हराया है।

दुआ मेरी कि सिलसिला ये दिन-रात चले, तुम आगे बढ़ते रहो यूँ ही हर मंज़िल मिले।

तुमने अपनी कामयाबी से यह सिद्ध कर दिया कि यदि हम ठान लें तो कुछ भी असंभव नहीं है। अल्लाह/ईश्वर तुम्हें यूँ ही जीवन के हर क्षेत्र में सफल करे।

अशरफ/मीना

5. लगभग 30 से 40 शब्दों में नववर्ष का शुभकामना संदेश लिखिए—

संदेश

31 दिसम्बर, 20XX — रात्रि 11 : 55 बजे

....

आपको सपरिवार नूतन वर्ष .... की शुभकामनाएँ और हार्दिक बधाई।

''नव वर्ष का स्वागत करते, पुष्प खिले कलियाँ मुसकाईं।
नव बेला में सूर्य किरण भी, खुशियों का संदेश लाई॥
चहकें विहग भोर बेला में, मंद पवन लेती अंगड़ाई।
नए वर्ष में सभी सुखी हों, देते हम सब यही बधाई॥

यह वर्ष आपके जीवन में सुख, समृद्धि, यश, प्रसन्नता और सफलता लेकर आए। आपके सुखद भविष्य की मंगलकामना के साथ........

अ ब स

''अपनों का साथ और दिल में प्यार हो, नए साल की बस यही सौगात हो,
न आए किसी भी आँख में एक आँसू, सब के दिल में खुशी और होठों पर मुसकान हो।

नूतन वर्ष .... मंगलमय हो। ईश्वर से प्रार्थना है कि नूतन वर्ष आपके जीवन में असंख्य खुशियाँ लेकर आए। आप सपरिवार स्वस्थ, सुरक्षित एवं प्रसन्न रहें।

6. दीपावली के पावन पर्व की शुभकामनाएँ देते हुए 30 से 40 शब्दों में एक संदेश लिखिए।

दीपोत्सव मंगलमय हो

5 नवम्बर, 20XX — प्रात: 9 : 00 बजे

प्रिय/आदरणीय ....

जगमगाते दीपों से प्रकाशित इस मंगल बेला में विघ्नहर्ता गणेश एवं माँ लक्ष्मी की कृपा आप और आपके परिवार पर बरसे। आपका घर धन-धान्य, सुख-शांति और प्रसन्नता से भर उठे।

दीप से दीप जल गए, आज अँधेरे सब मिट गए,
आओ हम भी एक दीप जलाएँ, जो जग के दु:ख हर ले और प्रेम का प्रकाश फैलाए।

इन्हीं मंगलकामनाओं के साथ आपको सपरिवार दीपोत्सव की बहुत-बहुत बधाई।

सौरभ/स्मिता

संदेश

25 अक्टूबर, 20XX — प्रात: 6 : 00 बजे

प्रिय/आदरणीय ....

''जलाओ दिए पर रहे ध्यान इतना अँधेरा धरा पर कहीं रह न जाए''

प्रकाश का यह पावन पर्व आपके परिवार में सुख, समृद्धि, वैभव, प्रसन्नता और ईश्वर का आशीर्वाद लेकर आए। ईश्वर आपको शांति, शक्ति, सम्पत्ति, स्वरूप, संयम, सादगी, सफलता, संस्कार, सम्मान और स्नेह प्रदान करे। इन्हीं मंगलकामनाओं के साथ दीपोत्सव की हार्दिक शुभकामनाएँ।

....

7. होली के त्यौहार की शुभकामनाएँ देते हुए 30 से 40 शब्दों में एक संदेश लिखिए।

रंगोत्सव की बधाई

4 मार्च, 20XX सुबह : 10 बजे

प्रिय................

मीठी गुजिया और गीतों की बहार, रंगों की वर्षा और गुलाल की फुहार।
सूरज की किरणें लाएँ खुशियों की बौछार, आपको मुबारक हो होली का त्यौहार॥

आपको प्यार, सौहार्द्र, विश्वास, उत्साह, अपनत्व और उमंग के रंगों से रँगी होली सपरिवार शुभ हो। रंगोत्सव की हार्दिक बधाई और शुभकामनाएँ.................

....

संदेश

25 मार्च, 20XX प्रात : 5 : 00 बजे

प्रिय/आदरणीय................

स्नेह के रंगों से भरी पिचकारी और होली की सतरंगी फुहारें आपके जीवन में असंख्य खुशियाँ लेकर आएँ। आपको और आपके परिवार को होली की बहुत-बहुत बधाई।

भाईचारा, स्नेह, समर्पण, सद्विचार, स्नेह, देशप्रेम और दुलार।
इन सात रंगों की रहे आपके जीवन में बौछार, मुबारक हो आपको होली का त्यौहार॥

इन्हीं शुभकामनाओं के साथ.........

....

8. ईद का बधाई संदेश

संदेश

20 मई, 20XX सुबह : 5 : 00 बजे

भाईजान/अम्मी............

ईद मुबारक हो।

अल्लाह आपको ईद के पवित्र मौके पर तमाम खुशियाँ अता फरमाएँ। आपकी हर हुआ कुबूल हो।

''ईद का त्यौहार आया है, खुशियाँ अपने संग लाया है।
सब तरफ फैले अल्लाह का नूर, आपकी हर हुआ हो कुबूल।''

आपको और आपके परिवार को भाईचारे, प्रेम और अमन का त्योहार 'ईद-उल फितर' बहुत मुबारक हो।

अ ब स

इसी प्रकार हम क्रिसमस, गुरु पर्व, ओणम, बीहू, बैसाखी आदि पर्वों पर भी अपने सम्बन्धियों और मित्रों को शुभकामना संदेश भेज सकते हैं।

9. किसी प्रियजन के आकस्मिक निधन पर सांत्वना देते हुए अपने सम्बन्धी अथवा मित्र को 30 से 40 शब्दों में संदेश लिखिए।

सांत्वना-संदेश

11.07.20XX प्रात: 9 : 00 बजे

....

यह संसार प्रकृति के नियमों के अधीन है। शरीर नश्वर है, जो इस संसार में आया है समय पूर्ण होने पर उसे जाना ही होता है। प्रभु से प्रार्थना है कि वे दिवंगत आत्मा को मोक्ष एवं शांति तथा शोकाकुल परिवार को धैर्य प्रदान करें। इस दुखद घड़ी में हम सब आपके साथ हैं।

....

सांत्वना-संदेश

13.08.20XX — सायं 5 : 45 बजे

....

आपके .... जी के निधन का दुखद समाचार प्राप्त हुआ। ईश्वर इस दु:ख की घड़ी में परिवार को सहनशक्ति, धैर्य और साहस तथा दिवंगत आत्मा को शांति प्रदान करें। इस विषम घड़ी में हम सब आपके साथ हैं।

....

10. गणतंत्र दिवस की शुभकामनाएँ देते हुए अपने मित्र को 30 से 40 शब्दों में संदेश लिखिए।

संदेश

20 जनवरी, 20XX — प्रात: 8 : 00 बजे

सोमेश/रीना

देश की एकता और अखण्डता के प्रतीक .... वे गणतंत्र दिवस की तुम्हें/आपको सपरिवार हार्दिक शुभकामनाएँ।

इस तिरंगे से ही देश की शान है, ये देश हमारी पहचान है।
न आए अपने वतन पर आँच कभी, बस दिल में यही अरमान है॥

हमें गर्व है कि हम सब भारतीय हैं। देश भर में हर्षोल्लास से मनाए जा रहे राष्ट्रीय पर्व की पुन: शुभकामनाओं सहित।

अ ब स।

11. किसी धार्मिक आयोजन की सूचना देते हुए अपने मित्र अथवा संबंधी को 30 से 40 शब्दों में एक संदेश लिखिए।

संदेश

15 जुलाई, 20XX — सांय: 6 : 00 बजे

मान्यवर/प्रिय ....

श्रावण के पवित्र मास में दिनांक .... से .... तक प्रतिदिन सायं: 4 : 00 से 6 : 00 बजे तक मेरे निवास स्थान/प्रसिद्ध शिव मंदिर, घण्टाघर में शिव पुराण तथा भागवत सप्ताह का आयोजन किया जा रहा है। इस अवसर पर पधार कर भक्ति रस का आनंद लीजिए।

....

12. मयंक को अपने पिताजी के मित्र श्री अग्रवाल जी का घर के दूरभाष पर संदेश प्राप्त होता है कि उन्होंने कुछ जरूरी फाइल पिताजी को ई-मेल पर भेजी हैं और उसके पिताजी फोन नहीं उठा रहे हैं। विद्यालय जाने से पूर्व मयंक द्वारा बाजार गई हुई माँ के नाम एक संदेश लिखिए।

संदेश

15.06.20XX — प्रात: 7:00 बजे

माताजी/रीना

पिताजी के मित्र अग्रवाल अंकल का फोन आया था। उन्होंने पिताजी को ई-मेल द्वारा कुछ जरूरी फाइल भेजी हैं। आप पिताजी को सूचित कर दीजिएगा। वे अंकल का फोन नहीं उठा रहे हैं। मैं विद्यालय के लिए निकल रहा हूँ।

मयंक

अभ्यास के लिए

1. अपनी छोटी बहन को खेल प्रतियोगिता में सफलता प्राप्त करने पर 30-40 शब्दों में बधाई संदेश लिखिए।
2. अपने मित्र को वाद-विवाद प्रतियोगिता में द्वितीय स्थान प्राप्त करने पर 30-40 शब्दों में बधाई संदेश लिखिए।
3. स्वतंत्रता दिवस की शुभकामनाएँ देते हुए अपने भाई को 30-40 शब्दों में संदेश लिखिए।
4. अपने माता-पिता को शादी के 30 वर्ष पूर्ण करने पर बधाई संदेश 30 से 40 शब्दों में लिखिए।
5. अपने भाई को रक्षाबंधन की शुभकामनाएँ देते हुए 30-40 शब्दों में संदेश लिखिए।
6. मित्र के पिताजी का आकस्मिक निधन होने पर, मित्र को सांत्वना संदेश 30-40 शब्दों में लिखिए।
7. प्रियजन की पुण्य तिथि के लिए, मित्र को 30-40 शब्दों में संदेश लिखिए।
8. घर में सुंदरकाण्ड पाठ के आयोजन की सूचना देते हुए संबंधी को 30 से 40 शब्दों में संदेश लिखिए।
9. मित्र को शोक संदेश 30-40 शब्दों में लिखिए।
10. भगवत गीता पाठ के आयोजन की सूचना देते हुए सम्बन्धी व मित्र को 30-40 शब्दों में संदेश लिखिए।

Topper's Answers - 2019

खण्ड 'क'

1. **निम्नलिखित गद्यांश को ध्यानपूर्वक पढ़िए और पूछे गए प्रश्नों के उत्तर लिखिए :**

दार्शनिक अरस्तू ने कहा है—''प्रत्येक व्यक्ति को उचित समय पर, उचित व्यक्ति से, उचित मात्रा में, उचित उद्देश्य के लिए, उचित ढंग से व्यवहार करना चाहिए।'' वास्तव में प्रत्येक प्राणी का संबंध एक-एक क्षण से रहता है, किन्तु व्यक्ति उसका महत्त्व नहीं समझता। अधिकतर व्यक्ति सोचते हैं कि कोई अच्छा समय आएगा तो काम करेंगे। इस दुविधा और उधेड़बुन में वे जीवन के अनेक अमूल्य क्षणों को खो देते हैं। किसी व्यक्ति को बिना हाथ-पाँव हिलाए संसार की बहुत बड़ी सम्पत्ति छप्पर फाड़कर कभी नहीं मिलती। समय उन्हीं के रथ के घोड़ों को हाँकता है, जो भाग्य के भरोसे बैठना पौरुष का अपमान समझते हैं। जो व्यक्ति श्रम और समय का पारखी होता है, लक्ष्मी भी उसी का वरण करती है। समय की कीमत न पहचानने वाले समय बीत जाने पर सिर धुनते रह जाते हैं। समय निरंतर गतिमान है। इसलिए हमें समय का मूल्य समझना चाहिए। साथ ही समयानुसार काम भी करना चाहिए। सफल जीवन की यही कुंजी है।

(क) जीवन के अमूल्य क्षणों को किस प्रकार के व्यक्ति खो देते हैं? **[2]**

(ख) भाग्य के भरोसे बैठना पौरुष का अपमान क्यों कहा गया है? **[2]**

(ग) दार्शनिक अरस्तू के कथन का आशय लिखिए। **[2]**

(घ) लक्ष्मी किसे प्राप्त होती है? **[1]**

(ङ) उपर्युक्त गद्यांश के लिए एक उपयुक्त शीर्षक लिखिए। **[1]**

उत्तर-01 (क)

प्रत्येक प्राणी का संबंध जीवन के एक-एक क्षण से होता है। किंतु व्यक्ति उसके महत्त्व को नहीं समझता। अधिकतर व्यक्ति सोचते हैं कि कोई अच्छा समय आएगा तो काम करेंगे। इस दुविधा और उधेड़बुन में वे जीवन के बहुमूल्य क्षणों को खो देते हैं।

उत्तर-01 (ख)

किसी व्यक्ति को बिना हाथ-पाँव हिलाए अर्थात कर्म किए बिना सफलता प्राप्त नहीं होती। समय भी उनका साथ छोड़ देता है जो भाग्य भरोसे बैठते हैं और कर्म नहीं करते। कर्म का कोई विकल्प नहीं होता इसलिए भाग्य भरोसे बैठना पुरुषार्थ का अपमान कहा गया है।

उत्तर-01 (ग)

दार्शनिक अरस्तू के कथन - "प्रत्येक व्यक्ति को उचित समय पर, उचित व्यक्ति से, उचित मात्रा में, उचित उद्देश्य के लिए, उचित ढंग से व्यवहार करना चाहिए।" का आशय है कि व्यक्ति को सदैव ही समय का सम्मान, कर्म का पथ व जीवन का लक्ष्य निर्धारित कर उसकी प्राप्ति के लिए संघर्ष करना चाहिए। उचित अवसर का लाभ उठाना चाहिए।

उत्तर ·01(घ)

लक्ष्मी की प्राप्ति उसे ही होती है जो श्रम और समय का पारखी होता है अर्थात इनके महत्त्व को समझता है।

उत्तर ·01(ङ)

शीर्षक :– "समय व कर्म का महत्त्व"

2. निम्नलिखित काव्यांश को ध्यानपूर्वक पढ़िए और पूछे गए प्रश्नों के उत्तर लिखिए :

बहुत घुटन है बंद घरों में, खुली हवा तो आने दो,
संशय की खिड़कियाँ खोल, किरनों को मुस्काने दो।
ऊँचे-ऊँचे भवन उठ रहे, पर आँगन का नाम नहीं,
चमक-दमक, आपा-धापी है, पर जीवन का नाम नहीं
लौट न जाए सूर्य द्वार से, नया संदेशा लाने दो।
हर माँ अपना राम जोहती, कटता क्यों वनवास नहीं
मेहनत की सीता भी भूखी, रुकता क्यों उपवास नहीं।
बाबा की सूनी आँखों में चुभता तिमिर भागने दो।
हर उदास राखी गुहारती, भाई का वह प्यार कहाँ?
डरे-डरे रिश्ते भी कहते, अपनों का संसार कहाँ?
गुमसुम गलियों को मिलने दो, खुशबू तो बिखराने दो।

(क) 'ऊँचे-ऊँचे भवन उठ रहे, पर आँगन का नाम नहीं—पंक्ति का आशय स्पष्ट कीजिए। **[2]**

(ख) सूर्य द्वार से ही क्यों लौट जाएगा? **[2]**

(ग) आज रिश्तों के डरे-डरे होने का कारण आप क्या मानते हैं? **[1]**

(घ) 'तिमिर' शब्द का अर्थ लिखिए। **[1]**

(ङ) कवि ने क्या संदेश दिया है? **[1]**

अथवा

मेरा माँझी मुझसे कहता रहता था
बिना बात तुम नहीं किसी से टकराना।
पर जो बार-बार बाधा बन के आएँ,
उनके सिर को वहीं कुचल कर बढ़ जाना।
जानबूझ कर जो मेरे पथ में आती हैं,
भवसागर की चलती-फिरती चट्टानें।
मैं इनसे जितना ही बचकर चलता हूँ,
उतनी ही मिलती हैं, ये ग्रीवा ताने।
रख अपनी पतवार, कुदाली को लेकर
तब मैं इनका उन्नत भाल झुकाता हूँ।
राह बनाकर नाव चढ़ाए जाता हूँ,
जीवन की नैया का चतुर खिवैया मैं
भवसागर में नाव बढ़ाए जाता हूँ।

(क) राह में आने वाली बाधाओं के साथ कवि कैसा व्यवहार करता है? [2]

(ख) कवि ने हमें क्या प्रेरणा दी है? स्पष्ट कीजिए। [2]

(ग) कवि ने अपना माँझी किसे कहा है? [1]

(घ) 'उन्नत भाल' का क्या आशय है? [1]

(ङ) 'जीवन की नैया का चतुर खिवैया' किसे कहा गया है? [1]

उत्तर · 02 (क)

~~राह~~ में आने वाली बाधाओं के सिर को कुचलकर आगे बढ़ता है। तात्पर्य है कि कवि उन बाधाओं का डटकर सामना करता है व उन्हें हराकर जीवन में आगे बढ़ता है।

उत्तर · 02 (ख)

कवि हमें प्रेरणा देना चाह रहा है कि जीवन संघर्षों का दूसरा नाम है। बाधाएँ जो हमारी राह में अड़चनें बनकर सामने आती हैं, उनसे जितना बचकर चलेंगे, उतनी ही बड़ी होकर वे सामने आएँगी। हमें उनका डटकर सामना करना चाहिए व जीवन रूपी नाव को भवसागर में अग्रसर रखना चाहिए।

उत्तर · 02 (ग)

कवि ने अपना माँझी इस जीवनरूपी भवसागर को पार कराने वाले के लिए कहा है। वह कवि का 'शुभचिंतक व मित्र' है।

उत्तर · 02 (घ)

उन्नत भाल का आशय है कवि के समक्ष आई बाधाओं का सिर जिसे वह अपनी कुदाल से झुकाता है। यह बाधाओं का गुरूर है।

उत्तर · 02 (ङ)

जीवन की नैया का चतुर खिवैया - 'कवि' को कहा गया है।

खण्ड 'ख'

3. निम्नलिखित में से किन्हीं तीन का निर्देशानुसार उत्तर लिखिए : **[1 × 3 = 3]**

(क) मुझे अपनी पत्नी और पुत्र की मृत्यु के साथ ही फ़ादर के शब्दों से झरती शांति भी याद आ रही है। (संयुक्त वाक्य में बदलिए)

(ख) रात हुई और आकाश में तारों के असंख्य दीप जल उठे। (सरल वाक्य में बदलिए)

(ग) माँ ने कहा कि शाम को जल्दी घर आ जाना। (रेखांकित उपवाक्य का भेद लिखिए)

(घ) पान वाले के लिए यह मज़ेदार बात थी लेकिन हालदार साहब के लिए चकित कर देने वाली। (मिश्र वाक्य में बदलिए)

उत्तर-03 (क)

मुझे अपनी पत्नी और पुत्र की मृत्यु भी याद आ रही है और फ़ादर के शब्दों से झरती शांति भी याद आ रही है।

उत्तर-03 (ख)

रात होने पर आकाश में तारों के असंख्य दीपक जल उठे।

उत्तर-03 (ग)

उपवाक्य भेद :- संज्ञा उपवाक्य

4. **निम्नलिखित में से किन्ही चार वाक्यों का निर्देशानुसार वाच्य परिवर्तन कीजिए :** **[1 × 4 = 4]**

(क) हालदार साहब ने पान खाया। (कर्मवाच्य में बदलिए)

(ख) दादा जी प्रतिदिन पार्क में टहलते हैं। (भाववाच्य में बदलिए)

(ग) गाँधी जी द्वारा विश्व को सत्य और अहिंसा का संदश दिया गया। (कर्तृवाच्य में बदलिए)

(घ) पान कहीं आगे खा लेंगे। (कर्मवाच्य में बदलिए)

(ङ) खिलाड़ी दौड़ नहीं सका। (भाववाच्य में बदलिए)

उत्तर-04 (क)

हालदार साहब के द्वारा पान खाया गया।

उत्तर-04 (ख)

दादा जी से प्रतिदिन पार्क में टहला जाता है।

उत्तर-04 (ग)

गाँधी जी ने विश्व को सत्य और अहिंसा का संदेश दिया

उत्तर-04 (ङ)

खिलाड़ी से दौड़ा नहीं गया।

5. **निम्नलिखित वाक्यों में से किन्हीं चार रेखांकित पदों का पद-परिचय लिखिए :** **[1 × 4 = 4]**

(क) सुरभि विद्यालय से अभी-अभी आई है।

(ख) उसने मेरी बातें ध्यानपूर्वक सुनी।

(ग) शाबाश! तुमने बहुत अच्छा काम किया।

(घ) वहाँ दस छात्र बैठे हैं।

(ङ) परिश्रम के बिना सफलता नहीं मिलती।

उत्तर · 05 (क)

विद्यालय से :- संज्ञा, जातिवाचक, पुल्लिंग, एकवचन, ~~करण~~ अपादान कारक

उत्तर · 05 (ख)

ध्यानपूर्वक :- अव्यय, क्रियाविशेषण, रीतिवाचक, 'सुनी' की विशेषता

उत्तर · 05 (ग)

तुमने :- सर्वनाम, पुरुषवाचक, मध्यपुरुष, एकवचन, कर्ता कारक

उत्तर · 05 (घ)

दस :- विशेषण, निश्चित संख्यावाचक, बहुवचन, पुल्लिंग, 'छात्र' की विशेषता।

उत्तर · 05 (ङ)

के बिना :- अव्यय, संबंधबोधक, परिश्रम और सफलता के मध्य संबंध स्थापित।

6. निम्नलिखित में से किन्हीं चार प्रश्नों के उत्तर दीजिए: **[1 × 4 = 4]**

(क) 'भयानक रस' का एक उदाहरण लिखिए।

(ख) **निम्नलिखित काव्य-पंक्तियों में रस पहचान कर लिखिए:**

तनकर भाला यूँ बोल उठा
राणा! मुझको विश्राम न दे।
मुझको वैरी से हृदय-क्षोभ
तू तनिक मुझे आराम न दे।

(ग) 'जुगुप्सा' किस रस का स्थायी भाव है?

(घ) 'शांत' रस का स्थायी भाव क्या है?

(ङ) किस रस को 'रसराज' भी कहा जाता है?

उत्तर · 06 (क)

उधर गरजती सिंधु लहरिया, कुटिल काल के जालों सी।
चली आ रही फेन उगलती, फन फैलाए व्यालों सी।

उत्तर · 06 (ग)

जुगुप्सा :- वीभत्स रस

उत्तर·06 (घ)

शांत रस का स्थायी भाव - 'निर्वेद' है।

उत्तर·06 (ङ)

'श्रृंगार रस' को रसराज कहाजाता है।

खण्ड 'ग'

7. निम्नलिखित गद्यांश को ध्यानपूर्वक पढ़कर पूछे गए प्रश्नों के उत्तर लिखिए:

पिता के ठीक विपरीत थीं हमारी बेपढ़ी-लिखी माँ। धरती से कुछ ज्यादा ही धैर्य और सहनशक्ति थी शायद उनमें। पिता जी की हर ज्यादती को अपना प्राप्य और बच्चों की हर उचित-अनुचित फरमाइश और जिद को अपना फर्ज समझकर बड़े सहज भाव से स्वीकार करती थीं वे। उन्होंने जिंदगी भर अपने लिए कुछ माँगा नहीं, चाहा नहीं केवल दिया ही दिया। हम भाई-बहिनों का सारा लगाव (शायद सहानुभूति से उपजा) माँ के साथ था लेकिन निहायत असहाय मजबूरी में लिपटा उनका यह त्याग कभी मेरा आदर्श नहीं बन सका न उनका त्याग, न उनकी सहिष्णुता।

(क) माँ की उपमा धरती से क्यों की गई है? **[2]**

(ख) लेखिका को माँ का कौन-सा रूप अच्छा नहीं लगता था? क्यों? **[2]**

(ग) लेखिका और उसके भाई-बहिनों की सहानुभूति किसके साथ थी? **[1]**

उत्तर·07 (क)

लेखिका ने माँ की उपमा धरती से इसलिए किया है क्योंकि उनमें धरती जैसी सहनशीलता व धैर्य था। जिस प्रकार धरती सभी कष्टों को धैयपूर्वक सहती है उसी प्रकार लेखिका की माँ भी पिता जी के सारे अत्याचारों को व बच्चों की सभी उचित-अनुचित फरमाइशों को अपना दायित्व समझकर चुपचाप सहन करती थीं।

उत्तर·07 (ख)

लेखिका को उनकी माँ का असहाय मजबूरी में लिपटा त्याग कभी अच्छा नहीं। न ही उनकी सहिष्णुता लेखिका को भाई। उनकी माँ का यूँ ही बिना विरोध के सभी कार्यों को करते जाना व अन्याय का प्रतिकार न करने का स्वभाव ही वह कारण था जिससे वे कभी भी लेखिका की आदर्श न बन सकीं।

उत्तर·07 (ग)

लेखिका व उनके भाई-बहनों का सहानुभूति अपनी माँ के साथ अधिक थी।

8. निम्नलिखित में से किन्हीं चार प्रश्नों के उत्तर संक्षेप में लिखिए : **[2 × 4 = 8]**

(क) बालगोबिन भगत के व्यक्तित्व की दो विशेषताएँ लिखिए।

(ख) मन्नू भंड़ारी और उनके पिता के बीच मतभेद के दो कारण लिखिए।

(ग) कैप्टन कौन था? वह मूर्ति के चश्मे को बार-बार क्यों बदल दिया करता था?

(घ) फ़ादर बुल्के को हिन्दी के बारे में क्या चिंता थी?

(ङ) खीरा काटने में नवाब साहब की विशेषज्ञता का चित्रण अपने शब्दों में कीजिए।

उत्तर - 08 (क)

लेखक ने फ़ादर बुल्के को यज्ञ की अग्नि की उपाधि समर्पित की है। वह उनकी याद में श्रद्धानत है। यज्ञ की आग तपस्या से उत्पन्न होती है जो अत्यंत ही पवित्र होती है। फ़ादर का जीवन व व्यक्तित्व तरलता व पवित्रता की प्रतिमूर्ति था।

अपने हर प्रियजन के लिए असीम ममत्व उनकी आँखों में साफ दृष्टव्य था। लेखक फ़ादर की पवित्रता से प्रभावित है। अस्तु उसने फ़ादर को यज्ञ की पवित्र आग की उपाधि समर्पित की है।

उत्तर - 08 (ख)

मन्नू भंडारी की अपने पिता से वैचारिक टकराहट बचपन में आरंभ हुई वह राजेंद्र से विवाह करने तक चलती रही। बचपन में पिता जी के अनजाने-अनचाहे व्यवहार ने लेखिका में हीन ग्रंथि का संचार किया। लेखिका से दो साल बड़ी बहन सुशीला का रंग गोरा था और लेखिका काली थी। पिता जी हर बात में उन दोनों की तुलना करते रहते थे जिसने लेखिका को शक्की स्वभाव का बना दिया और वे बात-बात पर भन्ना जाती थीं। यह था टकराहट का पहला कारण।

दूसरा कारण, यह था कि पिताजी चाहते थे कि लेखिका घर में ही रहे और बाहर जाकर सड़कों पर भाग न ले किंतु लेखिका का लहू लावा बन गया था और उसे आज़ादी के दायरे में चलना स्वीकार न था। इससे उन दोनों के मध्य वैचारिक टकराहट होती थी।

उत्तर - 08 (ग)

'नेताजी का चश्मा' पाठ में सरकंडे का चश्मा मूर्ति पर लगाना यह दर्शाता है कि देशभक्ति की भावना अब भी बच्चे-बच्चे में कूट-कूट कर भरी है। कैप्टन की मृत्यु के पश्चात हालदार साहब मायूस हो गए और सोचा कि अब सुभाषचंद्र बोस की मूर्ति तो

अवश्य होगी पर उस पर चश्मा नहीं होगा। वे उस कौम के लिए व्यथित थे जो देशभक्ति का मज़ाक उड़ाती है। जब वह कस्बे से गुज़रे तो उन्होंने देखा कि मूर्ति पर सरकंडे का चश्मा था जैसा बच्चे बना लेते हैं। इतने में ही उनकी आँखें भर आईं। उन्हें विश्वास हो गया कि देशभक्ति की भावना अब भी शेष है।

उत्तर ·०८(घ)

बालगोबिन भगत अपने सुस्त और बोदे बेटे के साथ प्रेमपूर्ण व्यवहार करते थे व अधिक देखभाल करते थे। इसका कारण था कि वे मानते थे कि ऐसे लोग निगरानी व देखभाल के ज़्यादा हकदार होते हैं। उनके बेटे के पास कम अक्ल थी और बालगोबिन भगत सदैव उसे अपने संरक्षण में रखते थे।

9. निम्नलिखित काव्यांश को ध्यानपूर्वक पढ़कर पूछे गए प्रश्नों के उत्तर लिखिए :

लखन कहा हँसि हमरे जाना। सुनहु देव सब धनुष समाना।।
का छति लाभु जून धनु तोरें। देखा राम नयन के भोरें।।
छुअत टूट रघुपतिहू न दोसू। मुनि बिनु काज करिअ कत रोसू।।
बोले चितै परसु की ओरा। रे सठ सुनेहि सुभाउ न मोरा।।
बालकु बोलि बधौं नहि तोही। केवल मुनि जड़ जानहि मोहि।
बाल ब्रह्मचारी अति कोही। बिस्वबिदित क्षत्रियकुल द्रोही।।
भुजबल भूमि भूप बिनु कीन्हीं। बिपुल बार महिदेवन्ह दीन्ही।
सहसबाहुभुज छेदनिहारा। परसु बिलोकु महीपकुमारा।।

(क) परशुराम के क्रुद्ध होने पर लक्ष्मण ने धनुष के टूट जाने के लिए कौन-कौन से तर्क दिए? **[2]**

(ख) प्रस्तुत काव्यांश के आधार पर लिखिए कि परशुराम ने अपने विषय में सभा में क्या-क्या कहा। **[2]**

(ग) परशुराम के बारे में कौन-सी बात विश्व प्रसिद्ध थी? **[1]**

उत्तर ·०९ (क)

परशुराम के क्रुद्ध होने पर लक्ष्मण जी ने राम को निर्दोष साबित करने हेतु निम्नलिखित तर्क दिए :—

- लखन कहा हसि हमरे जाना। सुनहु देव सब धनुष समाना।। अर्थात हमारी नजर में तो सभी धनुष एक समान हैं। हम धनुष देखकर नहीं तोड़ते।
- बहु धनुही तोरी लरिकाईं। कबहुँ न असि रिस कीन्हि गोसाईं।। अर्थात बचपन में हमने कितने धनुष तोड़े परन्तु आपने कभी क्रोध नहीं किया फिर इस धनुष पर इतनी ममता क्यों?
- धनुष पुराना था इसलिए राम के छूते ही टूट गया। इसमें उनका कोई दोष नहीं।

उत्तर ·09 (ख)

परशुराम ने अपनी शक्तियों के विषय में बताते हुए कहा कि "भुजबल भूमि भूप बिनु कीन्ही।", "सहसबाहु भुज छेदि निहारा", "बालब्रह्मचारी अति कोही। बिस्व बिदित क्षत्रियकुल द्रोही॥" अर्थात उनकी शक्ति ने व कुठार ने कई बार पृथ्वी को क्षत्रियमुक्त किया है, जोकि विश्वविख्यात है। उन्होंने सहस्रबाहु की भुजाओं को छेद दिया। वे अपने को बालब्रह्मचारी व क्रोधी स्वभाव का भी बताते हैं।

उत्तर ·09 (ग)

'परशुराम क्षत्रियकुल के शत्रु हैं'– यह बात विश्वविख्यात है।

10. निम्नलिखित में से किन्हीं चार प्रश्नों के उत्तर संक्षेप में लिखिए : [2 × 4 = 8]

(क) 'सूरदास' के पद के आधार पर लिखिए कि गोपियों ने किन उदाहरणों के माध्यम से उद्धव को उलाहने दिए हैं।

(ख) 'उत्साह' कविता में कवि बादल को गरजने के लिए क्यों कहता है? बादल से कवि की अन्य अपेक्षाएँ क्या हैं?

(ग) 'छाया मत छूना' कविता में 'छाया' शब्द का प्रयोग किस संदर्भ में हुआ है? स्पष्ट करते हुए बताइए कि कविता क्या संदेश देती है।

(घ) 'फसल' कविता में 'हाथों के स्पर्श की गरिमा और महिमा' कहकर कवि क्या व्यक्त करना चाहता है? अपने शब्दों में लिखिए।

(ङ) 'संगतकार' किन-किन रूपों में मुख्य गायक की सहायता करता है? कविता के आधार पर उसकी विशेष भूमिका को भी स्पष्ट कीजिए।

उत्तर · 10 (क)

"संगतकार की हिचक उसकी विफलता नहीं बल्कि मनुष्यता है।" अर्थात जब मुख्य गायक का संगतकार साथ देता है तो वह अपनी आवाज़ व प्रतिभा को ऊँचा होने से रोक देता है। यही उसकी मनुष्यता है। ऐसा वह इसलिए करता है ताकि मुख्य गायक का प्रभाव व सम्मान बना रहे। उसका उद्देश्य गायक की आवाज़ को दबाना नहीं बल्कि उसे सुदृढ़ बनाना है। यह हिचक उसकी आवाज़ में साफ सुनाई देती है। इसे उसकी मनुष्यता का परिचायक समझा जाना चाहिए। यह मनुष्यता वह मुख्य गायक का साथ देकर कायम रखता है।

उत्तर · 10 (ख)

'अट नहीं रही' कविता कवि 'निराला जी' ने फागुन की शोभा का अनुपम वर्णन किया है। "कहीं साँस लेते हो, घर-घर भर देते हो।" "पाट-पाट शोभा श्री, पट नहीं रही", "मंद-गंध पुष्पमाल" आदि पंक्तियाँ फागुन के सौंदर्य को व्यक्त करती हैं। फागुन में वातावरण सुगंधित हो जाता है, पक्षी चहचहाने लगते हैं, पेड़ों पर

वातावरण सुगंधित हो जाता है, पक्षी चहचहाने लगते हैं, पेड़ों पर कहीं हरी कहीं लाल पत्तियों से ऐसा प्रतीत होता है कि फागुन स्वयं में 'ऋतुराज' है। फूल खिल उठते हैं, लगता है कि जैसे फागुन के गले में किसी ने पुष्पमाला डाल दी हो। यह फागुन की अनुपम शोभा है जो सृष्टि के प्राणियों को प्रसन्न कर देती है।

उत्तर-10 (घ)

हमारी दृष्टि से कन्या के साथ दान की बात करना सर्वथा अनुचित है। कन्या कोई वस्तु नहीं जिसका दान किया जा सके। उसका अपना स्वतंत्र अस्तित्व है। यह तो पुरुष-प्रधान समाज की न समझी का परिचायक है कि जिन बेटियों को हम देवी मानते हैं, उन्हीं को दान करने की बात कहते हैं।

जब लड़का-लड़की एक समान हैं तो दान की बात का कोई अस्तित्व ही नहीं होना चाहिए। यह सर्वथा अनुचित है।

उत्तर-10 (ङ)

बच्चे की मुसकान को कवि ने दंतुरित कहा है क्योंकि उसकी मुसकान मनमोहक है जिसमें उसके छोटे दाँत भी दिख रहे हैं। कवि उसकी मुसकान देखने पर वात्सल्य के भाव से भर उठता है। उसे लगता है कि जैसे कमल का फूल तालाब छोड़कर उसकी झोपड़ी में खिल गया है। उसकी मनमोहक मुसकान से उसे लगता है :- "छू कर, परस पाकर तुम्हारा ही प्राण, जल बन गया होगा पिघलकर कठिन पाषाण।" अर्थात उसकी मुसकान को देखकर कठोर हृदय भी तरल हो जाए। मृतक में भी जान आ जाए और बबूल के पेड़ों से शेफालिका के फूल गिरने लगें। कवि उसकी मुसकान से प्रभावित है।

11. 'जार्ज पंचम की नाक' पाठ के माध्यम से लेखक ने समाज ने समाज पर क्या व्यंग्य किया है ? [4]

अथवा

सिक्किम की युवती के कथन 'मैं इंडियन हूँ' से स्पष्ट होता है कि अपनी जाति, धर्म-क्षेत्र और संप्रदाय से अधिक महत्वपूर्ण राष्ट्र है। आप किस प्रकार राष्ट्र के प्रति अपने कर्तव्य निभाकर देश के प्रति प्रेम प्रकट कर सकते हैं? समझाइए।

उत्तर-11

पाठ 'साना-साना हाथ जोड़ि' में लेखिका ने युमथांग की एक युवती से प्रश्न किया कि, "क्या तुम सिक्किमी हो?" तो उसने उत्तर दिया "नहीं, मैं इंडियन हूँ।" इस कथन से यह स्पष्ट हो गया कि राष्ट्र किसी भी धर्म, स्थान, संप्रदाय से उच्च है।
राष्ट्र की सेवा का अर्थ यह है कि हम उसमें मौजूद सभी नागरिकों, पक्षी, फूलों, पेड़ों आदि का सम्मान करें व उनके उत्थान के प्रयास करें। राष्ट्र के प्रति कर्तव्य मात्र सेना ही नहीं निभाती बल्कि प्रत्येक नागरिक राष्ट्र की उन्नति में भागीदार होता है।
हम अपने दैनिक जीवन से जुड़े कार्यों को ईमानदारी से करें, राष्ट्र के वातावरण को संरक्षित करें, भ्रष्टाचार न करें, अपने कार्यों को पूर्ण लगन के साथ करें, देश की सेना व संस्कृति का सम्मान करें। ज़रूरी नहीं है कि हर देशवासी उच्च पद पर पहुँच सके और देश सेवा कर सके। हमें व्यक्तिगत स्तर पर हर संभव प्रयास करना होगा जिससे राष्ट्र प्रगतिशील रहे। अपने मौलिक अधिकारों व कर्तव्यों के बारे में जागरूक होना, चुनावों में भाग लेकर मतदान करना, जाति-पाति की संकुचित मानसिकता से उभरना, राष्ट्रीय एकता बनाना, स्वच्छता बनाए रखना आदि कुछ ऐसे कार्य हैं जो नागरिक अपने राष्ट्र के प्रति कर के अपना प्रेम व्यक्त कर सकते हैं।

खण्ड 'घ'

12. निम्नलिखित में से किन्हीं एक विषय पर दिए गए संकेत-बिन्दुओं के आधार पर लगभग 200 से 250 शब्दों में निबन्ध लिखिए : **[10]**

(क) महानगरों में महिलाओं की सुरक्षा
- जीवन शैली
- कामकाजी महिलाओं की समस्या
- सुरक्षा में कमियों के कारण व सुझाव

(ख) मित्र की परख संकट में
- भले दिनों के मित्र
- बुरे दिनों के मित्र
- मित्र की परख

(ग) मेरी कल्पना का विद्यालय
- विद्यालय में क्या है अनावश्यक
- क्या-क्या है आवश्यक
- विद्यालय और परिवेश

उत्तर-12 (क)

महानगरों में महिलाओं की सुरक्षा

रूपरेखा :–
- प्रस्तावना
- जीवन शैली
- कामकाजी महिलाओं की समस्या
- सुरक्षा में कमी के कारण व सुझाव
- उपसंहार

महानगरों में महिलाओं की सुरक्षा

☆ प्रस्तावना :–
"देश के विकास की आधारशिला, महिलाओं से बनती है।" देश का हर नागरिक उसके लिए समान रूप से महत्वपूर्ण होता है। आज आधुनिकता की होड़ ने व्यक्ति को व्यस्त बना रखा है। महानगर, जो वे शहर हैं जिनकी आबादी 50 लाख से ऊपर होती है, आज प्रगति की पहचान हैं। परंतु यह भी सत्य है कि आज इन महानगरों में ही हमारे देश की महिलाएँ सुरक्षित नहीं हैं। जिस भारत की उत्कृष्ट संस्कृति में महिलाओं को 'दुर्गा, सरस्वता, लक्ष्मी' माना है आखिर क्यों आज वही महिलाएँ अपने ही देश में सुरक्षित नहीं हैं? यह एक चिंताजनक विषय है।

☆ जीवन शैली :–
महानगरों की महिलाओं की जीवन शैली आज अत्यंत ही व्यस्त है। नारी शसक्तीकरण के चलते आज महिलाएँ विभिन्न संस्थाओं में कार्यरत हैं व आत्म निर्भर हैं। परंतु यह तो उन महिलाओं के लिए है जो अपने अवसरों को पहचानती हैं। एक बड़ा वर्ग ऐसा भी है जो शोषण का शिकार है। जी हाँ, महानगरों में केवल उच्च व अच्छे वातावरण की संस्थाएँ ही नहीं हैं बल्कि ऐसी संस्थाएँ भी हैं जहाँ का

वातावरण दूषित व महिलाओं के लिए प्रतिकूल है। यह अपने और अपने परिवार के पालन-पोषण की मजबूरी ही है जो महिलाओं को ऐसी संस्थाओं में कार्य करने पर विवश करता है जहाँ पर उनका शोषण होने की संभावनाएँ हैं।

★ कामकाजी महिलाओं की समस्या :-

वे महिलाएँ जो कार्य क्षेत्र से जुड़ी हैं उनके लिए सबसे बड़ी समस्या है अनुपयुक्त वक्त में ड्यूटी करना। अर्थात रात के समय, जब महिलाओं पर शोषण की पूरी संभावनाएँ होती हैं। इसका कारण लचर सुरक्षा व्यवस्था व संकुचित मानसिकता है। महिलाओं पर विभिन्न प्रकार के अत्याचार जैसे :- यौन शोषण, एसिड से हमला, अपहरण आदि किए जाते हैं। यह एक शर्मनाक बात है कि स्वतंत्रता के इतने वर्षों बाद भी हम महिलाओं को उनकी सुरक्षा नहीं दे पाए हैं।

★ सुरक्षा में कमियों के कारण व सुझाव :-

महिलाओं की लचर सुरक्षा व्यवस्था के लिए निश्चित रूप से ही प्रशासन की लचर व्यवस्था ज़िम्मेदार है। इसका कारण है - पुरुष प्रधान समाज जो हमेशा से ही महिलाओं की उन्नति का विरोधी रहा है परिणाम स्वरूप हमारी राजनीति में मात्र 10% महिलाएँ ही लोकसभा की सदस्य हैं। सन् 1990 से ही "महिला सुरक्षा बिल" अटका है। इतना ही नहीं पुलिस प्रशासन की लापरवाही के कारण भी आज महिलाएँ असुरक्षित हैं। भ्रूण हत्या जिसने देश में पुरुष-स्त्री का अनुपात बिगाड़ रखा है, लोगों की संकुचित मानसिकता को दर्शाता है। हम चाहे जितनी प्रगति कर लें हमारी मानसिकता आज भी महिला को भोग की वस्तु समझता है।

अब आखिर इस समस्या का समाधान क्या है? सर्वप्रथम कानून व्यवस्था को सख्ती बरतनी होगी अर्थात अपराधियों को दंड देना होगा। जब एक अपराधी सलाखों के पीछे जाएगा तो अपने आप ही बाकी भयभीत रहेंगे।

महिलाओं को स्वयं में आत्मविश्वास व शक्ति लानी होगी तभी वे सुरक्षित रहेंगी। हेल्पलाइन नंबर व महिलाओं को जागरूक कर के हम उनकी सुरक्षा सुनिश्चित कर सकते हैं।

☆ उपसंहार :-
महिला सुरक्षा आज एक बड़ा प्रश्न है मानवता के लिए। यह हमारा दायित्व है कि हम प्रत्येक नागरिक की सुरक्षा सुनिश्चित करें। स्त्रीशिक्षा को बढ़ावा दें व सच्चे अर्थों में स्त्री-पुरुष एक समान की धारणा को अपनाएँ। यह आज राष्ट्र व समय की आवश्यकता है। "एक महिला पूरी पीढ़ी का निर्माण करने में काबिल होती है।"

13. **गत कुछ दिनों से आपके क्षेत्र में अपराध बढ़ने लगे हैं। इससे आप चिंतित हैं। इन अपराधों की रोकथाम के लिए थानाध्यक्ष को पत्र लिखिए।** **[5]**

अथवा

आपका एक मित्र शिमला में रहता है। आप उसके आमंत्रण पर ग्रीष्मावकाश में वहाँ गए थे और प्राकृतिक सौंदर्य का खूब आनंद उठाया था। घर वापस लौटने पर कृतज्ञता व्यक्त करते हुए मित्र को पत्र लिखिए।

उत्तर-13.

सेवा में,
थानाध्यक्ष जी
- - - थाना
अ ब स नगर

विषय :- क्षेत्र में बढ़ते अपराधों के संदर्भ में।

महोदय,
इस पत्र द्वारा मैं आपका ध्यान इंदिरा नगर क्षेत्र में बढ़ते हुए अपराधों की ओर आकृष्ट करना चाहता हूँ। गत एक माह से हमारे क्षेत्र में अपराधियों की संख्या में वृद्धि आई है। अपराधी निर्भय होकर सड़कों पर घूमते हैं। महिलाओं की चेन छीन लेते हैं। कई घरों में चोरी की घटनाएँ भी दृष्टव्य हुई हैं। अपराधी घरों में घुस कर बंदूक की नोक पर लोगों का अपहरण भी कर रहे हैं। पुलिस इन घटनाओं पर अंकुश लगाने में असफल रही है। हमने कई बार चौकियों पर शिकायत भी की किंतु परिणाम नहीं निकले। परिणाम स्वरूप हम सभी भयाक्रांत हैं व हमारी दैनिक गतिविधियाँ बुरी तरह से प्रभावित हैं। अस्तु आपसे सादर अनुरोध है कि इस समस्या के विषय में समुचित कार्यवाही करने की कृपा करें ताकि हम सभी नागरिक शांतिपूर्ण ढंग से जीवन निर्वाह कर सकें।
मैं आपका आभारी रहूँगा।

भवदीय
क ख ग
19/03/20XX

14. आपके शहर में एक नया वाटर पार्क खुला है, जिसमें पानी के खेल, रोमांचक झूलों, मनोरंजक खेलों और खान-पान की व्यवस्था है। इसके लिए एक विज्ञापन का आलेख लगभग 50 शब्दों में तैयार कीजिए। [5]

अथवा

आपके पिताजी अपनी पुरानी कार बेचना चाहते हैं। इसके लिए पूरा विवरण देते हुए एक विज्ञापन का आलेख लगभग 50 शब्दों में तैयार कीजिए।

उत्तर - 14.

आ गया! आ गया! आ गया!

खुशियों की गारंटी

ब्लू वर्ड वाटर पार्क

अब आपके शहर में!

आज ही आएँ और मस्ती करें!

- पानी के विभिन्न खेल।
- रोमांचक झूले।
- खान-पान की स्वच्छ व्यवस्था।
- मनोरंजन की व्यवस्था।

जल्दी करें!

पहले सौ ग्राहकों को एक महीने का मुफ्त पास!

पता :- 31/204 सेक्टर-बी, अ ब स नगर

मोबाइल नंबर :- 99800XXXXX

HINDI (COURSE A)

Outside Delhi [Set-I] 2020

निर्धारित समय : 3 घण्टे **अधिकतम अंक : 80**

सामान्य निर्देश :

निम्नलिखित निर्देशों को बहुत सावधानी से पढ़िए और उनका अनुपालन कीजिए—

(i) प्रश्न-पत्र **चार** खंडों में विभाजित किया गया है—**क, ख, ग** एवं **घ**। सभी प्रश्न अनिवार्य हैं।

(ii) खंड—**क** में प्रश्न अपठित गद्यांश पर आधारित है।

(iii) खंड—**ख** में प्रश्न संख्या **2** से **5** तक प्रश्न व्याकरण के हैं।

(iv) खंड—**ग** में प्रश्न संख्या **6** से **10** तक प्रश्न पाठ्यपुस्तकों से हैं।

(v) खंड—**घ** में प्रश्न संख्या **11** से **13** तक प्रश्न रचनात्मक लेखन के हैं।

(vi) यथासंभव प्रत्येक खंड के प्रश्नों के उत्तर क्रम से लिखिए।

(vii) उत्तर संक्षिप्त तथा क्रमिक होने चाहिए और साथ ही दी गई शब्द सीमा का यथासंभव अनुपालन कीजिए।

(viii) प्रश्न-पत्र में समग्र पर कोई विकल्प नहीं है। तथापि, कुछ प्रश्नों में आंतरिक विकल्प दिए गए है। ऐसे प्रश्नों में से **केवल एक ही विकल्प का उत्तर** लिखिए।

(ix) इनके अतिरिक्त, आवश्यकतानुसार, प्रत्येक खंड और प्रश्न के साथ यथोचित निर्देश दिए गए हैं।

खण्ड 'क'

1. निम्नलिखित गद्यांश को ध्यानपूर्वक पढ़िए और पूछे गए प्रश्नों के उत्तर लिखिए : **10**

पड़ोस सामाजिक जीवन के ताने-बाने का महत्त्वपूर्ण आधार है। दरअसल पड़ोस जितना स्वाभाविक है, हमारी सामाजिक सुरक्षा के लिए तथा सामाजिक जीवन की समस्त आनंदपूर्ण सम गतिविधियों के लिए वह उतना ही आवश्यक भी है। यह सच है कि पड़ोसी का चुनाव हमारे हाथ में नहीं होता, इसलिए पड़ोसी के साथ कुछ-न-कुछ सामंजस्य तो बिठाना ही पड़ता है। हमारा पड़ोसी अमीर हो या गरीब, उसके साथ संबंध रखना सदैव हमारे हित में होता है। पड़ोसी से परहेज करना अथवा उससे कटे-कटे रहने में अपनी ही हानि है, क्योंकि किसी भी आकस्मिक आपदा अथवा आवश्यकता के समय अपने रिश्तेदारों तथा परिवार वालों को बुलाने में समय लगता है। ऐसे में पड़ोसी ही सबसे अधिक विश्वस्त सहायक हो सकता है। पड़ोसी चाहे कैसा भी हो, उससे अच्छे संबंध रखने चाहिए। जो अपने पड़ोसी से प्यार नहीं कर सकता, उससे सहानुभूति नहीं रख सकता, उसके साथ सुख-दुख का आदान-प्रदान नहीं कर सकता तथा उसके शोक और आनंद के क्षणों में शामिल नहीं हो सकता, वह भला अपने समाज अथवा देश के साथ भावनात्मक रूप से कैसे जुड़ेगा। विश्व-बंधुत्व की बात भी तभी मायने रखती है, जब हम अपने पड़ोसी से निभाना सीखें।

(क) सामाजिक जीवन में पड़ोस का क्या महत्त्व है? **[2]**

(ख) पड़ोसी के साथ संबंध रखना हमारे हित में किस तरह से है? **[2]**

(ग) हमें पड़ोसी से निभाने के लिए क्या-क्या करना चाहिए? **[2]**

(घ) 'विश्वस्त सहायक' से क्या अभिप्राय है, पड़ोसी को विश्वस्त सहायक क्यों कहा गया है? **[2]**

(ङ) लेखक ने विश्व-बंधुत्व की बात किस संदर्भ में की है? **[1]**

(च) उपर्युक्त गद्यांश के लिए उपयुक्त शीर्षक लिखिए। **[1]**

उत्तर–(क) पड़ोस सामाजिक जीवन के ताने-बाने का महत्वपूर्ण आधार है। हमारी सामाजिक सुरक्षा तथा सामाजिक जीवन की आनंदपूर्ण गतिविधियों के लिए भी पड़ोस अत्यंत आवश्यक है।

(ख) किसी भी आकस्मिक आपदा या आवश्यकता के समय रिश्तेदारों तथा परिवार वालों को बुलाने में समय लगता है, उस समय पड़ोसी ही हमारे काम आते हैं। इसलिए पड़ोसी के साथ संबंध रखना हित में हैं।

(ग) हमें अपने पड़ोसी के साथ प्रेमपूर्ण व्यवहार तथा भावनात्मक जुड़ाव रखना चाहिए। उनके सुख तथा आनंद के क्षणों में शामिल होना चाहिए तथा दुख में उनसे सच्ची सहानुभूति रखते हुए सहयोग प्रदान करना चाहिए।

(घ) विश्वस्त सहायक वह होता है जिस पर पूर्ण विश्वास किया जा सकता है। जिससे हम मुसीबत के समय आँख मूँदकर भरोसा कर सकें। किसी भी कठिनाई के समय हमारे रिश्तेदारों और मित्रों के आने से पूर्व एक अच्छा पड़ोसी ही हमारी सहायता करता है इसीलिए उसे विश्वस्त सहायक कहा गया है।

(ङ) विश्व-बंधुत्व की बात लेखक ने पड़ोसी से अच्छे संबंध निभाने के संदर्भ में कही है।

(च) सामाजिक जीवन में पड़ोसी का महत्व/सामाजिक जीवन में पड़ोस की महत्वपूर्ण भूमिका अथवा कोई अन्य उपयुक्त शीर्षक।

खण्ड 'ख'

2. निर्देशानुसार उत्तर लिखिए : **[1 × 4 = 4]**

(क) उसके एक इशारे पर लड़कियाँ कक्षा से बाहर निकलकर नारे लगाने लगीं।

(संयुक्त वाक्य में बदलिए)

(ख) उन्होंने जेब से चाकू निकाला और खीरा काटने लगे। (सरल वाक्य में बदलिए)

(ग) हालदार साहब को उधर से गुज़रते समय मूर्ति में कुछ अंतर दिखाई दिया। (मिश्र वाक्य में बदलिए)

(घ) बालगोबिन भगत जानते थे कि अब बुढ़ापा आ गया है। (आश्रित उपवाक्य छाँटकर उसका भेद लिखिए)

उत्तर–(क) उसके एक इशारे पर लड़कियाँ कक्षा से बाहर निकलीं और नारे लगाने लगीं।

(ख) वे जेब से चाकू निकालकर खीरा काटने लगे।

(ग) जब हालदार साहब उधर से गुज़र रहे थे, तब उन्हें मूर्ति में कुछ अंतर दिखाई दिया।

(घ) अब बुढ़ापा आ गया है। (संज्ञा उपवाक्य)

3. निर्देशानुसार वाच्य परिवर्तन कीजिए : [1 × 4 = 4]

(क) माँ द्वारा भिखारी को भोजन दिया गया। (कर्तृवाच्य में बदलिए)

(ख) वह कालीन बुनता है। (कर्मवाच्य में बदलिए)

(ग) आओ, अब चलते हैं। (भाववाच्य में बदलिए)

(घ) पुलिस के द्वारा चेतावनी दी गई। (कर्तृवाच्य में बदलिए)

उत्तर–(क) माँ ने भिखारी को भोजन दिया।

(ख) उसके द्वारा/ उससे कालीन बुना जाता है।

(ग) आओ, अब चला जाए।

(घ) पुलिस ने चेतावनी दी।

4. निम्नलिखित वाक्यों में रेखांकित पदों का पद-परिचय लिखिए : [1 × 4 = 4]

(क) वीरों की सदा जीत होती है।

(ख) बच्चे की मुस्कान मनमोहक होती है।

(ग) प्रत्येक का अपना महत्त्व होता है।

(घ) चलते-चलते लड़खड़ाने पर सहयोगी उसे सँभालते हैं।

उत्तर—(क) **सदा**-अव्यय, क्रिया-विशेषण, कालवाचक, 'जीत होती है' क्रिया का विशेषण।

(ख) **मुस्कान**-भाववाचक संज्ञा, एकवचन, स्त्रीलिंग, कर्म कारक।

(ग) **अपना**-सर्वनाम, निजवाचक, एकवचन, पुल्लिंग, 'महत्व'-विशेष्य।

(घ) **चलते-चलते**-रीतिवाचक क्रिया-विशेषण,'लड़खड़ाना' क्रिया का विशेषण।

5. निम्नलिखित प्रश्नों में से किन्हीं चार के उत्तर दीजिए : [1 × 4 = 4]

(क) **निम्नलिखित काव्य-पंक्तियों में रस पहचानकर लिखिए :**

छोड़ो मत अपनी आन, सीस कट जाए।
मत झुको अनय पर, भले व्योम फट जाए।

(ख) 'शृंगार रस' का एक उदाहरण लिखिए।

(ग) 'क्रोध' किस रस का स्थायी भाव है?

(घ) विभाव किसे कहते हैं?

(ङ) हास्य रस का स्थायी भाव क्या है?

उत्तर—(क) वीर रस।

(ख) कहत नटत, रीझत, खिझत, मिलत, खिलत, लजियात।
भरे भौन में करत है, नैनन ही सों बात॥

(ग) रौद्र रस।

(घ) विभाव-रस उत्पत्ति और उद्दीपन के कारणों को विभाव कहते हैं। अर्थात् विभाव व्यक्ति के मन में स्थायी भाव को जागृत या उद्दीप्त करते हैं यह दो प्रकार के होते हैं—1. आलंबन, 2. उद्दीपन।

(ङ) हास / हँसी।

खण्ड 'ग'

6. निम्नलिखित गद्यांश को ध्यानपूर्वक पढ़कर पूछे गए प्रश्नों के उत्तर लिखिए : 2 × 3 = 6

मुफ़स्सिल की पैसेंजर ट्रेन चल पड़ने की उतावली में फूँकार रही थी। आराम से सेकंड क्लास में जाने के लिए दाम अधिक लगते हैं। दूर तो जाना नहीं था। भीड़ से बचकर, एकांत में नयी कहानी के संबंध में सोच सकने और खिड़की से प्राकृतिक दृश्य देख सकने के लिए टिकट सेकंड क्लास का ही ले लिया।

गाड़ी छूट रही थी। सेकंड क्लास के एक छोटे डिब्बे को खाली समझकर, ज़रा दौड़कर उसमें चढ़ गए। अनुमान के प्रतिकूल डिब्बा निर्जन नहीं था। एक बर्थ पर लखनऊ की नवाबी नस्ल के एक सफ़ेदपोश सज्जन बहुत सुविधा से पालथी मारे बैठे थे। सामने दो ताज़े-चिकने खीरे तौलिए पर रखे थे। डिब्बे में हमारे सहसा कूद जाने से सज्जन की आँखों में एकांत चिंतन में विघ्न का असंतोष दिखाई दिया। सोचा, हो सकता है, यह भी कहानी के लिए सूझ की चिंता में हों या खीरे-जैसी अपदार्थ वस्तु के शौक करते देखे जाने के संकोच में हों।

(क) लेखक ने सेकंड क्लास का टिकट क्यों खरीदा?

(ख) लेखक ने जिस अनुमान के लिए सेकंड क्लास का टिकट खरीदा था, वह गलत कैसे निकला?

(ग) डिब्बे में बैठे सज्जन ने लेखक के आने पर क्या प्रतिक्रिया व्यक्त की और लेखक ने उनके व्यवहार से क्या अनुमान लगाया?

उत्तर—(क) लेखक ने सेकंड क्लास के डिब्बे का टिकट यह सोचकर खरीदा था, कि डिब्बा पूरी तरह से खाली होगा उसमें कोई यात्री नहीं होगा। अतः आराम से बैठकर नई कहानी के विषय में सोच सकेंगे। साथ ही खिड़की से बाहर के प्राकृतिक दृश्यों का आनंद भी ले सकेंगे।

(ख) लेखक का अनुमान था, कि डिब्बे में कोई यात्री नहीं होगा, परंतु उनके अनुमान के प्रतिकूल एक नवाबी स्वभाव वाले सफ़ेदपोश सज्जन डिब्बे में, बर्थ पर पालथी मारे बैठे थे।

(ग) डिब्बे में पहले से बैठे सज्जन की आँखों में लेखक के आने पर एकांत चिंतन में विघ्न का असंतोष दिखाई दिया। लेखक ने अनुमान लगाया कि या तो नवाब साहब किसी नई कहानी के विषय में सोचते हुए चिंतित हैं अथवा एक नवाब को खीरा खाते देख लिए जाने का संकोच उनके चेहरे पर आ गया है।

7. निम्नलिखित प्रश्नों में से किन्हीं चार प्रश्नों के उत्तर लगभग 30-40 शब्दों में लिखिए : **[2 × 4 = 8]**

(क) 'पानवाला एक हँसमुख स्वभाव वाला व्यक्ति है, परंतु उसके हृदय में संवेदना भी है।' इस कथन पर अपने विचार व्यक्त कीजिए।

(ख) गर्मियों की उमस भरी शाम को भी बालगोबिन भगत किस प्रकार शीतल और मनमोहक बना देते थे?

(ग) फ़ादर बुल्के की मृत्यु से लेखक आहत क्यों था?

(घ) मन्नू भंडारी के पिता ने अपनी आर्थिक विवशताएँ कभी बच्चों को क्यों नहीं बताई होंगी?

(ङ) बिस्मिल्ला खाँ जीवनभर ईश्वर से क्या माँगते रहे और क्यों? इससे उनकी किस विशेषता का पता चलता है?

उत्तर—(क) पानवाला एक खुशमिजाज़ व्यक्ति है, इसलिए वह कई बार चश्मेवाले का मज़ाक उड़ाता है। वह कैप्टन के प्रति व्यंग्यात्मक टिप्पणी भी करता है, किंतु हृदय से वह उसकी देशभक्ति का सम्मान भी करता है। हालदार साहब द्वारा मूर्ति पर कोई चश्मा न होने का कारण पूछे जाने पर वह भावुक हो गया और अपनी आँखों को पोंछते हुए उसने कैप्टन की मृत्यु की सूचना दी।

(ख) बालगोबिन भगत अपने मधुर गायन से गर्मियों की उमस भरी शाम को शीतल कर देते थे। भगत अपने घर के आँगन में आसन जमा कर बैठ जाते और खंजरियों एवं करतालों जैसे वाद्ययन्त्रों को बजाकर भजन गाने लगते। गाँव के अन्य लोग भी उनके पीछे-पीछे पदों को दोहराते। धीरे-धीरे स्वर इतना ऊँचा हो जाता कि भगत भक्ति में लीन होकर संगीत प्रेमियों के साथ तन्मयतापूर्वक गीत गाकर नाचने लगते। इस प्रकार सम्पूर्ण वातावरण संगीतमय हो जाता था।

(ग) फादर करुणा और वात्सल्य की प्रतिमूर्ति थे। फादर और लेखक के बीच अत्यंत आत्मीय संबंध थे। उनकी मृत्यु ज़हरबाद से हुई। लेखक आहत था कि ऐसे विनम्र, मधुर, त्यागी, आस्थावान व्यक्ति का अंत इतना पीड़ादायक क्यों हुआ? जबकि उनका पूरा जीवन दूसरों को प्यार, अपनत्व और ममता का अमृत बाँटते बीता था।

(घ) लेखिका के पिता ने कभी बहुत वैभवशाली दिन देखे थे। वे बहुत अहंकारी थे। बिगड़ती आर्थिक स्थिति के कारण उनका अहं और बढ़ गया, इसीलिए उन्होंने अपनी आर्थिक विवशताएँ कभी अपने बच्चों को भी नहीं बताईं।

(ङ) प्रसिद्ध शहनाईवादक बिस्मिल्ला खाँ पाँचों वक्त की नमाज़ में ईश्वर से सच्चे सुर की कामना करते थे, क्योंकि सुर ईश्वर का दिया वह वरदान है जो एक कलाकार को श्रोताओं से जोड़े रखता है। वे कला के अनन्य उपासक थे। उन्हें सीखने की तीव्र इच्छा थी, क्योंकि वे स्वयं को पूरी तरह से पूर्ण नहीं मानते थे। इससे उनकी विनम्रता, ईश्वर के प्रति सच्ची भक्ति और सच्चे संगीत साधक होने की विशेषता पता चलती है।

8. निम्नलिखित काव्यांश को ध्यानपूर्वक पढ़कर पूछे गए प्रश्नों के उत्तर लिखिए : **[2 × 3 = 6]**

बादल, गरजो!
घेर घेर घोर गगन, धाराधर ओ!
ललित ललित, काले घुँघराले,
बाल कल्पना के-से पाले,
विद्युत-छबि उर में, कवि, नवजीवन वाले!
वज्र छिपा, नूतन कविता
फिर भर दो
बादल, गरजो!

(क) कवि बादलों से क्या आग्रह कर रहा है और क्यों?

(ख) बादलों का सौंदर्य स्पष्ट करते हुए बताइए कि उनकी तुलना किससे की गई है?

(ग) कवि के अनुसार नूतन कविता कैसी होनी चाहिए?

उत्तर—(क) कवि बादलों से गर्जना करने के लिए कहता है, क्योंकि वह चाहता है कि बादल अपनी तीव्र गर्जना से वातावरण में उत्साह, पौरुष और क्रांति के माध्यम से समाज में परिवर्तन लाने के लिए जोश से भर दें।

(ख) बादल सुंदर, काले-काले घुंघराले हैं। कवि ने उनकी तुलना बाल कल्पना से की है, क्योंकि जिस प्रकार बच्चों की कल्पनाएँ मधुर होती हैं तथा पल-पल बदलती रहती हैं इसी प्रकार बादल भी बार-बार अपना रूप बदलते रहते हैं। वे स्थिर नहीं रहते।

(ग) कवि के अनुसार नूतन कविता ऐसी होनी चाहिए जो जनमानस को क्रान्ति का संदेश देने वाली हो और मन में नवजीवन व चेतना का संचार करने वाली हो जिससे कविता के स्वर को सुन संपूर्ण संसार उत्साह से भर उठे।

9. निम्नलिखित प्रश्नों में से किन्हीं चार प्रश्नों के उत्तर लगभग 30- 40 शब्दों में लिखिए : **[2 × 4 = 8]**

(क) परशुराम विश्वामित्र से लक्ष्मण की शिकायत किन शब्दों में करते हैं?

(ख) 'छाया मत छूना' कविता में 'जितना ही दौड़ा तू उतना ही भरमाया' के माध्यम से कवि क्या कहना चाहता है?

(ग) 'यह दंतुरित मुसकान' कविता में 'बाँस और बबूल' किसके प्रतीक हैं?

(घ) 'कन्यादान' कविता में माँ की सोच परंपरागत माँ से कैसे भिन्न है?

(ङ) संगतकार की आवाज़ में हिचक क्यों सुनाई देती है?

उत्तर—(क) परशुराम, विश्वामित्र से लक्ष्मण की शिकायत करते हुए कहते हैं कि यह बालक बहुत मंदबुद्धि, कुटिल और निरंकुश है। काल के वशीभूत होकर यह अपने कुल का घातक बन रहा है। यह सूर्यवंशी चंद्रमा का कलंक, अत्यंत उद्दंड और मर्यादारहित है। मैं तुम्हें चेतावनी देता

हूँ कि क्षण भर में यह काल का ग्रास हो जाएगा फिर तुम मुझे दोष न देना।

(ख) कवि कहना चाहता है कि मनुष्य यश, मान-सम्मान, सुख और वैभव पाने के पीछे जितना दौड़ता है, उतना ही उससे दूर होता जाता है। इनको पाकर भी मनुष्य प्रसन्न नहीं रह सकता है।

(ग) कविता में बाँस और बबूल के पेड़ कठोर हृदय या निष्ठुर व्यक्तियों के प्रतीक हैं। इन प्रतीकों के माध्यम से कवि कहना चाहता है कि बच्चे की मधुर मुस्कान को देखकर कठोर से कठोर हृदय मानव भी सरस हो उठते हैं।

(घ) कन्यादान कविता की माँ, परंपरागत माँ से पूर्णतया भिन्न है। जहाँ परम्परागत माँ अपनी बेटी को सब कुछ सहकर कर्तव्य पालन करने की सीख देती है वहीं कविता में वर्णित माँ सामाजिक विकृतियों के प्रति जागरूक है। वह नारी शोषण के प्रति बेटी को सचेत एवं सजग करती है। वह उसे सबल बनने के लिए प्रेरित करती है।

(ङ) संगतकार प्रतिभावान होते हुए भी कभी मुख्य गायक से आगे बढ़ने का प्रयास नहीं करता। वह जानबूझकर अपने स्वर को मुख्य गायक के स्वर से नीचे रखने का प्रयास करता है। स्वयं को मुख्य गायक के पीछे रखने की इसी कोशिश में उसकी आवाज़ में एक हिचक सुनाई देती है।

10. निम्नलिखित प्रश्नों में से किन्हीं दो प्रश्नों के उत्तर लगभग 50- 60 शब्दों में लिखिए : [3 × 2 = 6]

(क) भोलानाथ संकट के समय में अपने पिता के पास न जाकर माता के पास क्यों जाता है? 'माता का अँचल' पाठ के आधार पर स्पष्ट कीजिए।

(ख) इंग्लैंड की महारानी के हिंदुस्तान आगमन पर अखबार क्या-क्या छाप रहे थे और रानी के आने के दिन वे चुप क्यों रह गए?

(ग) 'सेवन सिस्टर्स वाटर फॉल' को देख लेखिका ने अपनी भावनाओं को कैसे अभिव्यक्त किया है? 'साना-साना हाथ जोड़ि ....' पाठ के आधार पर लिखिए।

उत्तर—(क) किसी भी विषम परिस्थितियों में माँ का अँचल सबसे सुरक्षित स्थान होता है। उसका हृदयस्पर्शी स्नेह और सान्निध्य किसी भी कष्ट या भय को दूर करने में सक्षम होता है। बच्चा अपनी माँ के साथ रहकर ही सुरक्षित अनुभव करता है। माँ उसकी भावनाओं को अच्छी तरह समझती है। माँ की ममता और आत्मीयता की कोई तुलना नहीं होती। यही कारण है कि भोलानाथ संकट के समय अपने पिता के पास न जाकर माँ के पास जाता है।

(ख) रानी के आने से पहले अखबारों में रानी की पोशाकों के रंग, उन पर होने वाले खर्च, रानी की जन्मपत्री, प्रिंस फिलिप के कारनामे छापने के साथ ही उनके नौकर-नौकरानियों, बावर्चियों, खानसामों की जीवनियाँ यहाँ तक कि शाही महल के कुत्तों की तस्वीरें भी छापी गईं। लेकिन रानी के आगमन पर सब अखबार चुप थे। देश का आत्मसम्मान लूटने वालें की मूर्ति पर जिंदा व्यक्ति की नाक लगाए जाने की घटना अपमानजनक बात थी। शायद इसीलिए सभी अखबार चुप रहकर जॉर्ज पंचम की मूर्ति पर जिंदा नाक लगाए जाने के प्रति अपना आक्रोश प्रकट कर रहे थे।

(ग) खूब ऊँचाई से गिरते 'सेवन सिस्टर्स वाटरफॉल' को देखकर लेखिका मंत्रमुग्ध हो गईं। नीचे बिखरे भारी-भरकम पत्थरों पर बैठकर लेखिका को अलौकिक आनंद की अनुभूति होती है। झरना उसे अनुपम प्राकृतिक सौन्दर्य के बीच दिव्यता एवं जीवन शक्ति का अहसास कराता है। अपने मन की सारी तामसिक वृत्तियाँ लेखिका को उस निर्मल जल धारा में बह जाती सी प्रतीत हुई। उनका वहाँ से उठने का मन भी नहीं किया।

खण्ड 'घ'

11. निम्नलिखित में से किसी एक विषय पर दिए गए संकेत-बिन्दुओं के आधार पर लगभग 200 से 250 शब्दों में निबन्ध लिखिए : ** **[10]**

(क) प्लास्टिक मुक्त भारत

- हानियाँ
- विकल्प क्या हो
- किए जा रहे प्रयास

(ख) आत्मविश्वास और सफलता

- आत्मविश्वास से तात्पर्य
- आत्मविश्वास सफलता के लिए क्यों आवश्यक
- अहंकार और आत्मविश्वास में अंतर

(ग) मातृभाषा के प्रति अभिरुचि

- मातृभाषा से तात्पर्य
- घटती रुचि के कारण
- रुचि कैसे बढ़े

उत्तर—(क) प्लास्टिक मुक्त भारत

विज्ञान के कई प्रमुख आविष्कारों में से प्रमुख प्लास्टिक आज मानव जीवन के लिए खतरा बन चुका है। 15 अगस्त को अपने स्वतंत्रता दिवस के संबोधन में प्रधानमंत्री श्री नरेंद्र मोदी जी ने 2 अक्टूबर, 2019 से प्लास्टिक मुक्त भारत अभियान के तहत एकल उपयोग वाले प्लास्टिक पर प्रतिबंध लगाने की घोषणा की। इस अभियान का लक्ष्य 2022 तक एकल प्लास्टिक के उपयोग को समाप्त करके भारत को प्लास्टिक मुक्त बनाना है। वर्तमान समय में अपने दैनिक जीवन के लगभग हर क्षेत्र में हम दिन की शुरुआत से लेकर सोने तक अनेक प्लास्टिक निर्मित वस्तुओं का उपयोग करते हैं। प्लास्टिक बैग बाज़ार में आसानी से उपलब्ध हैं, हालांकि इनका निस्तारण एक प्रमुख समस्या बन गया है। प्लास्टिक नॉन बायोडिग्रेडेबल (अजैवनिम्नीकरण) पदार्थ है। अतः यह भूमि एवं जल प्रदूषण का प्रमुख कारण बन गया है। इसे जलाने से वायु प्रदूषित होती है। यह समुद्री जीवों और पशुओं के लिए भी खतरा है। एक अध्ययन से पता चला है कि एक ही प्लास्टिक बोतल का पानी बार-बार पीने के पानी के लिए उपयोग करने पर उसमें जहरीले पदार्थ घुलने लगते हैं।

प्लास्टिक के विकल्प के रूप में कंपोस्टेबल या बायोडिग्रेडेबल (जैवनिम्नीकरण) सामग्री और समुद्री शैवाल का उपयोग किया जा सकता है। यहाँ तक कि सिलिकॉन को भी एक प्लास्टिक विकल्प के रूप में देखा जाता है।

प्लास्टिक मुक्त भारत की योजना को सफल बनाने के लिए प्लास्टिक के स्थान पर कपड़ा या कागज़ की थैलियों का

** वर्तमान पाठ्यक्रम में 'निबन्ध' के स्थान पर 'अनुच्छेद' पर आधारित प्रश्न पूछे जायेगें।

प्रयोग, धातु के कंटेनर आदि का उपयोग करना चाहिए। सरकार के आग्रह पर पी.डब्ल्यू.डी. और एन.एच.ए.आई. ने सड़क निर्माण के लिए प्लास्टिक कचरे का उपयोग करने की योजना पर काम प्रारम्भ कर दिया है। भारतीय पेट्रोलियम संस्थान देहरादून द्वारा भी प्लास्टिक कचरे से आटोमोटिव ग्रेड डीजल बनाने का काम किया जा रहा है। अगर हम लोग समस्या का कारण हैं तो समाधान भी हमें ही ढूँढना होगा। अपने देश भारत को प्लास्टिक मुक्त बनाने के लिए हमें एकजुट होकर प्रयास करना होगा।

(ख) आत्मविश्वास और सफलता

आत्मविश्वास का अभिप्राय है स्वयं पर विश्वास। किसी प्रसिद्ध विचारक ने आत्मविश्वास को सफलता का प्रथम रहस्य बताया है। जीवन में सफलता प्राप्त करने के लिए व्यक्ति में आत्मविश्वास होना परम आवश्यक है। यह मानव की वह आत्मिक शक्ति है जिसके बल पर व्यक्ति असंभव को भी संभव कर सकता है। जिस व्यक्ति में आत्मविश्वास होता है वह अपने लक्ष्य को पाने के लिए तब तक प्रयासरत रहता है जब तक उसे सफलता प्राप्त न हो जाए। संक्षेप में हम कह सकते हैं कि आत्मविश्वास और सफलता एक दूसरे के पर्याय हैं।

आत्मविश्वास युक्त व्यक्ति आशावादी होते हैं। वे किसी भी परिस्थिति में निराश नहीं होते। वे असफलता के कारणों को ढूँढकर उनका निदान करके अपने लक्ष्य तक पहुँचते हैं। वे कभी भी दूसरे पर निर्भर नहीं होते। इसी आत्मविश्वास के बल पर महात्मा गाँधी ने सत्य और अहिंसा को अस्त्र बनाकर स्वतंत्रता संग्राम में अंग्रेजों की विशाल सत्ता से टक्कर ली। इसी गुण के बल पर थॉमस एडिसन, अब्राहम लिंकन, नेपोलियन, हेलेन केलर, मैरी कॉम, सुनीता विलियम्स, कल्पना चावला जैसे अनगिनत लोगों ने असंभव को संभव कर दिखाया।

आत्मविश्वास बढ़ाने के लिए मन की एकाग्रता और सकारात्मक विचारों का होना बहुत जरूरी है। यह हमारे आंतरिक विश्वास को सुदृढ़ करता है, किन्तु हमारे मन में अहंकार का भाव नहीं आने देता। जिस व्यक्ति में आत्मविश्वास होता है उसके मन में यह भाव होता है कि मैं प्रत्येक कार्य कर सकता हूँ और यही भाव उसे उस कार्य में सफलता दिलाता है। आत्मविश्वास के बल पर सफलता प्राप्त करने वाले व्यक्ति का सब गुणगान करते हैं। अत: यह आवश्यक है कि हम अपने आंतरिक विश्वास को ढूँढें क्योंकि यही हमें हमारे लक्ष्य में सफलता दिला सकता है।

(ग) मातृभाषा के प्रति अभिरुचि

यदि भाषा हमें जोड़ती है तो मातृभाषा हमारी पहचान है। मातृभाषा व्यक्तित्व निर्माण का सशक्त माध्यम है। जन्म लेने के पश्चात् मानव जो प्रथम भाषा सीखता है। उसे उसकी मातृभाषा कहते हैं। जिस भाषा में माँ बोलती है, विचार करती है वही उस बच्चे की मातृभाषा होगी। सभी संस्कार एवं व्यवहार हम इसी के माध्यम से प्राप्त करते हैं। इसी भाषा के माध्यम से हम अपनी संस्कृति से जुड़कर उसकी धरोहर को आगे बढ़ाते हैं।

आज मातृभाषा के प्रति हमारी अभिरुचि समाप्त होती जा रही है। बच्चे अपनी मातृभाषा में गिनती करना भूल गए है. एक से अधिक भाषाओं का ज्ञान होना अच्छी बात है, किंतु इसका अभिप्राय यह नहीं है कि हम अपनी मातृभाषा अपनी सांस्कृतिक धरोहर से दूर होते जाएँ। हम जिस राज्य या प्रांत से हैं वहाँ की बोली हमें अवश्य आनी चाहिए। मातृभाषा का ज्ञान न होते हुए भी आज अंग्रेजी भाषा का ज्ञान प्राप्त करके बच्चे स्वयं को श्रेष्ठ समझने लगते हैं, जो कदापि उचित नहीं है। यही कारण है कि आज गाँव और शहर के बच्चों के बीच में दूरियाँ बढ़ती जा रही हैं। अपनी भाषा के सुंदर लोकगीत, दोहे, छंद एवं लोकनृत्य हम भूलते जा रहे हैं।

हमें अपनी मातृभाषा का सम्मान करना चाहिए। उसे सहेज कर रखना चाहिए। महात्मा गाँधी ने भी कहा था कि मातृभाषा यदि शिक्षा का माध्यम नहीं होगी तो बच्चे रटने को मजबूर हो जाएँगे जिससे उनकी सृजनात्मकता समाप्त हो जाएगी। मातृभाषा के महत्व को समझते हुए यूनेस्को ने 17 नवंबर 1999 को अंतर्राष्ट्रीय मातृभाषा दिवस मनाने की स्वीकृति दी थी। इसी कारण विश्व भर में अंतर्राष्ट्रीय मातृभाषा दिवस 21 फरवरी को मनाया जाता है। हम सब का यह कर्तव्य है कि हम अपनी मातृभाषा के महत्व को समझें। उसे सीखने की कोशिश करें उसमें बोलना अपना गौरव समझें तथा उसे विश्व पटल पर गौरवपूर्ण स्थान प्रदान करने के लिए प्रयासरत रहें।

12. स्वरचित कविता प्रकाशित करवाने के लिए अनुरोध करते हुए किसी समाचार-पत्र के संपादक को पत्र लगभग 80-100 शब्दों में लिखिए। [5]

अथवा

आपके मित्र के पिता सीमा पर शहीद हो गए। अपनी भावनाएँ व्यक्त करते हुए मित्र को लगभग 80-100 शब्दों में पत्र लिखिए।

उत्तर—सेवा में,
संपादक
हिंदुस्तान टाइम्स
नई दिल्ली

विषय-स्वरचित कविता प्रकाशित करवाने हेतु

महोदय,
आप के लोकप्रिय समाचार पत्र की साप्ताहिक पत्रिका में नवोदित रचनाकारों की रचनाएँ पढ़ने का सुअवसर प्राप्त हुआ। कुछ रचनाएँ बहुत प्रभावी और प्रेरणादायक थीं। मेरी भी अभिरुचि कविता लेखन में रही है। बाल कविताओं के साथ-साथ समसामयिक विषयों पर मैंने कई कविताएँ लिखी हैं। अपने काव्य संग्रह में से पर्यावरण-संरक्षण पर लिखी एक कविता मैं इस पत्र के साथ संलग्न कर रही हूँ।
आपसे अनुरोध है कि अपने समाचार पत्र में मेरी रचना को स्थान देकर कृतार्थ करें।

धन्यवाद सहित
निवेदिका
अ ब स
म. सं. 320 पॉकेट-ए, सेक्टर-3
रोहिणी, नई दिल्ली
दिनांक 22 फरवरी, 20XX

अथवा

सी-312, रोहन तरंग सोसाइटी
पुणे, महाराष्ट्र
दिनांक : 23 मार्च, 20XX
प्रिय मित्र राहुल,
मधुर स्नेह,

कल समाचार पत्र में तुम्हारे पिताजी के सीमा पर शहीद हो जाने का शोकपूर्ण समाचार पढ़कर मैं स्तब्ध रह गया। अभी कुछ समय पूर्व ही जब वे अवकाश पर घर आए थे, तो मेरी भेंट उनसे हुई थी। समाचार पत्र में आतंकवादियों से हुई मुठभेड़ में उनके शहीद हो जाने का समाचार पढ़कर मुझे विश्वास ही नहीं हुआ।

प्रिय मित्र ! मैं जानता हूँ कि पिताजी के निधन से तुम्हारे परिवार को अपूर्णनीय क्षति पहुँची है। किंतु ईश्वर के विधान के आगे हम सब विवश हैं। तुम्हें तो गर्व होना चाहिए कि तुम्हारे पिताजी ने वीरतापूर्वक शत्रुओं का सामना करते हुए देश रक्षा में अपने प्राण समर्पित कर दिए। इस दुखद घड़ी में तुम्हें धैर्य से काम लेते हुए अपनी माता जी और छोटे भाई को भी संभालना है।

ईश्वर से प्रार्थना है कि दुख की इस विषय घड़ी में वे तुम्हें और तुम्हारे परिवार को असीम धैर्य और साहस तथा दिवंगत आत्मा को शांति प्रदान करें। मेरे योग्य यदि कोई भी कार्य हो तो नि:संकोच कहना। मैं तुमसे शीघ्र भेंट करूँगा।

तुम्हारा मित्र
अ ब स।

13. **टूथपेस्ट बनाने वाली कंपनी के लिए एक विज्ञापन 25-50 शब्दों में तैयार कीजिए।** **[5]**

अथवा

पर्यावरण के प्रति जागरूकता बढ़ाने के लिए एक विज्ञापन 25-50 शब्दों में तैयार कीजिए

उत्तर—

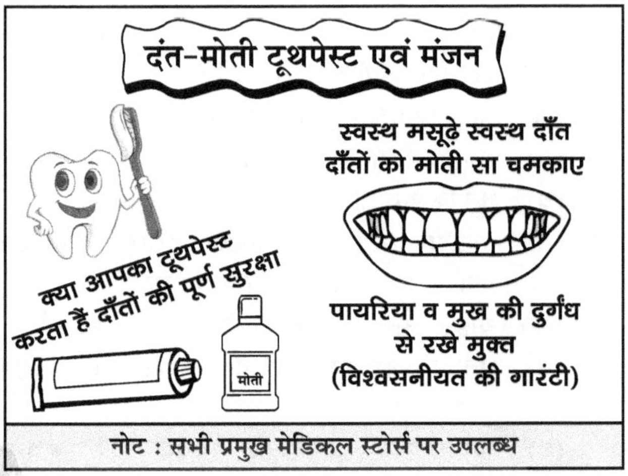

अथवा

Outside Delhi [Set-II]

Note : Except for the following questions, all the remaining questions have been asked in previous set.

खण्ड 'ख'

2. **निर्देशानुसार उत्तर लिखिए :** **[1 × 4 = 4]**

(क) जैसे ही बत्ती हरी हुई वैसे ही सारे वाहन चल पड़े। (संयुक्त वाक्य में बदलिए)

(ख) वे दिल्ली में बीमार रहे और पता नहीं चला। (सरल वाक्य में बदलिए)

(ग) वे रिश्ता बनाकर तोड़ते नहीं थे। (मिश्र वाक्य में बदलिए)

(घ) शंकुलता ने जो कटु वाक्य दुष्यंत को कहे, वह इस पढ़ाई का ही दुष्परिणाम था। (आश्रित उपवाक्य छाँटकर भेद भी लिखिए)

उत्तर–(क) बत्ती हरी हुई और सारे वाहन चल पड़े।

(ख) उनके दिल्ली में बीमार होने/रहने का पता नहीं चला।

(ग) यदि वे रिश्ता बनाते थे तो तोड़ते नहीं थे।

(घ) शंकुतला ने जो कटु वाक्य दुष्यंत को कहे–(विशेषण उपवाक्य)।

3. **निर्देशानुसार वाच्य परिवर्तन कीजिए :** **[1 × 4 = 4]**

(क) दुकानदार द्वारा उचित मूल्य लिया गया। (कर्तृवाच्य में बदलिए)

(ख) महात्मा गाँधी ने राष्ट्र को शांति और अहिंसा का संदेश दिया। (कर्मवाच्य में बदलिए)

(ग) मच्छरों के कारण हम रातभर सो न सके। (भाववाच्य में बदलिए)

(घ) गाइड द्वारा हमें सब कुछ समझा दिया गया। (कर्तृवाच्य में बदलिए)

उत्तर– (क) दुकानदार ने उचित मूल्य लिया।

(ख) महात्मा गाँधी द्वारा राष्ट्र को शांति और अहिंसा का संदेश दिया गया।

(ग) मच्छरों के कारण हम से रात भर सोया न जा सका।

(घ) गाइड ने हमें सब कुछ समझा दिया।

4. निम्नलिखित वाक्यों में रेखांकित पदों का पद-परिचय लिखिए : [1 × 4 = 4]

(क) आशिमा दसवीं कक्षा में पढ़ती है।

(ख) वाह, तुमने अच्छा काम किया।

(ग) शिक्षक के साथ एक शिष्य भी आता है।

(घ) तुम किस कक्षा में पढ़ते हो?

उत्तर- (क) **आशिमा**-संज्ञा, व्यक्तिवाचक, एकवचन, स्त्रीलिंग, कर्ता कारक, 'पढ़ती है' क्रिया की कर्ता।

(ख) **वाह !**- अव्यय, विस्मयादिबोधक, हर्ष सूचक।

(ग) **एक**-संख्यावाचक विशेषण, एकवचन पुल्लिंग, 'शिष्य' विशेष्य का विशेषण।

(घ) **तुम**-सर्वनाम, पुरुषवाचक, मध्यम पुरुष एकवचन, कर्ता कारक, 'पढ़ते हो' क्रिया का कर्ता।

5. निम्नलिखित प्रश्नों में से किन्हीं चार के उत्तर दीजिए : [1 × 4 = 4]

(क) **निम्नलिखित काव्य-पंक्तियों में रस पहचानकर लिखिए :**

हाथ में घाव थे चार
थी उनमें मवाद भरमार
मक्खी उन पर भिनक रही थी
कुछ पाने को टूट पड़ी थी।
उसी हाथ से कौर उठाता
घृणा से मेरा मन भर जाता।

(ख) 'वीर रस' का एक उदाहरण लिखिए।

उत्तर—(क) वीभत्स रस

(ख) वीर रस-मैं सत्य कहता हूँ सखे ! सुकुमार मत जानो मुझे यमराज से भी युद्ध को प्रस्तुत सदा मानो मुझे।

12. नगर में बढ़ती भीड़-भाड़ के कारण परिवहन की जटिल समस्या के हल के लिए सड़कों को और अधिक चौड़ा किए जाने की आवश्यकता पर बल देते हुए अपने राज्य के मुख्यमंत्री को पत्र लगभग 80-100 शब्दों में लिखिए। [5]

अथवा

वाद-विवाद प्रतियोगिता में पहली बार भाग लेने तथा पुरस्कार पाने का अनुभव बताते हुए अपने मित्र को पत्र लगभग 80-100 शब्दों में लिखिए।

उत्तर—सेवा में,
माननीय मुख्यमंत्री
उत्तराखंड शासन
देहरादून

महोदय,

सविनय निवेदन है कि देहरादून नगर, मसूरी जैसे पर्वतीय स्थल तथा हरिद्वार और ऋषिकेश जैसे तीर्थ स्थलों के निकट होने के कारण सदा से ही पर्यटकों के लिए आकर्षण का केंद्र रहा है। उत्तराखंड की राजधानी बनने के बाद से देहरादून नगर राजनैतिक गतिविधियों का केंद्र भी बन गया है। ऐसे में यहाँ के नागरिकों को नगर में बढ़ती भीड़-भाड़ के कारण परिवहन की जटिल समस्या का रोज़ सामना करना पड़ रहा है। सड़कों पर बढ़ती वाहनों की संख्या तथा अनियंत्रित चालन के कारण आए दिन दुर्घटनाएँ होती रहती हैं। किसी भी चौराहे को पैदल पार करना कठिन हो जाता है। परिवहन की समस्या के हल के लिए सड़कों को और अधिक चौड़ा किए जाने की आवश्यकता है। अत: मेरा आपसे अनुरोध है कि आप अपने अधीनस्थ अधिकारियों को आदेशित करें कि वे शीघ्र-अतिशीघ्र नगर के प्रमुख मार्गों के चौड़ीकरण के साथ-साथ अन्य सड़कों की उचित मरम्मत कराने की व्यवस्था करें।

सधन्यवाद
भवदीय
अ ब स
दिनांक 22 नवम्बर 20XX

अथवा

मकान संख्या- 12
साकेत कॉलोनी
नई दिल्ली
दिनांक : 11 फरवरी 20XX

प्रिय मित्र आशीष,
सप्रेम नमस्कार,

आशा है कि तुम कुशल पूर्वक होंगे। मैं भी यहाँ सानंद हूँ। जैसा कि तुम्हें पता है मैंने इस वर्ष नए विद्यालय में प्रवेश लिया है। यहाँ शिक्षण के साथ-साथ पाठ्य सहगामी गतिविधियाँ भी होती हैं। मैंने भी पहली बार हिंदी वाद-विवाद प्रतियोगिता में भाग लिया था। यद्यपि मैंने इसके लिए बहुत परिश्रम और अभ्यास किया था, किंतु मंच पर जाने से पूर्व मुझे बहुत घबराहट हो रही थी। तुम्हें यह जानकर खुशी होगी कि इस प्रतियोगिता में मुझे प्रथम स्थान प्राप्त हुआ है। प्राचार्य महोदय से प्रथम पुरस्कार प्राप्त करते समय मेरी खुशी का ठिकाना न रहा। मेरे माता-पिता को भी मेरी इस उपलब्धि पर बहुत गर्व है।

तुम भी अपने विद्यालय की गतिविधियों के विषय में मुझे लिखना। आपके माता-पिता को मेरा सादर प्रणाम और छोटी बहन को सस्नेह आशीर्वाद कहना।

तुम्हारा मित्र
अ ब स।

13. आपके मुहल्ले में एक संगीत संध्या का आयोजन होने जा रहा है। इसके अधिकाधिक प्रसार के लिए एक विज्ञापन लगभग 25-50 शब्दों में तैयार कीजिए। [5]

अथवा

'मोबाइल रिपेयर' नाम से सभी प्रकार के मोबाइलों को ठीक करने का दावा करने वाली एक नई दुकान खुली है। इसके प्रचार के लिए एक विज्ञापन लगभग 25-50 शब्दों में तैयार कीजिए।

उत्तर—

अथवा

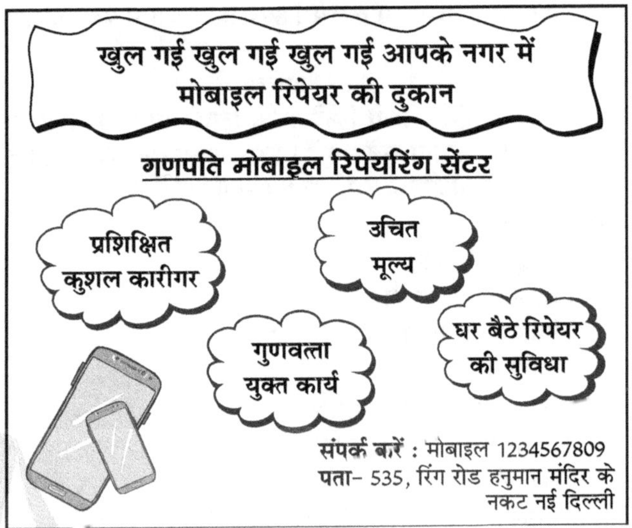

Outside Delhi [Set-III]

Note : Except for the following questions, all the remaining questions have been asked in previous set.

खण्ड 'ख'

2. निर्देशानुसार उत्तर लिखिए : **[1 × 4 = 4]**

(क) जादूगर का जादू देखकर दर्शक दंग रह गए। (संयुक्त वाक्य में बदलिए)

(ख) नवाब साहब ने तौलिया झाड़ा और सामने बिछा लिया। (सरल वाक्य में बदलिए)

(ग) खीरे के स्वाद के आनंद में नवाब साहब की पलकें मुँद आईं। (मिश्र वाक्य में बदलिए)

(घ) मैं नहीं जानता कि इस संन्यासी ने कभी क्या सोचा था। (रेखांकित उपवाक्य भेद लिखिए)

उत्तर—(क) जादूगर का जादू देखा और दर्शक दंग रह गए।

(ख) नवाब साहब ने तौलिया झाड़ कर सामने बिछा लिया।

(ग) जब खीरे के स्वाद का आनंद आया, तब नवाब साहब की पलकें मुँद आई।

(घ) संज्ञा, आश्रित उपवाक्य।

3. निर्देशानुसार वाच्य परिवर्तन कीजिए : **[1 × 4 = 4]**

(क) बस की खिड़की से न झाँकें। (भाववाच्य में बदलिए)

(ख) धर्मगुरु ने कामिल बुल्के की बात मान ली। (कर्मवाच्य में बदलिए)

(ग) तुम पढ़ क्यों नहीं सकते? (कर्मवाच्य में बदलिए)

(घ) उससे उठा-बैठा नहीं जाता। (कर्तृवाच्य में बदलिए)

उत्तर—(क) बस की खिड़की से न झाँका जाए।

(ख) धर्मगुरु द्वारा कामिल बुल्के की बात मान ली गई।

(ग) तुमसे/तुम्हारे द्वारा पड़ा क्यों नहीं जा सकता?

(घ) वह उठ-बैठ नहीं सकता।

4. निम्नलिखित वाक्यों में रेखांकित पदों का पद-परिचय लिखिए : **[1 × 4 = 4]**

(क) पानवाला नया पान खा रहा था।

(ख) यह साइकिल मेरे बड़े भाई की है।

(ग) माँ की याद आती है।

(घ) मधुर गान तो सदा ही सुनने को मिलते।

उत्तर—(क) **नया**—गुणवाचक विशेषण, पुल्लिंग एकवचन, पान विशेष्य का विशेषण।

(ख) **यह**—सार्वनामिक विशेषण, एकवचन, स्त्रीलिंग साइकिल विशेष्य का विशेषण।

(ग) **माँ की**—संज्ञा—जातिवाचक, एकवचन, स्त्रीलिंग, संबंध कारक।

(घ) **सदा ही**—अव्यय, क्रिया-विशेषण, काल वाचक, सुनने क्रिया की अवधि का सूचक, 'मिलते' क्रिया का विशेषण।

5. निम्नलिखित प्रश्नों में से किन्हीं चार के उत्तर दीजिए : **[1 × 4 = 4]**

(क) **निम्नलिखित काव्य-पंक्तियों में रस पहचानकर लिखिए :**

हाथी जैसे देह है, गैंडे जैसी खाल
तरबूजे-सी खोपड़ी, खरबूजे से गाल।

(ख) 'अद्भुत रस' का एक उदाहरण लिखिए।

(ग) 'उत्साह' किस रस का स्थायी भाव है?

उत्तर—(क) हास्य रस।

(ख) अद्भुत रस-चकित हुआ तब देख मोर-जोड़ी को।
नृत्य करती थी जो सुधबुध भूलकर॥
साथ उसके था एक नृत्यरत सर्प-भी।
प्रवृत्ति गत युग वैर-भाव से रहित थे॥

(ग) वीर रस का

12. बिजली विभाग के अधिकारी को बिजली बिल की शिकायत करते हुए लगभग 80-100 शब्दों में पत्र लिखिए। [5]

अथवा

आप अंतर्विद्यालयी क्रिकेट के लिए अपने विद्यालय की टीम के कप्तान चुने गए हैं। इस आशय की सूचना देते हुए अपने पिताजी को लगभग 80-100 शब्दों में लिखिए।

उत्तर—सेवा में,
विद्युत अधिकारी
विद्युत प्रदाय संस्थान
नेहरू ग्राम, रायपुर
देहरादून
दिनांक–22 नवम्बर 20XX

विषय-बिजली के बिल में गड़बड़ी की शिकायत हेतु

महोदय,
निवेदन है हम नेहरू ग्राम रायपुर क्षेत्र के निवासी बिजली से बहुत परेशान हैं। हमारे क्षेत्र के मीटर रीडर मनचाही रीडिंग भर कर भेज देते हैं। जिस कारण हमारे बिजली के बिल आवश्यकता से अधिक आते हैं। कई बार शिकायत करने के बाद भी आपके विभाग की ओर से इस दिशा में कोई कदम नहीं उठाया गया।
पिछले महीने मैं अवकाश पर अपने गाँव गया हुआ था। मेरा घर बंद था। फिर भी मेरा बिजली का बिल ₹ 3000 आया है। यह समस्या क्षेत्र के प्रायः सभी निवासियों की है।
आशा है आप इस दिशा में उचित कदम उठाते हुए हमारी समस्या का निदान करने की कृपा करेंगे।
धन्यवाद सहित
भवदीय (हस्ताक्षर)
अ ब स
अध्यक्ष
मोहल्ला सुधार समिति
नेहरू ग्राम, रायपुर
देहरादून

अथवा

छात्रावास
प्रभात मॉडल स्कूल
लखनऊ
दिनांक—22 जनवरी 20XX
आदरणीय पिताजी,
सादर प्रणाम, आशा है आप सकुशल होंगे। आदरणीय माताजी तथा मुकुल भी प्रसन्न होंगे।
पिताजी मुझे आपको बताते हुए अत्यंत हर्ष का अनुभव हो रहा है कि इस वर्ष अंतर्विद्यालयी क्रिकेट प्रतियोगिता में भाग लेने के लिए अपने विद्यालय की ओर से मेरा चयन टीम के कप्तान के रूप में हुआ है। निश्चय ही यह एक बहुत बड़ी जिम्मेदारी है और इसके लिए निरंतर अभ्यास एवं परिश्रम की आवश्य है। मेरा लक्ष्य प्रतियोगिता में स्वर्णपदक प्राप्त करना है जिस लिए मुझे आपके आशीर्वाद की आकांक्षा है। आशा है सदैव की भांति आप अपना आशीर्वाद मुझे देंगे।
आदरणीय माता जी को चरण स्पर्श एवं प्रिय मुकुल को स्नेह आशीर्वाद कहिएगा।
आपका पुत्र
अ ब स।

13. विद्यालय में वार्षिकोत्सव के अवसर पर विद्यार्थियों द्वारा निर्मित हस्तकला की वस्तुओं की प्रदर्शनी के लिए एक विज्ञापन लगभग 25-50 शब्दों में तैयार कीजिए। [5]

अथवा

हेलमेट बनाने वाली एक कंपनी के लिए एक विज्ञापन लगभग 25-50 शब्दों में तैयार कीजिए।

उत्तर—

अथवा

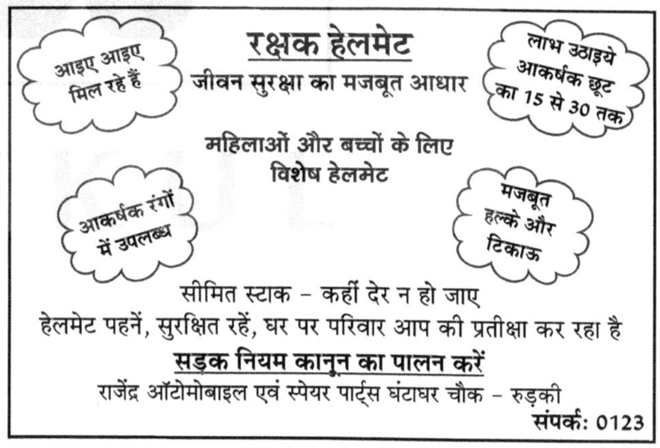

HINDI (COURSE A)

Delhi [Set-I] 2020

निर्धारित समय : 3 घण्टे **अधिकतम अंक : 80**

खण्ड 'क'

1. **निम्नलिखित गद्यांश को ध्यानपूर्वक पढ़िए और पूछे गए प्रश्नों के उत्तर लिखिए।**

मनुष्य का सबसे बड़ा गुण है, आत्मनिर्भरता तथा सबसे बड़ा अवगुण है, स्वावलंबन का अभाव। स्वावलंबन सबके लिए अनिवार्य है। जीवन के मार्ग में अनेक बाधाएँ आती हैं। यदि उनके कारण हम निराश हो जाएँ, संघर्ष से जी चुराएँ या मेहनत से दूर रहें तो भला हम जीवन में सफल कैसे होंगे? अतः आवश्यक है कि हम स्वावलंबी बनें तथा अपने आत्मविश्वास को जाग्रत करके मजबूत बनें। यदि व्यक्ति स्वयं में आत्मविश्वास जाग्रत कर ले तो दुनिया में ऐसा कोई कार्य नहीं है जिसे वह न कर सके। स्वयं में विश्वास करने वाला व्यक्ति जीवन के हर क्षेत्र में कामयाब होता जाता है। सफलता स्वावलंबी मनुष्य के पैर छूती है। आत्मविश्वास तथा आत्मनिर्भरता से आत्मबल मिलता है जिससे आत्मा का विकास होता है तथा मनुष्य श्रेष्ठ कार्यों की ओर प्रवृत्त होता है। स्वावलंबन मानव में गुणों की प्रतिष्ठा करता है। आत्मसम्मान, आत्मविश्वास, आत्मबल, आत्मरक्षा, साहस, संतोष, धैर्य आदि गुण स्वावलंबन के सहोदर हैं। स्वावलंबन व्यक्ति, राष्ट्र तथा मानव मात्र के जीवन में सर्वांगीण सफलता प्राप्ति का महामंत्र है।

(क) जीवन में सफलता प्राप्त करने के लिए कौन-सा गुण आवश्यक है और क्यों? [2]

(ख) आत्मविश्वास क्यों आवश्यक है और कैसे जाग्रत हो सकता है? [2]

(ग) स्वावलंबन का सहोदर किसे कहा गया है और क्यों? [2]

(घ) स्वावलंबन का अभाव मनुष्य का सबसे बड़ा अवगुण क्यों है? [2]

(ङ) 'आत्मबल' के लिए क्या आवश्यक है? [1]

(च) उपर्युक्त गद्यांश के लिए उपयुक्त शीर्षक लिखिए। [1]

उत्तर—(क) जीवन में सफलता प्राप्त करने के लिए आत्मविश्वास आत्मनिर्भरता का गुण आवश्यक है, क्योंकि इन दो गुणों से जीवन में आने वाली बाधाओं और निराशा का सामना करने के लिए सफलता प्राप्त की जा सकती है।

(ख) आत्मविश्वास से आत्मबल मिलता है जो स्वावलंबी बनने के लिए, जीवन में सभी कार्य कर सकने के लिए आवश्यक है, यह कड़ी मेहनत करके ही जागृत होता है।

(ग) स्वावलंबन के सहोदर आत्मसम्मान, आत्मविश्वास, आत्मबल, आत्म रक्षा, संतोष, धैर्य है, क्योंकि इन्हीं गुणों की सहायता से हम स्वावलंबी बनते है।

(घ) स्वावलंबन के अभाव में मनुष्य हमेशा दूसरों पर निर्भर रहता है और जीवन में सफलता प्राप्त नहीं कर पाता, इसलिये स्वावलंबन का अभाव मनुष्य का सबसे बड़ा अवगुण है।

(ङ) आत्मविश्वास और आत्मनिर्भरता आत्मबल के लिए आवश्यक है।

(च) "सफलता के महामंत्र"/स्वावलम्बन

खण्ड 'ख'

2. **निर्देशानुसार उत्तर लिखिए—** [1 × 4 = 4]

(क) पत्थर की मूर्ति पर चश्मा असली था। (संयुक्त वाक्य में बदलिए)

(ख) मूर्तिकार ने सुना और जवाब दिया। (सरल वाक्य में बदलिए)

(ग) काशी में संगीत आयोजन की एक प्राचीन एवं अद्‌भुत परंपरा है। (मिश्र वाक्य में बदलिए)

(घ) एक चश्मेवाला है जिसका नाम कैप्टन है। (आश्रित उपवाक्य छाँटकर भेद भी लिखिए)

उत्तर—(क) पत्थर की मूर्ति थी परन्तु चश्मा असली था।

(ख) मूर्तिकार ने सुनकर जवाब दिया।

(ग) काशी में संगीत आयोजन की एक परम्परा है, जो प्राचीन एवं अद्‌भुत है।

(घ) आश्रित उपवाक्य-जिसका नाम कैप्टन है।
भेद-विशेषण आश्रित उपवाक्य।

3. **निर्देशानुसार वाच्य परिवर्तन कीजिए—** [1 × 4 = 4]

(क) नेताजी ने देश के लिए अपना सब कुछ त्याग दिया। (कर्मवाच्य में बदलिए)

(ख) दर्द के कारण वह खड़ा ही नहीं हुआ। (भाववाच्य में बदलिए)

(ग) परीक्षा के बारे में अध्यापक द्वारा क्या कहा गया? (कर्तृवाच्य में बदलिए)

(घ) नवाब साहब ने हमारी ओर देखकर कहा कि खीरा लज़ीज होता है। (कर्मवाच्य में बदलिए)

उत्तर—(क) नेताजी द्वारा देश के लिए अपना सब कुछ त्याग दिया गया।

(ख) दर्द के कारण उससे खड़ा ही नहीं हुआ गया।

(ग) परीक्षा के बारे में अध्यापक ने क्या कहा?

(घ) नवाब साहब द्वारा हमारी ओर देखकर कहा गया कि खीरा लज़ीज होता है।

4. **निम्नलिखित वाक्यों में से रेखांकित पदों का पद-परिचय लिखिए—** [1 × 4 = 4]

(क) आजकल प्रदूषण तेजी से फैल रहा है।

(ख) वक्त काटने के लिए खीरे खरीदे होंगे।

(ग) नवाब साहब थककर लेट गए।

(घ) मेदा भी मेरा कमज़ोर है।

उत्तर—(क) प्रदूषण—एकवचन, पुल्लिंग, संज्ञा, जातिवाचक संज्ञा।

(ख) खरीदे होंगे—क्रिया, सकर्मक, पुल्लिंग, बहुवचन, भूतकाल, 'खीरा' कर्म।

(ग) **थककर**—क्रिया विशेषण, एकवचन, 'लेट गए' क्रिया की विशेषता।

(घ) **मेरा**—सर्वनाम, एकवचन, पुल्लिंग, विशेष्य, 'मेदा'।

5. **निम्नलिखित में से किन्हीं चार के उत्तर दीजिए—** **[1 × 4 = 4]**

(क) **निम्नलिखित काव्य पंक्तियों में रस पहचान कर लिखिए—**

उस काल मारे क्रोध के, तनु काँपने उनका लगा।
मानो हवा के ज़ोर-से, सोता हुआ सागर जगा।

(ख) 'वीर रस' का एक उदाहरण लिखिए।

(ग) 'शांत रस' का स्थायी भाव क्या है?

(घ) उद्दीपन से आप क्या समझते हैं?

(ङ) स्थायी भाव से क्या अभिप्राय है?

उत्तर—(क) 'रौद्र रस'

(ख) वचन अरुणता बदन की अरु फूलै सब अंग।
वह अनुभव बखानिये, सब बीरन के संग॥

(ग) शांत रस का स्थायी भाव-निर्वेद

(घ) उद्दीपन—जो सहृदय के भावों को उद्दीप्त करे, उसे उद्दीपन कहते हैं।

(ङ) स्थायी भाव—सहृदय के हृदय में स्थायी रूप से विद्यमान भाव को स्थायी भाव कहते हैं।

खण्ड 'ग'

6. **निम्नलिखित गद्यांश को ध्यानपूर्वक पढ़कर पूछे गए प्रश्नों के उत्तर लिखिए—** **[2 × 3 = 6]**

पानवाले के लिए यह एक मज़ेदार बात थी लेकिन हालदार साहब के लिए चकित और द्रवित करने वाली। यानी वह ठीक ही सोच रहे थे। मूर्ति के नीचे लिखा 'मूर्तिकार मास्टर मोतीलाल' वाकई कस्बे का अध्यापक था। बेचारे ने महीने-भर में मूर्ति बनाकर पटक देने का वादा कर दिया होगा। बना भी ली होगी लेकिन पत्थर में पारदर्शी चश्मा कैसे बनाया जाए-काँचवाला—यह तय नहीं कर पाया होगा। या कोशिश की होगी और असफल रहा होगा। या बनाते-बनाते 'कुछ और बारीकी' के चक्कर में चश्मा टूट गया होगा। या पत्थर का चश्मा अलग से बनाकर फिट किया होगा और वह निकल गया होगा। उफ़ ....!

(क) पानवाले के लिए क्या बात मज़ेदार थी और क्यों?

(ख) हालदार साहब की दृष्टि में कस्बे का अध्यापक 'बेचारा' क्यों था?

(ग) हालदार साहब ने नेताजी की प्रतिमा पर चश्मा न होने की क्या-क्या संभावनाएँ व्यक्त कीं?

उत्तर—(क) पानवाले के लिए मास्टर मोतीलाल द्वारा मूर्ति का चश्मा बनाना भूल जाना मज़ेदार बात थी, क्योंकि उनका स्वभाव ऐसा था कि उसे ऐसी बातों में मजा आता था। देशभक्तों के प्रति संवेदनशीलता नहीं थी।

(ख) हालदार साहब की दृष्टि से कस्बे के अध्यापक को 'बेचारा' इसलिए कहा, क्योंकि इतने कम समय में पत्थर की मूर्ति तैयार तो कर दी पर चश्मे का निर्णय नहीं ले सका। उन पर सीमित समय में बनाने का दबाव था।

(ग) चश्मा न होने की संभावनाएँ निम्नलिखित हैं—

(i) काँचवाला तय नहीं कर पाया या कोशिश करने पर असफल रहा होगा।

(ii) कुछ और बारीकी के चक्कर में चश्मा टूट गया होगा।

(iii) पत्थर का चश्मा अलग से बनाकर फिट किया होगा और वह निकल गया होगा।

7. **निम्नलिखित प्रश्नों में से किन्हीं चार प्रश्नों के उत्तर लगभग 30-40 शब्दों में लिखिए—** **[2 × 4 = 8]**

(क) बालगोबिन भगत के गीतों का खेतों में काम करते हुए और आते-जाते नर-नारियों पर क्या प्रभाव पड़ता था?

(ख) 'लखनवी अंदाज़' रचना में नवाब साहब की सनक को आप कहाँ तक उचित ठहराएँगे? क्यों?

(ग) फ़ादर बुल्के ने भारत में रहते हुए हिंदी के उत्थान के लिए क्या कार्य किए?

(घ) 'एक कहानी यह भी' पाठ के आधार पर लेखिका के पिताजी के सकारात्मक और नकारात्मक गुणों का उल्लेख कीजिए।

(ङ) बिस्मिल्ला खाँ की तुलना कस्तूरी मृग से क्यों की गई है?

उत्तर—(क) बालगोबिन भगत के गीतों का खेतों में काम करते हुए और आते-जाते नर-नारियों पर गीतात्मक प्रभाव पड़ता था कि मेड़ पर खडी औरतों के होंठ काँप उठते हैं वे गुनगुनाने लगती हैं, रोपनी करने वालों की अँगुलियाँ एक अजीब क्रम से चलने लगती हैं। यही बालगोबिन भगत के संगीत का जादू है।

(ख) 'लखनवी अंदाज' रचना में नवाब साहब की सनक को सकारात्मक कहा जा सकता है। सनक चाहे अंदाज की हो या बलिदान की उसको किस रूप से लेते हैं यह जरूरी है। देशभक्ति रखने वाला देशभक्त, संत, महात्माओं की भक्ति और परोपकार की सनक महापुरुषों की नव निर्माण की सनक सकारात्मक है, तो नवाब साहब की सनक भी सकारात्मक है, अर्थात् उचित है।

(ग) 'फादर बुल्के' एक विदेशी होते हुए उनका हिन्दी प्रेम देखते ही बनता था, उनमें हिंदी के प्रति हिन्दी वालों से कहीं ज्यादा गहरा प्रेम दिखा।

उन्होंने साहित्यिक गोष्ठियों में सक्रिय भूमिका निभाई और अंग्रेजी-हिन्दी शब्दकोष तैयार किया। उनके प्रयासों के कारण विश्वविद्यालय ने अपने नियमों में बदलाव किया जिससे भविष्य में हिंदी में भी थीसिस लिखी जाने लगी।

उन्हें कतई स्वीकार नहीं था कि हिंदी की अभिव्यक्ति में दूसरी भाषाओं के शब्द इस्तेमाल किए जाएँ।

अत: यह सही है जो हिंदी से सरोकार रखते हैं, फादर बुल्के उनके लिए एक आदर्श व्यक्ति हैं।

(घ) कहानी के आधार पर लेखिका के पिताजी में नकारात्मक व सकारात्मक गुण थे।

नकारात्मक पहलू—

(i) दोनों बच्चों में रंग के आधार पर भेदभाव करना।

(ii) मन्नू को हीन भावना से देखना, मन्नू के प्रति शक्की भावना रखना।

(iii) लेखिका के प्रति संवेदनहीनता।

सकारात्मक पहलू—

(i) लेखिका के पिता लेखिका को स्वतंत्रता आंदोलन में रूचि, देश-समाज के प्रति जागरूक करना चाहते थे।

(ii) स्त्री शिक्षा को प्रोत्साहन देते थे।

(iii) बच्चों में आर्थिक परेशानियाँ नहीं बाँटते थे।

(ङ) बिस्मिल्ला की तुलना कस्तूरी मृग से इसलिए की गई है, क्योंकि दोनों के गुण समान हैं। जिस प्रकार कस्तूरी मृग के भीतर ही कस्तूरी की गंध होती है और वह उसकी तलाश में भटकता रहता है, उसी प्रकार बिस्मिल्ला खाँ सुरों के सच्चे ज्ञाता होते हुये भी ईश्वर से सच्चे सुर की प्रार्थना करते रहते थे।

8. निम्नलिखित काव्यांश को ध्यानपूर्वक पढ़कर पूछे गए प्रश्नों के उत्तर लिखिए— **[2× 3 = 6]**

हरि हैं राजनीति पढ़ि आए।
समुझी बात कहत मधुकर के, समाचार सब पाए।
इक अति चतुर हुते पहिलैं ही, अब गुरु ग्रंथ पढ़ाए।
बढ़ी बुद्धि जानी जो उनकी, जोग-सँदेस पठाए।
ऊधो भले लोग आगे के, पर हित डोलत धाए।
अब अपनै मन फेर पाइहैं, चलत जु हुते चुराए।
ते क्यौं अनीति करैं आपुन, जे और अनीति छुड़ाए।
राज धरम तौ यहै 'सूर', जो प्रजा ने जाहिं सताए॥

(क) 'इक अति चतुर हुते पहिलैं ही, अब गुरु ग्रंथ पढ़ाए।' में निहित व्यंग्य को समझाइए।

(ख) श्रीकृष्ण द्वारा चुराए गए मन को वापस माँगने में निहित गोपियों की मनोव्यथा को स्पष्ट कीजिए।

(ग) गोपियों के अनुसार सच्चा राजधर्म क्या है? उन्होंने 'राजधर्म' का उल्लेख क्यों किया है?

उत्तर—(क) कृष्ण गोपियों को आश्वासन देकर गए परन्तु वापस नहीं आए। गोपियाँ व्यंग्य कर रही हैं कि अब वे एक राजनीतिज्ञ की तरह व्यवहार करने लगे है।

(ख) श्रीकृष्ण ने हमें त्याग दिया है कृष्ण द्वारा मिलने का वादा नहीं निभाने की व्यथा और विरह वेदना की तीव्रता। गोपियों द्वारा यह जताया जाना कि अब उन्हें कृष्ण से कोई उम्मीद शेष नहीं है।

(ग) गोपियों के अनुसार, सच्चा राजधर्म (राजा का धर्म) यह होना चाहिए कि वह प्रजा को कभी ना सताए और निरंतर उनकी भलाई में लगा रहे। प्रजा को अन्याय से छुटकारा दिलाए। इस आधार पर श्री कृष्ण को हमारे साथ न्याय करना चाहिए।

गोपियों द्वारा राजधर्म का उल्लेख कर यह याद दिलाना कि सबके प्रति समभाव रखना उनका कर्तव्य है वे भी उनकी प्रजा हैं। अत: उनके साथ भी अन्याय न होने देना उनका धर्म है।

9. निम्नलिखित प्रश्नों में से किन्हीं चार प्रश्नों के उत्तर लगभग 30-40 शब्दों में लिखिए— **[2 × 4 = 8]**

(क) 'अट नहीं रही है' कविता में 'उड़ने को नभ में तुम पर-पर कर देते हो' के आलोक में बताइए कि फागुन लोगों के मान को किस तरह प्रभावित करता है?

(ख) शिशु के धूलि-धूसरित शरीर को देखकर कवि नागार्जुन ने क्या कल्पना की?

(ग) प्रभुता की कामना को मृगतृष्णा क्यों कहा गया? 'छाया मत छूना' कविता के आधार पर लिखिए।

(घ) 'संगतकार' कविता में कवि ने आम लोगों से क्या अपेक्षा की है?

(ङ) परशुराम के प्रति लक्ष्मण के व्यवहार पर अपने विचार लिखिए।

उत्तर—(क) फागुन महीने में प्राकृतिक सौन्दर्य चरम पर होता है। और जन-मन उससे प्रभावित होता है। फागुन की सुगंधित हवा के रूप में जन-जन अन्दर बाहर सुवासित हो उठता है। इससे वातावरण अत्यंत सुहावना तथा मादक बन जाता है। कि जन-जन पक्षी की तरह पंख फैलाकर उड़ने के लिए व्याकुल नजर आते हैं। और मन खुशी तथा प्रसन्नता से भर उठता है।

(ख) शिशु के धूलि-धूसरित शरीर को देखकर कवि नागार्जुन जी की कल्पना प्रवलित हो रही है कि तुम्हारे धूल से सने शरीर को देखकर लगता है, मानों कमल के फूल तालाब को छोड़कर झोपड़ी में खिल रहे हों, कहने का अर्थ है धूल-धूसरित बाल तन को देखकर हृदय कमल खिल उठता है। कवि कल्पना करता हुआ कहता है तुम ऐसे प्राणवान हो कि तुम्हारा स्पर्श पाकर ही कठोर पत्थर भी पिघल कर जल बन गया होगा। अर्थात् बच्चे के कोमल स्पर्श में इतनी जीवंतता है कि वह कठोर को भी कोमल बना देती है।

(ग) प्रभुता की कामना को मृगतृष्णा इसलिए कहा गया क्योंकि कवि का मानना है कि उच्च पद पर प्रतिष्ठित होने से कोई मानसिक सुख नहीं मिलता। यह एक मन का छलावा है। यह सच्चाई है हर सुख से दुख जुड़ा ही रहता है। जैसे पूर्णिमा के बाद अमावस आती ही है। जिस तरह से मृग प्यास बुझाने के लिए भटकता रहता है, उसी तरह से व्यक्ति प्रभुता की कामना में भटकता रहता है। बड़प्पन का अहसास एक भ्रम है इससे भ्रमित होकर व्यक्ति दु:ख ही पाता है।

(घ) संगतकार कविता के आधार पर कवि की आम लोगों से अपेक्षा है कि जिस प्रकार आप लोग अपनी आवाज को ऊँचा न उठाने को संगतकार की कमजोरी या असफलता नहीं मानना चाहिए। संगतकार के प्रति भी सवेदनशील होना चाहिए।

(ङ) लक्ष्मण परम वीर हैं। ऐसे लोग स्वत: ही निडर होते हैं, परन्तु किसी वीर का उग्र होना आवश्यक नहीं।

हमारे विचार से एक योद्धा का धर्म अन्याय के खिलाफ आवाज उठाना है। परन्तु जहाँ पर परशुराम और लक्ष्मण के मध्य वाद-विवाद चल रहा है, वह युद्धक्षेत्र नहीं है। परशुराम का असीमित क्रोध तथा लक्ष्मण की असीमित उग्रता दोनों ही बातें ठीक नहीं हैं। हर बात की अति बुरी होती है। फिर भी हमारी समझ से लक्ष्मण को क्रोध की सीमा का उल्लंघन नहीं करना चाहिए था। भारतीय संस्कृति हमें बड़ों का सम्मान करना सिखाती है, अपमान नहीं।

10. निम्नलिखित प्रश्नों में से किन्हीं दो प्रश्नों के उत्तर लगभग 50 - 60 शब्दों में लिखिए— **[3 × 2 = 6]**

(क) 'बच्चे रोना-धोना, पीड़ा, आपसी झगड़े ज्यादा देर तक अपने साथ नहीं रख सकते हैं।' 'माता का अँचल' पाठ के आधार पर इस कथन को उदाहरण सहित स्पष्ट कीजिए।

(ख) जॉर्ज पंचम की लाट की टूटी नाक लगाने के क्रम में पुरातत्व विभाग की फाइलों की छानबीन की ज़रूरत क्यों आ गई? क्या उससे समाधान संभव था? क्यों?

(ग) यात्राएँ विभिन्न संस्कृतियों से परिचित होने का अच्छा माध्यम हैं। 'साना-साना हाथ जोड़ि' यात्रा वृत्तान्त के आधार पर इस कथन की समीक्षा कीजिए।

उत्तर—(क) बच्चे रोना-धोना, पीड़ा, आपसी झगड़े ज़्यादा देर तक अपने साथ नहीं रखते, यह कथन सही है।

बच्चे सरल और निश्छल स्वभाव के होते हैं, वे लड़ाई-झगड़े की कटुता को अधिक देर तक अपने मन में नहीं रख सकते।

उदाहरण के तौर पर जब कभी आम की फसल के समय आँधी आती तब भोलानाथ अपने मित्रों के साथ बागों में चला जाता वहाँ उन्हें बूढे तिवारी जी मिल गए बैजू ने उन्हें चिढ़ाना आरंभ कर दिया इसकी शिकायत जब गुरुजी से की तो उन्होंने भोलानाथ की खूब खबर ली।

भोलानाथ का रो-रोकर बुरा हाल था वह अपने पिता के साथ घर की तरफ चल दिये। रास्ते में ही भोलानाथ अपने मित्रों के साथ खेलने लगा। वहाँ खड़े लोग कहने लगे लड़के और बंदर पराई पीर नहीं समझते।

(ख) जॉर्ज पंचम की लाट की टूटी नाक लगाने के क्रम में विभिन्न प्रयास किए गए। इन प्रयासों में सरकारी फाइलों की छान-बीन करना भी जरूरी समझा गया क्योंकि वह जानना चाह रहे थे कि लाट कब और कहाँ से बनी इसको बनाने में पत्थर कहाँ से लाया गया उससे पत्थर की पहचान कर उसी पत्थर से उसी रंग की नाक बनाई जा सके समय कम होने की वज़ह से एक आसान राह को खोजा गया जिससे पूरा विवरण मिल सके। कब, कहाँ और कैसे इस लाट की शुरुवात हुई, लेकिन इतना प्रयास करने के बाद भी उन्हें सफलता नहीं मिली। जॉर्ज पंचम की नाक का सवाल तो था ही, साथ ही साथ अधिकारियों व मूर्तिकार की नाक का सवाल भी था इसलिए उन्हें हर हाल में यह कार्य करना था, क्योंकि जॉर्ज पंचम की नाक के साथ उनकी नाक भी कट जाती।

(ग) इतिहास गवाह है कि सभी यात्राएँ संस्कृतियों के परिचित होने का अच्छा माध्यम रहा है। पाठ के आधार पर भी यह बात स्पष्ट होती है यात्राओं से हम वहाँ के प्राकृतिक सौंदर्य के साथ-साथ भाषा, रीति-रिवाज, परम्पराओं, मान्यताओं से भी परिचित होते हैं। हम दूर बैठकर किसी स्थान की संस्कृति का अनुभव नहीं कर सकते।

संस्कृतियों का आदान प्रदान इसकी अहम भूमिका निभाते हैं। पहाड़ी बच्चों को स्कूल जाने के साथ-साथ माँ-बाप का हाथ बँटाते देखा।

खण्ड 'घ'

11. निम्नलिखित में से किसी एक विषय पर दिए गए संकेत-बिन्दुओं के आधार पर लगभग 200 से 250 शब्दों में निबंध लिखिए—** **[10]**

(क) महात्मा गांधीजी की 150वीं जयंती
- मनाने के उद्देश्य
- गांधीजी का जीवन
- आज़ादी के आंदोलन में भूमिका
- प्रासंगिकता

(ख) महानगरीय भीड़भाड़ और मेट्रो
- यातायात और भीड़भाड़
- प्रदूषण की समस्या
- मेट्रो रेल की भूमिका
- मेट्रो के लाभ

(ग) ग्लोबल वार्मिंग और जन-जीवन
- ग्लोबल वार्मिंग का अभिप्राय
- ग्लोबल वार्मिंग के कारण
- ग्लोबल वार्मिंग से हानियाँ
- बचाव के उपाय

उत्तर—

निबंध

(क) महात्मा गांधी की 150वीं जयन्ती

सत्य और अहिंसा के मार्ग पर चलकर देश को स्वतंत्रता दिलाने वाले राष्ट्रपिता महात्मा गाँधी का जन्म 2 अक्टूबर, 1869 को गुजरात के पोरबंदर में हुआ था। महात्मा गाँधी का पूरा नाम मोहनदास करमचंद गाँधी था। 02 अक्टूबर, 2019 गाँधी जी की 150वीं जयन्ती होने के कारण विशेष महत्वपूर्ण था।

हमारे माननीय प्रधानमंत्री जी ने राष्ट्रपिता की 150वीं जयन्ती को पूरे एक वर्ष तक मनाने की घोषणा की। इसका उद्देश्य जनसाधारण में गाँधी जी के सत्य, अहिंसा, परोपकार, त्याग और सांप्रदायिक सद्भाव जैसे आदर्शों के प्रति आस्था जगाना है। साथ ही आधुनिक पीढ़ी को देश की आज़ादी में बापू के योगदान से परिचित कराना भी है। इसके लिए एक समिति का गठन किया गया। उस समिति द्वारा 26 जनवरी 2019 की परेड में सभी झाकियाँ महात्मा गाँधी के जीवन से संबंधित रखने का निर्णय लिया गया। इसके साथ ही इस जयन्ती वर्ष में स्मारक डाक टिकट जारी करना, विभिन्न सांस्कृतिक संस्थानों और विद्यालयों द्वारा गाँधी जी से संबंधित नाटक, प्रदर्शनियों, सेमीनारों का आयोजन करना।

गाँधीजी ने बचपन में सुनी श्रवण कुमार, प्रहलाद और राजा हरिश्चंद्र की कहानियों से मिली शिक्षाओं को

** वर्तमान पाठ्यक्रम में 'निबन्ध' के स्थान पर 'अनुच्छेद' पर आधारित प्रश्न पूछे जायेगें।

अपने जीवन में अपनाया। इंग्लैण्ड से बैरिस्टरी करने के बाद वे भारत आए। बाद में दक्षिण भारत में रंगभेद की लड़ाई लड़ने के बाद वे देश सेवा में जुट गए। नमक आन्दोलन, दांडी मार्च, असहयोग आंदोलन के बाद भारत छोड़ो आंदोलन में अंग्रेजों की नींद उड़ा दी। पूरा देश गाँधीजी के आदर्शों पर चलने को तैयार था। सत्य, अहिंसा के हथियार से गाँधीजी ने अंग्रेजों के खिलाफ आंदोलन छेड़ कर 15 अगस्त 1947 को देश को स्वतंत्रता दिलाई।

15 जून, 2007 को संयुक्त राष्ट्र महासभा द्वारा गाँधी जी के जन्मदिवस को अहिंसा के अंतर्राष्ट्रीय दिवस के रूप में घोषित किया गया। निस्संदेह महात्मा गाँधी जी के सत्य, अहिंसा, सांप्रदायिक सद्भाव, आत्मनिर्भरता जैसे आदर्शों को अपनाना ही हमारी बापू के प्रति सच्ची श्रद्धांजलि होगी, क्योंकि वर्तमान संदर्भ में ये बहुत प्रासंगिक हैं। गाँधी जी की 150वीं जयंती 2 अक्टूबर, 2019 को हमारे माननीय प्रधानमंत्री जी ने एकल प्लास्टिक के प्रयोग पर प्रतिबन्ध लगाते हुए 2022 तक भारत को प्लास्टिक मुक्त बनाने का संकल्प लिया है।

(ख) **महानगरीय भीड़-भाड़ और मेट्रो**

महानगर से तात्पर्य ऐसे नगर से है जिसमें लाखों की संख्या में लोग रहते हैं। सड़कों पर बढ़ती लोगों की भीड़, व्यस्तता, भागदौड़, वाहनों की लंबी कतारें यहाँ के रोज़मर्रा के जीवन का अंग है। इस महानगरीय भीड़-भाड़ के बीच मेट्रो यातायात का सबसे सुलभ और आधुनिक साधन है। महानगरों की भीड़-भाड़ और भागम-भाग भरी जिंदगी आसान नहीं है। ऐसे में मेट्रो ने लोगों को बहुत राहत प्रदान की है।

मेट्रो रेल की व्यवस्था अत्याधुनिक तकनीक से संचालित होती है। इसके कोच वातानुकूलित और टिकट प्रणाली स्वचालित होती है। स्टेशनों पर एस्केलेटर की सुविधा उपलब्ध है। मेट्रो लाइन को बस मार्गों के समानांतर बनाया गया है जिससे यात्रियों को मेट्रो से उतरने के बाद कोई दूसरा साधन प्राप्त करने में असुविधा न हो। मेट्रो के दरवाज़े स्वचालित हैं और इसमें हर आनेवाले स्टेशन की जानकारी दी जाती है। मेट्रो में यात्रा करते समय ऐसा अनुभव होता है मानो हम किसी यूरोपीय देश में हों। मेट्रो का अनुशासन, स्वच्छता, तकनीकी कौशल, समय की पाबंदी और साज-सज्जा हमारा मन मोह लेती है।

सड़कों पर बढ़ती वाहनों की संख्या प्रदूषण—वृद्धि का प्रमुख कारण है। मेट्रो रेल आधुनिक जनपरिवहन प्रणाली है जो भविष्य में इन महानगरों को प्रदूषण मुक्त रखने की दिशा में एक सकारात्मक प्रयास है। लोगों ने मेट्रो को चुना इससे सड़क दुर्घटनाओं में भी बहुत कमी आई है। जब लोग भारी यातायात से संघर्ष करके अपने कार्यस्थल पर पहुँचते थे, तो वे थक जाते थे मेट्रो में शांति से यात्रा करने के बाद उनके कार्य की गुणवत्ता बढ़ जाती है। मेट्रो यात्रा अपेक्षाकृत सस्ता साधन है। इससे हम अपने गंतव्य तक जल्दी पहुँचते हैं। निस्संदेह मेट्रो ने हमारी यात्रा को सुगम और सरल बना दिया है। अत: हम सबका कर्तव्य है कि इसकी स्वच्छता और सुगम संचालन में योगदान दें।

(ग) **ग्लोबल वार्मिंग और जनजीवन**

आज विश्व अनेक समस्याओं से जूझ रहा है उनमें ग्लोबल वार्मिंग एक विकराल समस्या है। इसी के कारण विश्व में विचित्र जलवायु परिवर्तन हो रहे हैं। ग्लोबल वार्मिंग को हिंदी में 'भूमंडलीय ताप में वृद्धि' के नाम से जाना जाता है। वास्तव में पृथ्वी का सारा वातावरण 'ओज़ोन' नामक परत से सुरक्षित है, किंतु वायुमंडल के प्रदूषण के कारण उस परत में छेद हो चुका है। इस छेद में से होकर आने वाली पराबैंगनी (अल्ट्रा-वायलेट) किरणों से वैश्विक ताप में जो वृद्धि हो रही है उसे अंग्रेजी में ग्लोबल वार्मिंग कहा जाता है।

बहुत से कारणों की वजह से ग्लोबल वार्मिंग बढ़ती जा रही है। जिस तरह से जनसंख्या बढ़ रही है उस तरह से ग्लोबल वार्मिंग भी बढ़ती जा रही है। मनुष्य के द्वारा संचालित व्यवसायिक क्रियाएँ जिसमें उद्योगों से निकलने वाला धुआँ और वाहनों से निकलने वाला धुँआ आदि है।

मनुष्य द्वारा कार्बन-डाई-आक्साइड और सल्फर-डाई-आक्साइड दोनों गैसों को घरों में प्रयोग किया जा रहा है। इन गैसों को मुख्य रूप से फ्रिज और ऐसी में प्रयोग किया जाता है जिसकी वज़ह से पानी और वातावरण को ठंडा किया जाता है। लेकिन जब ये गैस वातावरण में मिल जाती है तो इनका असर उल्टा, पड़ जाता है। यह वातावरण को ठंडा करने की जगह पर गर्म कर देती है क्योंकि इसमें ऐसे पदार्थ होते हैं जो वातावरण में रेडियोएक्टिव को बढ़ा देता है।

प्रदूषण के लगातार बढ़ने की वजह से ग्लोबल वार्मिंग निरंतर बढ़ती ही जा रही है। जंगलों की कटाई, फैक्ट्रियों और कारखानों से निकलने वाला धुआँ, बढ़ती हुई जनसंख्या और वाहनों के धुएँ की वजह से ग्लोबल वार्मिंग का स्तर बढ़ रहा है।

ग्लोबल वार्मिंग के कारण बड़े-बड़े हिमखंड (ग्लेशियर) पिघल रहे हैं। नदियों के जलस्तर में वृद्धि से कई देशों में बाढ़ आती है और बड़ी मात्रा में जन-धन का विनाश कर डालती है। अनेक प्रकार के त्वचा संबंधी रोगों का जन्म भी इसके खतरों का ही अंग है। गर्मी की ऋतु लंबी होना, सर्दी की ऋतु छोटी हो जाना, कम सर्दी पड़ना तथा अन्य ऋतु परिवर्तन होने से फसलों की उपज में गिरावट भी एक और बड़ा संकट है।

ग्लोबल वार्मिंग को व्यक्तियों और सरकार के संयुक्त प्रयास से रोका जा सकता है। वनों की कटाई पर रोक लगाई जानी चाहिए और पेड़ों को अधिक लगाया जाना चाहिए। ऑटोमोबाइल का उपयोग सीमित होना चाहिए और रीसाइक्लिंग को प्रोत्साहित किया जाना चाहिए।

विकसित देशों के ग्रीन हाउसों की गैसों व वायु प्रदूषण को नियंत्रित करके ओज़ोन परत के छेद को कम किया जा सकता है। ऐसा न करने पर तो यह समस्या और विकराल रूप भी ले सकती है।

12. सार्वजनिक स्थलों पर बढ़ते हुए धूम्रपान तथा उसके कारण संभावित रोगों की ओर संकेत करते हुए किसी दैनिक समाचार पत्र के संपादक को 80-100 शब्दों में पत्र लिखिए। [5]

अथवा

आपके छोटे भाई/बहन ने एक आवासीय विद्यालय में एक मास पूर्व ही प्रवेश लिया है। उसको मित्रों के चुनाव में सावधानी बरतने के लिए समझाते हुए एक पत्र 80-100 शब्दों में लिखिए।

उत्तर—संपादक

नवभारत टाइम्स

आगरा विभाग

आगरा कैन्ट

उत्तर प्रदेश

दिनांक–27 नवम्बर 20XX

विषय—"सार्वजनिक स्थलों पर धूम्रपान"

महोदय,

मैं आगरा निवासी आपके लोकप्रिय समाचार पत्र का ध्यान एक गंभीर समस्या की ओर आकर्षित करना चाहता हूँ।

आज लगभग सभी किसी न किसी प्रकार से अपने स्वास्थ्य की चिंता से जुड़े हैं। विभिन्न विभाग सरकार के नियमों के द्वारा बनाए गए मार्गदर्शन को ताक पर रखकर वातावरण को दूषित करने पर आ गया है।

लगभग सभी सार्वजनिक स्थलों पर धूम्रपान की समस्या बढ़ती जा रही है।

मेरा आपसे अनुरोध है कि जगह-जगह जागरूकता कार्यक्रम पुलिस की सहायता से चलाया जाए जिससे लोग प्रभावित होंगे, दूसरा न मानने वालों से भारी जुर्माना वसूला जाएगा जिससे वह दुबारा यह गलती न करें। केवल होर्डिंग व बैनर लगाने से काम नहीं चलेगा वातावरण में विभिन्न रोगों के उत्पन्न होने से सभी को खतरा होता है।

सभी सार्वजनिक स्थलों पर बहुत जरूरी है तो अलग से स्थान बनाए जाएँ, जहाँ वातावरण को शुद्ध करने के उपकरण लगे हों।

इस प्रकार के छोटे-छोटे प्रयासों से बढ़ते प्रदूषण को रोका जा सकता है।

मेरा आपसे अनुरोध है कि मेरे विचार को प्रकाशित करके संबंधित विभाग को जागरूक करें।

सधन्यवाद,

प्रार्थी,

आम नागरिक

अथवा

प्रेषक

क ख ग नगर

मध्य प्रदेश

दिनांक–27 जनवरी 20XX

प्रिय अनुज,

तुम कैसे हो ईश्वर से तुम्हारी स्वास्थ्य व सुखद भविष्य की कामना करते हैं।

प्रिय पिताजी ने तुम्हारे सुनहरे भविष्य के लिए इस आवासीय विद्यालय में प्रवेश दिलाया है।

आशा करता हूँ कि तुम जल्दी ही इस माहौल में ढल जाओगे। एक महत्वपूर्ण बात बताना चाहता हूँ, कि विद्यार्थी जीवन में अकेले नहीं जिया जा सकता है। प्रिय दोस्त, इसका महत्वपूर्ण हिस्सा है।

दोस्त जीवन का अहम् हिस्सा है लेकिन उसे चुनने के लिए बहुत सावधानियाँ रखनी होंगी।

तुमको भी दोस्त बनाने से पहले उसे पूरी तरह परख लेना होगा तभी उसे अपना मित्र बनाना।

उसके साथ समय बिताना, उसे समझने की कोशिश करना, अपनी बात भी पूरी बताना तभी मेल हो पाएगा।

जीवन में यह सब समझाना जरूरी है। यहाँ सब ठीक है तुम अपना ध्यान रखना।

तुम्हारा

अग्रज

13. नगर में आयोजित होने वाली भारत की सांस्कृतिक एकता प्रदर्शनी को देखने के लिए लोगों को आमंत्रित करते हुए 25-50 शब्दों में एक विज्ञापन तैयार कीजिए। [5]

अथवा

प्रदूषण से बचने के लिए जनहित में जारी एक विज्ञापन पर्यावरण विभाग की ओर से 25-50 शब्दों में लिखिए।

उत्तर—

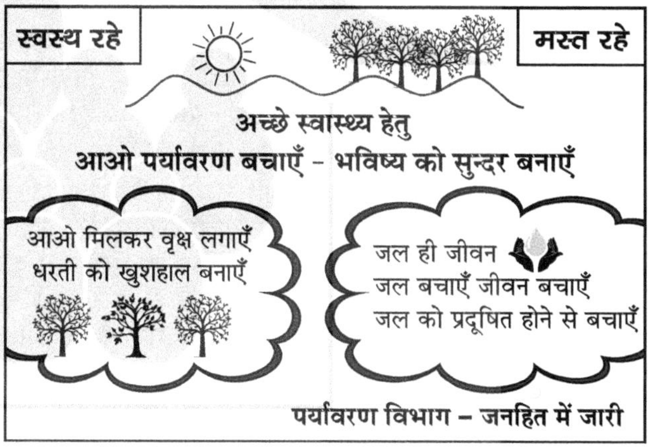

अथवा

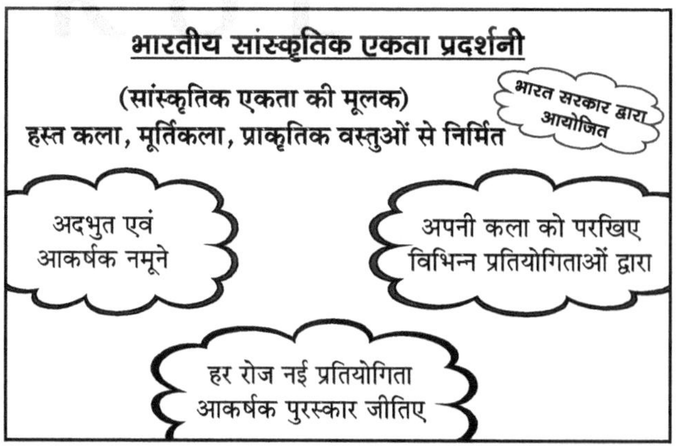

Delhi [Set-II]

Note : Except for the following questions, all the remaining questions have been asked in previous set.

खण्ड 'ख'

2. निर्देशानुसार उत्तर लिखिए— **[1 × 4 = 4]**

(क) एक साल पहले बने कॉलेज में शीला अग्रवाल की नियुक्ति हुई थी। (संयुक्त वाक्य में बदलिए)

(ख) जो व्यक्ति साहसी हैं उनके लिए कोई कार्य असंभव नहीं है। (सरल वाक्य में बदलिए)

(ग) सवार का संतुलन बिगड़ा और वह गिरा गया। (मिश्र वाक्य में बदलिए)

(घ) केवट ने कहा कि बिना पाँव धोए आपको नाव पर नहीं चढ़ाऊँगा। (आश्रित उपवाक्य छाँटकर भेद भी लिखिए)

उत्तर—(क) एक साल पहले कॉलेज बना था और उसमें शीला अग्रवाल की नियुक्ति हुई थी।

(ख) साहसी व्यक्तियों के लिए कोई कार्य असंभव नहीं है।

(ग) जैसे ही सवार का संतुलन बिगड़ा वैसे ही वह गिर गया।

(घ) बिना पाँव धोए आपको नाव पर नहीं चढ़ाऊँगा। (भेद-संज्ञा आश्रित उपवाक्य)

3. निर्देशानुसार वाच्य परिवर्तन कीजिए— **[1 × 4 = 4]**

(क) किसान के द्वारा खेत की जुताई की गई। (कर्तृवाच्य में बदलिए)

(ख) कितने कंबल बँटे? (कर्मवाच्य में बदलिए)

(ग) आओ, यहाँ बैठ सकते हैं। (भाववाच्य में बदलिए)

(घ) सैनिकों द्वारा देश की रखवाली की जाती है। (कर्तृवाच्य में बदलिए)

उत्तर—(क) किसान ने खेती की जुताई की।

(ख) कितने कंबल बाँटे गए?

(ग) आओ, यहाँ बैठा जा सकता है।

(घ) सैनिक देश की रखवाली करते हैं।

4. निम्नलिखित वाक्यों में से रेखांकित पदों का पद-परिचय लिखिए— **[1 × 4 = 4]**

(क) सफेद घोड़ा तेज भागता है।

(ख) खीरा लज़ीज़ होता है।

(ग) यह भाषा किस क्षेत्र में बोली जाती है?

(घ) वह हमेशा सच बोलता है।

उत्तर—(क) सफेद—संज्ञा, व्यक्तिवाचक संज्ञा, एकवचन, पुल्लिंग

(ख) खीरा—संज्ञा, जातिवाचक, एकवचन, पुल्लिंग

(ग) यह—सर्वनाम, संकेतवाचक, एकवचन, स्त्रीलिंग

(घ) हमेशा—क्रिया-विशेषण, 'बोलता है' क्रिया की विशेषता।

5. निम्नलिखित प्रश्नों में से किन्हीं चार के उत्तर लिखिए— **[1 × 4 = 4]**

(क) निम्नलिखित काव्य पंक्तियों में रस पहचान कर लिखिए—

एक ओर अजगरहिं लखि, एक ओर मृगराय।
विकल बटोही बीच ही, पर्‌यो मूरछा खाय॥

(ख) 'रौद्र रस' का एक उदाहरण लिखिए।

(ग) 'करुण रस' का स्थायी भाव क्या है?

उत्तर—(क) 'वीभत्स रस'

(ख) श्रीकृष्ण के सुन वचन अर्जुन क्षोभ से जलने लगे।
सब शील अपना भूल कर करतल युगल मलने लगे॥
संसार देखे अब हमारे शत्रुरण में मृत पड़े।
करते हुए यह घोषणा वे हो गए उठ कर खड़े॥

(ग) शोक

12. पुस्तकालय में हिंदी के प्रसिद्ध लेखकों की पुस्तकें मँगवाने के लिए प्राचार्य को एक प्रार्थना-पत्र लगभग 80-100 शब्दों में लिखिए। **[5]**

अथवा

आपकी बड़ी बहन को चिकित्सा महाविद्यालय में प्रवेश प्राप्त हो गया है। इस सफलता के लिए बधाई-पत्र लगभग 80-100 शब्दों में लिखिए।

उत्तर—प्राचार्य
अ ब स विद्यालय
आगरा विस्तार
उत्तर प्रदेश
दिनांक-27 अप्रैल 20XX

विषय—पुस्तकें मँगवाने हेतु प्रार्थना-पत्र

महोदय,

मैं आपके विद्यालय में कक्षा .... का छात्र हूँ। हमारे विद्यालय में प्रत्येक कक्षा का एक कालांश पुस्तकालय का होता है। हम सभी पुस्तकालय जाते हैं, लेकिन पुस्तकालय में पुस्तकों की बहुत कमी है, विशेष कर हिन्दी की।

हमारे पुस्तकालय में हिन्दी के प्रसिद्ध लेखकों की पुस्तकों की कमी है। हम हिन्दी साहित्य के प्रसिद्ध लेखकों की जीवनी पढ़ना चाहते हैं, कुछ कक्षाओं में लेखकों की जीवनी को विषय के तौर पर पढ़ाया भी जाता है। परन्तु हिन्दी को बढ़ावा देने के लिए इन प्रसिद्ध लेखकों की पुस्तकें मँगवाना जरूरी हो गया है।

हम सभी आपसे अनुरोध करते हैं कि हिंदी के प्रसिद्ध लेखकों की पुस्तकें जल्द से जल्द मँगवाने का आदेश दें जिससे हम जल्द लाभ उठा सकें।

सधन्यवाद,

प्रार्थी,

सभी विद्यार्थी

अथवा

आगरा कैंट

मध्य प्रदेश

दिनांक-27 फरवरी 20XX

प्रिय दीदी,

दीदी यहाँ पर सब ठीक है, आशा करती हूँ कि आप भी कुशल होंगी।

दीदी मैं अपनी भावना को व्यक्त नहीं कर सकती। इतनी खुशी है कि तुम्हारा प्रवेश इस नामी (प्रतिष्ठित) महाविद्यालय में हो गया है।

दीदी मैं छोटी हूँ, ज्यादा जानकारी तो नहीं, लेकिन पापा ने मुझे सब कुछ बताया।

इस महाविद्यालय से डॉ. बनकर बाहर निकलना, हमारे परिवार के लिए गाँव की बात है।

चिकित्सक बनना वैसे भी समाज व देश की सेवा करना जैसा है और तुम जैसी प्रतिभाशाली चिकित्सक की, तो हमारे देश में बहुत जरूरत है।

हम सपरिवार ईश्वर से कामना करते हैं कि तुम अपना कोर्स पूरा करके परिवार व देश का नाम रोशन करोगी, हम सबको आपकी सफलता का इन्तजार रहेगा।

आपकी बहन

13. देश की जनता को 'मतदान अधिकार' के प्रति जागरूक करने के लिए मुख्य निर्वाचन आयुक्त कार्यालय की ओर से लगभग 25-50 शब्दों में एक विज्ञापन तैयार कीजिए। [5]

अथवा

आपके नगर में मिठाई की एक नई दुकान खुली है। इसके प्रचार के लिए एक विज्ञापन लगभग 25-50 शब्दों में तैयार कीजिए।

उत्तर—

अथवा

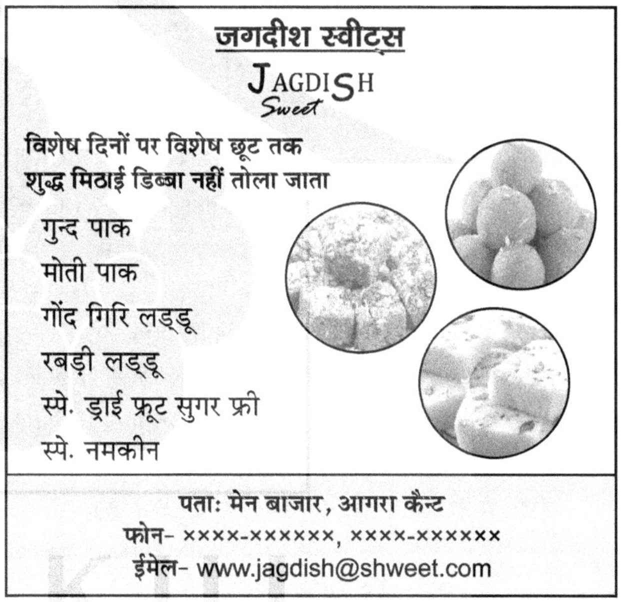

Delhi [Set-III]

Note : Except for the following questions, all the remaining questions have been asked in previous set.

खण्ड 'ख'

2. निर्देशानुसार उत्तर लिखिए— [1 × 4 = 4]

(क) उसने स्टेडियम जाकर क्रिकेट मैच देखा।
(संयुक्त वाक्य में बदलिए)

(ख) जैसे ही बच्चे को खिलौना मिला वह चुप हो गया।
(सरल वाक्य में बदलिए)

(ग) मन्नू जी की साहित्यिक उपलब्धियों के लिए उन्हें अनेक पुरस्कार प्राप्त हो चुके हैं। (मिश्र वाक्य में बदलिए)

(घ) जो शांति बरसती थी वह चेहरे पर स्थिर थी।
(आश्रित उपवाक्य छाँटकर उसका भेद भी लिखिए)

उत्तर—(क) वह स्टेडियम गया और उसने क्रिकेट मैच देखा।

(ख) बच्चा खिलौना मिलते ही चुप हो गया।

(ग) मन्नू जी की साहित्यिक उपलब्धियाँ हैं जिसके लिए उन्हें अनेक पुरस्कार प्राप्त हो चुके हैं।

(घ) जो शान्ति बरसती थी। (विशेषण उपवाक्य)

3. **निर्देशानुसार वाच्य परिवर्तन कीजिए—** [1 × 4 = 4]

(क) विद्यार्थियों द्वारा परीक्षा दी गई। (कर्तृवाच्य में बदलिए)

(ख) मैं दीपावली पर मिट्टी के दीए जलाऊँगी। (कर्मवाच्य में बदलिए)

(ग) हर्षिता पैदल चल नहीं सकती। (भाववाच्य में बदलिए)

(घ) तुमसे चुप नहीं रहा जाता। (कर्तृवाच्य में बदलिए)

उत्तर—(क) विद्यार्थियों ने परीक्षा दी।

(ख) मेरे द्वारा दीपावली पर मिट्टी के दिए जलाए जाएँगे।

(ग) हर्षिता से पैदल चला नहीं जा सकता।

(घ) तुम चुप नहीं रह सकते।

4. **निम्नलिखित वाक्यों के रेखांकित पदों का पद-परिचय लिखिए—** [1 × 4 = 4]

(क) बाग में कुछ महिलाएँ बैठी थीं।

(ख) मुझे अपनी पत्नी और पुत्र की मृत्यु याद आ रही है।

(ग) एक शर्त रखी कि मैं भारत जाऊँगा।

(घ) नहीं जानता, बस मन में यह था।

उत्तर—(क) बैठी थीं—क्रिया, भूतकाल, अकर्मक, स्त्रीलिंग

(ख) अपनी—सर्वनाम, निजवाचक, एकवचन सार्वनामिक विशेषण

(ग) भारत—संज्ञा, जातिवाचक, एकवचन, पुल्लिंग

(घ) नहीं—एकवचन, निषेधवाचक

5. **निम्नलिखित प्रश्नों में से किन्हीं चार के उत्तर दीजिए—** [1 × 4 = 4]

(क) निम्नलिखित काव्य पंक्तियों में रस पहचान कर लिखिए—

विरह का जलजात जीवन, विरह का जलजात
वेदना में जन्म, करुणा में मिला आवास
अश्रु चुनता दिवस इसका, अश्रु गिनती रात
जीवन, विरह का जलजात।

(ख) 'वीभत्स रस' का एक उदाहरण लिखिए।

(ग) 'हास्य रस' का स्थायी भाव लिखिए।

उत्तर—(क) वियोग श्रृंगार रस

(ख) सिर पर बैठयो काग आँख दो उखात निकारत।
खींचत जी भहि प्यार अतिहि आनंद उर घारत॥
गीध जोधि को खोदि-खोदि के माँस उपारत।
स्वाग अंगुरिन कटि-काटि के खात विदारत॥

(ग) हास

12. **यातायात के नियमों के उल्लंघन करने वालों के विरुद्ध कड़ी कार्रवाई करने तथा दो अन्य सुझाव देते हुए यातायात पुलिस आयुक्त को पत्र लगभग 80-100 शब्दों में लिखिए।** **[5]**

अथवा

आपका छोटा भाई अनुराग परीक्षा में नकल करता पकड़ा गया, जिसके लिए उसे दंडित किया गया। उसे समझाते हुए पत्र लगभग 80-100 शब्दों में लिखिए।

उत्तर—पुलिस आयुक्त

आगरा मंडल

आगरा

दिनांक-27 फरवरी 20XX

विषय—यातायात के नियमों का उल्लंघन हेतु।

मैं आगरा विस्तार का निवासी हूँ। हमारे क्षेत्र में लगातार यातयात के नियमों का उल्लंघन हो रहा है। ऐसा लगता है कि कोई नियम ही नहीं है।

बिना हैलमेट के स्कूटर चलाना, दो के स्थान पर चार-चार लोगों को बिठाना, लाल बत्ती होते हुए भी नहीं रुकना यातायात पुलिस मूकदर्शक बनी रहती है।

इतनी ज्यादा दुर्घटनाएँ हो रही हैं कि कोई बचाने वाला नहीं है। कहाँ सो रही है हमारी यातायात पुलिस अगर यही हालात रहे तो हमारा क्षेत्र दुर्घटनाओं की श्रेणी में प्रथम होगा।

मेरा मानना है कि यदि पुलिस चाहे तो यह समस्या जल्द ही दूर हो सकती है, बिना स्वार्थ के चालान काटे जाएँ, प्यार व सख्ती दोनों से काम लिया जा सकता है। सतर्कता जरूरी है जो यह पुलिस कर सकती है।

यदि विभाग में पुलिसकर्मियों की कमी है, तो कॉलेज के युवाओं को अपने साथ जोड़ सकते हैं। इससे लोगों पर प्रभाव भी पड़ेगा और युवाओं में सही राह पर चलने का जोश आएगा। यातायात जागरूक सप्ताह शुरू करने से भी इस दशा में बहुत बदलाव आएगा।

आशा है इस दिशा में मेरे सुझाव व आपकी जागरूकता एवं कर्तव्यपरायणता से हम सब इस क्षेत्र में सुधार ला पाएँगें।

प्रार्थी

कुमार के

अथवा

प्रेषक

अ ब स नगर

आगरा

दिनांक–27 नवम्बर 20XX

प्रिय भाई अनुज,

हम सब यहाँ ठीक हैं, आशा करता हूँ तुम कुशल से होंगे।

भाई मुझे तुम्हारे प्राचार्य का पत्र प्राप्त हुआ, एक पल पढ़कर झटका लगा, लेकिन संभलकर उसे समझा मैं अपने भाई को बहुत अच्छे से जानता हूँ, जरूर कोई ऐसी परिस्थिति रही होगी जो तुमने यह कदम उठाया।

भाई पढ़ाई किसी के सहारे नहीं पढ़ी जाती खासकर इन चंद कागज के टुकड़ों पर आधारित होकर, यह तभी होता है जब व्यक्ति अपना आत्मविश्वास खो देता है। भाई भविष्य में कभी ऐसा नहीं होने देना, अपने पर विश्वास रखो, पढ़ाई में मन लगाओ, यह सोचो मेरे से अच्छा कोई नहीं, जैसे अंग्रेजी में कहा जाता है। "आइ एम द बैस्ट"।

अपना विश्वास कभी नहीं खोना, अपनी गलती से सीखने की कोशिश करना, सब ठीक होगा।

मेरी तुम्हारे प्राचार्य से बात हो गई है, दंड जरूरी था लेकिन हारना नहीं, हम सब तुम्हारे साथ हैं।

आगे भविष्य में ऐसी गलती नहीं करोगे, मुझे तुम पर पूरा विश्वास है।

तुम्हारा

अग्रज

13. आपके शहर में विराट हास्य कवि सम्मेलन आयोजित होने जा रहा है। इसमें देश के प्रसिद्ध हास्य कवि आमंत्रित हैं। इसके प्रचार के लिए एक विज्ञापन लगभग 25-50 शब्दों में तैयार कीजिए। **[5]**

अथवा

रजिस्टर एवं कॉपियाँ बनाने वाली 'रचना कंपनी' के लिए उत्पाद प्रचार हेतु एक विज्ञापन लगभग 25-50 शब्दों में तैयार कीजिए।

उत्तर—

हास्य कवि सम्मेलन

आमंत्रित कविगण

डॉ. हरिओम पंवार (वीर रस)

डॉ. तेज नारायण शर्मा बेचैन (हास्य कवि) — श्री राजेन्द्र राजन (गीतकार)
श्री सवेश अस्थाना (हास्य कवि) — श्री सत्यपाल सत्यम (गीतकार)
श्री शंभु शिखर (हास्य कवि) — श्री हाशिम फिरोजावादी (शायर)

मुख्य अतिथि : **श्री विपुल गोयल** (उद्योग एवं वाणिज्य मंत्री हरियाणा सरकार)

कार्यक्रम

25 फरवरी (रविवार), सायं 5: 00 बजे
स्थान : टैगोर ऑडिटोरियम म.द.वि. रोहतक

प्रवेश नि:शुल्क

आप सपरिवार सादर आमंत्रित है

अथवा

रजिस्टर एंव कॉपियों की दुनिया में हंगामा

रचना रजिस्टर एवं कॉपियाँ

सुन्दर व चिकने पेज सभी साइजों में उपलब्ध

अपनी रचना को "रचना" में कलमबद्ध कीजिए

10 कॉपियों के साथ एक रजिस्टर फ्री

465, माल रोड आगरा दूरभाष– xx-xxxxxx

www.ingramcontent.com/pod-product-compliance
Lightning Source LLC
La Vergne TN
LVHW082029051026
849532LV00011B/3310
9789391184117